Soziale Gerechtigkeit in der Krise

Schriftenreihe Band 1291

Thomas Ebert

Soziale Gerechtigkeit in der Krise

bpb: Bundeszentrale für politische Bildung

Dr. phil. Dipl.-Volkswirt Thomas Ebert, geb. 1941; Studium der Philosophie und der Wirtschaftswissenschaften; Fraktionsmitarbeiter im Deutschen Bundestag; Abteilungsleiter im Bundesministerium für Arbeit; heute freier Publizist in Bonn.

Bonn 2012

Lektorat und Redaktion: Verena Artz
Koordination: Hildegard Bremer

Umschlaggestaltung: Michael Rechl, Kassel
Umschlagfoto: © Steven Kazlowski / Alaska Stock / OKAPIA
Satzherstellung: Naumilkat, Düsseldorf
Druck: CPI books GmbH, Leck

ISBN: 978-3-8389-0291-3

www.bpb.de

Inhalt

Einleitung

1 Gibt es eine »Gerechtigkeitslücke«?

Soziale Gerechtigkeit ist in den letzten Jahren zu einem zentralen Thema in der öffentlichen Auseinandersetzung geworden. Die Klagen über eine »Gerechtigkeitslücke« in Deutschland sind nicht mehr zu überhören (z. B. Schreiner 2008, Schneider 2010). Es vergeht kaum ein Tag, an dem nicht Gegner der Regierungspolitik und Gesellschaftskritiker schwerwiegende soziale Ungerechtigkeiten beklagen. Zahlreiche und immer wieder neue konkrete Anlässe bieten Stoff für die Gerechtigkeitsdiskussion: Kinderarmut, ungerechte Verteilung der Bildungschancen für Kinder, besonders für die Kinder von Migranten, Arbeitsmarktreformen und → »Hartz-IV-Gesetz«, die drohende Zweiklassenmedizin, die Entstehung einer neuen »Unterschicht« oder eines → »Prekariats«, die Höhe der Managergehälter, Abfindungen und Bonuszahlungen an → Investmentbanker, Kosten der Bankenrettung, Steuerflucht und Steuerhinterziehung, Steuersenkungen für die Erben reicher Eltern oder ungerechte Verteilung der Belastungen bei den Sparprogrammen zur Sanierung der öffentlichen Haushalte. So hat auch eine international vergleichende Studie Anfang 2011 Deutschland deutliche Defizite im Bereich der sozialen Gerechtigkeit bescheinigt (Bertelsmann-Stiftung 2011). Ein besonders wichtiges Gerechtigkeitsthema, das die öffentliche Diskussion seit der großen Finanz- und Wirtschaftskrise und der nachfolgenden europäischen Staatsschuldenkrise mehr und mehr beherrscht, sind die vielfach als extrem ungerecht empfundenen Auswüchse des Finanzmarktkapitalismus.

Es gibt aber auch Stimmen, die nicht ein Zuwenig, sondern ein Zuviel an sozialer Gerechtigkeit bemängeln; die Rede ist von einer übermäßigen Umverteilung, von drückenden Abgaben für die »Leistungsträger«, vom »anstrengungslosen Wohlstand« der Sozialleistungsempfänger, von der Belastung künftiger Generationen durch Staatsverschuldung und von wachsenden Rentenzahlungen.

Was die »Gerechtigkeitslücke« betrifft, so sprechen manche Autoren – z. B. die Direktoren des Instituts der Deutschen Wirtschaft und des Hamburgischen Weltwirtschaftsinstituts – abschätzig von nur »gefühlter Ungerechtigkeit«. Sie halten das offensichtlich gewachsene öffentliche Interesse am Problem der sozialen Gerechtigkeit für den Ausdruck irrationaler Gefühle oder gar für einen »kollektiven Gefühlstaumel« (Hüther/

Straubhaar 2009, S. 11–35). Trotzdem ist schwerlich zu leugnen, dass die Diskussion einen realen gesellschaftlichen Hintergrund hat, denn es gibt zahlreiche Anzeichen für eine allmählich, aber kontinuierlich wachsende soziale und ökonomische Ungleichheit:

- Eine Studie des →Internationalen Währungsfonds hat gezeigt, dass die Globalisierung weltweit mit steigender Ungleichheit verbunden ist (IMF 2007, S. 35, 48).
- In Deutschland stagnieren die Löhne seit Jahren, während die Gewinne kräftig zunehmen. Von 1991 (dem Jahr nach der Wiedervereinigung) bis 2007 (dem Jahr vor der Finanz- und Wirtschaftskrise) stieg die volkswirtschaftliche Bruttolohnsumme um 38%, die Summe der Bruttogewinne und -vermögenseinkommen hingegen um 94%; die Lohnquote, d. h. der Anteil der Bruttolöhne am →Volkseinkommen, ging von 70,8% auf 63,2% im Jahr 2007 zurück.[1] Die staatliche Umverteilung durch Steuern und Abgaben hat diese Ungleichheit noch verschärft; in der Zeit von 1991 bis 2008 ist die Summe der Nettolöhne nur um 29%, die der Nettogewinne und -vermögenseinkommen aber um 96% gestiegen.[2] Erst ab 2008 hat sich die Einkommensverteilung wieder etwas zugunsten der Arbeitnehmerinnen und Arbeitnehmer verbessert, aber dies hat nicht annähernd ausgereicht, um die Verluste der beiden letzten Jahrzehnte auszugleichen.
- Die Zahl der reichen und der armen Haushalte steigt, während diejenigen mit mittlerem Einkommen und Vermögen weniger werden (Goebel u. a. 2010). Im Jahr 2008 lag in Deutschland das Einkommen von rd. 11,5 Mio. Menschen, rd. 14% der Bevölkerung und mehr als 50% der Alleinerziehenden, unter der sogenannten →Armutsrisikoschwelle, d. h., es betrug weniger als 60% des mit dem Bedarf gewichteten mittleren Haushaltsnettoeinkommens (Grabka/Frick 2010, S. 2).
- Dass die Bildungschancen von Kindern in Deutschland in besonders hohem Maße von der sozialen Situation der Eltern abhängen, bestätigen die PISA-Studien immer wieder. Nachweisbarer ist der Zusammenhang zwischen dem Lernerfolg und der sozialen Herkunft von Schülerinnen und Schülern zwar in allen Ländern, die an den internationalen Vergleichen teilgenommen haben, aber er ist in Deutschland vergleichsweise hoch (Prenzel u. a. 2007, S. 27, 309–335). Die PISA-Studien zeigen übrigens auch, dass es – wie Länder wie Finnland, Japan oder Kanada belegen – prinzipiell möglich ist, ein hohes durchschnittliches Leistungsniveau für alle Kinder zu erreichen und gleichzeitig Kinder aus sozial schwächeren Schichten gezielt zu fördern (ebd., S. 321 f.).

Nun ist zwar Ungleichheit nicht automatisch mit Ungerechtigkeit gleichzusetzen, denn es ist eine Frage der Wertung, ob man Ungleichheit für gerechtfertigt hält oder nicht. Aber es ist wohl kaum zu bestreiten, dass in der Bevölkerung wachsende Ungleichheit überwiegend als Anzeichen mangelnder sozialer Gerechtigkeit empfunden wird. Hinzu kommen umstrittene sozialpolitische Entscheidungen oder Projekte wie die Heraufsetzung des Rentenalters, die immer wieder in die Diskussion gebrachte »Kopfpauschale« in der gesetzlichen Krankenversicherung oder die äußerst kärgliche Erhöhung der Regelsätze für »Hartz-IV«-Empfänger, die vielleicht inhaltlich begründbar sein mögen, aber im Konflikt mit traditionellen und lange Zeit selbstverständlichen Gerechtigkeitsvorstellungen stehen.

Hintergrund der wachsenden Kritik an sozialer Ungerechtigkeit – sei sie berechtigt oder nicht – ist vermutlich das verbreitete Gefühl einer krisenhaften Entwicklung des Sozialstaats und der Gesellschaft insgesamt. In früheren Jahrzehnten bestand in der Bundesrepublik Deutschland eine Art Basisvertrauen: Alle vertrauten darauf, ihren Platz in der Gesellschaft zu finden, jeder hatte die Aussicht auf einen Arbeitsplatz, keiner befürchtete, im Notfall ohne ausreichende Hilfe zu bleiben. Es schien klar zu sein, dass jeder Erwerbstätige von seiner Arbeit leben und seine Familie unterhalten kann. Niemandem wurde zugemutet, für unter dem Existenzminimum liegende Löhne zu arbeiten. Der allgemeine Wohlstand stieg, keiner befürchtete, auf Dauer abgekoppelt zu werden, man musste keinen sozialen Abstieg fürchten, jede Generation ging davon aus, dass es ihr besser gehen würde als der vorausgegangen. Dank kostenloser Bildung für alle versprach eigene Anstrengung den individuellen Aufstieg aus einfachen Verhältnissen in höhere Positionen. Noch vor wenigen Jahrzehnten verstand sich die Gesellschaft der Bundesrepublik Deutschland als eine Gesellschaft von Gewinnern. Zwar gab es soziale Unterschiede, aber auch diejenigen, denen es relativ am schlechtesten ging, hatten einen gewissen Zuwachs zu erwarten und es bestand die Hoffnung, dass die Schere zwischen Unten und Oben zwar nicht ganz verschwinden, aber allmählich kleiner werden würde.

Dies hat sich gründlich gewandelt. Herrschte früher die Gewissheit, in einer kollektiv aufstrebenden Wohlstands- oder Konsumgesellschaft zu leben, dominiert heute die Vorstellung, dass sich die Gesellschaft zunehmend in Gewinner und Verlierer spaltet. Bereits in der Kindheit besteht scharfer Auslesedruck. Wer keine ausreichende Leistung erbringt, wird ausgemustert und kann auch nicht damit rechnen, von der Allgemeinheit mitgeschleppt zu werden. Wer den Anschluss verpasst oder keinen Aufstieg schafft, hat dies dem eigenen Versagen zuzuschreiben. Nach einer viel beachteten Studie der Friedrich Ebert-Stiftung »Politische Milieus in Deutschland« (Neugebauer 2007) betrachten sich inzwischen etwa 8 % der deutschen Bevölkerung als »abgehängtes Prekariat«, d. h., sie empfinden sich als dauerhaft chancenlos und haben sich resignierend mit einer Situation von sozialer Unsicherheit, Armut oder drohender Armut abgefunden.

Die Unzufriedenheit, die durch diese Veränderungen bei einem Teil der Bevölkerung ausgelöst wird, ist nicht zu unterschätzen. Inwieweit dadurch die politische Stabilität bedroht wird, bleibt abzuwarten. Dass die Zahl derer wächst, deren Interessen im politisch-sozialen System Deutschlands nicht mehr – oder jedenfalls nicht mehr so, wie es ihren Vorstellungen entspricht – berücksichtigt werden, ist nicht zuletzt auch an der geringer werdenden Wahlbeteiligung, an der Erosion der Volksparteien und am Entstehen einer neuen Oppositionspartei links der traditionellen Sozialdemokratie abzulesen. Auf der anderen Seite scheint sich, wie die eindrucksvolle Sozialreportage von Julia Friedrichs über »Elite-Studierende« zutage gefördert hat, auf der »Gewinnerseite« ein neuer ausgeprägt anti-egalitärer und elitärer Geist breitzumachen, der das Bekenntnis zu Konkurrenz, Leistung und Fleiß mit mitleidloser Missachtung für diejenigen verbindet, die nicht ähnlich erfolgreich sind (Friedrichs 2009).

Die geschilderte Verunsicherung und die wachsende Unzufriedenheit sind auch empirisch nachweisbar. Ein langsam, aber kontinuierlich größer werdender Teil der deutschen Bevölkerung schätzt die gesellschaftlichen Verhältnisse als ungerecht ein. So fühlten sich in Westdeutschland im Jahr 1980 36% persönlich ungerecht behandelt, 2008 waren es 44% (Glatzer 2009, S. 17). Deutlich höher ist der Anteil derer, aus deren Sicht – unabhängig von ihrer eigenen Situation – der Wohlstand in Deutschland ungerecht verteilt ist; 1998 waren dies 71% der Westdeutschen, zehn Jahre später 79% (ebd., S. 19). Eine Umfrage der Zeitschrift GEO von 2007 brachte ein ähnliches Ergebnis: Lediglich 18% der Befragten hielten die Einkommens- und Vermögensverteilung in Deutschland für gerecht. Nur 31% der West- und 21% der Ostdeutschen waren der Meinung, dass Chancengleichheit herrscht (Schrenker/Ramge 2007, S. 136). Da die Mehrheit gleichzeitig das Leistungsprinzip und differenzierte Entlohnung durchaus bejahte (ebd., S. 137), ist aus den Ergebnisse der GEO-Umfrage zu schließen, dass die bestehende soziale Ungleichheit nicht als Ausdruck von Leistungsgerechtigkeit, sondern von ungerechter Entlohnung und ungleichen Chancen betrachtet wird.

In der Diskussion um soziale Gerechtigkeit geht es aber nicht allein um empirische Daten zur Einkommens- und Vermögensverteilung, um das Ausmaß der von der Bevölkerung wahrgenommenen oder »gefühlten« Gerechtigkeit bzw. Ungerechtigkeit oder um die Bewertung umstrittener wirtschafts- und sozialpolitischer Maßnahmen. Die Kontroversen bekommen vielmehr ihre eigentliche Schärfe dadurch, dass Dissens darüber herrscht, worin soziale Gerechtigkeit besteht. In der bereits erwähnten GEO-Umfrage gaben 52% der Befragten in West- und 65% in Ostdeutschland zu, nicht zu wissen, was Gerechtigkeit eigentlich bedeutet (Schrenker/Ramge 2007, S. 138). Überhaupt muss man sagen: Wenn es Kontroversen über soziale Gerechtigkeit gibt, dann streiten nicht die Befürworter von sozialer Gerechtigkeit gegen die Verfechter der sozialen Ungerechtigkeit, sondern nur die Anhängern verschiedener und teilweise unvereinbarer Konzeptionen von sozialer Gerechtigkeit. Über Ungerechtigkeit klagen ja nicht nur, um ein Beispiel zu nennen, Arbeitslose, die »Hartz IV« beziehen, sondern auch solche, die sich selbst zu den »Leistungsträgern« der Gesellschaft rechnen und glauben, sie würden zu Unrecht gezwungen, den Müßiggang anderer zu finanzieren. Außerdem sind die unterschiedlichen Sichtweisen von sozialer Gerechtigkeit häufig mit gegensätzlichen Interessen verknüpft.

Wir können also zusammenfassend sagen, dass wir es in Deutschland mit drei parallel verlaufenden Entwicklungen zu tun haben:

1. Die tatsächliche Ungleichheit hat zugenommen (nicht nur in Deutschland, sondern weltweit).
2. Die Unzufriedenheit mit den gesellschaftlichen Verhältnissen ist gewachsen.
3. An die Stelle der früher im Kern vorhandenen Übereinstimmung über Normen der sozialen Gerechtigkeit ist ein lebhafter Grundsatzstreit darüber getreten, worin soziale Gerechtigkeit überhaupt besteht.

2 Das sozialstaatliche Gerechtigkeitsparadigma in der Krise

Bis etwa zur Mitte der 1990er Jahre bestand in der Bundesrepublik Deutschland ein sozialstaatlicher Konsens, der nicht nur alle politisch relevante Parteien, sondern auch Gewerkschaften und Arbeitgeberverbände, Kirchen, Wissenschaft und Medien umfasste. Selbstverständlich gab es in vielen Einzelfragen der Wirtschafts- und Sozialpolitik Kontroversen, aber die Grundlagen der sozialstaatlichen Ordnung waren unumstritten: das System der →Tarifverträge, die Konstruktionsprinzipien der Sozialversicherung, die Verpflichtung des Staates, rahmensetzend und regulierend in die Wirtschaft einzugreifen, der Schutz der abhängig Beschäftigten durch das Arbeitsrecht, die →Mitbestimmung und die →Betriebsverfassung, die – wenigstens annähernde – Teilhabe der gesamten Bevölkerung am Produktivitätsfortschritt, die Existenz eines untersten Auffangnetzes in Gestalt der →Sozialhilfe. Diese sozialstaatlichen Institutionen galten als Garanten sozialer Gerechtigkeit und wurden als solche nicht in Frage gestellt: Es wurde nur über die Durchführung und über das quantitative Mehr oder Weniger des Sozialstaats gestritten, nicht über grundsätzliche Alternativen.

In diesem prinzipiellen sozialstaatlichen Konsens lag auch unausgesprochen und ohne, dass es einer förmlichen Definition bedurft hätte, eine gemeinsame Überzeugung über das, was unter sozialer Gerechtigkeit zu verstehen ist. Man kann den Inhalt dieses Konsenses als das »sozialstaatliche Gerechtigkeitsparadigma« bezeichnen. Wie später dargestellt werden wird, beruhte dieses im Wesentlichen auf vier »Säulen«: der Begrenzung der Macht des Kapitals über die Arbeit, dem »Recht auf Arbeit«, der →»Verteilungsgerechtigkeit« und der kollektiven sozialen Sicherheit. Die Dominanz dieses Paradigmas zeigte sich ein letztes Mal, als im Zuge der Wiedervereinigung Deutschlands das gesamte Wirtschafts- und Sozialsystem der Bundesrepublik praktisch ohne irgendeine nennenswerte Modifikation auf die ehemalige Deutsche Demokratische Republik übertragen wurde.

In der zweiten Hälfte der 1990er Jahre wurde eine Tendenz zur Auflösung des sozialstaatlichen Konsenses sichtbar. Es kündigte sich ein Paradigmenwechsel an, der tiefere Ursachen und eine längere Vorgeschichte hatte, der aber in der Schlussphase der Regierung Kohl durch eine Reihe von Entwicklungen ausgelöst wurde, die als krisenhaft empfunden wurden. Eine von ihnen war das Ende des »Einigungsbooms« und die sich daran anschließende Zunahme der Arbeitslosigkeit, vor allem aber die hohe und strukturell verfestigte Langzeitarbeitslosigkeit. Ferner trat die Verschärfung des internationalen Wettbewerbs und der weltwirtschaftlichen Vernetzung ins allgemeine Bewusstsein, wofür damals der Begriff der »Globalisierung« aufkam. Der Aufschwung der durch die Globalisierung geprägten →»New Economy« – d.h. im Wesentlichen Computertechnik, Telekommunikation und →Finanzindustrie – verschaffte besonders den angelsächsischen Ländern USA und Großbritannien ein starkes Wirtschaftswachstum und vermittelte im Umkehrschluss den Eindruck, Deutschland mit seiner relativ hohen Arbeitslosigkeit sei in Stagnation und Niedergang begriffen. Es war die Blütezeit des entfesselten und globalisierten Kapitalismus. Ländern, die es verstanden, sich dem Wettbewerb zu stellen und den Marktkräften freien Raum zu geben, schienen goldene Zeiten bevorzustehen. Denen, die sich nicht ihrer überkommener Strukturen entledigten, drohte der Abstieg.

Der sozialstaatliche Konsens zerbrach und es setzte sich in Wirtschaft, Wissenschaft, Medien und schließlich auch in der Politik eine sozialstaatskritische Auffassung durch, nach welcher der traditionelle deutsche Sozialstaat mit seinen Regulierungen und seinen Sicherheiten die eigentliche Ursache des Mangels an wirtschaftlicher Dynamik und der hohen Arbeitslosigkeit ist. Der Rückbau, zumindest aber der Umbau des Sozialstaats galt folglich als Schlüssel zur Lösung aller ökonomischen Probleme. Der neue Geist, der sich bis in die Reihen der Sozialdemokratie und der Grünen verbreitete, war zumindest teilweise vom angelsächsischen »Neoliberalismus« (zum Begriff → Kap. III.3.4) inspiriert.

Reformen größeren Ausmaßes kamen in den letzten Jahren der Regierung Kohl nicht zustande, wohl aber in der Zeit der rot-grünen Regierung unter Bundeskanzler Gerhard Schröder (1998–2005). Unter dem Obertitel → »Agenda 2010« wurden in dieser Zeit einschneidende Arbeitsmarkt- und → Rentenreformen beschlossen, die bewusst als Bruch mit wichtigen traditionellen Prinzipien der deutschen Sozialpolitik konzipiert waren. Sie stellten das traditionelle deutsche Sozialstaatsmodell und das Verständnis von sozialer Gerechtigkeit, das in der alten Bundesrepublik jahrzehntelang mehr oder weniger unumstritten geherrscht hatte, grundsätzlich in Frage. Statt Kapitalmacht einzugrenzen, setzte man auf Deregulierung, Privatisierung und Vorrang für marktwirtschaftliche Lösungen; kollektive soziale Sicherheit sollte wenigstens teilweise durch individuelle Eigenverantwortung ersetzt, Verteilungsgerechtigkeit zugunsten von → »Leistungsgerechtigkeit« zurückgedrängt werden. Dieses Programm war zwar nicht »neoliberal« im strengen Sinne (also nach dem angelsächsischen Muster von Margaret Thatcher und Ronald Reagan), aber aus der deutschen Perspektive und vor dem Hintergrund der ausgeprägt sozialstaatlichen Tradition musste es als solches erscheinen; es provozierte entsprechenden Widerstand.

Die damit verbundenen politischen Auseinandersetzungen beschränkten sich nicht auf die unmittelbaren sozialpolitischen Streitfragen. Vielmehr begann eine lebhafte politische und auch wissenschaftliche Grundsatzdiskussion über soziale Gerechtigkeit. Da die Reformen in der Bevölkerung und auch in den Parteien, welche sie politisch zu verantworten hatten, vielfach als ungerecht empfunden wurden, versuchten ihre Befürworter, der Kritik durch eine neue Definition sozialer Gerechtigkeit zu begegnen, wobei sie sich auf theoretische Vorarbeiten von Anthony Giddens (1999, 2001) und Amartya Sen (2002) stützten. Man kann also sagen, dass nach einem post-sozialstaatlichen Gerechtigkeitsparadigma gesucht wurde, das an die Stelle des sozialstaatlichen Gerechtigkeitsparadigma treten sollte. Damit zeigte sich, dass es bei der Diskussion um soziale Gerechtigkeit eben nicht nur um Fakten, Zustände und politische Maßnahmen geht, sondern ebenso um die Frage, an welchen ethischen Maßstäben der Gerechtigkeit diese zu messen sind.

Die Gerechtigkeitsdebatte, welche die Sozialreformen der Regierung Schröder begleitete, machte deutlich, dass in der Diskussion über das richtige Verständnis von sozialer Gerechtigkeit zugleich ein typischer sozialer und politischer Konflikt des deregulierten und globalisierten Kapitalismus zum Ausdruck kommt, nämlich der zwischen den potenziellen Modernisierungs- und Globalisierungsgewinnern einerseits und den Verlierern dieser Prozesse andererseits. Soziale Sicherheit, soziale Umverteilung und staatliche Regulierung sind aus der Sicht der potenziellen Gewinner Hemmnisse, die ihre Wettbewerbsfähigkeit beeinträchtigen und die Modernisierung behindern; für die Verlierer sind sie unverzichtbarer Schutz, auf den sie im Strudel der Globalisierung angewiesen sind.

Dieser neue Konflikt hat den alten Konflikt zwischen Arbeit und Kapital nicht etwa ersetzt, sondern modifiziert und verschärft. Gewinner und Verlierer gibt es zwar auf beiden Seiten, sowohl bei den Kapitaleignern als auch bei den abhängig Beschäftigten, aber der Effekt dieses Spaltungsprozesses ist asymmetrisch: Die Auflösung der kollektiven Solidarität schwächt in erster Linie die Organisationsfähigkeit und die Macht der Arbeitnehmerinteressen. Nicht nur zwischen den gut ausgebildeten Arbeitnehmerinnen und Arbeitnehmern in Spezialberufen und der Masse der weniger gut oder überhaupt nicht Qualifizierten, sondern auch zwischen den aktiv Erwerbstätigen und den Bezieherinnen und Beziehern von Sozialleistungen zeigen sich in zunehmenden Maße Konflikte, die im Ergebnis die Kapitalseite stärken.

Die heftige Grundsatzdiskussion über das sozialstaatliche und das postsozialstaatliche Gerechtigkeitsparadigma beherrschte die erste Hälfte der 2000er Jahre. Danach ebbte sie ab, und man kann sagen, dass sie etwa ab dem Jahre 2005 von einer Phase der Unsicherheit und eines neuen Pragmatismus abgelöst wurde, ohne dass sich ein neuer Konsens herausgebildet hätte. Dass die Intensität der Debatte, jedenfalls vorläufig, abgenommen hat, ist vor allem auf zwei Umstände zurückzuführen:

1. Die beiden →»Volksparteien« CDU/CSU und SPD wurden mit Misserfolgen bei Wahlen dafür bestraft, dass sie sich mit ihrer Politik und ihrer Programmatik in Gegensatz zu Vorstellungen von sozialer Gerechtigkeit gesetzt hatten, die offensichtlich nach wie vor in der Bevölkerung breit verankert sind.
   Die SPD verlor 2005 ihre Stellung als Kanzlerpartei. Sie musste – strategisch noch schlimmer – hinnehmen, dass sich neben ihr eine im traditionellen Sinne links-sozialdemokratische neue Oppositionspartei etablierte; bei der Bundestagswahl 2009 erlitt sie eine weitere Niederlage, die ihren Anspruch als Volkspartei in Frage stellte. Die Union verspielte bei

der Bundestagswahl 2005 nicht zuletzt wegen ihres radikal marktwirtschaftlichen Reformprogramms den schon sicher geglaubten großen Wahlsieg. So war es folgerichtig, dass die Große Koalition in den Jahren 2005 bis 2009 die Sozialreformpolitik der Regierung Schröder nicht fortsetzte: weder CDU/CSU noch SPD wollten riskieren, ihre Wähler weiter zu verärgern. Auch die bürgerliche Koalition aus CDU/CSU und FDP, die seit 2009 im Bund regiert, hat keine größeren Reformen im Sozialbereich mehr gewagt.

2. Die vor wenigen Jahren noch vorherrschende »neoliberale« oder jedenfalls wirtschaftsliberale, auf Deregulierung und marktwirtschaftlich-private Lösungen setzende Doktrin hat durch die große Finanz- und Wirtschaftskrise einen schweren Rückschlag – manche meinen auch einen Bankrott – erlebt. Infolge dieser Krise, die 2007 mit einem Absturz der Immobilienpreise in den USA begann, sich zu einer weltweiten Bankenkrise und einer großen Rezession ausweitete und immer noch nicht überwunden ist, standen statt des Rückzugs des Staates aus der Wirtschaft plötzlich staatliche Hilfen und Konjunkturprogramme bis dahin unbekannten Ausmaßes auf der Tagesordnung. Das zuvor in den Markt gesetzte Vertrauen wich zumindest vorübergehend einem neuen Staatsinterventionismus. Als wichtigstes Projekt gilt jetzt nicht mehr die Entfesselung der privaten Initiative, sondern die Regulierung der außer Kontrolle geratenen Finanzmärkte.

Trotzdem bleibt die Situation unübersichtlich. Zwar scheint die Ära der marktwirtschaftlich-liberalen Sozialreformen erst einmal beendet zu sein. Zunächst sah es sogar so aus, als stünde dem herkömmlichen Sozial- und →Interventionsstaat ein neuer Aufschwung bevor – nicht nur in Deutschland, sondern auch in anderen Ländern, besonders in den USA, wo die Wahl Barack Obamas zum Präsidenten damals eine solche Entwicklung anzudeuten schien. Diese Erwartungen – Hoffnungen für die einen, Befürchtungen für die anderen – haben sich aber nicht erfüllt. Vor allem seit den →G20-Gipfeln von Toronto und Seoul im Juni bzw. November 2010 mehren sich die Anzeichen, dass es der politisch einflussreichen Finanzbranche gelingen wird, eine wirklich einschneidende international koordinierte Regulierung der Finanzmärkte und eine angemessene Beteiligung des Finanzsektors an den Kosten der Krise zu verhindern.

Einerseits sind die Versuche, ein neues, an den »Neoliberalismus« angelehntes post-sozialstaatliches Gerechtigkeitsparadigma durchzusetzen und den Sozialstaat grundlegend umzubauen, nach bemerkenswerten Anfangserfolgen zum Stehen gekommen. Projekte, welche ähnlich konsequent mit sozialstaatlichen Traditionen brechen, wie es die Arbeitsmarkt- und

Rentenreformen der Regierung Schröder getan haben, werden wahrscheinlich nicht so schnell wieder in Angriff genommen werden. Andererseits konnte der Schwächeanfall, den die Reformer infolge der Finanz- und Wirtschaftskrise erlitten haben, nicht zur Revitalisierung der sozialstaatlichen Ideen genutzt werden. Zusätzlich hat die europäische Staatsschuldenkrise, die in gewisser Weise als Folge der großen Finanzkrise betrachtet werden kann, das Vertrauen in die Fähigkeit des Staates, soziale Gerechtigkeit zu garantieren, weiter erschüttert.

Das Ergebnis ist eine merkwürdige Pattsituation, in der die Grundsatzdiskussion darüber, was soziale Gerechtigkeit bedeutet, ob der Sozialstaat die Gerechtigkeitsfrage angemessen beantwortet oder ob die Antwort jenseits des Sozialstaats gesucht werden muss, einstweilen abgeebbt ist. An ihre Stelle ist wieder der Streit um einzelne konkrete Projekte getreten. Latent bleibt die Frage nach der sozialen Gerechtigkeit aber bestehen und sie wird früher oder später wieder aktuell werden. In Wirklichkeit ist also die Frage, wie es mit der sozialen Gerechtigkeit weitergehen soll, nur vertagt.

3 Die Fragestellung

Das Thema der sozialen Gerechtigkeit kann man als Tatsachenfrage oder als normative Frage behandeln:

- Betrachten wir soziale Gerechtigkeit als Tatsachenfrage, dann analysieren wir gesellschaftliche Zustände und Entwicklungen oder auch sozial- und wirtschaftspolitische Programme und Projekte, um sie dann – nach welchem Maßstab auch immer – unter dem Aspekt der sozialen Gerechtigkeit zu beurteilen. Typische Fragestellungen dieser Art wären z. B., wie die Einkommen und Vermögen verteilt sind, wie verbreitet Armut ist und wie sie sich entwickelt, welche Bildungs- und Aufstiegschancen bestehen, welche Personengruppen durch bestimmte sozialpolitische Maßnahmen begünstigt oder belastet werden usw. Die gerechtigkeitsrelevanten Tatbestände zu beschreiben und zu erklären, ist zwar interessant und sogar unerlässlich, aber dies ergibt allein noch kein Urteil über Gerechtigkeit oder Ungerechtigkeit. Dazu bedarf es zusätzlich eines normativen Maßstabs sozialer Gerechtigkeit, um die Tatsachen auch bewerten zu können.
- Wird soziale Gerechtigkeit als normative Frage aufgefasst, dann wird der Begriff »soziale Gerechtigkeit« selbst zum Gegenstand der Überlegungen. Wir fragen nicht, wie die gesellschaftliche Situation beschaffen

ist, sondern nach welchem Kriterium zu entscheiden ist, ob ein gesellschaftlicher Zustand gerecht oder ungerecht ist. Es geht also darum, was unter sozialer Gerechtigkeit verstanden wird bzw. zu verstehen ist.

In diesem Buch geht es um die normative Seite der sozialen Gerechtigkeit, also um die Frage, worin soziale Gerechtigkeit besteht. Die Frage der sozialen Gerechtigkeit als Tatsachenfrage wird weitgehend ausgeklammert. Die Leserinnen und Leser werden daher auch keine statistischen Informationen über Tatbestände wie Einkommensverteilung, Armut, Reichtum, Bildungschancen, Vermögenskonzentration, Gleichstellung bzw. Ungleichbehandlung der Geschlechter, Zugang zu medizinischen Leistungen, Niedriglöhne, prekäre Beschäftigung usw. finden. Selbstverständlich sind solche Fakten im höchsten Grade gerechtigkeitsrelevant, aber hier geht es nicht um die Fakten als solche, sondern um die Normen, die wir benötigen, um diese Fakten unter dem Gesichtspunkt der sozialen Gerechtigkeit bewerten zu können. Außerdem sind inzwischen Bücher kein geeignetes Medium mehr, um zeitnah über aktuelle statistische Befunde zu informieren. Fast monatlich kommen neue und interessante Studien auf den Markt, die häufig auch im Internet verfügbar sind.[3]

Im Folgenden wird es also in der Hauptsache um die Normen der sozialen Gerechtigkeit gehen. Bei Normen haben wir es aber immer mit Werturteilen zu tun. Diese Werturteile kann man wiederum in zweifacher Hinsicht betrachten. Erstens kann man die Tatsache beschreiben und zu erklären versuchen, dass bestimmte Werturteile in der Gesellschaft verbreitet sind und auf Zustimmung oder Ablehnung stoßen. Zweitens kann man zu diesen Werturteilen Stellung beziehen und versuchen, diese Stellungnahme rational zu begründen.

- Im ersten Fall wird gefragt, welche Leitbilder von sozialer Gerechtigkeit es in der Gesellschaft gibt und wie sie sich verändern, welche soziale Konflikte in ihnen zum Ausdruck kommen und wie die Entstehung und der Wandel solcher Gerechtigkeitsvorstellungen aus den gesellschaftlichen Rahmenbedingungen heraus erklärt werden können. Aus dieser Perspektive werden also die Normen sozialer Gerechtigkeit nicht mit ihrem normativen Gehalt, sondern als gesellschaftliche Tatsachen zum Gegenstand. Das Ergebnis solcher Untersuchungen besteht demnach auch nicht in Werturteilen – also dass dies oder jenes gerecht oder ungerecht ist –, sondern in der Feststellung von Tatsachen oder wenigstens in der Vermutung über Tatsachen. Es geht also um empirische Soziologie, Politikwissenschaft oder auch um Geschichtswissenschaft.

- Wenn jedoch der normative Gehalt von Gerechtigkeitsnormen untersucht werden soll, dann ist davon die Rede, welche Vorstellungen von sozialer Gerechtigkeit akzeptabel oder nicht akzeptabel sind und was für bzw. gegen bestimmte Gerechtigkeitskonzeptionen spricht. Bei dieser Herangehensweise haben wir es nicht mit Tatsachenfeststellungen zu tun, sondern mit Werturteilen. Es geht also im Prinzip um Fragen, die in den Bereich der philosophischen Ethik oder der politischen Philosophie gehören.

Im vorliegenden Buch steht die erste der beiden genannten Perspektiven im Vordergrund. Es sollen also vor allem die sozialen, ökonomischen und politischen Hintergründe der gegenwärtigen Diskussion über soziale Gerechtigkeit ausgeleuchtet werden. Im Zentrum steht zum einen die Frage, wie es aus den gesellschaftlichen Bedingungen heraus zu erklären ist, dass in Deutschland der oben erwähnte gesellschaftliche Konsens über das Verständnis von sozialer Gerechtigkeit allmählich dahinschwindet; zum zweiten ist zu fragen, welche Entwicklungen und Konflikte in den Bemühungen um ein neues Gerechtigkeitsverständnis zum Ausdruck kommen. In erster Linie interessieren also das Entstehen und der Wandel der Gerechtigkeitsnormen in unserer Gesellschaft. Die Frage, wie ihr normativer Gehalt bewertet werden soll, ist dabei zunächst zweitrangig. Obwohl die Untersuchung Werturteile – nämlich die in der Gesellschaft vorherrschenden und im Konflikt befindlichen Gerechtigkeitskonzeptionen – zum Gegenstand hat, kommt die Untersuchung im Prinzip ohne Werturteile aus. In diesem Sinne wird in den Kapiteln I bis IV des vorliegenden Buches argumentiert.

Allerdings ist es nicht möglich, bei der Diskussion über soziale Gerechtigkeit der eigentlichen Werturteilsfrage gänzlich auszuweichen. Da die Position, die ein Autor als Person einnimmt, ohnehin nicht völlig ausgeklammert werden kann und den Leserinnen und Lesern kaum verborgen bleiben wird, wäre es unsinnig, jede Stellungnahme vermeiden zu wollen. Allerdings können Werturteile und Überzeugungen nicht durch Feststellung von Tatsachen bewiesen oder widerlegt werden. Wie hoch der Einkommensunterschied zwischen den Arbeitern und den Spitzenmanagern in einem Unternehmen ist, lässt sich z.B. zahlenmäßig feststellen; ob aber die ermittelte Einkommensdifferenz gerecht oder ungerecht ist und anhand welchen Kriteriums darüber entschieden werden sollte, das ist damit noch keineswegs geklärt. Ob und in welcher Hinsicht eine gerechte Ordnung der Gesellschaft soziale Gleichheit verlangt oder im Gegenteil Ungleichheit zulassen muss, darüber denken die Philosophen seit 2400 Jahren, von Platon angefangen bis in die Gegenwart, nach; endgültig beantwortet werden konnte die Frage, worin soziale Gerechtigkeit besteht, bislang jedoch nicht (vgl. hierzu Ebert 2010).

Viele Autoren und Autorinnen ziehen aus dieser Tatsache den Schluss, dass Werturteile – und damit auch Urteile über soziale Gerechtigkeit – im Letzten prinzipiell nicht rational begründet werden können. Ob sie damit recht haben, kann hier offen bleiben. Denn selbst wenn Werturteile rational begründet werden könnten, dann bliebe es doch eine Tatsache, dass solche Begründungen, mit wie viel Mühe und genialen Ideen auch immer Philosophen sich daran versucht haben, niemals restlos alle überzeugt haben und dass jede Antwort neue Fragen ausgelöst hat. Letztlich kommen in unseren Urteilen über soziale Gerechtigkeit auch unsere persönlichen Entscheidungen und moralischen Abwägungen zum Ausdruck. Wenn wir uns dabei um »Objektivität« bemühen, so bedeutet dies nicht, dass wir uns auf objektive Prinzipien berufen könnten, sondern lediglich, dass wir Gegenargumente ernsthaft in Betracht ziehen und uns so wenig wie möglich von den eigenen materiellen Interessen beeinflussen lassen sollten.

Dieses etwas ernüchternde Ergebnis legt zwar den Verzicht auf apodiktische Werturteile über soziale Gerechtigkeit nahe, bedeutet aber nicht, dass eine rationale Diskussion über Normen sozialer Gerechtigkeit unmöglich wäre. Dazu gibt es vielmehr eine ganze Reihe von Möglichkeiten. Eine davon besteht darin, klar zwischen Tatsachenbehauptungen und Werturteilen zu unterscheiden, die Tatsachenbehauptungen anhand von Fakten zu klären und dadurch die Entscheidung über die Werturteile zu erleichtern. Man kann Gerechtigkeitsnormen auch auf innere Widerspruchsfreiheit und auf die Vereinbarkeit mit anderen anerkannten ethischen Normen hin überprüfen und die Folgen und etwaige unerwünschte Nebenfolgen abschätzen. Ferner ist zu überlegen, ob, wie und um welchen Preis bestimmte Gerechtigkeitsnormen überhaupt realisierbar sind. Schließlich können auch die Motive und Interessenlagen derer hinterfragt werden, welche bestimmte Gerechtigkeitsnormen propagieren oder kritisieren – nicht etwa weil etwas allein schon deswegen gerecht oder ungerecht wäre, weil es bestimmten Interessen dient oder hinderlich ist, sondern weil die Kenntnis der Absichten verborgene Prämissen erkennen lässt und argumentative Kurzschlüsse aufdecken kann (zu den methodischen Fragen vgl. Albert 1991, S. 81–95, Ebert 2010, S. 63–67).

In diesem eingeschränkten Sinne einer kritischen Diskussion von Werturteilen werden in dem vorliegenden Buch Fragen des normativen Gehalts von Konzeptionen sozialer Gerechtigkeit behandelt. Dies geschieht hauptsächlich in den Kapiteln V bis X.

4 Die wichtigsten Thesen

1. Soziale Gerechtigkeit ist nicht allein eine Frage gesellschaftlicher Tatsachen, sondern auch der Normen, die vorausgesetzt werden müssen, um gesellschaftliche Verhältnisse als gerecht oder ungerecht bewerten zu können. Es reicht nicht, die Fakten an einem als selbstverständlich angenommenen Gerechtigkeitskriterium zu messen; die Gerechtigkeitskriterien selbst sind Gegenstand der kontroversen Diskussion.
2. Das heute in der Bevölkerungsmehrheit dominante Gerechtigkeitsverständnis beruht nicht auf einem geschlossenen theoretischen Konzept, sondern ist historisch gewachsen. Da es im Wesentlichen in der Aufbauphase des Sozialstaats der Bundesrepublik Deutschland geprägt wurde, kann von einem »sozialstaatlichen Gerechtigkeitsparadigma« gesprochen werden.
3. Dieses sozialstaatliche Gerechtigkeitsparadigma ist in der historisch einmaligen Prosperitätsphase des Kapitalismus in der Zeit zwischen dem Ende des 2. Weltkriegs und der Mitte der 1970er Jahre entstanden. Es entspricht daher den besonderen ökonomischen, sozialen und politischen Rahmenbedingungen jener Entwicklungsphase der westlichen kapitalistischen Länder (»fordistischer« Kapitalismus). Weil für diese Prosperitätsphase ein relativ hohes Maß an sozialem Ausgleich kennzeichnend war, kann auch von »sozialem Kapitalismus« (sozialstaatlich reguliertem Kapitalismus) gesprochen werden.
4. Die besonderen Bedingungen, welche die Prosperitätsphase im dritten Viertel des 20. Jahrhunderts ermöglicht haben, bestehen heute nicht mehr. Drei miteinander zusammenhängende Trends (Strukturwandel von der Industrie- zur Dienstleistungsgesellschaft, Globalisierung und Individualisierung) haben den Niedergang des sozialen Kapitalismus herbeigeführt. Dies hat dem sozialstaatlichen Gerechtigkeitsparadigma die Grundlage entzogen und zur allmählichen Erosion des Sozialstaats geführt.
5. Das Spannungsverhältnis zwischen dem alten sozialstaatlichen Gerechtigkeitsparadigma und den neuen Rahmenbedingungen eines »postsozialstaatlichen« Kapitalismus ist in einer Grundsatzdiskussion über die Neudefinition des Begriffs der sozialen Gerechtigkeit zum Ausdruck gekommen; sie begann in Deutschland zu Beginn 2000er Jahre, begleitend zur Reformpolitik der rot-grünen Regierung. Zugleich äußert sich hier auch der zentrale soziale Konflikt des deregulierten und globalisierten Kapitalismus, nämlich der zwischen den Modernisierungs- und Globalisierungsgewinnern und den Verlierern dieses Prozesses.

6. Kennzeichnend für die Bemühungen, das traditionelle sozialstaatliche Gerechtigkeitsverständnis durch ein post-sozialstaatliches Gerechtigkeitsmodell zu ersetzen, ist einerseits das Festhalten an der Idee der sozialen Gerechtigkeit, andererseits das Bestreben, der Verteilungsgerechtigkeit eine geringere und dafür der Chancengleichheit und der individuellen Eigenverantwortung eine deutlich größere Bedeutung beizumessen.
7. Die auf dieser Basis entwickelten Gerechtigkeitskonzeptionen, z.B. »Teilhabegerechtigkeit« oder »Generationengerechtigkeit«, weisen vielfach innere Unstimmigkeiten auf und enthalten problematische Prämissen. Ungeachtet der erkennbaren Schwächen des sozialstaatlichen Gerechtigkeitsparadigmas scheinen sie daher wenig geeignet zu sein, an dessen Stelle zu treten.
8. Mit der neuen weltweiten Finanz- und Wirtschaftskrise hat eine neue Phase der Unübersichtlichkeit begonnen. Der →»Neoliberalismus« hat deutlich an Attraktivität verloren, aber es hat auch keine Renaissance des sozialstaatlich regulierten Kapitalismus gegeben. Die Euro-Staatsschuldenkrise hat gezeigt, dass die Staaten nicht mehr stark genug sind, ordnend und steuernd in die Finanzmärkte und in das ökonomische Geschehen einzugreifen. Deshalb und weil die großen Trends – Strukturwandel, Globalisierung und Individualisierung – ungebrochen sind, ist eher damit zu rechnen, dass der globalisierte Finanzmarktkapitalismus seine Krisen überdauern wird.

5 Gliederung und Inhalt

Das Buch besteht aus zwei Teilen. Teil A (Kapitel I bis V) hat den Wandel des herkömmlichen Modells der sozialen Gerechtigkeit vor dem Hintergrund der gesellschaftlichen Strukturveränderungen und der Krise des Sozialstaats zum Gegenstand. Teil B (Kapitel VI bis X) behandelt eine Reihe von speziellen Problemen der sozialen Gerechtigkeit, die von besonderem aktuellem Interesse sind.

In Kapitel I wird zunächst herausgearbeitet, dass unser herkömmliches Verständnis von sozialer Gerechtigkeit, das auch heute noch den Bezugspunkt der politischen Auseinandersetzungen darstellt, durch die spezifische Ausgestaltung geprägt worden ist, die der Sozialstaat in der Prosperitätsphase des Industriekapitalismus in dem Vierteljahrhundert zwischen dem Ende des Zweiten Weltkriegs und der Mitte der 1970er Jahre erfahren hat. Anschließend werden die vier zentralen Leitideen dieses typisch sozialstaatlichen Gerechtigkeitsmodells dargelegt.

In Kapitel II wird gezeigt, dass das sozialstaatliche Gerechtigkeitsparadigma – ebenso wie der Sozialstaat selbst – das Resultat einer ganz bestimmten Basiskonstellation von ökonomischen, politischen und sozialen Rahmenbedingungen des »Wohlstandskapitalismus« gewesen ist, welche sich im dritten Viertel des 20. Jahrhunderts herausgebildet hatten. Den Abschluss dieses Kapitels bildet der Versuch einer kritischen Zwischenbilanz des sozialstaatlichen Gerechtigkeitsparadigmas. Seine Herkunft aus der »sozialen Frage« des Industriezeitalters wirkt noch heute fort und zeigt sich darin, dass soziale Gerechtigkeit im Wesentlichen nur insoweit thematisiert wird, als es um den Konflikt zwischen Arbeit und Kapital und um die großen Lebensrisiken geht, die mit der marktwirtschaftlich-kapitalistischen Produktionsweise verbunden sind.

In Kapitel III wird dargestellt, dass die wohlstandskapitalistische Basiskonstellation, die den Sozialstaat und das sozialstaatliche Gerechtigkeitsparadigma überhaupt erst ermöglicht hat, heute in der alten Form nicht mehr oder jedenfalls nur noch teilweise existiert und es werden die Ursachen dafür benannt.

In Kapitel IV wird die Suche nach einem neuen Modell von sozialer Gerechtigkeit jenseits des sozialen Kapitalismus geschildert; einem Modell, das dem globalisierten und deregulierten Kapitalismus besser gerecht werden soll als das herkömmliche Verständnis von beschützender und umverteilender sozialer Gerechtigkeit. Es beginnt mit einem kurzen Blick auf die gerechtigkeitstheoretische Diskussion der letzten eineinhalb Jahrzehnte, die durch eine kritische Auseinandersetzung mit dem herkömmlichen Leitbild der Verteilungsgerechtigkeit geprägt war und insofern die Basis für die Abkehr vom sozialstaatlichen Gerechtigkeitsparadigma gelegt hat. Anschließend wird die politische Grundsatzdiskussion dargestellt, die in Deutschland in der Phase der Sozialreformen, also zwischen dem Amtsantritt der rot-grünen Regierung und dem Beginn der weltweiten Finanz- und Wirtschaftskrise, stattgefunden hat. Im letzten Teil des Kapitels wird geschildert, in welche Richtung sich die Gerechtigkeitsdebatte seit dem Beginn der großen Finanz- und Wirtschaftskrise entwickelt hat.

In Kapitel V wird das sich herausbildende post-sozialstaatliche Gerechtigkeitsparadigma näher analysiert kritisch bewertet.

In Kapitel VI geht es um den gerechten Umgang mit Langzeitarbeitslosigkeit und Armut, d.h. vor allem um die Kontroverse um die Arbeitsmarktreformen der rot-grünen Regierung.

Kapitel VII handelt von der Idee des bedingungslosen Grundeinkommens; sie tritt mit dem Anspruch auf, eine interessante Alternative zu der repressiven Arbeitsmarktpolitik, die in der Regel aus dem post-sozialstaatlichen Prinzip der »Teilhabegerechtigkeit« abgeleitet wird, zu bieten.

Kapitel VIII ist dem Problem der Generationengerechtigkeit gewidmet, das vor allem mit dem Schwerpunkt auf den Themen Staatsverschuldung und Finanzierung der Alterssicherung diskutiert wird.

Kapitel IX behandelt das Problem der gerechten Finanzierung des Gesundheitswesens, d. h. vor allem die Frage »Kopfpauschale« vs. »Bürgerversicherung«.

Kapitel X versucht, die zusätzlichen und neuartigen Gerechtigkeitsprobleme aufzuarbeiten, die mit dem globalisierten Finanzmarktkapitalismus und mit der Entstehung einer »Glücksspielindustrie« entstanden sind.

Das abschließende Fazit wirft die Frage nach der Zukunft der sozialen Gerechtigkeit auf. Im historischen Rückblick erscheint der sozial regulierte Kapitalismus des dritten Viertels des 20. Jahrhunderts als das relativ gerechteste der bisher praktisch realisierten Wirtschafts- und Gesellschaftssysteme. Angesichts der veränderten Rahmenbedingungen, die zum kontinuierlichen Niedergang des sozialen Kapitalismus geführt haben, ist es jedoch fraglich, ob dieses Modell eine Zukunftschance hat. Deshalb wird der Ruf nach sozialer Gerechtigkeit aber nicht verschwinden. Da die Geschichte grundsätzlich offen ist und häufig unvorhergesehene Wendungen nimmt, wird es niemals aussichtslos sein, dieses Ziel zu verfolgen.

Anmerkungen

1 Statistisches Bundesamt, Volkswirtschaftliche Gesamtrechnungen, Inlandsproduktsberechnung, Lange Reihen ab 1970 (destatis.de).

2 Eigene Berechnung. Datenquelle Statistisches Taschenbuch des Bundesministeriums für Arbeit und Soziales 2009, Tabellen 1.10 und 1.14. Das Jahr 2009 ist wegen der untypischen Sondersituation der Finanz- und Wirtschaftskrise nicht in diese Berechnung einbezogen worden (in diesem Jahr war sowohl bei den Löhnen als auch bei den Gewinnen ein tiefer Einbruch zu verzeichnen).

3 Vgl. Becker/Hauser 2004, Grabka/Krause 2005, Göbel u. a. 2005, Armuts- und Reichtumsbericht 2008, Bundesministerium für Familie, Senioren, Frauen und Jugend 2008, Frick/Grabka 2008 und 2009, Schäfer 2008, 2009, 2009a und 2010, Statistisches Bundesamt 2008, Goebel u. a. 2010, Grabka/Frick 2010 u. Schreiner 2008).

Soziale Gerechtigkeit im Umbruch

I. Der Sozialstaat und das sozialstaatliche Gerechtigkeitsparadigma

1 Das traditionelle Gerechtigkeitsverständnis als Ausdruck des historisch gewachsenen Sozialstaats

Bis in die Mitte der 1990er Jahre bestand in Deutschland ein breiter gesellschaftlicher Konsens über das, worin soziale Gerechtigkeit besteht. Dieser Konsens beruhte nicht auf irgendwelchen allgemein anerkannten ideologischen, philosophischen oder religiösen Grundlagen, sondern hatte sich als Folge des Auf- und Ausbau des bundesrepublikanischen Sozialstaats in den ersten Jahrzehnten nach dem 2. Weltkrieg pragmatisch ergeben. Der Sozialstaat hat für die Frage, was mit sozialer Gerechtigkeit gemeint ist, eine hervorragende Bedeutung, denn er hat normbildend gewirkt. Immer wenn heute kontrovers über soziale Gerechtigkeit diskutiert wird, geschieht dies vor dem Hintergrund der etablierten und selbstverständlich gewordenen Institutionen und Regelungen des Sozialstaats, die von der großen Mehrheit der Bevölkerung akzeptiert worden sind und auf Dauer das allgemeine Gerechtigkeitsempfinden geprägt haben.

Ein kleines Beispiel aus der Politik der letzten Jahre kann das illustrieren: Dass die Beiträge der gesetzlichen Krankenversicherung nach dem Einkommen gestaffelt sind, ist seit mehr als 100 Jahren fest in der sozialpolitischen Tradition Deutschlands verankert. Da die Leistungen, welche die Versicherten von den Krankenkassen erhalten, im Wesentlichen nur vom medizinischen Bedarf und nicht vom versicherten Einkommen abhängig sind, bewirken die einkommensabhängigen Krankenversicherungsbeiträge, dass innerhalb der Versichertengemeinschaft eine gewisse Einkommensumverteilung von den Einkommensstärkeren zu den Einkommensschwächeren stattfindet. Als die CDU 2005 mit dem Plan in den Bundestagswahlkampf zog, die einkommensbezogenen Krankenversicherungsbeiträge durch eine für Arme und Reiche gleich hohe sogenannte Kopfprämie zu ersetzen, erntete sie helle Empörung. Die Kopfprämie wurde als eklatante Ungerechtigkeit empfunden, obwohl für Einkommensschwache durchaus ein sozialer Ausgleich aus Steuermitteln vorgesehen war. Die CDU hatte nicht genug bedacht, dass einkommensabhängige Beiträge und die solidarische Einkommensumverteilung innerhalb der gesetzlichen Krankenversicherung in Deutschland als wichtige Säule der sozialen Gerechtigkeit gelten. Zwar hat die Partei das Vorhaben, das Finanzierungssystem der gesetzlichen Krankenversicherung umzustellen, nicht gänzlich aufgegeben und es nach Bildung der Koalition mit der FDP im Jahr 2009 auch erneut aufgegriffen. Aber dies geschah nach den Erfahrungen von 2005 und aus Furcht vor negativen Reaktionen der Wählerinnen und Wähler nur mit äußerster Vorsicht und sozusagen mit spitzen Fingern, indem man das System der einkommensabhängigen Beiträge unangetastet ließ und sich darauf beschränkte, lediglich künftige Kostensteigerungen in der medizinischen Versorgung über einen Pauschalbeitrag zu finanzieren. Auf das Problem der gerechten Finanzierung des Gesundheitswesens wird in Kapitel IX näher eingegangen; hier wird darauf nur kurz eingegangen, um zu zeigen, wie sehr die historisch gewachsenen institutionellen Regelungen des Sozialstaats die normativen Vorstellungen der Bevölkerung von sozialer Gerechtigkeit prägen.

Was bei der Mehrheit der Bevölkerung als soziale Gerechtigkeit gilt, ist demnach durch den Sozialstaat geprägt. Wir haben es hier also nicht mit einem eindeutig formulierten und theoretisch begründeten Prinzip zu tun, sondern mit einem Bündel locker verbundener Vorstellungen, das aus der politischen Praxis heraus entstanden ist. Die historisch gewachsene Vorstellung von sozialer Gerechtigkeit ist zwar durch bestimmte charakteristische Inhalte geprägt, aber diese sind unscharf und heterogen. Das ist kein Wunder, denn der Sozialstaat wurde nicht nach einheitlichem Entwurf geplant, sondern ist das Resultat vielfältiger Kompromisse, an denen verschiedene, teilweise durchaus entgegengesetzte politische Kräfte mitgewirkt haben. Deshalb gibt es – wie wir sehen werden – für das herkömmliche Verständnis von sozialer Gerechtigkeit keine einheitliche Rechtfertigung aus einer zentralen Grundidee; es speist sich vielmehr aus unterschiedlichen Legitimationsquellen und Traditionslinien, von denen der vordemokratische Konservativismus, die reformistische Arbeiterbewegung, der Liberalismus und der soziale Katholizismus die wichtigsten sind.

Der wichtigste gemeinsame Nenner, der sozusagen den Kern der Sozialstaatlichkeit ausmacht, ist die Überzeugung, dass in einem System der kapitalistischen Marktwirtschaft der Staat Verantwortung für die soziale Gerechtigkeit zu übernehmen hat. Dies bedeutet, dass der Staat die Wohlfahrt seiner Bürgerinnen und Bürger verbessern und für den Ausgleich oder wenigsten für eine gewisse Befriedung sozialer Gegensätze zu sorgen hat. Er ist deshalb verpflichtet, die marktwirtschaftlichen Prozesse in bestimmtem Umfang zu korrigieren, ohne die marktwirtschaftlichen Mechanismen im Kern anzutasten.

Eine treffende und immer wieder zitierte Begriffsbestimmung des Sozialstaats stammt z.B. von dem Sozialrechtler Hans F. Zacher, eine andere findet sich in dem besonders empfehlenswerten Lehrbuch der Sozialpolitik von Bäcker u.a.:

> »Darauf aufbauend, ist der Sozialstaat ein Staat, der den wirtschaftlichen und wirtschaftlich bedingten Verhältnissen auch in der Gesellschaft wertend, sichernd und verändernd mit dem Ziel gegenübersteht, jedermann ein menschenwürdiges Dasein zu gewährleisten, Wohlstandsunterschiede zu verringern und Abhängigkeitsverhältnisse zu beseitigen oder zu kontrollieren.« (Zacher 1977, S. 154)

> »Der Begriff Sozialstaat ist Ausdruck für die aktive, gestaltende Rolle, die der demokratische Staat im wirtschaftlichen und gesellschaftlichen Leben einnimmt und kennzeichnet zugleich einen historisch-konkreten Gesellschaftstyp, der eine entwickelte marktwirtschaftlich-kapitalistische Ökonomie mit dem Prinzip des sozialen Ausgleichs verbindet. Die Strukturelemente eines Sozialstaats greifen insofern weit über das System der sozialen Sicherung hinaus: Sie reichen von den rechtlichen Regelungen von Arbeitsmarkt, Arbeitsverhältnis und Arbeitsbedingungen bis hin zur allgemeinen Arbeitsmarkt- und Beschäftigungspolitik, von der beruflichen Ausbildung bis hin zur Betriebs- und Unternehmensverfassung und zum Tarifvertragswesen, vom Gesundheitswesen und der Versorgung der Bevölkerung mit sozialen Diensten und Einrichtungen auf kommunaler Ebene bis hin zur Ausgestaltung des Steuerrechts.« (Bäcker u.a. 2010, S. 44)

Dabei ist dreierlei festzuhalten:

1. Soziale Gerechtigkeit im sozialstaatlichen Verständnis zielt vorrangig auf Regulierung des Grundkonflikts der marktwirtschaftlich-kapitalistischen Gesellschaft, nämlich des Konflikts zwischen Arbeit und Kapital, d.h. zwischen den abhängig Beschäftigten einerseits und den Unternehmern und Kapitaleignern andererseits.
2. Soziale Gerechtigkeit im herkömmlichen sozialstaatlichen Sinne ist eine Forderung, die sich hauptsächlich an den Staat richtet.
3. Die Forderung nach sozialer Gerechtigkeit soll nicht durch Überwindung oder Abschaffung der kapitalistischen Marktwirtschaft, sondern durch Korrekturen innerhalb derselben verwirklicht werden.

Historisch gesehen ist der Sozialstaat ein relativ junges Phänomen; seine ersten Ansätze reichen nicht viel weiter zurück als ins 19. Jahrhundert und er hat sich erst nach dem 2. Weltkrieg voll entwickelt. Das Streben nach und das Nachdenken über eine gerechte Staats- und Gesellschaftsordnung ist zwar so alt wie die geschriebene Geschichte und auch in früheren Epochen wurden die Förderung des Gemeinwohls und die Hilfe für Notleidende als Staatsaufgabe und Staatszweck angesehen. Sozialpolitische Interventionen der Staatsgewalt gab es schon im alten Orient, in der römischen Republik und im aufgeklärten Absolutismus des 18. Jahrhunderts. Aber das grundsätzlich Neue des modernen Sozialstaats gegenüber allen historisch früheren Formen von Sozialpolitik lässt sich in zwei wesentlichen Punkten zusammenfassen:

1. Soziale Grundrechte: Der Sozialstaat ist kein Staat der herrschaftlichen Fürsorge für die Untertanen, sondern ein demokratischer Rechtsstaat (auch wenn er sich in Deutschland, anders als in ansonsten vergleichbaren Ländern, aus dem patriarchalischen Fürsorgestaat entwickelt hat). Soziale Gerechtigkeit ist im Sozialstaat keine karitative Aufgabe und ebenso wenig ein machtpolitisches Instrument der Herrschaftssicherung; sie ist vielmehr ein Rechtsanspruch der Bürgerinnen und Bürger auf soziale Teilhabe, den zu erfüllen der Staat verpflichtet ist. Diese sozialen Grundrechte gehen als »positive« Anspruchsrechte der Bürgerinnen und Bürger an den Staat über die klassischen »negativen« Abwehrrechte gegenüber staatlichen Eingriffen hinaus.
2. Systematische staatliche Intervention in ökonomisch-soziale Prozesse: Die sozialstaatliche Sozialpolitik geht über punktuelle und anlassbezogene Maßnahmen hinaus, sie schafft dauerhafte Institutionen und wird dadurch zum wesentlichen Strukturelement der sozialen und wirtschaftlichen Ordnung. Der Sozialstaat übernimmt bewusst die Aufgabe, Klassenkonflikte in der Gesellschaft systematisch zu regulieren und die Einkommensverteilung zu beeinflussen. Damit wird der Zentralstaat zum sozialpolitischen Hauptakteur: Er wird direkt sozialpolitisch tätig und überlässt die Hilfe für Bedürftige nicht mehr primär den Familienverbänden, den adeligen Grundherren, den Zünften oder ständischen Sicherungseinrichtungen, der kirchlichen oder privaten Mildtätigkeit oder auch (wie es ab dem Beginn der Frühen Neuzeit vielfach üblich wurde) den lokalen Gemeinden. Für den Sozialstaat typisch ist vielmehr die Abkehr von der früher vorherrschenden Vorstellung von Armut und Elend als unvermeidbarem Bestandteil des menschlichen Lebens, als Prüfung Gottes oder als Strafe für individuelles Versagen. Stattdessen gelten solche Zustände als Folge gesellschaftlicher Verhältnisse, die durch bewusstes politisches Handeln beeinflusst werden können und müssen.

2 Der Verantwortungsbereich des Sozialstaats

Zunächst ist das Aufgabenfeld zu beschreiben, auf dem der Sozialstaat nach herkömmlichem Verständnis Verantwortung übernehmen soll und in dem er heute Gestaltungsaufgaben und Kompetenzen beansprucht. Wir können daraus nämlich bereits in Umrissen erkennen, welche Güter und Lasten als legitime Gegenstände sozial gerechter Umverteilung betrachtet werden und wer die Akteure und wer die Adressaten dieser Umverteilung sind. Eine solche Umschreibung des sozialstaatlichen Verantwortungsbereichs finden wir in verschiedenen völkerrechtlichen Dokumenten der letzten Jahrzehnte, in denen versucht wurde, einen Katalog sozialer Grundrechte zu formulieren. Als Beispiel wird aus der Europäischen Sozialcharta des Europarats (nicht zu verwechseln mit dem Rat der Europäischen Union[1]) vom 3. Mai 1996 zitiert (s. Kasten).

▸ Soziale Grundrechte in der Europäischen Sozialcharta (revidierte Fassung von 1996, in Kraft seit 1. Januar 1999)

Artikel 1	Recht auf Arbeit (staatliche Beschäftigungspolitik, Arbeitvermittlung, Berufsberatung, Berufsausbildung und Eingliederung)
Artikel 2	Recht auf gerechte Arbeitsbedingungen (Arbeitszeitregelungen, bezahlte Feiertage, Urlaub)
Artikel 3	Recht auf sichere und gesunde Arbeitsbedingungen (Gesundheits- und Unfallschutz am Arbeitsplatz)
Artikel 4	Recht auf gerechtes Arbeitsentgelt (wohlstandssicherndes Arbeitsentgelt, gleiches Entgelt bei gleicher Arbeit, gleiches Entgelt für Männer und Frauen, angemessene Kündigungsfrist)
Artikel 5	Vereinigungsrecht (Recht auf Bildung von Gewerkschaften und Arbeitgeberverbänden)
Artikel 6	Recht auf Kollektivverhandlungen (Tarifrecht, Streikrecht)
Artikel 7	Recht der Kinder und Jugendlichen auf Schutz (Verbot der Kinderarbeit, Jugendarbeitsschutz)
Artikel 8	Recht der Arbeitnehmerinnen auf Mutterschutz
Artikel 9	Recht auf Berufsberatung
Artikel 10	Recht auf berufliche Bildung

Artikel 11	Recht auf Schutz der Gesundheit (Beseitigung der Ursachen von Gesundheitsschäden, Vorbeugung)
Artikel 12	Recht auf soziale Sicherheit
Artikel 13	Recht auf Fürsorge (Recht auf Unterstützung in Notlagen)
Artikel 14	Recht auf Inanspruchnahme sozialer Dienste
Artikel 15	Recht behinderter Menschen auf Eigenständigkeit, soziale Eingliederung und Teilhabe am Leben der Gemeinschaft
Artikel 16	Recht der Familie auf sozialen, gesetzlichen und wirtschaftlichen Schutz
Artikel 17	Recht der Kinder und Jugendlichen auf sozialen, gesetzlichen und wirtschaftlichen Schutz
Artikel 18	Recht auf Ausübung einer Erwerbstätigkeit im Hoheitsgebiet eines anderen Vertragsstaats
Artikel 19	Recht der Wanderarbeitnehmer und ihrer Familien auf Schutz und Beistand
Artikel 20	Recht auf Chancengleichheit und Gleichbehandlung in Beschäftigung und Beruf ohne Diskriminierung aufgrund des Geschlechts
Artikel 21	Recht auf Unterrichtung und Anhörung für Arbeitnehmer/innen (über die wirtschaftliche Lage des Unternehmens und bei Maßnahmen, welche ihre Interessen betreffen)
Artikel 22	Recht auf Beteiligung an der Festlegung und Verbesserung der Arbeitsbedingungen und der Arbeitsumwelt
Artikel 23	Recht älterer Menschen auf sozialen Schutz
Artikel 24	Recht auf Schutz bei Kündigungen
Artikel 25	Recht der Arbeitnehmer auf Schutz ihrer Forderungen bei Zahlungsunfähigkeit ihrer Arbeitgeber
Artikel 26	Recht auf Würde am Arbeitsplatz (Schutz vor sexueller Belästigung und Mobbing)
Artikel 27	Recht der Arbeitnehmer/innen mit Familienpflichten auf Chancengleichheit und Gleichbehandlung (vor allem Vereinbarkeit von Kindererziehung und Erwerbsarbeit)
Artikel 28	Recht der Arbeitnehmervertreter/innen auf Schutz im Betrieb
Artikel 29	Recht auf Unterrichtung und Anhörung in den Verfahren bei Massenentlassungen
Artikel 30	Recht auf Schutz gegen Armut und soziale Ausgrenzung
Artikel 31	Recht auf Wohnung

Wir können aus diesem Dokument folgende traditionelle Hauptaufgabenfelder des Sozialstaats herauslesen:

1. Förderung der Beschäftigung und Orientierung am Vollbeschäftigungsziel; dabei wird zwar der plakative Begriff »Recht auf Arbeit« verwendet, er ist aber nicht wörtlich im Sinne eines individuellen Rechtsanspruchs gemeint, sondern lediglich als Verpflichtung des Staates, eine aktive Beschäftigungspolitik zu betreiben und für einen möglichst hohen Beschäftigungsstand zu sorgen;[2]
2. rechtlicher Schutz für abhängig Beschäftigte; dies betrifft besonders das Arbeitsrecht;
3. gesundheitlicher Schutz für abhängig Beschäftigte; hier geht es um Arbeitsschutz und um besondere Schutzbestimmungen für bestimmte Personengruppen, z. B. Mütter, Schwerbehinderte, Jugendliche;
4. kollektive Interessenvertretung und Mitsprache für abhängig Beschäftigte; dies umfasst zum einen das Koalitionsrecht, das Tarifvertragsrecht und überhaupt das gesamte Feld der Arbeitsbeziehungen, die Gewerkschaften und Arbeitgeber mittels Tarifverträgen regeln, und zum anderen das Recht auf Mitsprache oder Mitbestimmung der Arbeitnehmerinnen und Arbeitnehmer am Arbeitsplatz und im Betrieb; hier handelt es sich zum Teil um eine deutsche Spezialität, denn die gesetzlich institutionalisierte Arbeitnehmerinteressenvertretung durch Mitbestimmung und Betriebsräte (Betriebsverfassungsgesetz) ist in Deutschland wesentlich stärker ausgeprägt als in vergleichbaren Ländern;
5. Bildung und berufliche Ausbildung;
6. Arbeitsförderung und staatliche Arbeitsmarktpolitik;
7. soziale Sicherheit; hier geht es um den Schutz in bestimmten Lebenslagen, von denen angenommen wird, dass sie nicht oder nicht allein durch eigene Erwerbstätigkeit bewältigt werden können: Alter, Invalidität, Krankheit, Pflegebedürftigkeit, Arbeitsunfall, Arbeitslosigkeit. In Deutschland ist es vor allem die Aufgabe der Sozialversicherung, in solchen Lebenslagen soziale Sicherheit zu garantieren. Zu diesen lebenslagenspezifischen Aufgabenfeldern tritt noch das generelle Ziel, in jedem Fall das menschenwürdige Existenzminimum zu gewährleisten und Armut (wie auch immer sie definiert sei) zu verhindern;
8. Schutz für besondere (vor allem für schutzbedürftige benachteiligte oder von Diskriminierung bedrohte) Personengruppen; dazu zählen Familien, Kinder, Frauen, Migranten und Migrantinnen, Menschen mit Behinderung usw. (die Zusammenfassung dieser Gruppen in einem Punkt besagt nur, dass der Sozialstaat neben den klassischen Feldern

wie Arbeitspolitik und sozialer Sicherung auch noch eine spezielle personengruppenbezogene Dimension besitzt).

3 Das traditionelle sozialstaatliche Gerechtigkeitsparadigma

Aus den angeführten Aufgabenfeldern lassen sich die Gerechtigkeitsziele ablesen, an denen sich der Sozialstaat stillschweigend orientiert bzw. nach herkömmlichem Mehrheitsverständnis orientieren sollte. In der Zeit des klassischen Sozialkonsenses in der Bundesrepublik Deutschland waren sie im Prinzip selbstverständlich, auch wenn über ihre konkrete Auslegung und Ausgestaltung kontrovers diskutiert wurde. Einige dieser Ziele treffen noch heute auf allgemeine Zustimmung, andere sind inzwischen umstritten. Trotzdem ist es wichtig, diese Gerechtigkeitsziele herauszuarbeiten, denn aus ihnen können wir anschließend die Essenz des sozialstaatlichen Gerechtigkeitsparadigmas herausdestillieren:

1. Soziale Gerechtigkeit soll innerhalb der kapitalistischen Marktwirtschaft verwirklicht werden. Die kapitalistische Marktwirtschaft soll also nicht abgeschafft oder überwunden, sondern lediglich korrigiert werden. Dafür wurde in der Bundesrepublik Deutschland in den 1950er Jahren der plastische Begriff »soziale Marktwirtschaft«[3] geprägt.
2. Für die Verwirklichung der sozialen Gerechtigkeit ist nach sozialstaatlichem Verständnis vorrangig, wenn auch keinesfalls ausschließlich, der Staat zuständig.
3. Die Macht des Kapitals und der Unternehmer über die abhängig Beschäftigten muss systematisch kontrolliert und begrenzt werden. Diese Forderung beruht auf der Überzeugung, dass es in kapitalistischen Marktwirtschaften stets eine systembedingte Machtasymmetrie gibt, die aus Gerechtigkeitsgründen nicht hingenommen werden kann. In der Soziologie des Sozial- oder Wohlfahrtsstaats hat sich dafür der Terminus →»Dekommodifizierung« (von englisch *commodity* = Ware) eingebürgert, der recht deutlich macht, worum es geht: Die Arbeitskraft darf nicht einfach als betriebswirtschaftlich verfügbare Ware behandelt werden, sondern sie ist als Ausdruck der menschlichen Person zu respektieren. Daraus wird dann die Gerechtigkeitsforderung abgeleitet, den Arbeitsmarkt nicht allein den Marktgesetzen zu überlassen, sondern ihn staatlich zu regulieren, z. B. durch das Recht auf gewerkschaftliche Interessenvertretung und Garantie der Tarifautonomie, durch betriebliche Mitbestimmung sowie durch rechtlichen und gesundheitlichen Schutz für die einzelnen Arbeitnehmerinnen und Arbeitnehmer.

4. Alle Bürgerinnen und Bürger müssen gleiche oder doch wenigstens faire Chancen haben, überhaupt am Marktprozess mit Aussicht auf Erfolg teilzunehmen. Daraus ergibt sich der Anspruch sowohl auf Bildung, Fortbildung und Weiterbildung als auch auf soziale und berufliche Eingliederung.
5. Der Staat ist verpflichtet, nach Möglichkeit für einen möglichst hohen Beschäftigungsstand zu sorgen. Diese staatliche Beschäftigungsverantwortung geht über die Arbeitsmarktpolitik im engeren Sinne hinaus und umfasst in erster Linie die beschäftigungsorientierte Rahmensteuerung der Volkswirtschaft, vor allem des Konjunkturverlaufs. Gelegentlich wird in diesem Zusammenhang auch vom »Recht auf Arbeit« gesprochen.
6. Das sozialstaatliche Verständnis von sozialer Gerechtigkeit ist aufs Engste mit dem Ziel stetig wachsenden Wohlstands für die gesamte Bevölkerung verbunden. Allerdings ist wachsender Wohlstand für alle als solcher keine Gerechtigkeitsforderung im engeren Sinne, sondern eher eine Art Rahmenbedingung für die Realisierung des sozialstaatlichen Gerechtigkeitsmodells: Der Wohlstand, den der marktwirtschaftliche Kapitalismus schafft, ermöglicht es, die Forderungen nach sozialer Gerechtigkeit innerhalb seiner Systemgrenzen zu befriedigen und sogar ihre Nichterfüllung bis zu einem gewissen Grad zu kompensieren; z. B. mag eine ungleiche Einkommensverteilung zwar für sich genommen als ungerecht erscheinen, aber dies ist umso eher hinzunehmen, je höher der Wohlstand auch der zu kurz Gekommenen ist. Wohlstand (im Sinne eines absoluten Niveaus) und soziale Gerechtigkeit (im Sinne der Verteilung des Wohlstands) können einander also innerhalb bestimmter Grenzen ersetzen.
7. Sozialstaatliche Gerechtigkeit fordert keine soziale Gleichheit, sondern lässt Ungleichheit als Folge ungleicher Anstrengungen und ungleicher Fähigkeiten zu. Einkommensdifferenzierung nach Leistung ist somit ein Bestandteil sozialstaatlicher Gerechtigkeit, allerdings unter den einschränkenden Bedingungen, die sich aus den folgenden Punkten ergeben.
8. Die Einkommens- und Vermögensverteilung, die aus dem Marktmechanismus folgt, bedarf einer gewissen Korrektur in Richtung zu mehr Gleichheit. Dieser Aspekt des sozialstaatlichen Gerechtigkeitsverständnisses wird üblicherweise mit dem Begriff »Verteilungsgerechtigkeit« bezeichnet. Der Umfang der erforderlichen Korrekturen ist zwar umstritten, aber in einigen wichtigen Grundsätzen besteht (oder bestand jedenfalls in der sozialstaatlichen Tradition) Konsens:

- Die Einkommens- und Vermögensverteilung soll zwar möglichst gleichmäßig sein, aber die Korrekturen dürfen keinesfalls so weit gehen, dass die für eine funktionierende Marktwirtschaft notwendigen Anreize beeinträchtigt werden. Dies ist sozusagen die Obergrenze der sozialstaatlichen Verteilungsgerechtigkeit.
- Die Arbeitslöhne müssen so hoch sein, dass auch Beschäftigte mit geringer Qualifikation daraus ihren Lebensunterhalt bestreiten können.
- Die Ungleichheit der Einkommen soll wenigstens nicht zunehmen. Die unteren Schichten müssen daher mindestens die gleichen prozentualen Einkommenszuwächse erzielen wie die oberen. Dies markiert so etwas wie die Untergrenze der sozialstaatlichen Verteilungsgerechtigkeit.
- Das Vermögen soll möglichst breit gestreut sein. Auch die mittleren und nach Möglichkeit die unteren Einkommensgruppen sollen die Chance haben, Anteile am Produktivvermögen zu erwerben.

Wenn man es auf einen kurzen Nenner bringen will, dann kann man sagen: Verteilungsgerechtigkeit im Sinne des sozialstaatlichen Gerechtigkeitsparadigmas hat nichts mit sozialer Gleichheit oder auch nur umfassender Umverteilung von Einkommen und Vermögen zu tun, sondern sie beschränkt sich letztlich auf die Forderung nach einer maßvollen Umverteilung des Einkommens- und Vermögenszuwachses. In der politischen Praxis des Sozialstaats kann selbst von einer solchen maßvollen Umverteilung des Zuwachses nur ausnahmsweise die Rede sein; vielmehr haben sich in der Vergangenheit auch diejenigen, die dezidiert für Verteilungsgerechtigkeit eintreten (also die Gewerkschaften und die Sozialdemokratie) meistens mit der anteiligen Aufteilung des Zuwachses begnügt, sodass die relativen Verteilungsproportionen im Zeitverlauf konstant geblieben sind und sich wenigstens nicht zulasten der unteren Schichten verschoben haben.

Es gibt somit bezüglich der Verteilungsgerechtigkeit einen Minimalkonsens, nämlich die proportionale (d. h. prozentual gleiche) Teilhabe aller Gruppen am wachsenden Wohlstand. Ein Kennzeichen dafür ist, dass die Gewerkschaften in der Praxis die Formel von der sogenannten »produktivitätsorientierten Lohnpolitik«[4] meistens akzeptiert haben. Auch das System der sozialen Sicherung in Deutschland hat keine sehr starke Umverteilungswirkung, da es, soweit es die Geldleistungen betrifft, im Wesentlichen dem →Äquivalenzprinzip folgt. Es gehört übrigens, um dies nebenbei anzumerken, zum rhetorischen Standardrepertoire der heutigen Kritiker des traditionellen Sozialstaats und des sozialstaatlichen Gerechtigkeitsparadigmas, diesen des

Egalitarismus und der Gleichmacherei zu bezichtigen (z. B. Schröder/ Blair 1999, S. 4, Clement 2000); dieser Vorwurf ist allenfalls sehr begrenzt berechtigt.

9. Es muss umfassende soziale Sicherheit gewährleistet sein. Dabei hat das Wort »sozial« im Begriff »soziale Sicherheit« eine Doppelbedeutung: Erstens handelt es sich um die Sicherheit vor sozialen, d. h. gesellschaftlich bedingten Risiken oder, besser gesagt, vor denjenigen Risiken, die mit dem marktwirtschaftlichen Produktionsprozess verbunden sind. Und zweitens wird die Risikovorsorge nicht den Betroffenen oder der Privatwirtschaft überlassen, sondern fällt in die soziale, d. h. gesellschaftliche und vor allem staatliche Verantwortung. Gemeint ist nicht die Art von Sicherheit, die durch Ansammlung eines kleinen Vermögens oder den Abschluss eines Versicherungsvertrags erworben werden kann; für das sozialstaatliche Gerechtigkeitsparadigma ist vielmehr zentral, dass die Sicherheit kollektiv organisiert ist, dass sie nicht oder wenigstens nicht überwiegend das Ergebnis individueller Vorsorge, sondern des gemeinschaftlichen Zusammenhalts oder der Solidarität in der Gesellschaft ist. Als selbstverständliche Forderung sozialer Gerechtigkeit gelten (bzw. galten in der sozialstaatlichen Tradition) dabei folgende Ansprüche an die soziale Sicherheit:
   - angemessene Lebensstandardsicherung – jedenfalls für die abhängig Beschäftigten – in denjenigen Lebenslagen, in denen Erwerbstätigkeit nicht möglich oder nicht zumutbar ist (also bei Alter, Invalidität, Krankheit, Pflegebedürftigkeit, Arbeitslosigkeit). Dabei ist unter Lebensstandardsicherung der Schutz des im Berufslebens erreichten individuellen sozialen Status zu verstehen, also nicht etwa nur der Schutz vor Armut;
   - Schutz der Gesundheit mit allen notwendigen Sachleistungen (z. B. medizinische Versorgung oder Rehabilitation);
   - ein verlässliches unterstes soziales Netz (die Sozialhilfe), das in allen Notlagen nicht nur das physische, sondern auch das soziokulturelle Existenzminimum[5] als einklagbaren Rechtsanspruch gewährleistet, und zwar unabhängig von der Ursache dieser Notlage, etwaigem eigenen Verschulden und davon, ob die Hilfeberechtigten eine Gegenleistung (z. B. in Form gemeinnütziger Arbeit) erbringen.

10. Die öffentlichen Finanzierungslasten müssen gerecht verteilt werden. Ausdruck dieses klassischen Gerechtigkeitspostulats ist vor allem der Grundsatz der sogenannten Besteuerung nach Leistungsfähigkeit, aus dem traditionell die progressive Einkommensbesteuerung sowie die Vermögensbesteuerung abgeleitet werden. Auch die oben bereits

erwähnten einkommensabhängigen Beiträge in der gesetzlichen Krankenversicherung rechtfertigen sich aus dem Postulat der gerechten Verteilung der Finanzierungslasten.

11. Ehe, Familie und Kinder müssen besonders geschützt werden. Die Familienpolitik gehört in Deutschland seit der Nachkriegszeit zum Kernbestand der staatlichen Sozialpolitik. Folglich wird die Familienförderung als wichtiges Gerechtigkeitsgebot betrachtet. Traditionell orientiert sich die Familienpolitik in Deutschland am »Ernährermodell« (männlicher Alleinverdiener, nicht berufstätige Ehefrau).
12. Benachteiligte oder von Diskriminierung bedrohte Bevölkerungsgruppen müssen besonders geschützt und gefördert werden. Dazu gehören nicht nur Menschen mit Behinderung, sondern auch Frauen und Minderheiten aller Art. Diese Gruppen in einem Atemzug zu nennen, mag zwar befremdlich erscheinen, jedoch haben sie bei aller Heterogenität deutlich etwas gemeinsam, nämlich Benachteiligung und Diskriminierung.

Es muss noch einmal hervorgehoben werden, dass diese zwölf Gerechtigkeitsziele nicht das universell gültige Wesen der sozialen Gerechtigkeit beschreiben sollen, sondern nur einen Konsens, der sich in der Bundesrepublik Deutschland und in der Blütezeit des Sozialstaats und der »sozialen Marktwirtschaft« – also in den 1960er und 1970er Jahren – herausgebildet hat. Es ist aber wichtig und aufschlussreich, dieses sozialstaatliche Gerechtigkeitsverständnis näher zu untersuchen, weil es bis heute den Bezugspunkt der Gerechtigkeitsdiskussion bildet. Wenn also heute die einen eine »Gerechtigkeitslücke« beklagen, andere von lediglich »gefühlter Ungerechtigkeit« sprechen und wieder andere eine Revision unserer herkömmlichen Gerechtigkeitsvorstellungen einfordern, dann orientieren sie sich gleichermaßen stillschweigend an Erwartungen und Ansprüchen, die durch den Sozialstaat geprägt worden sind. Allerdings ist heute (s. Kapitel V) bereits eine deutliche Veränderung der sozialstaatlichen Vorstellungen zu diagnostizieren. Sie betreffen z. B. die staatliche Beschäftigungsverantwortung,[6] den Umfang der staatlich organisierten sozialen Sicherheit und das Familienbild, das der Familienpolitik zugrunde gelegt wird. Auf der anderen Seite wird heute der Schutz vor Benachteiligung und Diskriminierung sehr viel ernster genommen als in der Blütezeit des Sozialstaats, als dieses Prinzip kaum Beachtung fand.

Zum Verhältnis zwischen Verteilungsgerechtigkeit, kollektiver sozialer Sicherheit und gerechter Verteilung der Finanzierungslasten ist noch eine Ergänzung notwendig. Diese drei Gerechtigkeitsziele sind nämlich in der Praxis eng miteinander verwoben, systematisch aber trotzdem zu trennen:

- Das System der sozialen Sicherheit kann die Einkommen (auf die Lebenszeit betrachtet) umverteilen, es ist aber nicht zwingend, dass es dies auch tut. Vielmehr gibt es soziale Sicherungssysteme mit und ohne Umverteilung zwischen den Einkommensklassen. So ist die gesetzliche Rentenversicherung in Deutschland der Idee nach verteilungsneutral; wer hohe bzw. niedrige Beiträge zahlt, bekommt eine hohe bzw. niedrige Rente; Umverteilung im großen Stil gibt es hier nur zwischen Generationen, nicht zwischen Versicherten mit hohem und solchen mit niedrigem Einkommen. Die gesetzliche Krankenversicherung in Deutschland hingegen wirkt umverteilend, weil die Beiträge vom Einkommen der Versicherten, die Leistungen hingegen vom medizinischen Bedarf abhängen. Anders ist es in der Schweiz: Dort gibt es in der Alterssicherung eine deutliche Einkommensumverteilung, weil die Beiträge einkommensproportional, die Rentenleistungen hingegen stark nivelliert sind. Die schweizerische Krankenversicherung ist jedoch verteilungsneutral; hier sind weder die Beiträge noch die Leistungen an das Einkommen geknüpft, sodass sich die Umverteilung auf den Risikoausgleich zwischen Gesunden und Kranken beschränkt. Man sieht daraus, dass soziale Sicherung und Einkommensumverteilung im Prinzip zwei verschiedene Dinge sind, die verschiedenen Zielen dienen, auch wenn in der Praxis die soziale Sicherung als Instrument der Einkommensumverteilung eingesetzt werden kann.
- Einkommensumverteilung und Abgabenbelastung nach Leistungsfähigkeit sind ebenfalls nicht dasselbe, denn durch Letzteres soll nicht umverteilt, sondern im Gegenteil nur eine verteilungsneutrale Belastung sichergestellt werden, indem alle, gemessen an ihrer Leistungsfähigkeit, relativ gleich belastet werden.[7] Ein Staat könnte demnach seine Bürger nach Leistungsfähigkeit besteuern, ohne umzuverteilen und ohne sich um soziale Sicherheit zu kümmern. Er kann auch ein hohes Maß an kollektiver sozialer Sicherheit schaffen, ohne umzuverteilen und auch ohne das Gebot der Abgabenbelastung nach Leistungsfähigkeit zu beachten. Schließlich könnte er auch die Einkommen umverteilen, aber gleichzeitig die Sicherung gegen Lebensrisiken wie Alter, Krankheit usw. der Vorsorge der einzelnen Bürger überlassen.

Es ist also sinnvoll, Verteilungsgerechtigkeit, soziale Sicherheit und Abgabenbelastung nach Leistungsfähigkeit als eigenständige und voneinander unabhängige Gerechtigkeitsziele zu betrachten.

4 Die vier Leitideen des traditionellen sozialstaatlichen Gerechtigkeitsparadigmas

Mit den genannten zwölf Punkten sollten die Gerechtigkeitsforderungen, die nach sozialstaatlich geprägtem Verständnis wichtig sind und deren Erfüllung deshalb zu den Aufgaben des Sozialstaats gehört, möglichst vollständig beschrieben werden. Wenn wir jedoch näher analysieren wollen, durch welche spezifischen Besonderheiten sich das sozialstaatliche Gerechtigkeitsparadigma von anderen Gerechtigkeitskonzeptionen unterscheidet, dann müssen wir das beiseite lassen, was im Rahmen dieses Paradigmas nicht wirklich zentral ist. So besehen kann man vier zentrale inhaltliche Gerechtigkeitsforderungen identifizieren, die für die sozialstaatlich geprägte Vorstellung typisch sind und durch die diese sich von anderen – »nichtsozialstaatlichen« oder »post-sozialstaatlichen« Gerechtigkeitsvorstellungen unterscheidet (*s. Abbildung 1*):

- Begrenzung der Macht des Kapitals über die Arbeit,
- das sogenannte Recht auf Arbeit,
- umfassende kollektive soziale Sicherheit,
- Verteilungsgerechtigkeit.

Abb. 1: Die vier Leitideen des sozialstaatlichen Gerechtigkeitsparadigmas

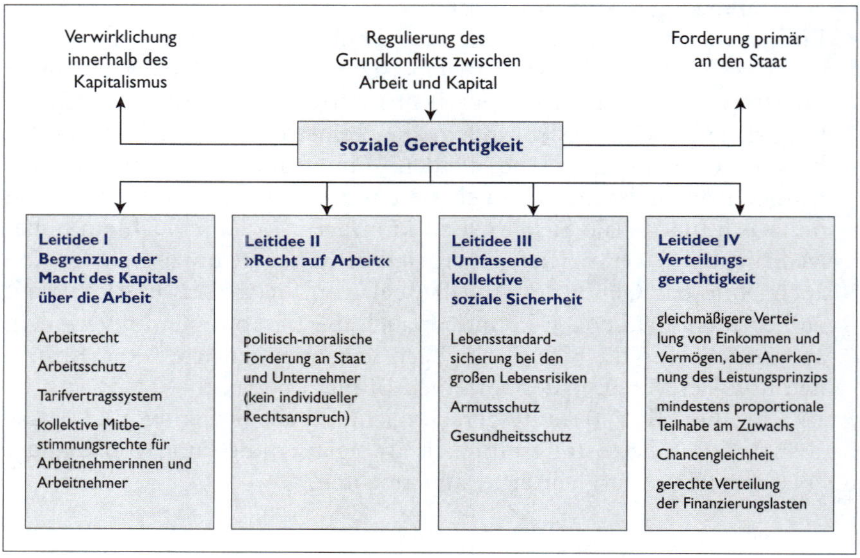

Eigene Grafik.

Diese vier inhaltlichen Gerechtigkeitsforderungen sind – zusammen mit der Konzentration auf den Kernkonflikt von Arbeit und Kapital, der prinzipiellen Zustimmung zur kapitalistischen Marktwirtschaft und der Verantwortung des Staates für die Wahrung der sozialen Gerechtigkeit – für das sozialstaatliche Verständnis typisch, sodass wir sie als die Leitideen des sozialstaatlichen Gerechtigkeitsparadigmas bezeichnen können. Andere Ziele, z. B. Chancengleichheit, gerechte Verteilung der Finanzierungslasten oder Schutz vor Diskriminierung sind hier nicht aufgezählt, weil es sich bei ihnen nicht um charakteristische Besonderheiten des sozialstaatlichen Gerechtigkeitsparadigmas handelt, sondern um Gerechtigkeitsforderungen, die es mit anderen Gerechtigkeitskonzeptionen gemeinsam hat.

Es ist darauf hinzuweisen, dass die Leitidee des sogenannten Rechts auf Arbeit keinen individuell einklagbaren Rechtsanspruch formuliert. Vielmehr ist sie als politisch-moralische Forderung gegenüber den Unternehmern, den Kapitaleignern und ganz besonders gegenüber dem Staat zu verstehen, eine ausreichende Zahl von Arbeitsplätzen zur Verfügung zu stellen. Obwohl es also streng genommen nicht korrekt ist, von einem »Recht auf Arbeit« zu sprechen, wird dies hier bewusst getan, denn der Begriff sagt in seiner Übertreibung etwas über die sozialstaatliche Mentalität aus: In den späten 1960er und frühen 1970er Jahren war man, jedenfalls in Deutschland, der Meinung, dass es primär die Aufgabe des Staates sei, mit Hilfe des konjunkturpolitischen Instrumentariums Vollbeschäftigung sicherzustellen, sodass sogar von einer staatlichen »Vollbeschäftigungsgarantie« gesprochen wurde. Der politisch-moralische Anspruch auf Bereitstellung von Arbeitsplätzen wurde in der Tradition fast wie eine Art Bringschuld des Staates und der Arbeitgeber verstanden; demgegenüber trat die Eigenverantwortlichkeit der Arbeitssuchenden in den Hintergrund. Dies erklärt übrigens auch, um auf Kapitel VI vorauszublicken, warum die Arbeitsmarktreformen (die sogenannten Hartz-Reformen) der Regierung Schröder mit ihrem Prinzip »Fordern und Fördern« vielfach als revolutionär, von den einen im positiven, von den anderen im negativen Sinne, empfunden wurden.

Die Leitidee der Verteilungsgerechtigkeit, so wie sie nach sozialstaatlichem Gerechtigkeitsverständnis gemeint ist, beinhaltet keinen konsequenten Egalitarismus. Nicht ohne Grund bleibt es merkwürdig unbestimmt, worin die Gerechtigkeit einer Einkommens- oder Vermögensverteilung besteht. Keine Gewerkschaft und keine der beim Ausbau des Sozialstaats dieser Periode engagierten Parteien (also im Wesentlichen die Sozial- und die Christdemokraten) haben je versucht, dieses Ziel theoretisch zu definieren oder auch konkrete operationale Teilziele daraus abzuleiten. Nur so viel ist klar: die Ungleichheit, die der unregulierte Markt produziert, ist ungerecht, aber ebenso ungerecht wäre es, alle Ungleichheit völlig zu planieren und das Leistungsprinzip außer Kraft zu setzen. Das Prinzip der Leistungsgerechtigkeit nimmt einerseits einen wichtigen Stellenwert ein; höhere Leistung soll durch höheres Einkommen belohnt werden und auch die Ansammlung von Vermögen erlauben. Andererseits wird der Geltungsbereich des Leistungsprinzips durch das Prinzip der Bedarfsgerechtigkeit eingeschränkt; die Einkommensungleichheit, die sich bei ungleicher Leistung womöglich ergibt, darf nicht so weit gehen, dass die Einkommen nicht für die angemessene Bedürfnisbefriedigung ausreichen. Die Verteilungsgerechtigkeit beinhaltete also eine Art Gleichgewicht zwischen Leistungs- und Bedarfsgerechtigkeit. Wie dieses Gleichgewicht aussieht und was mit Verteilungsgerechtigkeit angestrebt wird, bleibt letztlich unbestimmt.

Diese Unbestimmtheit ist aber kein Zufall, sondern entspricht dem Kompromisscharakter des sozialstaatlichen Arrangements: Die organisierte Arbeiterbewegung akzeptiert das kapitalistische System und die damit verbundene Ungleichheit von Einkommen und Vermögen, aber nur unter der Voraussetzung, dass für die Arbeitnehmerinnen und Arbeitnehmer ein höherer und wachsender Anteil herausspringt; die Unternehmer und Kapitaleigner anerkennen den Anspruch der Arbeitnehmerinnen und Arbeitnehmer auf Teilhabe am Wohlstand, aber nur in den Grenzen, die sich aus den Funktionsbedingungen der kapitalistischen Marktwirtschaft ergeben.

Dass Chancengleichheit bzw. Chancengerechtigkeit hier nicht als eigenständige Leitidee des sozialstaatlichen Gerechtigkeitsparadigmas aufgeführt sind, bedeutet nicht, dass sie nicht zu den wichtigen sozialstaatlichen Gerechtigkeitszielen gehört. Sie ist vielmehr als Komponente in der Leitidee der Verteilungsgerechtigkeit enthalten (ebenso wie die Finanzierungsgerechtigkeit, d.h. für die Forderung nach gerechter Verteilung der Finanzierungslasten entsprechend der Leistungsfähigkeit). In Kapitel V.3 wird deutlich werden, dass in der Grundsatzdiskussion über ein neues Gerechtigkeitskonzept, die wir heutzutage führen, Chancengleichheit und Verteilungsgerechtigkeit tendenziell in Gegensatz zueinander gebracht werden; die Bedeutung der Chancengleichheit wird betont, um damit die Forderung nach Verteilungsgerechtigkeit zurückzuweisen. Dies gilt für diejenigen, die fordern, das alte Gerechtigkeitsverständnis zu revidieren. Für das traditionelle sozialstaatlich geprägte Gerechtigkeitsverständnis gibt es keinen solchen Gegensatz: Auch wenn es gleiche Chancen gibt (bzw. geben sollte), verträgt sich Gerechtigkeit nicht mit zu großer Ungleichheit von Einkommen und Vermögen. Dies ist der Grund, warum Chancengleichheit hier nicht als eigenständige sozialstaatliche Leitidee von Gerechtigkeit, sondern als Teilaspekt der Verteilungsgerechtigkeit verstanden wird.

Wenn wir die vier Leitideen des sozialstaatlichen Gerechtigkeitsparadigmas, Begrenzung der Macht des Kapitals über die Arbeit, »Recht auf Arbeit«, kollektive soziale Sicherheit und Verteilungsgerechtigkeit, genauer betrachten, dann können wir feststellen, dass es letztlich um ein Gesamtprojekt geht, nämlich um Statussicherung und Statusverbesserung für die Bevölkerungsmehrheit, die sich in einer kapitalistischen Marktwirtschaft im Prinzip in einer strukturellen Abhängigkeitsposition befindet. Es geht immer darum, den Einzelnen in der von der kapitalistischen Marktwirtschaft bestimmten Welt abzusichern und vor Willkür, Statusverlust und Wechselfällen zu schützen; dies betrifft die individuelle Rechtssicherheit und den Schutz der Gesundheit am Arbeitsplatz, die Sicherheit eines auskömmlichen Arbeitsplatzes selbst und schließlich auch die Sicherheit bei Arbeitslosigkeit, Krankheit, Arbeitsunfällen, im Alter, bei Erwerbsunfähigkeit und im Hinterbliebenenfall. Dabei ist Sicherheit immer im Sinne der Statussicherheit zu verstehen; es kommt nicht darauf an, irgendwie vor der schlimmsten Not bewahrt zu werden, sondern Sicherheit bezieht sich auf die bereits erreichte soziale Position; die Rente soll die Fortführung des Lebensstandards ermöglichen, den der Arbeitnehmer während des Berufslebens hatte, das Arbeitslosengeld soll es dem/der Arbeitslosen ermöglichen, eine neue Arbeit zu suchen, die seiner/ihrer Ausbildung und bisherigen Tätigkeit entspricht, das Arbeitsrecht soll vor willkürlichen Versetzungen durch den Arbeitgeber schützen, jede Arbeitnehmerin und jeder Arbeitnehmer soll entsprechend ihrer bzw. seiner Qualifikation beschäftigt und bezahlt werden usw. Was geschützt werden soll, ist also nicht nur das Überleben, sondern auch die Integration in die Gesellschaft und die Teilhabe am Wohlstand. Und auch bei der Verteilungsgerechtigkeit geht es in gewisser Weise um kollektive Statussicherung, nämlich im Sinne der angemessenen Wachstumsteilhabe für alle.

Die vier Leitideen sind sozusagen das Herzstück des sozialstaatlichen Gerechtigkeitsparadigmas. Sie formulieren Hoffnungen oder Erwartungen, für deren Verwirklichung innerhalb des kapitalistischen Wirtschafts- und Gesellschaftssystems in erster Linie der Staat die Gewährleistungspflicht zu übernehmen hat. An diesen Leitideen zeigt sich aber auch in der Umkehrung, was in diesem Gerechtigkeitsverständnis gerade nicht im Vordergrund steht und auf was weniger Gewicht gelegt wird: auf individuelle Entfaltungsmöglichkeiten und auf persönliche Eigenverantwortung. Es wird auch kaum thematisiert, dass den Leistungsansprüchen an Staat und Gesellschaft individuelle Pflichten entsprechen; die Leistungen des Sozialstaats werden dementsprechend mehr als »passive« Versorgung und weniger als Anstoß zur Selbsthilfe aufgefasst. Gewiss ist das sozialstaatliche Gerechtigkeitsparadigma eingebettet in die marktwirtschaftlich-kapitalistische Ordnung, insofern werden Leistung, individuelle Anstrengung und leistungsgerechte Einkommen selbstverständlich akzeptiert; Arbeitsmoral und traditionelle Werte wie Pflichtbewusstsein sind tief verankert. Aber das ändert nichts daran, dass soziale Gerechtigkeit, wenn man es überspitzt ausdrücken will, in erster Linie als beschützende und zuteilende Gerechtigkeit verstanden wird, sozusagen als Gegengewicht zu dem primär als riskant, überfordernd und ungerecht empfundenen Marktgeschehen. Das Vertrauen auf die individuelle Lebensbewältigung spielt dagegen im Vergleich zu kollektiver Statussicherheit und Verteilungsgerechtigkeit nur eine untergeordnete Rolle.

Diese Einschätzung des sozialstaatlichen Verständnisses von sozialer Gerechtigkeit klingt womöglich negativer als sie gemeint ist. Die Unterentwicklung der individuellen Komponente, die uns aus heutiger Sicht auffällt, ist zeitbedingt; sie resultiert aus den gesellschaftlichen Verhältnissen, aus denen heraus sich der Sozialstaat und das sozialstaatliche Gerechtigkeitsparadigma entwickelt haben. Darauf wird in Kapitel II noch näher eingegangen.

5 Die Legitimations- und Traditionsquellen des sozialstaatlichen Gerechtigkeitsparadigmas in Deutschland

Das sozialstaatliche Gerechtigkeitsparadigma hat natürlich seine Vorgeschichte, die bis auf das letzte Viertel des 19. Jahrhunderts zurückgeht, als sich die sozialen Konflikte der beginnenden Industrialisierung dramatisch zuspitzten.[8] An der Entstehung und Entwicklung der deutschen Sozialpolitik waren – darauf wurde schon hingewiesen – sehr verschiedene politische Kräfte beteiligt, die zudem teilweise konträre Positionen vertraten. Daher liegt dem sozialstaatlichen Gerechtigkeitsparadigma auch keine geschlossene weltanschauliche Konzeption zugrunde, sondern es stützt sich auf heterogene Traditionen, die sich erst im Lauf der Geschichte miteinander verbunden haben. Stark vereinfacht können wir vier Traditionslinien unterscheiden: den traditionellen vordemokratischen →Konservativismus, die →Arbeiterbewegung und die →Sozialdemokratie, den →Sozialkatholizismus und schließlich den →Liberalismus; jede von ihnen hat Wichtiges zu unserem sozialstaatlichen Gerechtigkeitsparadigma beigetragen:

1. Unter den Begriff »traditioneller vordemokratischer Konservativismus« werden die herrschenden politischen Kräfte des 1871 gegründeten zweiten Deutschen Reiches gefasst, die beim Beginn der staatlichen Sozialpolitik die ausschlaggebende Rolle spielten. Das Hauptmotiv,

von dem Reichskanzler Bismarck geleitet war, als er in Deutschland als erstem Land der Erde die Errichtung eine Sozialversicherung durchsetzte, bestand darin, die staatliche Ordnung nicht nur durch politische Repression, sondern auch mit Hilfe sozialpolitischer Konzessionen zu stabilisieren und so der Arbeiterbewegung und der Sozialdemokratie das Wasser abzugraben. Obwohl die deutschen Konservativen schon bald nach dem Ende der Bismarck-Ära (1890) das Interesse an sozialen Fragen verloren und obwohl sich der Konservativismus alten Stils in der Bundesrepublik Deutschland – auch historisch belastet durch seine enge Kollaboration mit dem Nationalsozialismus – im Prozess der Demokratisierung und Liberalisierung bis auf wenige Reste aufgelöst hat, wirkt er bis heute fort, und zwar in der starken Betonung der staatlichen Verantwortlichkeit. Der typisch deutsche →Sozialetatismus – die Vorstellung, dass der Staat als Garant des Sozialen zu fungieren hat – ist also eigentlich konservativer Herkunft.

2. Arbeiterbewegung und Sozialdemokratie bilden diejenige politische Kraft, die den traditionellen Sozialstaat am entschiedensten vorangetrieben hat und ihn heute noch, jedenfalls mehrheitlich, verteidigt. Aber sie haben den Sozialstaat nicht erfunden, denn in seiner Gründungsphase – eben in der Bismarck-Zeit – waren sie revolutionär und nicht reformistisch eingestellt. Sie standen in Radikalopposition zur bestehenden staatlichen und gesellschaftlichen Ordnung. Allerdings sind Sozialdemokratie und Gewerkschaften in den Staat hineingewachsen und haben sich an die Spitze der sozialstaatlichen Entwicklung gesetzt, sie erweitert und qualitativ verändert. Einen besonderen sozialpolitischen Akzent setzte die Sozialdemokratie in der Novemberrevolution von 1918 und in der Anfangszeit der Weimarer Republik (etwa bis 1920), als ein epochemachender Durchbruch bei der Durchsetzung der Arbeitnehmerrechte, vor allem bei der Anerkennung der Gewerkschaftsrechte, des Streikrechts und der betrieblichen Mitbestimmung gelang. Die Arbeiterbewegung gab das alte sozialistische Gerechtigkeitsmodell des Klassenkampfs, das nicht nur auf den Sturz der alten herrschenden Klasse, sondern auf die Abschaffung jeglicher Klassenherrschaft zielte, allmählich auf und begnügte sich mit zuverlässigen Gegengewichten gegen die Macht des Kapitals, Vollbeschäftigung, sozialer Sicherheit und Verteilungsgerechtigkeit innerhalb des bestehenden Systems (vgl. Ebert 2010, S. 161–178). Überdauert hatte aus dem sozialistischen Erbe jedoch, dass soziale Gerechtigkeit in gewissem Sinne immer noch als Klassengerechtigkeit interpretiert wurde, also nicht als individueller Anspruch, sondern als kollektive Forderung der Arbeiterklasse nach einem gerechten oder

wenigsten zufriedenstellenden Platz in der Gesellschaft. Zwar wurde die Konzentration auf die Arbeiterklasse im engeren Sinne bald durch die allgemeine Parteinahme zugunsten der unteren sozialen Schichten ersetzt, aber soziale Gerechtigkeit blieb im Prinzip ein kollektives, kein individuelles Problem. Diese Sichtweise beschränkte sich nicht auf die traditionelle Sozialdemokratie und die Gewerkschaften, sondern sie liegt dem sozialstaatlichen Gerechtigkeitsparadigma insgesamt zugrunde.

3. Zu den politischen Kräften, die wesentlich zur Entwicklung der Sozialpolitik in Deutschland und zur Entstehung des sozialstaatlichen Gerechtigkeitsparadigmas beigetragen haben, gehört auch der Sozialkatholizismus. Er war im Kaiserreich und in der Weimarer Republik parteipolitisch im Zentrum organisiert und ging in der Nachkriegszeit in CDU und CSU auf. Ursprünglich war er auf seine Weise so konservativ und so wenig demokratisch wie der alte protestantisch geprägte deutsche Konservativismus der Kaiserzeit. Von diesem unterschied sich der Sozialkatholizismus durch die erhebliche Distanz zum protestantisch dominierten preußisch-deutschen Kaiserreich, in dem die Katholiken eine benachteiligte Minderheit waren, die wegen ihrer supranationalen Ausrichtung auf die römische Kirche beargwöhnt wurde. Im Unterschied zu den evangelischen Kirchen, die sich in Deutschland eng mit dem vordemokratischen Konservativismus verbunden hatten, war der Katholizismus für die Interessen der Arbeiterschaft aufgeschlossener. Er entwickelte am Ende des 19. Jahrhunderts in einer dreifachen Frontstellung gegen Liberalismus, Sozialismus und Nationalstaat eine konservative sozialpolitische Konzeption mit einem eigenständigen Gerechtigkeitsmodell, nämlich die katholische Soziallehre, die sich Jahrzehnte später als überraschend modernisierungsfähig erwies (vgl. Ebert 2010, S. 202–218). Katholisches Erbe im klassischen Sozialstaat ist der besondere Schutz von Ehe und Familie – ein Anliegen, das ursprünglich sowohl dem Liberalismus wie auch der Arbeiterbewegung fern lag. Die einflussreichsten Ideen, die der Sozialkatholizismus zum modernen Sozialstaat der Bundesrepublik Deutschland beigetragen hat, waren jedoch zweifellos die Sozialpflichtigkeit des Eigentums und die Sozialpartnerschaft; er lieferte damit die normative Begründung und Legitimation für die – wenn auch nicht konfliktfreie – Kooperation von Arbeit und Kapital, die sich aus den realen Machtverhältnissen in der Wachstumsphase nach dem 2. Weltkrieg ergab. An dieser Stelle lohnt es sich, anzumerken, dass das Konzept der Sozialpartnerschaft ideologisch gesehen zwei völlig entgegengesetzte Wurzeln hat: Die eine ist

das Harmonie- und Gemeinwohldenken der katholischen Kirche, die andere kommt aus der ehemals revolutionären Arbeiterbewegung, die nach langen Kämpfen bereit war, Kompromisse einzugehen, sich aber bis heute als Gegenmacht zur Macht des Kapitals versteht.

4. Der Liberalismus steht von allen vier hier genannten Traditionslinien dem Sozialstaat am wenigsten nah. Das wird besonders deutlich, wenn man sich vor Augen führt, dass z.B. das Prinzip einer kollektiv organisierten sozialen Sicherheit in gewisser Weise den Gegenpol zu den Grundsätzen der Selbstständigkeit und Eigenverantwortlichkeit, die den Kern der liberalen Vorstellungen von Gerechtigkeit bilden, darstellt. Trotzdem ist der Beitrag des Liberalismus zur Sozialstaatsidee keineswegs zu unterschätzen. Dies beschränkt sich nicht auf die Grundsätze der liberalen Demokratie, die selbstverständlich Teil des sozialstaatlichen Gerechtigkeitsparadigmas sind. Ebenso liberalen Ursprungs ist die leistungsgerechte Einkommensdifferenzierung, die einen festen Platz – wenn auch keine absolute Vorrangstellung – im sozialstaatlichen Gerechtigkeitsmodell hat. Auch Chancengleichheit, die ja nur einen Sinn hat, wenn Wettbewerb zugelassen wird, ist eine urliberale Idee. Dem Liberalismus entstammt – auch wenn die meisten Liberalen heute davon wenig wissen wollen – letztlich auch die Vorstellung, dass eine auf Wettbewerb, freier Preisbildung und Investitionsfreiheit beruhende kapitalistische Wirtschaft einer staatlichen Rahmensteuerung bedarf, um Arbeitslosigkeit zu vermeiden. Der theoretische Begründer dieser Idee, der britische Ökonom John Maynard Keynes (1883–1946), war jedenfalls ein Liberaler (und sein Leben lang aktives Mitglied der britischen Liberal Party); er war von dem Motiv angetrieben, die kapitalistische Marktwirtschaft zu stabilisieren, weil er von ihren Vorzügen überzeugt war.

Auf diese Weise sind im sozialstaatlichen Gerechtigkeitsparadigma, das noch heute – positiv oder negativ – den Gerechtigkeitsdiskurs beherrscht, vier grundsätzlich verschiedene politisch-ideologische Traditionen zusammengeflossen. Sie haben zusammen etwas durchaus Neues geschaffen. Das sozialstaatliche Gerechtigkeitsparadigma ist von seinem Ursprung her pluralistisch. Es ist eine Art historischer Kompromiss, dem die normative Fundierung in einer einheitlichen philosophischen, ethischen oder religiösen Idee fehlt. Das Auseinanderbrechen des Konsenses, der den Sozialstaat ermöglicht hat, musste demnach zwangsläufig, neben den praktisch-politischen Konflikten, auch die theoretische Grundsatzfrage nach dem Wesen der sozialen Gerechtigkeit aufwerfen, die so heftig diskutiert wird.

▶ Zusammenfassung: Der Sozialstaat und das sozialstaatliche Gerechtigkeitsparadigma

1. Das herkömmliche Verständnis von sozialer Gerechtigkeit wurde in Deutschland durch den Sozialstaat geprägt, der in der langen Wachstumsphase nach dem 2. Weltkrieg aufgebaut worden ist (sozialstaatliches Gerechtigkeitsparadigma).
2. Der Sozialstaat ist ein historisch relativ junges Phänomen, das in den westlichen Ländern erst infolge der Industrialisierung entstanden ist. Er unterscheidet sich von allen früheren Formen der Sozialpolitik im Wesentlichen durch a) den Gedanken individueller sozialer Grundrechte im Sinne von Ansprüchen gegenüber dem Staat (über die liberalen Abwehrrechte gegenüber dem Staat hinaus) und b) die systematische und auf Dauer angelegte (nicht bloß punktuelle und vorübergehende) Intervention des Zentralstaats in ökonomische und soziale Prozesse.
3. Dem sozialstaatlichen Gerechtigkeitsparadigma zufolge ist soziale Gerechtigkeit innerhalb des Rahmens der kapitalistischen Marktwirtschaft zu verwirklichen, wobei die Hauptverantwortung beim Staat liegt. Typisch sind vor allem vier Leitideen:
   a) Begrenzung der Macht des Kapitals über die Arbeit,
   b) »Recht auf Arbeit«, jedoch nicht im Sinne eines individuellen Rechtsanspruchs, sondern als politisch-moralische Forderung gegenüber den Unternehmern und dem Staat,
   c) »Verteilungsgerechtigkeit« (verstanden als maßvolle Umverteilung nicht der Einkommen, sondern nur der Einkommenszuwächse),
   d) kollektive soziale Sicherheit.
4. Das sozialstaatliche Gerechtigkeitsparadigma, so wie es sich in diesen vier Leitideen konkretisiert, ist auf Statussicherung und Statusverbesserung für die Bevölkerungsmehrheit konzentriert, die sich unter den Bedingungen der kapitalistischen Marktwirtschaft in einer Position der strukturellen Abhängigkeit befindet. Soziale Gerechtigkeit wird als beschützende und zuteilende Gerechtigkeit verstanden, wohingegen der Aspekt der individuellen Verantwortlichkeit und der individuellen Pflichten nicht weiter betont wird.
5. Das deutsche Sozialstaatsmodell und das in Deutschland traditionell vorherrschende Verständnis von sozialer Gerechtigkeit beruht auf keiner einheitlichen, von allen anerkannten normativen Grundlage, sondern auf einem Pluralismus von Legitimationsquellen und Traditionslinien, die unter besonderen Bedingungen in einem historischen Kompromiss verbunden sind, nämlich a) Arbeiterbewegung und Sozialdemokratie, b) traditioneller deutscher Konservativismus, c) Sozialkatholizismus und d) Liberalismus.

Anmerkungen

1 Der Europarat wurde 1949 gegründet. Ihm gehören über den Kreis der EU-Mitglieder hinaus heute insgesamt 47 Länder an; sie reichen von Island über die Schweiz bis zur Türkei, Russland, Ukraine, Aserbeidschan und Armenien. Im Unterschied zur EU ist der Europarat lediglich ein Diskussionsforum, dessen Beschlüsse für die Mitglieder keine rechtlich, sondern allenfalls eine politisch bindende Wirkung besitzen.

2 In einer anderen (hier nicht zitierten) programmatischen Deklaration, nämlich der Europäischen Grundrechtscharta vom 13.12.2007, fehlt das »Recht auf Arbeit«. Auch von der Verpflichtung zur staatlichen Vollbeschäftigungspolitik ist nicht die Rede. Hier spiegelt sich wohl die inzwischen in Politik und Wissenschaft wieder vorherrschende Überzeugung wider, dass Arbeitslosigkeit kein gesellschaftliches, sondern ein individuelles Problem ist.

3 Der Begriff »soziale Marktwirtschaft« wird heute fast als Synonym für den Sozialstaat verwendet. Entgegen diesem Sprachgebrauch wird dieser Begriff im vorliegenden Buch für die spezielle (in der Bundesrepublik Deutschland in den 1950er Jahren entwickelte) liberale wirtschaftspolitische Konzeption reserviert. Sie zeichnet sich – neben der Orientierung an marktwirtschaftlichen Grundsätzen – auch durch eine gewisse Aufgeschlossenheit für einen maßvollen Ausbau des Sozialstaats aus. Der Begriff »soziale Marktwirtschaft« verbindet sich mit dem ersten Wirtschaftsminister (1949–1963) und kurzzeitigen Bundeskanzler (1961–1963) Ludwig Erhard; geprägt wurde er von Alfred Müller-Armack. Verwendet haben ihn ursprünglich lediglich die Christdemokraten; erst ab den 1980er Jahren fand er allmählich auch Eingang in den sozialdemokratischen und gewerkschaftlichen Sprachgebrauch.

4 Nach dieser Formel sollen die Löhne im gleichen Umfang steigen wie die Arbeitsproduktivität, wobei aus gewerkschaftlicher Sicht zusätzlich immer noch ein Inflationsausgleich zu fordern ist. Wenn die Löhne nach Maßgabe der →Arbeitsproduktivität plus der Inflationsrate steigen, dann bewirkt dies – im theoretischen Modell –, dass die Verteilung des Volkseinkommens auf Löhne und Gewinne unverändert bleibt.

5 Das »soziokulturelle Existenzminimum« ist das Einkommensniveau, das mindestens erreicht sein muss, um nicht allein physisch zu überleben, sondern auch ein der »Würde des Menschen« entsprechendes Leben führen und ein integriertes Mitglied der Gesellschaft sein zu können. Seine Höhe hängt (im Unterschied zum physischen Existenzminimum) vom generellen Wohlstandsniveau einer Gesellschaft ab und muss daher an die allgemeine Einkommensentwicklung angepasst werden. Der Begriff des soziokulturellen Existenzminimums findet seine Entsprechung in der sogenannten relativen Armutsdefinition; danach gilt – sehr verkürzt ausgedrückt – als arm, wem weniger als ein bestimmter Prozentsatz (meist werden 50% genannt) des durchschnittlichen Netto-Haushaltseinkommens zur Verfügung steht (→Armut, →Armutsschwelle). Nach einer völlig anderen Methode werden die Bedarfssätze derjenigen Sozialleistungen berechnet, die das soziokulturelle Exis-

tenzminimum decken sollen, d. h. die sogenannten Regelsätze der Sozialhilfe bzw. Regelleistungen der Grundsicherung für Arbeitslose (»Hartz IV«). Zu diesem Zweck werden die empirisch ermittelten Verbrauchsausgaben der ärmsten 15% (bei Haushalten mit Kindern 20%) der Bevölkerung ermittelt; daraus werden dann durch ein System von Abschlägen und Korrekturen die Bedarfssätze errechnet.

6 In Deutschland lehnte die Mehrheitsmeinung in Politik und Wissenschaft spätestens ab den 1990er Jahren die beschäftigungsorientierte Konjunktursteuerung durch den Staat mehr oder weniger strikt ab. Man betrachtete Arbeitslosigkeit nicht mehr als Ausdruck der Instabilität der Marktwirtschaft, sondern im Prinzip als individuelles Problem der Arbeitslosen, das kurzfristig nur durch die Politik des individuellen Förderns und Forderns, längerfristig nur durch bildungspolitische Anstrengungen gelöst werden kann. Unter dem Eindruck der schweren Konjunkturkrise der Jahre 2008 und 2009 wurde die beschäftigungspolitische Verantwortung des Staates wieder akzeptiert. Inzwischen deutet sich aber eine Rückkehr zu den alten Positionen an.

7 In der traditionellen ökonomischen Finanzwissenschaft wird dies durch die »Opfertheorie« zum Ausdruck gebracht: Man geht davon aus, dass der persönliche Nutzen zunehmenden Einkommens mit der Höhe des bereits vorhandenen Einkommens abnimmt (»Gesetz vom abnehmenden Grenznutzen des Geldes«); für einen »Hartz-IV«-Empfänger bedeutet z. B. die Erhöhung seiner Bezüge um 10% (2012 rd. 37 Euro/Monat) eine sehr viel bedeutendere relative Erweiterung seiner Lebensmöglichkeiten als die gleiche prozentuale Steigerung für den Bezieher eines Millioneneinkommens. Daraus ergibt sich im Umkehrschluss, dass die gleiche prozentuale Steuerbelastung bei niedrigem Einkommen ein sehr viel härteres Opfer darstellt als für einen Spitzenverdiener. Folglich muss, wenn das Opfer gleich sein soll, der prozentuale Steuersatz auf geringe Einkommen niedriger sein als auf hohe. Die progressive Einkommenssteuer hat so besehen – bezogen auf den Nutzeneffekt des Geldes – keine wirklich umverteilende Wirkung, sondern sorgt für gleiche Belastung.

8 Zur historischen Entwicklung der Sozialpolitik in Deutschland vgl. Ritter 1989, Frerich/Frey 1996, Lampert/Althammer 2004, S. 17–116.

II. Der Wohlstandskapitalismus der Nachkriegszeit und der Aufstieg des sozialstaatlichen Gerechtigkeitsparadigmas

Nachdem das sozialstaatliche Gerechtigkeitsparadigma und sein Ursprung aus den Institutionen des entwickelten Sozialstaats dargestellt wurden, geht es in diesem Kapitel um die gesellschaftlichen Bedingungen, auf denen dieses Gerechtigkeitsverständnis beruht. Die Analyse wird in die folgenden Thesen einmünden:

1. Das sozialstaatliche Gerechtigkeitsparadigma ist aus den einmaligen historischen Bedingungen einer bestimmten Epoche zu verstehen, nämlich der Prosperitätsphase, welche die kapitalistischen Industrieländer in der Zeit zwischen dem Ende des 2. Weltkriegs und der Mitte der 1970er Jahre erlebt haben. Diese Phase kann als »Wohlstandskapitalismus« oder auch als »sozialer Kapitalismus« bezeichnet werden.
2. Etwa in der Mitte der 1970er Jahre setzte der Niedergang des sozialen Kapitalismus und seine langsame Transformation in einen deregulierten und globalen Kapitalismus ein.
3. Mit diesem Niedergang des sozialen Kapitalismus verloren auch der Sozialstaat und das sozialstaatliche Gerechtigkeitsparadigma allmählich ihre Grundlage. Vor diesem Hintergrund ist die Grundsatzdiskussion über soziale Gerechtigkeit zu sehen.

Den inhaltlichen Kern, durch den sich das sozialstaatliche Gerechtigkeitsparadigma von anderen Gerechtigkeitsmodellen abhebt, haben wir durch vier Leitideen beschrieben, nämlich Begrenzung der Macht des Kapitals über die Arbeit, »Recht auf Arbeit«, umfassende kollektive soziale Sicherheit und Verteilungsgerechtigkeit. Sie machen, zusammen mit der Konzentration auf den Gegensatz von Arbeit und Kapital und auf die mit der Lohnarbeit verbundenen Gerechtigkeitsprobleme, der prinzipiellen Zustimmung zur kapitalistischen Marktwirtschaft und der charakteristischen Fixierung auf den Staat als dem wichtigsten (wenn auch nicht den einzigen) Verantwortlichen, das Eigentümliche des sozialstaatlichen Gerechtigkeitsparadigmas aus, durch das es sich von anderen Gerechtigkeitskonzeptionen unterscheidet.

Das sozialstaatliche Gerechtigkeitsparadigma ist nicht vom Himmel gefallen, sondern hat sich – dies wurde schon ausgeführt – unter ganz bestimmten historischen Bedingungen herausgebildet. Es konnte überhaupt nur unter ganz bestimmten Bedingungen entstehen, nämlich denen der Prosperitätsphase, die der Kapitalismus in den entwickelten westlichen Ländern im dritten Viertel des 20. Jahrhunderts erlebt hat.

Im Folgenden wird für diese Phase in der Entwicklung der westlichen Länder, besonders der Bundesrepublik Deutschland, der Begriff »Wohlstandskapitalismus« verwendet, obwohl der Wohlstand insgesamt gesehen heute natürlich sehr viel höher ist als vor 35 oder 50 Jahren und obwohl der Lebensstandard der Arbeiter in Deutschland damals sicher niedriger gewesen ist als der heutiger »Hartz-IV«-Empfänger. Der Begriff »Wohlstand« ist aber relativ; er bezieht sich auf das Produktionspotenzial einer Gesellschaft, das jeweils dem gegebenen Entwicklungsstand entspricht. Entscheidend ist, dass in jener Periode im dritten Viertel des letzten Jahrhunderts die gesamte Bevölkerung, wenn auch auf unterschiedlichem Startniveau, am wachsenden Wohlstand einigermaßen anteilig partizipiert hat. In dieser Zeit wurden hohe Wachstumsraten erzielt und zum ersten Mal in der Geschichte der kapitalistischen Wirtschaft herrschte, jedenfalls in den meisten entwickelten Ländern, Vollbeschäftigung. Armut und Arbeitslosigkeit verschwanden weitgehend von der Bildfläche, ein vorher nie gekannter Massenwohlstand breitete sich aus. Zugleich nahm auch die soziale Ungleichheit in entwickelten kapitalistischen Ländern deutlich ab.

In diesem Sinne ist der Begriff »Wohlstandskapitalismus« zu verstehen. Auch die Bezeichnung »sozialer Kapitalismus« trifft nicht schlecht, denn in dieser Periode gab es in den meisten entwickelten kapitalistischen Ländern ein Ausmaß an sozialem Ausgleich, das niemals vorher erreicht worden war und später nicht mehr aufrechterhalten werden konnte. Etwas Ähnliches besagt der speziell in der Bundesrepublik Deutschland gebräuchliche Begriff »soziale Marktwirtschaft« (vgl. Kapitel I, Fußnote 3); er drückt die Überzeugung aus, dass eine kapitalistische Marktwirtschaft, einen entsprechenden Ordnungsrahmen und regulierende Eingriffe des Staates vorausgesetzt, »sozial« sein kann, und zwar wesentlich sozialer als eine sozialistische Planwirtschaft. Die griffige Formel »Wohlstand für alle«, die Ludwig Erhard, der deutsche Wirtschaftsminister der Adenauer-Zeit und spätere Bundeskanzler der Jahre 1963–1966, geprägt hatte, kennzeichnet bis zum gewissen Grad die soziale Realität dieser Periode.

Zur Kennzeichnung dieses Wohlstandskapitalismus wird bisweilen auch der von dem französischen Publizisten Michel Albert geprägte Begriff »rheinischer Kapitalismus« verwendet (vgl. Albert 1992). Der bekannte britische Historiker Eric Hobsbawm bezeichnete in seiner großen Geschichte des 20. Jahrhunderts diese Periode sogar als »Goldenes Zeitalter«; er positionierte dieses zwischen dem »Katastrophenzeitalter« (1914 bis 1945) und dem anschließenden »Erdrutsch« (seit 1973) (Hobsbawm 1995, bes. S. 324–362).

In gewisser Hinsicht, nämlich was den Massenwohlstand betrifft, könnte man von einem »goldenen Vierteljahrhundert« des Kapitalismus sprechen. Diese Blütezeit beruhte auf einer historisch einmaligen Konstellation von ökonomischen, politischen und soziokulturellen Rahmenbedingungen, die es weder vorher noch nachher in dieser Form gegeben hat:

1. ein besonders ausgeprägter, dynamisch wachsender Industriekapitalismus (der sogenannte Fordismus),
2. eine im Großen und Ganzen stabile Machtbalance zwischen Arbeit, Kapital und Staat, die es ermöglichte, die Kapitalmacht zu begrenzen, und
3. die Vorherrschaft »kollektivistischer« statt individualistischer Orientierungsmuster.

1 Die Sozialstaatsexpansion nach dem 2. Weltkrieg und ihre Voraussetzungen

Das klassische sozialstaatliche Gerechtigkeitsparadigma wurde, wie bereits mehrfach hervorgehoben, nicht erst theoretisch als politisches Programm formuliert und dann schrittweise in die Praxis umgesetzt, sondern es war genau umgekehrt: Aufgrund der ökonomischen, politischen und soziokulturellen Bedingungen, die in den meisten kapitalistischen Ländern in den etwa drei Jahrzehnten nach dem 2. Weltkrieg gegeben waren, kam es in dieser Zeit zur Entwicklung und kräftigen Expansion des Sozialstaats. Diese Sozialstaatsentwicklung prägte die Mentalität und die Gerechtigkeitsvorstellungen der großen Mehrzahl der Bevölkerung und wirkt auf diese Weise bis heute normbildend.

Diese Entwicklung verlief im Übrigen in den einzelnen westlichen Ländern zum Teil deutlich unterschiedlich und sie war im Wesentlichen auf Kontinentaleuropa beschränkt. In Deutschland, den skandinavischen Ländern, Frankreich und Italien war sie am stärksten ausgeprägt. In Großbritannien kam sie bereits Anfang der 1950er Jahre wieder zum Stillstand. Die USA waren mit Präsident Franklin D. Roosevelts »New Deal« bereits in den 1930er Jahren für kurze Zeit die Vorreiter der Sozialstaatsexpansion gewesen; nach dem 2. Weltkrieg kehrte das Land aber zu seinen wirtschaftsliberalen Traditionen zurück.

Die Sozialstaatsexpansion in Kontinentaleuropa im dritten Viertel des 20. Jahrhunderts hatte drei wesentliche Voraussetzungen:

1. den »Fordismus« oder auch »fordistischen Kapitalismus« (dieses Schlagwort ist von dem italienischen Sozialtheoretiker Antonio Gramsci (1891–1937) geprägt wurde); er wird im Folgenden näher betrachtet;

2. die traumatischen Erfahrungen aus der Krise, welche die kapitalistischen Länder in den vorausgegangenen etwa 15 bis 20 Jahren durchgemacht hatten und die sowohl den Kapitalismus als auch die bürgerliche Demokratie an den Rand des Zusammenbruchs gebracht hatte. Die →Weltwirtschaftskrise hatte das Vertrauen in die Selbstregulierung des Marktes erschüttert. Die politischen Krisen, die NS-Diktatur und der von ihr ausgelöste 2. Weltkrieg hatte zu der Erkenntnis geführt, dass Kapitalismus und bürgerliche Demokratie nur mit substanziellen sozialen Zugeständnissen an die Arbeiterschaft und mit Hilfe von intelligenten Staatsinterventionen überlebensfähig sind;
3. die latente Systemkonkurrenz des westlichen Kapitalismus mit dem zur Weltmacht aufgestiegenen Sowjetsystem; immerhin besaß der orthodoxe Kommunismus in den ersten Nachkriegsjahrzehnten durchaus noch eine gewisse Attraktivität, weil seine ökonomische Misere längst noch nicht so deutlich sichtbar war wie später. In Westdeutschland war die Systemkonkurrenz allein durch die deutsche Teilung und die Existenz der DDR präsent, in Frankreich und Italien durch die Tatsache, dass die dortigen kommunistischen Parteien noch bis in die 1970er Jahre hinein hohe Wähleranteile erreichten.

2 Die ökonomischen Rahmenbedingungen des Wohlstandskapitalismus: der »Fordismus«

Den dynamisch wachsenden Industriekapitalismus der zwei bis drei Jahrzehnte nach dem 2. Weltkrieg bezeichnet man nicht zu Unrecht mit dem Begriff des Fordismus oder fordistischen Kapitalismus. Es handelt sich um eine spezielle historische Erscheinungsform der kapitalistischen Marktwirtschaft, die sich in den USA bereits vor dem 1. Weltkrieg angekündigt hatte und sich nach dem 2. Weltkrieg überall durchsetzte. Die Bezeichnung »Fordismus« bezieht sich auf wegweisende Innovationen der Produktionstechnik – vor allem die Einführung des Fließbands – , die in den Ford-Automobilwerken bereits um 1914 vorgenommen worden waren und dann weltweit Verbreitung fanden. Diese Revolutionierung der industriellen Produktionsmethoden wird häufig auch als »zweite industrielle Revolution« bezeichnet; davon wird gleich noch die Rede sein.

1. Die ökonomischen Rahmenbedingungen des Wohlstandskapitalismus waren durch eine Reihe von Sonderbedingungen geprägt:
2. Die Industrialisierung erlebte ihren absoluten historischen Höhepunkt und ihre Blütezeit.

3. Die »zweite industriellen Revolution« kam zum völligen Durchbruch.
4. Aufgrund mehrerer Sonderfaktoren kam es zu einer starken Nachfrageexpansion und zu einem kräftigen Wirtschaftswachstum, was einen bis dahin nicht gekannten Massenwohlstand zur Folge hatte.
5. Es entwickelte sich eine spezielle Unternehmenskultur und zugleich die sogenannte Sozialpartnerschaft.
6. Es existierte praktisch noch kein Bewusstsein für die ökologischen Grenzen der industriellen Produktion.[1]

2.1 Höhepunkt und Blütezeit der Industrialisierung

Weder vor noch nach der Phase des expandierenden Wohlstandskapitalismus im dritten Viertel des 20. Jahrhunderts war die Ökonomie so weitgehend von der Industrie und speziell der Großindustrie dominiert wie in dieser Phase. Die industrielle Revolution hatte in der Mitte des 18. Jahrhunderts in England begonnen und die ganze Welt überrollt, aber trotzdem war die Industrie – verstanden als die mechanisierte Herstellung und Bearbeitung von Waren – keineswegs immer die dominierende und nie die ausschließliche Produktionsform gewesen; Landwirtschaft und Handwerk hatten noch lange eine hervorragende Bedeutung behalten. Aber der industrielle Sektor wuchs langsam und unaufhörlich zulasten der beiden traditionellen Sektoren, bis er im dritten Viertel des 20. Jahrhunderts seinen Höhepunkt erreichte. Seitdem ist die Bedeutung der Industrie kontinuierlich im Rückgang begriffen und schon in den 1970er Jahren wurde die Industrie vom Dienstleistungssektor von der Spitzenposition verdrängt. Für unseren Zusammenhang ist wichtig, dass das Zeitalter des Wohlstandskapitalismus, in dem sich das sozialstaatliche Gerechtigkeitsparadigma herausbildete, mit diesem Höhepunkt der Industrialisierung zusammenfällt.

Diesen Trend erkannte übrigens der französische Ökonom Jean Fourastié (1905–1990) schon im Jahr 1954 (Fourastié 1954). Auf ihn geht das bekannte 3-Sektoren-Entwicklungsschema zurück, das in *Abbildung 2* dargestellt ist. Fourastié unterscheidet drei Entwicklungsstufen kapitalistischer Volkswirtschaften, die sich durch die Verteilung der Erwerbstätigen auf Landwirtschaft, Industrie und Dienstleistungen unterscheiden.

- In Phase 1, im Frühkapitalismus, gibt es anfangs noch einen hohen Anteil der Landwirtschaft; der Anteil der Industrie ist zunächst gering, steigt aber dann steil an; der Dienstleistungsbereich ist wenig entwickelt.

- In Phase 2, im Hochkapitalismus oder in der Industriegesellschaft, ist der Anteil der Industrie hoch, der Anteil der Landwirtschaft ist klein und der des Dienstleistungsbereichs ist weiterhin ziemlich gering.
- In Phase 3, der Dienstleistungsgesellschaft, steigt der Anteil des Dienstleistungsbereichs stark an und wird schließlich dominierend; der Anteil der Industrie sinkt auf einen niedrigen Wert ab und der der Landwirtschaft verharrt auf niedrigem Niveau.

In Fourastiés Schema wäre der industrielle Wohlstandskapitalismus demnach in Phase 2 anzusiedeln.

Abb. 2: Entwicklungsschema nach Jean Fourastié

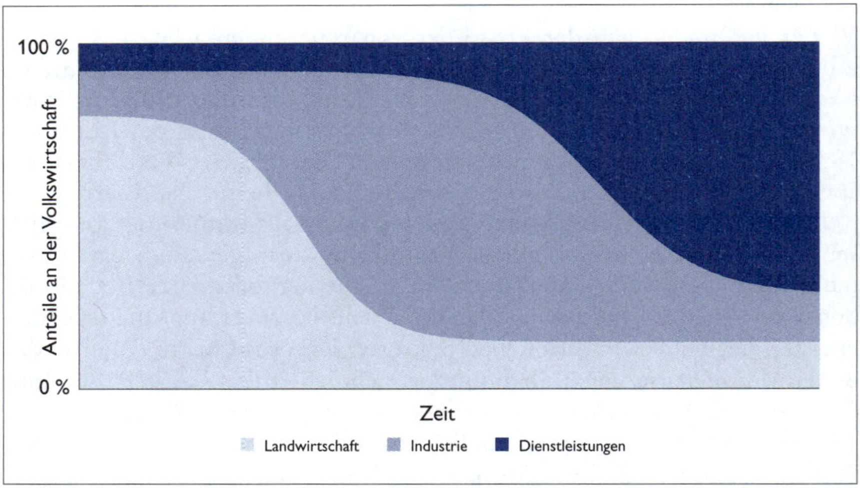

Eigene Grafik nach Fourastié.

Fourastié hat somit als Erster die künftige Dienstleistungsgesellschaft prognostiziert. Übrigens hoffte er damals – was inzwischen durch die Fakten widerlegt worden ist –, dass in der Dienstleistungsgesellschaft automatisch auch die Arbeitslosigkeit aus den kapitalistischen Ökonomien verschwinden würde, weil der Prozess der Wegrationalisierung von Arbeitsplätzen zum Stillstand käme.

Sowohl Fourastiés Entwicklungsschema als auch die Feststellung, dass das goldene Vierteljahrhundert des Kapitalismus als Höhepunkt der Industriegesellschaft anzusehen ist, lässt sich, wie *Abbildungen 3–6* zeigen, durch statistische Indikatoren belegen. Allerdings ist es aufgrund der statistischen Abgrenzungen, die dem verfügbaren Datenmaterial zugrunde liegen, nicht ganz einfach, das einzufangen, worauf es hier ankommt. Obwohl keine der Abbildungen exakt das Gewicht der Industrie in der Gesamtökonomie abbildet, vermitteln sie doch in der Zusammenschau ein zutreffendes Bild:

Abbildung 3 zeigt in einer langfristigen Zeitreihe von 1882 bis 2004 die Verteilung der Erwerbstätigen auf drei Wirtschaftssektoren. Unter dem »primären Sektor« sind Landwirtschaft und Bergbau zusammengefasst. Der »sekundäre Sektor« umfasst das gesamte verarbeitende Gewerbe, d.h. nicht nur die Industrie, sondern auch das Handwerk, während der Bergbau, den man mit guten Gründen zur Industrie rechnen könnte, nicht zum sekundären, sondern zum primären Sektor zählt. Der »tertiäre Sektor« ist identisch mit dem, was wir heute als Dienstleistungen bezeichnen. Die Zuordnung der Erwerbstätigen zu diesen drei Sektoren erfolgt, das ist wichtig, nicht nach ihrem Beruf oder ihrer individuellen Tätigkeit, sondern nach ihrer Betriebszugehörigkeit (sodass z.B. in der Industrie angestellte Juristen oder Buchhalterinnen zum sekundären und nicht etwa zum tertiären Sektor gerechnet werden). Wir sehen, dass der Höhepunkt der so (wenn auch leider nur annähernd) statistisch erfassten Industriebeschäftigung in Deutschland zwischen 1960 und 1979 erreicht war. Von 1990 auf 1991 hat der Anteil des sekundären Sektors entgegen dem Trend wieder leicht zugenommen; dies erklärt sich aus dem Wiedervereinigungseffekt, da die DDR einen wesentlich höheren Industrieanteil hatte als Westdeutschland.

Abb. 3: Erwerbstätige nach Sektoren in Deutschland 1882–2004

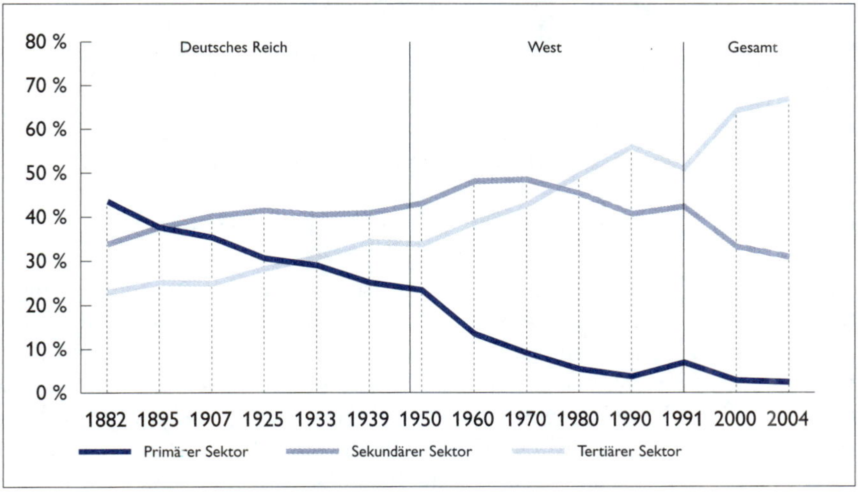

Eigene Grafik. Datenquelle: Statistisches Bundesamt.

Abbildung 4 zeigt den Anteil der Arbeiter an den Erwerbstätigen in Deutschland seit 1950; hier werden die Erwerbstätigen nicht nach ihrer Betriebszugehörigkeit und damit nach Sektoren sortiert, sondern nach ihrem individuellen beruflichen Status.[2] Allerdings deckt sich der Begriff »Arbeiter« nicht mit dem des Industriearbeiters, auch Landarbeiter und Handwerksgesellen zählen zu den Arbeitern. Aus dieser statistischen Abgrenzung des Begriffs »Arbeiter« erklärt sich, dass der Höhepunkt des Arbeiteranteils bereits 1957 erreicht wurde. Der Anteil der eigentlichen Industriearbeiter, könnte er statistisch erfasst werden, ist sicher noch bis Anfang der 1970er Jahre gestiegen. Der leichte Anstieg des Arbeiteranteils von 1991 gegenüber 1990 erklärt sich daraus, dass erstmals die Beschäftigten der ehemaligen DDR mitgezählt sind.

Abb. 4: Arbeiteranteil an den Erwerbstätigen in Deutschland 1950–2009 (bis 1990 Westdeutschland)

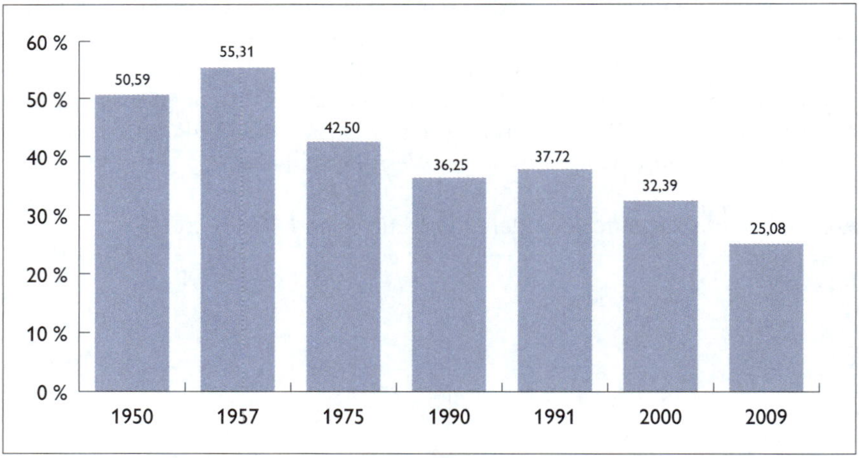

Eigene Grafik. Datenquelle: Statistisches Taschenbuch des BMAS 2010.

Abbildung 5 stellt für die vier Hauptkategorien von Erwerbstätigen (Arbeiter, Angestellte, Beamte und Selbstständige einschließlich der mithelfenden Familienangehörigen) die Entwicklung seit 1950 in Deutschland dar. Die Zuordnung erfolgt wieder nach dem persönlichen beruflichen Status, nicht nach der Betriebszugehörigkeit und auch hier sind nicht die Industriearbeiter im engeren Sinne erfasst, sondern alle Arbeiter einschließlich der Landarbeiter. Das qualitative Ergebnis entspricht dem von *Abbildung 4* zum Arbeiteranteil.

Abb. 5: Erwerbstätige nach Stellung im Beruf in Deutschland 1950–2009 (bis 1990 Westdeutschland)

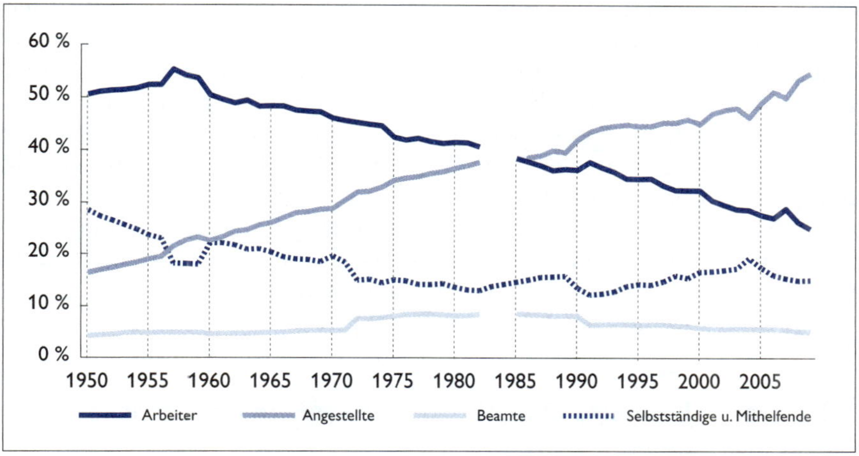

Eigene Grafik. Datenquelle: Statistisches Taschenbuch des BMAS 2010. Für die Jahre 1983 und 1984 weist diese Quelle teilweise keine Daten aus.

Abb. 6: Erwerbstätige nach Wirtschaftsbereichen in Deutschland 1950–2009 (bis 1990 Westdeutschland)

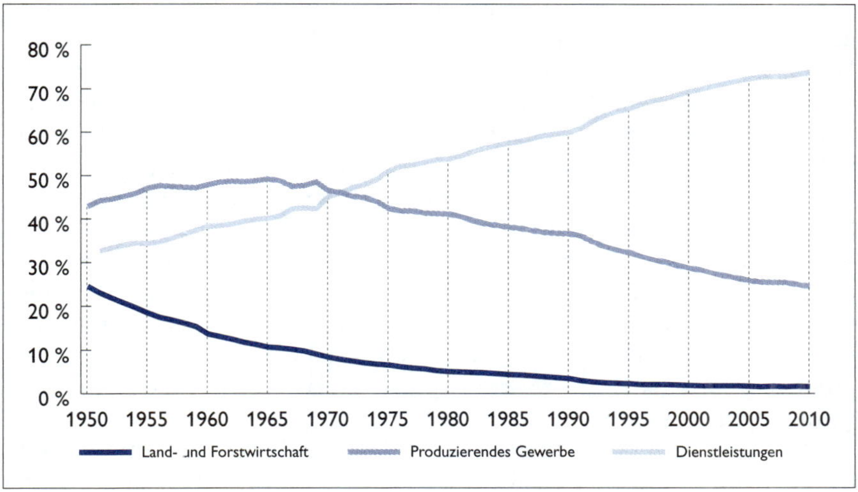

Eigene Grafik. Datenquelle: Statistisches Bundesamt, Lange Reihen, Erwerbstätigkeit nach Wirtschaftssektoren.

Abbildung 6 illustriert die Verteilung der Erwerbstätigen auf die drei Wirtschaftsbereiche Land- und Forstwirtschaft, produzierendes Gewerbe und Dienstleistungen. Sie gibt, was die Sektorabgrenzung betrifft, den Grad der Industrialisierung am genauesten wieder. Die Sektorenabgrenzung nach Land- und Forstwirtschaft, produzierendem Gewerbe und Dienstleistungen deckt sich nicht mit der Abgrenzung nach primärem, sekundärem und tertiärem Sektor, weil der Bergbau – ebenso wie das Handwerk – dem produzierenden Gewerbe zugeordnet ist. Für die Zuordnung der Erwerbstätigen ist hier wieder die Betriebszugehörigkeit entscheidend, nicht die persönliche Tätigkeit oder der berufliche Status. Ein wichtiger Strukturveränderungsprozess, nämlich dass innerhalb des Industriesektors der Anteil der Arbeiter abgenommen und dafür der der Angestellten zugenommen hat, ist hier also nicht sichtbar.

2.2 Der vollständige Durchbruch der »zweiten industriellen Revolution«

In die Phase des Wohlstandskapitalismus und der Sozialstaatsexpansion fällt auch der vollständige Durchbruch dessen, was man die zweite industrielle Revolution nennt. Sie bestand in der Hauptsache in der tief greifenden Veränderung der Arbeits- und Produktionsorganisation; die erste industrielle Revolution war dagegen eine Energierevolution gewesen, in deren Verlauf menschliche und tierische Muskelkraft sowie Wasser und Wind als Kraftquellen durch Maschinenkraft ersetzt wurden (bei der »dritten industriellen Revolution« – die allerdings nur noch mit begrenztem Recht »industriell« genannt werden kann – handelt es sich natürlich um die Durchsetzung der Mikroelektronik). Für diese Revolutionierung der Arbeits- und Produktionsorganisation sind die weiter oben erwähnten Innovationen in den Ford-Automobilwerken typisch und zu Recht namensgebend. Eine andere und nicht minder treffende Bezeichnung für die damaligen organisatorischen Umwälzungen lautet →»Taylorismus«, nach dem amerikanischen Ingenieur und Betriebswirtschaftler Frederick Taylor (1856–1915), der in seinem Buch *The Principles of Scientific Management* (1911) die theoretische Grundlage für die neue Arbeitsorganisation gelegt hatte.[3]

Fließbandproduktion und »tayloristische« Arbeitsorganisation waren die beiden Hauptkennzeichen der zweiten industriellen Revolution. Drei Begriffe, Zentralisierung, Spezialisierung und Standardisierung, kennzeichnen die industrielle Arbeitswelt dieser Periode:

1. *Zentralisierung:* Disposition und Ausführung, Kopf- und Handarbeit werden so weit wie möglich getrennt; die einzelnen Beschäftigten verlieren weitgehend den Spielraum zur selbstständigen Erfüllung ihrer Aufgaben; Fremdbestimmung der Arbeit und Hierarchisierung bestimmen die Betriebsabläufe.
2. *Spezialisierung:* Die menschliche Arbeit wird so weit wie möglich in kleine und gleichförmige Teilschritte zerlegt; der einzelne Beschäftigte hat nur sehr spezialisierte Aufgaben, im Extremfall gleichbleibende Handgriffe zu erledigen, wobei ihm häufig auch ein strenger Zeittakt vorgegeben ist.
3. *Standardisierung:* Die Vorteile von Spezialisierung und Zentralisierung können nur in industrieller Massenproduktion genutzt werden; die Produkte werden in möglichst großen Stückzahlen, möglichst gleichförmig und mit geringer Differenzierung hergestellt. Diese Standardisierung gilt auch für das Arbeitsverhältnis; da die Arbeitsabläufe stark normiert sind und nicht flexibel sein müssen, dominieren standardisierte Arbeitszeiten, kurzum das sogenannte Normalarbeitsverhältnis (sozialversicherte Arbeitnehmertätigkeit, Vollzeit, unbefristet, 5-Tagewoche mit geregelter Arbeitszeit und freiem Wochenende, Tarifgebundenheit).

Obwohl solche »tayloristischen« Arbeitsformen und »fordistischen« Produktionsmethoden selbst auf dem Höhepunkt der Industrialisierung nur für einen Teil und noch nicht einmal den überwiegenden Teil der Erwerbstätigen Wirklichkeit waren, haben sie diese Zeit geprägt. Sie sind zudem, wie noch deutlich werden dürfte, auch für die Entwicklung des Sozialstaats maßgeblich gewesen.

2.3 Nachfrageexpansion, kräftiges Wirtschaftswachstum und Massenwohlstand

Im goldenen Vierteljahrhundert erlebten die entwickelten Industrieländer ein kräftiges Wirtschaftswachstum und schließlich einen bislang nie gekannten Massenwohlstand. Beides ließ schließlich zwei zuvor als unvermeidlich betrachtete Begleitphänomene der kapitalistischen Marktwirtschaft, nämlich Arbeitslosigkeit und Armut, fast vollständig verschwinden. Die Ursachen dafür lagen erstens in den hohen Produktivitätssteigerungen, welche die zweite industrielle Revolution ermöglichte; die millionenfache Produktion preiswerter industrieller Konsumgüter (z. B. Automobile und Haushaltsgeräte) ermöglichte einen stark steigenden Lebensstandard. Zweitens gab es eine ausreichende Zahl an industriellen Arbeitsplätzen auch für Arbeitnehmerinnen und Arbeitnehmer mit geringer Qualifikation, die gleichwohl, eben wegen der Fortschritte in der Rationalisierung, eine vergleichsweise hohe Arbeitsproduktivität erzielten. Drittens gab es ein ausreichendes Arbeitskräftepotenzial, sodass diese Arbeitsplätze auch besetzt werden konnten. Und schließlich expandierte die Nachfrage, was notwendig war, um die gewaltigen Produktionssteigerungen auch abzusetzen.

Diese Nachfrageexpansion wurde ihrerseits durch verschiedene Faktoren möglich; eine oder zwei dieser Komponenten hätte wahrscheinlich allein nicht ausgereicht, sondern erst ihr Zusammentreffen hat das Wirtschaftswachstum dieser Periode ermöglicht:

- Der Wiederaufbau nach den Kriegszerstörungen und der Nachholbedarf nach dem 2. Weltkrieg sorgten in den ersten Nachkriegsjahren für die Initialzündung.
- Bis in die Mitte der 1970er Jahre wuchs die Bevölkerung, hauptsächlich wegen der bis Mitte der 1960er Jahre noch relativ hohen Geburtenziffern; in Westdeutschland kam bis 1961 noch die Übersiedlung aus der DDR hinzu.
- In den entwickelten Industrieländern Europas kam es erstmals zur nahezu vollständigen Erschließung des inneren Marktes durch die kapitalistische Marktwirtschaft. Subsistenzwirtschaft und Eigenproduktion, die vor dem 2. Weltkrieg noch eine erhebliche Funktion für die Versorgung der Bevölkerung hatten, verschwanden im Lauf der Prosperitätsperiode fast völlig, sodass schließlich der gesamte Konsum nahezu ausschließlich über den Markt bedient wurde. Die Produkte der traditionellen Wirtschaftssektoren (Handwerk, Kleingewerbe und Landwirtschaft) wurden von den Industrieprodukten zurückgedrängt. Diesen Prozess hat der Soziologe Burkhard Lutz als »innere Landnahme« bezeichnet. Er sah in ihm die entscheidende Voraussetzung für die Prosperitätsphase des Kapitalismus (Lutz 1984).
- Es kam zu bedeutenden Produktinnovationen. Bestimmte Gebrauchsgüter, die zuvor unbekannt oder nur für kleine Personenkreise erschwinglich gewesen waren, kamen als preiswerte Industrieprodukte auf den Markt (Automobile, Haushaltsgeräte, Unterhaltungselektronik).
- Das konstante Wettrüsten während des Kalten Krieges gab der Wirtschaft Nachfrageimpulse und stieß wichtige technische Innovationen an.
- Der Anstieg der Reallöhne, die allmähliche Angleichung der Einkommensverteilung und der Ausbau der sozialen Sicherungssysteme erhöhten die verfügbaren Einkommen der Privathaushalte und ermöglichten die kräftige Zunahme der Konsumnachfrage. Auf diese Weise war die Herausbildung des Sozialstaats und des sozialstaatlichen Gerechtigkeitsparadigmas selbst ein wichtiger Wachstumsfaktor.

2.4 Die typische Unternehmenskultur des Wohlstandskapitalismus und die Sozialpartnerschaft

Die Phase des Wohlstandskapitalismus war in den kontinentaleuropäischen Ländern, die (im Unterschied zu den angelsächsischen Ländern) den typischen Sozialstaat ausgebildet haben, durch eine sehr spezifische Unternehmenskultur gekennzeichnet, die der französische Publizist Michel Albert in einem damals viel beachteten Buch einprägsam beschrieben hat (vgl. Albert 1992). Man kann sie, wenn man es schlagwortartig zusammenfassen will, mit zwei Begriffen charakterisieren: Herrschaft der Manager und Sozialpartnerschaft.

Basis dieser Unternehmenskultur war, dass in den dominierenden Großunternehmen die Fremdkapitalfinanzierung durch Bankkredite und nicht die Eigenkapitalfinanzierung durch Aktienemission über die Börsen überwog. Dies hatten seinen Grund darin, dass die Kapitalmarktzinsen jahrzehntelang relativ niedrig waren. Der Vorrang der Fremdkapitalfinanzierung vor der Eigenkapitalfinanzierung hatte ein wichtiges Ergebnis: das Management operierte relativ unabhängig von den Börsenkursen ihrer Unternehmen. Kursschwankungen und kurzfristige Gewinne waren für den Erfolg des Unternehmens nicht so entscheidend, weil die Beschaffung von Finanzierungsmitteln nicht davon abhing. Das Management musste mehr Rücksicht auf die Kredite gebenden Banken als auf die eigenen Aktionäre nehmen und es orientierte sich weniger an kurzfristigen Gewinnen als an langfristigen Unternehmenszielen wie Marktbeherrschung und Maximierung des Marktanteils. Die Personalpolitik der Unternehmen war – auch wegen der Arbeitskräfteknappheit, die sich bald einstellte – weniger auf Flexibilität als auf langfristige Mitarbeiterbindung und Kontinuität angelegt; außerdem war wegen der weit verbreiteten »tayloristischen« Arbeitsmethoden der Flexibilitätsbedarf wesentlich geringer als heute.

Zwischen den Industrieunternehmen und den Banken herrschte eine sehr enge finanzielle und auch personelle Verflechtung. Die Banken besaßen große Teile des Aktienkapitals, übten das Depotstimmrecht für die Kleinaktionäre aus und waren in den Aufsichtsräten dominant, eine Konstellation, die – soweit von der deutschen Wirtschaft die Rede ist – mit dem Schlagwort → »Deutschland-AG« bezeichnet wurde. Die Banken ihrerseits hatten ihren Tätigkeitsschwerpunkt im Kreditgeschäft, nicht im → Investmentbanking. Folglich waren sie in erster Linie daran interessiert, ihr Geld bzw. das ihrer Kunden in langfristig ertragreichen Produktionsunternehmen anzulegen. Kurzum, man kann der Tendenz nach, jedenfalls bei den Großunternehmen, von einer Vorherrschaft der angestellten Manager über die Aktionäre sprechen. Dieser →»Managerkapitalismus« begünstigte in hohem Maße die zwar niemals konfliktlose, im Ergebnis aber doch überwiegend partnerschaftliche Zusammenarbeit zwischen den Unternehmensführungen und den Belegschaften bzw. den Gewerkschaften.

Allerdings trifft dieses Bild nicht auf die angelsächsischen Länder USA und Großbritannien zu. Dort waren die Bedingungen anders und auch in der Hochphase der »fordistisch« strukturierten Industrie finanzierten sich die Unternehmen in der Regel über Aktien. Dementsprechend dominierte die Orientierung an den Börsenkursen als Unternehmensstrategie. Der →»Shareholder-Value-Kapitalismus«, der in Kontinentaleuropa als Novum empfunden wird, war in diesen Ländern immer schon eine Realität. Das ist auch der Grund, warum der bereits erwähnte Publizist Michel Albert zwischen einem →»rheinischen« und einem →»angelsächsischen« Kapitalismus unterschieden hat. Nur im »rheinischen Kapitalismus« ist die oben beschriebene typische Unternehmenskultur voll verwirklicht (der Begriff »rheinisch« ist übrigens etwas sonderbar, weil Albert neben Frankreich, Deutschland, den Niederlanden und der Schweiz, die immerhin alle am Rhein liegen, auch Japan zu den »rheinischen« Ländern gezählt hat).

3 Politische Rahmenbedingungen des Wohlstandskapitalismus: Korporatismus und Machtbalance zwischen Arbeit, Kapital und Staat

Selbstverständlich konnte sich der Wohlstandskapitalismus nur innerhalb bestimmter politischer Rahmenbedingungen entfalten; er ist geradezu das Resultat einer engen Kooperation zwischen Staat, Kapital und organisierter Arbeitnehmervertretung. Man spricht auch von »Korporatismus«, weil der einzelne Arbeitnehmer bzw. die einzelne Arbeitnehmerin und der einzelne Unternehmer nicht isoliert am Markt agieren, sondern in ein von Großverbänden (d. h. Gewerkschaften und Arbeitgeberverbände) oder sonstigen Kollektivinstitutionen (z. B. Betriebsräte) dominiertes Regelsystem eingebunden sind; dies engt zwar ihren individuellen Spielraum ein, schützt sie aber zugleich vor Flexibilitätsanforderungen.

Die politischen Rahmenbedingungen des Wohlstandskapitalismus waren geprägt von einer Machtbalance zwischen Kapital (bzw. Unternehmern und Unternehmerverbänden), Arbeit (Gewerkschaften) und Staat. Diese Balance war zwar störungsanfällig, aber im Großen und Ganzen dennoch über lange Zeit stabil. Sie war an die Stelle der schweren sozialen Konflikte (um nicht zu sagen Klassenkämpfe) getreten, welche die Geschichte der kapitalistischen Marktwirtschaft seit ihren Anfängen begleitet hatten. Es handelte sich, so kann man sagen, um einen bis dahin nicht gekannten historischen Kompromiss. Die Kapitalseite war erstmals zu wirklich substanziellen Zugeständnissen an die Arbeiter bereit und gab den Versuch auf, die organisierte Arbeiterbewegung mit Hilfe der Staatsmacht niederzuhalten (was eine sehr wichtige, wenn auch nicht die einzige Ursache für das Scheitern der Weimarer Republik gewesen war). Die organisierte Arbeiterbewegung, also die sozialistischen Gewerkschaften und die Sozialdemokratie, wiederum verzichtete, zuerst in der Praxis, dann auch in ihrer Rhetorik, auf die Forderung nach Sozialisierung. Sie akzeptierte die gegebene Wirtschaftsordnung unter der Voraussetzung eines gerechten Anteils an ihrem Ertrag. An die Stelle der Machtfrage trat die Verteilungsfrage.

Im Laufe der Zeit entschärften sich dank des hohen Wachstums auch die Verteilungskonflikte, da beide Seiten nur noch über die Verteilung der Zuwächse zu streiten brauchten. So entwickelte sich die für diese Periode charakteristische Sozialpartnerschaft, in der die Macht des Kapitals über die Arbeit durch die Intervention des Staates und durch die kollektive organisierte Gegenmacht der Arbeitnehmerinnen und Arbeitnehmer begrenzt war.

Die Sozialpartnerschaft hatte freilich noch eine andere und bedeutsamere Ursache: da Vollbeschäftigung herrschte und der Arbeitsmarkt sozusagen – anders als heute – ein »Verkäufermarkt« und kein »Käufermarkt« war, hatten die Gewerkschaften eine starke Position, zumal sie in dieser Periode einen deutlich höheren Organisationsgrad unter den Beschäftigten erreichten als heute. Letzteres lag an der Struktur der Beschäftigten; die Zahl der Arbeiter übertraf die der Angestellten, es gab mehr Arbeitnehmerinnen und Arbeitnehmer mit einfacherer Qualifikation als solche mit höheren Bildungsabschlüssen, kurzum das Organisationspotenzial der Gewerkschaften im Verhältnis zur Gesamtzahl der abhängig Beschäftigten war deutlich höher als heute. Organisationsstarke Gewerkschaften waren in der Lage, ein Gegengewicht zur Kapitalmacht zu bilden; in den Managern, deren Hauptinteresse nicht den Börsenkursen und dem kurzfristigen Gewinn, sondern dem reibungslosen Produktionsprozess und dem langfristigen Wachstum galt, fanden sie im Prinzip kooperationswillige Partner, sodass in gewisser Weise von einem Bündnis zwischen Unternehmern und Arbeitnehmern die Rede sein kann (Schulmeister 1998).

Die Sozialpartnerschaft beschränkte sich nicht auf die →korporatistischen Arbeitsbeziehungen, d. h. auf die Regulierung des Arbeitsmarkts und der Arbeitsbedingungen durch Tarifverträge und betriebliche Mitbestimmung der Arbeitnehmerinnen und Arbeitnehmer. Sie war in Wirklichkeit ein Dreiecksverhältnis zwischen Staat, Unternehmerverbänden und Gewerkschaften. Der Staat hatte eine enorm wichtige Funktion in diesem historischen Kompromiss zwischen Arbeit und Kapital. Er war sozusagen der Dritte im Bunde, als Schlichter, wenn nötig als Richter, als Garantiemacht und als Durchführungsbeauftragter einer Art von Grundlagenvertrag der Gesellschaft, der freilich niemals ausdrücklich formuliert wurde. Der Staat setzte den rechtlichen Ordnungsrahmen, übernahm durch seine Sozial- und Steuerpolitik zum wesentlichen Teil die Verantwortung für den sozialen Ausgleich und – vor allem – stabilisierte durch regulierende Eingriffe das Marktgeschehen; er wirkte der Krisenanfälligkeit des Marktsystems systematisch entgegen und übernahm schließlich de facto eine Art »Vollbeschäftigungsgarantie«, d.h., er versprach, durch seine Konjunktursteuerung Arbeitslosigkeit gar nicht erst entstehen zu lassen.

Diese Machtbalance zwischen Arbeit, Kapital und Staat, das charakteristische korporatistische Dreiecksverhältnis der wohlstandskapitalistischen Periode, war in Deutschland, Österreich, den Niederlanden und in Skandinavien besonders ausgeprägt. In den zentralen Fragen der Wirtschafts-, Finanz- und Sozialpolitik wurde ein Konsens gesucht und in der Regel auch gefunden. Zumindest in den Grundsatzfragen der Wirtschafts- und Sozialordnung bestand Übereinstimmung; die heftigen Kontroversen, die es natürlich auch gab, hatten nicht die Wirtschafts- und Sozialordnung selbst zum Gegenstand, sondern die Gewichtsverteilung innerhalb derselben. In der Bundesrepublik Deutschland haben die Bundesregierungen noch bis in die zweite Hälfte der 1990er Jahre hinein versucht, den Dreieckskonsens zu bewahren. Zuerst in der Spätphase der Regierung Kohl, beim Streit um die Lohnfortzahlung, und dann in der zweiten Amtszeit der Regierung Schröder anlässlich der sogenannten Agenda 2010 nahm man bewusst die Konfrontation mit den Gewerkschaften in Kauf, nachdem jeweils zuvor Versuche, den alten Sozialkonsens unter dem Titel »Bündnis für Arbeit« zu erneuern, an den inzwischen unüberbrückbar gewordenen Gegensätzen zwischen Unternehmern und Gewerkschaften gescheitert waren.

Wesentliches Element des wohlfahrtskapitalistischen Arrangements war demnach ein handlungsfähiger demokratischer Nationalstaat, den man häufig mit dem Begriff »Interventionsstaat« bezeichnet. Dem staatlichen Interventionismus entsprach das wirtschaftspolitische Konzept der staatlichen Globalsteuerung, des sogenannten → Keynesianismus, mit dem die Konsequenzen aus den Erfahrungen der vorausgegangenen Weltwirtschaftskrise gezogen worden waren. Man verabschiedete sich sowohl von der Vorstellung, dass Märkte sich automatisch stabilisieren, als auch vom Außenhandelsprotektionismus und von den dirigistischen staatlichen Eingriffen in unternehmerische Entscheidungen, die seit dem 1. Weltkrieg üblich geworden waren. Man beschritt vielmehr einen intelligenten Mittelweg: den Unternehmern wurde Investitions- und Preisbildungsfreiheit garantiert, aber der Staat beeinflusste und steuerte die Volkswirtschaft im Ganzen durch seine Ausgabenpolitik, gegebenenfalls durch kreditfinanzierte Konjunkturprogramme, durch seine Steuerpolitik sowie die Geldpolitik der Zentralbank, deren Autonomie (anders als heute) deutlich eingeschränkt war. In der Bundesrepublik Deutschland war allerdings das Wachstum in der Nachkriegszeit derart kräftig, dass zur Anwendung der keynesianischen Konjunkturstabilisierung lange Zeit kein Anlass bestand.[4]

Die Globalsteuerung der Volkswirtschaften durch die einzelnen Nationalstaaten konnte aber nur innerhalb einer stabilen internationalen Wirtschaftsordnung erfolgreich sein. Diese Bedingung war bis zum Beginn der 1970er Jahre erfüllt, danach nicht mehr; dies trug ganz entscheidend dazu bei, dass mit der staatlichen Globalsteuerung ein wesentlicher Stützpfeiler des wohlstandskapitalistischen Systems beschädigt wurde und in der Folge das ganze Gebäude zu verfallen begann. Es ist hier nicht möglich, die komplizierten Zusammenhänge zwischen der Weltwirtschafts- und Weltwährungsordnung einerseits und den Möglichkeiten der nationalstaatlichen Konjunkturstabilisierung zu erläutern. Daher muss der Hinweis genügen, dass die nationalstaatliche Wirtschaftspolitik in der Phase des Wohlfahrtskapitalismus deswegen über die dafür notwendige Autonomie verfügte, weil

1. der internationale Warenverkehr zwischen den kapitalistischen Ländern zwar fast vollständig liberalisiert war, der internationale Kapitalverkehr jedoch weitgehend reguliert blieb (freier Welthandel bei national regulierten Kapitalmärkten),
2. ein auf internationalen Regeln und Absprachen gegründetes →Weltwährungssystem (von gelegentlichen Problemen abgesehen) für einigermaßen stabile Wechselkurse sorgte; dies war das »System von →Bretton Woods«, das bereits 1944 eingerichtet worden war.

Diese beiden Bedingungen waren, wie gesagt in den ersten Nachkriegsjahrzehnten gegeben, und die Tatsache, dass sie später entfielen, ist einer der Gründe dafür, dass die Möglichkeiten der Nationalstaaten beeinträchtigt wurden, autonome Wirtschaftspolitik zu betreiben und Vollbeschäftigung herbeizuführen.

4 Soziokulturelle Rahmenbedingungen des Wohlstandskapitalismus: traditionelle Wertorientierung und »Kollektivismus«

Das goldene Vierteljahrhundert des Wohlstandskapitalismus in der Zeit zwischen dem 2. Weltkrieg und der Mitte der 1970er Jahre hatte auch spezielle soziokulturelle Rahmenbedingungen zur Voraussetzung, von denen sich unsere heutige Gesellschaft bereits relativ weit entfernt hat. Man kann diese knapp in folgenden Punkten zusammenfassen:

1. Der Anteil der Angestellten, akademisch Qualifizierten und der Dienstleistungsberufe an den Erwerbstätigen war noch relativ niedrig; die Industriearbeiter waren mehr als jemals zuvor oder danach der dominante Erwerbstyp. Auf der anderen Seite war das traditionelle bäuerliche Milieu bereits weitgehend erodiert.
2. Es existierten weiterhin deutliche Klassenschranken und es gab noch immer ein kulturell und mental vom Bürgertum abgegrenztes Arbeitermilieu. Die vertikale Mobilität war nach wie vor noch relativ gering, individueller Aufstieg aus dem Arbeitermilieu ins Bürgertum selten. In gewisser Weise war die Gesellschaft der wohlstandskapitalistischen Phase also nach wie vor eine Klassengesellschaft. Zugleich aber hatte die Arbeiterschaft einen gewaltigen kollektiven Aufschwung erlebt. Dies betraf nicht nur ihren materiellen Wohlstand, sondern sie hatte auch enorm an Selbstbewusstsein gewonnen. Zum ersten Mal in der Geschichte konnte von der vollen Integration der Arbeiterschaft in die bestehende Gesellschaftsordnung die Rede sein – messbar anhand des Bedeutungsverlusts der kommunistischen Parteien in den meisten westlichen Industrieländern (mit Ausnahme Frankreichs und Italiens).
3. Generell war die Milieubindung weiterhin relativ hoch. Das traditionelle Arbeitermilieu, das katholische Milieu, das bäuerliche Milieu, das bildungsbürgerliche Milieu usw. waren zum Teil noch intakt. Kirchliche Bindung war noch weit verbreitet, Parteien und Gewerkschaften hatten hohe Mitgliederzahlen, die Bindung der Wähler und Wählerinnen an »ihre« Partei war noch ziemlich stabil. Besonders das sozialdemokratische Arbeitermilieu und das katholische Milieu waren, jedenfalls zu Beginn der Phase des Wohlstandskapitalismus, noch hochgradig integriert; sie verfügten über ein engmaschiges Netz an Vereinen sowie Bildungs- und Wohlfahrtseinrichtungen, über »ihre« Parteien, über eine eigene milieutypische Presse und über eine halbwegs geschlossene Ideologie. Diese beiden Milieus – es handelte sich bezeichnenderweise gerade um diejenigen beiden Bevölkerungsgruppen, die im Deutschen Kaiserreich

diskriminiert und weitgehend von jeder politischen Partizipation ausgeschlossen gewesen waren – haben für die Entwicklung des sozialstaatlichen Konsenses und des sozialstaatlichen Gerechtigkeitsparadigmas eine besondere Bedeutung; man kann sagen, dass es geradezu – über die Grenzen der parteipolitischen Formierung hinweg – in allen sozialpolitischen Fragen eine regelrechte Achse von reformistischer Sozialdemokratie und katholischer Soziallehre gegeben hat.

4. In der Arbeitnehmerschaft überwogen nach wie vor kollektiv-solidarische Orientierungsmuster gegenüber individuellem Aufstiegsstreben. Die prägende Erfahrung war gewesen, dass sich die Lage der Einzelnen in erster Linie durch den kollektiven Aufstieg ihrer Klasse im Ganzen verbessert und weniger durch individuelle Karrieren. Erst ab Mitte der 1960er Jahre wurden in der Bundesrepublik Deutschland die Aufstiegschancen für die Kinder aus der Unterschicht und der unteren Mittelschicht durch Bildungsreformen erheblich verbessert und es dauerte bis in die Mitte der 1980er Jahre, bis sich dies auf breiter Front in der Erwerbstätigengeneration bemerkbar machte. Diese noch immer vorherrschende Orientierung an kollektiver Solidarität und kollektiver Sicherheit war auch eine ganz entscheidende Grundlage für die Herausbildung des sozialstaatlichen Gerechtigkeitsparadigmas.
5. Es dominierten immer noch traditionelle Familienmuster und das traditionelle Verständnis der Geschlechterrollen. Die Frauenerwerbstätigkeit blieb bis in die 1980er Jahre hinein niedrig und zudem weitgehend auf Teilzeitbeschäftigung beschränkt. Frauen hatten auch kaum Zugang zu hochqualifizierten Berufen. Dass in der Prosperitätsperiode Vollbeschäftigung herrschte, ist also einzuschränken, denn es handelte sich nur um männliche Vollbeschäftigung, oder anders ausgedrückt: Die Vollbeschäftigung wurde nur erreicht, weil das weibliche Arbeitsangebot als Folge der traditionellen Rollenmuster knapp war.
6. Die Arbeitswelt war von der »Kultur des Normalarbeitsverhältnisses« geprägt. Abhängig Beschäftigte ohne den arbeits- und sozialversicherungsrechtlich geschützten Arbeitnehmerstatus gab es praktisch nicht, es galt mehrheitlich die standardisierte 5-Tage-Woche mit regelmäßiger Arbeitszeit und freiem Wochenende. Für die meisten Arbeitnehmer galten Tarifverträge, befristete Arbeit war eine Ausnahme, Leiharbeit praktisch unbekannt. Allerdings ist auch hier eine Einschränkung notwendig: Die Kultur des Normalarbeitsverhältnisses galt, wenn überhaupt, nur für die männliche Mehrheit der Beschäftigten; außerdem gab es große Gruppen von Beschäftigten mit abweichenden Arbeitszeiten wie Nachtarbeit, Schichtarbeit oder Sonntagsarbeit. So bese-

hen war, was die Arbeitszeit angeht, das Normalarbeitsverhältnis eher ein Mythos als Realität.

Insgesamt ist die Periode des Wohlstandskapitalismus noch von der Dominanz traditioneller Werte in der Bevölkerung gekennzeichnet; der von der Soziologie diagnostizierte →»Wertewandel« setzte verstärkt erst ab Mitte der 1960er Jahre ein und brauchte lange Zeit, um sich durchzusetzen. Einstweilen herrschte noch die Orientierung an Pflichterfüllung, Fleiß, Anpassung, Ordnung, Zuverlässigkeit, Loyalität, Familien- und Gruppenzusammenhalt. Will man die soziokulturellen Rahmenbedingungen der wohlstandskapitalistischen Periode in einem Schlüsselbegriff zusammenfassen, dann bietet sich der Begriff »Kollektivismus« an. Dass er im Folgenden jeweils in Anführungszeichen steht, soll eine gewisse Reserve bei der Verwendung dieses Begriffs zum Ausdruck zu bringen, denn selbstverständlich ist damit keine Gleichschaltung im Sinne autoritärer oder gar totalitärer Staaten gemeint. Der Begriff »Kollektivismus« ist hier als Gegenbegriff zu dem in späteren Phasen beobachtbaren Phänomen der »Individualisierung« zu verstehen; mit ihm soll ausgedrückt werden, dass die Bereitschaft zur Orientierung an kollektiven Organisationen und Interessenvertretungen wesentlich ausgeprägter war, als dies heute der Fall ist.

5 Fordismus, Machtbalance und »Kollektivismus« in Wechselwirkung

Die historisch einmalige Konstellation spezieller und miteinander in Wechselwirkung stehender ökonomischer, politischer und soziokultureller Rahmenbedingungen schuf in der Periode nach dem 2. Weltkrieg bis zur Mitte der 1970er Jahre ideale Voraussetzungen für die Expansion des Sozialstaats. Sie prägte damit zugleich das sozialstaatliche Gerechtigkeitsparadigma. Man kann sagen, dass der Fordismus in der Industrie, die Machtbalance zwischen Arbeit, Kapital und Staat und der »Kollektivismus« die drei Säulen des sozialen Wohlstandskapitalismus waren und die Grundlage der sozialstaatlichen Vorstellung von sozialer Gerechtigkeit bildeten (*s. Abbildung* 7).

Zwischen diesen drei Säulen bestand natürlich eine enge Wechselbeziehung. Keine konnte ohne die beiden anderen aufrecht stehen und funktionieren:

- Der expandierende industrielle Wohlstandskapitalismus brauchte das einigermaßen stabile Dreieck von Arbeit, Kapital und Staat. Er brauchte die Sozialpartnerschaft, den vom Staat austarierten sozialen Ausgleich, und die staatliche Globalsteuerung der Wirtschaft. Von besonderer Bedeutung für das permanente industrielle Wachstum war der Nachfrageeffekt, den diese Machtbalance ermöglichte. Steigende Löhne und Sozialleistungen sorgten für die Kaufkraft, die notwendig war, um die Masse der billig produzierten Industriegüter abzusetzen. Der wachsende Massenwohlstand, der auf diese Weise ermöglicht wurde, war zudem die Voraussetzung für die Massenloyalität, d.h. für die Bereitschaft der Arbeiterschaft, sich in die gegebene kapitalistische Gesellschaftsordnung einzugliedern und die durch den Fordismus geprägten Arbeitsbedingungen zu akzeptieren.

- Natürlich war umgekehrt die Wachstumsdynamik der fordistischen Industrie eine Vorbedingung für die Machtbalance von Arbeit, Kapital und Staat. Ohne ständig steigende Einkommen hätten die latent vorhandenen Konflikte zwischen Kapital und Arbeit nicht moderiert und ruhiggestellt werden können.
- Die fordistischen Produktionsbedingungen und somit das rasche Wachstum des industriellen Kapitalismus setzten die »kollektivistischen« Orientierungsmuster in der Arbeiterschaft und in der Bevölkerung voraus, aber sie reproduzieren sie auch fortwährend. Disziplinierte Arbeit unter Fremdbestimmung ist nur in einer Welt traditioneller Werthaltungen (Pflichterfüllung, Fleiß, Anpassung, Ordnung, Zuverlässigkeit, Loyalität, Familien- und Gruppenzusammenhalt) durchzusetzen. Umgekehrt fördern solche Arbeits- und Produktionsbedingungen ihrerseits wieder solche Verhaltensmuster.
- Auch zwischen den »kollektivistischen« Wertorientierungen und der Machtbalance von Arbeit, Kapital und Staat gab es ein Verhältnis gegenseitiger Abhängigkeit. Das korporatistische Dreiecksverhältnis funktioniert nur bei ausgeprägt gruppenbezogenem Verhalten, das gewohnheitsmäßig individuelle und spontane Aktivität hinter kollektive Interessenvertretung zurückstellt. Hohe Bereitschaft, sich Parteien, Gewerkschaften, Berufsverbänden und anderen gesellschaftlichen Großorganisationen anzuschließen und der jeweiligen Führung zu folgen, sind Voraussetzung dafür, dass eine pluralistische Gesellschaft trotz durchaus vorhandenen Konfliktpotenzials durch ein System von Regeln und Absprachen, auf dem Weg des Gebens und Nehmens, gesteuert werden kann. »Kollektivismus« ist auch Bedingung, wenn eine erhebliche Umverteilung durch einen mehr oder weniger bürokratischen Sozialstaat akzeptiert werden soll. Und selbstverständlich begünstigen korporatistische Strukturen und ein umverteilender Staat ihrerseits »kollektivistische« Verhaltensmuster.

Abb. 7: Die drei Säulen des Wohlstandskapitalismus

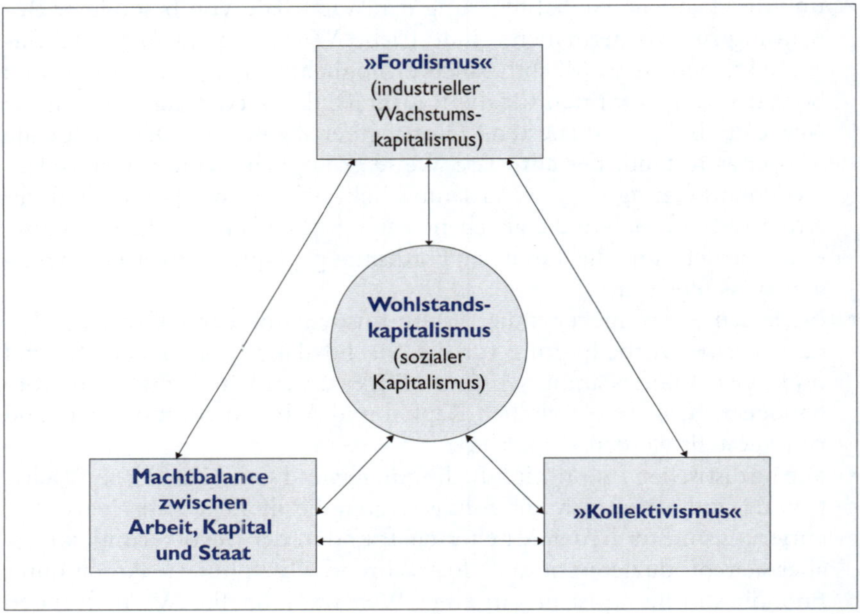

Eigene Grafik.

Dank des hohen Wirtschaftswachstums, anhaltender Vollbeschäftigung, steigender Löhne und Massenwohlstands sowie des Ausbaus des bis dahin nur ansatzweise funktionsfähigen Sozialstaats gelang es erstmalig, die Klassenkonflikte, die das kapitalistische System seit seinen Anfängen begleitet und wiederholt in seiner Existenz bedroht hatten, nachhaltig zu entschärfen. An die Stelle des Klassenkampfs traten begrenzte und beherrschbare Verteilungskonflikte, Sozialpartnerschaft und Korporatismus. Die organisierte Arbeiterbewegung integrierte sich in den gewandelten Kapitalismus und versöhnte sich endgültig mit der bürgerlich-liberalen Demokratie. Der radikale Flügel der sozialistischen Arbeiterbewegung verschwand praktisch vollständig von der Bildfläche und die Sozialdemokratie konnte erstmals seit 1914 wieder die gesamte Arbeiterschaft parteipolitisch an sich binden. Der Sozialismus trennte sich von der marxistischen Ideologie. Als »demokratischer Sozialismus« hatte er nicht mehr die Abschaffung des Systems zum Ziel, sondern soziale Gerechtigkeit innerhalb des Systems. In seinen Vorstellungen, was soziale Gerechtigkeit bedeuten sollte, unterschied er sich in den meisten Punkten höchstens graduell von den

Gerechtigkeitsvorstellungen des linken Flügels der christdemokratischen Parteien, die ihrerseits stark von der katholischen Soziallehre beeinflusst worden waren.

6 Das sozialstaatliche Gerechtigkeitsparadigma: Ausdruck der kollektiven Erfahrungen der Industriearbeiter

In jeder Gerechtigkeitskonzeption ist – sei es ausdrücklich, sei es versteckt – ein Menschen- und Gesellschaftsbild enthalten. Im sozialstaatlichen Gerechtigkeitsparadigma kommt die Vorstellung oder Hoffnung zum Ausdruck, wie unter den gegebenen Bedingungen der industriellen kapitalistischen Gesellschaft für die breiten Schichten der Bevölkerung, also besonders für die Arbeitnehmerinnen und Arbeitnehmer, die äußeren Rahmenbedingungen für ein zufriedenstellendes Leben aussehen sollten: Arbeit haben, für seine Arbeitsleistung Anerkennung finden und der Willkür von Unternehmern und Vorgesetzten nicht preisgegeben sein, keine Angst vor dem Verlust des Arbeitsplatzes haben müssen, so viel verdienen, dass man nicht abgehängt wird, sondern an der allgemeinen Wohlstandsentwicklung teilhaben oder vielleicht sogar seine Position verbessern kann, und schließlich vor allen Wechselfällen des Lebens durch ein Netz der Solidarität geschützt sein.

Die vier Leitideen des sozialstaatlichen Gerechtigkeitsparadigmas, Begrenzung der Macht des Kapitals, »Recht auf Arbeit«, soziale Sicherheit und Verteilungsgerechtigkeit, kreisen alle um den Konflikt zwischen Arbeit und Kapital, also um das zentrale gesellschaftliche Problem der kapitalistischen Marktwirtschaft: Wie kann die Übermacht der Unternehmer und Kapitaleigner über die abhängig Beschäftigten begrenzt und korrigiert werden? Damit entspricht das sozialstaatliche Gerechtigkeitsparadigma ganz offensichtlich der Lebenswelt und der Mentalität der traditionellen Industriearbeiterschaft. Im Vorrang für Sicherheit und Verteilungsgerechtigkeit spiegelt sich offenbar maßgeblich die historische Erfahrung der Arbeiterschaft in der Klassengesellschaft: die Individuen erleben die existenziellen Risiken, die mit der kapitalistischen Wirtschaftsweise verbunden sind, und die Einengung ihrer persönlichen Freiheit durch ökonomische und soziale Zwänge. Diese Risiken und Freiheitsbeschränkungen können, so ist die kollektive Erfahrung, nicht oder jedenfalls nicht allein durch persönliche Anstrengung überwunden werden, sondern in erster Linie ist dafür eine allmähliche politische Veränderung der gesellschaftlichen Strukturen insgesamt erforderlich.

Soziale Ungleichheit und ungleiche Verteilung von Einkommen und Vermögen werden aus dieser Perspektive nicht als Resultat unterschiedlicher Talente oder unterschiedlicher Anstrengungen und Leistungen verstanden, sondern primär als Ausdruck der gesellschaftlichen Verhältnisse und von Klassenprivilegien, die somit den Individuen weder als Verdienst noch als Versagen anzurechnen sind. Spielräume für persönliche Leistung und individuelles Fortkommen sowie Chancen auf einen gerechten Anteil am Wohlstand eröffnen sich auf diesem Erfahrungshintergrund erst durch kollektive Gegenmacht und nicht zuletzt durch den demokratischen Staat. Letztlich also wurzelt die Idee vom beschützenden und egalisierenden Sozialstaat in dieser kollektiven Erfahrung individueller Ohnmacht in der kapitalistischen Klassengesellschaft. Hier liegt auch die objektive Wurzel dessen, was heute – je nach Sichtweise – als Defizit des sozialstaatlichen Gerechtigkeitsparadigmas erscheinen mag, nämlich der Geringschätzung von individueller Entfaltungsmöglichkeit und persönlicher Eigenverantwortung und des Vorranges der beschützenden und zuteilenden Gerechtigkeit. Es ist daher verständlich, dass heute, unter deutlich geänderten gesellschaftlichen Bedingungen, dieses Gerechtigkeitsverständnis in die Krise geraten und der Kritik ausgesetzt ist.

In der Periode des Wohlstandskapitalismus und in den vorausgegangenen Entwicklungsstufen der westlichen Industriegesellschaften entsprach dieses Gerechtigkeitsverständnis jedoch den dominanten Erfahrungen der großen Bevölkerungsmehrheit. Diese Erfahrungen waren auch durchaus nicht auf die organisierte Arbeiterbewegung und den Kern der Industriearbeiterschaft beschränkt, sondern sie haben offenbar mehr oder weniger die ganze Gesellschaft mit Ausnahme des gehobenen Bürgertums geprägt. Dies erklärt die breite gesellschaftliche Akzeptanz des sozialstaatlichen Gerechtigkeitsparadigmas in der Periode des Wohlstandskapitalismus und warum es nicht nur von Sozialdemokraten und Gewerkschaften, sondern auch von einem wesentlichen Teil der Mitglieder und Wähler von CDU und CSU getragen wurde.

Auf der anderen Seite verfügte der soziale Kapitalismus dieser Phase dank der stark expandierenden Wirtschaft und des intervenierenden Staates über die notwendigen Ressourcen, die elementaren Forderungen nach Sicherheit und mehr Gleichheit bei ständig steigendem Lebensstandard schrittweise zu erfüllen und dem auf den Sozialstaat projizierten Gerechtigkeitsempfinden annähernd gerecht zu werden. In Kapitel III werden wir sehen, dass fundamentale Veränderungen der ökonomischen, politischen und soziokulturellen Rahmenbedingen zur Erosion des sozialen Kapitalismus geführt haben.

7 Kurze Zwischenbilanz: Die Grenzen des sozialstaatlichen Gerechtigkeitsparadigmas

Bisher wurde geschildert, wie unser heutiges Gerechtigkeitsverständnis durch den historisch gewachsenen Sozialstaat geprägt ist und wie dieses sozialstaatliche Gerechtigkeitsparadigma seinerseits historisch aus der »Sozialen Frage« oder »Arbeiterfrage« des 19. Jahrhunderts hervorgegangen ist und unter den besonderen Bedingungen der Prosperitätsperiode des Kapitalismus in den Jahrzehnten nach dem 2. Weltkrieg seine heutige Gestalt angenommen hat. Aus diesen Entstehungsbedingungen sind auch die Grenzen oder, wenn man so will, die Defizite des sozialstaatlichen Gerechtigkeitsparadigmas zu erklären.

Das sozialstaatliche Gerechtigkeitsparadigma kreist letztlich immer um den Konflikt zwischen Arbeit und Kapital und um die großen Lebensrisiken, die mit der marktwirtschaftlich-kapitalistischen Produktionsweise verbunden sind. Es ist durch und durch →»produktivistisch«; alles ist auf den Zentralkonflikt der Produktion bezogen, nähmlich auf die Organisation der arbeitsteiligen gesellschaftlichen Produktion und die Verteilung des Produktionsergebnisses auf die Produzenten, kurz auf alles, was mit der Verteilung des Eigentums an den →Produktionsmitteln zu tun hat. Hinter seinen Leitideen – Begrenzung der Macht des Kapitals über die Arbeit, »Recht auf Arbeit«, kollektive soziale Sicherheit und Verteilungsgerechtigkeit – stehen als zentrales Motiv Statussicherung und Statusverbesserung für die Bevölkerungsmehrheit, die sich in einer kapitalistischen Marktwirtschaft im Prinzip in einer strukturellen Abhängigkeitsposition befindet.

Die Aussage, dass das sozialstaatliche Gerechtigkeitsparadigma auf den Konflikt zwischen Arbeit und Kapital bezogen sei und dass sich daraus auch eine gewisse Begrenztheit dieses Paradigmas erklärt, darf nicht missverstanden werden. Es soll damit keineswegs behauptet werden, dass der Konflikt zwischen Arbeit und Kapital heute nicht mehr wichtig oder wesentlich entschärft oder gar gelöst sei.[5] Das Gegenteil ist richtig; die Interessengegensätze zwischen Unternehmern und Kapitaleignern auf der einen Seite und den abhängig Beschäftigten auf der anderen bilden nach wie vor das Zentralproblem der sozialen Gerechtigkeit in den modernen westlichen Gesellschaften. Allerdings sind sie nicht das einzige Gerechtigkeitsproblem und darauf soll in den folgenden Abschnitten aufmerksam gemacht werden.

7.1 Einseitige Ausrichtung auf das Lohnarbeitsverhältnis

Eine der wichtigsten Folgen der Entstehung des sozialstaatlichen Gerechtigkeitsparadigmas aus dem produktionsbezogenen Konflikt zwischen Arbeit und Kapital ist, dass das System der sozialen Sicherung ganz überwiegend an der Lohnarbeit orientiert ist. Dies ist jedenfalls in Deutschland der Fall, und zwar deutlich ausgeprägter als in den meisten vergleichbaren westlichen Industrieländern. Diese Lohnarbeitszentrierung hat durchaus Konsequenzen für das Verständnis von sozialer Gerechtigkeit; sie wird vorrangig aus dem Blickwinkel des – männlichen – abhängig Beschäftigten konzipiert. Was außerhalb des Bereichs der regulierten abhängigen Beschäftigung liegt, bleibt sozusagen im toten Winkel des sozialstaatlichen Gerechtigkeitsparadigmas.

Zugang zur Sozialversicherung und ihren Leistungen haben im Prinzip nur abhängig Beschäftigte; Nicht-Erwerbstätige sind nur »abgeleitet« als Familienangehörige einbezogen. Das Sozialsystem ist tendenziell so ausgestaltet, dass die klassische Arbeitsteilung der Geschlechter – männliche »Ernährer« und Kinder erziehende Hausfrauen – subventioniert wird. Noch heute sind in Deutschland die wichtigsten Institutionen der sozialen Sicherung, die gesetzliche Rentenversicherung und die gesetzliche Krankenversicherung, nach dem »Ernährer-Modell« organisiert.

Maßgeblich für die soziale Sicherung ist der Erhalt des in der Beschäftigung erworbenen sozialen Status. Das Sozialsystem ist statusorientiert; es hat die Aufgabe, beim Eintritt der großen Lebensrisiken – Alter, Krankheit, Erwerbsminderung, Arbeitslosigkeit, Tod des Ernährers – den zuvor erreichten Lebensstandard zu erhalten. Daher dominiert das →Versicherungsprinzip, demzufolge die sozialen Geldleistungen die frühere Lohnhöhe widerspiegeln.

Die Anknüpfung an das Beschäftigungsverhältnis und das Ziel der Statussicherung führen dazu, dass sich das soziale Sicherungssystem tendenziell nach Berufsständen ausdifferenziert. Lange Zeit wurden Arbeiter und Angestellte im Arbeits- und Sozialversicherungsrecht unterschiedlich behandelt; die letzten – allerdings nur noch geringfügigen – Relikte der Ungleichbehandlung wurden erst zu Beginn des 21. Jahrhunderts beseitigt. Besonders deutlich zeigt sich die berufsständische Orientierung daran, dass Berufsgruppen mit besonderem Standesbewusstsein oder speziellen Traditionen, mit höheren Einkommen oder mit schlagkräftiger Interessenvertretung – z. B. Beamte, Bergleute, Landwirte, Ärzte, Rechtsanwälte – häufig über besondere und auch vorteilhaftere Institutionen der sozialen Sicherung verfügen. Als typischen Ausfluss des berufsständischen Prinzips kann man auch betrachten, dass – besonders seit den Rentenreformen der rot-grünen Bundesregierung – die von den Arbeitgebern freiwillig eingerichtete betriebliche Altersversorgung eine wichtige Funktion bei der Alterssicherung übernimmt, obwohl Betriebsrentensysteme in Wirklichkeit überwiegend nur für die Kernbelegschaften in Großbetrieben existieren.

Bevölkerungsgruppen, die keinen Zugang zur Lohnarbeit finden oder aus ihr dauerhaft ausgeschlossen werden, erhalten tendenziell nur wenig Beachtung. Die Sozialversicherung hält für sie keine oder jedenfalls keine ausreichenden Leistungen zur Armutsvermeidung – wie etwa Mindestrenten im Alter – bereit, sondern verweist sie traditionell auf die einzelfallbezogenen → Fürsorgeleistungen der → Sozialhilfe. Noch schwerer wiegt, dass der strukturell bedingte Ausschluss von Menschen aus der Erwerbsarbeit und damit letztlich auch aus dem gesellschaftlichen Leben nicht als vordringliches sozialpolitisches Problem ernst genommen wird. Daher werden kaum systematische Strategien zu ihrer Eingliederung entwickelt und die Antwort auf ihre Probleme besteht im Wesentlichen in der Zahlung von Geldleistungen für den Lebensunterhalt. In der Blütezeit des Wohlstandskapitalismus war dieses Problem – die »Exklusion«, wie man heute zu sagen pflegt – in der Tat nahezu nicht existent. Aber als – wie in Kapitel III deutlich werden wird – die Prosperitätsphase zu Ende ging, entstand es allmählich und wuchs im Lauf von zwei Jahrzehnten zu einer als bedrohlich empfundenen Größenordnung heran. In Kapitel V wird gezeigt, dass hier – im Fehlen einer konstruktiven Antwort auf das Problem der Exklusion – ein wirkliches Defizit des herkömmlichen Sozialstaats liegt, das schließlich dazu beitrug, dem sozialstaatlichen Gerechtigkeitsparadigma die Legitimation zu entziehen.

Nicht weniger schwerwiegend ist eine andere Erbschaft des Klassenkonflikts von Arbeit und Kapital, die das sozialstaatliche Gerechtigkeitsparadigma weiter trägt. Es handelt sich um das, was oben (→ Kap. II.5) als Tendenz zum → »Kollektivismus« bezeichnet wurde: Auch lange nach dem Ende des erbitterten Klassenkampfs und dem Übergang zur Sozialpartnerschaft erscheint soziale Gerechtigkeit noch immer vorrangig als eine Art Klassenproblem, das vor allem durch kollektive Förderung und Besserstellung der kollektiv Benachteiligten zu lösen ist. Der Faktor »Individuum«, seine Eigenverantwortung, seine Pflichten und seine Selbsthilfefähigkeit, spielt hingegen nur eine untergeordnete Rolle. Dass, wie schon in Kapitel I.4 festgestellt wurde, soziale Gerechtigkeit im sozialstaatlichen Verständnis in erster Linie mit beschützender und zuteilender Gerechtigkeit gleichgesetzt wird, wurzelt also in der Herkunft aus dem kollektiven Konflikt zwischen Arbeit und Kapital.

Die Fixierung auf kollektive Lösungen und die Geringschätzung der individuellen Verantwortung ist, wie bereits ausgeführt, aus dem Erfahrungshintergrund der Industriearbeiterschaft zu verstehen. Die Bedeutung der individuellen Verantwortung war naturgemäß auch kein Thema, solange Vollbeschäftigung herrschte und die praktisch vollständige Integration der gesamten Bevölkerung in das Erwerbsleben in einem Ausmaß gelang, wie es weder vorher noch nachher in der Geschichte der Fall war (bezogen allerdings nur auf die Männer, während die gesellschaftliche Integration der Frauen im Rahmen der Familien geschah). Seit sich aber nach dem Ende der Vollbeschäftigung ein Sockel von struktureller Dauerarbeitslosigkeit, Armut und Ausgrenzung aufgebaut hat, kann die Frage nicht mehr ausgeklammert werden, welcher Beitrag zur Überwindung sozialer Notlagen dem Einzelnen abgefordert werden kann und sollte. Dieses Thema ist aus der Perspektive des sozialstaatlichen Gerechtigkeitsparadigmas nicht von Belang, aber als es in der Realität eine Rolle zu spielen begann, trug es ganz wesentlich dazu bei, dass die traditionellen Vorstellungen von sozialer Gerechtigkeit kritisch überprüft werden mussten.

Die Ausführungen zur Bedeutung der individuellen Verantwortung sollen nicht missverstanden werden. Zu der These, der Sozialstaat entmündige die Menschen und fördere ihre Passivität, soll hier weder positiv noch negativ Stellung genommen werden. Hier wird überhaupt keine Aussage über das Verhalten von Menschen gemacht, sondern nur dargestellt, welche Art von Vorstellung über soziale Gerechtigkeit aus der historischen Konstellation des kollektiven Konflikts von Arbeit und Kapital entstanden ist und dass das sozialstaatliche Gerechtigkeitsparadigma zwangsläufig in Frage gestellt wird, wenn die historischen Bedingungen sich verändern, unter denen es entstanden ist.

Das sozialstaatliche Gerechtigkeitsparadigma ist fixiert auf den Konflikt zwischen Arbeit und Kapital. Es gibt aber in kapitalistischen Gesellschaften auch Konflikte und Gerechtigkeitsfragen, die nicht auf diesen Nenner zu bringen sind. Sie finden in dem auf den Gegensatz von Arbeit und Kapital ausgerichteten sozialstaatlichen Gerechtigkeitsparadigma keine Beachtung, sind aber heute aus der Gerechtigkeitsdiskussion nicht wegzudenken. Damit sind vor allem die Gerechtigkeit zwischen den Geschlechtern und die Generationengerechtigkeit gemeint.

In diesem Buch wird die Generationengerechtigkeit an späterer Stelle ausführlich behandelt (s. Kapitel VIII). In der Phase des Wohlstandskapitalismus, in der das sozialstaatliche Gerechtigkeitsparadigma geprägt worden ist, spielte sie keine Rolle, weil weder die ökologische Frage noch die Problematik einer wachsenden →»Alterslast« präsent war. Auch die Gerechtigkeit für Familien bzw. Gerechtigkeit im Verhältnis zwischen Eltern und Kinderlosen wurde nicht als Problem empfunden, solange die Geburtenrate hoch genug war, um die Reproduktion der einheimischen Bevölkerung zu sichern. Mit dem Wegfallen dieser Voraussetzung sind die Probleme, die sich aus dem →demografischen Wandel ergeben, so zentral für die Zukunft des Sozialstaats, dass sie ins Zentrum der Diskussion über soziale Gerechtigkeit gerückt sind. Wenn es um die Krise des sozialstaatlichen Gerechtigkeitsparadigma geht, ist die Auseinandersetzung mit dem Thema Generationengerechtigkeit unumgänglich.

Auch bei der Geschlechterfrage geht es um einen nicht →produktivistischen Gerechtigkeitskonflikt, der im sozialstaatlichen Gerechtigkeitsparadigma keine angemessene Beachtung findet. Trotzdem wird sie in diesem Buch nicht weiter behandelt, nicht weil sie irrelevant wäre, sondern weil es an Publikationen zu diesem Thema nicht mangelt. Es steht auch die Geschlechterfrage nicht wirklich im Mittelpunkt der Krise des traditionellen Gerechtigkeitsparadigmas, und zwar deshalb, weil sich die Art und Weise, wie dieser Konflikt in den modernen westlichen Gesellschaften gelöst werden wird, im Grunde schon abzeichnet und die künftige Richtung bereits vorgegeben ist, nämlich im Sinne einer schrittweisen Rollenannäherung von Männern und Frauen.

7.2 Im toten Winkel des sozialstaatlichen Gerechtigkeitsparadigmas: die »Dritte Welt«

Die Fixierung des sozialstaatlichen Gerechtigkeitsverständnisses auf den klassischen Konflikt zwischen Arbeit und Kapital hat zwar insofern seinen Grund, als es sich hierbei in der Tat um den Zentralkonflikt auch der modernen Gesellschaft handelt. Sie hat aber auch zur Folge, dass gerechtigkeitsrelevante Probleme, die sich außerhalb dieser Dimension abspielen, nicht genügend in den Blick kommen. Das sozialstaatliche Gerechtigkeitsverständnis ist aber noch in einer anderen Hinsicht verengt. Die Frage nach der sozialen Gerechtigkeit wird nämlich ausschließlich auf die interne Gerechtigkeit innerhalb der kapitalistischen Länder bezogen, während die Frage der Gerechtigkeit im Verhältnis zwischen den reichen entwickelten Ländern und den armen Ländern der sogenannten Dritten Welt nahezu vollständig ausklammert bleibt.

Genau diese Frage aber muss gestellt werden: Beruhte der Wohlstandskapitalismus in den entwickelten Industrieländern nicht auf der Ausbeutung der Dritten Welt? Geht nicht auch heute noch der Reichtum des entwickelten Nordens auf Kosten des armen Südens? Das würde bedeuten, dass, wenn in den reichen Gesellschaften soziale Gerechtigkeit bestehen würde, dies letztlich nur die Kehrseite der Ungerechtigkeit gegenüber der Dritten Welt wäre. Bei der sozialen Gerechtigkeit innerhalb der entwickelten Länder ginge es dann im Grunde um etwas Ähnliches wie um die Aufteilung der Beute zwischen Dieben oder Plünderern. Dies ist natürlich überspitzt formuliert, aber genau dies ist die Frage: Ist der Wohlstand der Industrieländer nicht Ergebnis eines ungerechtfertigten Nord-Süd-Transfers?

Im hier gegebenen Rahmen kann die Frage nach der Gerechtigkeit im Verhältnis zwischen den reichen Ländern des Nordens und den armen Ländern des Südens nicht behandelt werden. Ersatzweise und um auf die überragende Bedeutung dieser Frage hinzuweisen, soll hier ohne Kommentar eine einzelne Antwort dargestellt werden. Sie stammt von dem an der berühmten Yale-Universität in den USA lehrenden deutschen Philosophen Thomas Pogge (Pogge 2009).

In einer Rede auf einem Diskussionsforum über »Gerechtigkeit in der Einen Welt« im November 2008 ging Pogge von einem aus seiner Sicht untersten und anspruchslosesten Maßstab globaler Gerechtigkeit aus: Ungerechtigkeit herrscht auf jeden Fall dann, wenn drei Bedingungen gegeben sind:

1. Es sind elementare Menschenrechte verletzt.
2. Die bestehende institutionelle Ordnung der Welt ist für diese Menschenrechtsverletzungen ursächlich oder wenigstens mit ursächlich.
3. Es ist eine bessere institutionelle Ordnung der Welt möglich, in der diese Menschenrechtsverletzungen vermieden würden oder sie wenigstens stark eingeschränkt wären.

Dasjenige Menschenrecht, das am weitesten von seiner Verwirklichung entfernt ist, ist das Recht auf einen minimalen Lebensstandard, der wenigstens das nackte Überleben ermöglicht. Hier ist festzustellen, dass das Armutsproblem in der Dritten Welt, gemessen an den armutsbedingten Todesfällen – also infolge von Unterernährung, fehlendem sauberen Trinkwasser und unzureichender medizinischer Versorgung – enorme Ausmaße angenommen hat. Nach Zahlen der Welternährungsorganisation (FAO) und der Weltgesundheitsorganisation (WHO) beläuft sich die Zahl der armutsbedingten Todesfälle auf rd. 18 Mio. pro Jahr; dies wären 30 % aller weltweit zu verzeichnenden Todesfälle.

Für Pogge gibt es keinen Zweifel, dass es sich dabei um eine elementare Menschenrechtsverletzung handelt. Er ist auch der Auffassung, dass die Hauptursache für diese Katastrophe nicht etwa in den Herrschaftsstrukturen in vielen Entwicklungsländern liegt. Zwar gibt es unbezweifelbar auch lokale Ursachen der Armut und es ist auch nicht zu bestreiten, dass es einigen ehemaligen Entwicklungsländern wie Südkorea, Singapur, Taiwan oder China gelungen ist, durch eigene Anstrengungen die Armut zu überwinden. Das beweist aber nicht, dass die Ursache der Armut ausschließlich in den armen Ländern selbst zu suchen ist. Die wenigen positiven Beispiele könnten vielmehr darauf zurückzuführen sein, dass die internationale Ordnung einige Länder begünstigt und dass sie die Entwicklung nicht überall in gleicher Weise hemmt. In erster Linie sind, so meint Pogge, Armut und Unterentwicklung Folge der »Weltordnung«, d. h. der Regeln der Weltwirtschaft und der weltweiten Arbeitsteilung, des Weltwährungssystems, der Struktur der internationalen Handelsbeziehungen, der internationalen politischen Beziehungen und Bündnissysteme und der Politik der großen und mächtigen Staaten des wohlhabenden Nordens. Für seine These, dass die internationale Ordnung die Armut in den Entwicklungsländern mit verursacht, führt er drei Belege an:

1. Der Protektionismus in den Industrieländern, vor allem der Agrarprotektionismus, verhindert fairen Handel und Entwicklung. Der Wert der Agrarsubventionen beläuft sich nach seinen Angaben auf 250 bis 350 Mrd. Dollar pro Jahr und beträgt damit ungefähr das Dreifache des Volumens der Entwicklungshilfe.
2. Das internationale Patentrecht macht vor allem die ausreichende Versorgung der Menschen in den armen Ländern mit Medikamenten unmöglich.
3. Die bestehende internationale Ordnung unterstützt die Herrschaftsstrukturen und schlechten Regierungsverhältnisse, die in vielen Entwicklungsländern für Armut und Unterentwicklung verantwortlich sind.

Zum letzten Punkt nennt Pogge »vier Privilegien«, welche die reichen und mächtigen Ländern korrupten Diktatoren und Regimen in den armen Ländern gewähren und die indirekt Armut und Unterentwicklung verursachen: Kreditgewährung, Rohstoffhandel, Anerkennung und Vertragsschlüsse, die auch spätere Regierungen binden, sowie Lieferung von Waffen. Diese Liste könnte unschwer erweitert werden. Man könnte z. B. die politische Unterstützung durch Bündnisse, militärische Hilfe, Entwicklungshilfegelder, die in den Taschen korrupter Politiker oder Beamter landen, Geldanlage und Geldwäsche im Bankensystem der reichen Länder und die Gewährung von Asyl für gestürzte Diktatoren erwähnen, ganz zu schweigen von der Destabilisierung unerwünschter Regierungen durch Unterstützung der Opposition bis hin zur Inszenierung von Putschen oder zur direkten militärischen Intervention. Pogge kommt daher zu folgender Bewertung:

»Wenn eine institutionelle Ordnung in solcher Weise menschenrechtsverletzend ist, dann trifft die Verantwortung dafür diejenigen, die an der Ausarbeitung und Durchsetzung dieser institutionellen Ordnung mitwirken.« (S. 16)
»Ich behaupte also, dass armutsbedingte Todesfälle und Deprivationen heute mehrheitlich auf ungerechte institutionelle Strukturen zurückgehen, für die wir – Bürger wohlhabender Staaten – mitverantwortlich sind. Wir tragen dazu bei, den armen Menschen dieser Welt eine internationale Ordnung aufzubürden, unter der die Menschenrechte nicht verwirklicht sind.« (S. 17)

Er schließt seinen Vortrag mit folgenden Sätzen:

»Unser mangelnder Wille, die Weltarmut zu beseitigen – und dies ist die zentrale These meines Vortrages –, manifestiert sich nicht nur in mangelnder Hilfsbereitschaft, sondern moralisch viel schwerwiegender in unserer Bereitschaft, die Armut um kleiner Vorteile willen aktiv zu verschärfen. Die Regelungen der Weltwirtschaft werden von den mächtigen Staaten untereinander ausgehandelt, so wie es für sie und ihre Firmen am günstigsten ist. Wie sich diese Regeln auf die Armen auswirken, wird nicht berücksichtigt. Vom Welthandelsvertrag erlaubt, zerstören unsere protektionistischen Subventionen die Exportmöglichkeiten armer Bevölkerungen. Vom Welthandelsvertrag verlangt, blockieren Monopolpatente den Zugang armer Patienten zu lebenswichtigen Medikamenten. International als legitim anerkannt, verkaufen Gewaltherrscher uns die natürlichen Rohstoffe ihrer Opfer, kaufen sich bei uns die zum Machterhalt notwendigen Waffen und bringen den Rest des Geldes auf Privatkonten bei unseren Banken in Sicherheit. Solche globalen institutionellen Strukturen, die von uns geschaffen und aufrechterhalten werden, tragen entscheidend zur Reproduktion der Weltarmut bei – sei es direkt, wie im Fall der überteuerten Medikamente und des Protektionismus, oder indirekt, wie im Fall der Privilegien für Gewaltherrscher in den Entwicklungsländern. Die Verantwortung für die Ausformung und Durchsetzung dieser globalen institutionellen Ordnung liegt insbesondere bei den mächtigeren Industriestaaten, die einen entscheidenden Einfluss darauf haben, wie diese Ordnung ausgeformt und durchgesetzt wird. Diese Verantwortung tragen letztlich wir, die wir als Bürger dieser Staaten für die Politik unserer Regierung verantwortlich sind. Das Ausmaß vermeidbaren Leidens und Sterben, das fortgesetzte Weltarmut produziert, legt das Urteil nahe, dass wir mitverantwortlich sind für die größte Menschenrechtsverletzung der Geschichte. Vielen Dank. Das ist alles.« (S. 26 f.)

Pogge hat die Frage nach der Gerechtigkeit im Verhältnis zwischen den reichen Ländern des Nordens und den armen Ländern des Südens in einer Weise beantwortet, die durch ihre moralische Schonungslosigkeit beeindruckt. Andere mögen vielleicht die faktischen Zusammenhänge in anderem Licht sehen und auch ethisch anders bewerten. Da wir diesen Problemen in unserem Zusammenhang ohnehin nicht näher nachgehen können, ist es angebracht, an dieser Stelle auf einen Kommentar zu verzichten und die Leserinnen und Leser zum weiteren Nachdenken aufzufordern.

▶ Zusammenfassung: Der Wohlstandskapitalismus der Nachkriegszeit und der Aufstieg des sozialstaatlichen Gerechtigkeitsparadigmas

1. Das sozialstaatliche Gerechtigkeitsparadigma hat sich unter ganz bestimmten historischen Voraussetzungen herausgebildet, nämlich in der außergewöhnlichen Prosperitätsphase in den westlichen Industrieländern zwischen dem 2. Weltkrieg und der Mitte der 1960er Jahre (Wohlstandskapitalismus mit starkem Wirtschaftswachstum, steigenden Einkommen, Vollbeschäftigung, Ausbau des Sozialstaats und allmählichem Ausgleich sozialer Ungleichheit).

2. Der Wohlstandskapitalismus dieser Periode beruhte auf einer historisch einmaligen Konstellation von ökonomischen, politischen und soziokulturellen Rahmenbedingungen.

3. Ökonomische Voraussetzungen des Wohlstandskapitalismus waren:
   a) historischer Kulminationspunkt der Industrialisierung und Durchbruch der »zweiten industriellen Revolution« (industrielle Massenproduktion, »tayloristische« Arbeitsorganisation),
   b) starkes Nachfragewachstum,
   c) besondere Unternehmenskultur (»Managerkapitalismus« statt »Aktionärskapitalismus«).

4. Die politischen Voraussetzungen des Wohlstandskapitalismus bestanden in einer Machtbalance zwischen Arbeit, Kapital und Staat. Wegen der starken Stellung von Großverbänden (besonders der Gewerkschaften und Arbeitgeberverbände) spricht man auch von »Korporatismus«. Hintergrund war die Erfahrung aus Weltwirtschaftskrise, Faschismus und 2. Weltkrieg sowie aus der Systemkonkurrenz mit dem Ostblock, dass es ohne substantielle soziale Zugeständnisse an die Arbeiterschaft nicht möglich ist, die bürgerliche

Demokratie und den Kapitalismus zu stabilisieren. Teil dieses historischen Kompromisses war die Aussöhnung der Arbeiterbewegung mit dem bestehenden Wirtschaftssystem unter der Bedingung eines gerechten Anteils an seinem Ertrag (vom Klassenkampf zum Verteilungskampf).

5. Wesentliche Voraussetzung dieser Machtbalance zwischen Arbeit, Kapital und Staat war die Handlungs- und Interventionsfähigkeit des demokratischen Nationalstaats, besonders seine Fähigkeit zur globalen Konjunktursteuerung (keynesianische Wirtschaftsdoktrin, »Vollbeschäftigungsgarantie«). Diese Voraussetzung war aufgrund der internationalen Rahmenbedingungen (freier Welthandel bei gleichzeitig regulierten nationalen Kapitalmärkten, stabile Weltwährungsordnung) bis zu Beginn der 1970er Jahre gegeben.

6. Die soziokulturellen Voraussetzungen des Wohlstandskapitalismus bestanden in der Dominanz »kollektivistischer« (d.h. nicht individualistischer) Verhaltensmuster. Dies ergab sich aus der noch weit verbreiteten Prägekraft der traditionellen Milieus und der noch geringen sozialen Mobilität sowie aus der Vorherrschaft traditioneller Werte (Pflichterfüllung, Fleiß, Anpassung, Ordnung, Zuverlässigkeit, Loyalität, Familien- und Gruppenzusammenhalt usw.).

7. Unter den Bedingungen des Wohlstandskapitalismus im dritten Viertel des 20. Jahrhunderts bildete sich im Zusammenhang mit der Expansion des Sozialstaats das sozialstaatliche Gerechtigkeitsparadigma heraus, das bis in unsere Gegenwart hinein normbildend fortwirkt. Seine vier Leitideen sind Begrenzung der Macht des Kapitals über die Arbeit, das sogenannte Recht auf Arbeit, kollektive soziale Sicherheit und Verteilungsgerechtigkeit.

8. Mit seiner Konzentration auf kollektive Statussicherheit und Verteilungsgerechtigkeit entspricht das sozialstaatliche Gerechtigkeitsparadigma im Wesentlichen der Lebenswelt, der Mentalität und dem historischen Erfahrungshintergrund der Industriearbeiterschaft in der kapitalistischen Klassengesellschaft (kein individueller Aufstieg, sondern nur kollektive Verbesserung der Klassenlage insgesamt möglich; Ungleichheit von Einkommen und Vermögen erscheinen nicht als Resultat unterschiedlicher Fähigkeiten und Leistungen, sondern als Ausdruck von Klassenprivilegien).

Anmerkungen

1 Das Interesse der Öffentlichkeit für die ökologischen Probleme, die mit dem Wirtschaftswachstum verbunden sind, wurde erst 1972 geweckt, und zwar nahezu

schlagartig, als die vom Club of Rome in Auftrag gegebene Studie von Dennis L. Meadows »Limits to Growth« quasi über Nacht größte Aufmerksamkeit fand.

2 Bei der Gliederung nach Sektoren spielen der berufliche Status und die Qualifikation der Beschäftigten keine Rolle; auch der Kantinenkoch in einem Industriebetrieb wird der Industrie und nicht dem Dienstleistungssektor zugerechnet. Bei der Gliederung nach beruflichem Status ist es umgekehrt. Auch ein Kraftfahrer zählt zu den Arbeitern, selbst wenn er als Chauffeur für den Chef einer Versicherungsgesellschaft arbeitet.

3 Interessant ist dabei Taylors Denkweise. Er geht davon aus, dass die Arbeiter immer bemüht sein werden, für den vereinbarten Lohn möglichst wenig zu arbeiten, und dass ihnen dies auch gelingen wird, so lange sie noch irgendeine Kontrolle über den konkreten Produktionsprozess behalten. Daraus zieht Taylor den Schluss, dass die einzelnen Arbeitsabläufe bis ins Detail fremdgesteuert sein müssen und dass die Arbeitsmotivation ausschließlich über die Bezahlung sichergestellt werden kann.

4 Dies war erstmals in der kurzen Rezession von 1966/67 mit großem Erfolg der Fall. Ebenfalls durchaus noch erfolgreich wurde dieses Konzept 1980 angewandt. Mit der 1981 durch die sogenannte 2. Ölpreiskrise ausgelösten nächsten Konjunkturkrise wandte man sich in der Bundesrepublik vom Keynesianismus dauerhaft ab (→Kap. III. 1.3). Erst in der großen Finanz- und Wirtschaftskrise der Jahre 2008 und 2009 erlebte das keynesianische Programm der Konjunktursteuerung wieder ein überraschendes und – jedenfalls in einzelnen Ländern wie auch in Deutschland –durchaus erfolgreiches Comeback.

5 Diese These wurde bereits in den 1970er Jahren von der CDU mit ihrem Konzept der »Neuen Sozialen Frage« zur Diskussion gestellt (hierzu →Kap. V. 7).

III. Der Niedergang des sozialen Kapitalismus

In Kapitel II wurde dargestellt, dass sich das sozialstaatliche Gerechtigkeitsparadigma, das noch heute normbildenden Einfluss hat, in der Periode des Wohlstandskapitalismus und der Sozialstaatsexpansion entwickelt hat, d.h. in der Zeit zwischen dem 2. Weltkrieg und der Mitte der 1970er Jahre. Es wurde zudem gezeigt, dass dieser Wohlstandskapitalismus auf historisch einmaligen ökonomischen, politischen und soziokulturellen Rahmenbedingungen beruhte. Solche Rahmenbedingungen sind aber dem gesellschaftlichen Wandel unterworfen. Bereits seit einigen Jahrzehnten sind Strukturveränderungen zu beobachten, die dem Wohlstandskapitalismus tendenziell die Grundlage entziehen und eine Art Paradigmenwechsel in der Frage der sozialen Gerechtigkeit vorbereiten. Denn was heute vordergründig als Finanzierungskrise des Sozialstaats erscheint, ist Ausdruck eben dieses Strukturwandels, der bewirkt hat, dass die Fundamente des Wohlstandskapitalismus allmählich brüchig werden oder schon geworden sind.

Wir haben in Kapitel II gesehen, dass das sozialstaatliche Gerechtigkeitsparadigma auf dem Motiv der kollektive Statussicherheit und Statusverbesserung für die Lohnabhängigen beruht und dass in diesem Verständnis in letzter Instanz der Staat dafür zuständig ist, dass diese beiden Leitideen auf der Grundlage der kapitalistischen Marktwirtschaft und innerhalb der durch ihre Funktionsbedingungen gesetzten Grenzen verwirklicht werden. Dies könnte man das »Systemversprechen« des Wohlstandskapitalismus nennen, das Ludwig Erhard, der erste bundesdeutsche Wirtschaftsminister der Nachkriegszeit (1949–1963), seinerzeit in die plastische Formel »Wohlstand für alle« gefasst hat. Es ist die Geschäftsgrundlage des stillschweigenden historischen Kompromisses zwischen Arbeit, Kapital und Staat, der geschlossen worden war, nachdem die Krisen der ersten Hälfte des 20. Jahrhunderts das kapitalistische System und die bürgerliche Demokratie an den Rand des Zusammenbruchs gebracht hatten. Die Phase kräftigen Wirtschaftswachstums, welche die entwickelten westlichen Länder im dritten Viertel des 20. Jahrhunderts durchliefen, ermöglichte es, dieses Systemversprechen wenigstens so weit zu erfüllen, dass der historische Kompromiss des sozialen Kapitalismus Bestand hatte. In diesem Kapitel wenden wir uns nun der Phase zu, in der dies zunehmend schwierig, wenn nicht schon unmöglich geworden ist.

1 Die Zäsur in der Mitte der 1970er Jahre

In der Mitte der 1970er Jahre endete, für die Zeitgenossen ziemlich überraschend, die Periode des Wohlstandskapitalismus mit einer deutlichen Zäsur. Überall in den entwickelten kapitalistischen Ländern setzte, wenn auch in unterschiedlicher Weise und in unterschiedlichem Umfang, der Niedergang des Sozialstaats und des sozialen Kapitalismus ein. Um mit dem britischen Historiker Eric Hobsbawm zu reden: das »Goldene Zeitalter« war vorüber, ein »Erdrutsch« hatte begonnen (vgl. Hobsbawm 1995, Fulcher 2008).

1.1 Das Ende der Wachstumseuphorie

Diese Zäsur äußerte sich zunächst in einer weltweiten Konjunkturkrise im Herbst 1973, die durch einen dramatischen Anstieg der Rohölpreise ausgelöst worden war. Es war die erste wirklich ernsthafte Rezession mit dem ersten nennenswerten Anstieg der Arbeitslosigkeit seit dem 2. Weltkrieg. Die Krise erreichte zwar nicht annähernd die Dimensionen der großen Depression der frühen 1930er Jahre, aber sie wurde trotzdem als Schock empfunden, weil sich inzwischen die allgemeine Überzeugung breit gemacht hatte, dass ökonomische Krisen – nicht zuletzt dank des besseren Instrumentariums der staatlichen Konjunktursteuerung – der Vergangenheit angehörten und man längst in die Phase eines dauerhaften und stabilen Wachstums eingetreten sei. Die Ernüchterung war umso größer, als sich die Arbeitslosigkeit als Dauerphänomen etablierte und es den Regierungen nicht gelang, die Volkswirtschaften auf den Wachstumspfad zurückzusteuern.

Ziemlich genau zeitgleich mit der ersten großen Wirtschaftskrise der Nachkriegszeit wurden – Zufall oder auch nicht – die Selbstverständlichkeiten des Wohlstandskapitalismus zusätzlich noch dadurch erschüttert, dass man sich – ausgelöst unter anderem durch die bereits erwähnte Verteuerung des Erdöls – relativ plötzlich der ökologischen Grenzen des industriellen Wachstums bewusst wurde. Auf diese Weise verbanden sich ökonomische Stagnation und ökologische Probleme vielfach zu einem umfassenden Krisenbewusstsein; die Wachstumseuphorie der ersten Nachkriegsjahrzehnte endete in Wachstumsskepsis.

Der epochale Wandel zeigt sich zunächst einmal in den makroökonomischen nationalen Wirtschaftsdaten mehr oder weniger aller entwickelten Länder. Auffällig ist besonders, dass sich – was allerdings von konjunkturellen Schwankungen überlagert wird – das Wirtschaftswachstum deutlich abgeflacht hat. Wachstumsraten, wie sie in den ersten Nachkriegsjahrzehnten üblich waren, wurden in den entwickelten westlichen Ländern nie mehr erreicht (*s. Abbildung 8*). Zwangsläufig war dies mit geringeren und stagnierenden Einkommenszuwächsen, teilweise auch mit sinkenden Realeinkommen (inflationsbereinigten Einkommen) für die Beschäftigten verbunden.

Abb. 8: Jahresdurchschnittlich preisbereinigte Wachstumsraten im internationalen Vergleich 1960–2010

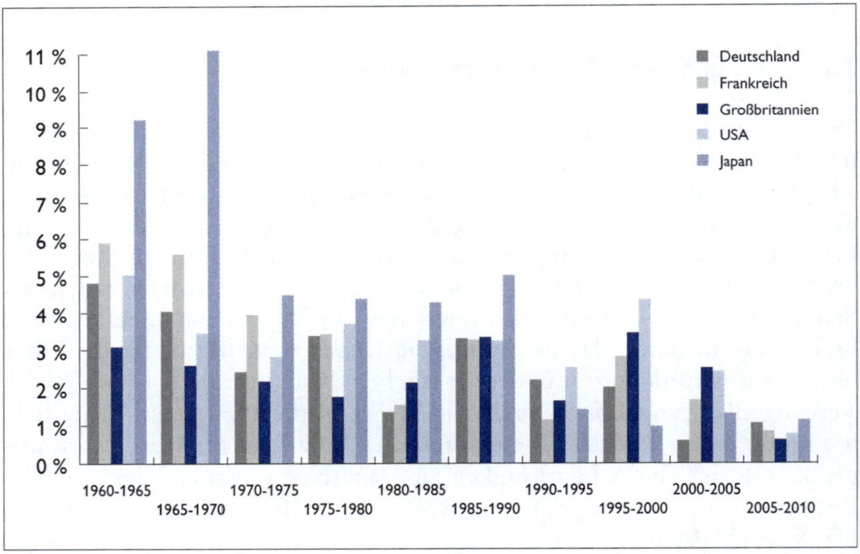

Eigene Grafik. Datenquelle: Statistisches Taschenbuch des BMAS 2010. Die besonders niedrige durchschnittliche Wachstumsrate der Jahre 2005 bis 2009 ist auf die einschneidende Finanz- und Wirtschaftskrise von 2008 und 2009 zurückzuführen.

Mitte der 1970er Jahre endete zudem die Periode der Vollbeschäftigung. Einigen wichtigen Industrieländern wie Deutschland, Frankreich oder Italien ist es seitdem nicht mehr gelungen, die Massenarbeitslosigkeit zu überwinden (*s. Abbildung 9*). Aber auch in den USA oder in Großbritannien, wo (nach ein bis zwei Jahrzehnten hoher Arbeitslosigkeit) vor der jüngsten weltweiten Finanz- und Wirtschaftskrise nach heutigen Begriffen wieder Vollbeschäftigung herrschte, betrug die Arbeitslosenquote mindestens 4 % – ein Wert, der jedenfalls in Europa um 1970 nirgendwo als befriedigend empfunden worden wäre. Auch in den angelsächsischen Ländern ist die Welt nicht mehr dieselbe wie vor der großen Zäsur in der Mitte der 1970er Jahre; von wirklichem Massenwohlstand und auf breiter Front steigenden Reallöhnen ist keine Rede mehr, die Gesellschaften sind sozial tief gespalten, eine größer werdende Kluft trennt Arme und Reiche, die sozialen Standards sind vielfach aufgeweicht, die Schutzrechte der Arbeitnehmer und Arbeitnehmerinnen abgebaut, die Gewerkschaften geschwächt und teilweise zerschlagen, ihr Einfluss auf die Regierungspolitik gering. Eine dritte Gruppe von kleineren Ländern (die skandinavischen Länder, Österreich oder die Niederlande), die vorwiegend sozialdemokratisch regiert worden waren, haben von den Vorteilen des Wohlstandskapitalismus noch am meisten bewahren können, aber auch hier ist die soziale Ungleichheit größer und das Netz der sozialen Sicherheit weitmaschiger geworden und der Realeinkommenszuwachs ist für den größten Teil der Bevölkerung bescheiden.

Abb. 9: Arbeitslosenquoten im internationalen Vergleich 1960–2011

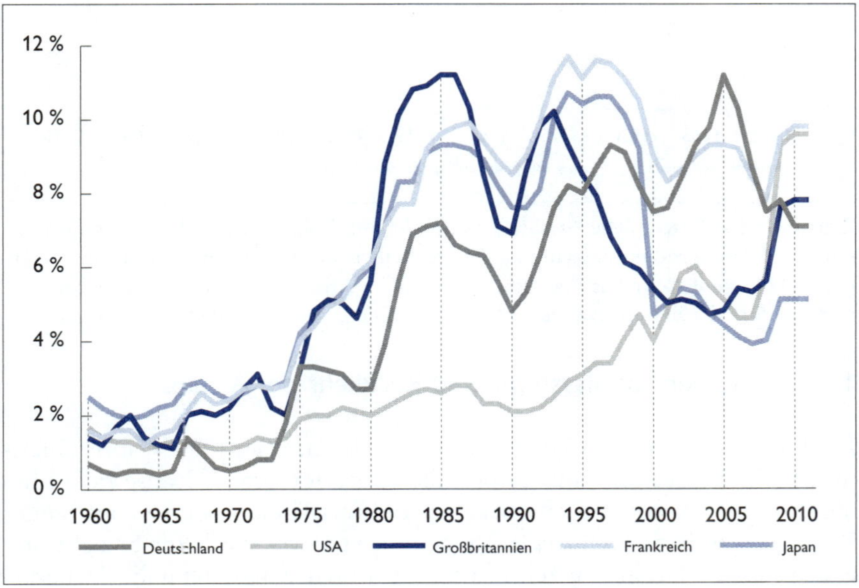

Eigene Grafik. Datenquelle: Statistisches Taschenbuch des BMAS 2010 sowie Zeitreihen des Sachverständigenrats zur Begutachtung der gesamtwirtschaftlichen Entwicklung, Reihe ZR040 (sachverstaendigenrat.de). Der auffällige Anstieg der Arbeitslosenquoten[1] der Jahre 2008 und 2009 ist Folge der jüngsten Finanz- und Wirtschaftskrise.

Die Reallöhne und die realen Sozialleistungen wuchsen insgesamt nur noch schwach, stagnierten oder gingen sogar zurück. Die Ungleichheit von Einkommen und Vermögen nahm allmählich wieder zu; dies ist unter anderem an der Entwicklung der sogenannten → Lohnquote abzulesen (*s. Abbildung 10*).

Abb. 10: Entwicklung der Lohnquote in Deutschland 1960–2011

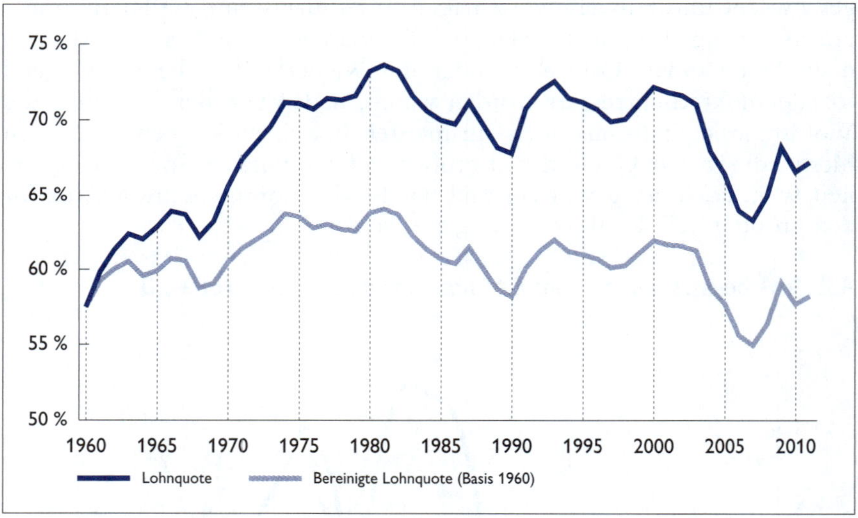

Eigene Grafik. Datenquelle: Statistisches Bundesamt, Volkswirtschaftliche Gesamtrechnungen, Inlandsproduktsberechnung, Lange Reihen ab 1970 (destatis.de). Bei der bereinigten Lohnquote wird das Verhältnis der Zahl der Arbeitnehmerinnen und Arbeitnehmer zur Zahl der Erwerbstätigen rechnerisch auf dem Stand von 1960 festgehalten.

1.2 Krise der Sozialsysteme und Rückkehr der Armut

Die Finanzierung der Sozialsysteme wurde ab Mitte der 1970er Jahre zunehmend schwieriger und ihre Konsolidierung erforderte teilweise tiefe Einschnitte. In den meisten entwickelten Industrieländern kam es auf breiter Front zum Abbau von Sozialleistungen, nirgendwo wurde die Sozialstaatsexpansion der Nachkriegszeit fortgesetzt. In der Bundesrepublik Deutschland ist zwischen einer Konsolidierungsphase (etwa von 1975 bis 1995) und einer anschließenden Systemveränderungsphase zu unterscheiden.

- In der *Konsolidierungsphase* war die Politik im Wesentlichen bestrebt, das Sozialleistungssystem an die ökonomische Entwicklung anzupassen

und es dadurch qualitativ unverändert zu erhalten, ohne die Steuer- und Beitragslast zu sehr steigen zu lassen.
- In der *Systemveränderungsphase* wurde es zum Ziel, die Soziallasten zu senken, um dadurch die wirtschaftliche Dynamik zu erhöhen, weil sich die Auffassung durchgesetzt hatte, dass ein zu weit ausgebauter Sozialstaat zumindest mit ursächlich für das geringe Wachstum in Deutschland sei.[2]

Ein weiteres Indiz für den allmählichen Abschied vom Massenwohlstand der Prosperitätsphase ist der kontinuierliche Anstieg des Sozialhilfebezugs (*s. Abbildung 11*). Der Sozialhilfebezug ist zwar kein sehr zuverlässiger Indikator für Armut (die wirkliche Armut ist in der Regel viel weiter verbreitet als die offene Inanspruchnahme der Unterstützungsleistungen), aber für lange Zeiträume, die bis in die 1960er Jahre zurückreichen, sind keine besseren Zahlenreihen verfügbar.[3] Die Sozialhilfequote war zu Beginn der 2000er Jahre mit 3,4% zwar immer noch ziemlich niedrig, aber doch mehr als fünfmal so hoch wie Ende der 1960er Jahre, als sie nur bei 0,65% lag. Diese Zahlen werfen aber nur ein Licht auf die Veränderung der Armut im Zeitverlauf; über die absolute Zahl der von Armut Betroffenen besagen sie wenig.

Abb. 11: Sozialhilfequoten in Deutschland (Anteil der Empfänger von Laufender Hilfe zum Lebensunterhalt an der Bevölkerung; bis 1990 Westdeutschland)

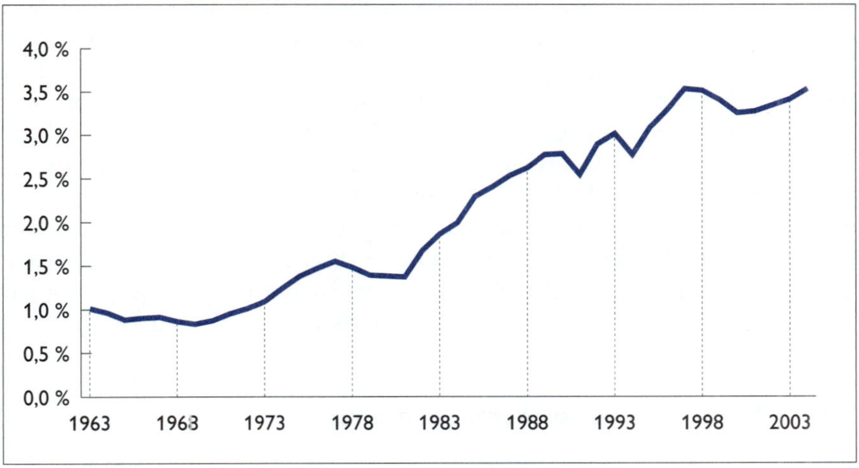

Eigene Grafik. Datenquelle: Statistisches Taschenbuch des BMAS 2008. Die Sozialhilfequoten ab 2005 sind wegen der zum 1.1.2005 erfolgten Zusammenlegung von Arbeitslosenhilfe und Sozialhilfe nicht mit den Werten für 1963 bis 2004 vergleichbar und werden daher hier nicht dargestellt.

In nahezu allen entwickelten westlichen Ländern haben sich Phänome ausgebreitet, die in den Jahrzehnten nach dem 2. Weltkrieg nahezu verschwunden waren, nämlich →Armut und →Marginalisierung. Größer werdende Teile der Bevölkerung verlieren den Anschluss an den allgemeinen Wohlstand und haben praktisch kaum noch Chancen, sich voll in die Gesellschaft zu integrieren. Diese Situation hat sich im Lauf der Zeit vor allem deshalb dramatisch verfestigt, weil die neue marginalisierte Unterschicht ihr Schicksal zwangsläufig in erheblichem Ausmaß an ihre Nachkommen vererbt. Die gesellschaftliche Integration praktisch der gesamten männlichen Bevölkerung durch Erwerbsarbeit, die in den Prosperitätsjahrzehnten – erstmals in der Geschichte des Kapitalismus – erreicht worden war (wenn auch bei geringer Erwerbsbeteiligung der Frauen), gehört inzwischen wieder der Vergangenheit an.

Die Hauptursache der Marginalisierung ist sicher in der allgemein verschlechterten Arbeitsmarktsituation zu suchen, von der ganz besonders die Bevölkerungsgruppen mit geringer beruflicher Qualifikation betroffen sind. Der Überschuss des Arbeitsangebots über die Arbeitskräftenachfrage führte entweder zur Deregulierung des Arbeitsmarkts und infolgedessen zum Verfall der Löhne und Arbeitsbedingungen für die unteren sozialen Schichten oder – in den Ländern, in denen die Regulierung des Arbeitsmarkts halbwegs intakt blieb – zur Dauerarbeitslosigkeit, vielfach auch zu beidem. Der Prozess des Ausschlusses erheblicher Bevölkerungsteile aus der »normalen« Gesellschaft – oftmals mit dem Wort →»Exklusion« bezeichnet – hat in verschiedenen Ländern unterschiedliche Formen angenommen. In Deutschland trat die Exklusion zunächst als Phänomen der Langzeit- oder Dauerarbeitslosigkeit auf, in den angelsächsischen Ländern eher als Armut trotz Arbeit; inzwischen scheint in Deutschland eine Kombination aus beidem zu bestehen. Unter den Erwerbstätigen ist ein breiter Niedriglohnsektor entstanden, größere Bevölkerungsgruppen leben in einer Situation der Unsicherheit und drohenden Armut (wofür der Begriff →»Prekariat« gebildet worden ist). Trotzdem ist die Langzeitarbeitslosigkeit nicht wesentlich geringer geworden und sie ist auch weitaus höher als in den angelsächsischen Ländern.

1.3 Abkehr vom Staatsinterventionismus

Die Krise in der Mitte der 1970er Jahre leitete in der Politik der meisten entwickelten Länder nach einigen Jahren der Unsicherheit eine Abkehr vom →Staatsinterventionismus der Wohlstandsperiode ein. Die »Vollbeschäftigungsgarantie« wurde stillschweigend zurückgenommen. Die Politik der Globalsteuerung der Konjunktur durch die staatliche Ausgaben- und Steuerpolitik war in den 1960er Jahren noch erfolgreich gewesen. Nun aber, in der neuen und wesentlich schärferen Krise, erwies sie sich – jedenfalls in der Form, in der sie praktiziert wurde – als unwirksam; sie hatte darüber hinaus schädliche Nebenfolgen wie hohe Inflationsraten und stark wachsende Staatsschulden. Im Einzelnen sind die Ursachen für das Versagen der keynesianischen Krisenpolitik (→ Keynesianismus) zu komplex, um hier diskutiert werden zu können (vgl. hierzu Scharpf 1987). Sie bestanden im Wesentlichen

- in der fehlenden Haushaltsdisziplin der Regierungen und Parlamente, d. h. in der Tatsache, dass sich die Staaten nicht nur in Zeiten des konjunkturellen Abschwungs, sondern auch in den »guten Jahren« verschuldeten,
- in der mangelnden Koordination zwischen der staatlichen Finanzpolitik, der Geldpolitik der Zentralbanken und der Lohnpolitik der Tarifvertragsparteien,
- im Zusammenbruch der Weltwährungsordnung.

Eine ganz wesentliche Rolle spielten in vielen Ländern die heftigen Verteilungskämpfe – ein Indiz dafür, dass auch der Sozialkonsens des goldenen Vierteljahrhunderts auf einem prekären Gleichgewicht beruht hatte: Die Gewerkschaften versuchten, mit ihrer Lohnpolitik die Verteilungsproportionen zu Gunsten der Arbeitnehmerinnen und Arbeitnehmer zu verschieben, die Unternehmer antworteten mit Preissteigerungen, sodass eine Lohn-Preisspirale (oder auch Preis-Lohnspirale) in Gang kam, bis die Zentralbanken die Zinsschraube anzogen, um unter bewusster Inkaufnahme von Arbeitslosigkeit die Inflationstendenzen zu brechen.

Die Folge der konjunkturpolitischen Misserfolge war zunächst, dass die ökonomische Theorie erneut revolutioniert wurde; es bildete sich eine neue herrschende Lehre an den Universitäten und in den wissenschaftlichen Beratungsinstitutionen heraus. Da die »keynesianische« oder nachfrageorientierte Wirtschaftspolitik, jedenfalls so wie sie bis dahin praktiziert worden war, offenkundig versagt hatte, wurde sie insgesamt verworfen. Stattdessen empfahl man eine »angebotsorientierte« Strategie; ihre theoretische Grundlage, den sogenannten Monetarismus, hatte der amerikanische Wirtschaftswissenschaftler Milton Friedman (1912–2006) bereits Ende der 1950er Jahre erarbeitet.

Mit dieser Strategie kehrte man zu der alten Vorstellung, dass freie Märkte sich selbst stabilisieren und bei Verzicht auf störende staatliche Eingriffe zu Vollbeschäftigung tendieren, zurück. Die Aufgabe der staatlichen Wirtschaftspolitik wurde allein noch darin gesehen, günstige Rahmenbedingungen für Investoren bereitzustellen und der Entfaltung der Marktkräfte möglichst freien Raum zu geben. Statt den Konjunkturverlauf mittels seiner Steuer- und Ausgabenpolitik auf der Nachfrageseite beeinflussen zu wollen, sollte der Staat bzw. die staatliche Notenbank – unabhängig von der Konjunktur – nur für einen gleichmäßigen Anstieg der Geldmenge sorgen (daher der Name →»Monetarismus«). Es ist hier nicht möglich, dieses Konzept und die entsprechende Theorie zu erläutern; für unsere Zwecke genügt es festzuhalten, dass im Prinzip jegliche ökonomische Intervention des Staates – bis auf die eben erwähnte »Geldmengensteuerung« – abgelehnt wurde.

In der Regierungspraxis der wichtigen Industrieländer setzte sich die neue Doktrin allerdings nur allmählich durch. Zuerst wurde der »Monetarismus« infolge der Regierungsübernahme von Premierministerin Margaret Thatcher in Großbritannien (1979–1990) und von Präsident Ronald Reagan in den USA (1981–1989) zur offiziellen Leitlinie der Wirtschaftspolitik der angelsächsischen Länder. Später wurde diese Doktrin auch von anderen Ländern übernommen und dominierte schließlich weltweit. Seit Anfang der 1990er Jahre begann man vom sogenannten Washington Consensus zu sprechen. Damit war im engeren Sinne ein Katalog von Kreditbedingungen für überschuldete arme Entwicklungsländer gemeint, die von den in der amerikanischen Hauptstadt Washington angesiedelten Institutionen (Weltbank, Internationaler Währungsfonds, US-Regierung, Politikberatungsunternehmen) und international operierenden Finanzinstituten propagiert und durchgesetzt wurden.

Im Kern wurde von den betroffenen Ländern verlangt, sich ohne Rücksicht auf die sozialen Auswirkungen vorbehaltlos an die Erfordernisse der internationalen Finanzmärkte anzupassen, um die Gläubiger zufriedenzustellen.[4] Dabei wurde unterstellt, dass diese Strategie langfristig auch der Wohlstandsentwicklung der armen Länder dienen würde. In den Kriterien des »Washington Consensus« kommen die generellen Grundsätze der wirtschafts- und gesellschaftspolitischen Doktrin des →»Neoliberalismus« zum Ausdruck (zum Begriff »Neoliberalismus« → Kap. III.3.4).

In den USA entsprach allerdings die tatsächliche Wirtschaftspolitik niemals wirklich dem offiziellen Konzept: Zwar wurde eine äußerst restriktive Sozialpolitik betrieben, aber die riesigen Haushaltsdefizite, die infolge der Aufrüstung entstanden, waren in Wirklichkeit ein gewaltiges »superkeynesianisches« Konjunkturprogramm, das den USA dann auch ein – im Vergleich mit den kontinentaleuropäischen Ländern – relativ hohes Wachstum und eine günstige Arbeitsmarktentwicklung bescherte (allerdings unter Inkaufnahme einer starken Zunahme der Armut und der sozialen Ungleichheit). In Großbritannien folgte die Wirtschaftspolitik anfangs in der Tat der theoretischen Konzeption des Monetarismus, aber Ende der 1980er Jahre erfolgte eine stillschweigende Korrektur; die Zinspolitik wurde wieder als Instrument der Konjunkturpolitik eingesetzt, was dann in den 1990er Jahren Früchte in Gestalt einer sehr günstigen Arbeitsmarktsituation trug. Die relativ günstige Arbeitsmarktentwicklung in Großbritannien hat allerdings auch mit dem Aufschwung der Finanzindustrie zu tun (→Kap. III.2.2.1) – eine Entwicklung, deren Schattenseiten in der 2008 einsetzenden großen Krise offenkundig geworden sind.

In den kontinentaleuropäischen Ländern, somit auch in Deutschland, gab es keinen so spektakulären wirtschaftspolitischen Kurswechsel wie in Großbritannien und in den USA, aber die Zeit der aktiven keynesianischen Konjunkturpolitik des Staates war auch hier ab Anfang der 1980er Jahre zu Ende. Allerdings unterblieben radikale Versuche, den Sozialstaat im »neoliberalen« Sinne umzugestalten (von der Reformpolitik der Regierung Schröder, die zwar nicht als »neoliberal« im eigentlichen Wortsinn bezeichnet werden kann, aber ein Stück weit in diese Richtung rückte, wird in Kapitel V noch die Rede sein). Andererseits dauerte die Herrschaft des Monetarismus länger als in den angelsächsischen Ländern. Die Deutsche Bundesbank und später die Europäische Zentralbank weigerten sich lange Zeit (und sie sind auch rechtlich nicht dazu verpflichtet), ihre Geldpolitik in den Dienst der Wachstums- und Beschäftigungspolitik zu stellen; sie orientierten sich allein am Ziel der Preisstabilität. Erst die große Finanz- und Wirtschaftskrise und die europäische Staatsschuldenkrise haben hier ein Umdenken erzwungen. Dennoch ist erkennbar, dass die Europäische Zentralbank so bald wie möglich zur alten Linie zurückkehren möchte.

Der alte Staatsinterventionismus der wohlstandskapitalistischen Periode war in allen entwickelten Industrieländern vorbei. Eine »Vollbeschäftigungsgarantie« (→Kap. I.4) konnte – oder wollte jedenfalls – keine demokratisch gewählte Regierung mehr geben. Die Hauptverantwortung für die Beschäftigung wurde folglich vom Staat auf die Gewerkschaften und Arbeitgeberverbände mit ihrer Tarifpolitik verlagert. Weder die staatliche Fiskalpolitik noch die Zinspolitik der Zentralbank sah man länger auf das Vollbeschäftigungsziel verpflichtet. Die staatliche Beschäftigungspolitik erfuhr eine charakteristische Akzentverschiebung; sie wurde nicht mehr vorrangig als Konjunkturpolitik, sondern primär als Arbeitsmarktpolitik verstanden: ihr Schwergewicht verlagerte sich von der Steuerung der volkswirtschaftlichen Nachfrage auf das Bemühen, die Arbeitsmärkte funktionsfähig zu machen und Regulierungen (sogenannte Rigiditäten) abzubauen.

Damit war bereits – ohne dass damals allen Beteiligten die prinzipielle Bedeutung dieses Vorganges bewusst war – ein wichtiges Element aus dem sozialstaatlichen Gerechtigkeitsparadigma herausgebrochen. Eine der vier zentralen Leitideen, nämlich das »Recht auf Arbeit« , war praktisch aufgegeben worden. Der Erwartung, dass der Markt, stimuliert durch die staatliche Konjunkturpolitik, immer die erforderliche Anzahl von Arbeitsplätzen zur Verfügung stellen würde, dass Vollbeschäftigung also eine Art Bringschuld des Staates sei, war die Grundlage entzogen.

2 Die drei großen Trends: Strukturwandel, Globalisierung, Individualisierung

Für das geringere Wirtschaftswachstum und für das Ende der Vollbeschäftigung ab Mitte der 1970er Jahre gibt es, soweit es um die Bundesrepublik Deutschland geht, zunächst einmal zwei vergleichsweise konventionelle Erklärungsgründe, die als solche nicht unbedingt etwas mit tief gehenden qualitativen gesellschaftlichen Veränderungen zu tun haben:

1. Auf dem Markt für Standard-Industrieprodukte trat eine gewisse Sättigung ein, nachdem die Wiederaufbau- und Nachholphase der Nachkriegszeit zu Ende gegangen und besonders nachdem die große Welle der Massenmotorisierung und der Ausrüstung der Privathaushalte mit langlebigen Konsumgütern abgeebbt war. Zwar expandierte im Gegenzug die Nachfrage nach Dienstleistungen und später kamen mit der Mikroelektronik auch industrielle Produktinnovationen auf die Märkte, die Nachfragedynamik erreichte aber trotzdem nie mehr die Kraft, die sie als Folge der Sonderbedingungen in den ersten Jahrzehnten nach dem 2. Weltkrieg gehabt hatte.
2. In der Mitte der 1970er Jahre fand eine demografische Wende statt. Von den frühen 1950er Jahren an war die Bevölkerung stark gewachsen, und zwar stärker als die Bevölkerung im erwerbsfähigen Alter. Diese Konstellation hatte zu wachsender Konsumnachfrage bei gleichzeitig begrenztem Arbeitskräftepotenzial geführt und die Vollbeschäftigung wesentlich erleichtert; dazu hatte auch beigetragen, dass ein großer Teil der nicht erwerbstätigen Bevölkerung, nämlich die Rentner, durch den großzügigen Ausbau des Alterssicherungssystem mit Kaufkraft ausgestattet worden war. Ab der Mitte der 1970er Jahre verkehrte sich die Situation jedoch ins Gegenteil; jetzt stagnierte die Bevölkerungszahl (bis Ende der 1980er Jahre), während die Zahl der Menschen im erwerbsfähigen Alter zunahm; allein daraus erklärt sich zum großen

Teil, warum es in Deutschland nach der Wirtschaftskrise nicht gelang, wieder zur Vollbeschäftigung zurückzukehren.

Aber die Veränderungen, die sich seit Mitte der 1970er Jahre vollzogen haben, gehen weit tiefer. In den westlichen Industrieländern bildet sich eine neue Entwicklungsstufe heraus. Dabei handelt es sich um ein hochkomplexes Phänomen, das zudem in jedem Land, je nach der historischen Ausgangslage und den spezifischen Bedingungen, verschiedene Erscheinungsformen annimmt. Dieser Prozess ist gleichzeitig verbunden mit der Erosion des historischen sozialstaatlichen Arrangements des goldenen Vierteljahrhunderts, das wir als sozialen Kapitalismus bezeichnet haben, und er hatte, wie noch zu sehen sein wird, schließlich auch Auswirkungen auf die Vorstellungen von sozialer Gerechtigkeit, die in den Gesellschaften der Gegenwart wirksam sind.

Es ist sicher problematisch, diese historische Entwicklung auf eine einfache Formel bringen zu wollen, zumal sie sich in vollem Gange befindet und längst noch nicht als Ganzes überblickt werden kann. Gleichwohl soll hier die Hypothese aufgestellt werden, dass es drei miteinander in Wechselwirkung stehende große Trends gibt, die in ihrem Zusammenwirken dem Wohlstandskapitalismus allmählich die ökonomischen, politischen und soziokulturellen Grundlagen entziehen bzw. schon entzogen haben:

1. Strukturwandel: Die klassische Industriegesellschaft mit ihrer Massenproduktion (»Fordismus«) und ihren auf Zentralisierung, Standardisierung und Spezialisierung ausgerichteten Produktionsmethoden (»Taylorismus«) wandelt sich zur wissensbasierten Dienstleistungsgesellschaft.
2. Globalisierung: Die Machtbalance zwischen Arbeit, Kapital und intervenierendem demokratischem Nationalstaat ist aus dem Gleichgewicht gebracht und die Kapitalinteressen gewinnen wieder die dominante Position zurück, die sie vor der Ära des Wohlstandskapitalismus gehabt hatten. Im alltäglichen Sprachgebrauch bedeutet der Begriff Globalisierung meist so viel wie ökonomische Internationalisierung. Damit ist das Phänomen der Globalisierung aber nicht vollständig beschrieben. Deshalb wird hier ein erweiterter Globalisierungsbegriff verwendet, der die Machtverschiebung im Verhältnis zwischen Arbeit, Kapital und Staat in den Vordergrund rückt.
3. Individualisierung: Die hergebrachten → Milieus, der Zusammenhalt der sozialen Gruppen, die traditionellen Wertorientierungen und die Strukturierung der Gesellschaft durch Verbände und Organisationen (Korporatismus) verlieren an Bedeutung. Es kommt zu einem Wandel von der kollektiven Solidarität zur Dominanz flexibler und individuell differenzierter Lebensmuster.

Bevor diese drei Trends näher dargestellt werden, ist noch einmal zu betonen, dass es sich dabei nicht um einen fertigen Zustand handelt, sondern um einen in Gang befindlichen Prozess, dessen künftige Konsequenzen nur mit aller Vorsicht abgeschätzt werden können.

2.1 Strukturwandel: Abschied von klassischer Industriegesellschaft und Korporatismus

Die Tatsache, dass ein Strukturwandel von der Industriegesellschaft zur wissensbasierten Dienstleistungsgesellschaft stattgefunden hat, ist heute unbestritten. Selbstverständlich spielt die Industrie auch heute noch eine bedeutende Rolle, in der Bundesrepublik Deutschland sogar eine wichtigere als in anderen entwickelten Ländern. Aber im Vergleich zur Hochphase der Industrialisierung in den 1960er Jahren ist ihr relatives Gewicht stark zurückgegangen. Stattdessen sind die Dienstleistungen längst zum führenden Sektor aufgestiegen, wobei der Teilsektor der privaten Finanz- und Unternehmensdienstleistungen sowie der Vermietungen einen besonders starken Aufschwung erlebt hat. Dies zeigt *Abbildung 12*, in der die prozentualen Beiträge der verschiedenen Sektoren zum Bruttosozialprodukt Deutschlands dargestellt sind. Das Jahr 1961 wird als Bezugspunkt gewählt, weil damals der Industrieanteil sein historisches Maximum erreicht hatte. Wir sehen, dass im Vergleich der Jahre 1961 und 2008 der Industrieanteil von fast 54% auf 30% abgesunken ist, während der Dienstleistungssektor nunmehr mehr als zwei Drittel (69% gegenüber nur 41% 1961) des Sozialprodukts erwirtschaftet.[5]

Die Strukturveränderungen erschöpfen sich aber nicht in der quantitativen Gewichtsverschiebung zwischen Industrie- und Dienstleistungssektor, sie betreffen vielmehr ganz generell die Art und Weise des Produzierens, nicht zuletzt auch im industriellen Sektor selbst. Die gesamte Produktions-, Arbeits- und Unternehmenskultur hat sich verändert. Die typischen Produktionsmethoden des klassischen Industriekapitalismus – Fließbandfertigung, fremdgesteuerte und auf ständig sich wiederholende Handgriffe reduzierte Arbeit, Massenproduktion mit geringer Produktdifferenzierung – wurden allmählich durch neue Produktionskonzepte ersetzt. Die Produkte folgen einem stärker individuell geprägten Konsumenteninteresse und sind differenzierter geworden, die Produktzyklen (d.h. die Zeit zwischen der Markteinführung eines Produkts, z.B. eines bestimmten Automodells, und seiner Ersetzung durch ein neues Produkt oder Nachfolgemodell) haben sich erheblich verkürzt. Die Fertigung wurde flexibilisiert und dezentralisiert, mechanische Fließbandarbeit sowie andere schematische Verrichtungen sind immer mehr automatisiert und durch den Einsatz von Elektronik ersetzt worden.

Abb. 12: Beitrag der Wirtschaftssektoren zum Bruttoinlandsprodukt in Deutschland 1960 und 2010

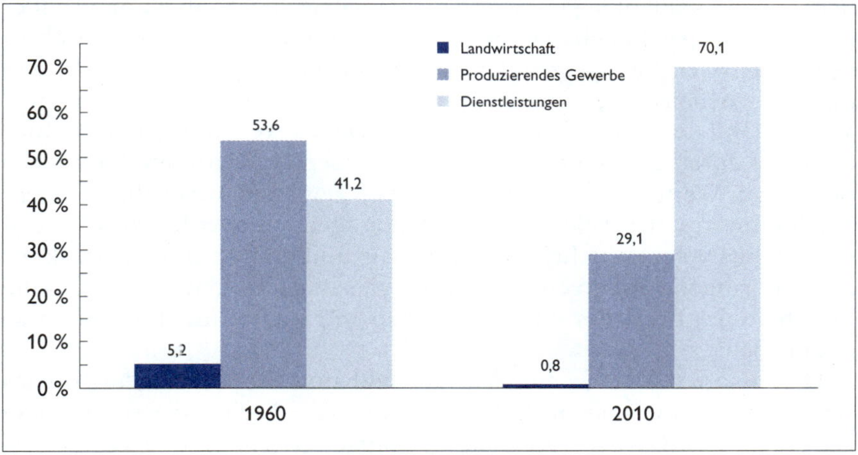

Eigene Grafik. Datenquelle: Statistisches Taschenbuch des BMAS 2010.

Im Gegenzug ist die verbleibende menschliche Arbeit wieder anspruchs- und verantwortungsvoller. Die Berufswelt ist heute differenzierter, der Anteil der Tätigkeiten mit hohen und höchsten Qualifikationsanforderungen ist höher und der Bedarf an gering qualifizierter Arbeit entsprechend geringer. Nicht nur im Verhältnis zwischen dem sekundären und tertiären Sektor, sondern auch innerhalb der Industrie ist der Wertschöpfungsanteil der wissensbasierten Dienstleistungen im Vergleich zur eigentlichen Produktion dramatisch angestiegen. Einen wesentlichen Anteil an diesen Veränderungen hatte der Siegeszug der Mikroelektronik, der auch durch die Verwendung in der Militärtechnik vorangetrieben wurde. Nur wenige Produktionszweige und Arbeitsplätze blieben von diesem Umbruch unberührt, weswegen man auch von der »dritten industriellen Revolution« spricht. Diese Prozesse wurden durch die Veränderung der internationalen Arbeitsteilung verstärkt; Produktionszweige mit traditioneller Technologie und einfacheren Qualifikationsanforderungen wurden ins Ausland verlegt. Dafür spezialisierten sich entwickelte Länder wie die Bundesrepublik Deutschland immer stärker auf Produkte der Hochtechnologie.

Dies alles führte zu einem tief greifenden Wandel der Arbeitswelt sowie der Arbeitskultur. Als Folge der differenzierteren Produktionsstruktur wird heute von den Arbeitnehmerinnen und Arbeitnehmern ein wesentlich höheres Maß an Flexibilität verlangt, und zwar sowohl bezüglich der inhaltlichen Anforderungen, der eigenen Initiative als auch der zeitlichen Verfügbarkeit. Will man es in einem stark vereinfachten Bild veranschaulichen, dann kann man sagen, dass die Arbeitswelt der 1950er und 1960er Jahre durch den Fließbandarbeiter verkörpert wurde, während sich in der Arbeitswelt der Gegenwart tendenziell ein Typus entwickelt, den man als »Arbeitskraft-Unternehmer« bezeichnen kann (vgl. Pongratz/ Voß 2003): Die Arbeitsabläufe in den Betrieben werden nicht mehr hierarchisch durch Befehl und Gehorsam gesteuert, sondern durch innerbetrieblichen Wettbewerb. Die Beschäftigten gewinnen wesentlich größere Spielräume für selbstständige Entscheidungen; sie werden zunehmend selbst dafür verantwortlich gemacht, dass und wie sie ihre Arbeitskraft gewinnbringend einsetzen, sie werden gleichsam zu Unternehmern, die innerhalb des Betriebes ihre Arbeitskraft in eigener Initiative vermarkten müssen.

Dies ist gewiss noch ein Zukunftsbild und die alte »tayloristische« Arbeitswelt lebt vielfach noch fort, aber der Trend geht jedenfalls in diese Richtung. Die Grenze zwischen abhängiger Beschäftigung und selbstständiger Erwerbstätigkeit wird fließend, was auch der Grund dafür ist, dass besonders in den stark expandierenden Sektoren der neuen Dienstleistungen wie EDV, Finanzdienstleistungen, Medien oder Werbung das klassische abhängige Beschäftigungsverhältnis allmählich ausstirbt und durch neue Formen der ökonomisch abhängigen Selbstständigkeit (sogenannte Scheinselbstständigkeit) ersetzt wird.

In den großen Unternehmen kommt die fortschreitende Tendenz zur Flexibilisierung durch das weitverbreitete »Outsourcing« zum Ausdruck: Dienstleistungen und Teile der Fertigung werden aus den Betrieben ausgegliedert und von kleineren selbstständigen Betrieben eingekauft, um flexibler am Markt reagieren zu können und keine hohen Personalkapazitäten vorhalten zu müssen, die bei mangelnder Nachfrage womöglich unnötige Kosten verursachen können. Auch die Leiharbeit (in der Sprache der Branche »Zeitarbeit« genannt) hat sich ausgebreitet. Insgesamt hat dieser Wandel der Arbeitswelt und der Arbeitskultur die Erosion des sogenannten Normalarbeitsverhältnisses zur Folge, wenn man darunter eine unbefristete, sozialversicherte und tariflich geregelte Vollzeit-Arbeitnehmertätigkeit mit 5-Tage-Woche, geregelter Arbeitszeit und freiem Wochenende versteht.

Die allgemeine Flexibilisierung hat gleichermaßen die →korporatistischen Arbeitsbeziehungen unterhöhlt, wenngleich sie im Kernbereich der Industrie auch heute noch bestehen. Der Anteil der Arbeitnehmerinnen und Arbeitnehmer, deren Löhne und Arbeitsbedingungen durch Tarifverträge geregelt werden, wird immer kleiner und gerade im stark wachsenden Sektor der neuen Dienstleistungen sind Betriebsräte – anders als in der Industrie – nicht die Regel, sondern die Ausnahme. Insgesamt hat die Bedeutung des Korporatismus erheblich abgenommen. Die Großverbände – Gewerkschaften und Arbeitgebervereinigungen – haben einen großen Teil der Kompetenz zur Regulierung des Arbeitsmarktgeschehens verloren. Damit steigen die Flexibilisierungsanforderungen an die Beschäftigten, aber auch an die einzelnen Firmen beträchtlich; sie müssen sich weitgehend ohne kollektiven Rückhalt an die Bedingungen des Marktes anpassen.

Der wirtschaftliche Strukturwandel von der Industrie- zur Dienstleistungsgesellschaft hat aber noch eine andere Folge: Er ist – zusammen mit Defiziten der Bildungssysteme – eine der Ursachen der oben beschriebenen wachsenden Marginalisierung und der Verdrängung größer werdender Bevölkerungsgruppen aus dem Erwerbsleben. Zwar ist die Situation auf dem Arbeitsmarkt – jedenfalls was Deutschland betrifft – längst nicht mehr so günstig wie in der Blütezeit des Wohlstandskapitalismus. Aber ganz besonders sind davon die Bevölkerungsgruppen mit geringer beruflicher Qualifikation betroffen. Die Millionen von Arbeitsplätzen für ungelernte und angelernte Arbeiter, die es von den 1950er bis in die 1970er Jahren in der Industrie noch gegeben hat, sind weitgehend verschwunden; sie fielen entweder der Rationalisierung oder der Produktionsverlagerung in Billiglohnländer zum Opfer. Die neu entstehenden Arbeitsplätze verlangen eine gründliche Ausbildung; wer darüber nicht verfügt, wird an den Rand der Gesellschaft gedrängt.

2.2 Globalisierung: Störung der Machtbalance zwischen Arbeit, Kapital und Staat

Den zweiten großen Trend kann man mit dem Begriff »Globalisierung« bezeichnen. Noch vor zehn Jahren kaum gebräuchlich, gehört er heute zu den Schlüsselbegriffen der ökonomischen und politischen Diskussion. Dementsprechend fließend ist sein Inhalt; er ist mehr ein zusammenfassendes Symbol für eine Vielzahl von weltweiten Veränderungsprozessen in Wirtschaft, Politik und Gesellschaft als die Beschreibung eines präzise abzugrenzenden Tatbestands. Ganz allgemein bedeutet Globalisierung weltweit wachsende Interdependenz. Dieses Phänomen ist aber nicht substanziell neu, im Grunde kann man die gesamte neuere Geschichte seit Beginn der kolonialen Expansion Europas im 15. und 16. Jahrhundert als Globalisierungsvorgang betrachten; neu ist lediglich die Intensivierung und Beschleunigung dieses Prozesses. Globalisierung ist außerdem kein rein ökonomischer Vorgang; weltweite Umweltprobleme, weltweite Rohstoffknappheit, weltweite Migration, weltweiter Terrorismus, weltweite Kommunikation, weltweit verbreitete Alltagskultur, weltweite Durchsetzung der englischen Sprache und US-amerikanischer Leitbilder in Politik, Wissenschaft und Wirtschaft signalisieren, dass Globalisierung ein Prozess ist, der alle Lebensbereiche umfasst.

Im Zusammenhang mit sozialer Gerechtigkeit und dem Wandel des sozialstaatlichen Gerechtigkeitsparadigmas ist die Globalisierung in erster Linie deshalb von Bedeutung, weil sie die prekäre Machtverteilung zwischen Arbeit, Kapital und Staat aus dem Gleichgewicht gebracht und damit die Grundlagen des Sozialstaats, so wie er im dritten Viertel des 20. Jahrhunderts zur Blüte gekommen war, erschüttert hat. Drei Prozesse sind besonders wichtig:

- die grenzenlose Liberalisierung der Kapitalmärkte und der Aufschwung der Finanzindustrie,
- die Internationalisierung der Produktion,
- die Standortkonkurrenz zwischen Staaten.

In Deutschland wurde in den vergangenen Jahre Globalisierung vielfach unter dem Aspekt diskutiert, dass die internationale Wettbewerbsfähigkeit bedroht oder gar schon verloren gegangen sei; dies ist nicht nur nicht der Fall, wie sich inzwischen deutlich gezeigt hat, sondern es trifft auch nicht das eigentliche Problem der Globalisierung. Ständige Intensivierung des Welthandels (*s. Abbildung 13*), Eintritt neuer Wettbewerber in die internationalen Märkte und grenzüberschreitende Investitionstätigkeit sind im Grunde nicht wirklich neu, obwohl ihre Dynamik in den letzten Jahren erheblich zugenommen hat, nicht zuletzt dank dramatisch sinkender Transportkosten und technischer Verbesserungen bei der Telekommunikation. Bei der Liberalisierung der internationalen Kapitalmärkte, der Internationalisierung der Produktion und der Standortkonkurrenz zwischen Staaten handelt es sich hingegen um Phänomene, die es in früheren Perioden nicht oder allenfalls in Ansätzen gegeben hat und die darüber hinaus für die Krise des Sozialstaats besonders bedeutsam sind.

Im Folgenden wird geschildert, dass und wie die drei oben genannten Prozesse in den letzten Jahrzehnten maßgeblich dazu beigetragen haben, die ökonomischen und politischen Grundlagen des Sozialstaats zu untergraben, und dass der nationalstaatlich regulierte soziale Kapitalismus allmählich durch einen entgrenzten, d.h. deregulierten und globalisierten Kapitalismus ersetzt wird. Ob und in welcher Weise dieser Prozess durch die weltweite Wirtschafts- und Finanzkrise der Jahre ab 2008 unterbrochen oder gar beendet worden ist, wird im abschließenden Fazit (»Die Zukunft der sozialen Gerechtigkeit«) thematisiert. Zunächst also wird der Niedergang des sozialen Kapitalismus näher geschildert. Das ist sinnvoll und notwendig, denn der soziale Kapitalismus und mit ihm das sozialstaatliche Gerechtigkeitsparadigma werden – trotz der gegenwärtigen Krise des deregulierten und globalisierten Kapitalismus – wohl kaum zurückkehren.

Abb. 13: Expansion des Welthandels: Welt-Bruttoinlandsprodukt und Welthandelsvolumen 1980 bis 2011 (in jeweiligen Preisen, gemessen in % des Wertes von 1980)

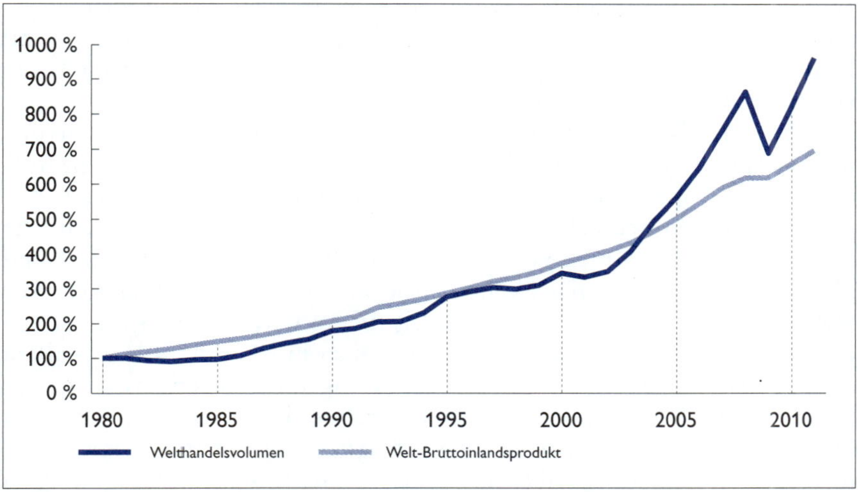

Eigene Grafik. Datenquelle: Internationaler Währungsfonds, World Economic Database April 2011 (www.imf.org).

2.2.1 Die Liberalisierung der internationalen Kapitalmärkte und der Aufstieg des Finanzmarktkapitalismus

Die Liberalisierung des internationalen Kapitalverkehrs ist ein wesentlicher Bestandteil der ökonomischen Strukturveränderungen, die üblicherweise mit dem Begriff Globalisierung bezeichnet werden (zu dieser Thematik vgl. Huffschmid 2002). An diesem Aspekt ist besonders deutlich zu sehen, dass es sich bei der Globalisierung keineswegs, wie häufig zu Unrecht behauptet wird, um einen gleichsam naturgesetzlichen Sachzwang handelt; sie ist vielmehr ein zumindest teilweise auch politisch induzierter und politisch gewollter Prozess. In den ersten Jahrzehnten nach dem 2. Weltkrieg herrschte zwar freier Welthandel mit Gütern und auch freier Devisenverkehr, sofern dieser der Abwicklung von Warengeschäften diente. Der grenzüberschreitende reine Kapitalverkehr (z.B. der internationale Handel mit Aktien, Terminkontrakten oder ganzen Unternehmen) war jedoch durch eine Vielzahl von Regulierungen und Kontrollen in den einzelnen Ländern eingeschränkt. Die Liberalisierung des Kapitalverkehrs wurde stufenweise, beginnend etwa Anfang der 1970er Jahre, durchgesetzt und wurde hauptsächlich von der Regierung der USA vorangetrieben. Vorausgegangen war 1971 der Zusammenbruch des Systems der festen Wechselkurse (des sogenannten →Bretton Woods-Systems) und der Übergang zu allgemein schwankenden Wechselkursen. Das alte Weltwährungssystem war zu diesem Zeitpunkt bereits durch die permanenten Handels- und Haushaltsdefizite der USA (die im Wesentlichen durch den Vietnam-Krieg verursacht worden waren) unterminiert.

Die Deregulierung des internationalen Kapitalmarkts hat, im Zusammenwirken mit der Freigabe der Wechselkurse, zu einem gewaltigen Aufschwung des spekulativen Finanzsektors geführt. Innerhalb von wenigen Jahrzehnten hat sich eine mächtige Finanzindustrie entwickelt, die sich nahezu vollkommen von realwirtschaftlichen Vorgängen gelöst und gleichsam als eigenständige ökonomische Sphäre neben der Realwirtschaft etabliert hat. Einen wesentlichen Anteil am Aufschwung des spekulativen Finanzsektors hat die Entwicklung innovativer Finanzprodukte, vor allem der sogenannten Derivate.[6] Es ist nur wenig übertrieben, wenn gesagt wird, dass die Spekulation – also eine Variante des Glücksspiels – binnen weniger Jahrzehnte zu einem der wichtigsten Wirtschaftszweige, wenn nicht gar zur »Schlüsselindustrie« in der kapitalistischen Welt geworden ist. Man kann auch vom →»Finanzmarktkapitalismus« als einer neuen Entwicklungsstufe der kapitalistisch-marktwirtschaftlichen Gesellschaften, die an die Stelle des früheren Wohlstandskapitalismus oder sozialen Kapitalismus getreten ist, sprechen.

In den 28 Jahren von 1980 bis 2008 erhöhte sich – trotz des vorübergehenden Rückschlags durch die Börsenkrise der Jahre 2001 bis 2003 – das Volumen des weltweiten Aktienhandels um den Faktor 380, was einer jahresdurchschnittlichen Steigerung von nicht weniger als 24% entsprach; in der gleichen Zeit stieg das Welt-Sozialprodukt dagegen nur um den Faktor 5,2 (im Durchschnitt um 9,6% pro Jahr). Anschließend brachte allerdings die Finanz- und Wirtschaftskrise einen deutlichen Einbruch des Aktienhandels, wobei sich im Jahr 2010 eine leichte Erholung zeigte (*s. Abbildung 14*).

Abb. 14: Weltweiter Aktienhandel 1980 bis 2010 (Bio. US-$)

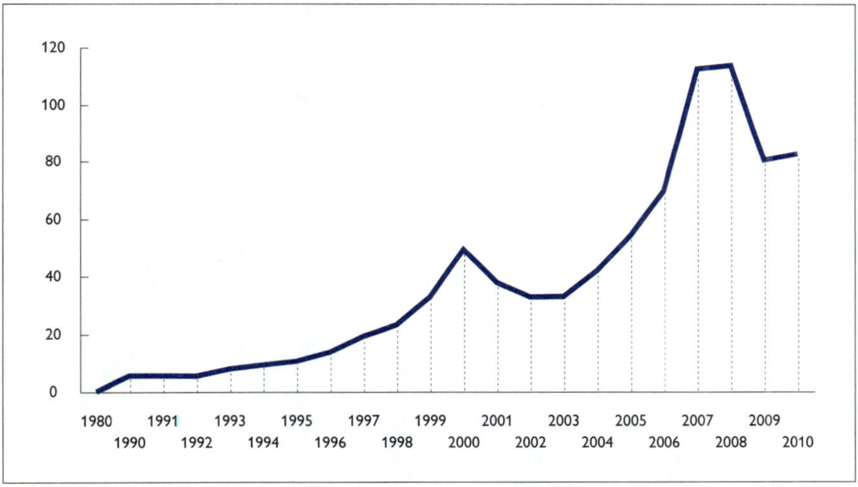

Eigene Grafik. Datenquelle: World Federation of Exchanges (WFE), Annual Report, verschiedene Jahrgänge (world-exchanges.org).

Der weltweite Umsatz des Devisenhandels erreichte 2010 die kaum fassbare Größenordnung von fast 4 Bio. (4000 Mrd.) US-Dollar, und zwar nicht etwa im Jahr, sondern durchschnittlich pro Handelstag (*s. Abbildung 15*). Damit überstieg der Devisenumsatz das Volumen des internationalen Handels mit Sicherheit um ein Vielfaches,[7] was belegt, dass die Devisengeschäfte zum großen Teil spekulativer Natur sind und sich von der Realwirtschaft weitgehend gelöst hatten.

Die Verselbstständigung der Finanzmärkte und somit der Globalisierung hat eine gravierende Folge, die allerdings nicht so unmittelbar auffällt: Die → Renditen aus reinen Finanzanlagen und Spekulationsgeschäften (mit Aktien, größeren Unternehmensanteilen, ganzen Unternehmen oder Derivaten) sind infolge dieser Entwicklung seit Mitte der 1970er Jahre beträchtlich höher als die von Realinvestitionen (Schulmeister 1998, S. 12). Dieser Umstand erklärt möglicherweise zum Teil tendenziell abnehmende Wachstumsraten und nachlassende Investitionen. Vor allem aber erklärt er die Machtverschiebungen im Verhältnis von Kapital und Arbeit: Wenn höhere Renditen aus Finanzgeschäften auch für Industrieunternehmen eine attraktive Alternative zur Ausdehnung oder auch nur Aufrechterhaltung der Produktion darstellen, dann wird es für die Arbeitnehmerinnen und Arbeitnehmer bzw. für die Gewerkschaften zwangsläufig immer schwieriger, Lohnforderungen durchzusetzen bzw. sich gegen Verschlechterungen ihrer Löhne und Arbeitsbedingungen zu wehren.

Abb. 15: Durchschnittlicher Devisenumsatz je Handelstag 1998 bis 2010 (Mrd. US-$)

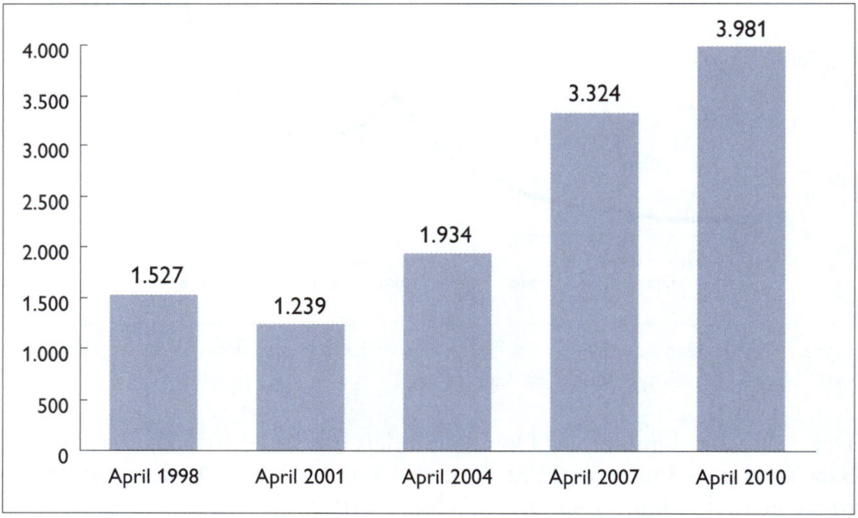

Eigene Grafik. Datenquelle: Bank für Zahlungsausgleich (BIZ), Triennial Central Bank Survey of Foreign Exchange and Derivatives Market Activity in 2010 - Final results (www.bis.org).

Eine sehr viel spektakulärere Folge des rasanten Aufschwungs der spekulativen Finanzwirtschaft sind Finanzkrisen. Sie entstehen im Wesentlichen dadurch, dass sich in großem Umfang betriebene Spekulationsgeschäfte als verlustreich oder auch nur als zu riskant erweisen und dadurch Panikreaktionen ausgelöst werden. Solche Paniken können wiederum erhebliche Folgen für die Realwirtschaft haben, indem sie das Wirtschaftswachstum abbremsen oder Rezessionen verursachen. Ein besonders dramatisches, aber keinesfalls singuläres Beispiel dafür ist die jüngste Finanzkrise, die 2007 vom US-Immobilienmarkt ausgelöst wurde und

2008 auch den Bankensektor erfasste, sodass massive Staatsinterventionen notwendig wurden, um einen Kollaps zu verhindern. Inzwischen hat sich diese Finanzkrise zur größten → Weltwirtschaftskrise seit der Großen Depression am Ende der 1920er und zu Beginn der 1930er Jahre ausgeweitet; die Folgen sind noch immer nicht überwunden. Am Schluss dieses Buches wird nochmals auf die Bedeutung der Finanzmärkte eingegangen; dann wird auch die Frage erörtert, ob der globalisierte und entgrenzte Kapitalismus mit der aktuellen Finanzkrise bereits seinen Zenit überschritten haben könnte und sich eine Trendwende hin zu einer Renaissance des Staatsinterventionismus andeutet.

2.2.2 Die Internationalisierung der Produktion

Die Internationalisierung der Produktion und die damit zusammenhängende Standortkonkurrenz zwischen Staaten sind zwei weitere wesentliche Charakteristika der Globalisierung. Streng genommen handelt es sich dabei aber um keine eigenständigen Phänomene, sondern um die Folgen der Liberalisierung und Deregulierung der internationalen Kapitalmärkte. Die allseits ungehinderte Mobilität des Kapitals führt dazu, dass die Produktion einen internationalen Charakter annimmt. An die Stelle ortsfester Unternehmen, die an nationalen Standorten produzieren und lediglich auf den internationalen Absatzmärkten konkurrieren, treten nun zunehmend solche Firmen, die bereits bei der Produktion die Vorteile der weltweiten Arbeitsteilung und Spezialisierung nutzen, indem sie verschiedene Komponenten ihrer Produkte (einschließlich der Dienstleistungen, die für Produktion und Vermarktung erforderlich sind) an den jeweils kostengünstigsten bzw. produktivsten Standorten in verschiedenen Ländern herstellen oder einkaufen und dann kombinieren. Der Internationalisierung des Handels folgte auf diese Weise die Internationalisierung der Unternehmen und die Internationalisierung der Produkte. An einem Auto können z. B. Konstruktion, Materialprüfung, Motorfertigung, Entwicklung der Elektronik, Design, Karosseriebau, Endmontage, Werbung sowie die Planung des Gesamtprozesses an ganz verschiedenen nationalen Standorten stattfinden; in welchem Land sich der Firmensitz des Herstellers befindet, sagt dann eigentlich nichts mehr über den Ursprung des Produkts. Schon vor beinahe 20 Jahren hat der amerikanische Ökonom und Arbeitsminister unter Präsident Clinton, Robert B. Reich in seinem Buch *Die neue Weltwirtschaft* diesen Effekt eindrucksvoll beschrieben. Seine Beispiele sind noch heute informativ, nur dass in einer heutigen Lagebeschreibung Länder wie China oder Indien wohl häufiger erwähnt werden müssten.

»Einige Beispiele: Professionelle Eishockeyausrüstungen, in Schweden entworfen, in Kanada finanziert und in Cleveland (Ohio) und Dänemark zum Vertrieb in Nordamerika bzw. in Europa montiert, werden aus Kunststoffen gefertigt, deren molekulare Struktur im US-Staat Delaware erforscht und patentiert wurde und die in Japan erzeugt werden. Eine Werbekampagne wird in Großbritannien erdacht, Filmaufnahmen dazu werden in Kanada gedreht, in Großbritannien synchronisiert und in New York geschnitten. Ein Sportwagen wird von Japan finanziert, in Italien entworfen, im US-Staat Indiana, in Mexiko und Frankreich montiert, wobei moderne elektronische Komponenten Verwendung finden, die im US-Staat New Jersey erfunden und in Japan hergestellt wurden. Ein Mikroprozessor wird in Kalifornien entworfen und in Amerika und Deutschland finanziert; er enthält RAMs (Random Access Memory = Schreib- und Lesespeicher), die in Korea produziert wurden. Ein Strahlflugzeug wird im US-Staat Washington und in Japan entworfen und in Seattle montiert, das konische Heckteil zur Aufnahme des Leitwerks kommt aus Kanada, weitere Heckteile aus China und Italien und die Düsenaggregate aus Großbritannien. Ein in Kalifornien entworfener, in Frankreich gebauter und von Australiern finanzierter Weltraumsatellit wird mit einer in Russland konstruierten Rakete in die Erdumlaufbahn geschossen. Was ist hier ein amerikanisches Produkt? Was ein ausländisches? Nach welchen Kriterien soll man das entscheiden? Spielt es überhaupt eine Rolle?« (Reich 1993, S. 127 f.)

Dass solche international vernetzte Produktionssysteme immer mehr zur Regel werden, wird durch die verbesserte und verbilligte Transport- und Kommunikationstechnik ermöglicht, vor allem aber durch den freien und ungehinderten internationalen Kapitalverkehr. Auf diese Weise entsteht eine neue Konstellation: Es konkurrieren nicht mehr nur nationale Unternehmen auf internationalen Absatzmärkten, sondern nationale Standorte stehen im Wettbewerb um die Möglichkeit, in die transnationalen Wertschöpfungsketten der weltumspannenden Unternehmen eingegliedert zu werden. Von der Fähigkeit, in diesem Netzwerk einen günstigen Platz zu besetzen und zu behaupten, hängt die Chance der einheimischen Arbeitskräfte ab, international wettbewerbsfähig zu sein, Beschäftigung zu finden und Einkommen zu erzielen. Über die Attraktivität eines Standorts entscheiden die Höhe der Löhne, die Ausbildung und die Produktivität der Beschäftigten, die Verfügbarkeit von technischem Wissen und die Vernetzung mit geeigneten Zulieferfirmen, die Belastung der Unternehmen mit Steuer- und Abgaben, die sonstige Infrastruktur (z. B. Verkehr und Telekommunikation), die Art und Intensität der staatlichen Regulierung (z.B. Umweltauflagen und Arbeitsrecht) und vieles andere.

2.2.3 Standortkonkurrenz zwischen Staaten

Mit der Liberalisierung der internationalen Kapitalmärkte und der Internationalisierung der Produktion sind die entscheidenden strategischen Veränderungen benannt, die durch die Globalisierung in Gang gesetzt wurden. Auf diese Weise intensiviert die Globalisierung nicht nur den internationalen Wettbewerb, sondern sie verändert ihn qualitativ; es gibt weiterhin einen internationalen Wettbewerb zwischen Unternehmen, aber es tritt ein neuartiger Wettbewerb hinzu: der Standort- oder Systemwettbewerb zwischen Staaten um die für das Kapital günstigsten Anlagemöglichkeiten. In der Phase des Wohlstandskapitalismus konnten die Staaten den Unternehmern und Kapitalbesitzern (z.B. durch ihre Steuer- und Sozialpolitik) die Rahmenbedingungen vorgeben, an die sich diese anzupassen hatten. Die Globalisierung hat die Tendenz, dieses Verhältnis, zugespitzt ausgedrückt, umzukehren. Die Rahmensetzung durch den Staat kann uneingeschränkt nur funktionieren, solange das Kapital ein ebenso standortgebundener Produktionsfaktor ist wie die Arbeit. Nun aber wird das Kapital zunehmend mobil, die Arbeit hingegen bleibt immobil (oder jedenfalls die weitaus überwiegende Mehrheit der Arbeitnehmerinnen und Arbeitnehmer), ebenso wie die Verbraucher und Sozialleistungsempfänger.

Auf diese Weise gewinnen die Unternehmer, welche über den mobilen Produktionsfaktor verfügen, allmählich eine »Exit-Option«, d.h., sie brauchen sich nicht anzupassen, sondern können einem einzelnen Staat, dessen Rahmenbedingungen aus ihrer Sicht ungünstig sind, den Rücken kehren. Streng genommen handelt es sich sogar um eine doppelte Exit-Option:

- Die erste Exit-Option ist die Möglichkeit einer realen Abwanderung durch Produktionsverlagerung. Im großen Stil ist die internationale Produktionsverlagerung erst durch die Zerlegung der Produktion in diverse, jeweils an ganz verschiedenen nationalen Standorten produzierte Wertschöpfungskomponenten lohnend geworden. Ein Unternehmen musste früher die Vor- und Nachteile eines Produktionsstandortes als Gesamtpaket akzeptieren oder verwerfen; es musste also z.B. die hohe Körperschaftssteuer eines Landes in Kauf nehmen, wenn es die hohe Qualifikation der dort ausgebildeten Arbeitnehmerinnen und Arbeitnehmer nutzen wollte. Heute kann sich dieses Unternehmen sozusagen die Rosinen herauspicken; für die Montage wählt es den Standort mit den niedrigsten Arbeitslöhnen, für die Konstruktion den mit den qualifiziertesten Ingenieuren, für das Marketing den mit den längsten und flexibelsten

Arbeitszeiten, für Fertigung hochtechnologischer Spezialkomponenten den mit den am besten ausgebildeten Facharbeitern, für ökologisch sensible Produktionsstufen das Land mit den laxesten Umweltauflagen, für den Firmensitz das Land mit den niedrigsten Steuern usw.

- Die zweite Exit-Option ist die Möglichkeit der monetären Abwanderung durch Gewinnverlagerung. Ohne dass die tatsächlichen Produktionsabläufen deswegen geändert werden müssen, kann, nachdem der internationale Kapitalverkehr völlig frei geworden ist (zumal innerhalb der EU mit ihrer großen Euro-Zone), der Unternehmensgewinn durch diverse Verfahren dorthin transferiert werden, wo die Steuern gering und die Finanzbehörden kulant sind.

In der ökonomischen Theorie sind die Wirkungen des Standortwettbewerbs zwischen Staaten umstritten; es stehen sich optimistische und pessimistische Einschätzungen gegenüber. Nach der pessimistischen Sicht führt der Standortwettbewerb zwischen den Ländern auf Dauer zu einem ruinösen Wettlauf von Steuersenkung, Lohnsenkung sowie Sozialabbau und wird z. B. zur Folge haben, dass die gesamte Steuer- und Abgabenlast von den nichtmobilen Bevölkerungsteilen getragen werden muss. Nach der optimistischen Sicht, die in den liberal orientierten Wirtschaftswissenschaften, der sogenannten neoklassischen Wirtschaftstheorie, vorherrscht, ist hingegen der Standortwettbewerb zwischen Staaten als ein marktähnliches Optimierungsverfahren zum Wohle aller zu begreifen: Es gibt eine Art Wettbewerb um das beste Mischungsverhältnis zwischen wirtschaftlicher Effizienz einerseits und sozialstaatlicher Regulation und sozialer Gerechtigkeit andererseits; in allen beteiligten Ländern kann dann die Bevölkerung in demokratischen Wahlen entscheiden, ob sie mehr Effizienz bei geringerer sozialer Gerechtigkeit oder mehr soziale Gerechtigkeit bei geringerer Effizienz bevorzugt. Einen ruinösen Wettbewerb braucht man aus dieser Sicht nicht zu befürchten, denn auch die Unternehmer und Kapitaleigner könnten auf die Dauer kein Interesse am Ruin des Sozialstaats haben, weil die vom Sozialstaat geschaffene Infrastruktur einschließlich der Humanressourcen eine der entscheidenden Voraussetzungen für die Produktivität und damit für einen rentablen Kapitaleinsatz ist.

Hier kann auf diese Kontroverse nicht näher eingegangen werden. Es ist aber anzumerken, dass die Optimisten zwei besonders wichtige Punkte zu übersehen scheinen. Erstens gibt es die oben erwähnte Möglichkeit des »Rosinenpickens«, die sich durch die Internationalisierung der Produktion eröffnet; es ist also für Unternehmen durchaus möglich, die Vorteile einer guten Infrastruktur eines Landes zu nutzen, ohne sich an deren Finanzierung zu beteiligen. Zweitens unterstellen die Optimisten es als Tatsache, dass sich die Entscheidungen demokratisch gewählter Regierungen und Parlamente immer an den unverfälschten Präferenzen der Bevölkerung – was immer diese sein mögen – orientieren; das scheint etwas naiv zu sein, denn es ist offenkundig, dass Unternehmer und Kapitaleigner in aller Regel über einen weitreichenden politischen Einfluss verfügen und dass es ihnen sehr häufig gelingt, sich im demokratischen System gegen Mehrheitsinteressen durchzusetzen.

Das hier entworfene Bild vom Standortwettbewerb zwischen den Staaten und der doppelten Exit-Option ist zugegebenermaßen stark vereinfacht. Zwar gibt es genügend Beispiel für Produktionsverlagerungen und Gewinntransfers ins Ausland, aber dass größere Unternehmen ihren Firmensitz ins Ausland verlegt oder sogar mit Sack und Pack ihr Heimatland verlassen hätten, ist noch nie vorgekommen. Zahlreiche Faktoren schränken zumindest die Möglichkeit der Produktionsverlagerungen stark ein. Unternehmen sind komplexe soziale Gebilde, in denen Kompetenz, Fachwissen, erprobte organisatorische Abläufe und eingespielte Regeln gespeichert sind, die bei einem Umzug verloren gingen. Sie operieren in einem Umfeld aus Zulieferern, Kunden, Arbeitsmarkt- und Bildungssystem, Behörden und Öffentlichkeit, außerhalb dessen sie mehr oder weniger hilflos wären. Trotzdem ist die Exit-Option real. Zwar wird kaum ein ganzes Unternehmen abwandern, aber Teile der Produktion können sehr wohl über die Grenzen wandern, und wenn Kapazitätserweiterungen oder der Einstieg in neue Geschäftsfelder geplant werden, dann gibt es in einer globalisierten Welt keine wirklichen Mobilitätshindernisse für das Kapital. Gewiss ist die Diskussion über die Wettbewerbsfähigkeit des Standorts Deutschland, die noch vor fünf oder zehn Jahren höchst aufgeregt geführt wurde, heute weitgehend verstummt. Das bedeutet aber nicht, dass das Phänomen des Standortwettbewerbs zwischen Staaten nicht mehr existiert und dass der Machtzuwachs der Kapitaleigner, den diese der Exit-Option verdanken, wieder verschwunden ist. Tatsache ist lediglich, dass eine jahrelange Lohnzurückhaltung, → Deregulierung des Arbeitsmarkts, Steuersenkungen für Unternehmen und Einschnitte bei den Sozialleistungen dem Standort Deutschland derzeit einen spürbaren Wettbewerbsvorsprung verschafft haben. Die drohende Abwanderung ist lediglich dadurch vermieden worden, dass die Politik den Wünschen der Unternehmen und Kapitaleigner entgegengekommen ist.

Auch wenn die These von der doppelten Exit-Option die tatsächlichen Verhältnisse etwas überzeichnen mag, ist also dennoch der Schluss erlaubt, dass der durch die Globalisierung – oder besser gesagt durch die Beschleunigung der Globalisierung – eröffnete Standortwettbewerb zwischen den Staaten in letzter Konsequenz das Ende der Machtbalance zwischen Arbeit, Kapital und Staat bedeutet, die eine der Säulen des Wohlstandskapitalismus gewesen ist. Die weltweite Wirtschafts- und Finanzkrise hat die Macht des Staates und der Regierungen zwar – wahrscheinlich nur vorübergehend – aufgewertet, weil nur massive Konjunkturprogramme einen ökonomischen Absturz verhindern konnten. Aber damit ist der alte sozialstaatliche Kompromiss zwischen Staat, Kapital und Arbeit nicht wiederhergestellt worden. Der Staat ist nicht überflüssig geworden, sondern seine Funktion in diesem Dreiecksverhältnis hat sich infolge des Standortwettbewerbs geändert:

- Im Wohlstandskapitalismus hat der Staat die Aufgabe übernommen, die Interessen der arbeitenden Bevölkerung gegenüber Kapitaleignern und Unternehmern zur Geltung zu bringen und dadurch zugleich die Loyalität der Bevölkerung gegenüber dem System der kapitalistischen Marktwirtschaft zu sichern.
- Im globalisierten Kapitalismus geht es nicht mehr um Massenloyalität, sondern um die Loyalität des Kapitals zum jeweiligen Land. Die Funktion des Staates besteht nun darin, dem Kapital attraktive Bedingungen zu bieten und diese notfalls auch gegen den Willen der Bevölkerung durchzusetzen. Denn auch wenn dies mit Nachteilen für die Bevölkerung verbunden ist (z.B. mit sinkenden Reallöhnen, Abbau von Sozialleistungen und Schutzrechten für die Arbeitnehmerinnen und Arbeitnehmer), ist es immer noch das kleinere Übel im Vergleich zur Abwanderung des Kapitals.

Auch im globalisierten Kapitalismus stehen Kapital, Arbeit und Staat noch immer in einem Dreiecksverhältnis, der Staat ist immer noch Mittler zwischen Arbeit und Kapital, aber die Gewichte haben sich verändert. Der Staat bewegt die Kapitalseite nicht mehr um des sozialen Friedens willen zu Zugeständnissen an die Beschäftigten, sondern er drängt umgekehrt die Arbeitnehmerinnen und Arbeitnehmer in ihrem eigenem Interesse zu Zugeständnissen an die Unternehmer und Kapitaleigner. Der britische Soziologe Colin Crouch hat diesen Prozess als Aushöhlung der Demokratie interpretiert und die These aufgestellt, dass die westlichen Demokratien sich im Stadium der »Postdemokratie« befänden, d.h. in einem Zustand, in dem zwar nach wie vor Wahlen stattfinden und sogar Regierungen ausgewechselt werden, die reale Politik aber von Eliten gemacht wird, die in erster Linie die Interessen der Wirtschaft vertreten (Crouch 2008).

Wir sehen, dass auf diese Weise ein weiteres Element des sozialstaatlichen Gerechtigkeitsparadigmas seine Grundlage verloren hat. Der Staat ist nicht mehr in der Lage, die Macht des Kapitals über die Arbeit unter

Kontrolle zu halten und zu begrenzen, sondern er muss zugunsten der Kapitalseite Stellung beziehen – z. B. durch Senkung der Unternehmenssteuern oder durch Lockerung der Bestimmungen des Arbeitsrechts. Die Gewerkschaften sind erst recht organisatorisch geschwächt, schon wegen der hohen Arbeitslosigkeit, und können den Unternehmern und Kapitaleignern immer weniger kollektive Gegenmacht entgegensetzen.

2.2.4 Eine neue Wirtschaftskultur: vom Korporatismus zum Shareholder-Value-Kapitalismus

Die Globalisierung hat auch dazu beigetragen, dass die typische Unternehmenskultur, welche in den kontinentaleuropäischen Ländern während der »fordistischen« Phase des Wohlstandskapitalismus vorherrschend war (→ Kap. II.2.4), im Rückzug ist und sich die Verhältnisse dem angelsächsischen → Shareholder-Value-Kapitalismus angeglichen haben. Das bedeutet zunächst, dass die Unternehmen sich sehr viel stärker über die Emission von Aktien finanzieren als früher, als sie dies vorwiegend über Bankkredite taten – eine Entwicklung die unter anderem dadurch zu erklären ist, dass die Kapitalmarktzinsen im Vergleich zu den mit Realinvestitionen erzielbaren Renditen seit Mitte der 1970er Jahre deutlich höher geworden sind (Schulmeister 1998, S. 12). Dadurch haben sich sowohl die strategische Ausrichtung der Unternehmen als auch die Machtverhältnisse innerhalb derselben verändert. Die Maximierung des Börsenwerts sowie die kurzfristig erzielbaren Gewinne und nicht mehr die langfristige Entwicklung stehen nun im Vordergrund. Finanzoperationen werden auch für Industrieunternehmen zu wichtigen Geschäftsfeldern neben der Produktion oder werden sogar wichtiger als diese.

Angesichts ständiger Fusionen und Übernahmen nimmt die Macht der Aktionäre zu und die der Manager ab, wobei Letztere allerdings durch bedeutende Einkommenssteigerungen für ihren Machtverlust reichlich entschädigt wurden. Verlierer dieser Machtverschiebung innerhalb der Unternehmen sind tendenziell die Arbeitnehmerinnen und Arbeitnehmer und die Gewerkschaften, denn die Handlungsfreiheit der Manager, welche diese in der Regel im Sinne einer sozialkooperativen Unternehmensführung genutzt hatten, wurde zugunsten der Aktionärsinteressen beschnitten.

Noch bedeutender ist, was Deutschland betrifft, die Auflösung dessen, was als → »Deutschland AG« bezeichnet worden ist, d. h. der engen finanziellen und personellen Verflechtung der großen Aktiengesellschaften und Banken. Dieses Netzwerk von gegenseitigen Beteiligungen, Kreditbeziehungen und Kontrollen widersprach sicher den orthodoxen Vorstellungen von weltweit freien Kapitalmärkten, hatte aber der deutschen Industrie eine führende Weltmarktstellung und eine hohe internationale Wettbewerbsfähigkeit gesichert und zugleich die deutschen Unternehmen vor Kapitalvernichtung durch feindliche Übernahmen und »Filetierungen« geschützt. Ganz generell hatte das System der Deutschland AG das Kapital langfristig an die Anlage in inländischen Produktionsunternehmen gebunden und – wenn man so will – seine Mobilität und Flexibilität (»Volatilität« oder »Flüchtigkeit«, wie es in der Sprache der Ökonomie heißt) verringert. Die Zerschlagung der »Deutschland AG« und die Erhöhung der Kapitalmobilität und -flexibilität war das Ziel der rot-grünen Bundesregierung, als sie 2000 die Erlöse aus dem Verkauf von Unternehmensanteilen steuerfrei stellte und es damit den Banken ermöglichte, sich aus ihrem finanziellen Engagement in inländischen Produktionsunternehmen zu lösen und dafür verstärkt auf den weltweiten Kapitalmärkten zu operieren. Die Logik war, den Kapitalmarkt so weit wie möglich zu flexibilisieren, was dann allerdings zur Erosion der traditionell sozialpartnerschaftlichen Unternehmenskultur und des Korporatismus in Deutschland beitrug. Dem entspricht, dass die Organisationskraft der Arbeitgeberverbände, d.h. der Verhandlungspartner der Gewerkschaften, einer starken Erosion unterliegt; immer weniger Firmen gehören einem solchen Verband an und sind damit auch nicht mehr an Tarifverträge gebunden.

Auch mit Blick auf den Shareholder-Kapitalismus stellt sich die Frage, ob die jüngste Finanz- und Wirtschaftskrise eine Trendumkehr bewirkt haben könnte. Die Jagd nach raschem Profit auf den internationalen Finanzmärkten ist kräftig in Misskredit geraten. Besonders in Deutschland wird der Wert längerfristig ausgerichteter Marktstrategien wieder hervorgehoben, zumal die deutsche Industrie, in der die alte Unternehmenskultur noch immer fortwirkt, die Krise glänzend überstanden zu haben scheint. Auf einem anderen Blatt steht allerdings, ob damit die Strukturveränderungen der vergangenen Jahrzehnte gestoppt oder gar rückgängig gemacht werden. Dagegen spricht, dass bislang die Versuche zur Reform des Finanzsektors in Ansätzen stecken geblieben sind. Solange aber kein internationaler Ordnungsrahmen für die Finanzindustrie etabliert ist, wird die eigentliche Triebkraft des Shareholder-Kapitalismus weiter wirken können.

2.3 Individualisierung: von der kollektiven Bindung zum Pluralismus der Lebensstile

Den dritten der drei genannten großen Trends, die sogenannte Individualisierung, diagnostiziert die Soziologie schon seit Beginn der 1980er Jahre (vgl. Geißler 2002, S. 134 ff., Neugebauer 2007, S. 16–22). Der bekannte Soziologe Ulrich Beck hat dies auf die Formel »jenseits von Klasse und Schicht« gebracht (Beck 1986, vor allem S. 115–160). Der Begriff der Individualisierung bezeichnet die Tatsache, dass die Bindung der Individuen an familiäre, gruppenbezogene und milieuspezifische Normen und Verhaltensmuster offenbar abnimmt. Zugleich eröffnen sich größere Wahlmöglichkeiten für die individuelle Lebensführung, sodass man von einem »Pluralismus der Lebensstile« sprechen kann. Dieser Individualisierungsprozess steht in engem Zusammenhang mit dem Strukturwandel von der Industriegesellschaft zur wissensbasierten Dienstleistungsgesellschaft; die wachsende Differenzierung und Flexibilisierung in der Arbeitswelt findet also ihre Entsprechung in der Lebenswelt der Individuen. Die Folge von Individualisierung und Pluralisierung ist auch in der Alltagserfahrung präsent: Es gibt keine »Klassen« mehr, wenn man darunter integrierte, soziokulturell homogene Großgruppen mit entsprechender Sonderkultur, mit klassentypischen Lebensformen, mit spezifischen Weltanschauungen und Ideologien und mit geschlossenen Großorganisationen versteht.

2.3.1 Die Auflösung der alten Milieus

Streng genommen war die soziale Wirklichkeit selbst im 19. Jahrhundert zu kompliziert, um sie mit einem einfachen Klassenschema abbilden zu können; das war übrigens einer der Gründe, warum sich die Prognosen von Karl Marx nicht bestätigt haben. Trotzdem war die Gesellschaft des Wohlstandskapitalismus in den Nachkriegsjahrzehnten immer noch von deutlich abgrenzbaren und auch politisch organisierten Großmilieus geprägt, die weitgehend (aber nicht vollständig) der sozialen Schichtung und der konfessionellen Gliederung der Vorkriegsgesellschaft entsprachen. So kann man für das deutsche Kaiserreich und die Weimarer Republik vier Sozialmilieus (Lepsius 1973) unterscheiden, nämlich das konservativ-protestantische Milieu, das liberal-protestantische Milieu, das katholische Milieu und das sozialdemokratische Milieu. Diesen Milieus waren jeweils bestimmte soziale Schichten und politische Parteien zuzuordnen. Im Prinzip hat sich diese Milieustruktur in der Bundesrepublik noch jahrzehntelang fortgesetzt; sie wurde allerdings durch die Gründung der überkonfessionellen christdemokratischen Parteien CDU und CSU sowie durch die weltanschaulich neutralen DGB-Einheitsgewerkschaften politisch neu organisiert.[8]

Die politischen Organisationen dieser traditionellen Milieulandschaft der Bundesrepublik existieren noch heute, aber die Erosion ist deutlich sichtbar. Statt eines Dreiparteiensystems gibt es heute ein Fünfparteiensystem. Die Stimmenanteile der traditionellen drei Parteien bei Wahlen sind erheblich gesunken und die Wahlbeteiligung ist deutlich zurückgegangen. Bei der Bundestagswahl 1972 wurden die drei Traditionsparteien der alten Bundesrepublik, CDU/CSU, SPD und FDP zusammengenommen von 90% der Wahlberechtigten gewählt; das entsprach 99% der gültigen Stimmen. Bei der letzten Bundestagswahl 2009 waren es nur noch knapp 50% (71% der gültigen Stimmen). Die Tatsache, dass sich die großen →»Volksparteien« – CDU/CSU und SPD – allen Anzeichen nach im Niedergang befinden, kann unter anderem mit dem Bedeutungsverlust der alten Milieus erklärt werden; zu ihrer Tradition hatte in aller Regel die feste Bindung an eine dieser beiden Parteien gehört.

Als Indikator einer wachsenden Individualisierung kann auch der Rückgang der Zustimmung zum Parteiensystem in Deutschland gewertet werden. Die Wahlbeteiligung bei Bundestagswahlen lag von den 1950er bis 1980er Jahren immer über 80%; seitdem ist sie – mit der einen Ausnahme von 1998 – kontinuierlich rückläufig. Bei der letzten Bundestagswahl 2009 sank sie auf den für die Bundesrepublik historischen Tiefstand von unter 70%. Auch der Anteil der Parteimitglieder an der erwachsenen Bevölkerung ist rückläufig: 6,1% der Bürgerinnen und Bürger gehörten 1976 in Westdeutschland einer politischen Partei an (Statistisches Bundesamt 2006, S. 640); heute liegt dieser Anteil in Gesamtdeutschland nur noch bei rd. 2% (Statistisches Bundesamt 2011, S. 370). Die schwindende Mitgliedschaft in politischen Parteien wird zum Teil durch vermehrtes Engagement in Bürgerinitiativen kompensiert; 1998 wirkten 2% der Westdeutschen (gegenüber 1% 1976) und 1% der Ostdeutschen in solchen Initiativen mit. In der Gesamtsumme wird aber die politische Partizipation schwächer, was als deutliches Zeichen für »Individualisierung« zu werten ist.

Der gewerkschaftliche Organisationsgrad (DGB-Gewerkschaften und Deutsche Angestelltengewerkschaft zusammen) ging in Westdeutschland von 16,7% im Jahr 1976 auf 13,1% zurück; in Ostdeutschland fiel er von 1992 bis 1998 von 27,3% auf 15,3% (Statistisches Bundesamt 2011, S. 374); 2010 waren nur noch 11% der Deutschen gewerkschaftlich organisiert (Statistisches Bundesamt 2011, S. 375). Das Gleiche gilt für die Bindungskraft des Tarifsystems; für immer weniger Arbeitnehmerinnen und Arbeitnehmer sind Löhne und Arbeitsbedingungen durch Tarifverträge geregelt. Auch von dieser Seite her wird die Grundlage des sozialstaatlichen Korporatismus in Deutschland geschwächt. Bezeichnend ist auch der Aufstieg kleiner Berufsgewerkschaften, die in Deutschland eigentlich ein Relikt der Vergangenheit waren, das durch das System der branchenmäßig gegliederten Einheitsgewerkschaft verdrängt worden war. Vornehmlich die Verbände gut bezahlter kleiner Berufsgruppen scheiden aus der kollektiven Solidarität der großen Gewerkschaften aus und versuchen, für ihre Mitglieder Sonderkonditionen zu erreichen; so gelang es in den letzten Jahren dem Berufsverband der Flugzeugpiloten, der Ärztegewerkschaft »Marburger Bund« und der Lokomotivführergewerkschaft, eigene Tarifverträge abzuschließen.

Die Auflösung des traditionellen Korporatismus macht auch den Zusammenhang zwischen Individualisierung und Flexibilisierung deutlich: Durch Schwächung der großverbandlichen Strukturen werden die individuellen Spielräume größer, aber auch die Anforderungen an die Individuen, sich an die Marktbedingungen anzupassen. Während für den »klassischen« Industriearbeiter im Wesentlichen alles, d. h. Eingruppierung, Lohn, Dauer und Verteilung der Arbeitszeit, Pausen, Urlaub und Arbeitsbedingungen, kollektiv von seiner Gewerkschaft und dem Arbeitgeberverband geregelt wurde, ist dies für den »modernen« Angestellten vielfach nicht mehr der Fall. Er ist viel mehr auf sich gestellt; häufig muss er Gehalt, Arbeitszeit und Arbeitsbedingungen, selbst aushandeln und sich seine Position in der betrieblichen Hierarchie selbst erkämpfen, er wird zum »Arbeitskraftunternehmer«.

Auch die Abnahme der kirchlichen Bindung in Deutschland ist ein Indikator für die fortschreitende Individualisierung. Während 1970 in Westdeutschland mehr als 90 % der Bevölkerung formal einer der beiden großen christlichen Kirchen angehörte (katholische Kirche 44,6 %, evangelische Kirche 46,5 %), ging dieser Anteil bis 1990 auf rd. 84 % zurück (katholische Kirche 44,5 %, evangelische Kirche 39,6 %). Durch die Wiedervereinigung mit dem weitgehend konfessionslosen Osten sank der Anteil der Kirchenmitglieder auf etwa zwei Drittel und geht seitdem weiter leicht, aber kontinuierlich zurück; er lag 2006 bei knapp 62 % (katholische Kirche 31,2 %, evangelische Kirche 30,5 %). Mehr noch als die formale Mitgliedschaft sagt die Entwicklung des regelmäßigen Kirchbesuchs etwas über die nachlassende Bindung an das kirchliche Milieu aus: 1960 besuchten noch 48,1 % der Katholiken regelmäßig den sonntäglichen Gottesdienst; 2006 waren es nur noch 14 % (eigene Berechnungen, Datenbasis Statistisches Bundesamt 2008, S. 12, 389 f.).

Zusätzlich haben die verschiedenen »Bewegungen« der 1960er bis 1980er Jahre (68er-Bewegung, Ökologiebewegung, Alternativbewegung, Frauenbewegung, Friedensbewegung) die Milieus erheblich verändert; sie signalisieren einen zum Teil erheblichen Wertewandel. Ein sehr wichtiger Indikator für die Erosion der geschlossenen Milieus und für die Pluralisierung der Lebensstile ist auch, dass die konfessionellen Gegensätze praktisch verschwunden sind, dass die katholische Kirche heute die früher enge Bindung an ihre traditionelle Milieupartei CDU bzw. CSU gelockert hat und dass umgekehrt alle Parteien gleichermaßen den Dialog mit den Kirchen suchen.

2.3.2 Komplexe Sozialmilieus in der Bundesrepublik Deutschland

Es kann also nicht verwundern, dass die Versuche, auch in der heutigen deutschen Gesellschaft noch verschiedene soziale Milieus zu identifizieren, sehr komplexe Strukturen sichtbar machen, die dem herkömmlichen Schema (konservativ-protestantisch, liberal-protestantisch, katholisch und sozialdemokratisch) und der traditionellen bundesdeutschen Parteienlandschaft nicht mehr entsprechen. Hinzu kommt, dass die Gesellschaft durch die deutsche Einheit wesentlich vielgestaltiger geworden ist. Die bekannteste Milieukonzeption für Deutschland stammt vom Heidelberger Sinus-Institut.[9] Diese wurde hauptsächlich zu Zwecken der Marktforschung entworfen. Eine etwas andere Milieukonzeption, welche den politischen Einstellungen ein größeres Gewicht beimisst, wurde unter Auswertung mehrerer Auftragsstudien von der Friedrich-Ebert-Stiftung (FES) erstellt (Neugebauer 2007). Die Studie trät den Titel »Politische Milieus in Deutschland« und beruht auf Befragungen aus den Jahren 2005 und 2006.

In der FES-Studie werden die Milieus nach vier Kriterien abgegrenzt: zum einen nach dem »sozialen Status« (hoch, mittel oder gering), zum anderen nach der Einstellung der Befragten zu drei zentralen Wertkonflikten, die für die politische Einstellung entscheidend sind: Freiheit vs. Autorität, soziale Gerechtigkeit vs. Marktfreiheit und Religiosität vs. »Säkularität« (d. h. weltlicher Orientierung). Unter einem »politischen Milieu« wird eine Gruppe von politisch Gleichgesinnten verstanden, wobei die Übereinstimmung in politischen Grundfragen – z. B. der Einstellung zu Autorität, zu sozialer Gerechtigkeit oder zur Bedeutung der Religion – nicht unbedingt zu einheitlicher parteipolitischer Präferenz führen muss. Insgesamt werden in der FES-Studie neun solcher politischen Milieus unterschieden:[10]

- Vier verschiedene Milieus mit hohem gesellschaftlichem Status (überwiegend aus Oberschicht und oberer Mittelschicht) mit zusammen 45 % der Bevölkerung: »Leistungsindividualisten« (12 %), »etablierte Leistungsträger« (15 %), »kritische Bildungseliten« (9 %) und »engagiertes Bürgertum« (10 %).
- Zwei Milieus mit mittlerem gesellschaftlichem Status (überwiegend aus unterer bis oberer Mittelschicht) mit zusammen 29 % der Bevöl-

kerung: »zufriedene Aufsteiger« (13%), und »bedrohte Arbeitnehmermitte« (16%).
- Drei Milieus mit eher niedrigem oder niedrigem gesellschaftlichem Status (überwiegend aus unterer Mittelschicht und Unterschicht) mit zusammen 26% der Bevölkerung: »selbstgenügsame Traditionalisten« (11%), »autoritätsfixierte Geringqualifizierte« (7%) und »abgehängtes Prekariat« (8%).

Die Soziologen sind sich darin einig, dass die herkömmlichen klassenspezifischen Milieus in der alten Form im Verschwinden begriffen sind und dass ein deutlicher gesellschaftlicher Trend zur Individualisierung und Pluralisierung der Lebensstile zu verzeichnen ist, der wiederum zu einer sehr viel komplexeren und offeneren Milieulandschaft geführt hat. Offensichtlich gibt es eine Art Paradox: einerseits lösen sich die traditionellen Großmilieus in eine Vielzahl von differenzierten und im fließenden Übergang begriffenen Teilmilieus auf, andererseits bestehen die alten sozialen Ungleichheiten fort oder sie verschärfen sich sogar noch. Wenn man es zuspitzen will, kann man es folgendermaßen formulieren: Es gibt in gewisser Weise noch deutlich separierte soziale Schichten, aber diesen sozialen Schichten entsprechen keine (relativ) einheitlichen Lebensstile, gemeinsamen kollektiven Erfahrungen und Orientierungen mehr. Die traditionellen Großmilieus haben sich auch nicht einfach nur in kleinere Einheiten gespalten, sondern es hat eine qualitative Veränderung stattgefunden.

Was das Sinus-Institut oder die Studie der Friedrich-Ebert-Stiftung heute als Milieus identifizieren, sind, gemessen an den traditionellen Milieus, eigentlich nur statistische Begriffe. Es fehlt ihren Mitgliedern überwiegend das gemeinsame Bewusstsein, das Zusammengehörigkeitsgefühl und die durch Verbände und Institutionen vermittelte Vernetzung; dementsprechend geringer ist ihre Organisierbarkeit bzw. ihre organisatorische Durchsetzungskraft geworden. Von den beiden großen Minderheitenmilieus, die nicht nur im Kaiserreich und in der Weimarer Republik, sondern auch noch in den 1950er und 1960er Jahren weitgehend intakt waren, dem traditionellen Arbeitermilieu und dem katholischen Milieu, sind nur noch Restbestände vorhanden, nämlich, wenn man die Systematik der erwähnten FES-Studie zugrunde legt, in Gestalt der Teilgruppen der »bedrohten Arbeitnehmermitte« und der »selbstgenügsamen Traditionalisten«. Aber auch in den verbliebenen Rückzugsgebieten verfügen diese traditionellen Milieus längst nicht mehr über den Grad an Integration und Vernetzung (z.B. durch eine vielfältige Vereinslandschaft und eigene Presse) wie früher.

2.3.3 Einstellung zur sozialen Gerechtigkeit in verschiedenen sozialen Milieus

Das Zusammentreffen von unveränderter, wenn nicht gar sich verschärfender sozialer Ungleichheit mit fortschreitender Individualisierung und Pluralisierung schwächt nun aber in besonderer Weise die soziokulturellen Grundlagen des herkömmlichen Sozialstaats und des traditionellen sozialstaatlichen Gerechtigkeitsparadigmas. Das wird deutlich, wenn wir uns daran erinnern, dass kollektive Statussicherheit und Verteilungsgerechtigkeit dessen Herzstück bilden. Je mehr sich individualistische Orientierungsmuster verbreiten, desto geringer wird zwangsläufig die Bereitschaft zur kollektiven Solidarität; stattdessen wird es mehr als eine Sache individueller Vorsorge und Eigenverantwortung betrachtet, sich gegen die großen Lebensrisiken zu schützen. Desto geringer wird dann entsprechend die Bereitschaft derjenigen, die sich für Leistungsträger halten, die Verlierer des marktwirtschaftlichen Prozesses mitzuziehen; zumindest wächst die Neigung, Druck auf diejenigen, die öffentliche Unterstützung beanspruchen, auszuüben und ihnen größere eigene Anstrengungen zuzumuten. Es ergibt sich also ein Trend zur Entsolidarisierung. Mit wachsender Individualisierung verschieben sich daher tendenziell auch die Gewichte in der Bewertung der Verteilungsgerechtigkeit im Verhältnis zum Leistungsprinzip.

In diesem Zusammenhang ist die bereits erwähnt Studie »Politische Milieus in Deutschland« besonders interessant, weil sie auch Auskunft gibt über die Einstellungen zu den Themen soziale Gerechtigkeit und Marktfreiheit in den oben angeführten neun politischen Milieus. Um diese zu ermitteln, wurden die Interviewpartner gebeten, auf einer von 1 bis 7 reichenden Skala ihre Zustimmung zur sozialen Absicherung durch den Staat bzw. zur Marktfreiheit und damit zur persönlicher Eigenverantwortung der Bürger zum Ausdruck zu bringen. Der Wert »1« bedeutete volle Zustimmung zu einer als kollektive soziale Sicherung interpretierten sozialen Gerechtigkeit, der Wert »7« volle Zustimmung zur Marktfreiheit. Das Ergebnis der Befragung wird in *Tabelle 1* dargestellt.

Aus dieser Tabelle lassen sich einige für uns interessante Befunde ablesen:

- Nur etwa 60% der Bevölkerung räumen der kollektiven sozialen Sicherung Priorität vor der individuellen Eigenverantwortung ein.
- Allerdings ist die Zahl derer, die umgekehrt die individuelle Eigenverantwortung bevorzugen, mit weniger als 20% weitaus geringer als die der eindeutigen Befürworter der kollektiven sozialen Sicherung: Es gibt also eine Zone der Unentschlossenheit, woraus man schließen kann, dass es im Bezug auf die Frage nach der sozialen Sicherung in der Bevölkerung eine erhebliche Orientierungsunsicherheit gibt.

Tab. 1: Einstellung zur sozialen Gerechtigkeit in politischen Milieus (FES-Studie 2007; Befragungszeitraum 2005/2006)

Politisches Milieu	Anteil an der Gesamtbevölkerung (in %)		in % der jeweiligen Gruppe		
			Präferenz für soziale Gerechtigkeit	Neutral	Präferenz für Marktfreiheit
			Werte 1–3	Wert 4	Werte 5–7
Hoher sozialer Status	45				
Leistungsindividualisten		11	26	43	31
Etablierte Leistungsträger		15	19	50	32
Kritische Bildungseliten		9	74	8	17
Engagiertes Bürgertum		10	65	11	24
Mittlerer sozialer Status	29				
Zufriedene Aufsteiger		13	50	18	30
Bedrohte Arbeitnehmermitte		16	88	4	7
Niedriger sozialer Status	26				
Selbstgenügsame Traditionalisten		11	80	10	9
Autoritätsfixierte Geringqualifizierte		7	93	5	2
Abgehängtes Prekariat		8	94	1	4
Zusammen	100	100	62*	19*	19*

* Eigene Berechnung auf Basis der Zahlen der FES-Studie; Additionsfehler durch Rundung. Datenquelle Neugebauer 2007, S. 69, 87.

- Fasst man die Milieus mit ähnlichem sozialen Status zusammen, so sind innerhalb dieser so gebildeten Gruppen je nach Milieuzugehörigkeit ganz konträre Einstellungen zur sozialen Sicherheit bzw. zur Eigenverantwortung anzutreffen; dies ist in der Tat ein Indiz für eine gewisse Entkoppelung von objektiver sozialer Lage und persönlichen politischen Einstellungen. So sind z. B. von den Befragten mit hohem sozialem Status die »Leistungsindividualisten« und die »etablierten Leistungsträger« eindeutig für die Eigenverantwortung zulasten der sozialen Sicherung, während bei den »kritischen Bildungseliten« und dem »engagierten Bürgertum« die Mehrheit der sozialen Sicherung den Vorzug gibt. Auch bei den Milieus mit mittlerem sozialen Status gibt es in der Frage der sozialen Gerechtigkeit Differenzen:

Die »zufriedenen Aufsteiger« nehmen eine eher mittlere Position ein und bevorzugen insgesamt einen Kompromiss zwischen kollektiver sozialer Sicherung und Eigenverantwortung, die »bedrohte Arbeitnehmermitte« präferiert eindeutig die kollektive soziale Sicherung.

- Dass die Einstellung zur kollektiven sozialen Sicherung nicht unbedingt vom sozialen Status abhängt, gilt allerdings nicht für die Unterschicht und die untere Mittelschicht. Hier gibt es unabhängig von der Milieuzugehörigkeit eine eindeutige positive Einschätzung der kollektiven sozialen Sicherung.

3 Die Erosion des sozialstaatlichen Gerechtigkeitsparadigmas

In Kapitel III.2 wurden die drei großen Trends dargestellt, die dem Wohlstandskapitalismus der Jahrzehnte nach dem 2. Weltkrieg die Grundlage entzogen haben. Der Strukturwandel hat den fordistischen Industrialismus zurückgedrängt, die Globalisierung hat das Machtgleichgewicht zwischen Arbeit, Kapital und Staat gestört, Individualisierung und Pluralisierung haben den »Kollektivismus« aufgeweicht. Diese drei Prozesse, die miteinander in Wechselwirkung stehen, haben zur Erosion der wohlstandskapitalistischen Konstellation, zur Krise des Sozialstaats und damit auch zur Krise des sozialstaatlichen Gerechtigkeitsparadigmas geführt.

Es ist wichtig, bei der Analyse der Sozialstaatskrise bis zu diesen drei Trends vorzudringen und nicht bei eher vordergründigen Erklärungen wie z.B. Unfinanzierbarkeit des Sozialstaats, demografischer Wandel, Lohn- und Lohnnebenkosten, »Kostenexplosion« bei den Gesundheitsleistungen, »Verkrustung« des Arbeitsmarkts oder Missbrauch von Sozialleistungen usw. stehen zu bleiben. Denn wie eine Gesellschaft Verteilungsprobleme löst, ist keine Frage ökonomischer Sachzwänge (als solche wird sie freilich häufig dargestellt), sondern vielmehr eine politische Frage und somit – je nach Betrachtungsweise – eine Machtfrage oder eine ethische Frage.

3.1 Die Rentenpolitik als Beispiel für den Wandel des sozialpolitischen Problemverarbeitungsmusters

Die neue Art des politischen Umgangs mit den Finanzierungsproblemen des Sozialstaats kann am Beispiel der Rentenpolitik in der Bundesrepublik Deutschland deutlich gemacht werden: Im Jahr 1967 befand sich die gesetzliche Rentenversicherung infolge des Anstiegs der Zahl der Rentenberechtigten in erheblichen aktuellen Finanzierungsschwierigkeiten. Die damals gerade neu gebildete erste Große Koalition aus CDU/CSU und SPD löste dieses Problem, indem sie beschloss, den Beitragssatz, der von 1957 an bei 14% gelegen hatte, in vier Schritten von 1968 bis 1973 auf 18% zu erhöhen, also um 4%-Punkte oder mehr als ein Viertel. Man hielt diesen Schritt für notwendig, um zu gewährleisten, dass die Rentnerinnen und Rentner an der allgemeinen Einkommensentwicklung teilhaben konnten; größere politische Auseinandersetzungen in dieser Frage gab es damals nicht.

Gegen Ende der 1980er Jahre – der Beitragssatz lag damals bei 18,7% – ergab sich die Notwendigkeit, die gesetzliche Rentenversicherung im Hinblick auf die langfristig steigende Alterslast finanziell zu konsolidieren. Es bildete sich ein überparteilicher Konsens zwischen der damals regierenden CDU/CSU-FDP-Koalition und der SPD heraus, der von den Gewerkschaften und den Arbeitgeberverbänden mitgetragen wurde. Im Jahre 1989 wurde ein Reformgesetz beschlossen (das »Rentenreformgesetz 1992«, wegen des Datums seines Inkrafttretens), dessen Logik in der Gleichverteilung der künftigen demografischen Zusatzbelastung auf Rentner (geringere Rentenanpassungen), Arbeitnehmer bzw. Arbeitgeber als Beitragszahler (maßvolle Beitragssatzsteigerung) und Staat (höhere Bundeszuschüsse) bestand.

Nur ein gutes Jahrzehnt später, im Jahr 2000, war der Rentenversicherungsbeitrag (bei wesentlich höheren Löhnen) nicht sehr viel höher als er schon 1973 gewesen war, nämlich 19,3%. Allerdings hatten Prognosen ergeben, dass er bis zum Jahre 2030 auf 23,6% steigen könnte (also in drei Jahrzehnten etwa in dem Umfang, in dem er in den sechs Jahren zwischen 1967 und 1973 angehoben worden war. Trotzdem reagierte die Politik 2000 vollkommen anders als sie es 1967 und 1989 getan hatte. Die rot-grüne Koalition kam (im Prinzip darin unterstützt von CDU/CSU und FDP) zu dem Entschluss, dass ein grundsätzlicher Systemwechsel in der Altersversorgung notwendig sei und dass das Rentenniveau langfristig deutlich sinken müsse. Damit wurde erklärtermaßen das bisher allgemein anerkannte Ziel aufgegeben, dass die gesetzliche Rente den im Berufsleben erreichten Lebensstandard sichern sollte. Stattdessen sollten nun die Versicherten die Lücke schließen; sie sollten zusätzlich freiwillig und privat für das Alter vorsorgen, wofür der Staat finanzielle Anreize bereitstellte. Auf diese Weise wurde der für 2030 errechnete Beitragssatz von 23,6% auf 21,8% gesenkt, also gerade einmal um 1,8%-Punkte.[11]

Dieser vergleichsweise geringfügigen prognostizierten Beitragsentlastung standen auf der anderen Seite die notwendigen Aufwendungen für freiwillige private Zusatzvorsorge gegenüber, die man mit 4% vom Bruttolohn veranschlagte. Es handelte sich also, gemessen am Interesse der Rentnerinnen und Rentner wie der Beitragszahler/innen, eher um ein Verlustgeschäft; Gewinner waren nur die Arbeitgeber, die in den Genuss einer (relativen) Beitragsentlastung kamen, ohne sich an der privaten Vorsorge der Arbeitnehmerinnen und Arbeitnehmer beteiligen zu müssen. Dass man eine solche Entscheidung traf und ein zuvor für besonders wichtig gehaltenes Element des herkömmlichen Sozialstaats, die Lebensstandardsicherung im Alter, aufgab, lässt sich offenbar mit ökonomischen Sachzwängen allein nicht erklären. Es ist vielmehr nur verständlich, wenn man die grundsätzlich veränderte politische Situation berücksichtigt, also die Durchsetzungskraft der Unternehmerseite, die Schwäche der Gewerkschaften, die Einflussnahme der privaten Finanzwirtschaft (für die das Geschäftsfeld der privaten Altersvorsorge bedeutend erweitert wurde), den Einfluss neoliberaler Politikkonzepte, die geringer gewordene Akzeptanz kollektiver Sicherungssysteme in der Bevölkerung und vor allem den Vertrauensverlust, den die gesetzliche Rentenversicherung (nicht zuletzt auf Grund großer, von der Finanz- und besonders der Versicherungswirtschaft unterstützter Kampagnen) erlitten hatte.

Man sieht am Beispiel der Rentenpolitik, dass es nicht allein die ökonomischen und versicherungstechnischen Fakten sind, welche die Politik determinieren. Was finanzierbar ist und was nicht bzw. wer die Lasten tragen soll und wer nicht, sind Gerechtigkeitsfragen, die so oder so entschieden werden können. Wie letztlich entschieden wird, hängt von der gesellschaftlichen Gesamtkonstellation, von den Macht- und Kräfteverhältnissen und auch von der Stimmungslage in der Wählerschaft und in den Medien ab. Kurzum, nicht nur die ökonomischen Fakten sind wichtig, sondern auch das Muster, nach denen Gesellschaften auf diese Fakten antworten und wie sie ihre sozialen Probleme verarbeiten. In unserem Zusammenhang aber ist entscheidend, wie sich diese Problemverarbeitungsmuster und damit auch die Leitvorstellungen von sozialer Gerechtigkeit gegenüber der Phase des Wohlstandskapitalismus verändert haben.

3.2 Das Zusammenwirken der drei großen Trends

Strukturwandel, Globalisierung und Individualisierung stehen in einem Verhältnis der Wechselwirkung und gegenseitigen Verstärkung (*s. Abbildung 16*). Diese Interdependenz müssen wir kurz beschreiben, um die

Auflösung des sozialen Kapitalismus verstehen zu können. Der Strukturwandel von der fordistischen Industrie und der Welt standardisierter Massenkonsumgüter zur wissensbasierten Dienstleistungsgesellschaft hängt eng mit der Globalisierung zusammen. Differenzierung, Dezentralisierung und Flexibilisierung der Produktion sind, ebenso wie die revolutionäre Verbesserung der Informations- und Kommunikationstechnik, entscheidende Voraussetzungen für die Intensivierung des internationalen Wettbewerbs, für die gewaltige Expansion des Welthandels und für die Auflösung der national gebundenen integrierten Produktion zugunsten transnational vernetzter Wertschöpfungsketten. Umgekehrt ist die mit der Globalisierung verbundene Liberalisierung der Kapitalmärkte ihrerseits eine der Hauptantriebskräfte für die Expansion des neuen Dienstleistungssektors (EDV, Finanzdienstleistungen, Unternehmensdienstleistungen, Medien, Werbung).

Dass sich die Auflösung der fordistischen Arbeits- und Konsumwelt und der Prozess der Individualisierung und Pluralisierung der Lebensstile gegenseitig bedingen, ist offensichtlich; beides sind sozusagen nur zwei Seiten derselben Medaille. Die Auflösung der korporatistischen Strukturen fördert die Individualisierung. Wenn die Schutzmechanismen des Kollektivsystems wegfallen, gewinnen die Individuen einerseits mehr Freiheit und Verantwortung, andererseits sind sie einem stärkeren persönlichen Flexibilisierungsdruck ausgesetzt. Individuen, die derart an größere Flexibilität – im positiven wie im negativen Sinne – gewöhnt sind, können andererseits kaum noch in größerem Umfang in kollektive Organisationsformen eingebunden werden, wodurch der Korporatismus wiederum zusätzlich geschwächt wird.

Auch zwischen Globalisierung und Individualisierung gibt es eine enge Wechselbeziehung: Wenn sich für immer mehr Menschen die Erwerbsarbeit in einem System internationaler Vernetzung vollzieht, das durch grenzüberschreitende Kommunikation gesteuert und durch Standortkonkurrenz, Fusionen und Verlagerungen bedroht ist, dann verlieren die festen »kollektivistischen« Verankerungen zwangsläufig an Bedeutung, seien es die traditionellen lebensweltlichen Milieus, seien es die korporatistischen Arbeitsbeziehungen in den Betrieben oder im Verhältnis zwischen Gewerkschaften und Arbeitgeberverbänden. Globalisierung spaltet und die durch Globalisierung bewirkte Spaltung treibt ihrerseits die Globalisierung voran. Tendenziell entstehen neue Konfliktlinien in der Gesellschaft, welche die traditionelle Gegenüberstellung von Arbeit und Kapital nur scheinbar überlagern, diese in Wirklichkeit aber nicht abmildern oder gar verschwinden lassen, sondern in gewissem Sinne sogar verschärfen, weil sie die kollektive Solidarität unter den Beschäftigten unterlaufen: auf der einen Seite stehen die Mobilen und Qualifizierten, die sich im globalisierten Wettbewerb behaupten können und deswegen zu potenziellen Koalitionspartnern der wettbewerbsfähigen Unternehmen und des mobilen Kapitals werden. Ihnen stehen die Immobilen und Geringqualifizierten, die Modernisierungsverlierer und die neue marginalisierte Unterschicht, die Arbeitslosen und die Sozialleistungsempfänger gegenüber, welche die Mobilen und Qualifizierten im Wettbewerb behindern und ihre Solidarität überstrapazieren.

Abb. 16: Die drei großen Trends und die Auflösung des sozialen Kapitalismus

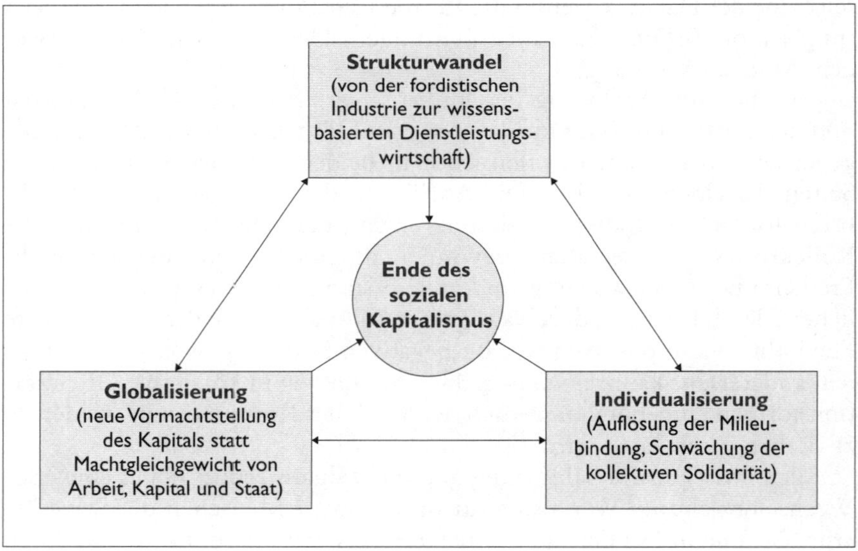

Eigene Grafik.

Auf diese Weise wird die Konstellation aus fordistischem Kapitalismus, Machtbalance von Kapital, Arbeit und Staat und »kollektivistischer« Orientierung, die den Wohlstandskapitalismus oder sozialen Kapitalismus ermöglicht hatte, ausgehöhlt. Diese Entwicklung bedeutet natürlich nicht das Ende des Sozialstaats und erst recht nicht das der sozialen Gerechtigkeit. Aber sie ist doch eine einschneidende qualitative Veränderung, denn die beiden Leitideen des sozialstaatlichen Gerechtigkeitsmodells, Sicherheit und Verteilungsgerechtigkeit – in dem Sinne, in dem sie wiederholt beschrieben wurden – verlieren ihre Kraft. Schutz vor den mit dem marktwirtschaftlichen System verbundenen Lebensrisiken kann der Sozialstaat nicht mehr in dem Umfang bieten, wie er es in der wohlstandskapitalistischen Phase hatte tun können. Dazu fehlen ihm die Machtmittel gegenüber dem mobilen Kapital und den global agierenden Unternehmen und dazu sind auch der permanente Strukturwandel und der allgemeine Trend zur Flexibilisierung zu stark. Ähnlich ist es mit der Verteilungsgerechtigkeit: Bei unbegrenzt freiem Kapitalverkehr und wachsender Internationalisierung der Produktion ist die Kapitalrendite eine Gegebenheit, welche die einzelnen Staaten bzw. die transnational nicht mobilen Beschäftigten hinzunehmen haben. Für eine autonome, an Gerechtigkeitszielen gleich welcher Art orientierte Verteilungspolitik – sei es mittels der Lohnpolitik, sei es durch staatliche Steuer- und Transferpolitik – geht der (auch zuvor nicht besonders große) Spielraum vollends verloren. Zudem scheint für einen Konsens über Verteilungsgerechtigkeit die Differenzierung und Entsolidarisierung innerhalb der abhängig Beschäftigten zu groß geworden zu sein. Weil die Wachstumsraten und realen Einkommenssteigerungen deutlich geringer geworden sind als in der Phase des Wohlstandskapitalismus, kommt nun auch der früher über Jahrzehnte tragfähige Minimalkonsens, dass den unteren sozialen Gruppen wenigstens annähernd gleiche Einkommenssteigerungen zustehen wie den oberen, kaum noch zustande.

3.3 Der Paradigmenwechsel in der deutschen Sozialpolitik

Wirtschaftlicher Strukturwandel, Globalisierung und Individualisierung haben also, so lautet das Resümee, dem »Systemversprechen« des sozialen Kapitalismus die Grundlage entzogen. So ist es auch nicht erstaunlich, dass sich, jedenfalls was die Bundesrepublik Deutschland (und die Zeit vor dem Ausbruch der aktuellen weltweiten Wirtschafts- und Finanzkrise) angeht, ein Paradigmenwechsel in der Sozialpolitik abzeichnet, über den ja bereits seit einiger Zeit intensiv gestritten wird. In Deutschland haben die Regierungen allerdings lange, nämlich bis in die zweite Hälfte der 1990er Jahre, im Prinzip am traditionellen Sozialstaatsverständnis festgehalten. Nur ganz allmählich bildete sich ein neues heraus, das von den Leitideen des sozialstaatlichen Gerechtigkeitsparadigmas – Begrenzung der Macht des Kapitals, »Recht auf Arbeit«, umfassende kollektive soziale Sicherheit und Verteilungsgerechtigkeit – Abschied nimmt.

Erst in der zweiten Hälfte der 1990er Jahre kündigte sich in der Bundesrepublik Deutschland ein grundsätzlicher und qualitativer Richtungswechsel in der Sozialpolitik an. Die tieferen Gründe lagen in den geschilderten tief greifenden Strukturveränderungen, aber als aktueller Auslöser spielten einige spezielle Entwicklungen eine Rolle:

1. der Konjunktureinbruch nach dem Ende des Booms, der durch die deutsche Einheit ausgelöst worden war,
2. die Erfahrung, dass sich die hohe Arbeitslosigkeit in Deutschland im Lauf der Jahre zu einem lang andauernden und gravierenden Strukturproblem ausgewachsen hatte,
3. die Verschärfung des internationalen Wettbewerbs, wodurch das Phänomen der »Globalisierung« in den Blick kam,
4. der Aufschwung der → »New Economy« (Computertechnik, Telekommunikation und Finanzindustrie), d.h. von Wirtschaftszweigen, die mit der klassischen Industriekultur Deutschlands nur wenig gemeinsam hatten,
5. das starke Wachstum und der rasche Abbau der Arbeitslosigkeit in Großbritannien und in den USA, die den Eindruck vermittelten, der traditionelle deutsche Sozialstaat sei dem angelsächsische Wirtschafts- und Sozialmodell hoffnungslos unterlegen.

Kurzum, es war der Eindruck entstanden, das Deutschland in Stagnation und Niedergang begriffen sei. Der Umschwung in der deutschen Sozialpolitik wurde dann zunächst durch eine bis dahin noch nicht gekannte, intensive öffentliche Grundsatzdiskussion eingeleitet. In ihr wurden nahezu alle bis dahin bestehenden sozialstaatlichen Selbstverständlichkeiten – von der Sozialversicherung bis zum Tarifvertragssystem, vom Kündigungsschutz bis zur kostenlosen Hochschulausbildung, von der Sozialhilfe bis zur progressiven Einkommenssteuer – in Frage gestellt. Das entscheidende Neue war, dass nunmehr der Sozialstaat – nicht zuletzt unter Bezugnahme auf die Probleme der »Globalisierung« – als Ursache der ökonomischen Krise identifiziert wurde. Daraus wurde der Schluss gezogen, dass nur der Abschied von gewohnten Sozialstandards die Heilung der »deutschen Krankheit« und eine wirtschaftliche Wiederbelebung ermöglichen könne. Drei prominente Beispiele für diese Diskussion seien erwähnt:

1. Einen aufsehenerregenden Ausdruck verlieh der damalige Bundespräsident Roman Herzog dieser Einschätzung. In seiner berühmten »Ruck-Rede« vom 26. April 1997 geißelte er Stagnation, Beharren auf Besitzständen, Egoismus der »Arbeitsplatzbesitzer«, übermäßige staatliche Regulierungen und Festhalten an alten Strukturen. Den Anfordernissen seine Amtes entsprechend vermied es der Bundespräsident, konkret zu werden, aber er verstand es meisterhaft, trotzdem erkennen zu lassen, was er wirklich meinte, nämlich dass eine Umkehr vor allem in der Sozial- und Arbeitsmarktpolitik die Voraussetzung für neue wirtschaftliche Dynamik sei.

2. Einige Monate vor Herzogs viel beachteter Rede hatte der Sachverständigenrat zur Begutachtung der gesamtwirtschaftlichen Entwicklung (der sogenannte Rat der fünf Weisen) in seinem Jahresgutachten 1996/1997 aus stärker fachlich-ökonomischer Sicht eine Umkehr in der Sozialpolitik gefordert. Er bezweifelte nicht nur, dass das hohe Niveau der sozialen Sicherung in der Zukunft aufrechterhalten werden könne, sondern erklärte dies auch als nicht wünschenswert; zum einen weil die hohe Belastung mit Sozialversicherungsbeiträgen die internationale Wettbewerbsfähigkeit der deutschen Unternehmen beeinträchtige; zum anderen weil hohe Sozialleistungen Fehlanreize auslösten, die sich nachteilig auf das allgemeine Motivationsniveau in der Gesellschaft auswirken müssten (Sachverständigenrat 1996/1997, Ziffer 377).
3. Den radikalsten Bruch mit dem sozialstaatlichen Gerechtigkeitsparadigma forderte die sogenannte Zukunftskommission, die von den beiden Bundesländern Bayern und Sachsen (unter der Verantwortung der damaligen Ministerpräsidenten Biedenkopf und Stoiber) eingesetzt worden war. In ihrem 1996 bzw. 1997 veröffentlichten Gutachten »Erwerbstätigkeit und Arbeitslosigkeit in Deutschland. Entwicklung, Ursachen und Maßnahmen«, das im Wesentlichen von ihrem Vorsitzenden Meinhard Miegel selbst verfasst zu sein scheint, ging diese Kommission von der Annahme aus, dass die Hauptursache der Arbeitslosigkeit im Wesentlichen im technisch-wissenschaftlichen Fortschritt und in der demografischen Entwicklung liege. Beides führe zu einem strukturellen Überangebot an gering qualifizierten Arbeitskräften bzw. zum Mangel an Arbeitsplätzen, die den traditionellen Ansprüchen an Lohnhöhe und sozialen Standards genügen. Die Arbeitslosigkeit in Deutschland beruhte nach dieser Einschätzung also auf der Diskrepanz zwischen Ansprüchen der Bevölkerung auf Einkommen und Qualität der Arbeit einerseits und den ökonomisch-technischen und demografischen Rahmenbedingungen andererseits. Die bei uns vorherrschende kulturelle Vorstellung der sozialen Egalität und die Norm, dass Erwerbsarbeit auskömmlich sein soll, stünde der Lösung der Beschäftigungsprobleme entgegen. Jedenfalls bestünde keine Aussicht darauf, dass es Arbeitsplätze, die nach herkömmlichem Verständnis attraktiv sind, in ausreichender Zahl geben könne (Kommission für Zukunftsfragen 1996/1997, Bd.1, S. 1 ff., S. 5 f.). Konsequenterweise empfahl die Kommission als Lösung unter anderem die Differenzierung und Senkung der Arbeitseinkommen, um auf diese Weise mehr Beschäftigung zu schaffen. Dabei müsse als notwendige Konsequenz dieser Niedriglohnstrategie eine deutliche

Herabsetzung der Sozialhilfestandards ebenso in Kauf genommen werden wie die Verarmung breiterer Bevölkerungsgruppen, Verslumung und steigende Kriminalität (Kommission für Zukunftsfragen 1996/1997, Bd.3, S.21 ff.).

Die praktische Politik folgte solchen Empfehlungen zunächst nicht, dann aber doch, wenn auch nur zögernd und – jedenfalls gemessen an den Forderungen des Sachverständigenrats und erst recht denen der »Zukunftskommission« – mit relativ kleinen Schritten. Seit der Spätphase der Regierung Kohl wurde mit einer Regel gebrochen, welche bis dahin alle Bundesregierungen ungeachtet ihrer politischen Richtung beachtet hatten, nämlich die, in wichtigen sozialpolitischen Grundsatzfragen die Gewerkschaften nicht frontal anzugreifen, sondern einen Kompromiss mit ihnen zu suchen. Zuvor hatten Bundeskanzler Kohl 1996 und sodann Bundeskanzler Schröder 2002/2003 nochmals versucht, den klassischen Sozialstaatskonsens der alten Bundesrepublik durch ein »Bündnis für Arbeit« zwischen Regierung, Gewerkschaften und Arbeitgeberverbänden zu erneuern; beide Gesprächsrunden scheiterten jedoch, letztlich weil es bereits keine Übereinstimmung über den Entwicklungspfad der deutschen Gesellschaft mehr gab; dies wäre aber die Voraussetzung für eine Einigung auf konkrete Maßnahmen gewesen.

Das Ende des bundesrepublikanischen Sozialkonsenses signalisierte, wie in Kapitel V zu zeigen sein wird, einen politisch gewollten Bruch mit dem traditionellen Sozialstaatsmodell. Ziel der Sozialpolitik war nicht mehr, das Sozialsystem nur zu konsolidieren, um es in seinem Kern unverändert funktionsfähig zu halten, sondern es qualitativ umbauen, um dadurch in der Gesellschaft auf breiter Front Verhaltensänderungen zu erzwingen. Mehr Flexibilität statt institutioneller Regulierung, Leistungsbereitschaft statt Versorgungsdenken und Eigenverantwortung statt kollektiver Absicherung sollten eine stärkere wirtschaftliche Dynamik erzeugen und das Land »zukunftsfähig« machen.

Diese neue Sozialpolitik schlug sich in den systemverändernden Reformwerken der Regierung Schröder, den Rentenreformen von 2001 und 2004 sowie den Arbeitsmarktreformen (den »Hartz«-Gesetzen), nieder. Mit der Reformpolitik der rot-grünen Koalition ist ein neues, post-sozialstaatliches Verständnis zu einem ersten Durchbruch gekommen. Es begreift soziale Gerechtigkeit nicht mehr als beschützende und zuteilende, sondern vor allem als aktivierende Gerechtigkeit. Dies geschah paradoxerweise unter der maßgeblichen Verantwortung der Sozialdemokratie, also derjenigen Partei, die sich bis dahin am engsten mit dem traditionellen Sozialstaat verbunden hatte.

Das post-sozialstaatliche Gerechtigkeitsparadigma, das sich mit dem Paradigmenwechsel der deutschen Sozialpolitik ankündigte, wird in Kapitel V näher untersucht. Wie das sozialstaatliche Gerechtigkeitsparadigma beruhte es auf ganz bestimmten ökonomischen, sozialen und politischen Rahmenbedingungen, nämlich auf der Vorherrschaft des globalisierten Finanzmarktkapitalismus und einer Welle der Individualisierung und Entsolidarisierung, die vielleicht nicht die Mehrheit der Bevölkerung, aber doch ihren politisch, kulturell und medial tonangebenden Teil erfasst hatte. Wenige Jahre später, nach der großen Finanzkrise und den anschließenden Folgekrisen (Konjunkturkrise, europäische Staatsschuldenkrise), besteht Anlass zu der Frage, ob sich diese Rahmenbedingungen schon wieder geändert haben und ob es möglich ist, dass das post-sozialstaatliche Gerechtigkeitsparadigma seine Grundlage zu verlieren beginnt. Dieses Problem wird im Schlusskapitel (»Die Zukunft der sozialen Gerechtigkeit«) erörtert.

3.4 Exkurs: Was heißt »Neoliberalismus«?

Es ist in der politischen Diskussion teilweise üblich geworden, die Sozialpolitik, die in Deutschland in der Reformphase der letzten Jahre betrieben wurde, als »neoliberal« zu bezeichnen. Dieser Begriff sollte jedoch nur mit Vorsicht gebraucht werden, weil er (allerdings nicht ohne Zutun der davon Betroffenen) zu einem negativ besetzten politischen Kampfbegriff geworden ist. Außerdem trifft dieser Begriff die Intentionen, die mit der Reformpolitik verbunden waren, nicht genau genug.

Ursprünglich wurde der Begriff »Neoliberalismus« nach dem 2. Weltkrieg zur Kennzeichnung einer wirtschaftspolitischen Doktrin verwendet, die sich für die rasche Abkehr von →Protektionismus und →Dirigismus und für die Rückkehr zu den liberalen Prinzipien der Marktwirtschaft (Privateigentum, freie Preisbildung, Vertragsfreiheit, Investitionsfreiheit, Freihandel usw.) aussprach. Es sind dabei zwei Varianten streng zu unterscheiden, ein älterer und moderater (deutscher) und ein jüngerer und radikaler (angelsächsischer) Neoliberalismus.

Der ältere, deutsche Neoliberalismus verbindet sich besonders mit Ludwig Erhard und dem Konzept der »sozialen Marktwirtschaft«. Theoretische Wegbereiter waren unter anderem Alexander Rüstow, Wilhelm Röpke, Walter Eucken, Alfred Müller-Armack und Franz Böhm. Im Unterschied zum klassischen »alten« Liberalismus ging diese Variante des Neoliberalismus davon aus, dass einer unregulierten Marktwirtschaft die

Tendenz zur Selbstzerstörung durch Monopol- und Oligopolbildung und durch zu große soziale Ungleichheit innewohnt. Daher wurde dem Staat eine positive Rolle zugesprochen, und zwar zur Sicherstellung eines fairen Wettbewerbs und für einen gewissen sozialen Ausgleich. Der ältere deutsche Neoliberalismus

- war daher für einen (begrenzten) Ausbau des Sozialstaats aufgeschlossen,
- respektierte die soziale Regulierung des Arbeitsmarkts,
- war bereit, den Gewerkschaften eine positive Rolle einzuräumen,
- betrachtete die Existenz eines öffentlichen Sektors (Verkehr, Kommunikation, Rundfunk und Fernsehen, kommunale Versorgung, öffentlicher sozialer Wohnungsbau, kostenlose Schul- und Hochschulbildung usw.) als selbstverständlich und notwendig für die Bereitstellung der öffentlichen Infrastruktur.

Der moderate Neoliberalismus dieser Spielart prägte die äußerst erfolgreiche Wirtschaftspolitik in der Bundesrepublik Deutschland in den 1950er und 1960er Jahren und war insofern Bestandteil der typischen Konstellation der Periode des Wohlstandskapitalismus. In den 1960er und zu Beginn der 1970er Jahre öffnete er sich für die Ideen und Konzepte des sogenannten Keynesianismus, sodass eine »neoklassische Synthese« (so der amerikanische Wirtschaftswissenschaftler Paul A. Samuelson) aus in diesem Sinne neoliberaler Ordnungspolitik einerseits und Globalsteuerung der Wirtschaft durch den Staat andererseits zustande kam. In der Krise Mitte der 1970er Jahre zerbrach diese Synthese dann im Streit um die richtige wirtschaftspolitische Strategie (»Angebotspolitik« gegen »Nachfragepolitik«).

Der jüngere, angelsächsische Neoliberalismus ist erst nach Beginn der Krise des Wohlstandskapitalismus entstanden und war insofern eine Antwort auf diese Krise. Diese Spielart des Neoliberalismus verbindet sich mit der Regierungszeit der britischen Premierministerin Margaret Thatcher (1979–1990) und des US-Präsidenten Ronald Reagan (1981–1989). Die theoretischen Grundlagen dieses Konzepts, den sogenannten Monetarismus, hatte der US-Ökonom Milton Friedman bereits Ende der 1950er Jahre geschaffen. Der Durchbruch dieser wirtschaftspolitischen Doktrin steht im Zusammenhang mit dem Versagen der Konzepte des Keynesianismus bei der Krisenbewältigung sowie – in Großbritannien – bei der Lösung der schweren Konflikte zwischen dem Staat und den Gewerkschaften. Der jüngere, angelsächsische Neoliberalismus ist sehr viel radikaler als die ältere, deutsche Variante und folgt im Prinzip dem Grundsatz, dass der freie Markt mit Privateigentum das einzig sinnvolle Steuerungsprinzip für die Gesellschaft darstellt. Daher soll der Staat auf die Aufgabe beschränkt werden, die Rechtsordnung sowie innere und äußere Sicherheit zu gewährleisten. Abgelehnt werden infolgedessen (im Unterschied zum moderaten Neoliberalismus)

- jegliche staatliche Umverteilung,
- jede staatliche Sozialpolitik, die über eine minimale Existenzsicherung hinausgeht,
- jegliche Regulierung des Arbeitsmarkts,
- Gewerkschaften (weil sie als wettbewerbswidrige Kartelle gelten),
- jede staatliche Konjunktursteuerung,
- weitgehend solche Aktivitäten des Staates, die traditionell als notwendig für die öffentliche Infrastruktur galten (daher Plädoyer für umfassende Privatisierung und Einführung von Marktmechanismen z.B. im Bildungs- und Gesundheitswesen).

Der jüngere, angelsächsische Neoliberalismus folgt damit einer Tradition, die als »libertärer« Liberalismus bezeichnet wird. Darunter ist ein besonders konsequenter Liberalismus zu verstehen, der den Individualrechten und besonders dem Eigentumsrecht eindeutig den Vorrang vor dem Gesichtspunkt des sozialen Ausgleichs einräumt.

Heute wird der Begriff »Neoliberalismus« lediglich im Sinne der jüngeren (angelsächsischen) Variante gebraucht. Er steht stellvertretend für radikale, wirtschaftsliberal orientierte Reformen, für den Abbau von Sozialleistungen und für eine unregulierte Globalisierung. Gemessen an diesem Wortsinn war die Wirtschafts- und Sozialpolitik der Regierung Schröder längst nicht so radikal, als dass man sie als »neoliberal« bezeichnen könnte.

Auch wenn die deutsche Sozialpolitik der letzten Jahre in diesem Sinne nicht »neoliberal« ist, so kann kein Zweifel bestehen, dass sich das heute vorherrschende »moderne« Sozialstaatsverständnis erheblich von den traditionellen sozialstaatlich geprägten Vorstellungen von sozialer Gerechtigkeit entfernt hat. Allerdings ist es noch offen, ob sich diese Entwicklung fortsetzen wird oder ob zunächst einmal ein »Reformstillstand« eintreten wird oder ob man gar wieder zur Sozialstaatspolitik alten Musters zurückkehren wird. Zumindest das Letztere ist ziemlich unwahrscheinlich, denn die Abkehr vom sozialstaatlichen Gerechtigkeitsparadigma – mag man sie begrüßen oder bedauern – hat eine gewisse Konsequenz; sie folgt der gesellschaftlichen Entwicklung, die wir mit den drei Trends Strukturwandel, Globalisierung und Individualisierung beschrieben haben. Das lässt erwarten, dass sich auf längere Sicht eine Art post-sozialstaatliches Gerechtigkeitsparadigma durchsetzen wird, das sich bereits in Umrissen abzeichnet.

▶ Zusammenfassung: Der Niedergang des sozialen Kapitalismus

1. In der Mitte der 1970er Jahre endete die lang anhaltende Phase der Prosperität und Vollbeschäftigung in den entwickelten westlichen Ländern. Geringere Wachstumsraten, chronische Arbeitslosigkeit, stagnierende Realeinkommen, allmählich wachsende soziale Ungleichheit, Entstehung größerer marginalisierter Randgruppen der Gesellschaft, zunehmende Staatsverschuldung und Finanzierungsprobleme der sozialen Sicherungssysteme kennzeichnen die Situation in den folgenden Jahrzehnten.
2. Zugleich wandte sich die Wirtschafts- und Sozialpolitik der meisten Regierungen (zuerst und am konsequentesten in Großbritannien und in den USA, in anderen Ländern verzögert und abgeschwächt) vom Staatsinterventionismus der klassischen Sozialstaatsperiode ab und folgte tendenziell wirtschaftsliberalen Doktrinen.
3. Die tiefere Ursache für diese Entwicklung ist, dass die besondere Konstellation aus ökonomischen, politischen und soziokulturellen Rahmenbedingungen, die den Wohlstandskapitalismus der vorausgegangenen Periode ermöglicht hatten, nicht mehr bestand. Vor allem drei Trends entzogen dem Wohlstandskapitalismus allmählich die Grundlage:
   a) Strukturwandel von der Industrie- zur Dienstleistungsgesellschaft,
   b) Globalisierung sowie
   c) Individualisierung und Pluralisierung der Lebensstile.
4. Der Strukturwandel von der Industrie- zur Dienstleistungsgesellschaft hat, vor allem auch durch den Einsatz der Mikroelektronik, Produktion und Arbeitswelt grundlegend verändert. Der Dienstleistungssektor expandierte und parallel dazu wurde auch die Industrie revolutioniert. An die Stelle von Standardisierung, Zentralisierung und Spezialisierung sind differenzierte, dezentralisierte und flexible Abläufe und Organisationsformen getreten. Der Anteil der Arbeiter an den Erwerbstätigen ist stark zurückgegangen, der Angestelltenanteil beträchtlich gestiegen. Die Qualifikationsanforderungen sind immer höher geworden, Arbeitsplätze für Geringqualifizierte sind vielfach verschwunden. Das klassische »Normalarbeitsverhältnis« wurde zurückgedrängt.
5. Die Globalisierung (weltweite ökonomische Interdependenz) hat die ausgewogene Machtbalance zwischen Arbeit, Kapital und Staat aus dem Gleichgewicht gebracht. Ursache dafür war weniger die Intensivierung des internationalen Handels als vielmehr die (politisch gewollte und durchgesetzte) grenzenlose Liberalisierung der internationalen Kapitalmärkte, die

Internationalisierung der Produktion und die daraus resultierende Standortkonkurrenz zwischen Staaten um die besten Renditebedingungen für Unternehmen und mobiles Kapital. Durch die neue Form des Systemwettbewerbs haben die nationalen Sozialstaaten weitgehend die Fähigkeit verloren, regulierend in das Marktgeschehen einzugreifen.

6. Die Wirtschaftskultur des Korporatismus, die in den sozialstaatlich geprägten Staaten Kontinentaleuropas vorgeherrschte, hat sich zunehmend dem angelsächsischen Modell des sogenannten Shareholder-Value-Kapitalismus angeglichen. Die weitgehende Verselbstständigung der Finanzmärkte von der Realwirtschaft hat erheblich dazu beigetragen.

7. Der Trend zur Individualisierung hat tendenziell die Bindung der Individuen an kollektive, d. h. familiäre, gruppenbezogene und milieuspezifische Normen und Verhaltensmuster gelockert. Er hat einen größeren Spielraum für die Lebensführung eröffnet, sodass man von einer »Pluralität der Lebensstile« sprechen kann. Obwohl soziale Ungleichheiten in der Gesellschaft weiter existieren und in jüngster Zeit sogar wieder zunehmen, gibt es heute kaum noch soziale Klassen im alten Sinne als integrierte, sozio-kulturell homogene Großgruppen mit entsprechender milieugeprägter Sonderkultur, mit klassentypischen Lebensformen, mit spezifischen Weltanschauungen und Ideologien und mit geschlossenen Großorganisationen. Infolgedessen haben kollektive Interessenvertretung und die Bereitschaft zur kollektiven Solidarität an Bedeutung verloren.

8. Strukturwandel, Globalisierung und Individualisierung haben im Zusammenwirken und in wechselseitiger Verstärkung zur Erosion des sozialstaatlichen Gerechtigkeitsparadigmas geführt, weil die Produktionsbedingungen, die Unternehmenskultur, die Handlungsfähigkeit der nationalen Sozialstaaten und auch die Mentalitäten in der Bevölkerung diesem immer weniger entsprechen.

Anmerkungen

1 Die Arbeitslosenquote wird berechnet als Verhältnis der Zahl der Arbeitslosen zur Zahl der Erwerbspersonen, wobei sich die Erwerbspersonen aus den Erwerbstätigen (abhängig Beschäftigte, Selbstständige und mithelfende Familienangehörige) und den Arbeitslosen zusammensetzen. Da die nationalen Arbeitslosenzahlen wegen unterschiedlicher Erfassungsmethoden und Definitionen nicht unmittelbar vergleichbar sind, müssen sie erst durch Umrechnungen kompatibel gemacht werden.

Infolgedessen sind die hier ausgewiesenen Quoten für Deutschland nicht identisch mit den Ergebnissen der nationalen Arbeitsmarktstatistik.

2 Der Aussage, dass die Sozialleistungen in der Bundesrepublik Deutschland erheblich reduziert worden sind, scheint die Entwicklung der sogenannten Sozialleistungsquote zu widersprechen. Als Sozialleistungsquote wird der Anteil der Ausgaben für soziale Sicherung (d.h. der Ausgaben der Sozialversicherung, des Staates, gesetzliche, tarifvertragliche und freiwillige Arbeitgeberleistungen sowie bestimmte Steuervergünstigungen) am Bruttoinlandsprodukt bezeichnet. Die so definierte Sozialleistungsquote ist heute im wiedervereinigten Deutschland mit 31,2% nahezu genauso hoch wie das historische Maximum, das in der alten Bundesrepublik 1975, auf dem Höhepunkt der Sozialstaatsexpansion, erreicht worden war (31,6%). Allerdings sind heute sowohl die Arbeitslosigkeit (zumal in Ostdeutschland) als auch die sogenannte Alterslast (Verhältnis der Zahl der Personen im Rentenalter zu denen im erwerbsfähigen Alter) wesentlich höher, als sie es 1975 gewesen sind. Dass also die Sozialleistungsquote heute nicht höher ist als 1975, bei damals wesentlich geringeren sozialen Lasten und entsprechend geringerer Inanspruchnahme, liegt nur an den Leistungsverschlechterungen, die seitdem vorgenommen worden sind.

3 Die Gleichsetzung von Sozialhilfebezug und Armut wird häufig mit dem Argument kritisiert, dass die Sozialhilfe gerade Armut verhindern solle, weshalb Sozialhilfeempfänger definitionsgemäß nicht (oder gerade nicht mehr) arm sein könnten. Diese etwas formalistische Argumentation mag zwar in sich schlüssig sein, ändert aber nichts an der Tatsache, dass der Staat in wachsendem Umfang zur Vermeidung von Armut intervenieren muss. Viel gravierender ist aber ein anderer Einwand, nämlich der, dass die vom Staat definierte Sozialhilfeschwelle kein objektives Armutskriterium sein kann, weil bei ihrer Festlegung auch fiskalpolitische Gesichtspunkte eine erhebliche Rolle spielen. Daher hat sich in der Sozialwissenschaft die Konvention durchgesetzt, von Einkommensarmut dann zu sprechen, wenn das individuelle verfügbare Einkommen unter 50% oder 60% des Durchschnittseinkommens liegt. Für lange Perioden, die bis in die 1960er Jahre zurückreichen, liegen solche Daten aber nicht vor.

4 Zu den Anforderungen, die an die Regierungen der betroffenen Länder gestellt werden sollten, gehörten unter anderem: strikte Haushaltsdisziplin, Steuersenkungen, Subventionsabbau (auch für Grundnahrungsmittel, was besonders die arme Bevölkerungsgruppen trifft), hohe und für ausländisches Kapital attraktive Zinsen, Deregulierung zur Förderung ausländischer Direktinvestitionen, Privatisierung des öffentlichen Sektors, freie Wechselkurse usw.

5 Allerdings gibt die zugrunde liegende Statistik der Bruttowertschöpfungen (Beiträge der Sektoren zum Bruttosozialprodukt) die Situation nicht völlig unverzerrt wieder, weil der reale Strukturwandel durch den Prozess des sogenannten Outsourcing überzeichnet wird. In den 1960er Jahren war es die Regel, dass die Industrieunternehmen praktisch alle erforderlichen Dienstleistungen (von Konstruktion, Design, Marketing und Finanzierung bis hin zur Reinigung und zum Kantinenbetrieb) innerhalb des eigenen Betriebs von eigenen Angestellte erbrin-

gen ließen; heute werden diese Leistungen in großem Umfang bei externen Dienstleistungsfirmen eingekauft. Früher gehörten diese Leistungen rechnerisch zur Wertschöpfung der Industrie, heute zu der des Dienstleistungssektors.

6 Beim Handel mit Derivaten handelt es sich, wie der Name sagt, nicht um einen direkten, sondern einen abgeleiteten Handel. Gegenstand des Geschäfts sind nicht Waren oder Wertpapiere, sondern Rechte auf den Kauf oder den Verkauf von Waren oder Wertpapieren für einen in der Zukunft liegenden Zeitpunkt. Bei diesem Handel, der natürlich mit einem hohen Spekulationsrisiko verbunden ist, können, gemessen am Kapitaleinsatz, hohe Gewinne erzielt werden.

7 Dies zeigt eine Rechnung für das Jahr 2007, das letzte Jahr vor Beginn der großen Finanzkrise: Ausgehend vom durchschnittlichen handelstäglichen Devisenumsatz von rd. 3,3 Bio. US-Dollar 2007 kann man den jährlichen Devisenumsatz bei angenommenen 260 Handelstagen auf 858 Bio. US-Dollar schätzen. Im gleichen Jahr betrug das Welthandelsvolumen rd. 17,3 Bio. US-Dollar (IMF World Economic Database April 2010). Der Devisenumsatz wäre demnach etwa 50-mal höher gewesen als das Volumen des internationalen Handels mit Gütern und Dienstleistungen. Allerdings lässt sich daraus nur bedingt auf die Höhe der rein spekulativen Devisenumsätze schließen, weil es außer dem Handel noch weitere nichtspekulative Devisentransaktionen gibt (z. B. Geschäfte zwischen den Zentralbanken oder Beiträge von Staaten zu internationalen Organisationen). Andererseits gibt es auch einen nennenswerten internationalen Handel, der keine Devisen benötigt (z. B. der Handel zwischen den Euro-Ländern).

8 CDU und CSU sind aus milieutheoretischer Sicht als Konglomerat aus drei Milieus zu betrachten: aus dem katholischen Milieu, das sich bis 1933 in einer schichtenübergreifenden Partei (dem Zentrum bzw. in Bayern der Bayerischen Volkspartei) organisiert hatte, aus dem konservativ-protestantischen Milieu und einem großen Teil des bürgerlich-liberalen Milieus, soweit es nicht von der FDP abgedeckt wurde. Auf diese Weise wurden die in gewisser Weise seit der industriellen Revolution und der Gründung des deutschen Nationalstaats bestehenden klassischen vier Sozialmilieus parteipolitisch in einem Dreiparteiensystem aus CDU/CSU, SPD und FDP organisiert.

9 www.sinus-sociovision.de.

10 Die einzelnen Milieus näher zu beschreiben, würde hier zu weit führen (vgl. hierzu Neugebauer 2007, S. 68–84). Etwas sonderbar mutet an, dass die Milieus mit »hohem sozialen Status« zusammen 45 % der Bevölkerung umfassen. Offensichtlich sind hier weite Kreise der Mittelschicht einbezogen worden. Eine Differenzierung nach mittlerem und hohem sozialen Status war offensichtlich nicht möglich, weil dann die Teilgruppen in der Stichprobe zu klein geworden wären, um sichere Aussagen machen zu können.

11 Zahlenangaben nach dem Gesetzentwurf (sogenanntes Altersvermögensgesetz) für die Rentenreform 2001, Bundestagsdrucksache 14/4595, S. 196.

IV. Der neue Gerechtigkeitsdiskurs

In Kapitel II wurde gezeigt, dass das herkömmliche sozialstaatliche Gerechtigkeitsparadigma – wie der Sozialstaat selbst – das Ergebnis einer historisch einzigartigen Konstellation ist. Die ökonomischen, politischen und soziokulturellen Rahmenbedingungen des dritten Viertels des 20. Jahrhunderts ermöglichten eine bestimmte Entwicklungsstufe des Kapitalismus, die man als »Wohlstandskapitalismus«, »sozialen« oder »sozial regulierten Kapitalismus« bezeichnen kann. Es liegt auf der Hand, dass der Sozialstaat und das sozialstaatliche Gerechtigkeitsparadigma nur so lange uneingeschränkt Bestand haben konnten, wie diese Rahmenbedingungen bestanden. Genau das ist aber, wie in Kapitel III gezeigt wurde, heute nicht mehr der Fall. Der soziale oder sozial regulierte Kapitalismus existiert heute in der alten Form nicht mehr. Seine Institutionen sind zwar noch vielfach vorhanden, aber an seine Stelle tritt allmählich ein globalisierter und deregulierter Kapitalismus und diese Entwicklung ist längst noch nicht abgeschlossen.

Folge dieser tief greifenden Veränderungen ist eine chronische Krise des Sozialstaats, die sich nicht nur auf seine ökonomischen Grundlagen bezieht, sondern auch seine Legitimationsgrundlagen erfasst hat. Das Gerechtigkeitsparadigma der sozialstaatlichen Periode ist fraglich geworden oder zumindest in seiner Bedeutung relativiert. Begonnen hat die Suche nach einem neuen Modell von sozialer Gerechtigkeit jenseits des sozialen Kapitalismus, das dem globalisierten und deregulierten Kapitalismus besser gerecht wird als das herkömmliche Verständnis von beschützender und umverteilender sozialer Gerechtigkeit. Diese Diskussion ist natürlich nicht rein theoretischer Natur, sondern zugleich auch Teil der realen politisch-sozialen Konflikte um Bestand oder Umgestaltung des historisch gewachsenen Sozialstaats. Sie ist Ausdruck des Paradigmenwechsels, der sich – beginnend kurz vor der Jahrtausendwende – in der deutschen Wirtschafts- und Sozialpolitik vollzogen hat. Daher verwundert es nicht, dass der neue Gerechtigkeitsdiskurs in Deutschland in engem zeitlichem Zusammenhang mit den Reformen, mit denen die rot-grüne Regierung einen Bruch mit den herkömmlichen Strukturen des Sozialstaats vollziehen wollte, in Gang kam.

Die Frage nach der sozialen Gerechtigkeit jenseits des sozialen Kapitalismus ist der Gegenstand dieses Kapitels. Es gliedert sich in drei Teile:

- In Kapitel IV.1 wird ein kurzer Blick auf die gerechtigkeitstheoretische Diskussion der letzten eineinhalb Jahrzehnte geworfen. Sie war durch eine kritische Auseinandersetzung mit dem herkömmlichen Leitbild der Verteilungsgerechtigkeit geprägt und legte insofern die Basis für die Abkehr vom sozialstaatlichen Gerechtigkeitsparadigma.

- In Kapitel IV.2 wird die politische Grundsatzdiskussion dargestellt, die in Deutschland in der Phase der Sozialreformen, also zwischen dem Amtsantritt der rot-grünen Regierung und dem Beginn der weltweiten Finanz- und Wirtschaftskrise, stattgefunden hat. Die Debatte stand unter dem Eindruck, dass das Land nicht zuletzt wegen des zähen Festhaltens an traditionellen sozialstaatlichen Gerechtigkeitsvorstellungen in einen Zustand der Stagnation geraten sei. Es ging also nicht darum, das Ziel der sozialen Gerechtigkeit fallen zu lassen, sondern es neu zu interpretieren und an die Gegebenheiten des globalisierten Kapitalismus anzupassen. Die Frage war also, welche Art von sozialer Gerechtigkeit es jenseits des sozialen Kapitalismus noch geben kann. Dabei schien sich allmählich eine Art »post-sozialstaatliches Gerechtigkeitsparadigma« herauszubilden.
- In Kapitel IV.3 geht es um die Fortsetzung der Gerechtigkeitsdebatte unter dem Eindruck der großen Finanz- und Wirtschaftskrise. Während sich vor der Krise eine Art post-sozialstaatlicher Konsens angekündigt hatte, dominierten jetzt wieder eher konträre Kräfte. Einerseits zeigte sich die Tendenz, zum traditionellen Verständnis von beschützender und umverteilender sozialer Gerechtigkeit zurückzukehren. Andererseits radikalisierte sich die Sozialstaatskritik und die Legitimation von sozialer Gerechtigkeit wurde grundsätzlich in Frage gestellt.

Wir können annehmen, dass die Finanz- und Wirtschaftskrise weder mit einer Rückkehr zum traditionellen sozialstaatliche Gerechtigkeitsparadigma noch mit einem »Abschied von der Gerechtigkeit« enden wird. Es ist deshalb zu erwarten, dass die Frage der Ablösung des sozialstaatlichen durch ein post-sozialstaatliches Gerechtigkeitsparadigma auf der Tagesordnung bleiben wird. Diese Frage wird in Kapitel V erneut aufgegriffen. Dort wird das sich abzeichnende post-sozialstaatliche Gerechtigkeitsparadigma systematisch dargestellt und kritisch beleuchtet.

1 Theoretische Debatten im Vorfeld: Kritik der Verteilungsgerechtigkeit

Wie bereits angedeutet hatte der politische Gerechtigkeitsdiskurs, der in Deutschland in Begleitung der Reformpolitik der rot-grünen Regierung geführt wurde, einen theoretischen Vorlauf. Im Folgenden werden deshalb einige theoretische Beiträge zu diesem Thema, die einen besonderen Einfluss auf die politischen Auseinandersetzungen ausgeübt haben, kurz vorgestellt. Dies waren vor allem die Ideen des indischen Ökonomen und Nobelpreisträgers Amartya Sen und des britischen Soziologen Anthony Giddens. Ergänzend werden neuere philosophische Beiträge behandelt, die sich kritisch mit der Idee der Verteilungsgerechtigkeit auseinandersetzen; sie stammen von dem liberalen Kieler Philosophen Wolfgang Kersting und aus dem Kreis der »neuen Egalitarismuskritik«.

1.1 Soziale Gerechtigkeit als Verwirklichungschance (Amartya Sen)

Der amerikanisch-indische Wirtschaftswissenschaftler und Träger des Wirtschaftsnobelpreises Amartya Sen (geb. 1933) hat in seinem 1999 erschienenen Buch *Development as Freedom* (dt.: *Ökonomie für den Menschen*, Sen 2002, S. 71–109) ein viel beachtetes Konzept entwickelt, dem zufolge es bei der sozialen Gerechtigkeit in erster Linie um sogenannte Verwirklichungschancen (*capabilities*) geht. In der Grundsatzdiskussion über soziale Gerechtigkeit spielt Sens Konzept vor allem deswegen eine Rolle, weil es die Grenzen und Defizite der traditionellen sozialstaatlichen Leitidee der Verteilungsgerechtigkeit aufzeigt. Sen ist neben Anthony Giddens derjenige Theoretiker, auf den sich die Befürworter einer Neudefinition sozialer Gerechtigkeit vorzugsweise berufen.

Sens Grundidee ist relativ einfach: Soziale Gerechtigkeit lässt sich nicht allein daran messen, wie Geld oder Güter oder auch Nutzen und Wohlbefinden in der Gesellschaft verteilt sind, sondern sie bezieht sich auch auf das Ausmaß, in dem den Individuen reale Freiheitsmöglichkeiten (eben die Verwirklichungschancen) zur Verfügung stehen. Bei den Verwirklichungschancen geht es um die »Fähigkeiten des Menschen, seine selbst gewählten Zwecke zu verfolgen«. Diese Fähigkeit (wir können sie auch als reale Freiheit bezeichnen) hängt keineswegs allein von der Verteilungsgerechtigkeit im engeren Sinne – also von der Verteilung von Geld und Gütern – ab. Vielmehr ist Verteilungsgerechtigkeit lediglich einer von zahlreichen anderen Faktoren, die darüber entscheiden, in welchem Umfang Individuen die Möglichkeit haben, ihre Potenziale zu entwickeln, sich selbst aktiv zu betätigen und etwas aus ihrem Leben zu machen. So kann etwa trotz gleich hohen Einkommens für verschiedene Menschen je nach den konkreten Bedingungen der reale Freiheitsspielraum durchaus ganz unterschiedlich sein, je nachdem, in welchem sozialen und kulturellen Umfeld sie leben, ob sie jung oder alt sind, in welchem Gesundheitszustand sie sich befinden, welche Lebenseinstellung, Vorlieben und Präferenzen sie haben usw. Der wichtigste Faktor aber ist der Grad an Aktivität, mit dem ein Individuum den ihm gegebenen Spielraum zu nutzen versteht, wobei diese Fähigkeit zur Aktivität ihrerseits wieder von den gesellschaftlichen Bedingungen abhängt. Entscheidend ist also, dass die Verwirklichungschancen eines Individuums von einer komplexen Vielzahl von sozialen und ökonomischen Faktoren und nicht zuletzt auch vom Individuum selbst beeinflusst werden.

Daraus zieht Sen eine wichtige Schlussfolgerung: Es kommt in letzter Konsequenz nicht auf die gerechte Verteilung von Geld, Gütern, Einkommen oder Besitz, auch nicht des »Nutzens« im Sinne des Utilitarismus oder der »Grundgüter« von Rawls[1] an, sondern auf die Möglichkeiten der Individuen, ein schätzenswertes und selbstbestimmtes Leben zu führen:

> »Ich habe jetzt ausführlich zu begründen versucht, dass für meine Bewertung der angemessene ›Bereich‹ weder der Nutzen ist, wie die Wohlfahrtstheoretiker behaupten, noch die Grundgüter, wie Rawls es fordert, sondern die Grundrechte, die freiheitlichen Möglichkeiten, ein mit Gründen schätzenswertes Leben zu wählen. Wenn es das Ziel ist, sich primär mit den wirklichen Chancen zu beschäftigen, die ein Individuum hat, um die von ihm gewollten Zwecke zu verfolgen, wie Rawls ausdrücklich empfiehlt, dann wird man nicht nur die Grundgüter berücksichtigen, über die jemand verfügt, man wird auch über die relevanten persönlichen Charakteristika nachdenken müssen, die eine Umwandlung von Grundgütern in die Fähigkeit des Menschen ermöglichen, seine Zwecke zu verfolgen. So kann etwa ein Behinderter über einen größeren Korb von Grundgütern verfügen und dennoch eine geringere Chance haben, ein normales Leben zu führen (oder seine Zwecke zu verfolgen), als ein Nichtbehinderter mit einem kleineren Korb von Grundgütern. Ähnlich mag ein älterer oder kränklicher Mensch in einem allgemein akzeptierten Sinn benachteiligter sein, ungeachtet der Tatsache, dass er ein größeres Bündel von Grundgütern besitzt.« (Sen 2002, S. 94f.)

Die Überlegungen Sens zu den »Verwirklichungschancen« sind übrigens nicht so neu, wie man vielfach annimmt; sie wurden bereits in den 1950er Jahren von dem deutschen Sozialwissenschaftler Gerhard Weisser entwickelt, nur dass dieser für den gleichen Sachverhalt den Begriff der »Lebenslage« verwendete (Weisser 1978). Heute jedenfalls wird das Konzept von Sen in den Sozialwissenschaften vor allem bei der Wohlstandsmessung bzw. in der Armuts- und Reichtumsforschung nutzbringend angewendet. Auch die Bundesregierung hat sich in ihrem Armuts- und Reichtumsberichten (2005 und 2008) an seinem Konzept orientiert und ist insofern über eine bloße einkommens- und vermögensstatistische Darstellung hinausgegangen. Darüber hinaus hat das Konzept der Verwirklichungschancen, wie bereits angemerkt, auch die Grundsatzdiskussion über soziale Gerechtigkeit nicht unberührt gelassen. Geht man nämlich von der Prämisse aus, dass soziale Gerechtigkeit letztlich in nichts anderem bestehen kann als in der – nach welchem Maßstab auch immer zu bestimmenden – angemessenen Verteilung von Verwirklichungschancen auf Individuen, dann wirft dies ein neues Licht auf die traditionelle Vorstellung von Verteilungsgerechtigkeit. Drei Aspekte spielen dabei eine wichtige Rolle:

- Begreift man Gerechtigkeit als Verteilung von Verwirklichungschancen, dann wird die Komplexität des Gerechtigkeitsziels deutlich. Vor allem wird die Bedeutung der Verteilungsgerechtigkeit im engeren Sinne, nämlich Verteilung von Einkommen und Vermögen, relativiert.
- Das Konzept der Verwirklichungschancen macht sichtbar, dass sich das Ziel der sozialen Gerechtigkeit auf einen dynamischen Prozess bezieht. Ob eine gegebene Situation gerecht oder ungerecht ist, ob ein Individuum oder eine soziale Gruppe ungerecht behandelt wird, ist nicht allein eine Frage eines statischen Zustands. Es kommt nicht primär auf das Ergebnis eines Verteilungsprozesses an sich an, sondern vor allem auf das Entwicklungspotenzial, das sich aus diesem Verteilungsresultat ergibt. So ist z. B. Armut, wenn die Armen Zugang zu Bildung oder zum Arbeitsmarkt haben, anders zu bewerten, als wenn dies nicht der Fall ist.
- Gerechtigkeit, als Verwirklichungschance verstanden, enthält einen entscheidenden subjektiven Faktor. Damit ist gemeint, dass soziale Gerechtigkeit, so sehr sie auch von Gegebenheiten abhängt, die das Individuum nicht beeinflussen kann, immer auch eine Frage der persönlichen Lebenseinstellung, Aktivität, Initiative und Anstrengung ist.

Das Konzept der Verwirklichungschancen hebt also die Komplexität des Gerechtigkeitsziels, seinen dynamischen Charakter und den in ihm enthaltenen subjektiven Faktor deutlich hervor. Es unterscheidet sich somit deutlich von der traditionellen sozialstaatlichen Vorstellung von sozialer Gerechtigkeit als bloße Zuteilungsgerechtigkeit, indem es die individuelle Seite der Gerechtigkeit akzentuiert. Im Übrigen hat Sen in seinem 2010 erschienenen Buch *Die Idee der Gerechtigkeit* (Sen 2010) seinen Ansatz weiter vertieft und zu einer generellen Gerechtigkeitstheorie ausgebaut; darauf muss hier aber nicht eingegangen werden.

1.2 Soziale Gerechtigkeit als »Inklusion« (Anthony Giddens)

Derjenige Theoretiker, der zur Formulierung des post-sozialstaatlichen Gerechtigkeitsparadigmas am meisten – also noch mehr als Sen – beigetragen hat, ist der britische Soziologe Anthony Giddens. Durch seine Tätigkeit als Berater der britischen »New Labour Party« und des früheren britischen Premierministers Tony Blair hatte er auch einen erheblichen indirekten Einfluss auf die Gerechtigkeitsdiskussion in der SPD und in Deutschland überhaupt. Giddens war zunächst dadurch bekannt geworden, dass er den Sozialdemokraten einen »Dritten Weg« empfohlen hatte (Giddens 1999). Damit war nicht etwa – was der traditionellen Auffassung der Sozialdemokratie entsprochen hätte – die Mitte zwischen ungezügeltem Kapitalismus und Sowjetkommunismus gemeint, sondern vielmehr die Mitte zwischen traditioneller Sozialdemokratie und dem »harten« angelsächsischen →»Neoliberalismus«. Das konnte nichts anderes bedeuten, als dass Giddens eine gewisse Annäherung an eben diesen Neoliberalismus für erforderlich hielt. In seinem Buch *Die Frage der sozialen Ungleichheit* (Giddens 2001) hat er dann seine Gedanken gegen Kritik aus der Linken verteidigt und dabei seine Ideen zum Problem der sozialen Gerechtigkeit präzisiert.

Die Hauptpositionen des »Dritten Weges« hat Giddens in sechs – allerdings wenig präzisen – Punkten zusammengefasst (Giddens 2001, S. 60 ff.)

1. Anerkennung der »Logik der Ereignisse von 1989«; damit ist gemeint, dass es spätestens seit dem Zusammenbruch des Sowjetkommunismus keine prinzipielle Alternative zum Kapitalismus mehr gibt;
2. Zusammenwirken und gegenseitige Begrenzung von Staat, Wirtschaft und Gruppierungen der »Zivilgesellschaft«;
3. keine Rechte ohne Verpflichtungen; dies bezieht sich unter anderem auf Sozialleistungen wie Arbeitslosengeld, Grundsicherung oder Sozialhilfe;
4. angebotsorientierte Wirtschaftspolitik mit dem Schwerpunkt Investition in Humankapital;
5. Begrenzung sozialer Ungleichheit nicht vorrangig durch Umverteilung, sondern durch Maximierung der Chancengleichheit;
6. Anerkennung der Globalisierung als gegebene Tatsache und Verzicht auf nationale Lösungen.

Nach Giddens muss das grundsätzliche Verständnis von Gleichheit, so wie es von der Sozialdemokratie gepflegt wurde und dem herkömmlichen Sozialstaatsmodell zugrunde liegt, auf den Prüfstand gestellt werden. In Anlehnung an Amartya Sen propagiert er ein dynamisches und an

Lebenschancen orientiertes Konzept von Gleichheit, dessen Schwerpunkt auf Chancengleichheit liegt. Benachteiligung und Ungleichheit bestehen nicht vorrangig im Mangel an Ressourcen, sondern vor allem im Mangel an Selbsthilfefähigkeit. Einfache Umverteilung und passive Betreuung können daher nicht die Lösung für die Probleme der sozialen Ungleichheit und der Armut sein, sondern es kommt darauf an, die Benachteiligten in die Lage zu versetzen, sich aus eigener Kraft, vornehmlich durch Arbeit, aus ihrer Situation zu befreien.

Typisch für Giddens' Konzeption ist die Gleichsetzung von sozialer Ungerechtigkeit mit Exklusion bzw. von sozialer Gerechtigkeit mit Überwindung von Exklusion. Der Begriff der Exklusion bezeichnet den Ausschluss von Personen oder Personengruppen von der Teilnahme am normalen gesellschaftlichen Leben, vor allem vom Arbeitsmarkt. Man kann ihn folgendermaßen charakterisieren (vgl. Giddens 2001, S. 115–133):

Exklusion ist nicht einfach identisch mit Armut oder ungleicher Einkommensverteilung. Sie hat im Unterschied zu Armut oder ungleicher Einkommensverteilung einen dynamischen oder zeitlichen Aspekt. Erst wenn Armut zum Dauerzustand wird und womöglich von Generation zu Generation vererbt wird, entsteht Exklusion.

- Exklusion umfasst als wichtigen Aspekt auch die Eigenverantwortung. Exklusion besteht also nicht einfach in Armut, sondern im – gesellschaftlich bedingten oder selbst verschuldeten – Verlust oder im Fehlen der individuellen Fähigkeit, sich selbst aus der Armut zu befreien.
- Exklusion ist zum Teil vom Sozialstaat selbst verursacht. Der versorgende und umverteilende Sozialstaat kann unbeabsichtigt im Sinne der Exklusion wirken, wenn sich die Benachteiligten auf ihn verlassen und ihre Fähigkeit zur eigenständigen Lebensbewältigung nicht entwickeln oder verkümmern lassen.
- Aus der zentralen Bedeutung der Überwindung von Exklusion ergibt sich die zentrale Bedeutung der aktivierenden Arbeitsmarktpolitik (welfare to work) sowie der Bildungspolitik (Investition in menschliches Kapital) für die Strategie des »dritten Weges« als Alternative zu einer bloß versorgenden und umverteilenden Sozialpolitik.
- Ein wichtiger Aspekt sozialer Exklusion ist die Absonderung des oberen Rands der Gesellschaft. Eine solche Exklusion von oben ist dann gegeben, wenn sich die Reichen ihrer gesellschaftlichen Verantwortung, besonders der Steuerpflicht, entziehen oder wenn sie eine eigene, von der übrigen Gesellschaft abgetrennte Parallelgesellschaft aufbauen, z. B. ein hermetisch abgeschlossenes und privilegiertes privates Bildungswesen für ihre Kinder.

Giddens setzt bei den Schwächen des sozialstaatlichen Gerechtigkeitsparadigmas an und verweist darauf, das soziale Gerechtigkeit – so könnte man es ausdrücken – keine »Bringschuld« der Gesellschaft ist, sondern auch eine »Holschuld« der Benachteiligten; soziale Gerechtigkeit schließt die eigenen Anstrengungen, das zu erreichen, was erreichbar ist, ein. Dieser Gedanke trifft sich zwar mit dem Gesellschaftsideal des Liberalismus, dem Leitbild des ökonomisch selbstständigen Bürgers, aber Giddens ist kein Liberaler im strengen Sinne, denn der für die Linke typische Gesichtspunkt der Gerechtigkeit und Solidarität fehlt bei ihm durchaus nicht. Der Gerechtigkeitsaspekt zeigt sich aber nicht mehr als Forderung an die Kapitalbesitzer oder den Staat bzw. als Aufruf zum Zusammenschluss der Benachteiligten zur kollektiven Durchsetzung ihrer Interessen, sondern als starker Impuls zur aktiven befähigenden Hilfe für benachteiligte Individuen. Hierin liegt im Übrigen – trotz mancher Gemeinsamkeiten – ein wichtiger Unterschied zwischen dem Konzept des »dritten Weges« und dem Neoliberalismus angelsächsischer Prägung.

Der von Giddens hervorgehobene Begriff der Exklusion ist, wie im weiteren Verlauf dieses Kapitels noch zu zeigen sein wird, zu einem wichtigen Schlüsselbegriff der aktuellen Gerechtigkeitsdiskussion geworden. Seine Bedeutung liegt in der Hervorhebung der Komponente der individuellen Verantwortlichkeit, die im klassischen sozialstaatlichen Gerechtigkeitsparadigma mit seiner »kollektivistischen« Orientierung tendenziell zu kurz kommt. In Kapitel V wird dann aber auch thematisiert, welche problematische Konsequenzen es hat, wenn soziale Gerechtigkeit nahezu ausschließlich mit der Vermeidung von Exklusion gleichgesetzt wird.

1.3 Kritik der sozialen Gerechtigkeit aus der Perspektive der liberalen Gerechtigkeitstheorie

Während Anthony Giddens und Amartya Sen nicht dem »Neoliberalismus« zugerechnet werden können, kann man dies von dem Kieler Sozialphilosophen Wolfgang Kersting und von dem Kreis der »neuen Egalitarismuskritiker« sehr wohl sagen. In einer ganzen Reihe von Publikationen hat Kersting in den letzten Jahren den Sozialstaat und besonders die Idee der Verteilungsgerechtigkeit einer grundsätzlichen Kritik unterzogen und für einen »Liberalismus sans phrase« plädiert, also für einen uneingeschränkten Liberalismus (Kersting 2000).

Kerstings wichtigste These ist, dass es, ausgehend von den Menschenrechten und den Freiheitsrechten des Individuums, prinzipiell kein Recht auf eine »gerechte« Verteilung der Einkommen und Vermögen geben kann. Es ist, so Kersting, nicht möglich, einen moralischen Anspruch der Benachteiligten und Erfolglosen auf einen Teil dessen zu begründen, was die Fähigeren, Glücklicheren und Erfolgreicheren durch ihre Leistung rechtmäßig erworben haben. Insofern kann sich der umverteilende Sozialstaat nicht auf Gerechtigkeit als Legitimationsgrundlage berufen. Gerechtfertigt werden kann der Sozialstaat nur unter dem Aspekt der »politischen Solidarität« mit bedürftigen Mitbürgern. Diese politische Solidarität begründet aber nur einen Minimal-Sozialstaat, der sich auf die allernotwendigste Hilfe in Notsituationen beschränkt. Vor allem begründet die politische Solidarität keinen Anspruch, auf den sich die Benachteiligten moralisch berufen oder den sie gar juristisch einklagen könnten. Sie ist eine freiwillig gewährte Leistung, die Kersting einer humanen Bürgergesellschaft zwar anempfiehlt, die aber kein Gerechtigkeitsgebot ist (vgl. im Übrigen Ebert 2010, S. 258–263).

Mit einer etwas anderen Argumentation stellt auch die »neue Egalitarismuskritik« das sozialstaatliche Gerechtigkeitsparadigma grundsätzlich in Frage. Bei den »neuen Egalitarismuskritikern« handelt sich um eine nur locker verbundene Gruppe von Gerechtigkeitstheoretikern meist US-amerikanischer Herkunft, die in einem zentralen Punkt gemeinsamer Auffassung sind, nämlich darin, dass soziale Gerechtigkeit prinzipiell nichts mit Gleichheit zu tun hat, ja dass es einen Widerspruch zwischen Gerechtigkeit und Gleichheit gibt. In Deutschland hat diese Denkrichtung durch einen von der Philosophin Angelika Krebs herausgegebenen Sammelband mit dem Titel »Gleichheit oder Gerechtigkeit« Aufmerksamkeit erlangt (Krebs 2000); bereits das Fehlen des Fragezeichens in der Überschrift deutet darauf hin, dass hier nicht nur ein Spannungsverhältnis, sondern auch ein Ausschlussverhältnis gemeint ist.

Der Versuch, einen Gegensatz zwischen Gerechtigkeit und Gleichheit zu konstruieren, stützt sich im Kern auf einen einfachen Gedankengang: Soziale Gerechtigkeit verlangt, dass für alle Menschen gewisse Grundrechte – Leben, Freiheit, Gesundheit, Wohnung, Schutz vor Armut, Bildung usw. – erfüllt sind, aber keine Gleichheit. Es ist ein Gebot der Gerechtigkeit, dass niemand hungert, aber nicht weil andere zu essen haben. Wäre das nämlich so, dann wäre eine Gesellschaft auch dann gerecht, wenn alle gleichermaßen hungern. Soziale Gerechtigkeit ist also kein »relationaler Begriff«, sie hat nichts mit dem Vergleich zwischen Menschen und ihrer sozialen und ökonomischen Lage zu tun, sondern nur mit absoluten Standards, die für alle erfüllt sein müssen. Angelika Krebs illustriert dies durch ein anschauliches Bild (Krebs 2000 S. 19): Soziale Gerechtigkeit funktioniert wie eine Dezimalwaage, nicht wie eine Balkenwaage; sie misst das absolute Gewicht eines Gegenstands in Gramm oder Kilogramm, nicht sein relatives Gewicht im Verhältnis zu einem anderen Gegenstand. Die Konsequenz, die daraus bezüglich des Sozialstaats zu ziehen wäre, ist, dass Umverteilung nur so weit legitim sein kann, wie sie notwendig ist, um einen gewissen sozialen und ökonomischen Mindeststatus für alle Bürgerinnen und Bürger zu garantieren. Darüber, wie dieser Mindeststandard bemessen werden soll – eher großzügig oder eher knapp – ist damit noch nichts gesagt.

2 Die Gerechtigkeitsdiskussion in der Ära der Sozialreformen

2.1 Der deutsche Sozialstaat als Krisenursache?

In Deutschland wurde die Intensivierung des politischen und medialen Diskurses über sozialstaatliche oder post-sozialstaatliche soziale Gerechtigkeit vor allem durch die Sozial- und Arbeitsmarktreformen der Regierung Schröder ausgelöst. Vorausgegangen war bereits eine lange Reihe von Leistungskorrekturen im Sozialsystem, die bereits mit den Konsolidierungsgesetzen der Regierung Helmut Schmidt im Jahr 1977 begonnen hatten und unter Schmidts Nachfolger Helmut Kohl fortgesetzt worden waren. Diese Einschnitte waren aber nicht in der Absicht vorgenommen worden, das herkömmliche Sozialmodell qualitativ zu verändern, sondern sie zielten nur darauf, es an die veränderten Bedingungen anzupassen, um seine Funktionsfähigkeit zu erhalten.

Eine wirklich qualitativ neue Sozialpolitik, mit der zugleich auch ein weiter gehender gesellschaftspolitischer Anspruch verknüpft wurde, kündigte sich erst in den 1990er Jahren an, als der Wirtschaftsboom, den die deutsche Einheit ausgelöst hatte, zu Ende war. Nun setzte sich die Überzeugung durch, dass die (auch im internationalen Vergleich) besonders hohe Arbeitslosigkeit und die Wachstumsschwäche der deutschen Wirtschaft hauptsächlich auf Defizite des herkömmlichen deutschen Sozialmodells zurückzuführen seien, speziell auf die relativ strenge Regulierung des Arbeitsmarkts, auf die hohe Belastung der Arbeitslöhne mit Abgaben und auf das – tatsächlich oder auch nur vermeintlich – hohe Sozialleistungsniveau. Diese seien die Ursache dafür, dass Deutschland in der Gefahr stehe, den Anschluss an den deregulierten und globalisierten Kapitalismus der neoliberal geprägten angelsächsischen Länder zu verlieren. Dass die hohe Arbeitslosigkeit zum erheblichen Teil eine Folge der Strukturprobleme war, welche die zusammengebrochene DDR hinterlassen hatte, und dass die deutsche Wirtschaft – wie die anhaltend hohen Exportüberschüsse zeigten – nach wie vor über eine sehr gute internationale Wettbewerbsfähigkeit verfügte, wurde dabei kaum berücksichtigt.

Mit ihren Sozial- und Arbeitsmarktreformen (→»Agenda 2010«) versuchte die Regierung Schröder, die Strukturprobleme des deutschen Sozialstaats, so wie sie ihrer Meinung nach bestanden, in den Griff zu bekommen. Damit tangierte sie aber zentrale Gerechtigkeitsversprechen, die nach traditionellem Sozialstaatsverständnis selbstverständlich gewesen waren. Die →Rentenreformen der Jahre 2001 und 2004 brachen mit der Vorstellung einer umfassenden kollektiv organisierten sozialen Sicherheit, die das Individuum von der Notwendigkeit persönlicher Vorsorgeanstrengungen weitgehend befreit. Das Gleiche galt für die Arbeitsmarktreformen (die sogenannten →Hartz-Gesetze, darunter besonders das »Hartz-IV«-Gesetz), mit dem die »passive Alimentierung« Langzeitarbeitsloser beendet werden sollte; außerdem öffneten die Arbeitsmarktreformen im Ergebnis die Tür für eine breite Deregulierung des Arbeitsmarkts.

Dass die Sozial- und Arbeitsmarktreformen der Regierung von einer neuen Grundsatzdiskussion über soziale Gerechtigkeit begleitet wurden, ist vor diesem Hintergrund nicht weiter verwunderlich. Ebenso ist es nicht erstaunlich, dass diese Auseinandersetzungen hauptsächlich innerhalb der Sozialdemokratie stattfanden, denn zum einen fanden die Reformen unter einer von der SPD geführten Regierung statt, zum anderen hatte sich keine andere politische Strömung so eng mit dem Sozialstaat verbunden und seine Ausweitung und Pflege zum zentralen Anliegen gemacht wie die Sozialdemokratie. Wenn also im Folgenden vielfach, wenn auch nicht ausschließlich, von Auseinandersetzungen innerhalb der Sozialdemokratie die Rede ist, dann soll dies keine Bevorzugung dieser Partei ausdrücken, sondern es ergibt sich einfach aus dem Untersuchungsgegenstand selbst.

2.2 Die Gerechtigkeitsdiskussion in der deutschen Sozialdemokratie

Im Folgenden wird versucht, die Charakteristika des allmählich entstehenden post-sozialstaatlichen Gerechtigkeitsparadigmas herauszuarbeiten. Den Hintergrund dazu bildete, wie bereits gesagt, die Reformpolitik der Regierung Schröder (vor allem die Renten- und Arbeitsmarktreformen), an der sich ganz gut ablesen lässt, wie sich das Gerechtigkeitsverständnis grundlegend zu verändern beginnt. Da diese Reformen auf erheblichen Widerstand innerhalb der Regierungspartei SPD stießen, waren ihre Befürworter gezwungen, sie auch grundsätzlich und theoretisch zu begründen. Sie taten dies ausdrücklich mit Gerechtigkeitsargumenten. Dabei beriefen sie sich auf einen neuen Gerechtigkeitsbegriff, den sie zugleich gegen das alte Gerechtigkeitsverständnis abgrenzten. In Anlehnung an die britische Labour Party, welche für sich beanspruchte, einen »Dritten Weg« zwischen traditioneller sozialstaatsorientierter Sozialdemokratie und Neoliberalismus gefunden zu haben (→ Kap. IV.1.2), proklamierte sich der Modernisierungsflügel der deutschen Sozialdemokratie als »Neue Mitte« und versuchte, dies theoretisch zu untermauern. Diese Diskussion hat ohne Zweifel zur Klärung dessen beigetragen, worum es bei der Suche nach einem neuen Modell der sozialen Gerechtigkeit geht.

Wahrscheinlich das dringlichste Anliegen derer, die sich kritisch mit dem traditionellen sozialstaatlich geprägten Verständnis von sozialer Gerechtigkeit auseinandersetzten und für ein neues Gerechtigkeitsmodell plädierten, war die Abkehr von der Verteilungsgerechtigkeit oder jedenfalls deren deutliche Rückstufung in der Prioritätenskala. Dies wurde in einem Positionspapier formuliert, das Bundeskanzler Gerhard Schröder zusammen mit dem britischen Premierminister Tony Blair im Juni 1999 veröffentlichte. In ihm setzten sie sich kritisch mit dem traditionellen Gerechtigkeitsverständnis ihrer Parteien auseinander:

> »In der Vergangenheit wurde die Förderung der sozialen Gerechtigkeit manchmal mit der Forderung nach Gleichheit im Ergebnis verwechselt. Letztlich wurde damit die Bedeutung von eigener Anstrengung und Verantwortung ignoriert und nicht belohnt und die soziale Demokratie mit Konformität und Mittelmaß verbunden statt mit Kreativität, Diversität und herausragender Leistung. Der Weg zur sozialen Gerechtigkeit war mit immer höheren öffentlichen Ausgaben gepflastert, ohne Rücksicht auf Ergebnisse oder die Wirkung der hohen Steuerlast auf Wettbewerbsfähigkeit, Beschäftigung oder private Ausgaben. Qualitätsvolle soziale Dienstleistungen sind ein zentrales Anliegen der Sozialdemokraten, aber soziale Gerechtigkeit lässt sich nicht an der Höhe der öffentlichen Ausgaben messen. Der wirkliche Test für die Gesellschaft ist, wie effizient diese Ausgaben genutzt werden und inwieweit sie die Menschen in die Lage versetzen, sich selbst zu helfen. [...] Allzu oft wurden Rechte höher bewertet als Pflichten. Aber die Verantwortung des Einzelnen in Familie, Nachbarschaft und Gesellschaft kann nicht an den Staat delegiert werden. Geht der Gedanke der gegenseitigen Verantwortung verloren, so führt dies zum Verfall des Gemeinsinns, zu mangelnder Verantwortung gegenüber Nachbarn, zu steigender Kriminalität und Vandalismus und einer Überlastung des Rechtssystems.« (Schröder/Blair 1999, S. 4 f.)

Ein Jahr später veröffentlichte Schröder in der sozialdemokratischen Theoriezeitschrift *Neue Gesellschaft/Frankfurter Hefte* einen Aufsatz mit dem Titel »Zivile Bürgergesellschaft. Anregungen zu einer Neubestimmung der Aufgaben von Staat und Gesellschaft«. Er schrieb:

> »Gerade weil aber die Herstellung sozialer Gerechtigkeit in einem umfassenden Sinn oberstes Ziel sozialdemokratischer Politik ist und bleibt, können wir uns nicht mehr auf Verteilungsgerechtigkeit beschränken. Die geht schon deshalb nicht, weil eine Ausweitung der Sozialhaushalte nicht zu erwarten und übrigens auch nicht wünschenswert ist. Für die soziale Gerechtigkeit in der Wissens- und Informationsgesellschaft ist vor allem die Herstellung von Chancengerechtigkeit entscheidend.« (Schröder 2000, S. 204)

Die Kritik an dem tatsächlichen oder auch nur vermeintlichen Egalitarismus der Sozialdemokratie findet sich auch in einer Rede des damaligen sozialdemokratischen Ministerpräsidenten von NRW, Wolfgang Clement, auf einem von seiner Partei veranstalteten Forum »Grundwerte heute: Gerechtigkeit« am 26. April 2000. Dort sagte Clement, der, wie bekannt, inzwischen aus der SPD ausgetreten ist, sich aber damals auf einer Linie mit der Parteiführung befand:

> »[...] auch das Arsenal der Beschwörungsformeln und Faustregeln von gestern hilft heute nicht mehr weiter [...] Das gilt vor allem für die plakative Gleichsetzung von Gerechtigkeit und Gleichheit. Gerechtigkeit, das bedeutete früher zuerst und vor allem mehr Gleichheit, und zwar ganz direkt mehr Verteilungs- und Ergebnisgleichheit. [...] So hilft uns der alte Glaube, dass alles sozial gerecht sei, was die Ungleichheit in der Einkommens- und Vermögensverteilung verringert, in dieser Allgemeinheit nicht weiter: Wer nur auf die eine Seite – die Sphäre der Verteilung – schaut und die andere Seite – die Sphäre der Produktion – außer Acht lässt, der läuft in die Irre. Denn die Reihenfolge muss umgekehrt sein: Die Erwirtschaftung des Wohlstands kommt vor seiner Verteilung – und zwar im Interesse von Leistung und von Gerechtigkeit. Deshalb sind gerade wir Sozialdemokraten gut beraten, rechtzeitig unsere Gerechtigkeitsideale zu überdenken und sie an den Realitäten der neuen Weltwirtschaft abzumessen.« (Clement 2000)

Wesentlich zugespitzter als Clement und Schröder äußerte sich zur gleichen Zeit der Soziologe Wolfgang Streeck in dem Aufsatz »Die Bürgergesellschaft als Lernzielkatalog« in der gewerkschaftlichen Theoriezeitschrift *Die Mitbestimmung* (Streeck 2000). Sein Debattenbeitrag ist insofern interessant, weil es sich bei ihm um einen langjährig mit den Gewerkschaften verbundenen Autor handelt. Umso schärfer erscheint die Provokation, die er seinen Weggefährten zumutete. Unter direkter Bezugnahme auf die erwähnten Ausführungen von Bundeskanzler Schröder beschreibt er einen »Lernzielkatalog, den Sozialdemokratie und Gewerkschaften werden bewältigen müssen, wenn sie die Versetzung in die nächste Stufe des Kapitalismus nicht verpassen wollen«. Zu lernen sei

- »dass die Bürger/innen der Bundesrepublik heute reicher, gesünder und besser ausgebildet sind denn je, weshalb die meisten von ihnen mehr als bisher für sich selbst sorgen und mehr Risiken selbst übernehmen können;
- dass sie mit der Verbesserung ihrer wirtschaftlichen Lage anspruchsvoller, eigensinniger, respektloser, individualistischer, kurz: selbstständiger geworden sind;
- dass sie sich als Konsumbürger daran gewöhnt haben, individuell bedient statt einheitsversorgt zu werden – also Spaßbäder statt Stadtbäder zu benutzen;
- dass auch deshalb die Zufriedenheit mit jeglicher staatlicher Grund- und Einheitsversorgung auch dann tendenziell abnimmt, wenn das Niveau der Letzteren steigt;
- dass wegen des wachsenden Wettbewerbsdrucks in einer zunehmend internationalisierten Wirtschaft dieses aber nicht nur nicht steigen kann, sondern eher sinken muss;
- dass gleichzeitig die Mehrheit der Menschen vor Wettbewerb nicht nur nicht mehr geschützt werden können, sondern auch nicht mehr geschützt werden müssen;
- dass expandierende Märkte und dynamischer technischer Wandel die national umverteilbaren Monopolrenten radikal beschnitten haben, was unter anderem einen Anstieg der gesellschaftlichen Ungleichheit unvermeidlich macht;
- dass dies aber auf dem erreichten Niveau des allgemeinen Wohlstands grundsätzlich hinnehmbar ist, wie es auch unter den heutigen wirtschaftlichen und technologischen Bedingungen zur Sicherung und weiteren Erhöhung der wirtschaftlichen Leistungsfähigkeit notwendig ist;
- dass also die Förderung von Bestleistungen durch Entlohnung mit Besteinkommen zur besten Förderung der Durchschnittseinkommen wird;
- dass die Plan- und Berechenbarkeit der gesellschaftlichen Verhältnisse, die schon unter der wachsenden Widerspenstigkeit der Individuen gelitten hat, durch die sich rasch wandelnde Umwelt weiter beeinträchtigt

> wird, weshalb Unternehmertum als dezentralisierte Verarbeitung von Informationen und verteilte Absorption von Risiken immer wichtiger wird.« (Streeck 2000, S. 28)

Daraus leitete Streeck die Auffassung ab, dass der Sozialstaat ausgedient habe und von der Zivil- oder Bürgergesellschaft abgelöst werden würde. Offen sei nur noch, ob es sich um eine »liberale« oder um eine →»kommunitaristische« oder »solidarische« Bürgergesellschaft handeln werde, d. h., ob die Gesellschaft ausschließlich vom Markt und von Egoismus beherrscht sein wird oder ob es in ihr informelle Netze und freiwillige Kooperation geben wird. Darauf Einfluss zu nehmen, sei die einzig verbliebene Aufgabe des Staates.

Längst nicht so radikal wie Streeck und deutlich zurückhaltend wegen seiner herausgehobenen politischen Position argumentierte der damalige Generalsekretär der SPD Olaf Scholz in einer Diskussion am 16. Juli 2003, also auf dem Höhepunkt der Auseinandersetzungen um die sogenannte Agenda 2010, wobei er inhaltlich weitgehend mit Schröder und Clement übereinstimmte:

> »Die Bedingungen für Gerechtigkeit verändern sich. Die Frage, wie eine Politik der Gerechtigkeit auszusehen hätte, wurde im – westlichen – Nachkriegsdeutschland vor allem als die Frage der gerechten Verteilung des Zuwachses an Wohlstand und Einkommen diskutiert – also als Verteilungsgerechtigkeit. Diese Perspektive wird den aktuellen Herausforderungen nicht mehr gerecht. Wir brauchen einen umfassenderen Begriff von Gerechtigkeit. Immer mehr Menschen erkennen, dass am Status quo orientierte Vorstellungen immer weniger gut dazu beitragen, Gerechtigkeit zu bewahren und neu zu schaffen. Wir haben es mit neuen und gewandelten Problemlagen zu tun: Die Globalisierung, der allmähliche, manchmal auch rasante Abschied vom Industriezeitalter und die Entstehung einer wissensintensiven Wirtschaft, der demografische Wandel, die verfestigte Massenarbeitslosigkeit, Tendenzen der sozialen Exklusion und Entmischung unserer Gesellschaft, ihr Zerfall in strukturelle »Insider« und »Outsider« sowie die Krise der öffentlichen Haushalte – das alles verbindet sich zu einem beispiellosen Problemgemenge, dem eine am sozialstaatlichen Status quo der alten Bundesrepublik orientierte Politik nicht mehr gewachsen ist. Jeder vor allem auf die Verwaltung und Zuteilung vorhandener materieller Bestände setzende Gerechtigkeitsbegriff droht unter diesen Umständen von den fortwährenden Veränderungsprozessen ad absurdum geführt zu werden. Klar ist heute, dass kein Wandel und keine Veränderung, kein Aufbruch und

keine Erneuerung in der gegenwärtigen Verfassung unseres Gemeinwesens auf jeden Fall ungerecht wären. Wir müssen neue Wege einschlagen.« (Programmdialog Gerechtigkeit 2003, S. 5) »[...] Ein erweiterter Gerechtigkeitsbegriff bedeutet keineswegs das Ende des Sozialstaats. Im Gegenteil: Es bedeutet, die Prioritäten des Sozialstaats und damit die Verteilung seiner materiellen Ressourcen neu zu bestimmen. Selbstverständlich findet die heute notwendige Debatte über neue Prioritäten – Teilhabe und Vorbeugung statt Nachsorge – vor dem Hintergrund des existierenden Sozialstaats statt. Dieser hat bereits ein sehr weitgehendes Niveau der Umverteilung materieller Ressourcen und Einkommen erreicht. Auch deshalb sind Debatten über Umverteilung nicht mehr von zentraler Bedeutung. Allerdings dürfen wir uns nicht von Neoliberalen oder Konservativen, die über Teilhabe reden, in Wahrheit aber den Sozialstaat aufgeben wollen, den Blick für die Reformnotwendigkeiten und neue Perspektiven versperren lassen.« (ebd., S. 8 f.)

Als weitere Stimme aus der Sozialdemokratie sei der inzwischen verstorbene Peter Glotz zitiert, der früher einmal Bundesgeschäftsführer seiner Partei gewesen war. Sein Hauptargument war, dass der Sozialstaat in seiner herkömmlichen Form nicht mehr finanzierbar sei. Das war für Glotz eine pure Selbstverständlichkeit, die allerdings – so befand er – viele in der SPD törichterweise nicht wahrhaben wollten, weil sie in »sozialer Selbstgerechtigkeit« befangen seien. Die These von der Unfinanzierbarkeit des herkömmlichen Sozialstaats stützt er mit drei Argumenten:

- dem demografischen Wandel und dem ständig wachsenden Sozialleistungsbedarf wegen des höheren Anteils älterer Menschen;
- der strukturellen Arbeitslosigkeit und der Unmöglichkeit, Vollbeschäftigung herbeizuführen, weil ein wachsender Anteil der Bevölkerung den ständig wachsenden Anforderungen der digitalen Arbeitswelt nicht gewachsen sei;
- der generellen Überlastung der öffentlichen Finanzen.

Glotz zufolge ist es unvermeidbar, der Bevölkerung mehr Eigenverantwortung zuzumuten. Nur noch die großen Lebensrisiken könnten über den Sozialstaat abgedeckt werden. Die »Identität« der Sozialdemokratie

»[...] hängt nicht an bestimmten gesetzlichen Regelungen, sondern besteht in der Empathie mit den schuldlos Gestrauchelten, in der Absicherung der großen Lebensrisiken der Menschen. Dazu gehört die Durchsetzung neuer Freiheitsrechte und die Begrenzung der Logik marktwirtschaftlicher Rationalität in bestimmten Notfällen. Wohngeld aber, Eigenheimförderung oder der Krankenschein für alles und jedes sind nicht unerlässlich. Auch die individualisierte Gesellschaft des 21. Jahrhunderts braucht einen Sozialstaat; aber einen anderen als die Industriegesellschaft der zwanziger oder der fünfziger Jahre des 20. Jahrhunderts.« (Glotz 2003)

Auch ein Diskussionsbeitrag von Thomas Meyer, einem der einflussreichsten zeitgenössischen Theoretiker der Sozialdemokratie und der SPD-nahen Friedrich-Ebert-Stiftung, ist erwähnenswert. In einem Aufsatz aus dem Jahre 2004, in dem er versuchte, die »Agenda 2010« des damaligen Bundeskanzlers Schröder zu rechtfertigen, setzte er sich kritisch mit dem traditionellen Gerechtigkeitsbegriff seiner Partei auseinander; er kennzeichnete ihn als »linearen Egalitarismus«, d. h. als einen Egalitarismus, der pauschale Gleichheit anstrebt, ohne die notwendige Differenzierung vorzunehmen:

> »Beim Versuch, das allgemeine Prinzip der gleichen Freiheit auf die Dimension sozialer Lebenschancen zu beziehen, vollzieht dieser eine eigentümlich linear-quantitative Wendung, wenn er kategorisch mehr Gleichheit in der Verteilung einer ganzen Reihe von Lebensgütern verlangt, ohne diese an irgendwelche qualifizierenden Bedingungen zu knüpfen. Es ist der SPD auch in der bisherigen Diskussion um eine Erneuerung ihres Grundsatzprogramms trotz einiger Versuche bislang aus einer Reihe von Gründen nicht gelungen, diese eindimensional lineare Komponente eines bloßen ›Mehr‹, die aus einer Reihe von Gründen unhaltbar ist, durch ein Kriterium zu ersetzen, das gleichzeitig den eigentlichen Sinn dieser Gerechtigkeitsformel [gemeint ist Gerechtigkeit als gleiche Freiheit für alle; T. E.] festhält und ihn doch in einer realitätsfähigen Weise auf die veränderten gesellschaftlichen Gegebenheiten bezieht. […] Die Verteidiger des im Grundsatzprogramm [d. h. das damals noch geltende Berliner Programm der SPD von 1990; T. E.] festgeschriebenen linearen Egalitarismus haben bislang alle Veränderungsvorschläge abgewehrt […].« (Meyer 2004, S. 183)

Die Gerechtigkeitsdiskussion in der deutschen Sozialdemokratie wurde auch nach dem Ende der rot-grünen Regierung fortgesetzt, wenn auch nicht mehr mit der gleichen Heftigkeit. Anlass war nun die geplante Verabschiedung eines neuen Grundsatzprogramms im Oktober 2007, das noch von Gerhard Schröder in der Zeit seines Parteivorsitzes (1999–2004) in die Wege geleitet worden war und vermutlich nach dessen ursprünglicher Intention die Abkehr vom traditionellen Sozialstaatsverständnis programmatisch hätte fundieren sollen. Allerdings zeichnete sich in der SPD inzwischen die Tendenz zu einer vorsichtigen Kurskorrektur ab. In dieser Situation veröffentlichten drei Spitzenpolitiker der SPD, Matthias Platzeck, Frank-Walter Steinmeier und Peer Steinbrück, einen Sammelband mit dem Titel »Auf der Höhe der Zeit« (Platzeck u. a. 2007), der Anfang September 2007, kurz vor dem Hamburger Parteitag der SPD, herausgebracht wurde. Diese Publikation wurde allgemein als Versuch gewertet, die Positionen des »Modernisierungsflügels« der Partei zur Geltung zu bringen und die Reformpolitik der rot-grünen Regierung zu verteidigen. Das Vorwort der drei Herausgeber ist von besonderem Interesse, weil dort die Idee des »vorsorgenden Sozialstaats« proklamiert wurde, die erkennbar an frühere Diskussionsbeiträge zur Neuformulierung des Begriffs der sozialen Gerechtigkeit anknüpft. Texte zu diesem Konzept wurden später auch vom sogenannten Netzwerk Berlin, einem Diskussionskreis des Schröder-Flügels der SPD unter dem Titel »Der vorsorgende Sozialstaat« veröffentlicht (Netzwerk Berlin 2008). Im Vorwort zu »Auf der Höhe der Zeit« schreiben Platzeck, Steinmeier und Steinbrück:

> »Gerade wer eine dynamische Wirtschaft will, der muss unter den Bedingungen des 21. Jahrhunderts mehr denn je für den Sozialstaat eintreten. Aber nicht jeder Sozialstaat ist gleich wirksam. Deshalb muss der Sozialstaat der Zukunft anders funktionieren als der Sozialstaat der national begrenzten Industriegesellschaft der zweiten Hälfte des 20. Jahrhunderts. Der überkommene Sozialstaat, der allzu oft »reparierend« erst dann eingreift, wenn soziale Schadenfälle wie chronische Krankheit, Bildungsmangel oder langfristige Arbeitslosigkeit schon eingetreten sind, ist nicht mehr auf der Höhe unserer Zeit – und er gerät unter den Druck von Demografie und hoher Staatsverschuldung auch an die Grenzen seiner Finanzierbarkeit. Effizienter und zugleich sozial gerechter ist der vorsorgende Sozialstaat, der in die Menschen, in Bildung, Qualifikation, Gesundheit, Lebenschancen und die soziale Infrastruktur investiert. Dabei müssen alle wesentlichen Politikbereiche wie ein Rad ins andere greifen: die Bildungspolitik, die Familienpolitik, die Gesundheitspolitik, die Wirtschafts- und die Arbeitsmarktpolitik.« (Platzeck u. a. 2007, S. 24)

Die Idee der präventiven Sozialpolitik ist natürlich nicht so originell, wie die Autoren offenbar glauben. Bemerkenswert ist aber zum einen das reichlich schroffe Entweder-Oder, das zwischen dem nachsorgenden und dem vorsorgenden Sozialstaat konstruiert wird, so als gäbe es im gegenwärtigen Sozialstaat keine Leistungen der Prävention und als sei es möglich, durch Vorbeugung den Hauptteil der Sozialaufwendungen für Alter oder Krankheit einzusparen, die allein über drei Viertel der Sozialausgaben umfassen. Zum anderen fällt auf, dass mit »Prävention« oder »Vorsorge« praktisch ausschließlich die »Investition in die Menschen« gemeint ist, nicht aber die Intervention in gesellschaftliche Strukturen. Die Vorsorge soll also vor allem individuelle Defizite beseitigen und die Menschen zur erfolgreichen Teilnahme am marktwirtschaftlichen Wettbewerb befähigen. Andere Aspekte der Prävention bleiben ausgeklammert, etwa dass die Arbeits- und Produktionsbedingungen enorm relevant für die Gesundheit der Menschen sind oder dass soziale Ungleichheit die bei Weitem wichtigste Ursache für die Ungleichheit der Bildungs- und Aufstiegschancen darstellt. In diesem merkwürdig verengten Begriff der sozialstaatlichen Vorsorge, die mehr soziale Gerechtigkeit garantieren soll als der alte nachsorgende Sozialstaat, zeigt sich eine deutliche Distanzierung von den traditionellen Leitvorstellungen der Verteilungsgerechtigkeit und der kollektiven sozialen Sicherheit. Wir werden später (→Kap. V.2) sehen, dass dies im Kern dem entspricht, was man das »postsozialstaatliche Gerechtigkeitsparadigma« nennen kann.

Die Darstellung der Gerechtigkeitsdiskussion in der SPD kann nicht abgeschlossen werden ohne den Hinweis, dass das Grundsatzprogramm, das die Partei schließlich am 28.10.2007 auf ihrem Parteitag in Hamburg verabschiedet hat, sich dann doch weitgehend an das gewohnte sozialstaatliche Gerechtigkeitsverständnis anlehnt. Dort heißt es zum »Grundwert Gerechtigkeit«:

> »Gerechtigkeit gründet in der gleichen Würde jedes Menschen. Sie bedeutet gleiche Freiheit und gleiche Lebenschancen, unabhängig von Herkunft oder Geschlecht. Also meint Gerechtigkeit gleiche Teilhabe an Bildung, Arbeit, sozialer Sicherheit, Kultur und Demokratie, gleichen Zugang zu allen öffentlichen Gütern. Wo die ungleiche Verteilung von Einkommen und Vermögen die Gesellschaft teilt in solche, die über andere verfügen, und solche, über die verfügt wird, verstößt sie gegen die gleiche Freiheit und ist darum ungerecht. Daher erfordert Gerechtigkeit mehr Gleichheit in der Verteilung von Einkommen, Vermögen und Macht. Denn große Ungleichheiten in deren Verteilung gefährden die Gleichheit der Lebenschancen. Deswegen ist die soziale Demokratie notwendig.
> Gleiche Lebenschancen bedeuten nicht Gleichmacherei. Im Gegenteil: Sie bieten Raum für die Entfaltung individueller Neigungen und Fähigkeiten. Menschen sind und bleiben verschieden. Aber natürli-

che Ungleichheiten und soziale Herkünfte dürfen nicht zum sozialen Schicksal werden. Lebenswege dürfen nicht von vornherein festgelegt sein. Wir wenden uns gegen jede Form von Privilegien oder Benachteiligungen aufgrund der Herkunft, des Standes, der Hautfarbe, des Geschlechts, der sexuellen Orientierung, der Religion.
Leistung muss anerkannt und respektiert werden. Gerecht ist eine der Leistung angemessene Verteilung von Einkommen und Vermögen. Eigentum verpflichtet: Wer überdurchschnittlich verdient, mehr Vermögen besitzt als andere, muss auch mehr zum Wohl der Gesellschaft beitragen.«

2.3 Der Gerechtigkeitsdiskurs in den anderen Parteien

Die Diskussion über ein neues Gerechtigkeitsverständnis wurde in Deutschland nicht nur in der SPD geführt, sondern ebenfalls, wenn auch weniger leidenschaftlich, in der anderen großen Volks- und Sozialstaatspartei, der CDU. Auf der gleichen Veranstaltung der SPD vom 16. Juli 2003, in der Olaf Scholz seine oben zitierten Thesen vorgetragen hatte, fasste der der CDU nahestehende Publizist Warnfried Dettling, hierin durchaus in Übereinstimmung mit Scholz, das Wesentliche des neuen Gerechtigkeitsdiskurses knapp zusammen: Es sei von zwei Feststellungen auszugehen, nämlich dass erstens »der real existierende Sozialstaat, so wie er geworden ist, auch die Ursache ist für wirtschaftliche und soziale Fehlentwicklungen« und dass zweitens der Sozialstaat in Zukunft wegen der »Problemlawine«, besonders wegen der demografischen Entwicklung, wegen der hohen Arbeitslosigkeit und wegen der »aufgetürmten Schuldenberge« nicht mehr finanzierbar sein wird.

Dettling leitete daraus, auch hier im Einklang mit seinem politischen Gegner, vier Notwendigkeiten ab (Programmdialog Gerechtigkeit 2003, S. 13f.):

1. Der Gerechtigkeitsbegriff muss an den Freiheitsbegriff statt an den Gleichheitsbegriff angekoppelt werden.
2. Der Gerechtigkeitsbegriff muss weniger an Verteilung und Umverteilung und dafür mehr an »Zugangsgerechtigkeit« und »Teilhabegerechtigkeit« geknüpft werden; es gehe um »Inklusion statt Exklusion«.
3. Der Sozialstaat darf nicht nur umverteilender und versorgender Staat sein, sondern muss auch »investierend« und »präventiv« tätig werden.
4. Da es bei der sozialen Gerechtigkeit im Wesentlichen auf Bildung ankommt, muss es eine »partielle Umverteilung vom Sozialstaat in den Bildungsstaat« geben.

Einige Jahre später, bereits nach Bildung der Großen Koalition, trug der damalige Generalsekretär der CDU, Ronald Profalla, unter dem Titel »Neue Gerechtigkeit durch mehr Freiheit« Überlegungen zu diesem Thema zusammen (Profalla 2006). In den Grundzügen ist die Übereinstimmung mit den SPD-Politikern Schröder, Scholz oder Clement unverkennbar. Dass Profalla deutlich vorsichtiger formulierte als diese, ist wahrscheinlich daraus zu erklären, dass nicht nur die SPD, sondern auch die CDU bei der Bundestagswahl 2005, zu der sie mit einem eindeutig neoliberal geprägten Programm angetreten war, erhebliche Stimmenverluste erlitten hatte. Profalla beklagte vor allem fünf Ungerechtigkeiten:

- dass die soziale Herkunft über die Bildungschancen von Kindern entscheide,
- dass die Chancen für ältere Arbeitslose, einen Arbeitsplatz zu finden, minimal seien,
- dass die Arbeitseinkommen bisweilen niedriger seien als die Lohnersatzleistungen,
- dass die finanziellen Belastungen von Eltern mit Kindern zu hoch seien
- dass Frauen Kindererziehung und Beruf nur schwer vereinbaren könnten.

Diese Ungerechtigkeiten sind nach Profalla Folge eines ineffizienten Sozialstaats und eines »überholten Gerechtigkeitsbegriffs«, der sich – entsprechend den Bedingungen des Industriezeitalters – ausschließlich am Schutz der Arbeitnehmerinnen und Arbeitnehmer vor Ausbeutung orientiert und Sozialversicherung, Mitbestimmung, Betriebsverfassung, Tarifautonomie oder Lohnfortzahlung in den Mittelpunkt stellt.

Diesem, wie er meinte, überholten Gerechtigkeitsbegriff stellte Profalla eine »neue Gerechtigkeit« gegenüber, die auf vier Prinzipien basiere:

- Chancengerechtigkeit,
- Generationengerechtigkeit,
- Leistungsgerechtigkeit,
- Familiengerechtigkeit.

Diesen »modernen« Gerechtigkeitsbegriff kontrastiert Profalla mit dem alten sozialstaatlichen Gerechtigkeitsbegriff, der sich nach seiner Meinung vor allem durch Umverteilung von Geld auszeichnet. Allerdings vermied der CDU-Generalsekretär jede schroffe Zuspitzung; die »neue Gerechtigkeit« sollte, so seine These, die alte nicht ersetzen, sondern nur die Gewichte verschieben:

> »Chancengerechtigkeit, Generationengerechtigkeit, Leistungsgerechtigkeit und Familiengerechtigkeit – nur mit diesem modernen Gerechtigkeitsverständnis, das wirtschaftliche Notwendigkeit und soziale Ver-

> antwortung miteinander verbindet, bleibt das Fundament der sozialen Sicherung stabil. Gleichwohl erfordert Neue Gerechtigkeit auch weiterhin eine Umverteilung von den Starken zu den Schwachen, von den Reichen zu den Armen, von den Gesunden zu den Kranken« [...] »Diese Hilfe soll vor allem zur Selbsthilfe befähigen und die Menschen in die Lage versetzen, am Leben der Gemeinschaft teilzuhaben. Unterstützung, die wie bisher zur Passivität anregt und nur auf staatliche Alimentierung setzt, ist zu wenig.« (Profalla 2006, S. 8)

In den kleineren Parteien der Bundesrepublik, bei den Grünen, der Linkspartei und der FDP, gab es keine Gerechtigkeitsdebatte, die mit derjenigen vergleichbar wäre, die in der SPD stattgefunden hat. Die Grünen haben sich an der theoretischen Diskussion kaum beteiligt, in der Praxis aber die Sozialreformen der Regierung Schröder mit größerer Geschlossenheit gestützt als die SPD. Von der Linkspartei kann man sagen, dass sie – jedenfalls was ihre reformistische und pragmatische Mehrheit betrifft – unverändert am traditionellen sozialstaatlichen Gerechtigkeitsparadigma festgehalten hat, ohne nennenswert auf die tief greifenden Strukturveränderungen zu reagieren, die sich in den kapitalistischen Gesellschaften gegenüber der Blütezeit des Sozialstaats vollzogen haben.

Für die FDP hat das Thema der sozialen Gerechtigkeit traditionell nie eine besonders wichtige Rolle gespielt und sie nimmt schon seit den späten 1970er Jahren mehrheitlich eine deutlich sozialstaatskritische Position ein. Deshalb haben sich die Liberalen an der Gerechtigkeitsdiskussion auch nicht sehr intensiv beteiligt. Besonders interessant ist aber ein Beitrag, den Christian Lindner, der spätere – inzwischen allerdings schon wieder zurückgetretene – Generalsekretär der FDP im Frühjahr 2009 unter dem Titel »Freiheit und Fairness« in der Zeitschrift *Berliner Republik* – dem, wie man sagen könnte, »theoretischen Organ« des Schröder-Flügels der SPD – veröffentlichte (Lindner 2009). In ihm versuchte er, den Gerechtigkeitsbegriff des Liberalismus zu erläutern. Bezugspunkt der Gerechtigkeit ist für ihn, wie es für alle Liberalen selbstverständlich ist, der Begriff der Freiheit, die er im Anschluss an Amartya Sen als Befähigung und tatsächliche Handlungsmöglichkeit zur Verwirklichung von Lebenschancen versteht. Bemerkenswert ist aber, dass Lindner sich vom libertären Ansatz und damit vom harten Neoliberalismus angelsächsischer Prägung distanziert und ausdrücklich einräumt, dass sich soziale Gerechtigkeit nicht allein in Leistungsgerechtigkeit erschöpfen kann:

> »Ergebnis des Marktprozesses ist eine Ordnung der Leistungsgerechtigkeit, sofern sich alle Teilnehmer dem Wettbewerb in gleicher Weise ungehindert und diskriminierungsfrei stellen können. Es ist ein Zustand der Ungleichheit, da sich Leistungsfähigkeit und -bereitschaft individuell unterscheiden und der Preisbildungsmechanismus zudem die relative Knappheit von Gütern und Dienstleistungen bewertet. Eine Organisation des menschlichen Zusammenlebens wird allerdings auf der Basis nur dieses einen Gerechtigkeitsparadigmas kaum breite Zustimmung finden. Deshalb muss Ungleichheit weiter gerechtfertigt werden. [...] Die Effizienz freier Märkte allein, die den allgemeinen Wohlstand maximieren, wäre nicht hinreichend. Legitimität wird allerdings dann hergestellt, wenn die sich aus dem Wettbewerb am Markt ergebende Ungleichheit durch Verteilungspolitiken – ich verwende das provokante Wort bewusst – so gedämpft wird, dass die den Wohlstand erwirtschaftende Risiko- und Leistungsbereitschaft der Starken nicht beeinträchtigt wird, die Schwachen aber dennoch in einer Ordnung legitimer Ungleichheit besser gestellt sind als in einer egalitären, aber weniger dynamischen Gesellschaft.« (Lindner 2009, S. 50)

Auf den ersten Blick macht sich Lindner damit, ganz untypisch für die Tradition des Liberalismus, das »Differenzprinzip« von John Rawls[2] zu eigen und argumentiert fast so wie ein typischen Vertreter sozialstaatlicher Verteilungsgerechtigkeit. Es folgt aber sofort eine charakteristische Wendung: Nicht Güter oder die Ergebnisse des marktwirtschaftlichen Produktionsprozesses sollen im Sinne der sozialen Gerechtigkeit umverteilt werden, sondern Chancen:

> »Der soziale Ausgleich sollte sich nach meiner Überzeugung nicht überwiegend auf Ressourcen beziehen, sondern vielmehr bei der Verbesserung der Handlungsfähigkeit – im Sinne der von Amartya Sen definierten »Befähigungen« – der vormals Schwachen ansetzen, erneut und gestärkt in den Wettbewerb einzutreten. Der redistributive Eingriff darf nicht im Marktprozess erfolgen und damit dessen Belohnungs-, Koordinierungs- und Innovationsfunktionen beschädigen; er muss dessen Ergebnis zum Ausgangspunktnehmen. Die Verteilungswirkung sollte zudem transparent erreicht werden, indem sie allein auf das Steuersystem beschränkt wird«. (ebd.)

Auf diese Weise nähert sich Lindner von der liberalen Seite her dem Gerechtigkeitskonzept von Eigenverantwortung und »Teilhabe«, das bereits von sozialdemokratischer Seite formuliert worden war und das an die Stelle des traditionellen sozialstaatlichen Verständnisses von Verteilungsgerechtigkeit gesetzte werden sollte. Überhaupt vermittelt sein Text den Eindruck, dass die Liberalen mit einer gewissen Zeitverzögerung den Anschluss an die Theoriedebatte suchten, die die Sozialdemokraten während der Zeit der rot-grünen Reformpolitik führten und die sie in der Zwischenzeit, unter dem Eindruck der Wirtschaftskrise, weitgehend eingestellt haben.

3 Reaktion auf die Krise: Abschied von der Gerechtigkeit?

Bislang ist die Diskussion geschildert worden, die in Begleitung der Reformpolitik der rot-grünen Regierung geführt wurde. Es ging dabei um die Ablösung vom herkömmlichen sozialstaatlichen Gerechtigkeitsparadigma und um die Hinwendung zu einem neuen, post-sozialstaatlichen Gerechtigkeitsparadigma. Bereits mit dem Ende der Regierung Schröder und der Bildung der Großen Koalition aus CDU/CSU und SPD ließ die Intensität dieser Diskussion nach. Die großen Konflikte um die Renten- und Arbeitsmarktreformen der Regierung Schröder, die als Abkehr von den bisherigen sozialstaatlichen Traditionen konzipiert worden waren oder jedenfalls so verstanden wurden, ebbten allmählich ab. Union und FDP hatten zwar im Bundestagswahlkampf 2005 bereits die nächste große systemverändernde Reform auf die Tagesordnung gesetzt, nämlich den Umbau des solidarischen Finanzierungssystems der gesetzlichen Krankenversicherung und die Einführung der »Kopfprämien« anstelle einkommensbezogener Beiträge. Nachdem diese beiden Parteien aber eine gemeinsame Mehrheit verfehlt hatten, klammerte die Große Koalition dieses heikle Thema aus und vermied damit einen weiteren gesellschaftlichen Großkonflikt. Schon vor der großen Finanz- und Wirtschaftskrise wurde die Meinungsführerschaft des angelsächsisch geprägten Neoliberalismus in Wissenschaft, Medien und Politik allmählich schwächer.

Als die weltweite Krise 2008 auch Deutschland erreichte, schien der intervenierende Sozialstaat zunächst glänzend rehabilitiert zu sein. Von der Rückkehr zum alten Ideal der beschützenden und zuteilenden sozialen Gerechtigkeit kann aber aus heutiger Sicht keine Rede sein. Dafür sprechen folgende Gründe:

- Bislang hat sich die Renaissance des →Staatsinterventionismus darauf beschränkt, dass der Staat durch seine Eingriffe die ökonomischen Stabilität gewährleistete, indem er die Banken vor dem Zusammenbruch bewahrte und die Konjunktur stabilisierte. Der neue Staatsinterventionismus impliziert aber nicht – jedenfalls bis jetzt nicht – die Rückkehr zur traditionellen sozialstaatlichen Sozialpolitik.

- Es scheint sich nicht um das Ende des globalisierten Finanzkapitalismus zu handeln, sondern eher um eine vorübergehende Schwächephase. Vor allem werden die großen Trends, die zur Erosion des Sozialstaats geführt haben – der Wandel von der Industrie- zur Dienstleistungsgesellschaft, die Individualisierung und die Globalisierung – trotz aller Bemühungen der Regierungen um die Regulierung der Finanzmärkte auch in Zukunft wirksam sein.

Der Diskurs über soziale Gerechtigkeit ist in Deutschland damit aber nicht ganz zum Stillstand gekommen. Vielmehr beginnt er sich neu zu formieren, allerdings mit veränderten Konfliktlinien. In der ersten Hälfte der 2000er Jahre wurde die Debatte im Wesentlichen von modernisierungsbereiten Sozial- und Christdemokraten geführt, also sozusagen innerhalb der traditionellen Sozialstaatsparteien. Es ging darum, dem Begriff der sozialen Gerechtigkeit eine neue und, wie man meinte, den Problemen angemessenere Deutung zu geben. Jetzt aber hat die große Finanz- und Wirtschaftskrise die Thematik verändert. Sie hat nicht nur den Befürwortern des traditionellen Interventionsstaats ein gewisses Comeback verschafft, sondern auch die Verteidiger der Ungleichheit auf den Plan gerufen. Diese befürchten, dass der Vertrauensverlust der wirtschaftliberalen Ideen zur Renaissance sozialstaatlicher Orientierungsmuster führen und den Ruf nach mehr Verteilungsgerechtigkeit neu beleben könne. Ihre Absicht ist es nicht mehr, das »Soziale« neu zu interpretieren, sondern sie wenden sich grundsätzlich gegen die Forderung nach sozialer Gerechtigkeit und erklären sie als solche als unberechtigt. Typisch für diesen Trend ist der Titel eines Sammelbands, der vom Institut der deutschen Wirtschaft und von Avenir Suisse, einem Schweizer neoliberalen Think Tank, herausgegeben und von beiden führenden wirtschaftsnahen Tageszeitungen des deutschen Sprachraums, der *Frankfurter Allgemeinen* und der *Neuen Zürcher Zeitung* verlegt worden ist; er lautet »Abschied von der Gerechtigkeit« (Gentinetta/Horn 2009); auch hier signalisiert das fehlende Fragzeichen hinter dem Titel ist die provokative Absicht.

In dieser neuen Diskussion kann man zwei Linien unterscheiden. Die erste Linie ist durch den Versuch gekennzeichnet, die traditionellen wirtschaftliberalen Positionen angesichts des durch die Krise eingetretenen Vertrauensschadens neu zu formulieren. In diesem Zusammenhang sind vor allem die Publikationen von Friedrich Merz (2008) oder von Michael Hüther/Thomas Straubhaar (2009) zu erwähnen. Dazu gehören auch die meisten Beiträge des eben erwähnten Sammelbands. Die Argumente, die hier ins Feld geführt werden, bewegen sich mehr oder weniger in den gewohnten Bahnen: Man warnt vor zu großzügigen sozialpolitischen Leistungen, zu hoher Abgabenbelastung und Strangulierung der Wirtschaft, grenzt sich entschieden gegen jede Form des Egalitarismus ab, plädiert dafür, die Sozialstandards möglichst niedrig zu halten und betont den – tatsächlichen oder auch nur vermeintlichen – Gegensatz zwischen sozialer Sicherheit und Eigenverantwortung. Vor allem hebt man hervor, dass eine so wenig wie möglich regulierte Marktwirtschaft nicht nur die effizienteste, zudem der Freiheit einzig angemessene Ordnung, sondern auch – recht verstanden – der beste Garant sozialer Gerechtigkeit sei.

Allmählich wird aber auch eine zweite Linie der Diskussion sichtbar, die radikaler ansetzt als die geschilderte traditionelle Argumentation des Neoliberalismus; darauf hat besonders Frank Nullmeier (2010) hingewiesen. Hier geht es nicht mehr nur darum, soziale Gerechtigkeit neu zu interpretieren, sondern sie als solche in ihrem Wert herabzustufen oder gar grundsätzlich in Frage zu stellen.

3.1 Paul Nolte: Wohlstand für alle statt Gerechtigkeit

Der mit Abstand seriöseste und auch moderateste Debattenbeitrag aus dieser Richtung stammt von dem Historiker und Publizisten Paul Nolte (2009). Nolte räumt ein, dass soziale Ungleichheit, Armut, Marginalisierung und Unsicherheit in Deutschland stark zugenommen haben und dass in der Bevölkerung ein zunehmendes Gerechtigkeitsdefizit wahrgenommen wird. Er plädiert auch keineswegs dafür, diese Entwicklung einfach hinzunehmen. Allerdings meint er, die allgemeine Unzufriedenheit und die Klage über wachsende Ungerechtigkeit sei allein aus der ökonomischen und sozialen Entwicklung nicht zu erklären. Vielmehr seien auch die Gerechtigkeitsansprüche in der Bevölkerung gewachsen und unangemessen geworden. Die Ungerechtigkeit in der Gesellschaft ist für Nolte nur zum Teil real; teilweise ist sie auch nur das Ergebnis einer mentalen Befindlichkeit und eines »Wertewandels«.

Dieser Wertewandel hat bewirkt, glaubt Nolte, dass soziale Gerechtigkeit zum »Zentralwert« der Gesellschaft geworden ist. Soziale Gerechtigkeit werde zudem tendenziell immer mehr als soziale Gleichheit verstanden. Deshalb sei die Gefahr entstanden, dass der Wert der Freiheit zugunsten der Gerechtigkeit vernachlässigt werde. Generell habe sich ein Trend zur »Moralisierung der Gerechtigkeit« und zur »gesinnungsethischen Aufladung« herausgebildet (Nolte 2009, S. 123). Ein solches moralisierend-gesinnungsethisches Verständnis von sozialer Gerechtigkeit verleite aber zu der Einschätzung, es gehe in der Politik einfach um die Wahl zwischen Gut und Böse und nicht um Lösung von Problemen in einer komplexen Welt. Daher werde die Lösung der gesellschaftlichen Probleme immer mehr in einfacher Umverteilung gesehen, denn man glaube, soziale Gerechtigkeit einfach dadurch herstellen zu können, dass dem einen genommen und dem anderen gegeben wird.

Diese schlichte Umverteilungslogik, die alles als Nullsummenspiel begreift, ist aber, so Nolte, dem komplexen und dynamischen System der modernen Gesellschaft nicht angemessen, weil der Mangel des einen nicht immer einfach durch den Überfluss des anderen zu erklären ist. Außerdem habe Umverteilung häufig unbeabsichtigte Nebenwirkungen, die von einer verantwortungsvollen Politik sorgfältig kalkuliert und berücksichtigt werden müssten. Aus diesen Gründen müssen, so Nolte, die übertriebenen Gerechtigkeitsansprüche zwangsläufig unerfüllt bleiben und in eine »Enttäuschungsspirale« münden, und zwar allein schon deshalb, weil es keine einfachen Gerechtigkeitsmaßstäbe gibt und ein und dieselbe Sache aus der einen Perspektive als gerecht, aus der anderen aber als ungerecht erscheinen muss.

Daher besteht die beste Antwort auf soziale Ungleichheit und Ungerechtigkeit für Nolte nicht in dem Versuch, soziale Gerechtigkeit durch Umverteilung herzustellen, sondern in der Steigerung des allgemeinen Wohlstands und in der Eröffnung von individuellen Aufstiegschancen. Denn wenn eine solche Politik des »Wohlstands für alle« verfolgt werde, erledige sich das Gerechtigkeitsproblem weitgehend von selbst:

> »Was haben wir von einer sozialen Gerechtigkeit der Verteilung, wenn alle arm sind und unfrei noch obendrein? Eine solche Nordkoreanisierung kann ja wohl kaum ein politischer, erst recht nicht ein moralischer Fluchtpunkt sein. Wenn es darum geht, Ressourcen für möglichst viele zu vermehren, dann ist Ludwig Erhards ›Wohlstand für alle‹ zweifellos eine geniale Formel gewesen. Freiheit – Wohlstand – Demokratie – nachhaltige Entwicklung in ökonomischer und ökologischer Hinsicht: Wenn wir diese Ziele formulieren und verfolgen, spielt die Gerechtigkeit nicht mehr zwangsläufig eine zentrale Rolle.« (Nolte 2009, S. 134)

Nach Noltes Überzeugung steht aber gerade die auf soziale Gerechtigkeit fixierte Mentalität der Steigerung des Wohlstands im Wege. Sie führe nur in eine Abwärtsspirale von »sozialer Depression und Gerechtigkeitsromantik«. Das wirkliche Gerechtigkeitsproblem besteht für ihn also nicht in der wirklichen Ungerechtigkeit, sondern in dem Wertewandel, der zu einem unangemessenen und überzogenen Gerechtigkeits- und Gleichheitsanspruch der Bevölkerung geführt habe. So ist es konsequent, dass er für den »Abschied von der Gerechtigkeit« plädiert:

> »Was bedeutet es im sozialen Sinne, in einer Gesellschaft mit Ungleichheit und Benachteiligung die Ressourcen zu mehren? Es heißt, blockierte Wege frei zu machen, Chancen zu eröffnen, Möglichkeiten des Aufstiegs zu bieten: für jeden einzelnen Menschen, für benachteiligte Gruppen, für ganze Völker, ja Weltregionen. So haben wir es in den vergangenen Jahrzehnten, nicht zuletzt im globalen Maßstab, immer wieder erlebt und erleben es noch. Dafür ist Bildung so wichtig, wie es wirtschaftliche Dynamik ist. Stagnation vermehrt die Ressourcen, die materiellen wie die immateriellen, nicht. Konflikte bleiben dabei nicht aus – sie gehören zu einer freien Gesellschaft dazu. Es wäre falsch, sich aus falsch verstandener Harmoniesucht oder in der Verwechselung von Gerechtigkeit mit der Abwesenheit von Konflikten vor ihnen zu fürchten. Überhaupt sollten wir den Problemen ins Auge sehe, uns dabei aber nicht von einer Mentalität der Angst treiben lassen. Soziale Depression und Gerechtigkeitsromantik: diese Kombination setzt eine Spirale in Gang, die nur abwärts führen kann. Wir können also mit Recht daran zweifeln, ob die Gerechtigkeit der höchste Wert ist, dem wir nacheifern sollen. Nehmen wir in diesem Sinne also Abschied von der Gerechtigkeit.« (Nolte 2009, S. 134 f.)

Noltes Kritik am Ideal der sozialen Gerechtigkeit ist nicht nur negativ gemeint, sondern sie ist mit einem positiven Entwurf zur Wahrung und Mehrung der Gerechtigkeit verbunden. Er besteht in der Vorstellung einer Politik des »Wohlstands für alle«, die allerdings erst dann möglich wird, wenn die Problematik von Ungleichheit und Benachteiligung bewusst im Hinblick auf das allgemeine Wirtschaftswachstum hintangestellt wird. Die Parole lautet sozusagen »zurück zu Ludwig Erhard«. Allerdings kann bezweifelt werden, ob dieser nostalgische Rückgriff auf die Zeit des »Wirtschaftswunders« der 1950er und 1960er Jahre wirklich die richtige Antwort auf das eigentliche Gerechtigkeitsproblem der gegenwärtigen Gesellschaft sein kann. Deren Hauptproblem besteht ja gerade darin, dass das in der Prosperitätsphase des Industriekapitalismus gegebene »Systemversprechen« – nämlich Ehrhards »Wohlstand für alle« – unter den Bedingungen des globalisierten Finanzmarktkapitalismus nicht mehr erfüllt wird und vielleicht auch nicht mehr erfüllt werden kann.

3.2 Norbert Bolz: Plädoyer für Ungleichheit

Noltes Kritik am Ideal der sozialen Gerechtigkeit ist vergleichsweise moderat, wenn man sie mit den anderen Debattenbeiträgen vergleicht, um die es jetzt gehen wird. Als nächstes verdient eine Streitschrift Beachtung, die Norbert Bolz, Professor für Medien- und Kommunikationswissenschaft an der Technischen Universität Berlin und auch aus Fernseh-Talkshows bekannt, im Jahr 2009 unter dem Titel *Diskurs über die Ungleichheit. Ein Anti-Rousseau* veröffentlicht hat (Bolz 2009). Schon der Titel mit der Anspielung auf den berühmten *Diskurs über den Ursprung der Ungleichheit unter den Menschen* von Jean-Jacques Rousseau verrät, dass der Autor für die Ungleichheit und gegen die Gleichheit Partei ergreifen möchte.[3] Unmissverständlich macht Bolz klar, dass die Ungleichheit der Menschen nach seiner Auffassung ausschließlich eine Naturgegebenheit und kein Resultat der gesellschaftlichen Verhältnisse ist. Die Ungleichheit zu kritisieren, ist für ihn infolgedessen völlig indiskutabel.

> »Es gibt Dinge, die besser sind als andere. Es gibt Kulturen, die fortschrittlicher und humaner sind als andere. Und es gibt Menschen, die anderen überlegen sind – die Aristoi[4], die Elite, die Seltenen, die Besten, die Stars, die Reichen, die Mächtigen, die Berühmten. Dieses Besser- und Überlegensein artikuliert sich traditionell als Vornehmheit, Größe, Stil und Wille zur Distinktion. Für die Massendemokratie ist das ein Skandal, auf die sie mit einem scharfen Ressentiment zunächst gegen Meisterschaft und Autorität, dann gegen Kanon und Elite und schließlich gegen Erfolg und Leistung reagiert. Die ersten Opfer dieser Rhetorik der Gleichheit sind die Schönheit, die Wahrheit, die Tugend und die Größe.« (Bolz 2009, S. 11)

Hier wird offensichtlich, dass der Autor nicht nur die Ungleichheit der Individuen bezüglich ihrer Fähigkeiten und Charaktereigenschaften gegen »Gleichmacherei« verteidigen will, sondern dass er – obwohl er die rechtliche Gleichstellung aller Menschen und die Gleichheit vor dem Gesetz nicht oder jedenfalls nicht ausdrücklich bestreitet – in Wirklichkeit eine Art natürliche Rangordnung zwischen den Menschen postuliert; es gibt für ihn höhere und niedere Menschen. Dieses natürliche Recht auf Ungleichheit sieht er bedroht durch ausufernde Gleichheitsforderungen in der modernen »Massendemokratie«. Mit dieser verächtlichen Bezeichnung für die Demokratie gibt Bolz im Übrigen indirekt zu verstehen, dass er die »Massen« am liebsten von der politischen Mitwirkung ausschließen würde, aber nicht wagt, eine solche Forderung offen zu vertreten:

»Es ist eine traurige Ironie der Weltgeschichte, dass das Ideal der Gleichheit den Hass verewigt, den die Realität der Ungleichheit erzeugt hat. In der Massendemokratie leben heißt nämlich, im vergleichenden Blick auf die anderen zu leben. Und je gleicher die Lebensverhältnisse sind, um so hartnäckiger fixiert sich der vergleichende Blick auf das Überragende, die Exzellenz, den Besseren. Der Hass auf die Ungleichheit ist die demokratische Leidenschaft par excellence. Und je weniger Ungleichheiten es gibt, desto größer wird der Hass auf sie. Das Prinzip Gleichheit wirkt also paradox: Je mehr Gleichheit praktisch durchgesetzt wird, desto unerträglicher wird jede noch vorhandene Ungleichheit. Je größer die Gleichheit, desto unerbittlicher das Verlangen nach noch mehr Gleichheit. Die statistisch erwiesene Ungleichheit wird als Ungerechtigkeit interpretiert und dann als zentrales Beweismittel im ideologischen Prozess gegen die bürgerliche Freiheit eingesetzt«. (ebd. S. 10)

An diesen Sätzen fällt vor allem der undifferenzierte Gebrauch der Begriffe »Ungleichheit« und »Gleichheit« auf. Streng genommen sind diese Begriffe inhaltsleer, wenn nicht zugleich präzisiert wird, in welcher Hinsicht die Menschen gleich oder ungleich sind oder sein sollen. Bolz lässt aber offen, ob er von politischer, rechtlicher oder sozialer und ökonomischer Gleichheit redet oder gar von der Gleichheit der Personen in ihren Vorlieben, Meinungen, Eigenschaften und Charakterzügen, also von persönlicher oder charakterlicher Uniformität. Man darf annehmen, dass er dies nicht ohne Absicht tut. Jedenfalls gehört die systematische Verwischung der Grenze zwischen ökonomisch-sozialer Gleichheit und persönlicher Konformität zum ständigen Instrumentarium anti-egalitaristischer Argumentation, denn auf diese Weise entsteht der Eindruck, ökonomisch-soziale Gleichheit sei zwangsläufig mit »Gleichmacherei«, mit personaler Homogenisierung und Einebnung und dem Verlust von Individualität verbunden.

Konsequenterweise erteilt Bolz jeder Art von sozialer Umverteilung eine schroffe Absage an. Er erkennt zwar – was eher eine Konzession an den Zeitgeist denn Ausdruck seiner Überzeugung sein dürfte – die politische Notwendigkeit an, auf die Forderung nach sozialer Gerechtigkeit einzugehen. Konkret aber empfiehlt denjenigen, die nicht zur Elite gehören, Bescheidenheit und Verzicht. Dies kleidet er in die etwas merkwürdige Formulierung von der »Tapferkeit des Bürgers«:

»Es gibt keine gerechte Gesellschaft. Aber politisch betrachtet, scheint es unerträglich, dass Gerechtigkeit zu einem formalen Sonderwert des modernen Rechtsystems kondensiert [d. h. auf formale Rechtsgleichheit

> reduziert, T. E.] werden soll. Um die Grenzen der möglichen Gerechtigkeit zu erkennen, braucht man die Tapferkeit der Bürgerlichkeit. Sie besteht darin, auf ein Konzept von Glück als Wunscherfüllung zu verzichten. Die Tapferkeit des Bürgers bewährt sich darin, dass er seine Identität in der rituellen Aufrechterhaltung der sozialen Situation sucht, seine Würde im Konsumiertwerden durch die Institutionen findet und in der Funktionsfähigkeit der sozialen Systeme das moderne Äquivalent für Gerechtigkeit anerkennt. Modernisierung erscheint hier als ein Prozess, der die Menschen zwingt, vom alten Perfektionsideal der Gerechtigkeit Abschied zu nehmen und sich zunächst mit der Rechtssicherheit, schließlich aber nur noch mit der Funktionsfähigkeit der sozialen Systeme zu begnügen. Modern setzen wir also nicht auf eine gerechte Gesellschaft, sondern auf eine funktionsfähige. Wir sollten zufrieden sein mit dem, was gut genug ist, statt mit absurdem Aufwand nach der optimalen Lösung zu suchen. Also genug statt gleich viel.« (ebd., S. 19, S. 177)

Mit der »Tapferkeit des Bürgers« ist offenbar gemeint, dass die Tugend des Bürgers darin besteht, sich des »vergleichenden Blicks« zu enthalten, auf Gerechtigkeit und Gleichheit zu verzichten und sich mit dem Genügenden zufriedenzugeben. Gleichberechtigte Teilhabe am gesellschaftlichen Reichtum und seinem Zuwachs soll den Bürgerinnen und Bürgern, sofern sie sich nicht zur »Elite« zählen dürfen, verwehrt sein. Sie haben ihre persönlichen Ansprüche der Funktionsfähigkeit der Gesellschaft unterzuordnen und sich »konsumieren« zu lassen, d. h. sie sollen sich sogar für die Institutionen der Gesellschaft opfern.

3.3 Peter Sloterdijks »Revolution der gebenden Hand«

Wie wir am Beispiel von Norbert Bolz sehen, hat die Finanz- und Wirtschaftskrise und die damit verbundene Möglichkeit einer Renaissance der Idee des umverteilenden Sozialstaats offensichtlich zur Radikalisierung der Sozialstaatskritik beigetragen, und zwar so weit, dass nun auch die liberale Idee der Gleichberechtigung aller Menschen in Frage gestellt wird. Ähnliches kann man auch von der Intervention des medienbekannten Philosophen Peter Sloterdijk sagen, der 2009 in einem Zeitungsartikel das Recht des Staates, Steuern von seinen Bürgerinnen und Bürger zu erheben, grundsätzlich bestritten hat (Sloterdijk 2009). Damit hat er erhebliche Aufmerksamkeit gefunden und eine breite Debatte in den Feuilletons der deutschen Zeitungen ausgelöst (vgl. Rehmann/Wagner 2010).

Sloterdijk wirft der »Linken« vor – gemeint ist natürlich nicht nur die gleichnamige Partei, sondern das gesamte linke politische und intellektuelle Spektrum mitsamt ihrer geistesgeschichtlichen Tradition –, sie verunglimpfe den Kapitalismus zu Unrecht als →»Kleptokratie«. Die Linke behaupte, der Kapitalismus beruhe auf Diebstahl und Ausbeutung. Typisch für diese Auffassung seien die Eigentumstheorie von Rousseau und die Mehrwert- und Ausbeutungstheorie von Karl Marx: Rousseau war der Ansicht, dass die private Aneignung von ursprünglich herrenlosem Grund und Boden gegen das natürliche Recht verstoße und die eigentliche Wurzel aller sozialen Ungleichheit sei. Marx war der Auffassung, dass der Gewinn des kapitalistischen Unternehmers nichts anderes sei als die Aneignung dessen, was die Arbeiter geschaffen haben (zu Rousseau und Marx vgl. Ebert 2010, S. 143–178).

In solchen Auffassungen gründet Sloterdijk zufolge die traditionelle sozialistische Einstellung, Kapitalbesitz und Kapitaleinkommen seien grundsätzlich illegitim und es komme darauf an, das ursprüngliche Unrecht des Eigentums dadurch wiedergutzumachen, dass den Dieben das Gestohlene wieder abgenommen und an die Besitzlosen verteilt wird. Zwar sei der traditionelle Sozialismus inzwischen überholt, aber die Vorstellung, dass den Eigentümern ihr Eigentum weggenommen werden dürfe und müsse, liege auch dem modernen Sozial- und Steuerstaat zugrunde:

> »Es würde sich an dieser Stelle nicht lohnen, die Irrtümer und Missverständnisse aufzuzählen, die der abenteuerlichen Fehlkonstruktion des Prinzips Eigentum auf der von Rousseau über Marx bis zu Lenin führenden Linie innewohnen. Der Letztgenannte hat vorgeführt, was geschieht, wenn man die Formel von der Expropriation der Expropriateure aus der Sphäre sektiererischer Traktate in die des Staatsparteiterrors übersetzt. Ihm verdankt man die unüberholte Einsicht, dass die Schicksale des Kapitalismus wie die seines vermeintlichen Gegenspielers, des Sozialismus, untrennbar sind von der Ausgestaltung des modernen Staates. Tatsächlich muss man auf den zeitgenössischen Staat blicken, wenn man die Aktivitäten der nehmenden Hand auf dem neuesten Stand der Kunst erfassen will.« (Sloterdijk 2009)

Auf diese Weise hat sich, meint Sloterdijk, »der moderne Staat binnen eines Jahrhunderts zu einem geldsaugenden und geldspeienden Ungeheuer von beispiellosen Dimensionen« entwickelt.

»Dies gelang ihm vor allem mittels einer fabelhaften Ausweitung der Besteuerungszone, nicht zuletzt durch die Einführung der progressiven Einkommensteuer, die in der Sache nicht weniger bedeutet als ein funktionales Äquivalent zur sozialistischen Enteignung, mit dem bemerkenswerten Vorzug, dass sich die Prozedur Jahr für Jahr wiederholen lässt – zumindest bei jenen, die an der Schröpfung des letzten Jahres nicht zugrunde gingen. [...] Inzwischen hat man sich längst an Zustände gewöhnt, in denen eine Handvoll Leistungsträger gelassen mehr als die Hälfte des nationalen Einkommensteuerbudgets bestreitet. Zusammen mit einer bunten Liste an Schöpfungen und Schröpfungen, die überwiegend den Konsum betreffen, ergibt das einen phänomenalen Befund: Voll ausgebaute Steuerstaaten reklamieren jedes Jahr die Hälfte aller Wirtschaftserfolge ihrer produktiven Schichten für den Fiskus, ohne dass die Betroffenen zu der plausibelsten Reaktion darauf, dem antifiskalischen Bürgerkrieg, ihre Zuflucht nehmen.« (ebd.)

Aus dieser Diagnose leitet Sloterdijk eine weitere These ab: Der Staat ist im großen Stil zur »nehmenden Hand« geworden. Um aber dieses Nehmen zu rechtfertigen, verteilt der Staat seine Beute an die Armen und Besitzlosen.

»Angesichts der bezeichneten Verhältnisse ist leicht zu erkennen, warum die Frage, ob der ›Kapitalismus‹ noch eine Zukunft habe, falsch gestellt ist. Wir leben gegenwärtig ja keineswegs ›im Kapitalismus‹ – wie eine so gedankenlose wie hysterische Rhetorik neuerdings wieder suggeriert -, sondern in einer Ordnung der Dinge, die man cum grano salis als einen massenmedial animierten, steuerstaatlich zugreifenden Semi-Sozialismus auf eigentumswirtschaftlicher Grundlage definieren muss. Offiziell heißt das schamhaft »Soziale Marktwirtschaft«. Was freilich die Aktivitäten der nehmenden Hand angeht, so haben sich diese seit ihrer Monopolisierung beim nationalen und regionalen Fiskus überwiegend in den Dienst von Gemeinschaftsaufgaben gestellt. Sie widmen sich den sisyphushaften Arbeiten, die aus den Forderungen nach »sozialer Gerechtigkeit« entspringen. Allesamt beruhen sie auf der Einsicht: Wer viel nehmen will, muss viel begünstigen. So ist aus der selbstischen und direkten Ausbeutung feudaler Zeiten in der Moderne eine beinahe selbstlose, rechtlich gezügelte Staats-Kleptokratie geworden. Ein moderner Finanzminister ist ein Robin Hood, der den Eid auf die Verfassung geleistet hat. Das Nehmen mit gutem Gewissen, das die öffentliche Hand bezeichnet, rechtfertigt sich, idealtypisch wie pragmatisch, durch seine unverkennbare Nützlichkeit für den sozialen Frieden – um von den übrigen Leistungen des nehmend-gebenden Staats nicht zu reden.« (ebd.)

Diese Sätze machen deutlich, dass Sloterdijk Mittel und Zweck vertauscht sieht. Üblicherweise sieht man die Verwirklichung der sozialen Gerechtigkeit als Zweck an, die Erhebung von Steuern und Zwangsabgaben hingegen als Mittel zu diesem Zweck. Sloterdijk hingegen sieht es genau umgekehrt: Für ihn ist das »Nehmen« und Ausplündern der Eigentümer kein Mittel, sondern der eigentliche Zweck des Staates. Die soziale Gerechtigkeit, die der Staat dann mittels seiner Umverteilungen und seiner Sozialleistungen herstellt, ist nur Mittel zu diesem Zweck; sie dient bloß zur Rechtfertigung und politischen Absicherung der »Kleptokratie«.

Der räuberische Staat hat nach Sloterdijks Auffassung eine »Ausbeutungsumkehrung« bewirkt. Es sind nicht mehr die Reichen, welche die Armen ausbeuten, sondern die Armen beuten die Reichen aus.

> »Lebten im ökonomischen Altertum die Reichen unmissverständlich und unmittelbar auf Kosten der Armen, so kann es in der ökonomischen Moderne dahin kommen, dass die Unproduktiven mittelbar auf Kosten der Produktiven leben – und dies zudem auf missverständliche Weise, nämlich so, dass sie gesagt bekommen und glauben, man tue ihnen unrecht und man schulde ihnen mehr. Tatsächlich besteht derzeit gut die Hälfte jeder Population moderner Nationen aus Beziehern von Null-Einkommen oder niederen Einkünften, die von Abgaben befreit sind und deren Subsistenz weitgehend von den Leistungen der steueraktiven Hälfte abhängt.« (ebd.)

Bis hierhin folgt Sloterdijks im Grunde – von seiner schrillen Tonlage abgesehen – dem bekannten Denkmuster der radikalen →libertären Sozialstaatskritik: Dem Staat wird grundsätzlich das Recht abgesprochen, in das Eigentum seiner Bürgerinnen und Bürger einzugreifen und Steuern zu erheben, weil andernfalls ihre Freiheitsrechte verletzt würden. Eine ähnliche Argumentation kann man auch bei dem bekannten libertären Philosophen Robert Nozick (vgl. Nozick 2006, Ebert 2010, S. 254–258) finden, der die Erhebung von Steuern, sofern sie über das hinausgehen, was zur Finanzierung eines »Minimalstaats« nötig ist, mit Zwangsarbeit gleichgesetzt hat. Am Ende seiner Ausführungen präsentiert Sloterdijks dann aber die originelle, wenn auch von vielen als abwegig betrachtete Idee einer »Revolution der gebenden Hand«; dieser Einfall hat dem Aufsatz den Titel gegeben und ihm öffentliche Aufmerksamkeit verschafft.

»Die einzige Macht, die der Plünderung der Zukunft Widerstand leisten könnte, hätte eine sozialpsychologische Neuerfindung der »Gesellschaft« zur Voraussetzung. Sie wäre nicht weniger als eine Revolution der gebenden Hand. Sie führte zur Abschaffung der Zwangssteuern und zu deren Umwandlung in Geschenke an die Allgemeinheit – ohne dass der öffentliche Bereich deswegen verarmen müsste. Diese thymotische Umwälzung hätte zu zeigen, dass in dem ewigen Widerstreit zwischen Gier und Stolz zuweilen auch der Letztere die Oberhand gewinnen kann.« (ebd.)

Diese Umwälzung, bei der das gesamte staatliche Abgabensystem durch freiwillige Spenden der Reichen ersetzt werden soll, nennt Sloterdijk »thymotisch«. Dieser in der Alltagssprache nicht gebräuchliche Begriff ist von dem griechischen Wort *thymós* abgeleitet, das bereits bei Platon eine Rolle gespielt hat. Es bezeichnet »Kraft«, »Lebensfülle«, »Energie«, »Durchsetzungskraft« oder auch »Stolz«. Diese Begriffswahl soll offenbar ausdrücken, dass die freiwillige Gabe, mit der die Reichen und Mächtigen künftig das Gemeinwesen finanzieren und aufrechterhalten sollen, Ausdruck ihrer Kraft, ihrer Lebensfülle, ihrer Energie, ihrer Durchsetzungskraft, ihres Stolzes, kurzum der spezifischen Tugenden einer herrschenden Aristokratie sein soll.

Mit dieser etwas bizarren Idee der »thymotischen Umwälzung« verlässt Sloterdijk in der Tat die gewohnten Denkbahnen libertärer Sozialstaatskritik und schwenkt auf ein vordemokratisches elitäres Gesellschaftsverständnis ein. Im Grunde sind die liberalen Prinzipien aufgegeben, wenn der durch Verfassung und Gesetz geregelte Staat durch eine Veranstaltung ersetzt wird, die von der Großzügigkeit und dem Prestigebedürfnis der Reichen und Mächtigen abhängt. In der Kritik am umverteilenden Steuer- und Sozialstaat trifft sich Sloterdijk mit den Libertären. Durch seine kaum verdeckte Abkehr von der demokratischen Ordnung und sein Plädoyer für eine Art von Aristokratie geht er über sie hinaus und unterscheidet er sich von ihnen.

Dies ist auch der Grund, weshalb Sloterdijks Aufsatz eine heftige Kontroverse in den Feuilletons der deutschen Zeitungen ausgelöst hat (vgl. Rehmann/Wagner 2010), nachdem ihn der Frankfurter Philosoph Axel Honneth (2009) mit einer Gegenpolemik beantwortet hatte,[5] die ihrerseits weit über den unmittelbaren Anlass hinausgegangen und zu einer Art von Generalabrechnung mit der Philosophie Sloterdijks geworden war. Im Zentrum dieser Kritik stand, ganz kurz gefasst, der Vorwurf, Sloterdijk sei ein Vertreter einer elitären Gegenaufklärung und bewege sich in der Nachfolge Nietzsches, der bekanntlich ein leidenschaftlicher Gegner der Demokratie gewesen war. Wahrscheinlich wurde Sloterdijk durch so viel

Aufmerksamkeit zu viel Ehre angetan, denn sein Beitrag war wohl nicht ganz so ernst gemeint, wie man glaubte, sondern enthielt eine beträchtliche Portion an Selbstdarstellung und Provokation. Ungeachtet dessen zeigen Sloterdijks Einlassungen, wie groß die Polarisierung in der Frage der sozialen Gerechtigkeit in Deutschland inzwischen geworden ist. Es ist nicht nur der frühere sozialstaatliche Konsens zerbrochen, sondern die angeführten Beispiele von Bolz und Sloterdijk zeigen auch, dass sich in der Gerechtigkeitsdiskussion neue und radikalere Positionen jenseits der herkömmlichen »neoliberalen« Sozialstaatskritik zu formieren beginnen, die auch die liberalen Grundlagen des demokratischen Staates in Frage stellen könnten.

Wenn hier von Radikalisierung die Rede ist, dann gilt dies zwar für Bolz und Sloterdijk, aber nicht oder jedenfalls nicht im gleichen Umfang für den oben erwähnten Beitrag von Paul Nolte. Trotz des hart und provokativ klingenden Titels *Abschied von der Gerechtigkeit* ist ihm das Schicksal der Benachteiligten und an den Rand der Gesellschaft Gedrängten nicht gleichgültig. Zwar weist auch er ihre Gerechtigkeitsforderungen brüsk zurück, aber er verspricht als Gegenleistung, dass der Verzicht auf soziale Gerechtigkeit mit »Wohlstand für alle« belohnt wird. Ob dieses Versprechen erfüllbar ist, kann bezweifelt werden, aber auf jeden Fall unterscheidet sich Nolte hier von Bolz und Sloterdijk, die von den sozial Schwachen nur mit schneidender Kälte reden und ausschließlich aus der Interessenperspektive der Begüterten und Begünstigten argumentieren.

▸ Zusammenfassung: Der neue Gerechtigkeitsdiskurs

1. Als Folge der geänderten ökonomischen, sozialen und politischen Rahmenbedingungen des traditionellen Sozialstaats hat sich in Deutschland ein neuer gesellschaftspolitischer Diskurs entwickelt, in dem das traditionelle Bild von der beschützenden und umverteilenden sozialen Gerechtigkeit in Frage gestellt wird.

2. Bereits seit Ende der 1990er Jahre wird das für den Sozialstaat fundamentale Leitbild der Verteilungsgerechtigkeit in der politikwissenschaftlichen und philosophischen Diskussion zunehmend kritisiert oder zumindest stark relativiert.

3. Soziale Gerechtigkeit wird nicht als statischer Zustand und als Ergebnis von sozialer Umverteilung interpretiert, sondern als »Verwirklichungschance« (Amartya Sen). Damit wird unter anderem der Aspekt der individuellen Aktivierung betont.

4. Soziale Gerechtigkeit wird als »Inklusion«, d.h. als Einbeziehung in die Gesellschaft verstanden (Anthony Giddens). Davon ausgehend wird dem bestehenden Sozialstaat vorgeworfen, dass er durch seine Unterstützungsleistungen unabsichtlich die soziale Ausgrenzung der Hilfsbedürftigen fördere.
5. Aus Sicht eines konsequenten Liberalismus wird jede Form von Verteilungsgerechtigkeit als Verstoß gegen elementare Freiheitsrechte kritisiert (Wolfgang Kersting).
6. Gleichheit und Gerechtigkeit werden als Gegensatz aufgefasst (»Neue Egalitarismuskritik«, Angelika Krebs).
7. In der Ära der Arbeitsmarkt- und Rentenreform der rot-grünen Regierung wurde eine intensive öffentliche Grundsatzdiskussion über das richtige Verständnis von sozialer Gerechtigkeit geführt, die hauptsächlich in der SPD stattfand, sich aber nicht auf diese Partei beschränkte. Als Tendenz dieser Diskussion lässt sich der Versuch erkennen, den Begriff der sozialen Gerechtigkeit in Abkehr von den klassischen Leitbildern der Verteilungsgerechtigkeit und der kollektiven sozialen Sicherheit neu zu deuten und auf diese Weise Reformen zu rechtfertigen, die vielfach als Bruch mit den Prinzipen sozialer Gerechtigkeit empfunden wurden.
8. Mit der 2008 einsetzenden Finanz- und Wirtschaftkrise ist die sozialstaatskritische Diskussion zunächst in den Hintergrund getreten und hat einer Rückbesinnung auf traditionelle sozialstaatliche Orientierungsmuster Platz gemacht. Dadurch wurde jedoch eine radikalisierte Gerechtigkeitskritik ausgelöst, die darauf abzielt, soziale Gerechtigkeit nicht nur neu zu interpretieren, sondern ihre Berechtigung überhaupt in Zweifel zu ziehen (Paul Nolte, Norbert Bolz, Peter Sloterdijk). Jenseits der herkömmlichen »neoliberalen« Sozialstaatskritik werden dabei tendenziell auch die liberalen Grundlagen des demokratischen Staates in Frage gestellt.

Anmerkungen

1 Der amerikanische Philosoph John Rawls (1921–2002), auf den Sen hier Bezug nimmt, war der wohl einflussreichste Gerechtigkeitstheoretiker des 20. Jahrhunderts; er vertrat einen moderaten Egalitarismus. Berühmt geworden ist er unter anderem durch das von ihm postulierte »Differenzprinzip«, demzufolge soziale und ökonomische Gleichheit herrschen soll, Ungleichheit jedoch dann zulässig ist, wenn sie im Ergebnis für die relativ schlechter Gestellten vorteilhafter ist (vgl. Rawls 1979, Ebert 2010, S. 222–246). Den Begriff der Grundgüter (*primary social goods*) verwendet John Rawls für »Dinge, von denen man annimmt, dass sie

ein vernünftiger Mensch haben möchte, was auch immer er sonst noch haben möchte« (Rawls 1979, S. 112). Als die wichtigsten solcher Grundgütern nennt er Rechte, Freiheiten, Chancen sowie Einkommen und Vermögen.

2 Zu John Rawls s. Anm. 1.

3 Jean-Jacques Rousseau (1712–1778), ein französisch-schweizerischer Schriftsteller, Philosoph, Kulturkritiker und Erziehungstheoretiker, der vielfach als intellektueller Wegbereiter der Französischen Revolution angesehen wurde, war einer der konsequentesten Vertreter des →Egalitarismus in der Geschichte der Sozialphilosophie (vgl. Ebert 2010, S. 143–161).

4 Das altgriechische Wort *áristoi* ist die Mehrzahl zu *áristos* = der Beste, der Tüchtigste, der Edelste, der Tapferste; es ist auch in unserem heutigen Begriff »Aristokratie« enthalten. Bereits durch diese Terminologie unterstellt der Autor unterschwellig, dass Herkunft aus der Oberschicht, hoher gesellschaftlicher Rang, hohe Qualifikation und hervorragende Charaktereigenschaften typischerweise zusammentreffen.

5 Honneth, Axel. Fataler Tiefsinn aus Karlsruhe. Zum neuesten Schrifttum des Peter Sloterdijk, Die Zeit vom 24.09.2009, abgedruckt unter dem Titel »Blasen der Gegenaufklärung« in Rehmann/Wagner 2010, S. 52–62.

V. Vom sozialstaatlichen zum post-sozialstaatlichen Gerechtigkeitsparadigma?

Im Verlauf des Gerechtigkeitsdiskurses, der vor allem in der Zeit der Sozialreformen der Regierung Schröder geführt wurde, hatte sich bereits ein gewisser Konsens über ein neues post-sozialstaatliches Gerechtigkeitsparadigma herausgebildet. Seit Beginn der großen Finanz- und Wirtschaftskrise hat dieser Konsens jedoch einer neuen Unübersichtlichkeit Platz gemacht. Die Krise des globalisierten Finanzmarktkapitalismus hat allerdings die alte Welt der sozialstaatlich verstandenen sozialen Gerechtigkeit nicht wieder zu neuem Leben erweckt. Bezeichnend dafür ist, dass es kaum Versuche gegeben hat, das traditionelle sozialstaatliche Gerechtigkeitsparadigma theoretisch und publizistisch neu zu beleben und es gegen die Kritik zu verteidigen, mit der der Sozialstaat im letzten Jahrzehnt geradezu überschüttet worden war. Zwar wird die wachsende soziale Ungleichheit und die Sozialpolitik der jeweiligen Regierungen nach wie vor heftig kritisiert, aber die herkömmliche Gerechtigkeitskonzeption, die dabei in aller Regel als Maßstab der Bewertung vorausgesetzt wird, wird als solche nicht thematisiert (vgl. Schreiner 2008, Schneider 2010). Andererseits ist kaum anzunehmen, dass es – entsprechend dem Programm des angelsächsischen »Neoliberalismus« oder gar nach den Vorstellungen von Nolte, Bolz oder Sloterdijk – einen »Abschied von der Gerechtigkeit« geben wird.

Die Frage, wie soziale Gerechtigkeit jenseits eines sozialen Kapitalismus aussehen soll, ist demnach weiterhin offen. Auch wenn sie derzeit von den Problemen der weltweiten Krise überdeckt wird: die Kontroverse um die Zukunft des Sozialstaats und die Ablösung des sozialstaatlichen durch ein post-sozialstaatliches Gerechtigkeitsparadigma ist nur vertagt und nicht beendet. Deshalb ist es sinnvoll, sich mit dem post-sozialstaatlichen Gerechtigkeitsparadigma näher zu befassen.

1 Bruch oder Kontinuität mit dem sozialstaatlichen Gerechtigkeitsparadigma?

Wahrnehmbar wurde das post-sozialstaatliche Gerechtigkeitsparadigma in Deutschland zum ersten Mal in den Sozialreformen der rot-grünen Regierung in der ersten Hälfte der 2000er Jahre. Die Umgestaltung der gesetzlichen Alterssicherung und des Arbeitsmarkts wurden unter ausdrücklicher Berufung auf ein neues Gerechtigkeitsverständnis und in bewusster Abkehr von traditionellen Gerechtigkeitsvorstellungen durchgesetzt. Dabei handelte es sich jedoch – ganz ähnlich wie beim klassischen sozialstaatlichen Gerechtigkeitsverständnis – nicht um eine in sich geschlossene und ausgearbeitete Gerechtigkeitskonzeption, sondern eher um einen Strauß von einzelnen Ideen. Gemeinsam war ihnen die kritische Abgrenzung gegenüber dem herkömmlichen Sozialstaat sowie der Versuch, soziale Gerechtigkeit anders zu begreifen, als dies bislang geschehen war. Was aber an die Stelle des alten Gerechtigkeitsmodells treten sollte, darüber gingen die Ansichten weit auseinander. In der Schwebe blieb auch, ob das alte sozialstaatliche Gerechtigkeitsparadigma lediglich um neue Aspekte ergänzt oder durch etwas grundsätzlich Neues ersetzt werden sollte.

Auch wenn das post-sozialstaatliche Gerechtigkeitsparadigma in der Phase der Sozial- und Arbeitsmarktreformen zum ersten Mal sichtbar wurde, wäre es falsch, es monokausal als Resultat rot-grünen Regierungshandelns zu betrachten. In Wirklichkeit war es eher umgekehrt; die Reformpolitik der Regierung Schröder entsprach einem Trend, der sich bereits zuvor in Wissenschaft, Wirtschaft, öffentlicher Meinung und Medien weitgehend durchgesetzt hatte (→ Kap. III.3.3). Im ökonomisch, politisch und kulturell dominanten Teil der Gesellschaft und in der »veröffentlichten Meinung« – nicht unbedingt in der Mehrheit der Bevölkerung – war die Abkehr vom sozialstaatlichen Gerechtigkeitsparadigma bereits so weit verbreitet, dass es nur eine Frage der Zeit war, bis dies auf die Regierungspolitik zurückwirken würde. Oder anders ausgedrückt: Nachdem in Deutschland der Wirtschaftsboom der Vereinigung zu Ende war, konnte keine am traditionellen Verständnis von sozialer Gerechtigkeit orientierte Politik mehr gegen die ökonomischen, politischen, medial und kulturell führenden Eliten durchgesetzt werden. Die Reformpolitik der Regierung war also mehr Wirkung als Ursache dieses Umschwungs vom sozialstaatlichen zum post-sozialstaatlichen Gerechtigkeitsparadigma. Nähere Analysen dieses Prozesses zeigen, dass die Um- und Neudefinition des Inhalts von sozialer Gerechtigkeit nicht zuletzt auch von gut organisierten und kapitalstarken Interessengruppen vorangetrieben wurde (vgl. Brettschneider 2009).

Auch die Reformpolitik der Regierung war nur ein, allerdings plastisches und besonders prominentes Beispiel für eine Vielzahl von Reformbestrebungen, die von den unterschiedlichsten Akteuren forciert wurden. Sie alle hatten manches gemeinsam, aber unterschieden sie sich auch in vielem. »Das« neue Gerechtigkeitsverständnis eindeutig zu definieren, ist also streng genommen gar nicht möglich. Wenn im Folgenden trotzdem vom »post-sozialstaatlichen Gerechtigkeitsparadigma« die Rede ist, dann beruht das auf dem Versuch, aus unterschiedlichen Indikatoren – also aus Beiträgen zur öffentlichen Grundsatzdiskussion, Äußerungen von Politikern und Politikerinnen, Medienprodukten, programmatischen Entwürfen und politischen Entscheidungen usw. – einen Trend herauszudestillieren.

Dies geht natürlich nur durch Zuspitzung und Vereinfachung. Daher wird hier das Neue und das Trennende zwischen dem sozialstaatlichen und dem post-sozialstaatlichen Gerechtigkeitsparadigma betont, während die Kontinuität und das Gemeinsame zwischen beiden in den Hintergrund tritt, obwohl es natürlich auch Verbindendes gibt. Manche Neuerer wollten sicherlich den Bruch mit dem alten Sozialstaat und dem traditionellen Gerechtigkeitsparadigma, andere nur Ergänzungen und einen partiellen Kurswechsel; wiederum andere befanden sich mit ihren Vorstellungen irgendwo dazwischen. Die Frage von Bruch oder Kontinuität wird letztlich jeder Beobachter für sich persönlich auf Basis seiner eigenen Wertüberzeugungen beantworten. Bei Abwägung aller Aspekte ist wohl eher von Bruch als von Kontinuität zu sprechen, aber die Selbsteinschätzung vieler Befürworter und Akteure der Reformpolitik ging wohl dahin, dass sie den sozialstaatlichen Gerechtigkeitsbegriff nicht ersetzen, sondern modifizieren und erweitern wollten.

Wie immer, wenn es um Zeitdiagnose geht, sind Beweise im eigentlichen Sinne nicht möglich; der eine wird das, was hier hervorgehoben wird, zutreffend finden, ein anderer wird es als überspitzt empfinden. Weil das Spektrum der Meinungen und Tendenzen vielfältig ist, wird es nicht möglich sein, jedem Akteur auf der politischen oder medialen Bühne gerecht zu werden. Es wird sich wohl kaum jemand unverzerrt in dem Bild widergespiegelt finden, das hier gezeichnet wird. Solche Vereinfachung und Zuspitzung ist aber unvermeidbar, es sei denn, man verzichtet vor lauter Bemühung um Differenzierung ganz auf den Versuch, einen Trend zu erkennen.

2 Die Umrisse des post-sozialstaatlichen Gerechtigkeitsparadigmas

In Kapitel IV wurden bereits die wichtigsten Elemente zusammengetragen, die erkennen lassen, in welche Richtung sich die – keinesfalls auf die Sozialdemokratie bzw. deren »Modernisierungsflügel« beschränkten –

Abb. 17: Vom sozialstaatlichen zum post-sozialstaatlichen Gerechtigkeitsparadigma

Eigene Grafik.

Versuche bewegten, soziale Gerechtigkeit neu zu bestimmen. Die Umrisse des post-sozialstaatlichen Gerechtigkeitsparadigmas lassen sich aus den Argumentationsfiguren dieser Grundsatzdiskussion ableiten und in fünf Hauptpunkten zusammenfassen:

1. Soziale Gerechtigkeit bedeutet nicht Verteilungsgerechtigkeit, sondern »Teilhabegerechtigkeit«.
2. Soziale Gerechtigkeit muss als aktivierende statt als beschützende und zuteilende Gerechtigkeit verstanden werden.
3. Soziale Ungerechtigkeit (im Sinne fehlender Teilhabe) ist in erster Linie nicht auf Marktversagen, sondern auf individuelle Defizite und auf das Versagen des Sozialstaats zurückzuführen.
4. Dem Markt wird eine wichtigere Rolle für die Herstellung von sozialer Gerechtigkeit zugemessen als dies traditionell der Fall gewesen ist.

5. Der Staat kann die Verantwortung für soziale Gerechtigkeit nicht mehr allein übernehmen, sondern muss sie zu wesentlichen Teilen an die Zivilgesellschaft abtreten.

In *Abbildung 17* wird versucht, diesen Wandel zu veranschaulichen.

3 Teilhabegerechtigkeit oder Verteilungsgerechtigkeit?

3.1 Das Konzept der Teilhabegerechtigkeit

3.1.1 Teilhabegerechtigkeit als neue Leitidee sozialer Gerechtigkeit

Der Kern des Konzepts der Teilhabegerechtigkeit lässt sich in drei Punkten zusammenfassen:

1. Soziale Gerechtigkeit besteht darin, allen Individuen die aktive Teilnahme am Wettbewerb innerhalb der marktwirtschaftlichen Ordnung zu ermöglichen. Das Gegenteil von sozialer Gerechtigkeit ist nicht einfach Armut oder soziale Benachteiligung, sondern →»Exklusion«, also der dauerhafte Ausschluss von Menschen aus der gesellschaftlichen Normalität, vor allem aus der Erwerbsarbeit (z. B. durch Dauerarbeitslosigkeit, Langzeitarmut, fehlende Bildung und Ausbildung); er führt zum Verlust der Fähigkeit zu Eigeninitiative und autonomer Lebensbewältigung, verfestigt sich und wird womöglich von Generation zu Generation vererbt. Was Armut erst zur Exklusion macht, ist die dauerhafte Perspektivlosigkeit und die zum vorherrschenden Verhaltensmuster gewordene Passivität. Soziale Gerechtigkeit wird also mit der Überwindung der Exklusion, sprich mit »Inklusion« oder Einbeziehung in die Normalität der Gesellschaft, gleichgesetzt, vor allem mit der Teilnahme am Erwerbsleben. Es wurde bereits darauf hingewiesen, dass die Begriffe »Exklusion« und »Inklusion«, die für dieses Verständnis von sozialer Gerechtigkeit charakteristisch sind, von dem britischen Soziologen Anthony Giddens, einem Berater der Labour Party und des früheren britischen Premierministers Tony Blair, geprägt worden sind; überhaupt ist Giddens wohl derjenige, der zur theoretischen Formulierung des post-sozialstaatlichen Gerechtigkeitsparadigmas am meisten beigetragen hat (→Kap. IV.1.2).
2. Teilhabegerechtigkeit wird negativ von Verteilungsgerechtigkeit abgegrenzt. Dies ist einer der entscheidenden Unterschiede zwischen dem sozialstaatlichen und dem sich abzeichnenden post-sozialstaatlichen Gerechtigkeitsparadigma. Verteilungsgerechtigkeit wird vor allem deswegen tendenziell negativ bewertet, weil sie mit passiver Zuteilung bzw. passivem Anspruch gegenüber Staat und Gesellschaft ohne Rück-

sicht auf eigene Anstrengung, Initiative und Leistung identifiziert wird. Die Befürworter des neuen Gerechtigkeitsverständnisses berufen sich dabei häufig auf die Ideen des indisch-amerikanischen Wirtschaftswissenschaftlers und Nobelpreisträgers Amartya Sen (→ Kap. IV.1.1).

3. Teilhabegerechtigkeit besteht in der Substanz aus einer Kombination von Chancengleichheit und Leistungsgerechtigkeit, wobei anstelle des Begriffs »Chancengleichheit« bisweilen auch der schwächere Begriff »Chancengerechtigkeit« gewählt wird. Die gerechte Teilhabe ist dann gewährleistet, wenn alle die gleiche Möglichkeit haben, am Wettbewerb in einer Marktwirtschaft teilzunehmen. Wesentlich größere Anstrengungen in der Bildungspolitik und eine effizientere Arbeitsmarktpolitik sind daher die zentralen politischen Forderungen, die aus dem Konzept der Teilhabegerechtigkeit abgeleitet werden. Das Begriffspaar »Bildung und Arbeit« war z.B. für den bereits zitierten früheren SPD-Generalsekretär Olaf Scholz geradezu ein Synonym für soziale Gerechtigkeit. Wenn alle – im Sinne der Chancengleichheit – gerechten Zugang zum Wettbewerb haben, dann ist im Übrigen die Verteilung von Geld und Gütern konsequenterweise nach dem Prinzip der Leistungsgerechtigkeit zu regeln. Für die Umverteilung leistungsgerecht erworbener Einkommen und Vermögen gibt es somit – vorausgesetzt sie sind aufgrund gleicher oder jedenfalls einigermaßen gleicher Chancen zustande gekommen – keine Rechtfertigung mehr, denn die Ungleichheit der Ergebnisse, die sich bei gleichen Chancen aufgrund ungleicher Leistungen einstellen, ist gerecht. In der Regel wird dabei einfach vorausgesetzt, dass sich die Einkommens- und die Vermögensungleichheit in kapitalistischen Marktwirtschaften durch Leistungsunterschiede erklären. Dies ist auch der Grund dafür, dass die Vertreter der Teilhabegerechtigkeit in aller Regel eine starke Aversion gegen alle Arten von Verteilungsgerechtigkeit, Umverteilung oder Gleichheit zum Ausdruck bringen, jedenfalls dann, wenn Gleichheit als »Ergebnisgleichheit« verstanden wird. Es gilt also die Formel: Teilhabegerechtigkeit ist gleich Chancengleichheit plus Leistungsgerechtigkeit.

Es ist notwendig, sich den prinzipiellen logischen Unterschied zwischen Teilhabegerechtigkeit und Verteilungsgerechtigkeit klar vor Augen zu halten: Bei Verteilungsgerechtigkeit geht es um die Angleichung (nicht um die Gleichheit) der Ergebnisse. Verteilungsgerechtigkeit bezieht sich auf eine bestimmte gewünschte Verteilung; ein bestimmtes Maß an Ungleichheit soll nicht toleriert werden, gleichgültig, ob die Ungleichheit durch ungleiche Chancen, durch ungleiche Leistungen oder durch andere Einflussfaktoren verursacht ist. Bei der Teilhabegerechtigkeit ist es umgekehrt.

Hier hängt die Bewertung der Ungleichheit nicht davon ab, wie groß sie ist, sondern wie sie entstanden ist. Wenn die Ungleichheit bei gleichen Chancen durch ungleiche Leistung entstanden ist, dann ist sie unabhängig von ihrem Ausmaß uneingeschränkt gerecht; nur wenn sie aus ungleichen Chancen resultiert, ist sie ungerecht.

3.1.2 Individuelle Zugangsgerechtigkeit statt Gerechtigkeit der gesellschaftlichen Strukturen

Das Konzept der Teilhabegerechtigkeit in dem beschriebenen Sinne führt demnach in entscheidenden Punkten weg vom sozialstaatlichen Gerechtigkeitsparadigma:

- Soziale Gerechtigkeit im alten sozialstaatlichen Verständnis zielte darauf, gesellschaftliche Strukturen zugunsten systematisch benachteiligter sozialer Gruppen zu ändern. Die Spielregeln der kapitalistischen Marktwirtschaft sollten nicht einfach hingenommen, sondern umgestaltet werden.
- Post-sozialstaatliche Gerechtigkeit als Teilhabegerechtigkeit versteht sich anders, nämlich ausschließlich als individuelle Zugangsgerechtigkeit zu einer kapitalistischen Marktwirtschaft, deren Strukturen – so wird unterstellt – mehr oder weniger gerecht oder jedenfalls nicht mehr beeinflussbar sind. Hier wird der Anspruch aufgegeben, die gegebenen Spielregeln der kapitalistischen Marktwirtschaft im Sinne sozialer Gerechtigkeit beeinflussen zu können; es geht nur noch um die Teilnahme am Spiel als solche. Charakteristisch hierfür ist die Formel »gerecht ist, was Arbeit schafft«. Mit diesem Grundsatz begründeten z.B. CDU und CSU ein Programm aus Sozialleistungskürzungen und Abbau von arbeitsrechtlichen Regulierungen, mit dem sie die »Agenda 2010« des damaligen Bundeskanzlers Schröder offenbar übertreffen wollten.[1]

Mit dem post-sozialstaatlichen Gerechtigkeitsparadigma wird – und dies folgt konsequent daraus, dass das Ziel der Verteilungsgerechtigkeit durch die Teilhabegerechtigkeit ersetzt wird – auch die Orientierung an dem einfachen Klassenschema von Arbeit und Kapital aufgegeben, an dem sich das klassische Sozialstaatsverständnis im Grunde immer noch orientiert hatte. Die Prämisse der alten Arbeiterbewegung, die im Sozialstaatskonsens fortlebte, dass nämlich soziale Ungleichheit letztlich die Folge von Klassenprivilegien sei, wird nun aufgegeben. Dies mag man beurteilen, wie man will, aber jedenfalls ist zuzugeben, dass die Abkehr vom schlichten Klassenschema sowohl der Komplexität der Gesellschaft, als auch der Bedeutung des individuellen Faktors Rechnung trägt. Man kann sagen, dass sich infolge der gestiegenen Hochschätzung des Individuums die Beweislastregel im Verhältnis zwischen sozialer Gleichheit und sozialer Ungleichheit verschoben hat. Das klassische Ideal der Verteilungsgerechtigkeit geht letztlich davon aus, dass soziale Gleichheit erstrebenswert und Ungleichheit nur dann gerechtfertigt ist, wenn sie auch den Schwächeren zum Vorteil gereicht. Dieses Prinzip – Gleichheit so viel wie möglich, Ungleichheit so viel wie nötig – findet nicht zuletzt in der Gerechtigkeitstheorie von John Rawls seine präzise Formulierung (vgl. Ebert 2010, S. 222–246). Nach dem neuen Gerechtigkeitsmodell ist es umgekehrt: Ungleichheit wird zunächst einmal als Folge des individuellen Gebrauchs der menschlichen Freiheit akzeptiert, es sei denn, dass es Gründe gibt, die für die Einschränkung der Ungleichheit bzw. für die Gleichheit sprechen. Im Zweifel für die Ungleichheit, nicht mehr für die Gleichheit, so lautet jetzt die Formel.

Wenn soziale Gerechtigkeit im beschriebenen Sinne als Teilhabegerechtigkeit verstanden wird, dann hat dies Konsequenzen nicht nur für die Verteilungsgerechtigkeit, sondern auch für die drei anderen Leitideen des sozialstaatlichen Gerechtigkeitsparadigmas, nämlich für die Begrenzung der Macht des Kapitals über die Arbeit, für das sogenannte Recht auf Arbeit und für die umfassende kollektive soziale Sicherheit. Auch sie erfahren eine deutliche Relativierung oder Abwertung. Die neue Zentralvorstellung ist jetzt, dass die Individuen, wenn sie im Sinne der Teilhabegerechtigkeit befähigt sind, im marktwirtschaftlichen Wettbewerb mitzuhalten, sich im Prinzip weitgehend allein behaupten können und auch sollen. Sie sind in der Lage, auf dem Arbeitsmarkt und im Erwerbsleben ihren Platz zu finden, sich dank ihrer Fähigkeiten und ihrer Qualifikation durchzusetzen und selbst für ihre Zukunft vorzusorgen. Sie bedürfen weder der Protektion gegenüber Kapitaleignern und Unternehmern, noch der Vollbeschäftigungspolitik des Staates, weder der Umverteilung noch des Ausmaßes an kollektiver sozialer Sicherheit, das der traditionelle Sozialstaat gewährleistet hat. Das Leitbild des schutzbedürftigen abhängig Beschäftigten, welches das sozialstaatliche Gerechtigkeitsparadigma dominiert hat, mutiert und nähert sich dem liberalen Ideal des selbstständigen Marktbürgers an

Allerdings darf man das Konzept der Teilhabegerechtigkeit, das besonders vom Modernisierungsflügel der Sozialdemokratie entwickelt worden ist und vertreten wird, nicht mit den Vorstellungen des radikalen angelsächsischen Neoliberalismus gleichsetzen. Im strengen Sinne →»neoliberal« – oder anders gesagt →libertär – wäre ein Verständnis von Gerechtigkeit, das sich im Wesentlichen auf die Freiheit und Selbstständigkeit der Person und – letztlich daraus abgeleitet – die Leistungsgerechtigkeit beschränkt, die größtmögliche Einschränkung der Staatstätigkeit zum Ziel hat und lediglich zu minimaler Regulierung und sozialer Sicherung bereit ist. Das Konzept der Teilhabegerechtigkeit setzt hingegen einen deutlichen Akzent auf einen aktiven Staat und ist in gewissem Sinne auch auf sozialen Ausgleich bedacht. Allerdings soll sich der soziale Ausgleich auf die Umverteilung von Chancen beschränken (also etwa in der Bildung und beim Zugang zum Arbeitsmarkt) und sich ausdrücklich nicht auf die Umverteilung der Ergebnisse erstrecken. Von den Liberalen im strengen Sinne, die Wert darauf legen, dass persönliche Lebensführung und Tugenden Privatsache sind, in die sich der Staat nicht einmischen sollte, unterscheiden sich die Vertreter der Teilhabegerechtigkeit übrigens auch durch die Neigung zu moralisierender, pädagogisierender und mitunter repressiver Sozialpolitik. Dieser Hang, den wir besonders in der Arbeitsmarktpolitik sehen werden, dürfte aus Anleihen beim modernen Kommunitarismus herrühren (vgl. Ebert 2010, S. 277–303).

3.2 Chancengleichheit und Leistungsgerechtigkeit – verdeckte Widersprüche im Konzept der Teilhabegerechtigkeit

Teilhabegerechtigkeit besteht, wie schon gesagt, im Kern in der Kombination aus Chancengleichheit und Leistungsgerechtigkeit. Der Grundgedanke ist ganz einfach und auch auf den ersten Blick plausibel: Die Verteilung der Ergebnisse, die die Individuen in einer Marktwirtschaft erzielen, hängt im Wesentlichen von drei Faktoren ab: von der Verteilung der Chancen, von den individuellen Leistungen und von dem Umfang, in dem das Leistungsprinzip zum Zuge kommt. Wenn alle wirklich gleiche oder wenigstens ausreichend angeglichene Chancen im Wettbewerb der Marktwirtschaft haben und wenn das Marktergebnis nach dem Prinzip der Leistungsgerechtigkeit verteilt wird, ist Teilhabegerechtigkeit hergestellt. Alle können dann zu fairen Konditionen am Wettbewerb teilhaben und erzielen die Ergebnisse, die ihren individuellen Fähigkeiten und Leistungen entsprechen. Ist dies der Fall, gibt es für die Umverteilung des Marktergebnisses, sei die Verteilung gleich oder ungleich, keine Rechtfertigung mehr. Die Verteilungsgerechtigkeit alter Prägung ist dann kein sinnvolles Teilziel sozialer Gerechtigkeit mehr.

Für die Politik der sozialen Gerechtigkeit gibt es, wenn sie sich an diesem einfachen Modell der Teilhabegerechtigkeit orientiert, zwei Ansatzpunkte:

1. Sie hat für Chancengleichheit zu sorgen, und zwar vornehmlich durch Bildungs- und Arbeitsmarktpolitik.

2. Sie muss gewährleisten, dass im Wirtschaftsprozess das Prinzip der Leistungsgerechtigkeit zum Zuge kommt. Hierzu dient in erster Linie die Wettbewerbspolitik, welche darüber zu wachen hat, dass der Marktmechanismus nicht durch Monopole, Oligopole und Kartelle oder durch →dirigistische Eingriffe des Staates und marktwidrige Regulierungen gestört wird.

Werden diese beiden Hebel der Gerechtigkeitspolitik – Chancengleichheitspolitik und Wettbewerbspolitik – richtig betätigt, dann stellt sich soziale Gerechtigkeit im Sinne der Teilhabegerechtigkeit ein. Abbildung 18 versucht, diesen Zusammenhang zwischen Chancengleichheit, Leistungsgerechtigkeit und sozialer Gerechtigkeit, wie er im einfachen Modell der Teilhabegerechtigkeit vorausgesetzt wird, plausibel zu machen.

Abb. 18: Einfaches Modell der Teilhabegerechtigkeit

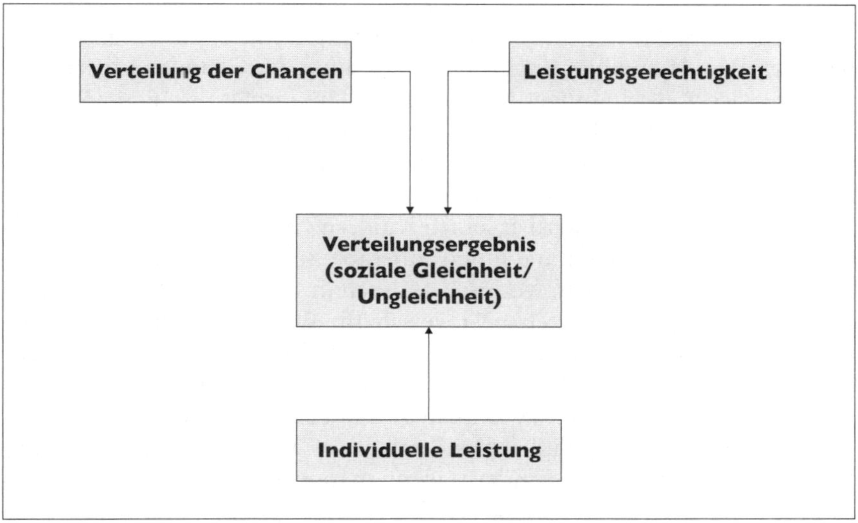

Eigene Grafik.

Bei näherem Hinsehen stellt sich allerdings heraus, dass die Wirklichkeit komplizierter ist, als es nach diesem einfachen Modell erscheint:

1. Chancengleichheit und Leistungsgerechtigkeit ergänzen sich keineswegs einfach und harmonisch, sondern stehen in einer komplizierten und teilweise auch widersprüchlichen Wechselbeziehung.
2. Der Begriff der Chancengleichheit ist unklar und bedarf der Präzisierung.

3. Auch die Vorstellung von der Leistungsgerechtigkeit beinhaltet unausgesprochene Prämissen, die der Klärung bedürfen.

3.2.1 Wechselwirkung von Chancen und Verteilungsergebnissen

Das Konzept der Teilhabegerechtigkeit steht und fällt mit der gedanklichen Trennung von Chancen und Ergebnissen. Die Chancen sollen möglichst gleich verteilt sein, aber die ungleiche Verteilung der Ergebnisse wird akzeptiert, weil sie – unter der Voraussetzung der Chancengleichheit – aus ungleichen Leistungen resultiert. Diese Trennung ist aber in der Realität nicht möglich, und zwar hauptsächlich deshalb, weil Chancen und Ergebnisse nicht unabhängig voneinander sind und somit die Ergebnisse ungleicher Leistungen ihrerseits wieder die Chancen beeinflussen. Anders ausgedrückt: Bei gleichen Chancen sind, wenn das Prinzip der Leistungsgerechtigkeit zum Zuge kommt, die Ergebnisse zwangsläufig ungleich. Die Ergebnisse von heute sind aber die Chancen von morgen, sodass die ungleichen Ergebnisse, die sich bei Chancengleichheit einstellen, in der nächsten Runde zu einer ungleichen Verteilung der Chancen führen.

Wenn sich z. B. ein junger Mann aus kleinen Verhältnissen emporarbeitet, eine clevere Geschäftsidee hat, eine Firma aufbaut und für ein bestimmtes Produkt eine marktbeherrschende Position erreicht, wird er seinen potenziellen Konkurrenten den Marktzutritt erschweren oder gar verwehren können. Außerdem wird er seinen Kindern eine hervorragende Ausbildung finanzieren können und ihnen außerdem seine Firma sowie ein stattliches Vermögen vererben, wodurch er ihnen im Vergleich zu den Kindern anderer Leute bessere Startchancen verschafft. Weil die Chancen im künftigen Wettbewerb entscheidend durch die Ergebnisse des vorausgegangenen Wettbewerbs bestimmt werden, hebt sich die Chancengleichheit, wenn man es so ausdrücken will, zwangsläufig selbst auf.

Dass sich die Chancengleichheit auf diese Weise selbst ad absurdum führt, könnte man nur verhindern, wenn man gegen das Prinzip der Leistungsgerechtigkeit verstößt und die Ergebnisse nivelliert. Aber auf diese Weise würde die Chancengleichheit ebenfalls verletzt, denn von Chancengleichheit kann keine Rede sein, wenn jemandem das Recht verweigert wird, seine Chancen zu verwerten und die Früchte seiner Leistung zu genießen. Wir müssen also feststellen, dass die Chancengleichheit nicht nur das Recht auf ungleiche Ergebnisse beinhaltet, sondern auch das Recht, sich für die Zukunft bessere Chancen als andere zu sichern und somit das Recht anderer auf Chancengleichheit zu verletzen.

Chancengleichheit und Leistungsgerechtigkeit sind in der Realität nicht zu trennen; es ist nicht feststellbar, ob eine gegebene Ungleichheit auf ungleiche Chancen zurückzuführen und somit ungerecht ist oder ob sie aus unterschiedlicher Leistungen resultiert und infolgedessen als gerecht anzusehen ist. Wenn aber Chancen und Verteilungsergebnisse miteinander in Wechselwirkung stehen, kann das einfache Schema der Gerechtigkeitspolitik, das mit der Idee der Teilhabegerechtigkeit verbunden ist, nicht mehr funktionieren. Mit den Mitteln der Chancengleichheitspolitik (also im Wesentlichen mit Hilfe der Bildungs- und Arbeitsmarktpolitik) lässt sich dann nämlich nicht mehr gewährleisten, dass das Verteilungsergebnis den individuellen Fähigkeiten und Leistungen entspricht. *Abbildung 19* soll diesen Zusammenhang veranschaulichen.

Abb. 19: Differenziertes Modell der Teilhabegerechtigkeit

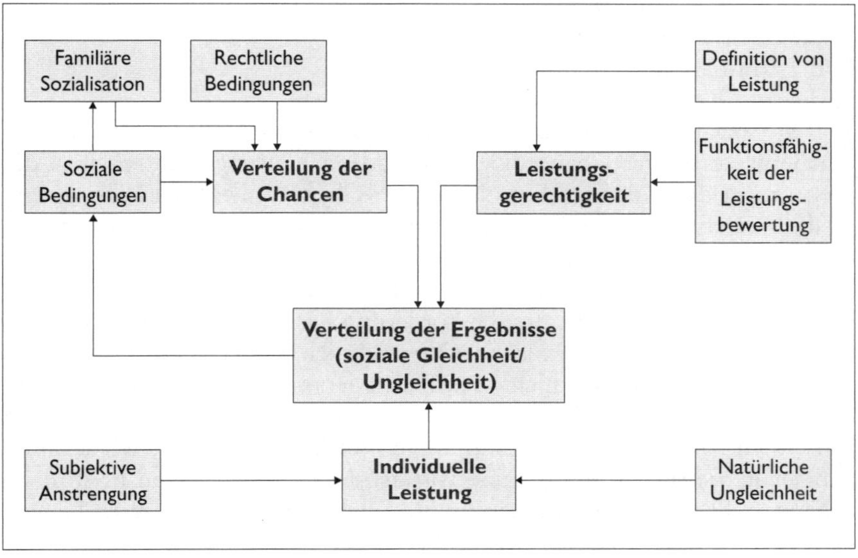

Eigene Grafik.

Die beiden Ziele Chancengleichheit und Leistungsgerechtigkeit können also nicht gleichzeitig erreicht werden, sondern sie widersprechen sich. Auch eine auf Chancengleichheit bedachte Politik kann diesen Effekt nicht ausschalten. Das Konzept der Teilhabegerechtigkeit, sofern es als Gegensatz zur Verteilungsgerechtigkeit gedacht ist, ist also nicht realisierbar. Vielmehr scheint das Gegenteil richtig zu sein: Weil soziale und ökonomische Ungleichheit eine wesentliche – wenn nicht gar die entscheidende – Ursache für die Ungleichheit der Chancen ist, ist Chancengleichheit ohne eine gewisse Umverteilung der Ergebnisse, also ohne Eingriff in die Leistungsgerechtigkeit und somit ohne Verteilungsgerechtigkeit gar nicht möglich.

3.2.2 Chancengleichheit – Rhetorik oder ernst gemeintes Programm?

Abbildung 19 lässt auch die zusätzlichen Probleme erkennen, die mit dem Konzept der Teilhabegerechtigkeit zwangsläufig verbunden sind. Dass Leistungsgerechtigkeit und Chancengleichheit nicht gleichzeitig realisierbar sind, wurde schon festgestellt. Darüber hinaus gibt es aber mit jeder dieser beiden Teilkomponenten der Teilhabegerechtigkeit eigene Probleme, auf die jetzt näher einzugehen ist.

Wie die Chancen in einer Gesellschaft verteilt sind, ist eine komplexe Angelegenheit und hat viele Ursachen. Man kann sie in drei Gruppen von Einflussfaktoren zusammenfassen:

1. die rechtlichen Bedingungen,
2. die familiäre Sozialisation und
3. die sozialen und ökonomischen Bedingungen.

Was die sozialen und ökonomischen Bedingungen angeht, so fällt auf, dass die Befürworter der Chancengleichheit oder Chancengerechtigkeit in der Regel nicht daran denken, im Namen der Chancengleichheit korrigierend in die Verteilung von Einkommen und Vermögen einzugreifen, obwohl diese zu den entscheidenden Determinanten der Chancenverteilung gehören. Ganz im Gegenteil, die Chancengleichheit wird gerade deswegen in den Vordergrund gerückt, um die Forderung nach Umverteilung und Verteilungsgerechtigkeit abzuwehren. Offensichtlich wird also Chancengleichheit in Wirklichkeit doch nicht so wörtlich genommen. Wäre dies der Fall, dann würde sich nämlich sehr schnell herausstellen, dass die Chancen ganz wesentlich von den sozialen Bedingungen abhängen und diese wiederum – außer von vielem anderen – auch von den erbrachten eigenen Leistungen abhängen. Dieser Zusammenhang wurde eben dargestellt; er ist der Hauptgrund, warum das Konzept der Teilhabegerechtigkeit in der üblicherweise diskutierten Form als Kombination von Chancengleichheit und Leistungsgerechtigkeit scheitern muss.

Der zweite sehr wesentliche Einflussfaktor für die Chancen eines Individuums in der Gesellschaft liegt in der familiären Sozialisation. Die Abgrenzung zwischen familiärer Sozialisation und den sozialen und ökonomischen Bedingungen ist nicht einfach, weil beides in Wechselwirkung steht. Was aber unzweifelhaft in die familiäre Sphäre gehört, das sind die Einflüsse, die vom persönlichen Erziehungsstil der Eltern, vor allem von der Zuwendung und der Förderung, die sie ihren Kindern zuteil werden lassen, ausgehen. Ebenso gehören Erbrecht und Vererbung von Vermögen zu den familiären Bedingungen der Chancenverteilung. Angesichts der überragenden Bedeutung der Familie für die individuellen Chancen ist die Frage berechtigt, ob von Chancengleichheit wirklich die Rede sein kann, wenn nicht zugleich die Absicht besteht, den familiären Einfluss deutlich zurückzudrängen. Dies scheint aber nicht wirklich der Fall zu sein, denn von politischen Maßnahmen, die geeignet wären, den Einfluss der familiären Herkunft auf die Chancenverteilung systematisch zu mindern, ist in der Regel nicht die Rede, so werden z. B. weder die deutliche Erhöhung der Erbschaftssteuer noch die Abschaffung teurer Privatschulen (oder wenigstens die Streichung der staatlichen Förderung solcher Schulen) verlangt.

Es soll kein Missverständnis entstehen: Ob es richtig und zweckmäßig wäre, dies zu tun, ist hier nicht das Thema; vieles spricht sogar dafür, dass zu weit gehende Eingriffe in die Sphäre der Familie, wie etwa eine Erbschaftssteuer, die an die Substanz des Erbrechts geht, oder das Verbot von Privatschulen, nicht nur gegen verfassungsrechtlich geschützte Grundrechte verstoßen würden, sondern auch ethisch nur schwer zu rechtfertigen wären. Es soll nur gezeigt werden, dass das Konzept der Teilhabegerechtigkeit, das auf Verteilungsgerechtigkeit verzichtet und stattdessen für Chancengleichheit plädiert, Chancenumverteilung in einer Rigorosität erfordern würde, die in Wirklichkeit (möglicherweise nicht ohne gute Gründe) gar nicht angestrebt wird. Wir haben hier, nebenbei bemerkt, den Fall einer kritischen Überprüfung sozialethischer Normen, bei der wir kein eigenes Werturteil benötigen. Wir konstatieren lediglich eine Diskrepanz zwischen einer propagierten Norm und der Bereitschaft, die politischen Konsequenzen, die sich aus dieser ergeben, zu ziehen.

Die ethische Norm, die der Forderung nach Chancengleichheit zugrunde liegt, lautet, dass nicht die äußeren Umstände, seien es glückliche oder unglückliche, über die Lebensposition von Menschen entscheiden sollen. Maßgeblich soll allein das sein, was einem Menschen als persönliches Verdienst oder als individuelle Leistung zugerechnet werden und einen Gerechtigkeitsanspruch auf äquivalente Honorierung begründen kann. Nun ist es aber durchaus nicht eindeutig, was denn unter persönlichem Verdienst oder individueller Leistung verstanden werden soll: Sind es die Leistungen (wie auch immer sie zu messen und zu bewerten sein mögen), sind es die Fähigkeiten und Begabungen, sind es die Bemühungen? Oder anders formuliert, besteht das Verdienst im Output, den ein Individuum erbringt, oder im Input an Anstrengung, Fleiß und Engagement, den es einsetzt?

Wenn wir davon ausgehen, dass unsere Fähigkeiten genetisch mit bedingt sind, dann liegen Welten zwischen diesen beiden möglichen Betrachtungsweisen. Nach dem outputorientierten Verdienstbegriff kann das Individuum verlangen, dass sich eine günstige genetische Ausstattung zu seinen Gunsten auszahlt, bzw. es muss die Nachteile hinnehmen, die sich aus einer weniger günstigen Ausstattung ergeben. Nach dem inputorientierten Verdienstbegriff wäre dies aber unangemessen, denn für seine genetische Ausstattung trägt kein Mensch die Verantwortung und niemand kann dafür eine Gegenleistung erwarten. Folglich würde der ethisch gerechtfertigte Anspruch auf angemessene Honorierung nur für die individuelle Anstrengung bestehen, nicht aber für die von der Natur gegebenen Fähigkeiten.

Wir sehen also, dass die Forderung nach Chancengleichheit mit einer der ganz zentralen philosophischen Fragen der Gerechtigkeit zusammenhängt, nämlich mit dem Problem der natürlichen Ungleichheit. Als Faktum ist zumindest eine gewisse natürliche Ungleichheit nicht wirklich umstritten. Aber ganz und gar offen ist, welche normativen Konsequenzen daraus zu ziehen sind. Gibt es ein Recht des Stärkeren und Talentierteren? Oder ist im Gegenteil eine gerechte Gesellschaft ethisch verpflichtet, die Ungerechtigkeit der Natur auszugleichen?

Inhaltlich soll hier auf das Problem der natürlichen Ungleichheit nicht weiter eingegangen werden (vgl. aber Ebert 2010, S. 347–383). Hier kommt es nur darauf an, dass der Begriff der Chancengleichheit in hohem Maße konkretisierungsbedürftig ist. Es ist vor allem offen, wie weit die egalisierende Wirkung der Chancengleichheit getrieben werden soll oder darf. Konsens herrscht sicher darüber, dass Chancengleichheit nicht nur Gleichheit vor dem Gesetz bedeutet, sondern dass es auch um reale Chancen und um die Herstellung gleicher gesellschaftlicher Bedingungen geht. Bereits die Egalisierung derjenigen ungleichen Chancen, die in den familiären Sozialisationsbedingungen liegen, ist, wie wir gesehen haben, umstritten. Erst recht ist man sich nicht einig, ob auch unterschiedliche natürliche Begabungen zu den ungleichen Startchancen zu zählen sind, die zu egalisieren oder wenigstens teilweise auszugleichen sind. Kann es überhaupt gleiche Chancen im Wettbewerb geben, wenn die Menschen doch von Natur aus nicht mit gleichen Fähigkeiten ausgestattet sind? Aktuelle bildungs- und forschungspolitische Vorhaben, wie etwa die Schaffung von Eliteuniversitäten oder die Begabtenförderung, zeigen, wie relevant diese grundsätzlichen Fragen für die konkrete Politik sind.

Das Problem des Verhältnisses von Chancengleichheit und natürlicher Ungleichheit ist natürlich auch bedeutsam für die Konzeption der sozialen Gerechtigkeit als Teilhabegerechtigkeit. Teilhabegerechtigkeit – begriffen als Kombination aus Chancengleichheit und Leistungsgerechtigkeit – führt, zugespitzt ausgedrückt, dazu, dass Verteilungsgerechtigkeit als Gerechtigkeitsziel ausgemustert wird: Herrschen Chancengleichheit und Leistungsgerechtigkeit, dann gibt es, wie bereits gesagt, keinen Anlass zur Umverteilung, weil dann jeder bereits so gestellt ist, wie es seinem Verdienst entspricht. Die konkreten politischen Folgerungen aus diesem scheinbar so einfachen Grundsatz sehen trotzdem vollkommen unterschiedlich aus, je nachdem ob das Ziel der Teilhabegerechtigkeit mit dem output- oder mit dem inputorientierten Verdienstbegriff verknüpft wird.

Man kann daher sagen, dass das Problem des Umganges mit der natürlichen Ungleichheit im Rahmen des post-sozialstaatlichen Konzepts der Teilhabegerechtigkeit überhaupt erst richtig aktuell wird. Die sozialstaatliche Verteilungsgerechtigkeit hatte dieses Problem eher verdeckt und an die Seite geschoben; die Teilhabegerechtigkeit fördert es zutage:

- Aus dem Blickwinkel der Verteilungsgerechtigkeit ist eine gewisse, wie auch immer zu dosierende, Angleichung (nicht die völlige Gleichheit) der Einkommen und Vermögen prinzipiell wünschenswert, und zwar unabhängig davon ob die Ungleichheit wegen ungleicher Chancen oder trotz Chancengleichheit wegen ungleicher Leistungen entstanden ist.
- Die Teilhabegerechtigkeit macht hingegen einen scharfen Unterschied zwischen leistungsbedingter oder verdienter und nicht leistungsbedingter und somit unverdienter Ungleichheit. Dadurch wird die Zurechenbarkeit als Leistung und Verdienst, die im Rahmen der Verteilungsgerechtigkeit letztlich nicht ausschlaggebend ist, zur entscheidenden Frage.

Damit nimmt nun auch das Problem der natürlichen Ungleichheit eine ganz andere Dimension an. Wenn der Grundsatz gilt, dass der Tüchtige die Früchte seiner Leistung uneingeschränkt genießen und von Umverteilung unbehelligt sein soll, dann ist es von enormer Bedeutung, genau zu unterscheiden, ob er die Früchte wirklich seiner Tüchtigkeit oder irgendeiner Gunst des Schicksals verdankt. Ganz anders verhält es sich, wenn sich die Gerechtigkeitsvorstellung daran orientiert, dass im Ergebnis eine gewisse maßvolle Gleichheit herrschen soll; dann spielt die Unterscheidung von verdienter und unverdienter Ungleichheit keine ausschlaggebende Rolle.

Wir sehen also, dass uns das Konzept der Teilhabegerechtigkeit in eine Zwangslage führt, die beim Konzept der Verteilungsgerechtigkeit vermieden wird: Von Teilhabegerechtigkeit können wir nicht sinnvoll sprechen, ohne unsere normative Einstellung zum Problem der natürlichen Ungleichheit geklärt zu haben. Entscheiden wir uns aber für die – philosophisch gesehen plausiblere – Position, dass es keine ethische Rechtfertigung dafür gibt, einem Individuum seine natürlichen Vorteile oder Benachteiligungen gesellschaftlich als Verdienst oder Versagen anzurechnen, dann stehen wir vor einer weiteren Hürde: Wie soll es in der Lebenswirklichkeit möglich sein, genetische Bedingungen und persönliche Anstrengung trennscharf zu sortieren? Auf beide Fragen haben diejenigen, die das Konzept der Teilhabegerechtigkeit vertreten, jedenfalls bis jetzt noch keine Antwort gegeben.

3.3 Leistungsgerechtigkeit – ein Konzept mit fragwürdigen Voraussetzungen

Leistungsgerechtigkeit ist neben der Chancengleichheit die zweite Säule des Konzepts der Teilhabegerechtigkeit. Dabei stimmen die meisten Befürworter der neuen Leitidee der Teilhabegerechtigkeit offenbar darin überein, dass Leistungsgerechtigkeit durch einen funktionierenden marktwirtschaftlichen Wettbewerb gewährleistet werden kann (was allerdings einzelne rhetorische Attacken gegen zu hohe Managergehälter und -abfindungen nicht unbedingt ausschließt). Im Klartext heißt das: Vorausgesetzt, es besteht Chancengleichheit oder wenigstens weitgehende Chancengerechtigkeit, dann herrscht in kapitalistischen Marktwirtschaften soziale Gerechtigkeit, weil das Verteilungsergebnis des Marktes im Großen und Ganzen Leistungsgerechtigkeit garantiert. Gegen das Konzept der Leistungsgerechtigkeit gibt es aber kritische Einwände, die in den folgenden vier Punkten zusammengefasst werden können:

1. Leistung kann nicht der allein entscheidende Maßstab für die gerechte Verteilung von Gütern und Lasten, Rechten und Pflichten sein.
2. Leistung kann nicht einfach mit ökonomischer Leistung gleichgesetzt werden.
3. Ökonomische Leistung kann nicht einfach mit den in der Marktwirtschaft erzielten Preisen und Einkommen gleichgesetzt werden, weil in Wirklichkeit nirgendwo idealer Wettbewerb herrscht.
4. Selbst ideale Märkte können keinen Maßstab für Leistungsgerechtigkeit liefern, weil sie ökonomische Leistungen nicht objektiv bewerten, sondern immer nur relativ zu der jeweils bestehenden Einkommens- und Vermögensverteilung.

Was auch immer unter sozialer Gerechtigkeit verstanden wird – unsere Vorstellungen von ihr spiegeln immer eine Idee eines erstrebenswerten oder zufriedenstellenden menschlichen Lebens wider oder – anders ausgedrückt – einen Entwurf dessen, worin die Würde des Menschen besteht. Leistung – gleich ob im engen Sinne als ökonomisch verwertbare Leistung oder im weiteren Sinne – ist immer das Resultat einer Tätigkeit, das anderen Menschen zugute kommt und deren Nutzen oder Wohlergehen tatsächlich oder auch nur vermeintlich fördert. Wäre Leistungsgerechtigkeit völlig identisch mit sozialer Gerechtigkeit überhaupt, dann würde dies, konsequent zu Ende gedacht, die ethische Norm implizieren, dass die Würde des Menschen in seiner Zweckdienlichkeit für andere besteht. Eine solche Norm werden aber wohl die wenigsten akzeptieren; sie werden vielmehr daran festhalten, dass jeder Mensch um seiner selbst willen einen Wert als Person hat. Was auch immer unter sozialer Gerechtigkeit zu verstehen ist – es muss in irgendeiner Weise mit dem Eigenwert der Person zu tun haben und infolgedessen tiefer verankert sein als in seiner Leistung. Leistungsgerechtigkeit ist daher nur ein Teilaspekt von sozialer Gerechtigkeit. Das hat eine wichtige Konsequenz für das Konzept der Teilhabegerechtigkeit: Gesetzt den Fall, das Chancengleichheit herrsche, dann kann die Leistungsgerechtigkeit trotzdem nicht das alleinige Prinzip der angemessenen Verteilung von Gütern und Lasten, Rechten und Pflichten sein, sondern es muss darüber hinaus noch andere Gesichtspunkte geben, die mit der Würde des Menschen oder mit den Grundsätzen eines erstrebenswerten menschlichen Lebens zu tun haben und im Zweifel Vorrang vor der Leistung genießen.

Eine zweite Frage ist, was eigentlich unter Leistung zu verstehen ist, d.h., welche Art von Leistung einen Anspruch auf gerechte Entlohnung begründen kann. Es fragt sich also, ob Leistung als Maßstab der sozialen Gerechtigkeit ohne Weiteres mit ökonomisch verwertbarer Leistung gleichgesetzt werden kann. Denn offenkundig ist Leistung im Sinne ethischer Anerkennungswürdigkeit nicht einfach dasselbe wie ökonomische Verwertbarkeit. Wir finden einerseits Leistungen, die am Markt einen Preis erzielen, die wir aber nicht unbedingt für ethisch anerkennenswert halten, z.B. Waffen, Prostitution, hochspekulative Finanzpapiere oder Güter, welche die Umwelt und künftige Generationen belasten. Andererseits gibt es Leistungen, die wir ethisch höchst anerkennenswert finden, die aber nicht marktgängig sind und daher keinen Preis haben können: Empathie, Altruismus, politisches Engagement können wir mit Fug und Recht als nichtökonomische, aber gleichwohl ethisch hoch anerkennenswerte Leistungen bezeichnen.

Nehmen wir an, wir hätten uns darauf geeinigt, dass ausschließlich ökonomisch verwertbare Leistung bei der Anwendung des Prinzips der Leistungsgerechtigkeit berücksichtigt werden sollen. Jetzt stoßen wir auf die nächste Frage: Wie können wir ökonomisch verwertbare Leistungen messen? Können wir sie einfach mit den Preisen und Einkommen gleichsetzen, die auf dem Markt erzielt werden? Offensichtlich ist diese Gleichsetzung nur zu vertreten, wenn die Märkte voll funktionsfähig sind und alle Preise und Einkommen unter unverzerrten Wettbewerbsbedingungen entstehen. Dazu müssten aber Bedingungen erfüllt sein, die in der Regel nicht gegeben sind, obwohl überzeugte Marktwirtschaftsverfechter meistens stillschweigend so tun, als sei dies der Fall.

Es müsste z. B. auf den Märkten – um es in der Fachsprache der Wirtschaftswissenschaften auszudrücken – »vollkommene« oder »vollständige« Konkurrenz herrschen, d. h., es dürfte weder Monopole, noch Oligopole, die Marktmacht ausüben können, geben. Zudem müsste echte Konsumentensouveränität bestehen, d. h., es dürfte keine Werbung geben, welche die Bedürfnisse der Kunden unterschwellig beeinflusst oder überhaupt erst erzeugt. Nur wenn diese Bedingungen gegeben sind, sind die Preise und Einkommen nicht durch ökonomische Macht beeinflusst und können wirklich als ökonomisch leistungsgerecht angesehen werden. Auch sogenannte externe Effekte müssten ausgeschlossen sein, wenn die Preise und Einkommen wirklich leistungsgerecht sein sollen. Unter externen Effekten versteht man Kosten (und Nutzen) der Produktion oder des Konsums, die nicht beim Produzenten oder Konsumenten, sondern bei Unbeteiligten oder bei der Allgemeinheit oder erst in fernerer Zukunft auftreten und daher nicht in die Bildung der Marktpreise eingehen. Das prominenteste Beispiel dafür sind die Umweltbelastungen, etwa durch die Industrie oder beim Autofahren. Externe Effekte bewirken, dass Einkommen durch Kostenabwälzung auf Unbeteiligte entstehen; solche Einkommen können daher nicht leistungsgerecht sein. Es gibt aber noch mehr Störungen im Bild von der funktionierenden Wettbewerbsordnung: z. B. staatliche Steuern und Subventionen oder von den Gewerkschaften ausgehandelte Tariflöhne und Entlohnungssysteme nach dem Lebensaltersprinzip.

Solange es also Marktmacht, Beschränkung der Konsumentensouveränität, externe Effekte und staatliche Regulationen in bedeutendem Umfang gibt, kann nicht die Rede davon sein, dass der Markt ökonomische Leistungen gerecht bewertet. Es ist nicht zu bestreiten, dass Märkte nützliche gesellschaftliche Einrichtungen sind, auch nicht dass Leistungsanreize und Einkommensdifferenzierungen ökonomisch notwendig sind. Das berechtigt aber nicht dazu, den Markt zum Garanten der Gerechtigkeit und zur moralischen Instanz zu überhöhen. Dafür ist die Wirklichkeit der Märkte denn doch zu weit von der abstrakten Modellkonstruktion der herkömmlichen neoklassischen Wirtschaftswissenschaft entfernt.

Schließlich gibt es mit der Messung ökonomischer Leistungen durch den Markt noch ein weiteres Problem, welches selbst dann existiert, wenn auf den Märkten idealer Wettbewerb herrschen würde. Denn auch ein im Sinne der Theorie vollkommener Markt bewertet die Leistungen nicht als solche und somit auch nicht objektiv, sondern lediglich gemessen an den jeweiligen Verbraucherpräferenzen, die in den Marktpreisen für Leistungen und Güter aller Art zum Ausdruck kommen. Die Preise und Einkommen, die auf dem Markt erzielt werden, hängen also nicht von einem objektiven Wert der erbrachten Leistung als solcher ab, sondern ebenso von der Nachfrage, auf die sie trifft. Dies könnte man hinnehmen, denn schließlich reden wir von Leistung im eigentlichen Sinne nur dann, wenn sie für irgendjemanden etwas wert ist. Aber das Problem ist, dass der Markt keinesfalls jede Leistung belohnt, die ein Bedürfnis anderer Menschen befriedigt. Sondern er belohnt lediglich die Befriedigung solcher Bedürfnisse, die mit ausreichender Kaufkraft ausgestattet sind. Der Markt räumt also Einkommensstärkeren bei der Bewertung von Leistungen ein höheres Stimmrecht ein als Einkommensärmeren. Ein krasses Beispiel dafür sehen wir in der Arzneimittelversorgung der sogenannten Dritten Welt; im marktwirtschaftlichen System bleibt die dringliche Nachfrage der armen Länder Afrikas nach Medikamenten gegen Aids oder Malaria gänzlich unbefriedigt, wenn nicht humanitäre Hilfe oder politische Regulierungen Abhilfe schaffen.

Dass der Markt nicht die Leistung als solche honoriert, sondern nur nach Maßgabe der Kaufkraft derer, die diese Leistung nachfragen, hat nun aber missliche Konsequenzen für die Brauchbarkeit der Leistungsgerechtigkeit als Gerechtigkeitsmaßstab. Wollen wir nämlich die Gerechtigkeit oder Ungerechtigkeit einer gegebenen Einkommensverteilung am Maßstab der Leistungsgerechtigkeit überprüfen und verstehen dabei Leistungsgerechtigkeit als Tauschgerechtigkeit am Markt, dann ist der Maßstab, mit dem wir die Leistung messen wollen, bereits durch die bestehende Einkommensverteilung beeinflusst. Wir haben es also mit einem Zirkelschluss zu tun: die Gerechtigkeit einer Verteilung, von der wir beweisen wollen, dass sie der Leistung entspricht, müssen wir bereits voraussetzen.

Das bedeutet letztlich, dass Leistungsgerechtigkeit, wenn wir diese als marktmäßige Tauschgerechtigkeit verstehen, als Gerechtigkeitsmaßstab unbrauchbar ist. Vielmehr bedarf Leistungsgerechtigkeit, selbst wenn sie sich nur auf ökonomisch verwertbare Leistungen bezieht, eines höherrangigen, d.h. nicht nur ökonomischen ethischen Maßstabs, anhand dessen Leistung bewertet werden könnte.

4 Von der beschützenden zur aktivierenden sozialen Gerechtigkeit?

Alle Befürworter eines post-sozialstaatlichen Gerechtigkeitsbegriffs erheben den offenen oder unausgesprochenen Vorwurf, dass der traditionelle Sozialstaat den Bürgerinnen und Bürgern lediglich soziale Anspruchsrechte einräume, ohne ihnen zugleich im angemessenen Umfang auch Pflichten aufzuerlegen. Der reale Hintergrund dieses Vorwurfs ist auch hier das Problem der Marginalisierung und Exklusion, das bereits verschiedentlich erwähnt worden ist, speziell das der hohen Dauerarbeitslosigkeit, das in Deutschland mit dem Instrumentarium der herkömmlichen Sozial- und Arbeitsmarktpolitik nicht gelöst werden konnte. Der Zusammenhang zwischen dem Exklusionsproblem und der Vorstellung von der aktivierenden sozialen Gerechtigkeit, den die Modernisierer herstellen, hat zwei Aspekte:

1. Es wird vermutet, dass die hohe und strukturell verfestigte Arbeitslosigkeit nicht durch den Marktmechanismus als solchen verursacht worden ist, sondern im Gegenteil durch störende Eingriffe des Staates in den Markt, und zwar durch sozialstaatliche Regulierungen, welche die Motivation der Arbeitslosen untergrabe und diese dazu verführe, sich passiv versorgen zu lassen, statt sich aktiv an die Marktbedingungen anzupassen. Exklusion ist also aus dieser Sicht kein Problem des marktwirtschaftlichen Systems, sondern ein individuelles Problem der Betroffenen, hervorgerufen oder zumindest verstärkt durch einen zu nachgiebigen Sozialstaat.
2. Es wird der versteckte oder auch offene Vorwurf erhoben, dass die Existenz einer dauerhaft marginalisierten Gruppe, die auf Unterstützung der Allgemeinheit angewiesen ist, die Solidarität der Allgemeinheit überfordere.

Wenigstens der zweite Punkt hat bei wachsender Belastung mit Sozialbeiträgen und angesichts der fortschreitenden Individualisierung eine gewisse Plausibilität, zumal wenn für die große Mehrzahl der Bevölkerung das Basisversprechen der bestehenden Gesellschaftsordnung, nämlich die einigermaßen gleichberechtigte Teilnahme am wachsenden Wohlstand, nicht mehr in der erwarteten Weise erfüllt wird. Wie der in Kapitel IV.2.3 bereits erwähnte Publizist Warnfried Dettling bereits Mitte der 1990er Jahre festgestellt hat, befindet sich daher die Einstellung zur kollektiven Solidarität im Wandel. Während der traditionelle Sozialstaat seine Leistungen – von der Beitragspflicht in der Sozialversicherung abgesehen – bei Eintritt des definierten Leistungsfalls unkonditioniert gewährt, müsse es nun zum Prinzip werden, dass niemand eine Leistung ohne bestmögliche Gegenleistung erhalten könne (Dettling 1995, S. 50).

Unmittelbar gesehen scheint der Vorwurf, der Sozialstaat fordere den Anspruchsberechtigten nicht genug ab, unberechtigt zu sein, denn er kennt sehr wohl durchaus strenge Pflichten, von der Steuer- und Beitragszahlung bis zu der Notwendigkeit, sich bei Inanspruchnahme von Leistungen zum Teil eingehenden Kontrollen zu unterziehen. Natürlich konnte auch vor den Arbeitsmarktreformen der rot-grünen Regierung niemand einfach nach Belieben Arbeitslosenunterstützung oder Sozialhilfe beziehen – obwohl die Medien und manchmal auch Politiker diesen Eindruck erweckt haben –, sondern man musste angebotene Arbeit – mit Abstufungen in der »Zumutbarkeit« – annehmen. Trotzdem ist es eine Tatsache, dass es der Sozialstaat traditionell nicht oder allenfalls am Rande als seine Aufgabe angesehen hat, diese Pflichten von den Individuen (von der Finanzierungspflicht abgesehen) mit Nachdruck einzufordern und – vor allem – sie zu dieser Pflichterfüllung durch gezielte Förderung zu befähigen. Diese Pflichten galten in der Tat nicht als Wesensbestandteil der sozialen Gerechtigkeit, denn in der Blütezeit des Sozialstaats war die Logik eine andere: Ein ausreichendes Angebot an Arbeitsplätzen bereitzustellen, war Aufgabe der Arbeitgeber und der staatlichen Wirtschaftspolitik und wenn es für den Einzelnen keinen Arbeitsplatz gab, war es ein Gebot der sozialen Gerechtigkeit, mit Geldleistungen auszuhelfen, ohne dass es für nötig gehalten wurde, die Betroffenen systematisch zu »fördern und fordern«, wie es heute heißt. Die Motivation und Fähigkeit der Arbeitssuchenden, die bereitgestellten Arbeitsplätze anzunehmen und ihren Anforderungen gerecht zu werden, wurde unterstellt – eine Unterstellung, die sich in aller Regel auch als gerechtfertigt erwies.

Soziale Gerechtigkeit wurde nach dem traditionellen Modell, etwas zugespitzt formuliert, in erster Linie als beschützend und zuteilend verstanden. Das Neue am post-sozialstaatlichen Gerechtigkeitsparadigma ist also, dass zwei Gedanken in den Gerechtigkeitsbegriff hineingenommen werden und dort ein entscheidendes Gewicht erhalten, die zuvor nur wenig betont worden waren: auf der einen Seite die Pflicht der Individuen zur Selbstaktivierung, auf der anderen die Aktivierung der Individuen als zentrale Aufgabe eines gerechten Sozialstaats.

Von daher erschließt sich die zentrale Bedeutung der Arbeitsmarktreformen für die Umformulierung des sozialstaatlichen Gerechtigkeitsbegriffs. Im veränderten Umgang mit Arbeitslosigkeit und Armut konkretisiert sich das neue Modell einer aktivierenden sozialen Gerechtigkeit, die zugleich der entscheidende Hebel für die Herstellung von mehr Teilhabegerechtigkeit sein soll, indem sie die Betroffenen veranlasst, sich selbst um Integration ins Arbeitsleben zu bemühen, anstatt sich vom Sozialstaat passiv alimentieren zu lassen. Der Schlüsselbegriff für diese veränderte Arbeitsmarktpolitik heißt → *welfare to work* (oder auch *workfare*), ein Kunstbegriff aus der Ära des US-amerikanischen Präsidenten Bill Clinton in den 1990er Jahre, der zum Ausdruck bringen sollte, dass anstelle von Wohlfahrtsunterstützung (*welfare*) nunmehr die Befähigung zur Arbeit und die Vermittlung oder Zuweisung von Arbeit treten soll. Der Umgang mit Langzeitarbeitslosigkeit und Armut ist eine Schlüsselfrage der sozialen Gerechtigkeit. Daher ist es angebracht, ausführlicher auf die neue Arbeitsmarktpolitik einzugehen, die sich aus dem post-sozialstaatlichen Gerechtigkeitsparadigma ergibt. Dies geschieht in Kapitel VI.

5 Sozialstaatsversagen und individuelle Defizite statt Marktversagen?

Aus dem bisher Gesagten dürfte schon deutlich geworden sein, dass dem post-sozialstaatlichen Gerechtigkeitsparadigma eine bestimmte Vorstellung von der eigentlichen Ursache der sozialen Ungerechtigkeit zugrunde liegt. Diese Ursachenzuweisung beeinflusst ganz wesentlich das, was unter sozialer Gerechtigkeit zu verstehen ist. Beim alten sozialstaatlichen Gerechtigkeitsparadigma ist – trotz der prinzipiellen Zustimmung zum bestehenden Wirtschafts- und Gesellschaftssystem – die Sache klar: Es ist der Markt, der die Ungerechtigkeit hervorbringt, auch wenn seine Effizienz so viele Vorzüge hat, dass man auf ihn keinesfalls verzichten sollte. Wenn aber eine Gesellschaft die Früchte des Marktes genießen will – so die Logik des Sozialstaats – , dann müssen dessen Ungerechtigkeiten korrigiert werden. Dafür muss in erster Linie der Staat sorgen, in zweiter Linie die kollektive Gegenmacht der Arbeitnehmerinnen und Arbeitnehmer. Diese Ungerechtigkeiten liegen nach traditionellem Verständnis vor allem in der strukturellen Übermacht der Kapitaleigner und Unternehmer; daraus resultieren eine tendenziell ungerechte (oder jedenfalls als ungerecht empfundene) Einkommensverteilung und die substanzielle Unsicherheitssituation derer, die von Lohnarbeit abhängig und den Wechselfällen des Lebens und den Friktionen des Marktgeschehens ausgeliefert sind.

Die Perspektive, dass die Wurzel der sozialen Ungerechtigkeit in den Strukturprinzipien des kapitalistischen Wirtschaftssystems zu suchen sei, wird mit dem post-sozialstaatlichen Gerechtigkeitsparadigma verlassen. Als zentrales Ungerechtigkeitsproblem wird die Exklusion betrachtet, d. h. die Tatsache, dass es Menschen gibt, die überhaupt keine Möglichkeit haben, zu fairen Konditionen am Marktgeschehen teilzunehmen. Diese Diagnose, dass die Ungerechtigkeit in der Exklusion besteht, enthält, jedenfalls so wie sie von den Modernisierungsbefürwortern gestellt wird, zwei unausgesprochene Prämissen:

1. Exklusion ist vorrangig durch Strukturfehler im Sozialstaat verursacht und es fällt im Übrigen in die Verantwortung der Individuen, persön-

liche Defizite, die der Eingliederung in den Arbeitsmarkt entgegenstehen, zu überwinden.

2. Soziale Gerechtigkeit herrscht, sobald nur alle Menschen am Wettbewerb teilnehmen können. Soziale Gerechtigkeit besteht also in Zugangsgerechtigkeit oder, wie wir auch formulieren können, in der »Inklusion«. Das bedeutet, dass der Markt selbst, sobald alle fairen Zugang zu ihm haben, gerecht oder wenigstens im Wesentlichen gerecht ist.

Dass die Verantwortung für Exklusion tatsächlich dem Sozialstaat und den Individuen zugewiesen wird, ist an der Therapieempfehlung und vor allem an der sozial- und arbeitsmarktpolitischen Praxis abzulesen: Der Sozialstaat soll, wenn irgend möglich, keine passiven Unterstützungsleistungen gewähren, sondern Hilfsbedürftige so aktivieren, dass sie keiner Unterstützung bedürfen. In der Arbeitsmarktpolitik läuft dies auf eine Art Doppelstrategie hinaus. Einerseits werden die Geldleistungen gekürzt oder an strengere Voraussetzungen geknüpft, wodurch die Arbeitsanreize erhöht werden sollen. Andererseits soll den Betroffenen eine auf die Einzelperson zugeschnittene aktive Förderung zuteil werden, wie sie die traditionelle Arbeitsmarktpolitik nicht gekannt hat. Diese sozial- und arbeitsmarktpolitische Strategie setzt voraus, dass strukturell verfestigte Arbeitslosigkeit nicht oder jedenfalls nicht allein aus Steuerungsdefiziten der Marktwirtschaft, sondern durch einen verfehlten, nämlich einseitig beschützenden und zuteilenden Sozialstaat (einschließlich zu hoher Löhne und zu hoher »Lohnnebenkosten«) sowie durch individuelle Passivität zu erklären ist, wobei sich beide Ursachen gegenseitig bedingen.

Was es mit dieser Ursachenerklärung für die strukturelle Arbeitslosigkeit auf sich hat, sehen wir durch den Vergleich mit der traditionellen Ursachenerklärung, die noch heute von den Gewerkschaften und ihnen nahestehenden Ökonomen vertreten wird: Danach ergibt sich der Arbeitskräftebedarf einer Volkswirtschaft in erster Linie aus der makroökonomischen Konstellation, d.h. aus dem Verhältnis des Produktionspotenzials, der Arbeitsproduktivität und der gesamtwirtschaftlichen Nachfrage (Konsum, Investitionen, Auslandsnachfrage, Nachfrage des Staates) nach Gütern und Dienstleistungen. Für die Arbeitssuchenden als Gesamtgruppe ist damit das Reservoir an angebotenen Arbeitsplätzen gegeben. Sie können es durch ihr Verhalten oder durch ihre Lohnforderung nicht beeinflussen; das individuelle Verhalten des einzelnen Arbeitssuchenden entscheidet lediglich über seine Konkurrenzposition im Verhältnis zu anderen Arbeitssuchenden. Auch generell niedrigere Löhne würden die Zahl der Arbeitsplätze nicht vermehren, denn dadurch würden zwar die Arbeitskosten für die Unternehmer sinken, zugleich aber würde auch die Konsumnachfrage der

Beschäftigten zurückgehen; lediglich die Exporte können durch Lohnsenkung oder Lohnzurückhaltung günstig beeinflusst werden.

Nach dieser Minderheitsmeinung unter den Ökonomen sollte sich die staatliche Beschäftigungspolitik deshalb in erster Linie solcher Instrumente bedienen, welche das Angebot an Arbeitsplätzen insgesamt erhöhen, d.h. vor allem des Instrumentariums der Konjunktur- und Wachstumsförderung. In zweiter Linie kommt aus traditioneller Sicht in Betracht, die Arbeitslosigkeit durch die Verknappung des Arbeitsangebots zu bekämpfen, z.B. durch Verkürzung der Arbeitszeit und durch Frühverrentung. Die aktivierende Arbeitsmarktpolitik hat nach dieser Betrachtungsweise nur eine ergänzende Funktion; sie kann keine Arbeitsplätze schaffen, sondern lediglich für Problemgruppen des Arbeitsmarkts die Chancen verbessern, einen der vorhandenen Arbeitsplätze zu erhalten. Von dieser traditionellen, an makroökonomischen Zusammenhängen orientierten Sichtweise ist die heute herrschende Ursachenerklärung für die Arbeitslosigkeit weitgehend abgerückt. Sie orientiert sich →mikroökonomisch und rückt die fehlende Bereitschaft der einzelnen Arbeitssuchenden, Arbeit zu Marktbedingungen anzunehmen, oder den fehlenden finanziellen Anreiz dazu in den Vordergrund.

Während des großen Konjunktureinbruchs, der durch die große Finanzkrise ausgelöst worden war, wurde die Vorherrschaft der mikroökonomischen Arbeitsmarkttheorie in Politik, Wirtschaft und Medien allerdings deutlich korrigiert. Über die Notwendigkeit staatlicher Interventionen zur Stützung der Konjunktur und des Arbeitsmarkts bestand während der akuten Krise ungeachtet der zuvor vertretenen Lehrmeinungen Einverständnis. Es ist jedoch ziemlich sicher, dass sich dieser Perspektivenwechsel auf die extreme Ausnahmesituation der Weltwirtschaftskrise beschränkt und dass sich die zuvor vorherrschende Denkweise im Zuge der fortschreitenden Normalisierung wieder durchsetzen wird. Dies zeichnete sich z.B. deutlich im Jahresgutachten 2010/2011 des »Sachverständigenrats zur Begutachtung der gesamtwirtschaftlichen Entwicklung« ab, in dem die Fortsetzung der Arbeitsmarktpolitik der Regierung Schröder angemahnt wurde (Sachverständigenrat 2010, Ziffer 1–12).

Wenn im post-sozialstaatlichen Gerechtigkeitsparadigma die individuelle Verantwortung – z.B. von Arbeitslosen für ihre eigene Wiedereingliederung – besonders hervorgehoben wird, dann hat dies durchaus zwei Seiten:

- Es signalisiert auf der einen Seite, gemessen an der Nachgiebigkeit und Fürsorglichkeit des alten beschützenden und zuteilenden Sozialstaats, Härte und, wenn man so will, Unbarmherzigkeit, indem vorrangig diejenigen in die Pflicht genommen werden, die sich ohnehin als Opfer der Verhältnisse empfinden.

- Auf der anderen Seite ist ein humaner Impetus unverkennbar, wenn versucht wird, passive Versorgungsempfänger wieder dazu zu bringen, ihr Schicksal in die eigenen Hände zu nehmen. Welche Seite überwiegt, ob die bislang Ausgeschlossenen wieder an die Gesellschaft herangeführt oder ob sie erst recht an den Rand gedrängt werden, darüber entscheidet letztlich der Erfolg in der politischen Realität.

Die Arbeitsmarktpolitik und das Problem von Exklusion und Inklusion ist nur eines unter mehreren, wenn auch das wichtigste Beispiel dafür, dass es in der Optik des post-sozialstaatlichen Gerechtigkeitsparadigmas die Tendenz gibt, im Sozialstaat tendenziell weniger den Garanten sozialer Gerechtigkeit als vielmehr den Verursacher sozialer Ungerechtigkeit zu sehen. Ein anderes, vielleicht sogar noch treffenderes Beispiel für diese Sichtweise ist die »Generationengerechtigkeit«, ein Thema, das erst seit kaum mehr als zehn Jahren Beachtung findet, dafür aber heute umso größere öffentliche Aufmerksamkeit erhält. Sie ist ebenfalls ein Schlüsselthema der aktuellen Gerechtigkeitsdiskussion und wird in Kapitel VII ausführlich behandelt.

6 Marktvertrauen statt Sozialstaatsvertrauen?

6.1 Unterwegs zur marktorientierten Wirtschafts- und Sozialpolitik?

Charakteristisch für das post-sozialstaatliche Gerechtigkeitsparadigma ist, dass im Vergleich zum traditionellen Sozialstaatsverständnis die Rolle des Marktes deutlich aufgewertet wird. Schon die programmatischen Formulierungen des Modernisierungsflügels der Sozialdemokratie machten das deutlich. Die britische Labour Party stellte – ihrerseits in Anlehnung an die Demokratische Partei in den USA – ihre neu ausgerichtete Politik unter das Motto vom »Dritten Weg«; in Deutschland wählte die SPD mit der »Neuen Mitte« im Bundestagswahlkampf 1998 einen ähnlichen Begriff. Der Begriff des »Dritten Weges« hat allerdings einen historischen Hintergrund, auf dem das Neuartige sichtbar wird: In der gesamten Tradition der Arbeiterbewegung war die Formel vom »Dritten Weg« in Anspruch genommen worden, um die Mitte zwischen Kapitalismus und dem Kommunismus des sowjetischen Typs mit Staatseigentum und Planwirtschaft zu bezeichnen. In diesem Sinne wollten sowohl der »demokratische Sozialismus« der deutschen Sozialdemokratie als auch der »Reformkommunismus« des →Prager Frühlings die Elemente einer kapitalistischen Marktwirtschaft und einer pluralistischen Demokratie mit einer deutlichen staatlichen Verantwortung und Regulation verbinden. Auch die christdemokratischen Verfechter der →»Sozialen Marktwirtschaft« bedienten sich teilweise der Formel vom »Dritten Weg«, um auszudrücken, dass die soziale Marktwirtschaft in der Lage sei, sowohl Kapitalismus als auch Kommunismus zu überwinden.

Der »Dritte Weg« der modernisierungsbereiten Sozialdemokratie von heute, sei es in Großbritannien, sei es in Deutschland, verläuft nicht mehr zwischen Laissez-faire-Kapitalismus und Kommunismus, sondern zwischen Laissez-faire-Kapitalismus (also dem harten angelsächsischen Neoliberalismus) und alter reformistischer Sozialdemokratie. Auf diese Weise wird bereits in der Symbolik der politischen Geografie zum Ausdruck gebracht, dass man die Gewichte zwischen Markt und Staat neu verteilen und dem Markt eine wesentlich größere Rolle zumessen möchte.

An anderer Stelle wurde bereits betont, dass die neuen Gerechtigkeitsideen, welche die gegenwärtige Sozialstaatsdebatte z. B. in der deutschen Sozial- und teilweise auch Christdemokratie beherrschen, nicht mit dem strengen angelsächsischen Neoliberalismus und auch nicht mit dem libertären Gerechtigkeitsparadigma des reinen »Laissez faire« in einen Topf geworfen werden dürfen. Was sie vom harten Neoliberalismus deutlich unterscheidet, ist etwas, was man als pädagogisch-aktivierende Hinwendung zu den Ausgegrenzten bezeichnen könnte. Aber gleichwohl ist unverkennbar, dass das sich abzeichnende neue Gerechtigkeitskonzept ziemlich viel Vertrauen in den Markt und seine Gerechtigkeit voraussetzt.

An der Idee der Teilhabegerechtigkeit ist dies deutlich zu erkennen. Sie setzt die Gerechtigkeitsfrage im Wesentlichen mit dem Problem der Exklusion und des chancengleichen Zutritts zum marktwirtschaftlichen Wettbewerb gleich. Ist fairer Markteintritt für alle gewährleistet, dann besteht, so ergibt sich im Umkehrschluss, in der Substanz kein wirklich ernstes Problem der sozialen Gerechtigkeit mehr. Wenn soziale Gerechtigkeit letztlich mit fairem Marktzugang gleichgesetzt wird, dann setzt dies voraus, dass der Markt weitgehend selbst für Gerechtigkeit sorgt. Der Sozialstaat kann sich demnach aus der Umverteilungspolitik zurückziehen und die Sorge für soziale Sicherheit zu wesentlichen Teilen dem Individuum oder der Zivilgesellschaft überlassen.

Nicht zuletzt durch das wesentlich größere Vertrauen in den Markt unterscheidet sich das post-sozialstaatliche Gerechtigkeitsparadigma ziemlich klar vom sozialstaatlichen. Es war ein Kernpunkt des früheren sozialstaatlichen Konsenses, dass der Markt der Eingrenzung und Korrektur bedarf. Es gab zwar Kontroversen über Umfang und Methode solcher Korrekturen, aber die Korrekturbedürftigkeit als solche war unstrittig, wegen der Instabilität und Krisenanfälligkeit des Marktes in bestimmten Situationen, wegen seiner als ungerecht angesehenen Verteilungsergebnisse, wegen der strukturellen Übermacht des Kapitals über die Arbeit und wegen der Lebensrisiken, die in einer modernen Industriegesellschaft nicht mehr individuell oder familiär bewältigt werden können. Dies hat sich geändert; die Verfechter post-sozialstaatlicher Gerechtigkeitsideen haben sich nun der wirtschaftsliberalen Auffassung angenähert, dass der Markt, vorausgesetzt alle haben ungehinderten Zutritt und man lässt die Marktmechanismen ungestört wirken, im Wesentlichen nicht nur effizient, sondern auch gerecht arbeitet.

Nicht zuletzt unter dem Eindruck des allgemeinen Individualisierungstrends entsteht nun eine neue Wertvorstellung, nämlich dass die Menschen, wenn sie nur, entsprechend dem Ideal der Teilhabegerechtigkeit, individuell für die erfolgreiche Teilnahme am marktwirtschaftlichen Wettbewerb positioniert sind, sich dort im Prinzip auch individuell behaupten können, d. h. zu Marktkonditionen einen Arbeitsplatz finden, dank ihrer ökonomisch verwertbaren Leistungen ihre Rechte zur Geltung bringen und persönlich für ihre Zukunft vorsorgen können. Auf diese Weise wird der Markt von einem bloßen Instrument, das eingesetzt wird, um bestimmte Ziele wie Wohlstand zu erreichen, zu einem positiven gesellschaftspolitischen Leitbild, das um seiner selbst willen angestrebt wird, weil es dem Entwurf eines angemessenen menschlichen Lebens in der Gemeinschaft entspricht. Damit löst sich das post-sozialstaatliche Gerechtigkeitsparadigma von der Erfahrungswelt der an kollektiver Solidarität orientierten Arbeiterschaft und nähert sich dem liberalen Leitbild des selbstständigen Marktbürgers, der sich im Leistungswettbewerb mit anderen verwirklicht.

Die neue Wertschätzung, die der Markt im post-sozialstaatlichen Gerechtigkeitsparadigma genießt, ist nicht nur rhetorisch, sondern sie hat politische Konsequenzen:

1. Die Begrenzung der Macht des Kapitals über die Arbeit, eins der zentralen Motive des herkömmlichen Sozialstaats, spielt als politisches Ziel keine Rolle mehr. Deshalb wird die Deregulierung des Arbeitsmarkts (z. B. die Förderung des Niedriglohnsektors, die Aufweichung der Sozialversicherungspflicht oder die Einschränkung des Kündigungsschutzes) zum Instrument der Arbeitsmarktpolitik (Kapitel VI). Ging es nach altem Sozialstaatsverständnis um →»Dekommodifizierung«, also um die Überwindung des Warencharakters der Arbeitskraft, steht jetzt gewissermaßen eine »Re-Dekommodifizierung«, sprich die Wiederherstellung des Warencharakters der Arbeit, auf dem Programm. Wenn die

Begrenzung der Kapitalmacht kein politisches Ziel mehr ist, dann ist dies sicher auch die (vielleicht unvermeidbare) Konsequenz aus dem Machtzuwachs, den die Kapitaleigner und Unternehmer durch die Globalisierung und die Entmachtung der einzelnen Staaten gewonnen haben. In der Tat ist es mittlerweile ja unrealistisch anzunehmen, dass irgendeine nationale Regierung einen schweren Konflikt gegen die Interessen des international operierenden Kapitals und der weltweit tätigen Unternehmen durchstehen könnte – z. B. die Unternehmenssteuern deutlich erhöhen oder die Produktion von Automobilen mit zu hoher Schadstoffemission verbieten. Aber das ist nur die eine Seite; die andere hängt mit dem neuen Sozialstaatsparadigma zusammen. Denn dass es in einer kapitalistischen Marktwirtschaft – nicht anders als in anderen Wirtschafts- und Gesellschaftsordnungen – immer auch um Macht und Herrschaft der ökonomisch Stärkeren über die Schwächeren geht, muss zwangsläufig aus dem Blick geraten, wenn die marktwirtschaftliche Ordnung nicht mehr nur als ein nützliches Instrument der Wohlstandspolitik wahrgenommen wird, sondern in erster Linie als positives Modell menschlichen Zusammenlebens.

2. Die klassische sozialstaatliche Leitidee des »Rechts auf Arbeit« wird deutlich relativiert und neu definiert. Die alte Vorstellung, dass die staatliche Wirtschaftspolitik für Vollbeschäftigung zuständig sei, wird aufgegeben. Einen hohen Beschäftigungsstand zu gewährleisten, ist nicht mehr die Aufgabe staatlicher Interventionen in den Wirtschaftskreislauf, sondern des Arbeitsmarkts selbst. Zwar bleibt eine gewisse Verantwortung des Staates bestehen, aber sie wird völlig neu definiert, nämlich nicht mehr als Verantwortung für den Beschäftigungsstand als solchen, sondern lediglich für die Funktionsfähigkeit des Arbeitsmarkts. Dem liegt eine geänderte Sichtweise der Arbeitslosigkeit zugrunde. Als deren Ursache gilt nicht mehr die Störungsanfälligkeit des marktwirtschaftlichen Systems, sondern – neben den Gewerkschaften und den von ihnen durchgesetzten Tarifverträgen – der Sozialstaat selbst, weil er durch die Regulierungen des Arbeitsmarkts und seine Sozialpolitik die Arbeitsanreize für Arbeitslose beseitigt habe (z. B. durch zu hohe und zu lang gewährte Unterstützungszahlungen, durch zu großzügige Möglichkeiten, angebotene Arbeit abzulehnen, durch unproduktive Arbeitsbeschaffungsmaßnahmen) und die Neueinstellung von Arbeitslosen behindere (z. B. durch Kündigungsschutz und zu hohe → »Lohnnebenkosten«).
3. Die neue Aufwertung des Marktes bewirkt ferner einen Paradigmenwechsel in der Politik der sozialen Sicherung. In der traditionellen sozialstaatlichen Perspektive erschien der Markt als Ursache oder jedenfalls

Mitursache sozialer Unsicherheit. Nachdem die familiären Netzwerke der vorindustriellen Gesellschaft zerfallen waren, waren Alte, Kranke, Erwerbslose und nicht erwerbstätige Familienangehörige im System der Lohnarbeit ohne Schutz und Existenzgrundlage. Diese Lücke schloss der Sozialstaat mit seinen Systemen der kollektiven Solidarität. Wird der Markt – nicht zufällig in einer sich zunehmend individualisierenden Gesellschaft – zum positiven Leitbild gesellschaftlichen Zusammenlebens, dann ändert sich die Optik: Sicherheit vor den Wechselfällen des Lebens wird zu einem Produkt, das auf dem Markt – z. B. durch Versicherungen oder Aktienfonds – angeboten und individuell je nach persönlichen Bedürfnissen nachgefragt werden kann. Im post-sozialstaatlichen Gerechtigkeitsparadigma genießt konsequenterweise die obligatorische kollektive Sozialversicherung keine grundsätzliche Priorität mehr vor der individuellen privaten Vorsorge. Dies erklärt auch die sozialpolitische Entscheidung der Regierung Schröder, das Versorgungsniveau in der gesetzlichen Rentenversicherung langfristig erheblich abzusenken und es den Arbeitnehmerinnen und Arbeitnehmern zu überlassen, die entstehende Lücke durch freiwillige (vom Staat finanziell geförderte) Vorsorge zu schließen.

4. Die Aufwertung des Marktes bringt es schließlich mit sich, dass nunmehr – wie wir wiederholt gesehen haben – auch das marktwirtschaftliche Verteilungsergebnis als prinzipiell gerecht akzeptiert wird. Dies ist ein Bruch mit der traditionellen Vorstellung von sozialer Gerechtigkeit, die immer die Korrekturbedürftigkeit der Einkommensverteilung unterstellt hatte. Folglich ist es nur konsequent, sozialstaatliche Umverteilung zurückzunehmen und der Leistungsgerechtigkeit wieder einen größeren Spielraum zu geben. Die Umorientierung von der Verteilungs- auf die Teilhabegerechtigkeit verlangt zudem, die Prioritäten bei der Verwendung der verfügbaren finanziellen Ressourcen neu zu bestimmen. Dazu bieten sich konsequenterweise Budgetkürzungen bei der sozialen Sicherung oder auch bei Lohn- und Gehaltszahlungen des Staates an, um im Gegenzug Bildung und arbeitsmarktpolitische Maßnahmen zu finanzieren. Im Konzept der Teilhabegerechtigkeit ist jedenfalls schon die Rechtfertigung dafür vorgezeichnet, etwaigen zusätzlichen Finanzbedarf für die aktive Förderung der Chancengleichheit nicht durch zusätzliche Steuern zu decken, sondern tendenziell zulasten derer, die bisher von der Umverteilung profitiert haben.
5. Schließlich wird auch das Prinzip der gerechten Verteilung der Finanzierungslasten, nach traditionellem Sozialstaatsverständnis eine wichtige Säule der Verteilungsgerechtigkeit, entbehrlich, wenn Gerechtig-

keit ausdrücklich auf den Aspekt der Teilhabegerechtigkeit verengt und die Realität des Marktes mitsamt den Machtverhältnissen der kapitalistischen Marktwirtschaft weitgehend ohne Vorbehalte akzeptiert wird. Jedenfalls wird eine Steuerpolitik, die Kapitaleinkünfte und Unternehmensgewinne systematisch gegenüber Arbeitseinkommen bevorzugt, offenbar nicht mehr als Gerechtigkeitsproblem empfunden, obgleich dabei zentrale Grundsätze wie die Besteuerung nach Leistungsfähigkeit (höhere Einkommen müssen prozentual höher besteuert werden als niedrigere) und die Gleichmäßigkeit der Besteuerung (gleich hohe Einkommen aus unterschiedlichen Quellen werden gleich besteuert) verletzt werden. Gerechtfertigt wird dies mit dem Argument, dass Kapital und Unternehmen ohne solche Steuerprivilegien ins Ausland abwandern würden und die Steuereinnahmen des Staates dann noch niedriger wären. An die Stelle der Leistungsfähigkeit und des Gleichbehandlungsprinzips als Kriterium der Steuergerechtigkeit und der gerechten Lastenverteilung ist also – unter dem Druck des internationalen Standortwettbewerbs – sozusagen das Prinzip der bestmöglichen Ausschöpfung der Steuerquellen getreten.

6.2 Die Grenzen des Marktvertrauens

Die bisherige Darstellung dürfte eine hervorstechende Eigenschaft des post-sozialstaatlichen Gerechtigkeitsparadigmas deutlich gemacht haben, nämlich dass es unter anderem auf einer außerordentlichen Hochschätzung der Leistungsfähigkeit des Marktes beruht. In diesem beinahe schon vorbehaltlosen Marktvertrauen scheint – wenn an dieser Stelle eine persönliche Meinung einfließen darf – die eigentliche Schwachstelle des postsozialstaatlichen Gerechtigkeitsparadigmas zu liegen. Die schwere Krise, die seit 2008 die Weltwirtschaft erfasst hat und deren bedrohliche Ausmaße erst allmählich sichtbar geworden sind, hat gezeigt, wie naiv und wie wenig begründet der Glaube gewesen ist, auf regulierende Eingriffe in das Marktgeschehen weitgehend verzichten zu können. Es ist inzwischen deutlich geworden, dass Krisen auch nicht zufällig und wegen des Versagens einiger Akteure entstehen, sondern dass die Krisenhaftigkeit zum Wesen deregulierter kapitalistischer Marktwirtschaften gehören. Das Krisenrisiko ist sozusagen der Preis für die Dynamik der Marktwirtschaft und für die unbezweifelbaren Vorteile dieses Wirtschaftssystems. Gesellschaften, welche diese Dynamik nutzen wollen, brauchen daher staatliche Regulierungen, um sich vor Krisen zu schützen.

Auf der anderen Seite ist manches von dem, was die Befürworter eines neuen Gerechtigkeitsverständnisses am der alten sozialstaatlichem Idee der sozialen Gerechtigkeit kritisieren oder für überholt erklären, zumindest teilweise berechtigt. Die berechtigte Kritik am unbegrenzten Vertrauen in den Sozialstaat rechtfertigt aber noch längst nicht das kritiklose Marktvertrauen, das offensichtlich an dessen Stelle tritt. Gewiss gibt es spätestens seit dem Zusammenbruch des Kommunismus sowjetischen Typs keine grundsätzliche Alternative zur kapitalistischen Marktwirtschaft mehr (das war eigentlich schon seit den 1950er Jahren der Fall) und gewiss haben der wirtschaftliche Strukturwandel von der Industrie- zur Dienstleistungswirtschaft, Globalisierung und Individualisierung dem alten sozialen Wohlstandskapitalismus vielfach die Grundlage entzogen. Aber deshalb gewinnt der Markt noch nicht die Zauberkräfte, die ihm die Modernisierer jetzt zum Teil zumessen, obwohl er sie nie besessen hat.

Die aktuelle Krise hat das Marktvertrauen binnen kurzer Zeit ziemlich diskreditiert, sodass man eigentlich davon ausgehen könnte, dass das historische Urteil über das marktorientierte post-sozialstaatliche Gerechtigkeitsparadigma bereits gesprochen ist. Dennoch ist es nicht überflüssig, die These, dass es enge Grenzen des Marktvertrauens gibt, mit einigen Argumenten zu stützen.

Der neue Glaube an den Markt hat zwei Seiten, eine faktische sowie eine normative. Die faktische Seite betrifft die stillschweigende Prämisse, dass der Markt, wenn nur staatliche Eingriffe auf das Unerlässliche reduziert werden, effizient und störungsfrei arbeite. Die normative Seite des Glaubens an den Markt betrifft seine Gerechtigkeit. An beidem sind Zweifel angebracht.

6.2.1 Das Effizienz- und Stabilitätsproblem

Was die Effizienz betrifft, so soll natürlich nicht bestritten werden, dass der Markt das effizienteste System der Steuerung von Wirtschaftsprozessen ist, das wir kennen. Zugleich ist allgemein anerkannt, dass es eines staatlichen Ordnungsrahmens bedarf, damit sich die Effizienz des Marktes entfalten kann; strittig ist jedoch die Frage, wie weit die flankierende staatliche Regulierung von Märkten gehen darf oder muss. Hier stoßen wir auf die wohl erbittertste Kontroverse, die mit dem post-sozialstaatlichen Gerechtigkeitsparadigma im Zusammenhang steht, nämlich wie die Arbeitslosigkeit am besten bekämpft werden kann.

Die rot-grüne Regierung, die sich mit ihrer Reformpolitik vom Sozialstaat alten Typs lösen wollte, vollzog auch in der Arbeitsmarktpolitik einen Kurswechsel. Die alte Überzeugung, dass Arbeitslosigkeit aus der Krisenanfälligkeit der Marktwirtschaft und aus der Diskrepanz zwischen gesamtwirtschaftlichem Angebot und gesamtwirtschaftlicher Nachfrage zu erklären ist, wurde aufgegeben. Stattdessen schloss sie sich im Grundsatz der Diagnose an, die bereits seit vielen Jahren von der überwiegenden Mehrzahl der Wirtschaftswissenschaftler in Deutschland in Übereinstimmung mit den Unternehmerverbänden vertreten worden war. Danach resultiert Arbeitslosigkeit im Wesentlichen daraus, dass der sich selbst stabilisierende Marktmechanismus, der an sich zur Vollbeschäftigung tendiert, durch sozialstaatliche Überregulierung gestört wird, vor allem durch zu großzügige und zu lange gewährte Lohnersatzleistungen und zu große Nachgiebigkeit bei der Zumutung, angebotene Arbeit anzunehmen. Dies war der theoretische Kern der Auseinandersetzungen um die sogenannten →Hartz-Reformen.

Sichtbar wird an dieser Stelle, dass das post-sozialstaatlichen Gerechtigkeitsparadigma, was die Arbeitsmarktpolitik betrifft, nicht nur bestimmte ethische Wertvorstellungen zum Ausdruck bringt, sondern auch eine bestimmte Tatsachenaussage oder, besser gesagt, eine Tatsachenvermutung zur Prämisse hat, nämlich dass unregulierte Arbeitsmärkte zur Vollbeschäftigung tendieren oder – vorsichtiger ausgedrückt – dass jedenfalls die Arbeitslosigkeit zurückgeht, wenn Arbeitsmarktregulierungen abgebaut werden. Diese These wird von einer Minderheit von Wirtschaftswissenschaftlern wie von den Gewerkschaften nach wie vor energisch bestritten. Dies ist ein – besonders plastisches – Beispiel für die faktische Seite des Marktvertrauens, das für das post-sozialstaatliche Gerechtigkeitsparadigma charakteristisch ist.

Es wurde bereits darauf hingewiesen, dass das post-sozialstaatliche Gerechtigkeitsverständnis auf eine Art Tauschgeschäft zielt: ein Weniger an beschützender und zuteilender sozialer Gerechtigkeit soll zusammen mit einem Mehr an aktivierender Förderung und individueller Verantwortung zu einem Mehr an Inklusion und Teilhabegerechtigkeit führen. Die vom post-sozialstaatlichen Geist inspirierten Arbeitsmarktreformen der Regierung Schröder haben dies deutlich gezeigt. Die Formel, die den Rückzug des beschützenden und zuteilenden Staates in Arbeitsmarktinklusion transformieren soll, enthält jedoch eine Unbekannte: Wie weit reicht die Funktionsfähigkeit des Marktes? Kann er durch seine Effizienzmechanismen die Arbeitssuchenden, wenn sie vom passivierenden Sozialstaat abgenabelt, bedingungslos anpassungsbereit und durch individuelle Förderung fit gemacht sind, wirklich in das Erwerbsleben integrieren? Oder bleibt Arbeitslosigkeit ein unvermeidbares Begleitphänomen der marktwirtschaftlich-kapitalistischen Ökonomien, solange nicht der Staat mit seinen Mitteln der Globalsteuerung eingreift? An dieser Stelle sehen wir, welche zentrale Funktion dem neuen, nahezu unbegrenzten Marktvertrauen im post-sozialstaatlichen Gerechtigkeitsparadigma zukommt.

Die Fragen, die damit aufgeworfen werden, können hier nicht im Detail diskutiert werden oder gar beantwortet werden. Es geht nur darum, zu verdeutlichen, dass es beim Vertrauen in die Effizienz und Stabilität des Marktes um wissenschaftlich umstrittene Hypothesen geht und dass sich das neue Gerechtigkeitsverständnis auf Hypothesen gründet, welche der kritischen Überprüfung bedürfen. Ob die Arbeitsmarktreformen der Regierung Schröder wirksam gewesen sind oder nicht wird im Übrigen in Kapitel VI.4 erörtert.

6.2.2 Das Gerechtigkeitsproblem des Marktes

Im Zusammenhang mit der sozialen Gerechtigkeit ist die normative Seite des neuen Glaubens an den Markt von besonderer Bedeutung. Es geht darum, ob die Ergebnisse des Marktes gerecht sind. Es wurde bereits darauf hingewiesen, dass sich die Befürworter des Konzepts der Teilhabegerechtigkeit mit der Chancengleichheit oder (mit etwas bescheidenerem Anspruch) der Chancengerechtigkeit begnügen und alle anderen Gerechtigkeitsfragen im Wesentlichen mit dem Verweis auf die tatsächliche oder angebliche Leistungsgerechtigkeit des Marktes beantworten. Die Grenzen des Verständnisses von sozialer Gerechtigkeit als Leistungsgerechtigkeit wurden oben bereits dargestellt (→ Kap. V.3.2.3):

1. Leistung kann nicht der alleinige Maßstab der sozialen Gerechtigkeit sein,
2. Leistung darf nicht einfach mit ökonomisch verwertbarer Leistung gleichgesetzt werden,
3. die Ergebnisse des marktwirtschaftlichen Prozesses können nur dann im ökonomischen Sinne leistungsgerecht sein, wenn ideale Marktbedingungen herrschen,
4. der Markt bewertet ökonomische Leistungen niemals objektiv, sondern immer nur relativ zu der jeweils gegebenen Kaufkraftausstattung der Marktteilnehmer.

Aus diesen vier Einwänden ist der Schluss zu ziehen, dass die Marktwirtschaft als solche keine soziale Gerechtigkeit garantieren kann, auch nicht im eingeschränkten Sinne der Leistungsgerechtigkeit. Das rechtfertigt natürlich nicht den Umkehrschluss, dass Marktwirtschaften immer ungerecht sein müssen oder gar dass andere Wirtschaftssysteme, z. B. Planwirtschaften, gerechter wären. Entscheidend ist ausschließlich, dass soziale Gerechtigkeit an einem Maßstab zu messen ist, der durch keinen noch so ideal funktionierenden Markt (von der real existierenden Marktwirtschaft ganz abgesehen) bereitgestellt werden kann. Erfolg am Markt kann bestenfalls ein Kriterium für Effizienz sein, aber niemals für soziale Gerechtigkeit. Im Gegenteil, wenn wir die Frage nach der sozialen Gerechtigkeit stellen, dann müssen wir den Markt und seine Ergebnisse an ethischen Kriterien der sozialen Gerechtigkeit messen. Ethische Kriterien aber kann der Markt – bei aller Hochschätzung marktwirtschaftlicher Effizienz – prinzipiell nicht liefern, selbst dann nicht, wenn wir all seine Unvollkommenheiten außer Betracht lassen. Gerechtigkeitskriterien können letztlich nur in einem rationalen Diskurs gewonnen werden, in dem nach Übereinstimmung und Kompromissmöglichkeiten zwischen den in der Gesellschaft verbreiteten Wertvorstellungen gesucht wird.

6.2.3 Soziale Gerechtigkeit und ökonomische Macht

Bisher wurde, was die Gerechtigkeit des Marktes betrifft, mit den Schwierigkeiten und Unzulänglichkeiten argumentiert, die mit dem Begriff der Leistungsgerechtigkeit verbunden sind. Es gibt aber noch einen weiteren Einwand gegen das Vertrauen auf die Gerechtigkeit des Marktes: Selbst wenn Leistungsgerechtigkeit der einzig sinnvolle Gerechtigkeitsmaßstab wäre (was sie nicht ist) und selbst wenn der Markt so etwas wie Leistungsgerechtigkeit garantieren könnte (was er nicht kann), so wäre damit noch immer eine wichtige Gerechtigkeitsfrage unbeantwortet. Es geht um das Problem der Gerechtigkeit der Macht und der Herrschaft von Menschen über andere Menschen, die mit der kapitalistischen Marktwirtschaft – nicht anders als mit anderen Wirtschaftssystemen auch – zwangsläufig verbunden ist. Die Frage nach der Gerechtigkeit angesichts der Tatsache ökonomischer Macht war im traditionellen Sozialstaat präsent, denn sie betraf die große soziale Frage des aufsteigenden Industriekapitalismus, aus welcher der Sozialstaat und das sozialstaatliche Gerechtigkeitsparadigma überhaupt erst entstanden waren. Die Abhängigkeit der Lohnarbeiter, die über kein Kapital verfügen, von den Kapitaleigentümern und Unternehmern war das eigentliche Thema. Um ihnen aus dieser Abhängigkeit herauszuhelfen und die Macht der Eigentümerklasse zu begrenzen, wurde das sozialstaatliche Arrangement geschaffen: gewerkschaftliche Gegenmacht und Tarifverträge, staatliches Arbeitsrecht mit Begrenzung der Arbeitszeit und Urlaubsanspruch, mit Lohnfortzahlung bei Krankheit und mit Kündigungsschutz, Arbeitsschutz und Regelungen zur Unfallverhütung, institutionalisierte Interessenvertretung der Arbeitnehmerinnen und Arbeitnehmer im Betrieb usw.

Dass ökonomische Beziehungen in kapitalistischen Marktwirtschaften immer zugleich auch Herrschaftsverhältnisse zwischen Menschen sind, die

– jedenfalls nach den ethischen Überzeugungen vieler Menschen – Interventionen zugunsten der Schwächeren notwendig machen, ist eine Grundlage der traditionellen sozialstaatlichen Vorstellungswelt. An den realen Machtverhältnissen hat sich gegenüber der Zeit des klassischen Industriekapitalismus manches geändert, allerdings nicht in der von den abhängig Beschäftigten gewünschten Richtung. Ganz im Gegenteil, Kapitaleigner und Unternehmer haben in der zunehmend globalisierten Welt einen deutlichen Machtzuwachs verbuchen können. Es ist noch nicht lange her, dass sich diese Tatsache nahezu in jeder Woche in Schlagzeilen über Arbeitsplatzauslagerungen in andere Länder, über den Abbau von Tausenden von Arbeitsplätzen, über steigende Börsenkurse bei Ankündigung von Massenentlassungen oder über die Personalpolitik großer Einzelhandelsketten bemerkbar gemacht hat. Jetzt, in der weltweiten Finanzkrise und in der daran anschließenden europäische Staatsschuldenkrise, machen wir mit einer anderen Seite des Machtproblems Bekanntschaft: Großbanken, denen die teilweise selbst verschuldete Zahlungsunfähigkeit droht, haben wegen des volkswirtschaftlichen Schadens, den ihr Zusammenbruch zur Folge hätte, die Macht, den Staat dazu zu zwingen, dass er ihnen auf Kosten der Allgemeinheit hilft und damit die Vermögen ihrer Anteilseigner vor dem Untergang rettet.

Also ist die Machtfrage noch immer eine Kernfrage der sozialen Gerechtigkeit. Die Frage jedoch, ob und unter welchen Bedingungen Herrschaft von Menschen über Menschen gerecht sein kann, ist mit dem Hinweis auf die Tauschgerechtigkeit oder Leistungsgerechtigkeit des Marktes (wäre sie denn gegeben) nicht aus der Welt zu schaffen. Auch vollkommene Leistungsgerechtigkeit kann allein die Herrschaft nicht rechtfertigen. Wenn jemand allein durch Fleiß und Tüchtigkeit ein großes Vermögen erarbeitet und ein Unternehmen gegründet hat, das viele Arbeitnehmerinnen und Arbeitnehmer beschäftigt, dann berechtigt ihn das weder zur Willkür, noch zur beliebigen Behandlung derer, die von ihm ökonomisch abhängig sind. D. h., auch bei vollendeter Leistungsgerechtigkeit bleibt immer noch die Gerechtigkeitsfrage offen, wo die Grenzen seiner Macht liegen. Man muss sorgfältig zwischen der Gerechtigkeit des Machterwerbs und der Gerechtigkeit des Machtgebrauchs oder der Machtausübung unterscheiden. Die Gerechtigkeit des Marktes, die Leistungsgerechtigkeit also, bezieht sich allenfalls auf den Machterwerb; die Frage nach der Gerechtigkeit des Machtgebrauchs ist damit noch nicht beantwortet.

In der marktgläubigen Vorstellungswelt des post-sozialstaatlichen Gerechtigkeitsparadigmas scheint jedoch die Frage der ökonomischen Macht weitgehend vergessen zu sein. Andernfalls könnte man nicht einfach soziale Gerechtigkeit mit Teilhabegerechtigkeit identifizieren und im Übrigen die Spielregeln der kapitalistischen Marktwirtschaft unhinterfragt als gerecht akzeptieren. Die Ausklammerung des Problems der Macht entspricht übrigens der Tradition der seit langem dominierenden wirtschaftstheoretischen Schule, der sogenannten neoklassischen Wirtschaftstheorie. Diesem Theorieansatz zufolge ist Wirtschaften als Verhältnis zwischen rational handelnden und am Eigeninteresse orientierten Individuen auf der einen Seite und knappen Gütern auf der anderen zu verstehen. Wirtschaft wird also als Verhältnis zwischen Menschen und Sachen interpretiert, nicht als Verhältnis zwischen Menschen. Demgemäß bleibt außer Betracht, dass es in der Wirtschaft immer um soziale Beziehungen geht.

Die Folge ist, dass das Machtproblem nicht wirklich zur Kenntnis genommen wird. Es wird in der neoklassischen Wirtschaftstheorie zwar nicht völlig ignoriert, aber auf eine spezifische Weise verkürzt und auf ein Nebengleis abgeschoben. Macht existiert in der Welt der Neoklassik nur in dem eingeschränkten Sinne als Marktmacht, also in Gestalt von Monopolen, Oligopolen oder Kartellen (wobei häufig die Gewerkschaften den Kartellen zugerechnet werden). Damit wird aber lediglich ein Teilbereich der ökonomischen Macht berührt, nämlich die Macht von Unternehmern über andere Unternehmer oder über Konsumenten. Die viel bedeutsamere ökonomische Macht der Kapitalbesitzer über diejenigen, die kein Kapital besitzen, wird dagegen ausgeklammert.

In traditionellen sozialstaatlichen Verständnis stand die Machtfrage noch im Zentrum. Zu den wichtigsten Aufgaben des Sozialstaats gehörte es ja, der Arbeitskraft als Ausdruck der menschlichen Person Respekt zu verschaffen und sie nicht einfach als Ware behandeln zu lassen. Aus dem Blickfeld der Anhänger der vorherrschenden wirtschaftswissenschaftlichen Theorie und des post-sozialstaatlichen Gerechtigkeitsparadigmas ist die Frage nach der Gerechtigkeit der Macht in der Wirtschaft jedoch verschwunden. In der sozialen Realität ist sie hingegen nach wie vor von Belang. Daher bleibt es ein Zentralproblem der sozialen Gerechtigkeit, wie ökonomische Macht von Menschen über Menschen kontrolliert und begrenzt werden kann. Die Antwort darauf bleibt das post-sozialstaatliche Gerechtigkeitsparadigma schuldig.

7 Vom Staat zur Zivilgesellschaft?

7.1 Eine neue Ebene zwischen Markt und Staat

Ein zentraler Bestandteil des sozialstaatlichen Gerechtigkeitsparadigmas war das Vertrauen in den Gerechtigkeit stiftenden Staat. Das neue Credo des post-sozialstaatlichen Gerechtigkeitsparadigmas ist hingegen, dass soziale Gerechtigkeit nicht mehr oder jedenfalls nicht mehr ausschließlich oder überwiegend vom Staat gewährleistet werden kann. Eine mögliche Konsequenz wäre, sich im Wesentlichen auf die Gerechtigkeit des Marktes statt auf die des Staates zu verlassen. Der Staat wäre dann darauf beschränkt, den notwendigen Rechtsrahmen zur Sicherung des Wettbewerbs zu setzen und eine minimale soziale Sicherung zu garantieren. Dies ist das →libertäre Gerechtigkeitskonzept, das auch vom strengen, angelsächsischen Neoliberalismus vertreten wird.

Die meisten Modernisierer und Vertreter des post-sozialstaatlichen Gerechtigkeitsparadigmas sind aber keine harten Neoliberalen, sondern sie suchen nach einem »Dritten Weg« zwischen regulierendem Staat und entfesseltem Markt. Sie finden ihn in der sogenannten Zivilgesellschaft oder Bürgergesellschaft. Die Diskussion über die Zivilgesellschaft stützt sich auch auf die sozialphilosophische Strömung des sogenannten Kommunitarismus – einer aus den USA stammenden Denkschule, die aus der Kritik am individualistische Liberalismus erwachsen ist und die Rolle der Gemeinschaft besonders betont (vgl. Ebert 2010, S. 277–203). Die kritische Diskussion über die Rolle des Staates ist im Übrigen nicht so neu, wie es heute zum Teil erscheint. Es wurde bereits in der Zeit der Hochblüte des Sozialstaats in Deutschland über die Schattenseiten und die Defizite des beschützenden und zuteilenden Sozialstaats nachgedacht (vgl. Achinger 1958, v. Ferber 1967, Badura/Gross 1976, Strasser 1979), obwohl der Begriff der Zivilgesellschaft damals noch nicht gebräuchlich war. Ausgangspunkt war die Beobachtung, dass mit dem Ausbau des Sozialstaats die vorstaatlichen sozialen Netze wie Familie, Dorfgemeinschaft und Selbsthilfeorganisationen zurückgedrängt wurden. Der Sozialstaat hat also das »Soziale« im Sinne des sozialen Ausgleichs und der Hilfe für Bedürftige nicht aus dem Nichts geschaffen, sondern vorher Bestehendes umgewandelt und ersetzt. Als Elemente dieses Umwandlungsprozesses wurden herausgearbeitet:

- »Verrechtlichung« (Schaffung juristischer Ansprüche, die an die Stelle informeller Hilfe treten),
- »Monetarisierung« (Einführung von Geldleistungen, womit nicht am

Markt produzierbare Formen der Solidarität durch Verfügung über Geld ersetzt wurden),
- Professionalisierung (Einsatz speziell ausgebildeter Fachexperten) und
- Bürokratisierung (regelmäßig wiederkehrende und genormte Verwaltungsabläufe).

Früh schon wurde erkannt, dass der verrechtlichte, monetarisierte, professionalisierte und bürokratisierte Sozialstaat schädliche Nebenfolgen haben kann, z.B. die Passivierung der Betroffenen und den Verlust der Selbsthilfekompetenz sowohl der Individuen als auch der informellen Netzwerke. Daran schloss sich eine Debatte darüber an, auf welche Weise es möglich wäre, Elemente informeller Solidarität und Selbsthilfe in das Konzept der sozialstaatlichen Leistungserbringung einzubeziehen. Diese frühere Diskussion ist inzwischen weitgehend vergessen, aber sie hat die Thematik des Verhältnisses von Sozialstaat und Zivilgesellschaft schon vorweggenommen.

Der Begriff der Zivilgesellschaft ist nicht besonders exakt. Gemeint ist im heutigen Sprachgebrauch eine Gesellschaft, in der es eine breite Vielfalt von gewachsenen Gemeinschaften und freiwilligen Zusammenschlüssen gibt, die in der Lage sind, wichtige gesellschaftliche Funktionen zu übernehmen, die weder vom Staat noch vom Markt mit Erfolg ausgefüllt werden können. Die zivilgesellschaftlichen Vergesellschaftungsformen reichen von der Familie über Selbsthilfegruppen, Bürgerinitiativen, karitative Aktivitäten, Vereine, Wohlfahrtsverbände, Kirchengemeinden und Stiftungen bis hin zum Mäzenatentum und zum »Sponsoring« großer Firmen und reicher Privatleute. Es handelt sich also um die Zwischensphäre zwischen dem Staat und den Individuen, in der die Menschen kooperativ (nicht ausschließlich eigennützig), selbstorganisiert und freiwillig (ohne staatliche Reglementierung), aber auch nicht unbedingt rein altruistisch, sondern auf Gegenseitigkeit in einer nicht marktmäßigen Art (im Sinne der Solidarität) handeln.

Diesen verschiedenen Gruppen, Initiativen und Organisationen sollen Aufgaben zufallen, mit denen der Staat überfordert ist. Auf diese Weise sollen sie zu Akteuren sozialer Gerechtigkeit werden. Sie sollen diejenige Solidarität leisten, die der Staat nicht mehr allein bereitstellen kann, weil ihm dazu die ökonomischen Ressourcen fehlen und weil – angesichts der bereits erreichten Steuer- und Abgabenbelastung – die Grenze erreicht ist, von der ab Solidarität nicht mehr von oben verordnet und vom Gesetzgeber erzwungen werden kann. Solidarität, sozialer Ausgleich und die Sorge für das Gemeinwohl sollen also auf diejenigen Kräfte in der Gesellschaft zurückverlagert werden, die sie selbstorganisiert und freiwillig zu leisten bereit sind.

Darüber hinaus soll ein dichtes Netzwerk solcher informeller Kooperationen den gesellschaftlichen Zusammenhalt sichern. Es soll verhindern, dass eine ausschließlich über den Markt gesteuerte Gesellschaft in eine Vielzahl isolierter Individuen zerfällt, welche lediglich ihren eigenen Vorteil verfolgen. Dem liegt die – ebenfalls dem Kommunitarismus entstammende – Überlegung zugrunde, dass eine Gesellschaft aus lauter gewinnmaximierenden Marktteilnehmern über den Regeln setzenden Staat hinaus eines gewissen Vorrats an gemeinsamen Überzeugungen und einer gewissen Zusammengehörigkeit, die nur durch ein Netzwerk informeller Kooperation entstehen kann, bedarf. Denn ohne ein Mindestmaß an gegenseitigem Vertrauen und Zusammenhalt würde die Marktgesellschaft zu einen Krieg aller gegen alle mutieren und jede geordnete Markttransaktion unmöglich gemacht.

Welche Aufgaben des Sozialstaats die Zivilgesellschaft konkret übernehmen soll und auf welche Weise dies geschehen soll, bleibt allerdings ziemlich unklar. Die meisten Befürworter der Zivilgesellschaft verzichten darauf, näher zu beschreiben, was sie genau von ihr erwarten und was sie leisten kann und soll. Diese Unbestimmtheit liegt ein Stück weit in der Natur der Sache, denn bei der Zivilgesellschaft geht es ja um etwas, das sich spontan entwickeln soll, das also nicht nach einem vorgegebenen Schema konstruiert werden kann. Manche Diskussionsteilnehmer, insbesondere Politiker (z. B. der bereits zitierte frühere Bundeskanzler Schröder, → Kap. IV.2.2) erwecken den Eindruck, als könne die Zivilgesellschaft einen großen Teil der sozialstaatlichen Umverteilung überflüssig machen. Dort wo man sich um das Konkrete bemüht, wird aber schnell klar, dass es sich nur um eine, wenn auch nicht unwesentliche Ergänzung handeln kann und dass die zentralen Institutionen des Sozialstaats, etwa die Sozialversicherungen, die Grundsicherung (nach früherer Terminologie die Sozialhilfe) oder das Arbeitsrecht nicht durch zivilgesellschaftliche Aktivitäten ersetzt werden können.

Es könnte allerdings auf wichtigen Feldern ein »neuer Welfare-Mix« entstehen (so Dettling 1995). Dabei geht es um soziale Dienste im weitesten Sinne, um Selbsthilfe, um Aktivierung, um Integration und Prävention. Um einige Beispiel zu nennen: Wohngemeinschaften von Behinderten und Nichtbehinderten, ehrenamtliche Betreuung Sterbender in Hospizen, Eltern einer Schulklasse, die das Klassenzimmer renovieren, Langzeitarbeitslose, die zusammen eine Firma aufbauen, eine Kirchengemeinde, die Asylsuchende betreut, private gemeinnützige Arbeitsvermittlung usw. Gemeinsam ist allen Modellen, die in solchen und ähnlichen Bereichen entwickelt werden können und vielfach bereits bestehen, dass sich zwischen dem Staat als Leistungsträger der sozialen Gerechtigkeit und den Individuen als Anspruchsberechtigten der sozialen Gerechtigkeit eine neue Zwischenebene einschiebt, nämlich ein Netzwerk aktiver und selbstorganisierter Gemeinschaften. Der Staat gibt seine beschützende und zuteilende Rolle zum Teil auf, aber er behält wichtige Funktionen: Setzung des Rechtsrahmens, Bereitstellung von Finanzmitteln, Aufsicht, Koordinierung und im Ergebnis eine gewisse Rahmensteuerung. Davon verspricht man sich vor allem, dass die sozialstaatlichen Maßnahmen bessere Ergebnisse erbringen werden; der Bedarf kann besser ermittelt und neue Konzepte und Methoden können entwickelt werden, die begrenzten finanziellen Mittel des Staates können mehr bewirken, wenn sie als Hebel zur Förderung freiwilligen Engagements und privater Freigiebigkeit eingesetzt werden; die Hilfe wird effizienter, wenn die Betroffenen aktiviert werden und wenn sie nicht durch staatliche Vorschriften behindert wird.

Uns geht es hier nicht um die sozialpolitischen Fragen im engeren Sinne, sondern darum, welches neue Verständnis von sozialer Gerechtigkeit sich aus der offensichtlichen Krise des Sozialstaats heraus zu entwickeln beginnt. Daher müssen wir uns um die Einzelheiten eines möglichen zivilgesellschaftlich organisierten Sozialstaats neuen Typs nicht näher kümmern, sondern wir können zusammenfassen: Im Begriff der Zivilgesellschaft kommt die Bestrebung zum Ausdruck, den Staat von den zentralen sozialstaatlichen Funktionen, nämlich der Kontrolle der Kapitalmacht, der Verwirklichung des »Rechts auf Arbeit« und der Gewährleistung von sozialer Sicherheit und Verteilungsgerechtigkeit, zu entlasten. Stattdessen soll nun die Gemeinschaft so weit wie möglich in Selbstorganisation für soziale Gerechtigkeit und für das Gemeinwohl sorgen, da der Staat dafür nicht oder jedenfalls nicht mehr geradestehen kann.

7.2 Überforderung der Zivilgesellschaft

Was derzeit an Ideen zur Zivilgesellschaft diskutiert wird, zeichnet sich in der Regel allerdings durch ziemliche Allgemeinheit und Unbestimmtheit aus (z. B. Schröder 2000; eine gewisse Ausnahme bildet Dettling 1995). Daher müssen einige wenige Bemerkungen zu diesem Thema ausreichen.

An der Vorstellung, die freiwilligen Kräfte der Zivilgesellschaft zu aktivieren und sie in den Sozialstaat einzubeziehen und dadurch die Qualität und Zielgenauigkeit seiner Leistungserbringung zu verbessern, gibt es wohl wenig zu kritisieren. Die Perspektive, die mit der Idee der Zivilgesellschaft verbunden wird, geht aber weiter: Die Zivilgesellschaft – was auch immer darunter im Einzelnen zu verstehen sein mag – soll aktiviert werden, damit es dem Sozialstaat wenigstens teilweise ermöglicht wird, sich zurückzuziehen. Wenn also nicht nur an Ergänzung und Effizienzverbesserung des Sozialstaats gedacht wird, sondern an Ersatz, dann ist sehr kritisch zu prüfen, ob die Zivilgesellschaft damit nicht völlig überfordert wäre. Es sollen hier nur zwei Aspekte angesprochen werden: die Ungleichheit in der Zivilgesellschaft und die Entrechtlichung.

Mit Ungleichheit in der Zivilgesellschaft ist das Problem gemeint, dass sich freiwillige Organisationsformen, denen man Verantwortung für das Gemeinwohl oder für soziale Gerechtigkeit anvertrauen könnte und die sozialstaatliche Interventionen zum Teil ersetzen könnten, nicht unabhängig von den sozialen Verhältnissen der Gesellschaft, aus der heraus sie sich bilden, sind. Somit findet sich die Ungleichheit, welche die kapitalistische Marktwirtschaft erzeugt (und auch zwangsläufig, wenn sie funktionieren soll, erzeugen muss), im zivilgesellschaftlichen Engagement wieder. Nicht alle Interessen haben gleichermaßen die Chance, sich zu wirkungsvollen Initiativen zu bündeln und sich durchzusetzen. Vielmehr haben in der Regel diejenigen sozialen Gruppen das bessere Organisations- und Selbsthilfepotenzial, die über den höheren sozialen Status, über höheres Einkommen und Vermögen und über bessere Bildung verfügen. Bürger, die sich für Verkehrsberuhigung einsetzen oder Eltern, die in ihrer Freizeit das Klassenzimmer in der Grundschule ihrer Kinder renovieren, weil die Stadtverwaltung dafür kein Geld hat, finden sich eher in einem bürgerlichen Wohnquartier als einem sozialen Brennpunkt. Langzeitarbeitslose finden sich weniger leicht zur Wahrung ihrer Interessen zusammen als wohlhabende Steuerzahler, die viel Geld gegen das Finanzamt zu verteidigen haben.

Es haben auch nicht alle gesellschaftlichen Belange die gleiche Chance, dass sich eine Gruppe von Bürgerinnen und Bürgern in ehrenamtlicher Arbeit, ein vermögender Sponsor, eine große Zahl von Spendern, bekannte Prominente oder Medienmacher dafür einsetzen. Das Management einer großen Aktiengesellschaft wird eher ein Opernhaus oder ein Fußballstadion sponsern als ein neues Konzept des Jugendstrafvollzugs oder Hilfen für sich illegal im Land aufhaltende Migrantinnen und Migranten finanzieren. Mit einem Wort, wenn sich der Sozialstaat zurückzieht und freiwilliges zivilgesellschaftliches Engagement in einem »neuen Welfare-Mix« (vgl. Dettling 1995) die Lücke füllen lässt, dann besteht die Gefahr, dass die Zivilgesellschaft die Ungleichheiten der Marktgesellschaft reproduziert statt sie auszugleichen, wie es der Sozialstaat als seine Aufgabe betrachtet.

Wenden wir uns dem zweiten der oben genannten Aspekte zu, der Entrechtlichung: Der Sozialstaat übernimmt im Namen der sozialen Gerechtigkeit Verpflichtungen. In einem Teil der Fälle, beispielsweise bei gesetzlichen Sozialleistungen, stehen diesen Verpflichtungen individuell einklagbare Rechtsansprüche der Bürgerinnen und Bürger gegenüber; in anderen Fällen gibt es zwar keine persönlichen Rechtsansprüche, aber die Bürgerinnen und Bürger können immerhin ihre Regierungen und Parlamente für die Erfüllung oder Nichterfüllung dieser Verpflichtungen in Wahlen verantwortlich machen. Falls sich der Sozialstaat zugunsten zivilgesellschaftlichen Engagements aus der Verantwortung für soziale Gerechtigkeit zurückzieht, kündigt er diese Verpflichtungen auf und verweist stattdessen auf das Wohlwollen derer, die bereit sind, freiwillig bislang staatliche Funktionen zu erfüllen. Das spricht nicht dagegen, zivilgesellschaftliches Engagement zu aktivieren und zu nutzen. Wenn aber der Staat gleichzeitig gesicherte Ansprüche der Bürgerinnen und Bürger, die sich aus dem Gebot der sozialen Gerechtigkeit ergeben, nicht mehr erfüllt, dann geht dies zu Lasten der Qualität des Sozialstaats und damit der sozialen Gerechtigkeit selbst.

8 Die Grenzen des post-sozialstaatlichen Gerechtigkeitsparadigmas

Wir haben gesehen, dass das klassische sozialstaatliche Gerechtigkeitsmodell seine Grenze erreicht hatte, als die Voraussetzungen des Wohlstandskapitalismus nicht mehr gegeben waren. Unter dem Druck neuer Rahmenbedingungen – Übergang von der Industrie- zur Dienstleistungsgesellschaft, Globalisierung und Individualisierung – lösten sich die alten Gerechtigkeitsvorstellungen auf. In der Phase der Arbeitsmarkt- und Sozialreformen – also in einer Zeit, als der deregulierte globale Kapitalismus eine dynamische Expansion erlebte – bildeten sich die Ansätze eines post-sozialstaatlichen Gerechtigkeitsparadigmas heraus, dessen wesentliche Elemente die Abkehr von der Verteilungsgerechtigkeit und die Hinwendung zur Teilhabegerechtigkeit, der Vorrang der aktivierenden vor der beschützenden und zuteilenden sozialen Gerechtigkeit, die Priorität des Marktes vor dem Staat und die Aufwertung der Zivilgesellschaft sind.

Ungeachtet der zahlreichen Ungereimtheiten und ungelösten Probleme, die mit diesen neuen Gerechtigkeitsideen verbunden sind, kann man bescheinigen, dass sie an den Schwachstellen des sozialstaatlichen Gerechtigkeitsverständnisses ansetzen und diese zu überwinden versuchen:

1. Die individuelle Verantwortlichkeit soll ein größeres Gewicht bekommen. Das entspricht dem generellen Trend zur Individualisierung und zur Pluralisierung der Lebensstile. Zwar spielten auch nach altem sozialstaatlichem Verständnis eigene Initiative und Anstrengung der Individuen eine wichtige Rolle; man denke daran, dass das Leistungsprinzip durchaus anerkannt wurde und dass von einem nivellierenden Egalitarismus – entgegen den Behauptungen mancher Sozialstaatskritiker – niemals die Rede sein konnte. Dennoch zielte die sozialstaatliche Gerechtigkeit in erster Linie darauf, die generellen sozialen Bedingungen zu beeinflussen, denn man nahm an, dass sie den Lebenserfolg der Individuen entscheidend determinieren. Demgegenüber setzt die post-sozialstaatliche Gerechtigkeit bei den Individuen an und möchte sie in die Lage versetzen, durch eigene Anstrengung eine optimale Position zu erreichen.
2. Die Grenzen der Leistungsfähigkeit des beschützenden und zuteilenden Sozialstaats werden berücksichtigt. Daran ist richtig, dass die Finanzierung des bestehenden Sozialsystems in unveränderten Strukturen und ohne substantielle Leistungsverschlechterungen wegen der wachsenden »Alterslast«, steigender Gesundheitskosten und hoher Arbeitslosigkeit spürbare Beitrags- und Steuererhöhungen erfordern würde, die kaum noch durchsetzbar sein dürften, vor allem nicht gegen den Willen der Kapitaleigner und Unternehmer und gegen die mobilen und gut verdienenden Mittelschichten. Unter dem Druck der globalisierungsbedingten Systemkonkurrenz zwischen den Staaten und dem Steuersenkungs- und Deregulierungswettlauf, der von einem einzelnen Staat nicht gebremst werden kann, sind zentrale Postulate der sozialstaatlich verstandenen sozialen Gerechtigkeit wie umfassende kollektive Sicherheit und Verteilungsgerechtigkeit kaum noch einzulösen. Insofern, so muss man konzedieren, werden mit dem Versuch einer Neudefinition von Gerechtigkeit die Konsequenzen aus der realen Entwicklung gezogen.
3. Die Akzeptanzkrise der kollektiven Sicherungssysteme wird ernst genommen. Die Krise des Sozialstaats hat ihre Ursache nicht nur in Störungen des klassischen Machtgleichgewichts von Arbeit, Kapital und Staat, sondern auch im Vertrauensschwund bei wesentlichen Teilen der Arbeitnehmerinnen und Arbeitnehmer, vor allem bei den jüngeren mit höherer Qualifikation und höheren Einkommen. Es geht hier um die Folgen der Individualisierung, die bereits in Kapitel III.2.3 beschrieben worden ist und die zur allmählichen Aushöhlung der Bereitschaft zur kollektiven Solidarität führt. Auch insofern ist das post-sozialstaatliche Gerechtigkeitsparadigma eine Konsequenz der gesellschaftlichen Entwicklung.

4. Die produktiven Ressourcen der zivilgesellschaftlichen Selbstorganisation werden in ihrer Bedeutung erkannt. Damit wird eine tatsächliche Schwachstelle des traditionellen bürokratischen Sozialstaats thematisiert, die schon vor dem Niedergang des Wohlstandskapitalismus und der Sozialstaatskrise bestanden hatte und die eine Minderheit von Analytikern bereits vor Jahrzehnten thematisiert hatte (→ Kap. V.7.1). Die Zivilgesellschaft als notwendige Ergänzung der staatlich organisierten Leistungserbringung zwar nicht entdeckt zu haben, aber sie in größerem Stil ernst zu nehmen, ist jedenfalls ein Verdienst derer, die den neuen Gerechtigkeitsdiskurs vorantreiben.
5. Die »Exklusion« wird als ein zentrales Gerechtigkeitsproblem des Sozialstaats erkannt. Dies ist ein ganz entscheidender Punkt. Man kann sagen, dass soziale Gerechtigkeit im sozialstaatlichen Sinne sich nur auf die Ungerechtigkeiten innerhalb des Systems der kapitalistischen Marktwirtschaft bezog, jedoch nicht auf die Ungerechtigkeit, die im völligen Ausschluss von der Teilhabe an der Marktwirtschaft besteht. Dies ist aus dem Umstand erklärbar, dass es in der Phase des Wohlstandskapitalismus gelungen war, praktisch die gesamte männliche Bevölkerung in das System der Erwerbstätigkeit einzubeziehen, während die weibliche Bevölkerung über die noch weitgehend intakten traditionellen Familienstrukturen gesellschaftlich integriert war. In der Zeit, in der der Sozialstaat heutigen Stils seine Prägung erfahren hat, war das Exklusionsproblem nahezu unbekannt. Das post-sozialstaatliche Gerechtigkeitsparadigma zieht auch hier die Konsequenz aus einer grundsätzlich geänderten Situation. Soziale Gerechtigkeit wird nunmehr, wie im Begriff der Teilhabegerechtigkeit zum Ausdruck kommt, geradezu mit Inklusion gleichgesetzt.

Dies ist sozusagen die positive Seite der post-sozialstaatlichen Gerechtigkeitsideen. Ihr stehen aber entscheidende Defizite gegenüber, nämlich
1. das unkritische Vertrauen in die Effizienz und die Selbststabilisierungskräfte des Marktes,
2. der Glaube an die Leistungsgerechtigkeit des Marktergebnisses und
3. die Blindheit gegenüber dem Phänomen der ökonomischen Macht.

Allein schon deshalb wird die Hoffnung wohl unerfüllt bleiben, soziale Gerechtigkeit könne im Wesentlichen allein mit Hilfe von Bildungspolitik und aktivierender Arbeitsmarktpolitik verwirklicht werden, sodass man getrost auf sozialstaatliche Umverteilung und Regulierungen verzichten könne.

Sowohl die Schwachstellen des sozialstaatlichen als auch die Unzulänglichkeiten des post-sozialstaatlichen Gerechtigkeitsparadigmas sind also offensichtlich. Die Grenzen des sozialstaatlichen Verständnisses von sozialer Gerechtigkeit liegen letztlich in seiner Fixierung auf den Großkonflikt der Industriegesellschaft zwischen den stark korporatistisch organisierten Parteien Arbeit und Kapital. Tendenziell kommen dabei die Verantwortung und die Kompetenz der Individuen zu kurz, die Leistungsfähigkeit sozialstaatlicher Umverteilung und Regulierung wird überschätzt. Die Fehler der post-sozialstaatlichen Gerechtigkeitskonzeption gehen in die entgegengesetzte Richtung: Überforderung der Individuen und der Zivilgesellschaft, unkritisches Vertrauen in die Effizienz und in die Gerechtigkeit des selbstregulierenden Marktes sowie oberflächliche und nicht durchdachte Vorstellungen von Chancengleichheit.

Auf diesem Hintergrund stellt sich natürlich die Frage, ob es eine Synthese oder einen Kompromiss zwischen diesen Gerechtigkeitsmodellen geben kann. Die Antwort darauf kann im Rahmen dieses Buches nicht gegeben werden, aber man kann sich sehr wohl Möglichkeiten vorstellen, wie beide miteinander verbunden werden können: Größere Verantwortlichkeit der Individuen und Verteilungsgerechtigkeit müssen keine Gegensätze sein. In einer Gesellschaft, in der ökonomische Macht kontrolliert wird, der Staat seine Verantwortung für die Arbeitsplätze wahrnimmt und die Einkommens- und Vermögensungleichheit auf ein vertretbares Maß reduziert ist, muss die kollektiv organisierte soziale Sicherheit nicht mehr so umfassend sein wie in einer Gesellschaft mit hoher Ungleichheit, weitgehend ungehinderter Macht der Kapitaleigner und einem inaktivem Staat. Eine aktivierende Arbeitsmarktpolitik muss nicht zwingend mit Repression und vor allem nicht mit dem Verzicht auf die staatliche Beschäftigungsverantwortung einhergehen. Ob und unter welchen Bedingungen vielleicht sogar das garantierte Grundeinkommen trotz vielfacher Probleme und mancher Gegeneinwände Möglichkeiten für eine Synthese aus sozialstaatlicher und post-sozialstaatlicher sozialer Gerechtigkeit eröffnen könnte, bleibt zu diskutieren.

Ob eine solche Synthese aus sozialstaatlichem und post-sozialstaatlichem Gerechtigkeitsparadigma überhaupt eine Chance hat, ist allerdings eine andere Frage. Es hängt davon ab, ob die ökonomischen, politischen und sozialen Rahmenbedingungen eine solche Weiterentwicklung des Sozialstaats zulassen werden. Gegenwärtig befinden sich die kapitalistischen Marktwirtschaften des Westens in einer tief greifenden Krise: Wie es danach weitergehen wird, ist für die Zukunft der sozialen Gerechtigkeit von entscheidender Bedeutung. Darauf wird am Schluss des Buches eingegangen.

▶ Zusammenfassung: Vom sozialstaatlichen zum post-sozialstaatlichen Gerechtigkeitsparadigma

1. Im Verlauf der intensiven Grundsatzdebatte, die besonders in der Periode der Arbeitsmarkt- und Sozialreformen der Regierung Schröder (»Agenda 2010«) geführt wurde, hat sich tendenziell ein neues post-sozialstaatliches Gerechtigkeitsparadigma herausgebildet. An die Stelle der traditionellen sozialstaatlichen Leitideen (Kontrolle der Macht des Kapitals über die Arbeit, »Recht auf Arbeit«, kollektive soziale Sicherheit und Verteilungsgerechtigkeit) tritt ein neues Verständnis:
   - »Teilhabegerechtigkeit« (verstanden als Verbindung von Chancengleichheit und Leistungsgerechtigkeit) tritt an die Stelle von Verteilungsgerechtigkeit. Soziale Gerechtigkeit besteht im Kern nicht mehr in der Korrektur »ungerechter« Strukturen der kapitalistischen Marktwirtschaft, sondern nur noch in der Garantie des individuellen Zugangs zum marktwirtschaftlichen Wettbewerb; dabei wird unterstellt, dass die Strukturen der kapitalistischen Marktwirtschaft als solche gerecht sind.
   - Soziale Gerechtigkeit wird in erster Linie als aktivierende Gerechtigkeit statt als beschützende und zuteilende Gerechtigkeit verstanden.
   - Der Sozialstaat selbst wird als Ursache sozialer Ungerechtigkeit angesehen. Nach dieser Auffassung verursacht z. B. die traditionelle Arbeitsmarktpolitik Langzeitarbeitslosigkeit und Ausgrenzung, verletzen das staatliche Rentensystem und die Staatsverschuldung die Generationengerechtigkeit.
   - Der umverteilende und regulierende Staat soll zugunsten des Marktes zurückgenommen werden. Verteilungsgerechtigkeit und Begrenzung der Übermacht des Kapitals über die Arbeit gehören nicht mehr zum vordringlichen Anliegen sozialer Gerechtigkeit.
   - Der Staat kann die Verantwortung für soziale Gerechtigkeit nicht mehr allein übernehmen, sondern muss sie zu wesentlichen Teilen an die »Zivilgesellschaft« abtreten.

2. Das post-sozialstaatliche Gerechtigkeitsparadigma ändert vor allem die Vorstellung vom gerechten Umgang mit Langzeitarbeitslosigkeit und Armut. Arbeitslosen und Armen wird einerseits eine sehr weitgehende Anpassung an die Marktbedingungen unter Verzicht auf soziale Mindeststandards abverlangt, andererseits soll ihnen eine intensive individuelle Betreuung und aktivierende Hilfe zuteil werden.

3. Gegen das post-sozialstaatliche Gerechtigkeitsparadigma können besonders folgende kritische Einwände erhoben werden:

- Das Konzept der Teilhabegerechtigkeit als Verbindung von Chancengleichheit und Leistungsgerechtigkeit enthält innere Widersprüche. Vor allem wird nicht genug berücksichtigt, dass die Ungleichheit der Ergebnisse, die sich als Folge von Chancengleichheit und Leistungsgerechtigkeit einstellt, zwangläufig wieder zur Ungleichheit der Chancen führt.
- Das Konzept der Leistungsgerechtigkeit, das eine wesentliche Rolle im neuen Modell sozialer Gerechtigkeit spielt, beruht auf fragwürdigen Voraussetzungen, unter anderem auf der unberechtigten Gleichsetzung von Leistungsgerechtigkeit mit der am Markt entstehenden tatsächlichen Einkommens- und Vermögensverteilung.
- Die Zivilgesellschaft kann nur begrenzt als Garant sozialer Gerechtigkeit fungieren. Es besteht die Gefahr, dass sie die Ungleichheit der marktwirtschaftlich-kapitalistischen Gesellschaft nicht ausgleicht, sondern reproduziert oder sogar verstärkt.
- Das post-sozialstaatliche Gerechtigkeitsparadigma beruht auf einem unkritischen Glauben an die Effizienz und Stabilität sowie an die Leistungsgerechtigkeit des Marktes. Hierin und in der Vernachlässigung des Problems der ökonomischen Macht liegt die eigentliche Schwachstelle des post-sozialstaatlichen Gerechtigkeitsmodells.

4. Die weltweite Wirtschafts- und Finanzkrise hat der für das post-sozialstaatliche Gerechtigkeitsparadigma typischen unkritischen Marktgläubigkeit fürs Erste die Grundlage entzogen. Dies bedeutet aber nicht die Wiederkehr des traditionellen sozialstaatlichen Gerechtigkeitsverständnisses, da die Trends, die zur Krise des Sozialstaats geführt haben, weiterbestehen. Vielmehr ist die Zukunft der sozialen Gerechtigkeit wieder offen.

Anmerkungen

1 Für Wachstum – Sozial ist, was Arbeit schafft, Gemeinsamer Beschluss der Präsidien von CDU und CSU, München, 4. Mai 2003.

Aktuelle Probleme der sozialen Gerechtigkeit

VI. Gerechter Umgang mit Langzeitarbeitslosigkeit und Armut

1 Das Streitobjekt: Die Arbeitsmarktreformen der rot-grünen Bundesregierung

Der Umgang mit →Langzeitarbeitslosigkeit und Armut ist eine Schlüsselfrage der sozialen Gerechtigkeit. Entsprechend haben die Arbeitsmarktreformen der letzten Jahre – bekannt als »Hartz-Reformen« (so benannt nach Peter Hartz, dem früheren Mitglied des Vorstands der Volkswagen AG und Vorsitzenden der Kommission, die dieses Konzept entwickelt hat) – beispielhafte Bedeutung für ein post-sozialstaatliches Verständnis von Gerechtigkeit.[1]

In unserem Zusammenhang sollen die Arbeitsmarktreformen der Regierung Schröder weder als ungerecht gebrandmarkt noch als Gebot der Gerechtigkeit legitimiert werden. Man sollte davon ausgehen, dass die Schöpfer dieser Gesetzgebung nicht ungerecht, sondern gerecht handeln wollten, dass sie sich bei diesen Reformen aber von einem bestimmten Gerechtigkeitsverständnis leiten ließen, das man als post-sozialstaatlich bezeichnen kann. Zweifellos kollidiert dieses neue Verständnis von sozialer Gerechtigkeit mit den Vorstellungen eines wesentlichen Teils der Bürgerinnen und Bürger, aber ebenso gewiss dürfte sein, dass es mit der Sichtweise eines anderen Teils der Bevölkerung übereinstimmt. Das politisch-moralische Urteil darüber muss jeder selbst fällen; hier soll lediglich die Denkweise transparent gemacht werden, die der post-sozialstaatlichen Arbeitsmarktpolitik zugrunde lag.

Die Arbeitsmarktreformen der rot-grünen Koalition waren zweifellos ein Bruch mit sozialstaatlichen Traditionen und er ist von den politisch Verantwortlichen bewusst herbeigeführt worden. Sie hielten ihn offensichtlich nicht nur aus Sachgründen (d. h. zur Bekämpfung der Langzeitarbeitslosigkeit) für unvermeidbar, sondern auch aus Gerechtigkeitsgründen für vertretbar und geboten. Genauso, wie sie gemeint waren, nämlich als Bruch mit den traditionellen Vorstellungen von sozialer Gerechtigkeit, wurden die Arbeitsmarktreformen von den unmittelbar Betroffenen und von einem nicht unbeträchtlichen Teil der Bevölkerung dann auch empfunden.

Zwar hatte sich die Lage auf dem Arbeitsmarkt seit Inkrafttreten der Reformgesetze deutlich verbessert, bevor die Arbeitslosigkeit als Folge der weltweiten Finanz- und Wirtschaftskrise wieder zu steigen begann. Ob diese vorübergehende Besserung auf dem Arbeitsmarkt aber wirklich den Reformen zu verdanken ist oder einfach nur dem Konjunkturzyklus, ist nicht nur bis heute umstritten, sondern auch methodisch schwer zu fassen; in Kapitel VI.4 wird darauf eingegangen. Unabhängig davon haben die »Hartz-Gesetze« über die Arbeitsmarkt- und Sozialpolitik hinaus in der Bundesrepublik Deutschland erhebliche politische Erschütterungen ausgelöst; deren Fernwirkung können wir auch heute noch nicht ganz überblicken: Die traditionelle Allianz zwischen der SPD und den Gewerkschaften wäre fast zerbrochen, die SPD geriet in eine tiefe Krise, die rot-grüne Bundesregierung verlor bei der anschließenden Wahl ihre Mehrheit. Die Parteienlandschaft geriet durcheinander. Konkurrierend zur SPD, die den Sprung vom sozialstaatlichen zum postsozialstaatlichen Gerechtigkeitsmodell gewagt und dafür den Bruch mit Teilen ihrer traditionellen Wählerklientel in Kauf genommen hatte, etablierte sich die neue »Linkspartei« – dauerhaft, wie es heute scheint – als sozialstaatliche Traditionspartei.

All dies unterstreicht, wie tief die Arbeitsmarktreformen der rot-grünen Regierung Schröder – ob man sie positiv, negativ oder differenziert bewertet – Grundfragen der sozialen Gerechtigkeit berührt haben. An dieser Tatsache ändert auch der Umstand nichts, dass die von 2005 bis 2009 amtierende Große Koalition einige Korrekturen an dem Reformwerk vorgenommen und das Bundesverfassungsgericht mit seinem Urteil vom 9. Februar 2010 weitere Änderungen erzwungen hat.

2 Generalnenner der »Hartz-IV«-Reform: Überwindung der Exklusion durch Aktivierung

Am Anfang der Arbeitsmarktreformen stand eine Diagnose, nach der die strukturell verfestigte Arbeitslosigkeit in erster Linie nicht durch eine Konjunkturflaute oder durch unzureichende volkswirtschaftliche Endnachfrage nach Gütern und Diensten verursacht worden sei, sondern durch die zu geringe Flexibilität des Arbeitsmarkts. Nicht mangelnde Nachfrage nach Arbeitskräften erschien als das eigentliche Problem, sondern vielmehr die Ineffizienz der Arbeitsvermittlung und die fehlende Bereitschaft der Arbeitssuchenden, sich an die Marktbedingungen anzupassen. Diese Einschätzung entsprach der Lehrmeinung der großen Mehrzahl der Wirtschaftswissenschaftler in Deutschland sowie der Auffassung der wirtschaftswissenschaftlichen Institute und der Wirtschaftsverbände;

lediglich die kleine Zahl der eher gewerkschaftsnahen Ökonomen widersprach.

Die Hartz-Reformen haben das gesamte System der Arbeitsförderung, der Arbeitsvermittlung und der sozialen Sicherung bei Arbeitslosigkeit einschließlich der Sozialhilfe für Arbeitslose bis hin zu den organisatorischen Strukturen und der Kompetenzverteilung zwischen Arbeitsverwaltung und Kommunen umgestaltet. Besonders die individuelle Vermittlung und persönliche Betreuung der Arbeitslosen sollte wesentlich intensiviert werden. Der Generalnenner der Reform, der aus der beschriebenen Diagnose abgeleitet wurde, war, Langzeitarbeitslose und Arme zur Anpassung an die Gegebenheiten des Arbeitsmarkts zu bewegen, statt sie passiv mit Unterstützungsleistungen zu versorgen. Es handelte sich also um einen typischen Anwendungsfall des post-sozialstaatlichen Grundsatzes, dass soziale Exklusion im Kern durch die Betroffenen selbst, verleitet durch einen zu laxen Sozialstaat, verursacht und daher hauptsächlich durch individuelle Aktivierung zu überwinden sei.

Will man die Hartz-Reformen fair beurteilen, dann muss man immer ihr Doppelgesicht beachten: Einerseits wurden Unterstützungsleistungen für viele – aber keinesfalls für alle – Arbeitslose verschlechtert und an strengere Bedingungen geknüpft. Dieser Umstand hat offensichtlich viele Betroffene und auch sozialpolitisch Engagierte empört. Andererseits wurde zum ersten Mal der wirklich ernsthafte Versuch gemacht, die Praxis der Arbeitsämter so umzugestalten, dass Arbeitslose nicht nur einfach alimentiert und verwaltet, sondern persönlich betreut wurden. Mit dem einprägsamen Motto »Fördern und Fordern« wird der Doppelcharakter der Reform treffend bezeichnet. Hier kommt der entscheidende Schritt von der beschützenden und zuteilenden zur aktivierenden sozialen Gerechtigkeit zum Ausdruck.

Ein weiterer Hinweis ist nötig, um die Arbeitsmarktreformen der Regierung Schröder richtig einzuordnen: Sie waren gewiss ein wichtiger und tiefer Einschnitt, aber trotzdem lediglich der dramatische Durchbruch und Abschluss einer Entwicklung, die bereits längst im Gange gewesen war. Bereits die Vorgängerregierung unter Bundeskanzler Helmut Kohl (CDU) hatte den Druck auf die Arbeitslosen durch diverse Gesetzesänderungen erheblich verstärkt und in den Sozialämtern zahlreicher Städte und Landkreise wurde schon seit der Mitte der 1990er Jahre mit vielfältigen Modellen kommunaler Arbeitsmarktpolitik experimentiert, die sich bereits am genannten Grundsatz »Fördern und Fordern« orientierten.

3 Die Neuordnung der sozialen Sicherung bei Langzeitarbeitslosigkeit

In unserem Zusammenhang ist vorrangig die Neuordnung der sozialen Sicherung bei Langzeitarbeitslosigkeit von Interesse. Dies ist das Kernstück der Reform, an dem der Wandel des Gerechtigkeitsverständnisses abgelesen werden kann. Dabei geht es in erster Linie um folgende Änderungen, die mit dem letzten der vier Reformgesetze, dem sogenannten Hatz IV-Gesetz eingeführt wurden und die seit dem 1. Januar 2005 in Kraft sind:

1. Die sogenannte Arbeitslosenhilfe[2] wurde beseitigt und mit der bisherigen Sozialhilfe für Arbeitslose in einem neuen einheitlichen System, der »Grundsicherung für Arbeitssuchende«, zusammengefasst. Durch die organisatorische Zusammenfassung sollte vor allem die Arbeitsförderung und Arbeitsvermittlung für solche Arbeitslose verbessert werden, die keine Leistungsansprüche gegenüber der Arbeitslosenversicherung erworben hatten.
2. Die Geldleistung der neuen Grundsicherung, das Arbeitslosengeld II (im Volksmund schlicht »Hartz IV« genannt) entspricht dem Niveau nach der Sozialhilfe, die sich an dem (ziemlich knapp bemessenen) allgemeinen und für alle gleichen Niveau des Existenzminimums orientiert.[3] Dadurch kam es zu empfindlichen Verschlechterungen für viele (jedoch keineswegs für alle) Arbeitslosen, die bislang Arbeitslosenhilfe erhalten hatten. Die Höhe der Arbeitslosenhilfe orientierte sich nämlich am früheren individuellen Nettolohn und konnte somit zum Teil wesentlich über dem Sozialhilfesatz liegen.
3. Die Bezugsdauer des Arbeitslosengelds I, also der Versicherungsleistung aus der Arbeitslosenversicherung wurde schrittweise auf im Regelfall zwölf Monate bzw. 18 Monate für über 55-Jährige gesenkt. (Die Große Koalition hat die Bezugsdauer zwischenzeitlich für über 50-Jährige mit langer Versicherungsdauer wieder auf bis zu 24 Monaten verlängert.) Anschließend gibt es dann nur noch die dem Sozialhilfeniveau entsprechende Grundsicherung (»Hartz IV«). Dadurch sollten die Arbeitslosen veranlasst werden, schneller eine angebotene Arbeit anzunehmen. Die frühere Brücke für ältere Arbeitslose, die vom Arbeitslosengeld bis zur Rente führte, wurde damit beseitigt, zumal bereits die vorher regierende Koalition aus CDU/CSU und FDP das Renteneintrittsalter für Arbeitslose erhöht hatte, ganz abgesehen von der späteren Heraufsetzung der Regelaltersgrenze vom 65. auf das 67. Lebensjahr durch die Große Koalition, die sich in den Jahren 2012 bis 2031 schrittweise vollziehen wird.

4. Die sogenannten Zumutbarkeitskriterien, d.h. die Bedingungen, zu denen man (bei Strafe der Kürzung oder Streichung der Zahlung) angebotene Arbeit annehmen muss, wurden wesentlich verschärft. Die Einzelheiten interessieren hier nicht; wichtig ist nur, dass für »Hartz-IV«-Empfänger praktisch jede Arbeit unabhängig von der Lohnhöhe und den Arbeitsbedingungen zumutbar geworden ist, also auch mit Bezahlung weit unter den Tariflöhnen, nicht sozialversicherte Arbeit (geringfügige Beschäftigung, sogenannte Minijobs), befristete Arbeit und Leiharbeit. Auch Arbeit, mit der weit weniger verdient wird als das Existenzminimum, muss angenommen werden. In diesen Fällen wird gegebenenfalls der Arbeitslohn durch das Arbeitslosengeld II aufgestockt. Das Arbeitslosengeld II erfüllt auf diese Weise auch die Funktion einer Ergänzungsleistung für schlecht bezahlte Beschäftigte; man kann also von einer staatlich finanzierten Lohnsubvention im Niedriglohnbereich sprechen.
5. Für »Hartz-IV«-Empfänger, die keine Arbeit auf dem allgemeinen Arbeitsmarkt finden können, sollen Arbeitsgelegenheiten geschaffen werden; diese begründen aber kein arbeits- und sozialversicherungsrechtliches Beschäftigungsverhältnis und vor allem keinen Lohnanspruch, sondern es wird für sie lediglich eine geringe Entschädigung für Mehraufwendungen gezahlt. Diese »Arbeitsgelegenheiten mit Mehraufwandsentschädigung« sind unter dem Namen »Ein-Euro-Jobs« bekannt und wurden einige Jahre lang in großem Umfang eingesetzt; inzwischen ist dieses Programm weitgehend ausgelaufen.[4]

3.1 Neue Weichenstellung durch »Hartz IV«

Die geschilderte Umgestaltung der sozialen Sicherung bei Arbeitslosigkeit durch das »Hartz-IV«-Gesetz lässt sehr deutlich erkennen, wie sich die Vorstellung vom gerechten Umgang mit Langzeitarbeitslosigkeit und Armut gegenüber dem traditionellen sozialstaatlichen Gerechtigkeitsparadigma geändert hat. Die Substanz des neuen Verständnisses von Arbeitsmarkt- und Armutspolitik, das in den Reformen der rot-grünen Regierung zum Ausdruck kommt, kann in vier Punkten zusammengefasst werden:
1. Arbeitslosigkeit und Armut werden vorrangig als individuelles Problem der Betroffenen betrachtet, nicht mehr als Problem der Störungsanfälligkeit und der Ungerechtigkeit, die mit der kapitalistischen Marktwirtschaft grundsätzlich verbunden sind.
2. Die soziale Sicherung bei Langzeitarbeitslosigkeit wird auf das Existenzminimum reduziert, das Prinzip des Statusschutzes wird aufgegeben.

3. Durch die Abschaffung sozialer Mindeststandards für zumutbare Arbeit wird tendenziell die soziale Regulierung des Arbeitsmarkts aufgeweicht.
4. Als Gegengewicht zu den drei zuerst genannten Punkten wird die aktivierende individuelle Betreuung und Förderung der Arbeitslosen intensiviert.

Der erste Punkt besagt, dass eine der entscheidenden Leitideen des sozialstaatlichen Gerechtigkeitsparadigmas preisgegeben wurde: die Beschäftigungsverantwortung des Staates und das sogenannte Recht auf Arbeit. Dies ist weniger an den Maßnahmen der Arbeitsmarktreform selbst abzulesen als vielmehr an dem politischen Gesamtrahmen, in dem diese eingebettet war. Entscheidend war nämlich, dass keine wirtschafts- oder konjunkturpolitischen Maßnahmen zur Erhöhung der Nachfrage nach Arbeitskräften ergriffen wurden, sondern dass man Langzeitarbeitslosigkeit ausschließlich als Folge unzureichender Arbeitsbereitschaft und fehlender Arbeitsanreize verstanden hat. Das hatte dann wichtige Konsequenzen:

1. Die sozialstaatlichen Geldleistungen bei Langzeitarbeitslosigkeit und Armut müssen möglichst niedrig sein, damit die Arbeitslosen nicht zur Passivität verführt werden.
2. Die Tariflöhne und die Sozialbeiträge auf die Arbeitslöhne müssen gesenkt oder wenigstens ihr Anstieg muss gebremst werden. Sie sind ebenfalls für Langzeitarbeitslosigkeit und Armut mit verantwortlich, weil sie die Einstellung von Arbeitslosen behindern.
3. Die Verantwortung des Staates für die Lage auf dem Arbeitsmarkt muss neu definiert werden. Sie umfasst nicht mehr die Pflicht, die gesamtwirtschaftliche Entwicklung zu steuern, sondern sie wird auf zwei Kernaufgaben beschränkt: die Arbeitslosen zu Anpassungs- und Leistungsbereitschaft zu erziehen sowie den Sozialstaat zu reformieren und marktkonformer auszugestalten (z. B. durch Senkung der »Lohnnebenkosten«).

Während der großen Finanz- und Wirtschaftskrise der Jahre 2008 und 2009 hatte sich in Deutschland allerdings zunächst eine Art Rückwende zur klassischen →»keynesianischen« Beschäftigungspolitik vollzogen: Durch kreditfinanzierte Konjunkturprogramme und vor allem den massiven Einsatz des Kurzarbeitergelds hat der Staat geradezu lehrbuchmäßig und mit Erfolg der drohenden Arbeitsmarktkrise entgegengewirkt. Der Griff zum Instrumentarium des Keynesianismus war aber wohl nur nur eine einmalige Ausnahme, zumal die Beschäftigungsentwicklung in Deutschland seit 2010 überraschend günstig verläuft. Es ist anzunehmen, dass die arbeitsmarktpolitische Wende, die mit den Hartz-Reformen eingeleitet worden ist, auch für die Zukunft wirksam bleiben wird, solange sich Krisen dieser Größenordnung nicht wiederholen.

Das neue Gerechtigkeitsverständnis, das der »Hartz-IV«-Reform zugrunde lag, zeigte sich zweitens auch daran, dass das Sicherungsziel bei Langzeitarbeitslosigkeit neu definiert und reduziert wurde. Dies lässt sich sowohl an den verschärften Zumutbarkeitskriterien als auch an der Ausgestaltung der Leistungshöhe und Leistungsdauer ablesen. Letztlich lief die Neuerung darauf hinaus, das bisherige Prinzip der Lebensstandardsicherung (man kann auch sagen: Schutz des zuvor erreichten sozialen Status) bei Arbeitslosigkeit aufzugeben und es durch das Prinzip einer Existenzminimumsicherung (und zwar auf ziemlich bescheidenem Niveau) zu ersetzen. Dabei ist allerdings zu beachten, dass die »Hartz-Gesetze« lediglich den Schlusspunkt und die systematische Abrundung einer Entwicklung bedeuten, die schon längst unter der vorausgegangenen Regierung Kohl begonnen hatte.

- Traditionell waren die Geldleistungen bei Langzeitarbeitslosigkeit, d. h. die Leistungen der Arbeitslosenhilfe, an den Nettolohn geknüpft, den die Arbeitslosen vor Beginn der Arbeitslosigkeit bezogen hatten. Deshalb konnten ehemals gut verdienende Arbeitnehmerinnen und Arbeitnehmer unter Umständen auch bei Langzeitarbeitslosigkeit noch deutlich mehr erhalten als Sozialhilfeleistungen (für Arbeitslose, die früher wenig verdient hatten, konnte die Arbeitslosenhilfe allerdings auch unter dem Sozialhilfeniveau liegen; dementsprechend mussten sie dann durch die Sozialhilfe aufgestockt werden).
- Nach der »Hartz-IV«-Reform sinken alle Langzeitarbeitslosen auf das Existenzminimum ab, und zwar im Prinzip zwölf Monate nach Beginn der Arbeitslosigkeit, wenn das Arbeitslosengeld I ausläuft; nur für über 50-Jährige mit langer Versicherungsdauer gelten etwas längere Fristen. Damit sind die Restbestände des Schutzes des früher erreichten beruflichen Status, den die Arbeitslosenhilfe noch gewährt hatte, entfallen.

Gleichzeitig wurde, wie oben erwähnt, die Zumutbarkeit so weit verschärft, dass nun praktisch jede Arbeit – auch zu weit untertariflichen Löhnen, zu extrem langen und ungünstigen Arbeitszeiten und ohne Sozialversicherung – angenommen werden muss. Auch Arbeit mit einem Verdienst unterhalb des Arbeitslosengelds II muss angenommen werden. Dazu kommt die Möglichkeit, Arbeitsgelegenheiten zugewiesen zu bekommen, in denen allenfalls ein symbolisches Entgelt erzielt wird. Zusammengenommen bewirken also die Maßnahmen des »Hartz-IV«-Gesetzes, dass sich jeder Langzeitarbeitslose, dem es nicht gelingt, eine wenigstens ausreichend bezahlte Stelle zu finden, auf die Dauer an der Armutsschwelle wiederfindet und womöglich gezwungen ist, für einen weniger als existenzminimalen Lohn zu arbeiten, der dann durch die Grundsicherung für Arbeitssuchende aufgestockt werden muss. Ebenso kann es geschehen, dass er verpflichtet wird, eine praktisch nahezu unbezahlte Arbeitsgelegenheit anzunehmen und sich auf diese Weise seine Unterstützungsleistung selbst zu verdienen

Drittens haben die Arbeitsmarktreformen auf indirektem Weg eine deutliche Deregulierung des Arbeitsmarkts bewirkt. Entscheidend sind dabei die verschärften Zumutbarkeitskriterien, denn wenn Langzeitarbeitslose jetzt auch Jobs mit weit untertariflicher Bezahlung und weit übertariflicher Arbeitszeit sowie geringfügige Beschäftigung ohne Sozialversicherungsschutz annehmen müssen, dann wird ein für die Arbeitnehmerinnen und Arbeitnehmer ruinöser Wettbewerb ausgelöst, in dessen Konsequenz die Sozialstandards, z. B. die Tarifbindung, der Sozialversicherungsschutz oder die Begrenzung der Arbeitszeit, aufgeweicht werden. Es ist anzunehmen, dass die für die Arbeitsmarktreform politisch Verantwortlichen diesen indirekten Deregulierungseffekt nicht nur bewusst einkalkuliert, sondern auch für arbeitsmarktpolitisch notwendig gehalten haben, denn das entspricht der Grundsatzdiagnose, dass unregulierte Arbeitsmärkte an sich zur Vollbeschäftigung tendierten und Arbeitslosigkeit in der Regel auf Störungen des Marktmechanismus zurückzuführen sei. Ob gewollt oder nicht – der Deregulierungseffekt der »Hartz-IV-Reform« kann statistisch eindeutig identifiziert werden, und zwar in Gestalt eines deutlich gestiegenen Anteils ungeschützter und »untypischer« Formen der Beschäftigung. Bei der Frage, ob die Arbeitsmarktreformen in dem Sinne erfolgreich gewesen sind, dass sie die Beschäftigungsperspektiven der Arbeitslosen verbessert haben (→ Kap. VI.4), kann dieser Umstand auf der Negativseite der Bilanz jedenfalls nicht unberücksichtigt bleiben.

Der vierte Aspekt der Arbeitsmarktpolitik ist der Vorrang der individuellen Betreuung und Förderung Arbeitsloser. Dies ist das positive Gegenstück zu den anderen drei Punkten, durch welches das Gesamtbild der »Hartz-IV«-Reform erst vollständig wird. Die Grundidee ist also eine Art Tauschgeschäft: Auf der einen Seite stehen weniger soziale Sicherheit, mehr Anpassungsdruck, mehr individuelle Verantwortung; auf der anderen Seite findet sich die Aktivierung, die Arbeitslose ermuntern soll, ihr Schicksal wieder in die eigenen Hände zu nehmen; allerdings ist diese Aktivierung mit intensiver Kontrolle und Reglementierung der Betroffenen durch die Behörden verbunden. Beides zusammen – »Fördern und Fordern« – sollte, so war die Erwartung, ein Mehr an Inklusion und an Teilhabegerechtigkeit ergeben.

Diese vier grundlegenden Veränderungen signalisieren in ihrem Zusammenwirken ein völlig neues Verständnis des gerechten Umgangs mit Langzeitarbeitslosigkeit und Armut. Gerade deswegen waren die Arbeitsmarktreformen der Regierung Schröder paradigmatisch für den Wechsel vom sozialstaatlichen zum post-sozialstaatlichen Gerechtigkeitsparadigma.

3.1.1 Vor »Hartz IV«: Gerechter Umgang mit Langzeitarbeitslosigkeit und Armut im traditionellen Verständnis

Für das traditionelle sozialstaatliche Verständnis vom gerechten Umgang mit Langzeitarbeitslosigkeit und Armut sind folgende Vorstellungen charakteristisch, welche sich unter anderem an der Konstruktion der früheren Arbeitslosenhilfe ablesen lassen:

1. Eingeschränkte Arbeitspflicht: Arbeitslose mussten zwar eine zumutbare Arbeit annehmen, wenn sie ihren Anspruch auf Arbeitslosen- oder Sozialhilfe nicht verlieren wollten; diese Arbeitspflicht war jedoch nur relativ. Denn sie war eingeschränkt durch den Grundsatz, dass nur solche Arbeit angenommen werden muss, die das Existenzminimum gewährleistet und gewissen sozialstaatlichen Mindeststandards entspricht.
2. Beschäftigungsverantwortung des Staates: Der eingeschränkten Arbeitspflicht lag die Prämisse zugrunde, dass der Staat durch seine Wirtschaftspolitik dafür zu sorgen hat, dass eine ausreichende Anzahl von Arbeitsplätzen zur Verfügung steht, die sozialstaatlichen Standards entsprechen. Wenn also das Angebot an solchen Arbeitsplätzen nicht für alle Arbeitssuchenden ausreichte, dann wurden die Arbeitslosen nicht dafür verantwortlich gemacht, dass sie keine Arbeit fanden. Vielmehr hatten sie, ausreichendes Bemühen um Arbeit vorausgesetzt, so lange einen Anspruch auf ein Lohnersatzeinkommen ohne Arbeit, bis ein Arbeitsplatz zu sozialstaatlichen Standards zur Verfügung stand. Arbeitsplätze wurden demnach als eine Art Bringschuld des Staates bzw. der Wirtschaft aufgefasst. Auf diese Weise wurde auch in der Arbeitsmarktpolitik das Verständnis von sozialer Gerechtigkeit als zuteilender Gerechtigkeit sichtbar.
3. Anspruch auf Statusschutz: Die Lohnersatzeinkommen bei Arbeitslosigkeit umfassten im Prinzip auch für Langzeitarbeitslose einen gewissen Schutz des im Arbeitsleben erworbenen sozialen Status: sie sollten diese vor einem allzu großen sozialen Absturz bewahren. Dieser Grundsatz zeigte sich in der Berechnung der Arbeitslosenhilfe aus dem früheren Nettolohn, auch wenn der Statusschutz bereits nach früherem Recht wegen des relativ niedrigen Prozentsatzes stark eingeschränkt war.[5]
4. Keine Verpflichtung zur Gegenleistung (außer der Pflicht, sich um Arbeit zu bemühen): Die Arbeitslosenhilfe musste nicht durch irgendwelche Arbeitsleistungen (z. B. durch gemeinnützige Arbeit) verdient werden; vielmehr war der Rechtsanspruch auf ein Lohnersatzeinkommen ohne Arbeit durch die vorausgegangene Beitragszahlung an die Solidargemeinschaft erworben worden.

6. Passive Alimentierung statt Aktivierung: Es gab keine strenge Verpflichtung des Staates und der Solidargemeinschaft zur aktivierenden Hilfe und

individuellen Betreuung für Langzeitarbeitslose – die dann allerdings auch mit stärkerer Kontrolle und Reglementierung verbunden ist. Dies ist die negative Kehrseite des (dem Grunde, nicht der Höhe nach) relativ großzügigen Anspruchs der Langzeitarbeitslosen auf Lohnersatzeinkommen.

Kennzeichnend für das traditionelle sozialstaatliche Grundmuster des gerechten Umgangs mit Langzeitarbeitslosigkeit und Armut sind also:

- eine (im Vergleich mit »Hartz IV«) etwas komfortablere Absicherung,
- ein geringerer Anpassungsdruck,
- verbunden allerdings mit der Neigung, die Arbeitslosen auf niedrigem Niveau zu alimentieren und im Übrigen ihrem Schicksal zu überlassen.

3.1.2 Nach »Hartz IV«: Gerechter Umgang mit Langzeitarbeitslosigkeit und Armut im neuen Verständnis

Umgekehrt kommt das post-sozialstaatliche Verständnis von einem gerechten Umgang mit Langzeitarbeitslosigkeit und Armut in der »Hartz-IV«-Reform zum Ausdruck:

1. Uneingeschränkte Arbeitspflicht: Die Langzeitarbeitslosen müssen jede Arbeit annehmen, auch wenn diese den üblichen sozialstaatlichen Standards nicht entspricht und noch nicht einmal das Existenzminimum gewährleistet. Eine Grenze findet die Zumutbarkeit allerdings in den Fällen, in denen ein Arbeitsverhältnis nach zivilrechtlichen Grundsätzen sittenwidrig wäre.[6]
2. Abschied von der Beschäftigungsverantwortung des Staates alten Stils: Dem veränderten Verständnis von der Arbeitspflicht Langzeitarbeitsloser liegt als Prämisse zugrunde, dass der Staat weder die Möglichkeit besitzt noch verpflichtet ist, mit wirtschaftspolitischen Mitteln ein ausreichendes Angebot an Arbeitsplätzen zu üblichen sozialstaatlichen Standards zu gewährleisten. Vielmehr wird den einzelnen Arbeitslosen die Verantwortung dafür zugewiesen, Arbeit zu finden. Arbeitsplätze sind also keine Bringschuld des Staates bzw. der Wirtschaft mehr, sondern eine Holschuld der Arbeitslosen. Damit ist das Prinzip der zuteilenden sozialen Gerechtigkeit aus der Arbeitsmarkpolitik verschwunden.
3. Kein Statusschutz: Die Unterstützungszahlungen für Langzeitarbeitslose sollen lediglich das Existenzminimum gewährleisten und dienen nicht mehr dem Zweck, den im Arbeitsleben erworbenen sozialen Status zu schützen. Dieser Grundsatz ergibt sich folgerichtig daraus, dass Langzeitarbeitslosen, um wieder Arbeit zu finden, auch der soziale Abstieg zugemutet werden soll.
4. Pflicht zur Gegenleistung: Der Anspruch auf ein Lohnersatzeinkommen kann für Langzeitarbeitslose im Prinzip von einer Gegenleistung

(z. B. gemeinnütziger Arbeit) abhängig gemacht werden (zusätzlich zu der Pflicht, sich um Arbeit zu bemühen und jede Arbeit anzunehmen).
5. Aktivierung statt passiver Alimentierung: Es gibt eine starke Verpflichtung des Staates und der Solidargemeinschaft zur aktivierenden Hilfe und individuellen Betreuung für die Langzeitarbeitslosen. Dies ist die positive Kehrseite der Reduktion des Sicherungsniveaus bei Langzeitarbeitslosigkeit und des deutlich verstärkten Anpassungsdrucks.

Das neue post-sozialstaatliche Grundmuster des gerechten Umgangs mit Langzeitarbeitslosigkeit und Armut bilden also

- eine im Vergleich zum alten System noch knappere Leistungsbemessung,
- ein deutlich höherer Anpassungsdruck,
- dafür aber (jedenfalls der Idee nach) eine intensive aktivierende Hilfe zur Eingliederung in den Arbeitsmarkt.

Dem liegt die Einschätzung zugrunde, dass die Eingliederung in den allgemeinen Arbeitsmarkt, auch unter noch so ungünstigen Konditionen, für das Selbstwertgefühl der Betroffenen unter allen Umständen besser sei als eine perspektivlose Existenz als Unterstützungsempfänger.

3.2 Nochmals: Gerechter Umgang mit Langzeitarbeitslosigkeit und Armut im Vergleich

Die traditionelle Vorstellung vom gerechten Umgang mit Langzeitarbeitslosigkeit und Armut ist geprägt von dem Grundsatz, dass die Spielregeln des Arbeitsmarkts durch Standards der sozialen Gerechtigkeit eingegrenzt werden müssen. Diese Standards haben im Konfliktfall Vorrang vor den Anforderungen des Marktes. Daher gilt es als Gebot sozialer Gerechtigkeit, dass auch Langzeitarbeitslosen das Recht zusteht, sich den Regeln eines unregulierten Arbeitsmarkts zu widersetzen und stattdessen die Unterstützung der Allgemeinheit in Anspruch zu nehmen.

Das post-sozialstaatliche Verständnis von einem gerechten Umgang mit Langzeitarbeitslosigkeit und Armut geht von einem anderen Grundsatz aus: Es wird angenommen, dass es letztlich nicht möglich ist, dem Geschehen auf dem Arbeitsmarkt durch Standards der sozialen Gerechtigkeit Grenzen zu setzen. Daher gehen die Anforderungen des Marktes im Konfliktfall den sozialstaatlichen Standards vor. Aus dieser Sicht kann es für Langzeitarbeitslose kein Recht geben, sich den Regeln eines unregulierten Arbeitsmarkts zu widersetzen und stattdessen die Unterstützung der Allgemeinheit in Anspruch zu nehmen. Auf der anderen Seite findet nun – jedenfalls der Idee nach – die aktivierende Förderung der Arbeitslosen besondere Beachtung. Dieser Aspekt war im alten Verständnis zweifellos nicht genug beachtet worden, weil man das Exklusionsproblem und auch die Bedeutung des subjektiven Faktors unterschätzt hatte.

Sozialstaatliches und post-sozialstaatliches Verständnis vom gerechten Umgang mit Langzeitarbeitslosigkeit und Armut unterscheiden sich demnach vor allem in ihrer Einstellung zu Kontrolle und Begrenzung der Macht der Kapitaleigner und Unternehmer über die abhängig Beschäftigten: Nach traditioneller Betrachtungsweise hatten die Leistungen der sozialen Sicherung unter anderem auch die Funktion, Langzeitarbeitslose davor zu bewahren, ihre Arbeitskraft bedingungslos vermarkten zu müssen. Die neue Arbeitsmarktpolitik gibt dieses Ziel auf, stattdessen übernimmt sie die Aufgabe, ihre Klienten zur Anpassung an die Marktbedingungen zu zwingen.

Dieser Wandel in der Funktion der Arbeitsmarktpolitik ist die Konsequenz aus der neuen Leitidee der Teilhabegerechtigkeit. Soziale Gerechtigkeit reduziert sich im Wesentlichen darauf, den Individuen den Zugang zum Wettbewerb zu ermöglichen. Alles Weitere muss den Knappheitsverhältnissen auf dem Arbeitsmarkt überlassen bleiben. Begrenzung der Kapitalmacht, staatliche Beschäftigungsverantwortung und Verteilungsgerechtigkeit müssen dem Gesichtspunkt der Teilhabegerechtigkeit untergeordnet werden. Nach post-sozialstaatlichem Verständnis ist darin kein Verstoß gegen Gebote der sozialen Gerechtigkeit zu sehen, weil die einzige Alternative zur Anpassung an den Markt und zur Unterordnung unter die gegebenen Machtverhältnisse dauerhafte Exklusion und damit eine noch größere Ungerechtigkeit wäre.

Welche Position wir letztlich zum post-sozialstaatlichen Verständnis vom gerechten Umgang mit Langzeitarbeitslosigkeit und Armut beziehen, ist immer auch eine Frage von Werturteilen. Je nach persönlichem Standpunkt wird man es als Ausdruck von Realismus, von Resignation oder des Verlustes an kritischer Distanz zum bestehenden Wirtschaftssystem bewerten. Unabhängig davon handelt es sich jedoch um ganz verschiedene Konzeptionen von sozialer Gerechtigkeit, in denen sich immer auch ein Verständnis vom zufriedenstellenden menschlichen Leben in der Gemeinschaft oder, anders ausgedrückt, von der »Würde des Menschen« widerspiegelt.

- Dem traditionellen sozialstaatlichen Verständnis liegt ein Leitbild vom zufriedenstellenden menschlichen Leben zugrunde, das in einem ausgewogenen Verhältnis aus eigener Leistung, kollektiver Sicherheit und maßvoller sozialer Gleichheit besteht. Aus der »Würde des Menschen«

wird das Recht auf eine Lebensführung abgeleitet, die dem soziokulturellen Niveau der Gesellschaft und der bisherigen Lebensleistung entspricht. Dieses Recht wird nicht von Verdienst und Leistung bzw. von Verschulden abhängig gemacht. Insofern werden im Konfliktfall Leistungsgerechtigkeit und individuelle Eigenverantwortung der Sicherheit und der Verteilungsgerechtigkeit untergeordnet.

- Das leitende Gerechtigkeitsprinzip post-sozialstaatlichen Verständnisses, so können wir sagen, ist hingegen die individuelle Eigenverantwortung des Menschen. Die »Würde des Menschen« besteht in seiner persönlichen Leistung und in seiner Fähigkeit zu autonomer Lebensbewältigung. Im Konfliktfall gehen Leistungsgerechtigkeit und individuelle Eigenverantwortung vor Sicherheit und Verteilungsgerechtigkeit.

Wenn man die Frage des gerechten Umgangs mit Armut und Langzeitarbeitslosigkeit in dieser Weise gedanklich zuspitzt, dann sollte ein abschließender Hinweis auf die Vorgaben des Grundgesetzes nicht fehlen: In seinem aufsehenerregenden Urteil zur Berechnung des Arbeitslosengelds II traf das Bundesverfassungsgericht am 9. Februar 2010 Feststellungen, deren Bedeutung über den eigentlichen Streitgegenstand, nämlich die Höhe der »Hartz-IV-Sätze« für Kinder, hinausgeht und eine grundsätzliche Feststellung über die Rechtsqualität des sozialstaatlichen Anspruchs auf Sicherung des Existenzminimums beinhaltet (Leitsätze zum Urteil des Bundesverfassungsgerichts vom 9. Februar 2010):

1. »Das Grundrecht auf Gewährleistung eines menschenwürdigen Existenzminimums aus Art. 1 Abs. 1 GG in Verbindung mit dem Sozialstaatsprinzip des Art. 20 Abs. 1 GG sichert jedem Hilfebedürftigen diejenigen materiellen Voraussetzungen zu, die für seine physische Existenz und für ein Mindestmaß an Teilhabe am gesellschaftlichen, kulturellen und politischen Leben unerlässlich sind.
2. Dieses Grundrecht aus Art. 1 Abs. 1 GG hat als Gewährleistungsrecht in seiner Verbindung mit Art. 20 Abs. 1 GG neben dem absolut wirkenden Anspruch aus Art. 1 Abs. 1 GG auf Achtung der Würde jedes Einzelnen eigenständige Bedeutung. Es ist dem Grunde nach unverfügbar und muss eingelöst werden, bedarf aber der Konkretisierung und stetigen Aktualisierung durch den Gesetzgeber, der die zu erbringenden Leistungen an dem jeweiligen Entwicklungsstand des Gemeinwesens und den bestehenden Lebensbedingungen auszurichten hat. Dabei steht ihm ein Gestaltungsspielraum zu.«

Der hier zitierte Artikel 1 Absatz 1 des Grundgesetzes lautet:

> »Die Würde des Menschen ist unantastbar. Sie zu achten und zu schützen ist Verpflichtung aller staatlichen Gewalt«.

In Artikel 20 Absatz 2 des Grundgesetzes heißt es:

> »Die Bundesrepublik Deutschland ist ein demokratischer und sozialer Bundesstaat«.

Aus diesen beiden zentralen Grundsätzen hat das Bundesverfassungsgericht die Grundprinzipien des gerechten Umgangs mit Arbeitslosigkeit und Armut abgeleitet. Wir können sie in folgenden Punkten zusammenfassen:
1. Zu den Grundrechten eines jeden Individuums gehört der Anspruch auf Gewährleistung des Existenzminimums.
2. Dieses Existenzminimum zu gewährleisten, ist eine Aufgabe des Sozialstaats, die er nicht auf andere abwälzen kann.
3. Dieses garantierte Existenzminimum beschränkt sich nicht auf das physische Überleben, sondern umfasst auch »ein Mindestmaß an Teilhabe am gesellschaftlichen, kulturellen und politischen Leben«. Es geht also um das »soziokulturelle« Existenzminimum, was unter anderem bedeutet, dass die Mindeststandards, auf die Arme und Langzeitarbeitslose Anspruch haben, dem allgemeinen Wohlstand entsprechen und in irgendeiner Weise an dessen Entwicklung angepasst werden müssen.
4. Der Anspruch auf Gewährleistung des soziokulturellen Existenzminimums ist »absolut« und »dem Grunde nach unverfügbar«. Der Gesetzgeber darf ihn also nicht relativieren und über ihn »verfügen«, indem er ihn irgendwie einschränkt. Das bedeutet, dass dieser Rechtsanspruch im Kern nicht von einer Gegenleistung der Berechtigten abhängig gemacht werden kann.
5. Dass der Rechtsanspruch »absolut« ist, bedeutet aber nicht, dass die Berechtigten von der Verpflichtung freigestellt sind, ihren Lebensunterhalt nach Möglichkeit selbst zu bestreiten. Aber für den Fall, dass sie dazu nicht in der Lage sind, kann ihr Recht auf das soziokulturelle Existenzminimum nicht weiter eingeschränkt werden.

Es ist also erkennbar, dass sich das Bundesverfassungsgericht im Prinzip eher vom traditionellen sozialstaatlichen als vom post-sozialstaatlichen Verständnis des gerechten Umgangs mit Langzeitarbeitslosigkeit und Armut leiten lässt. Sollte der Gesetzgeber also versuchen, den post-sozialstaatlichen Grundsatz »keine Leistung ohne Gegenleistung« konsequent umzusetzen, würde er wahrscheinlich an verfassungsrechtliche Grenzen stoßen.

4 Waren die Arbeitsmarktreformen erfolgreich?

Wir haben gesehen, dass die Arbeitsmarktreform, wenn man sie prinzipiell betrachtet, mit der Abkehr von wichtigen Grundsätzen verbunden war, die zuvor für den Umgang mit Langzeitarbeitslosigkeit und Armut gegolten hatten. Umso wichtiger ist die Frage, ob sie erfolgreich war und ob das angestrebten Ziel wenigstens teilweise erreicht worden ist. Dieses Ziel war, die »Exklusion« der durch das Versagen der traditionellen Sozial- und Arbeitsmarktpolitik an den Rand gedrängten Außenseiter des Arbeitsmarkts durch Aktivierung zu überwinden. Ein geeignetes Erfolgskriterium ist demnach, ob die Reform, wie erhofft, die Langzeitarbeitslosigkeit vermindert hat.

Abb. 20: Arbeitslosigkeit und Langzeitarbeitslosigkeit in Deutschland 2004 bis 2010 (Jahresdurchschnitt, Mio. Personen)

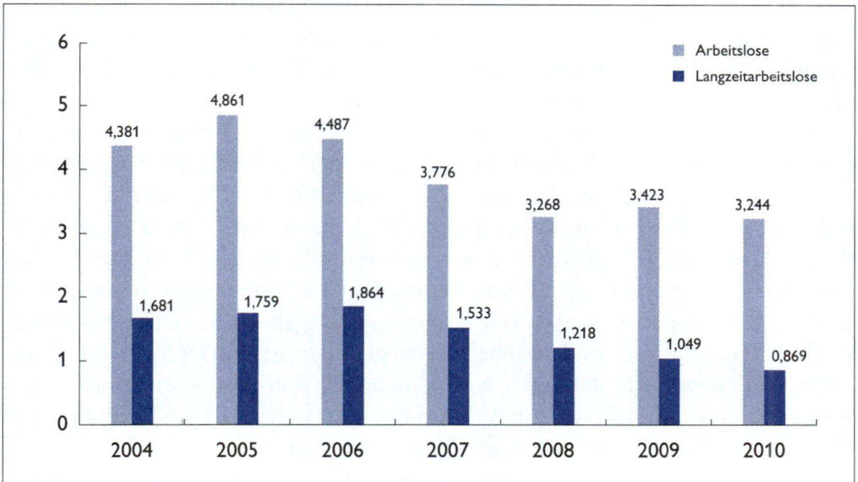

Eigene Grafik. Datenquelle: Webseite der Universität Duisburg-Essen »Sozialpolitik-aktuell in Deutschland« (www.sozialpolitik-aktuell.de).

Hier aber stoßen wir sofort auf Schwierigkeiten: Wie *Abbildung 20* zeigt, ist es zwar offenkundig, dass die Zahl der Langzeitarbeitslosen – also derjenigen offiziell als arbeitslos gemeldeten Personen, die bereits seit mindestens einem Jahr keine Stelle haben – seit Inkrafttreten der Hartz-Reform erheblich zurückgegangen ist. Aber das beweist als solches noch nicht unbedingt, dass diese erfreuliche Entwicklung durch die Reform verursacht worden ist, denn es könnte dafür auch andere Gründe geben, z. B. einfach die Tat-

sache, dass das allgemeine Wirtschaftswachstum – wenn auch unterbrochen durch das Krisenjahr 2009 – wieder in Schwung gekommen ist.
Das »Hartz-IV-Gesetz« ist am 1. Januar 2005 in Kraft getreten. In diesem Jahr erreichte die Zahl der offiziell gemeldeten Arbeitslosen in Deutschland mit beinahe 4,9 Mio. im Jahresdurchschnitt ihr Maximum seit dem 2. Weltkrieg; das entsprach einer Arbeitslosenquote von 11,1%.[7] Auch die Zahl der Langzeitarbeitslosen erreichte im Jahr 2005 mit 1,759 Mio. einen neuen Höchstwert. Bis 2010 ist die Zahl der Arbeitslosen um etwa 1,4 Mio. auf rd. 3,2 Mio. zurückgegangen. Die weltweite Finanz- und Wirtschaftskrise hat sich – nicht zuletzt dank des effizienten Konjunkturmanagements der Großen Koalition – lediglich in Gestalt eines kleinen und vorübergehenden Zwischenanstiegs im Jahr 2009 bemerkbar gemacht. Während die allgemeine Arbeitsmarktsituation bereits ab 2006 allmählich besser wurde, ist die Langzeitarbeitslosigkeit auch nach Inkrafttreten der Arbeitsmarktreform weiter gestiegen und erreichte 2006 mit beinahe 1,9 Mio. Betroffenen ihren Höhepunkt. Erst ab 2007 ging auch die Langzeitarbeitslosigkeit zurück; bis 2010 fiel sie auf unter 0,9 Mio. Der Rückgang gegenüber dem Höchststand von 2006 betrug also rd. 1 Mio.

Anhand dieser Zahlen kann aber die These, der Rückgang der Langzeitarbeitslosigkeit sei das Verdienst der Arbeitsmarktreform, weder bewiesen noch widerlegt werden. Da in der Zeit von 2005 bis 2010 das preisbereinigte Bruttoinlandsprodukt – hauptsächlich dank der regen Exportnachfrage – um etwa 6% gewachsen und die Arbeitsproduktivität gleichzeitig nur um 4% gestiegen ist,[8] ist ein Mehrbedarf an Arbeitskräften entstanden und es ist zwangsläufig, dass bei einem in etwa gleichbleibenden Arbeitskräftepotenzial die Zahl der Arbeitslosen geringer geworden ist. Dass davon auch die Langzeitarbeitslosen – wenn auch zeitverzögert – profitieren, entspricht ebenfalls den Erwartungen und beweist nicht, dass der Erfolg hauptsächlich auf die Arbeitsmarktreform zurückzuführen ist.

Generell ist es also schwierig, wenn nicht gar unmöglich, die beiden möglichen Ursachen für die Besserung am Arbeitsmarkt – in diesem Falle die Arbeitsmarktreform und die allgemeine Konjunkturbelebung bzw. die Konjunkturprogramme während der Finanz- und Wirtschaftskrise 2008 und 2009 – anhand statistischer Daten auseinanderzuhalten. Wir können weder feststellen, wie sich die Arbeitsmarktreformen ohne den Konjunkturaufschwung ausgewirkt hätten, noch wissen wir, wie sich der Arbeitsmarkt im Konjunkturaufschwung entwickelt hätte, wenn es diese zuvor nicht gegeben hätte. An diesem Umstand scheitern alle Versuche, die Frage nach dem Erfolg oder Misserfolg der Reform eindeutig zu beantworten. In einem Punkt gibt allerdings die ökonomische Theorie eine klare Auskunft: Gesamtwirtschaftlich betrachtet kann die Arbeitsmarktpolitik allein keine Arbeitsplätze schaffen. Durch Aktivierung können die Arbeitslosen nur dann in Beschäftigung gebracht werden, wenn ihre Arbeitskraft so eingesetzt werden kann, dass die erzeugten Güter auf dem Markt nachgefragt werden und dabei für die Unternehmer eine ausreichende Rendite abwerfen. Insofern können die Arbeitsmarktreformen nicht die eigentliche Ursache des Wirtschaftswachstums der letzten Jahre und des Anstiegs der Zahl der Arbeitsplätze sein. Trotzdem ist es sehr wohl möglich, dass der Einsatz der aktivierenden Arbeitsmarktpolitik die Arbeitslosigkeit vermindert. Das kann vor allem auf zwei Wegen geschehen:

1. Verminderung der sogenannten Friktion- bzw. Suchsarbeitslosigkeit. Mit diesen Begriff wird der Umstand beschrieben, dass es auf einem Arbeitsmarkt, der so groß ist, dass nicht jeder jeden kennt, zwar für offene Stellen geeignete Bewerber und für Arbeitssuchende passende Stellen geben kann, diese aber wegen fehlender Information und mangelnder Vermittlung nicht zueinander finden.
2. Verminderung der sogenannten strukturellen Arbeitslosigkeit: Mit diesem Begriff bezeichnet man die Tatsache, dass das Anforderungsprofil der Arbeitsplätze und das Leistungsprofil der Arbeitssuchenden nicht übereinstimmen, sodass es nicht zur Einstellung kommen kann. (Man spricht auch von »Missmatch«.)

Dass beide Effekte – Friktionsarbeitslosigkeit und strukturelle Arbeitslosigkeit – quantitativ erheblich sind, ist an der Tatsache abzulesen, dass selbst 2005, im Jahr der höchsten Arbeitslosigkeit nach dem 2. Weltkrieg, den beinahe 4,9 Mio. registrierten Arbeitslosen immer noch etwa 413 000 gemeldete offene Stellen gegenüberstanden. Die aktivierende Arbeitsmarktpolitik kann also theoretisch einen zwar begrenzten, aber keinesfalls unerheblichen Beitrag zum Abbau der Arbeitslosigkeit leisten, wenn es ihr gelingt, offene Stellen und Bewerber schneller und besser zueinander zu bringen. Möglich ist dies durch effektivere Arbeitsvermittlung, durch Qualifizierung und durch höhere Flexibilität des Arbeitsmarkts, z. B. durch Erhöhung der räumlichen und beruflichen Mobilität der Arbeitslosen und ihrer Bereitschaft, weniger günstige Arbeitsplätze anzunehmen.

Allerdings ist es eine offene Frage, ob es nachweisbar ist, dass die »Hartz-Reformen« tatsächlich in diesem Sinne positiv gewirkt haben. Indikatoren, anhand derer der Erfolg gemessen werden könnte, sind z. B., ob seit der Reform besonders die Langzeitarbeitslosen von Verbesserungen am Arbeitsmarkt profitiert haben oder ob die Schere zwischen Arbeitssuchenden und offenen Stellen wenigstens teilweise geschlossen werden konnte. Allerdings lassen die bisher verfügbaren statistischen Ergebnisse kein eindeutiges Urteil zu, sodass sie von Befürwortern und Gegnern der Hartz-Reform unterschiedlich interpretiert werden können. So ist z.B. die Mehrheit der Mitglieder des Sachverständigenrats zur Begutachtung der gesamtwirtschaftlichen Entwicklung (die sogenannten Wirtschaftsweisen) im Jahresgutachten 2007/2008 zu der Auffassung gelangt, dass sich die Chancen für Langzeitarbeitslose, einen Arbeitsplatz zu finden, in dem 2006 einsetzenden Konjunkturaufschwung im Vergleich zu früheren Aufschwungphasen verbessert hätten; sie interpretierten diesen Umstand – wenn auch mit einer gewissen Vorsicht – als Anzeichen dafür, dass die Reformen die Flexibilität und Dynamik des Arbeitsmarkts verbessert hätten (Sachverständigenrat 2007, Ziffern 475–504).

Im gleichen Jahresgutachten vertritt aber das Ratsmitglied Peter Bofinger die abweichende Meinung, dass diese Verbesserung nicht den Reformen zuzuschreiben sei. Sie sei vielmehr Folge eines geringeren Rationalisierungsdrucks und des abnehmenden Arbeitskräfteangebots (Sachverständigenrat 2007, Ziffern 505–513). Auch sonst herrscht in der Wissenschaft in dieser Frage kein Konsens. Das der Bundesagentur für Arbeit angeschlossenen Institut für Arbeitsmarkt- und Berufsforschung (IAB) sieht im vorliegenden Datenmaterial eine Bestätigung für die These, dass die friktionelle Arbeitslosigkeit dank der Reform geringer geworden sei (Möller u.a. 2009); andere widersprechen und meinen, die IAB-Autoren hätten die Wirkungen des konjunkturellen Aufschwungs de facto völlig vernachlässigt (Niemeier 2010). Auch der renommierte Konjunkturforscher Gustav A. Horn vom Institut für Makroökonomie und Konjunkturforschung (IMK) ist der Meinung, dass eine positive Wirkung der Arbeitsmarktreformen auf die Beschäftigung nicht nachweisbar sei (Horn 2011, S. 32–44). Insgesamt kann man den Stand der Debatte in etwa so charakterisieren:

1. Die messbaren Veränderungen bei der Eingliederung Langzeitarbeitsloser in den Arbeitsmarkt bewegen sich in einer Größenordnung, die es den Interpreten erlaubt, je nach ihrer Meinung das Glas als halb voll oder halb leer zu bezeichnen.
2. Es gibt streng genommen keine wissenschaftliche Methode, mit der man präzise unterscheiden könnte, welche Veränderungen am Arbeitsmarkt durch die Reformen und welche durch andere Faktoren wie etwa die Konjunkturentwicklung verursacht worden sind.

Über die Erfolge der Arbeitsmarktreformen kann nicht geurteilt werden, ohne die qualitativen Veränderungen der Arbeitslandschaft in die Betrachtung einzubeziehen, die sich – teils direkt als politisch gewolltes Ergebnis dieser Gesetzgebung, teils als Resultat parallel verlaufender Strukturveränderungen – vollzogen haben. Es besteht kein Zweifel, dass sich die Erosion des »Normalarbeitszeitverhältnisses«, von der bereits in Kapitel III.2.1 die Rede war, in der ersten Dekade des neuen Jahrtausends deutlich beschleunigt hat. Die sozialen Schutzrechte der Arbeitnehmerinnen und Arbeitnehmer wurden spürbar eingeschränkt und die Abhängigkeit von Unternehmern und Kapitaleignern ist größer geworden.

Sicherlich sind die »Hartz-Reformen« nicht die alleinige Ursache dieses Prozesses, aber sie haben ihn zumindest beschleunigt:

- Mit dem »Zweiten Gesetz für moderne Dienstleistungen am Arbeitsmarkt (Hartz II)« wurden die bis dahin relativ strengen Bedingungen für die Leiharbeit gelockert.
- Mit dem gleichen Gesetz wurde die Sozialversicherungsfreiheit geringfügiger Beschäftigungsverhältnisse (sogenannte Minijobs oder 400-Euro-Jobs) großzügig geregelt.
- Mit dem »Hartz-IV-Gesetz« wurden die »Zumutbarkeitskriterien« dahingehend verschärft, dass Arbeitslose gezwungen sind, Arbeitsangebote auch dann anzunehmen, wenn es sich um sozial ungeschützte Arbeit handelt.

Die verfügbaren Daten zeigen jedenfalls, dass sich ungeschützte Beschäftigung stark ausgebreitet hat. *Abbildung 21* und *22* stellen dies für die Leiharbeit und für die nicht sozialversicherte geringfügige Beschäftigung dar. Die Leiharbeit ist in Deutschland noch immer nicht allzu weit verbreitet; 2011 waren nur knapp 3% der sozialversicherungspflichtig Beschäftigten Leiharbeitnehmer oder -arbeitnehmerinnen. Auffallend ist aber die starke Zunahme seit dem Beginn des Konjunkturaufschwungs im Jahr 2009; sie zeigt, dass Neueinstellungen, so erfreulich sie für diejenigen sind, die auf diese Weise einen Arbeitsplatz finden, zunehmend mit Einbußen des sozialen Status verbunden sind. Zwar bedeutet die Ausbreitung der Leiharbeit als solche noch nicht zwingend, dass sich die soziale Situation der Arbeitnehmerinnen und Arbeitnehmer verschlechtert hat; die Erfahrung zeigt aber, dass die Beschäftigung von Leiharbeitnehmern anstelle von Festangestellten in der Regel mit deutlich schlechteren Löhnen und Lohnzusatzleistungen, z. B. betriebliche Altersversorgung, verbunden ist.

Bei der nicht sozialversicherten geringfügen Beschäftigung ist aus *Abbildung 22* abzulesen, dass das »Hartz-II-Gesetz« ab dem 1. Januar 2003 als regelrechtes Förderprogramm für Minijobs gewirkt hat. Auch die Bedeutung befristeter Arbeitsverträge nimmt zu. 1995 waren 11,3% der Beschäftigungsverhältnisse befristet, 2010 waren es 14,9%.[9] Auffallend ist die starke Zunahme der Befristungen bei den 20 bis 25-Jährigen von 29,8% auf 49,7%; dies weist darauf hin, dass bei Berufsstart zunehmend eine Phase verminderter Arbeitsplatzsicherheit in Kauf genommen werden muss.

Abb. 21: Leiharbeitnehmer/innen in Deutschland 1994 bis 2011 (in % der sozialversicherungspflichtig Beschäftigten)

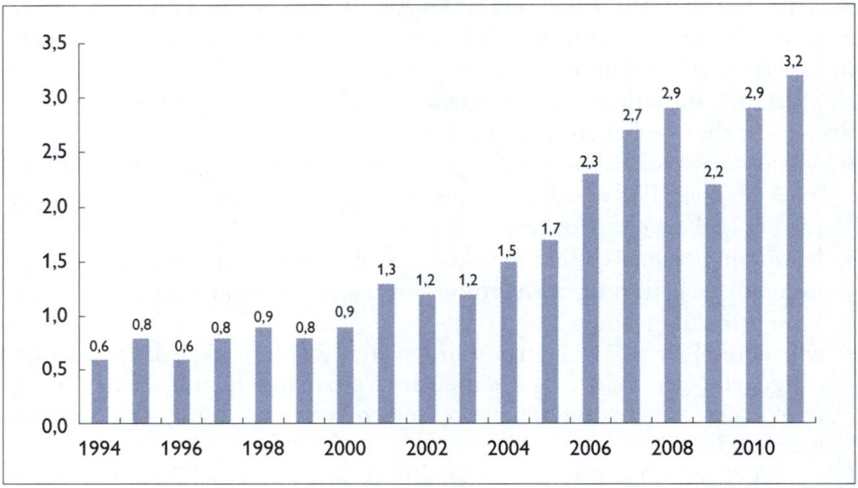

Eigene Grafik. Datenquelle: Webseite der Universität Duisburg-Essen »Sozialpolitik-aktuell in Deutschland« (www.sozialpolitik-aktuell.de).

Abb. 22: Geringfügig Beschäftigte in Deutschland 2003 bis 2011 (in % der sozialversicherungspflichtig Beschäftigten, jeweils im Juni)

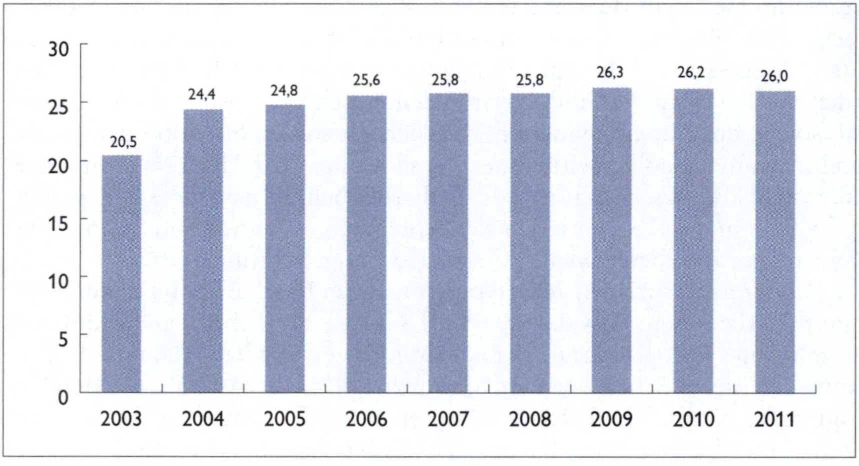

Eigene Grafik. Datenquelle Webseite der Universität Duisburg-Essen »Sozialpolitik-aktuell in Deutschland« (www.sozialpolitik-aktuell.de).

Ein ähnliches Bild zeigt der Anstieg der sogenannten atypischen Beschäftigung. Unter diesem Begriff fasst das Statistische Bundesamt verschiedene Formen der Lohnarbeit zusammen, welche sich von der »Normalbeschäftigung« unterscheiden. Es handelt sich um befristete Beschäftigung, sozialversicherte Teilzeitbeschäftigung unter 20 Wochenstunden und geringfügige, nichtsozialversicherte Beschäftigung sowie – statistisch allerdings erst seit 2006 erfasst – die Leiharbeit. *Abbildung 23* zeigt die Entwicklung der so definierten atypischen Beschäftigung von 1996 bis 2010.

Abb. 23: Anteil der atypisch Beschäftigten an den abhängig Beschäftigten in Deutschland 1999 bis 2010

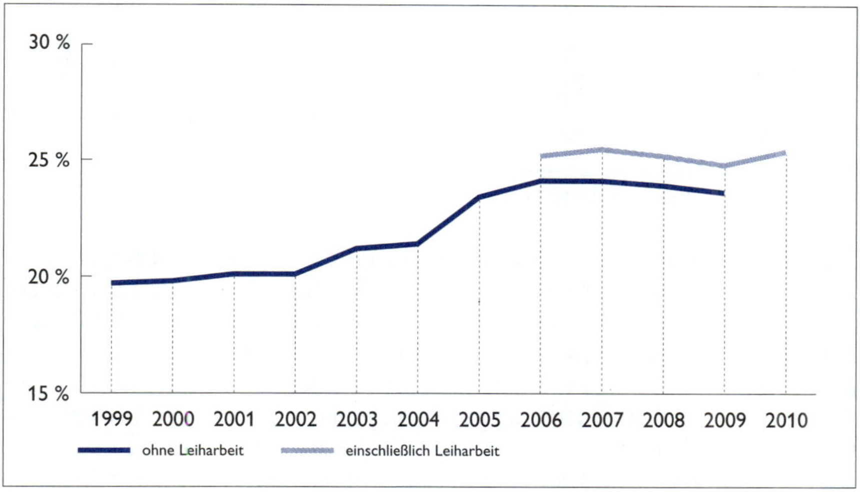

Eigene Grafik. Datenquelle Statistisches Bundesamt (Erwerbstätige. Ergebnisse des Mikrozensus im Alter von 15 bis unter 65 Jahren nach Beschäftigungsformen).

Es ist zu erkennen, dass der Anteil der atypischen Beschäftigung an der abhängigen Beschäftigung ohne Leiharbeit, der bis 2002 bei etwa 20% lag, bis 2006 deutlich angestiegen ist, und zwar von 19,7% auf 23,6%; anschließend ergab sich eine leicht rückläufige Entwicklung auf hohem Niveau. Berücksichtigt man zusätzlich die Leiharbeit, dann ist der Anteil der atypischen Beschäftigung auf über 25% im Jahr 2007 gestiegen und seitdem nur geringfügig zurückgegangen.[10] Der Schluss liegt nahe, dass die Zunahme der atypischen Beschäftigung mit den Arbeitsmarktreformen zu tun hatte. Sie war allerdings auch vor Beginn der Reformen schon weit verbreitet.

Abb. 24: Niedriglohnbeschäftigte in Deutschland 1995 bis 2010 (Mio. Personen)

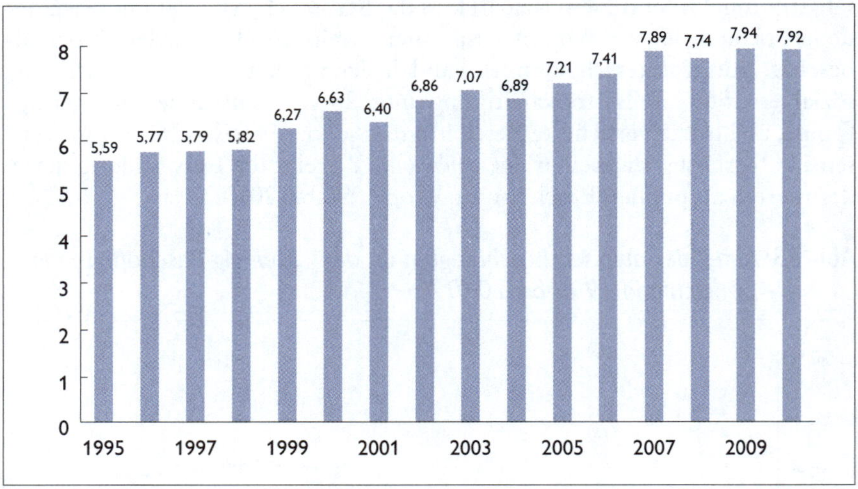

Quelle: Kalina/Weinkopf 2012, S. 6.

Deutlich zu erkennen ist auch, dass niedrige Löhne, die nicht für ein Einkommen oberhalb der Armutsgrenze ausreichen, in Deutschland zu einem Massenphänomen geworden sind. Traditionell galt Deutschland als ein Land mit geringer Lohnspreizung und mit relativ hohen Löhnen auch für die unteren Lohngruppen. Heute ist der Anteil des »Niedriglohnsektors« am Arbeitsmarkt in Deutschland so groß wie in den USA oder in Großbritannien, wo das Phänomen der *working poor* – der Armut trotz Erwerbsarbeit – seit jeher bekannt ist (Bosch u. a. 2009, S. 8). Die Expansion des Niedriglohnsektors ist zwar keine direkte, aber doch immerhin eine indirekte Folge der Arbeitsmarktreformen und der mit ihr verbundenen, politisch gewollten Deregulierung des Arbeitsmarkts. Dass immer mehr Beschäftigte nur gering entlohnt werden, entspricht jedenfalls der ausdrücklich formulierten Intention dieser Reformgesetzgebung, die auf der Einschätzung beruhte, dass die sozialstaatlichen Regulierungen für die Arbeitslosigkeit zumindest teilweise ursächlich sind und dass durch Verzicht auf sozialen Schutz ein höherer Beschäftigungsstand erreicht werden kann. Das Ausmaß und die Entwicklung der Niedriglohnarbeit in Deutschland ist vom Institut Arbeit und Qualifikation der Universität Duisburg-Essen (IAQ) untersucht worden (Kalina/Weinkopf 2012). Dabei haben die Forscher festgestellt, dass die Zahl der Niedriglohnbeschäftigten von 1995 bis 2006 stark gestiegen ist und seitdem auf hohem Niveau verharrt (s. *Abbildung 24*).

1995 waren 17,7% der abhängig Beschäftigten zu niedrigen Löhnen beschäftigt. 2010 waren es 23,1%; dies waren 7,92 Mio Beschäftigte. Als »Niedriglohnschwelle« gilt in der IAQ-Studie – entsprechend der von der OECD verwendeten Definition – ein Stundenlohn von zwei Dritteln des mittleren Stundenlohns.[11] Für die Bundesrepublik Deutschland lag die so errechnete Niedriglohnschwelle 2010 bei 9,15 Euro brutto pro Arbeitsstunde. Auffallend ist, wenn man der IAQ-Studie folgt, dass keineswegs nur Arbeitnehmerinnen und Arbeitnehmer ohne qualifizierte Berufsausbildung im Niedriglohnsektor arbeiten; vielmehr verfügen rd. 80% über eine abgeschlossene Berufsausbildung.

Um Missverständnissen vorzubeugen, muss hervorgehoben werden, dass Niedriglohnbeschäftigung nicht identisch mit Armut ist. Ob ein geringer Stundenlohn zu Armut führt, hängt von den näheren Umständen ab, z.B. vom zeitlichen Umfang der Beschäftigung, vom etwaigen sonstigen Einkommen, von der Zahl der Haushaltsmitglieder und gegebenenfalls deren Einkommens- und Vermögenssituation. Trotzdem weist das Ausmaß der Niedriglohnbeschäftigung darauf hin, dass keineswegs nur Arbeitslose, sondern auch die arbeitende Bevölkerung einem erheblichen Armutsrisiko ausgesetzt ist.

Kehren wir abschließend zu der Frage zurück, ob die Arbeitsmarktreformen der Regierung Schröder erfolgreich gewesen sind. Man kann das Ergebnis in folgenden Punkten zusammenfassen:

1. Der Erfolg der Arbeitsmarktreformen wäre vor allem daran zu messen, ob es mit ihrer Hilfe gelungen ist, die Eingliederung Langzeitarbeitsloser in den Arbeitsmarkt zu verbessern.
2. Zwar hat sich die Zahl der Langzeitarbeitslosen seit Inkrafttreten der Reform annähernd halbiert. Es ist aber zu vermuten, dass dies in erster Linie das Ergebnis der im Wesentlichen exportgetriebenen konjunkturellen Belebung gewesen ist.
3. Dass die Arbeitsmarktreformen zusätzlich zu dieser positiven Entwicklung des Arbeitsmarkts beigetragen haben, ist durchaus möglich, kann aber nicht im strengen Sinne bewiesen werden.
4. Wenn der Erfolg der Reformen beurteilt werden soll, dann muss man auch ihre sozialen Kosten berücksichtigen. Als solche könnte man Verschlechterungen der Sozialstandards in der Arbeitswelt betrachten – falls sie durch die Reformen verursacht worden sind.
5. Tatsächlich haben sich im Verlauf des letzten Jahrzehnts Leiharbeit, befristete Arbeitsverhältnisse, sozialversicherungsrechtlich ungeschützte geringfügige Beschäftigung sowie Niedriglohnarbeit stark ausgebreitet. Dieser Trend war allerdings bereits vor der Hartz-Gesetzgebung

wirksam. Ob er durch die Arbeitsmarktreformen verstärkt worden ist, kann nicht wirklich bewiesen werden. Eindeutig feststellbar ist lediglich, dass die starke Expansion der geringfügigen Beschäftigung auf das Hartz II-Gesetz zurückzuführen ist. Es entspricht aber in jedem Fall der Logik der Arbeitsmarktreformen, wenn – sozusagen im Sinne des Mottos: »Sozial ist, was Arbeit schafft« – die Beschäftigungschancen um den Preis der Verschlechterung der Sozialstandards für abhängige Beschäftigung verbessert werden.

6. In letzter Konsequenz kann die Frage, ob die Arbeitsmarktreform erfolgreich war, nicht beantwortet werden, ohne wertend Stellung zu nehmen. Es ist keine reine Faktenfrage, sondern eine Sache des Gerechtigkeitsmaßstabs, wie die Verschlechterung des sozialen Schutzes der Arbeitslosen sowie der arbeits- und sozialrechtlichen Standards für die Beschäftigten auf der einen Seite und die damit – wenn überhaupt – erreichbare Verbesserung der Arbeitsmarktchancen auf der anderen Seite gegeneinander abzuwägen sind.

5 Teilhabegerechtigkeit und repressive Arbeitsmarktpolitik

Die Kontroverse um den gerechten Umgang mit Langzeitarbeitslosigkeit hat uns sozusagen ins Zentrum des post-sozialstaatlichen Gerechtigkeitsparadigmas geführt: Soziale Gerechtigkeit soll aktivierend sein und nicht beschützend und zuteilend. Dieses zentrale Anliegen spiegelt sich in den Ideen der Teilhabegerechtigkeit und der aktivierenden sozialen Gerechtigkeit, die an die Stelle der Verteilungsgerechtigkeit treten sollen. Darin liegt zugleich ein entschiedener Bruch mit dem herkömmlichen sozialstaatlichen Gerechtigkeitsverständnis: Soziale Gerechtigkeit hat nicht mehr die gerechte Gestaltung oder Umgestaltung der gesellschaftlichen und ökonomischen Strukturen zum Inhalt, sondern nur noch den ungehinderten individuellen Zugang zum Wettbewerb. Dass die gegebenen Strukturen als solche gerecht sind, wird mehr oder weniger stillschweigend unterstellt. Daher ist für Überlegungen zur Verteilungsgerechtigkeit kein Platz mehr. Der Zuständigkeitsbereich sozialer Gerechtigkeit beschränkt sich darauf, gleiche oder möglichst angeglichene individuelle Chancen für den Zugang zum marktwirtschaftlichen Wettbewerb zu eröffnen sowie die Individuen zu fördern und zu aktivieren, damit sie diese Chancen auch wahrnehmen. Alles Weitere wird dem Marktgeschehen überlassen.

Damit verändert sich vor allem der Umgang mit Armut und Langzeitarbeitslosigkeit. Der individuellen Verantwortung wird nun ein wesentlich größeres Gewicht zugemessen als der gesellschaftlichen Verantwortung. Dem einzelnen Armen oder Langzeitarbeitslosen wird in sehr viel höherem Maße, als dies früher der Fall war, die Bereitschaft abverlangt, jegliche Arbeit zu Marktbedingungen zu übernehmen, auch solche, die den üblichen rechtlichen, sozialen und kulturellen Standards nicht entspricht. Dies zeigt sich vor allem in der neuen Armuts- und Arbeitsmarktpolitik: Knapp bemessene Geldleistungen erzeugen einen Armutsdruck, der zur Arbeitsaufnahme motivieren soll, Arbeitspflicht und Zumutbarkeit von Arbeit werden streng gehandhabt, Förderung und Betreuung dienen zugleich der Kontrolle und Reglementierung der Betroffenen. In der Logik der neuen Arbeitsmarktpolitik liegt es auch, dass die Leistungen an Arbeitslose an Gegenleistungen, z. B. gemeinnützige Arbeit, geknüpft werden; allerdings ist dies bisher in Deutschland nicht geschehen.[12]

An der neuen Armuts- und Arbeitsmarktpolitik ist abzulesen, dass sich mit dem post-sozialstaatlichen Gerechtigkeitsverständnis das Verhältnis zwischen individueller und kollektiver Verantwortung deutlich verschoben hat: Die individuelle Verantwortung erhält eindeutig Vorrang vor der öffentlichen. Den Individuen wird eine Art Vorleistungspflicht auferlegt, die sie erfüllen müssen, bevor ihnen, wenn ihre individuellen Ressourcen erschöpft sind, die Hilfe der Allgemeinheit zuteil wird. Die Verschiebung der Verantwortlichkeit und der Vorleistungspflicht von der Allgemeinheit auf das Individuum ist jedenfalls ein eindeutiges Kennzeichen des post-sozialstaatlichen Gerechtigkeitsparadigmas. Das Resultat des post-sozialstaatlichen Gerechtigkeitsparadigmas und des Konzepts der Teilhabegerechtigkeit ist, wie wir gesehen haben, im Normalfall eine strenge – man kann auch sagen »repressive« – Armuts- und Arbeitsmarktpolitik. Ihr Hauptkennzeichen ist massiver Druck auf die Arbeitslosen und Armen – auch dann, wenn die Arbeitsplätze, zu deren Annahme sie gezwungen werden sollen, gar nicht existieren und wenn die Repression droht, zum Selbstzweck zu werden.

▸ Zusammenfassung: Gerechter Umgang mit Langzeitarbeitslosigkeit und Armut

1. Beim Umgang mit Langzeitarbeitslosigkeit und Armut zeigt sich der Unterschied zwischen sozialstaatlichem und post-sozialstaatlichem Gerechtigkeitsparadigma besonders deutlich. Daher waren auch die Arbeitsmarktreformen der rot-grünen Bundesregierung der wichtigste Auslöser für die Grundsatzdiskussion über soziale Gerechtigkeit in den letzten Jahren.

2. Generalnenner dieser Reformen war der Versuch, die soziale Exklusion der Dauerarbeitslosen und Armen durch Aktivierung zu überwinden. Dabei ging man davon aus, dass die strukturelle Arbeitslosigkeit in Deutschland vor allem durch die bis dahin praktizierte Arbeitsmarktpolitik und durch zu großzügige Unterstützung der Langzeitarbeitslosen mit Geldleistungen verursacht worden sei.

3. Die post-sozialstaatliche Arbeitsmarkt- und Armutspolitik kann folgendermaßen charakterisiert werden:
   - Langzeitarbeitslosigkeit und Armut werden vorrangig als individuelles statt als wirtschaftspolitisches oder gesamtgesellschaftliches Problem betrachtet. Die sozialstaatliche Leitidee des »Rechts auf Arbeit«, der zufolge der Staat Verantwortung für die Beschäftigung zu tragen hat, wird preisgegeben.
   - Die soziale Sicherung bei Langzeitarbeitslosigkeit wird auf das Existenzminimum reduziert. Schutz vor sozialem Abstieg gehört nicht mehr zur Aufgabe der sozialen Sicherung bei Arbeitslosigkeit.
   - Durch die Abschaffung sozialer Mindeststandards für zumutbare Arbeit wird die soziale Regulierung des Arbeitsmarkts tendenziell abgebaut.
   - Als Gegengewicht zu den drei zuerst genannten Punkten wird die aktivierende individuelle Betreuung und Förderung der Arbeitslosen intensiviert.

4. Der Unterschied zwischen sozialstaatlicher und post-sozialstaatlicher Arbeitsmarkt- und Armutspolitik liegt letztlich in der unterschiedlichen normativen Bewertung des Marktes:
   - Nach sozialstaatlichem Verständnis müssen die Spielregeln des Arbeitsmarkts durch Standards der sozialen Gerechtigkeit eingegrenzt werden. Diese Standards haben im Konfliktfall Vorrang vor den Anforderungen des Marktes. Die Leistungen der sozialen Sicherung sollen daher Langzeitarbeitslose davor bewahren, ihre Arbeitskraft bedingungslos vermarkten zu müssen.
   - Nach post-sozialstaatlichem Verständnis gehen hingegen die Anforderungen des Marktes im Konfliktfall den sozialstaatlichen Standards vor. Langzeitarbeitslose haben kein Recht, sich den Regeln eines unregulierten Arbeitsmarkts zu widersetzen und stattdessen Unterstützung der Allgemeinheit in Anspruch zu nehmen. Stattdessen hat die Arbeitsmarktpolitik die Aufgabe, ihre Klienten zur bedingungslosen Anpassung an die Marktbedingungen hinzuführen.

5. Der Bruch mit traditionellen Grundsätzen der sozialen Gerechtigkeit, der mit den Arbeitsmarktreformen verbunden war, wurde damit gerechtfertigt, dass sie notwendig seien, um die Arbeitslosigkeit und vor allem die

Langzeitarbeitslosigkeit zu überwinden. Ob die Reformen in diesem Sinne tatsächlich erfolgreich waren, ist in der Wissenschaft jedoch bis heute umstritten. Zwar sind Arbeitslosigkeit und Langzeitarbeitslosigkeit seitdem deutlich gesunken, aber es ist nicht möglich, zwischen dem Effekt der Arbeitsmarktreformen einerseits und den Auswirkungen der allgemeinen Konjunkturbelebung bzw. der Konjunkturprogramme der Jahre 2008 und 2009 zu unterscheiden. Theoretische Überlegungen sprechen allerdings dafür, dass die Arbeitslosigkeit hauptsächlich von makroökonomischen Faktoren abhängt und dass die Arbeitsmarktpolitik nur in zweiter Linie eine Rolle spielt.

6. Unabhängig davon, ob die Arbeitsmarktreformen erfolgreich waren, ist zu vermuten, dass sie in erheblichem Maße zur Erosion des »Normalarbeitsverhältnisses« beigetragen haben. So ist seit ihrem Inkrafttreten ein starker Anstieg der ungeschützten Beschäftigung (Leiharbeit, geringfügige Arbeit, befristete Arbeit, gering entlohnte Arbeit) zu verzeichnen.

Anmerkungen

1 Die Arbeitsmarktreformen der rot-grünen Bundesregierung bestanden aus insgesamt fünf Gesetzen:

- »Erstes Gesetz für moderne Dienstleistungen am Arbeitsmarkt (Hartz I)« vom 30.12.2002 mit der Schaffung von sogenannten Personalserviceagenturen und Erleichterungen für die Leiharbeit, in Kraft seit dem 1.1.2003).
- »Zweites Gesetz für moderne Dienstleistungen am Arbeitsmarkt (Hartz II)« vom 30.12.2002, in Kraft seit dem 1.1.2003, mit folgenden Schwerpunkten: Verschärfung der Zumutbarkeit und der Einkommensanrechnung bei Arbeitslosengeld und Arbeitslosenhilfe, Einführung zusätzlicher Hilfen zur Vermittlung sowie der sogenannten Ich-AG, Schaffung eines subventionierten Niedriglohnsektor durch großzügige Regelung der geringfügigen Beschäftigung (sogenannte Minijobs oder 400-Euro-Jobs).
- »Drittes Gesetz für moderne Dienstleistungen am Arbeitsmarkt (Hartz III)« vom 23.1.2003, in Kraft seit 1.1.2004, mit dem organisatorischen Umbau der früheren Bundesanstalt für Arbeit zur »Bundesagentur für Arbeit«.
- »Gesetz zu Reformen am Arbeitsmarkt« vom 24.12.2003, in Kraft seit 1.1.2004, teilweise aber auch erst ab 1.2.2006, mit der Kürzung der Bezugsdauer des Arbeitslosengelds und kleineren Einschränkungen beim Kündigungsschutz.
- »Viertes Gesetz für moderne Dienstleistungen am Arbeitsmarkt (Hartz IV)« vom 24.12.2004, in Kraft seit 1.1.2005, mit der Zusammenlegung von Arbeitslosenhilfe und Sozialhilfe zum neuen Arbeitslosengeld II (»Grundsicherung für Arbeitssuchende«).

2 Die Arbeitslosenhilfe war eine bedarfsorientierte Ergänzungsleistung zum Arbeitslosengeld, auf die Arbeitslose einen zeitlich unbefristeten Anspruch hatten, wenn sie nach dem Ende der Bezugsdauer des Arbeitslosengelds noch keine Arbeit gefunden hatten. Die Kosten der Arbeitslosenhilfe trug der Bund. Wie das Arbeitslosengeld wurde auch die Arbeitslosenhilfe als Prozentsatz des früheren Nettolohns berechnet, jedoch war der Prozentsatz niedriger (53% für Alleinstehende und 57% für Arbeitslose mit Unterhaltspflichten statt 60% bzw. 63%). Außerdem wurden auf die Arbeitslosenhilfe – anders als beim Arbeitslosengeld – sonstiges eigenes Einkommen, Vermögen sowie Einkommen von Unterhaltsverpflichteten und Partnern und Partnerinnen in eheähnlichen Gemeinschaften angerechnet. Die Einkommens- und Vermögensanrechnung und die Heranziehung Unterhaltsverpflichteter waren allerdings etwas weniger streng als bei der Sozialhilfe. Wegen der Anknüpfung am früheren Nettolohn, der mit dem früheren beitragspflichtigen Bruttolohn zusammenhing, hatte die Arbeitslosenhilfe charakteristische Merkmale einer Versicherungsleistung, wegen der Einkommens- und Vermögensanrechnung gehorchte sie jedoch zugleich dem Bedarfsdeckungsprinzip der Sozialhilfe. Die Konstruktion der Arbeitslosenhilfe führte dazu, dass es drei Gruppen von bedürftigen Langzeitarbeitslosen gab:
(a) solche mit ausreichend hoher Arbeitslosenhilfe,
(b) solche, deren zu niedrige Arbeitslosenhilfe durch die von den Kommunen finanzierte Sozialhilfe aufgestockt werden musste, und schließlich
(c) Arbeitslose, die wegen fehlender früherer Beitragszahlung zur Arbeitslosenversicherung überhaupt keinen Anspruch auf Arbeitslosenhilfe hatten und daher ausschließlich auf Sozialhilfe angewiesen waren.

Das unsystematische Nebeneinander zweier bedarfsorientierter Sicherungssysteme für Arbeitslose stand schon lange in der Kritik. Zu Recht bemängelt wurde auch, dass Langzeitarbeitslose, die ausschließlich Sozialhilfe bezogen, von den Fördermaßnahmen der Bundesanstalt für Arbeit ausgeschlossen waren.

3 Die Leistungen des Arbeitslosengelds II setzen sich aus der pauschalen monatlichen »Regelleistung« für den laufenden Lebensunterhalt, der tatsächlich gezahlten Warmmiete (sofern sie »angemessenen« ist) und bestimmten einmaligen Leistungen (z.B. für die Erstausstattung einer Wohnung und mit Bekleidung sowie für Klassenfahrten für Kinder) zusammen. Ab 1. Januar 2012 beträgt die Regelleistung für eine alleinstehende Person 374 Euro im Monat und für ein Ehepaar oder eine Lebensgemeinschaft zusammengerechnet 674 Euro. Für Kinder unter sieben Jahren wird zusätzlich ein »Sozialgeld« von 219 Euro, von sieben bis 13 Jahren von 251 Euro gezahlt. Jugendliche, die im Haushalt der Eltern leben, erhalten 287 Euro. Für Kinder, Jugendliche und junge Erwachsene werden die Regelleistungen durch Leistungen zur Bildung und Teilhabe ergänzt (z.B. Schulbedarf, Fahrtkosten, Schulmittagessen, Musikunterricht oder Beiträge für Sportvereine).

4 Der durch das »Hartz-IV«-Gesetz geänderte Gesetzestext (§ 16 Abs. 3 Sozialgesetzbuch II) spricht zwar von »angemessener« Entschädigung. Die Praxis der »Ein-Euro-Jobs« zeigt jedoch, wie gering die Entschädigun, die als angemessen angesehen wird, ist.

5 Die Arbeitslosenhilfe betrug ursprünglich (seit der Einführung des »Arbeitsförderungsgesetzes« von 1969) 58% des früheren Nettolohns, für Kinderlose 56%. Diese Sätze wurden 1994 durch das »Erste Gesetz zur Umsetzung des Spar-, Konsolidierungs- und Wachstumsprogramms« auf 57% bzw. 53% herabgesetzt. Außerdem war die Statusschutzfunktion der Arbeitslosenhilfe in den letzten Jahrzehnten bereits durch zahlreiche weitere Sparmaßnahmen (z. B. bei den Anspruchsvoraussetzungen, bei der Bestimmung des relevanten Nettolohns, bei der Heranziehung von eigenen Ersparnissen oder Partnereinkommen oder bei der Zumutbarkeit von Arbeit) kontinuierlich ausgehöhlt worden, sodass ihre schließliche Abschaffung als Abschluss einer seit Langem in Gang befindlichen kontinuierlichen Entwicklung betrachtet werden kann.

6 § 138 des Bürgerlichen Gesetzbuchs (BGB) enthält folgende allgemeine Definition der Sittenwidrigkeit: »Ein Rechtsgeschäft, das gegen die guten Sitten verstößt, ist nichtig. Nichtig ist insbesondere ein Rechtsgeschäft, durch das jemand unter Ausbeutung der Zwangslage, der Unerfahrenheit, des Mangels an Urteilsvermögen oder der erheblichen Willensschwäche eines anderen sich oder einem Dritten für eine Leistung Vermögensvorteile versprechen oder gewähren lässt, die in einem auffälligen Missverhältnis zu der Leistung stehen.«

7 Der starke Anstieg der Zahl der Arbeitslosen von 2004 auf 2005 um etwa 0,5 Mio war im Wesentlichen statistisch bedingt und eine Folge der Zusammenfassung von Arbeitslosenhilfe und Sozialhilfe zur »Grundsicherung für Arbeitssuchende«; diejenigen Arbeitslosen, die zuvor Sozialhilfe bezogen hatten, waren nun gezwungen, sich bei den Arbeitsämtern offiziell als arbeitslos zu melden.

8 Zeitreihen des Sachverständigenrats zur Begutachtung der gesamtwirtschaftlichen Entwicklung ZR021 und ZR028 (www.sachverstaendigenrat-wirtschaft.de).

9 Webseite der Universität Duisburg-Essen »Sozialpolitik aktuell in Deutschland« (www.sozialpolitik-aktuell.de).

10 Dass die hier genannten Anteilszahlen für die atypische Beschäftigung sogar etwas niedriger sind als die in Abbildung 23 dargestellten Prozentsätze für den Teilbereich der geringfügigen Beschäftigung ist kein Widerspruch, sondern darauf zurückzuführen, dass sie sich auf eine wesentlich größere Basis beziehen, nämlich nicht auf die Teilgruppe der sozialversicherungspflichtigen Beschäftigten, sondern auf die abhängig Beschäftigten insgesamt (also einschließlich der sozialversicherungsfreien Beschäftigten und der Beamten).

11 Der »mittlere« Stundenlohn wird in der Studie des IAQ im Sinne des »Medians« und nicht des Durchschnitts oder arithmetischen Mittels definiert. Unter »Median« oder »Zentralwert« versteht man in der Statistik den mittleren Wert einer nach der Größe geordneten Menge von Zahlenwerten, sodass die Anzahl der Werte, die größer bzw. kleiner sind als der Median gleich groß ist. Haben wir z. B. fünf Beschäftigte mit den Stundenlöhnen 2 Euro, 4 Euro, 5 Euro, 8 Euro und 16 Euro, so liegt der Median bei 5 Euro, während man für das arithmetische Mittel 7 Euro errechnet. Der Median gilt als geeigneterer Maßstab als das arithmetische Mittel, weil er weniger auf extreme Einzelwerte reagiert. Wäre z. B. in dem eben genannten Beispiel der Höchstwert nicht 16, sondern 36, dann wäre das arithmetische

Mittel nicht 7, sondern 11, sodass vier der fünf Einzelwerte unter dem Durchschnitt lägen. Der Median hingegen ist von solchen statistischen »Ausreißern« unbeeinflusst.

12 Die Motive dafür, dass sich der Gesetzgeber zu solchen Maßnahmen nicht entschlossen hat, sind weniger grundsätzlicher als vielmehr praktischer Natur: Erstens ist die Organisation eines »Arbeitsdienstes« sehr aufwendig und teuer; die Kommunen haben sich bisher immer heftig dagegen gewehrt, diese Aufgabe zu übernehmen. Zweitens fürchtet die Wirtschaft, besonders der Mittelstand und das Handwerk, die Konkurrenz durch einen solchen »Arbeitsdienst«.

VII. Bedingungsloses Grundeinkommen – eine Alternative zu repressiver Arbeitsmarktpolitik?

Kapitel VI hat gezeigt, dass das post-sozialstaatliche Gerechtigkeitsparadigma und die daraus abgeleitete Idee der Teilhabegerechtigkeit tendenziell in eine repressive Arbeitsmarktpolitik münden. Es gibt indessen alternative Vorstellungen von post-sozialstaatlicher sozialer Gerechtigkeit, welche zwar ebenfalls mit dem sozialstaatlichen Gerechtigkeitsverständnis brechen, aber dennoch weitgehend auf die rigide Armuts- und Arbeitsmarktpolitik zu verzichten versuchen. Es geht um die Idee des »bedingungslosen Grundeinkommens«. Hier wird das Grundmotiv der Teilhabegerechtigkeit, nämlich der Vorrang der individuellen Verantwortung, mit dem Gedanken verbunden, dass die Allgemeinheit zunächst eine Vorschussleistung für die Individuen erbringen sollte, die ihnen eine Basis an Sicherheit und Teilhabe garantiert und es ihnen dadurch ermöglicht, ihre Fähigkeiten zu entwickeln und Leistungen zu erbringen. Die charakteristische Wendung besteht also in der Bereitschaft zu einem Vertrauensvorschuss und damit auch zu einer Einkommensumverteilung in einer Größenordnung, die für die Mehrheit der eher wirtschaftsliberalen Sozialreformer völlig ausgeschlossen wäre.[1]

1 Varianten des bedingungslosen Grundeinkommens

Die Vorgeschichte dieser Idee des bedingungslosen Grundeinkommens reicht weit in die Vergangenheit zurück; manche sehen sogar den berühmten englischen »Utopisten« Thomas Morus (1478–1535) als ältesten Stammvater an, andere den englisch-amerikanischen Schriftsteller Thomas Paine (1737–1809), einen der wichtigsten intellektuellen Vorkämpfer der Amerikanischen wie der Französischen Revolution (zur Geschichte der Idee des Grundeinkommens s. Blaschke 2010). In den letzten Jahrzehnten hat diese Idee auch in Deutschland, jedenfalls in der theoretischen Debatte, vermehrtes Interesse gefunden, was aus der als krisenhaft empfundenen Entwicklung des Sozialstaats und der hohen Dauerarbeitslosigkeit zu erklären sein dürfte.

Das bedingungslose Grundeinkommen ist eine spezielle Variante einer ganzen Gruppe von Reformmodellen, für die äußerst unterschiedliche

Begriffe im Umlauf sind, z. B. »allgemeines Grundeinkommen«, »Bürgergeld«, »Bürgergehalt«, »negative Einkommenssteuer«, »garantiertes Mindesteinkommen«, »Basiseinkommen« oder »Grundsicherung«. Diese Modelle unterscheiden sich auch inhaltlich so sehr, dass ihr gemeinsamer Kern nicht leicht zu beschreiben ist. Zudem hat sich in der öffentlichen Diskussion über diese Ideen bislang noch keine einheitliche und allgemein anerkannte Terminologie durchgesetzt, wodurch die Unübersichtlichkeit noch gesteigert wird. Beim Begriff des »Bürgergelds« ist die Sprachverwirrung besonders groß; bisweilen wird er für das verwendet, was im Folgenden »bedingungsloses Grundeinkommen« genannt wird; manchmal (wie in programmatischen Äußerungen der FDP[2]) ist damit lediglich die Zusammenfassung aller bereits bestehenden einkommensanhängigen steuerfinanzierten Sozialleistungen wie Sozialhilfe, Wohngeld oder Ausbildungsförderung gemeint.

Von einem bedingungslosen Grundeinkommen im eigentlichen Sinne können wir sprechen, wenn folgende Merkmale erfüllt sind:

1. Alle Bürgerinnen und Bürger haben einen Rechtsanspruch auf eine mindestens das Existenzminimum sichernde Geldleistung.
2. Mit dem Bezug des Grundeinkommens sind keinerlei besondere Pflichten verbunden und vor allem besteht der Anspruch unabhängig davon, ob die Berechtigten irgendeine Vorleistung, wie etwa eine Beitragszahlung zur Sozialversicherung, erbracht haben.
3. Die Berechtigten müssen sich nicht um Arbeit bemühen und zumutbare Arbeiten annehmen.
4. Der Anspruch auf das Grundeinkommen ist unabhängig von einer speziellen Lebenslage wie Alter, Erwerbsminderung oder Arbeitslosigkeit. Dadurch unterscheidet sich das Grundeinkommen von Leistungen wie Mindestrenten, die nur ab einem gewissen Lebensalter oder bei Invalidität gezahlt werden.[3]

Unter den Grundeinkommensmodellen, welche diese Bedingungen erfüllen, gibt es wiederum verschiedene Variationen. Der wichtigste Punkt, durch den sie sich unterscheiden, ist das Verfahren beim Zusammentreffen des Grundeinkommensanspruchs mit eigenem Einkommen. Im Prinzip gibt es drei mögliche Konstruktionsprinzipien:

1. Ergänzendes Grundeinkommen: Der Anspruch auf das Grundeinkommen besteht zwar vom Grunde her ohne weitere Bedingung, aber die Geldleistung wird nur unter voller Anrechnung aller sonstigen eigenen Erwerbs- oder Vermögenseinkünfte gezahlt.
2. Additives Grundeinkommen: Jeder erhält das Grundeinkommen unabhängig davon, ob und in welcher Höhe er sonstiges Einkommen bezieht.

3. Grundeinkommen mit Teilanrechnung des eigenen Einkommens oder – was im finanziellen Ergebnis auf dasselbe hinausläuft – als »negative Einkommenssteuer«.

Abbildung 25 illustriert für alle drei Varianten den Verlauf des Gesamteinkommens beim Zusammentreffen mit eigenem Erwerbseinkommen:

- Beim ergänzenden bedingungslosen Grundeinkommen (durchgezogene Linie) führt die eigene Erwerbstätigkeit zunächst nicht zur Steigerung des Gesamteinkommens. Man arbeitet für etwas, was man auch ohne Arbeit erhalten würde, d. h., im Bereich niedriger Einkommen wirkt die Anrechnung wie eine hundertprozentige Steuer auf das eigene Einkommen.
- Beim additiven bedingungslosen Grundeinkommen (gestrichelte Linie) erhöht jeder Euro eigenen Erwerbseinkommens in gleichem Umfang das Gesamteinkommen.
- Beim bedingungslosen Grundeinkommen mit Teilanrechnung bzw. bei der negativen Einkommenssteuer (gepunktete Linie) wächst das Gesamteinkommen zwar bei wachsendem Erwerbseinkommen, aber nicht in vollem Umfang, sondern z. B. nur um 50 % des Erwerbseinkommens. Im Ergebnis wirkt dies wie eine fünfzigprozentige Steuer auf eigenes Einkommen, wobei der Prozentsatz natürlich variiert werden kann. Gesetzestechnisch kann dieser Effekt auf verschiedene Weise erreicht werden: Entweder wird das Grundeinkommen unter teilweiser Einkommensanrechnung ausgezahlt oder es wird in das System der Einkommenssteuer integriert. Im letzteren Fall spricht man von »negativer Einkommenssteuer«: Unterschreitet das steuerpflichtige Einkommen die Schwelle, ab der keine Steuer zu zahlen ist, dann zieht das Finanzamt keine Steuer ein, sondern zahlt eine Geldleistung, eine »negative« Steuer aus. Für Personen, die überhaupt kein eigenes Einkommen erzielen, soll diese Negativsteuer das Existenzminimum abdecken und andere Sozialleistungen überflüssig machen.[4]

Die fiskalischen Aufwendungen für das ergänzende Grundeinkommen sind selbstverständlich ungleich geringer als für das additive Grundeinkommen, weil faktisch nur ein kleiner Teil der Bevölkerung die Leistung erhält, während sie bei der Mehrzahl wegen der Einkommensanrechnung entfällt. Diesem Vorteil steht aber der Nachteil gegenüber, dass der Anreiz zur Erwerbstätigkeit sehr gering ist. Beim additiven Grundeinkommen wird das Problem des mangelnden Arbeitsanreizes zwar vermieden, aber dafür ist der fiskalische Aufwand extrem hoch, weil die gesamte Bevölkerung das Grundeinkommen erhält. Das bedingungslose Grundeinkommen mit Teilanrechnung bzw. die negative Einkommenssteuer liegt zwischen diesen beiden Varianten; hier wird der Versuch gemacht, einen Arbeitsanreiz aufrechtzuerhalten und gleichzeitig den Finanzaufwand zu begrenzen.

Abb. 25: Verlauf des Gesamteinkommens beim Zusammentreffen von Grundeinkommen mit eigenem Erwerbseinkommen

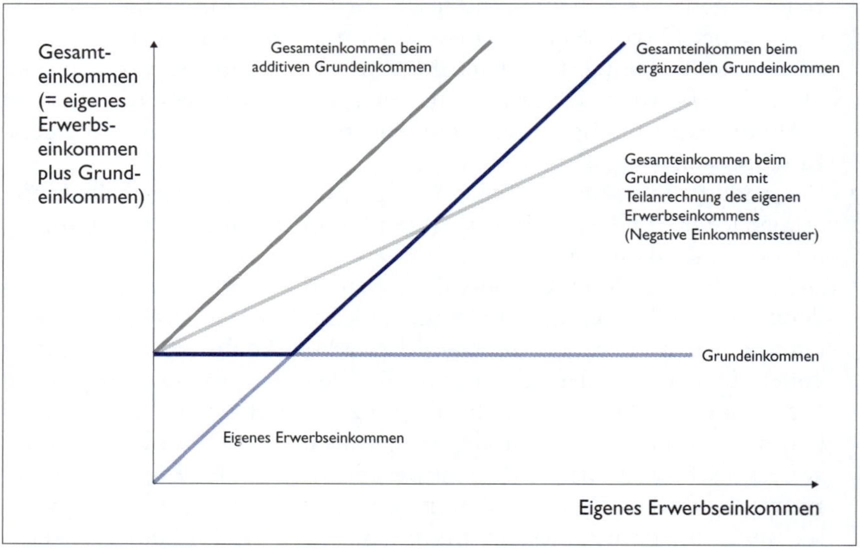

Eigene Grafik.

2 Konträre gesellschaftspolitische Ziele beim bedingungslosen Grundeinkommen

Das bedingungslose Grundeinkommen – wie auch immer die Ausgestaltung im Einzelnen aussehen mag – räumt den Bürgerinnen und Bürgern eine Art Recht auf bezahlte Nichtarbeit ein, man könnte auch sagen ein »Recht auf Faulheit«. Anders als es heute der Fall ist, müssten z. B. Arbeitslose nicht dem Arbeitsmarkt zur Verfügung stehen und jede zumutbare Arbeit annehmen, sondern sie könnten sich mit einer bescheidenen Lebensführung auf Basis des existenzminimalen Grundeinkommens zufrieden geben. Der Verzicht auf den Zwang zur Arbeit ist das eigentliche Herzstück der Idee des bedingungslosen Grundeinkommens.

Es ist von größter Wichtigkeit, dass mit einem solchen Grundeinkommen – ungeachtet bestimmter formaler Übereinstimmungen in der

Modellkonstruktion – ganz verschiedene, ja sogar vollkommen konträre gesellschaftspolitische Ziele verfolgt werden können. Auf diese, für das bedingungslose Grundeinkommen geradezu typische Ambivalenz hat bereits Opielka (1984) aufmerksam gemacht. Entsprechend den vielfältigen Ausgestaltungsmöglichkeiten, welche es beim bedingungslosen Grundeinkommen gibt, befinden sich unter den Befürwortern sowohl konsequente Neoliberale im angelsächsischen Sinne als auch Grüne und linke ökologisch orientierte Systemkritiker. Grundsätzliche Skepsis gegenüber einem allgemeinen Grundeinkommen herrscht dort, wo noch das sozialstaatliche Gerechtigkeitsverständnis dominiert, d. h. sowohl im traditionell-sozialdemokratischen und gewerkschaftlichen Lager als auch im Einflussbereich des Sozialkatholizismus. Auch moderate Liberale sind im Allgemeinen wenig begeistert von dieser Idee.

Der »neoliberale« und der »linksalternative« Grundeinkommenstyp haben eines gemeinsam, nämlich die negative Abgrenzung vom herkömmlichen Verständnis von sozialer Gerechtigkeit als zuteilender und beschützender Gerechtigkeit. Beide teilen die Auffassung, dass soziale Gerechtigkeit vorrangig in der Befähigung der Menschen zu selbstständigem Handeln besteht. Aber die Vorstellungen davon, wie eine solche Welt der selbstständig Handelnden aussehen sollte, könnten kaum verschiedener sein: Bei den »Neoliberalen« ist es eine marktförmige Gesellschaft, in der ökonomisch verwertbare Leistung und Konkurrenz den Menschen zur zweiten Natur geworden sind. Die »Linksalternativen« wollen durch die Entkoppelung von Arbeit und Einkommen eine sanfte Gesellschaft ermöglichen; hier soll eine Welt der friedlichen und harmonischen Kommunikation ohne Leistungsdruck, ohne fremdbestimmte Arbeit und ohne Raubbau an Naturressourcen entstehen.

In der öffentlichen Diskussion werden diese Unterschiede allerdings häufig nicht deutlich genug sichtbar. Es gibt jedoch zwei klare Unterscheidungskriterien zwischen »neoliberalen« und »linksalternativen« Grundeinkommensmodellen, nämlich

1. die Höhe des Grundeinkommens und
2. ob das Grundeinkommen als Ersatz oder als Ergänzung des Sozialstaats konzipiert ist.

2.1 Neoliberale Grundeinkommensmodelle

Neoliberale Grundeinkommensmodelle dienen in der Regel dem Hauptziel, alle Individuen (besonders Arme und Arbeitslose) zur Anpassung an die Bedingungen eines möglichst unregulierten Arbeitsmarkts zu veranlassen. In der Regel gehört es zu solchen Konzepten, dass das allgemeine Grundeinkommen das bestehende Sozialsystem so weit wie möglich ersetzen und mit der umfassenden Deregulierung des Arbeitsmarkts verbunden sein soll. Die Höhe des Grundeinkommens wird ferner so knapp kalkuliert, dass es keine echte und einigermaßen attraktive Alternative zur Erwerbstätigkeit unter Marktbedingungen darstellt. Nur bei Kombination mit – möglicherweise sehr schlecht bezahlter – Arbeit soll ein halbwegs zufriedenstellender Lebensstandard erreichbar sein. Neoliberale Grundeinkommensmodelle sollen nicht nur den finanziellen Aufwand für die soziale Sicherung möglichst gering halten, sondern auch den Niedriglohnsektor subventionieren und damit niedrige Löhne und ungünstige Arbeitsbedingungen für die Menschen akzeptabel machen. Ein gutes aktuelles Illustrationsbeispiel hierfür liefert eine vor einiger Zeit erschienene Studie des Hamburgischen Weltwirtschaftsinstituts (Hohenleitner/Straubhaar 2007[5]). In die gleiche Kategorie gehören auch das Modell des »Bürgergelds« nach Dieter Althaus[6] und das »Ulmer Modell« (Pelzer/Fischer 2004[7]).

Noch einmal zusammengefasst: Ist das Leistungsniveau niedrig und soll das Grundeinkommen den Sozialstaat und seine regulierenden Eingriffe in den Markt überflüssig machen, dann ist seine Wirkung repressiv, weil es den Druck auf die Menschen erhöht, sich den Marktbedingungen anzupassen. Das Grundeinkommen hat in dieser Variante nur die Funktion eines sozialstaatlichen Minimums, das notwendig ist, um die Gesellschaft im Übrigen umso konsequenter dem freien Spiel des Marktes überlassen zu können. Es handelt sich also nicht um eine weniger repressive Alternative zur post-sozialstaatlichen Arbeitsmarktpolitik, sondern es wird nur bürokratische Kontrolle durch ökonomischen Druck ersetzt.

2.2 Linksalternative Grundeinkommensmodelle

Linksalternative Grundeinkommensmodelle verfolgen ziemlich genau das entgegengesetzte gesellschaftspolitische Ziel wie die neoliberalen Varianten. Das Adjektiv »linksalternativ« soll besagen, dass dieses Modell einer kapitalismuskritischen politischen Richtung entstammt, sich zugleich in Distanz zum der traditionellen Industriegesellschaft verhafteten Sozialstaatsverständnis befindet und eine gewisse Tendenz zu technikkritischen Sozialutopien aufweist.

Die zentrale Idee der linksalternativen Grundeinkommensmodelle ist die »Entkoppelung von Arbeit und Einkommen«. Das Grundeinkommen soll den Individuen eine echte Alternative zur Lohnarbeit eröffnen und es ihnen erlauben, sich den Zwängen des Arbeitsmarkts zu entziehen. Es geht in diesen Varianten um die Emanzipation vom Leistungsdruck und den Anforderungen einer strengen Arbeitsethik. Daher ist in erster Linie ein relativ großzügiges Grundeinkommensniveau erforderlich, das nicht nur formal, sondern auch faktisch ein Recht auf ein menschenwürdiges Leben ohne Erwerbsarbeit gewährleistet.

Ist das Leistungsniveau des bedingungslosen Grundeinkommens hoch und soll der Sozialstaat im Grundsatz (aber nicht unbedingt in allen bestehenden Einzelinstitutionen und Regelungen) beibehalten werden, dann ist die Wirkung des Grundeinkommens genau entgegengesetzt zu dem, was das Ziel der neoliberalen Varianten ist: Es erhöht den Freiheitsspielraum der Individuen und erlaubt ihnen, sich dem Anpassungszwang des Marktes zu entziehen. Auf diese Weise soll der Einflussbereich der kapitalistischen Marktwirtschaft eingeschränkt werden, sodass ein allmählich größer werdender alternativer Sektor entstehen kann, in dem dann selbstbestimmte Tätigkeiten aller Art wie Eigenarbeit, genossenschaftliche Projekte, alternative und nicht profitorientierte Unternehmen frei von ökonomischen Zwängen blühen sollen.

Dieser Typ des bedingungslosen Grundeinkommens ist unter verschiedenen Titeln in Deutschland in den 1980er Jahren im Umfeld der Partei »Die Grünen« vertreten worden (vgl. Schmid 1984, Opielka 1984); auf der Bundesebene der Grünen fand es allerdings nie eine Mehrheit.[8] In jüngerer Zeit wird das bedingungslose Grundeinkommen in der Linkspartei diskutiert; hier hat sich eine »Bundesarbeitsgemeinschaft Grundeinkommen« gebildet hat, die sich besonders für dieses Projekt einsetzt (Wolf 2009, Blaschke 2010).[9]

2.3 Das Grundeinkommensmodell von Götz W. Werner

In jüngster Zeit hat sich der deutsche Unternehmer Götz W. Werner (Gründer und langjähriger Chef der Drogeriemarkt-Kette »dm«) mit seinen Büchern *Einkommen für alle* (Werner 2007) und *1 000 Euro für jeden* (Werner/Goehler 2010) besonders publikumswirksam für das bedingungslose Grundeinkommen eingesetzt. Sein Grundeinkommensmodell ist deshalb interessant, weil es eine originelle Mittelposition zwischen der neoliberalen und der linksalternativen Variante einnimmt. Wenn wir uns an den beiden oben genannten Unterscheidungskriterien zwischen beiden Varianten – Höhe des Grundeinkommens und Einstellung zum bestehenden Sozialstaat und seinem Regulierungssystem – orientieren, dann gehört Werner keiner oder beiden Parteien an: Einerseits präferiert er ein möglichst hohes Grundeinkommen und hat insofern Gemeinsamkeiten mit den »linksalternativen« Varianten. Andererseits soll das Grundeinkommen den bestehenden Sozialstaat und die Regulierungen des Arbeitsmarkts ersetzen; insofern ist sein Ansatz »neoliberal«.

Die Kernpunkte des von Werner konzipierten Grundeinkommensmodells sind folgende:

- Alle Bürgerinnen und Bürger erhalten ohne irgendwelche Vorbedingungen bezüglich einer individuellen Bedarfssituation und ohne Anrechnung von Einkommen und Vermögen ein Grundeinkommen.
- Das bedingungslose Grundeinkommen soll nicht nur das Existenzminimum abdecken, sondern auch die kulturelle Teilhabe an der Gesellschaft ermöglichen (»Kulturminimum«).
- Das bedingungslose Grundeinkommen soll es den Menschen ermöglichen, sich frei von Not und Existenzängsten für oder auch gegen eine Erwerbstätigkeit zu entscheiden. Man kann sagen, dass das Grundeinkommen in dieser Variante nicht nur eine Schutzfunktion hat, sondern in gewisser Weise auch einer emanzipatorischen Zielsetzung dienen soll.
- Die Garantie eines einigermaßen auskömmlichen Einkommens soll nicht nur vor Armut schützen, sondern zugleich in den Individuen die kreativen Fähigkeiten und die Risikobereitschaft freisetzen, die sie nicht entwickeln könnten, wenn sie unbedingt gezwungen wären, ihr Existenzminimum durch jede nur verfügbare Arbeit zu sichern.
- Das bedingungslose Grundeinkommen soll deutlich höher sein als die heutigen »Hartz-IV«-Sätze. Langfristig wird ein Niveau von etwa 1 000 Euro pro Person und Monat angestrebt; in einer früheren Publikation hat Werner sogar von 1 500 Euro gesprochen (Werner 2007).

Im Unterschied zu den meisten Ökonomen und Sozialpolitikern sieht Werner in der Gewährung eines bedingungslosen Grundeinkommens, das ein ausreichendes Lebensniveau ohne Arbeit gestattet, kein Problem für die Arbeitsbereitschaft der Menschen. Er befürchtet keineswegs Missbrauch und Leistungsverweigerung, sondern erwartet im Gegenteil, dass die Produktivität der Menschen gesteigert wird, wenn sie ihre Arbeit selbstmotiviert und freiwillig statt notgedrungen verrichten. Werner schwebt ein gesellschaftlicher Umbau vor: an die Stelle einer »Arbeitnehmer-Gesellschaft mit hohem Arbeitslosenanteil« soll eine »Gemeinschaft von Freiberuflern mit bedingungslosem Grundeinkommen« treten.

Auch in Werners Konzept der Teilhabegerechtigkeit spielt also das Motiv der Aktivierung eine große Rolle, aber diese Aktivierung soll auf charakteristisch andere Weise erreicht werden als beim vorherrschenden Modell der Teilhabegerechtigkeit und der daraus abgeleiteten neuen Armuts- und Arbeitsmarktpolitik: Nicht durch Anpassungszwang, Armutsdruck und Missbrauchskontrolle sollen die Menschen aktiviert werden, sondern durch einen Vertrauensvorschuss der Gesellschaft, der es den Individuen erlaubt, frei von Existenznöten zu entscheiden, welcher Arbeit sie nachgehen wollen. Hier wird also ein wesentlich optimistischeres Bild vom Menschen vorausgesetzt als das des allein durch materielle Anreize gesteuerten »Homo oeconomicus«, das den wirtschaftsliberalen und post-sozialstaatlichen Gerechtigkeitsmodellen zugrunde liegt.

> »Der hinter der Idee des Grundeinkommens stehenden Ethik geht es jedoch nicht nur darum, die nackte Existenz zu sichern. Die Existenzsicherung und das Kulturminimum sind nur das Fundament. Es ermöglicht einem jeden, aus sich und seinen Talenten etwas zu machen. Dazu ist er zwar nicht im rechtlichen Sinne verpflichtet, gar im Sinne einer Arbeitspflicht gezwungen. Aber er hat gegenüber der Gesellschaft eine Bringschuld. Der kategorische Imperativ der Gesellschaft des bedingungslosen Grundeinkommens lautet: Du bekommst ein Grundeinkommen und lässt deine Talente zur Entfaltung kommen. Zeig, was du kannst!« (Werner 2007, S. 96)

Das bedingungslose Grundeinkommen ist aber nur eine von zwei Säulen in Werners Reformplan. Die andere Säule besteht in der radikalen Umstellung des gesamten Steuer- und Abgabensystems. Sämtliche direkten Steuern (also persönliche Einkommenssteuer, Unternehmenssteuer, Abgeltungssteuer auf Kapitaleinkünfte und Erbschaftssteuer) sowie die lohnbezogenen Sozialversicherungsbeiträge sollen abgeschafft werden. Stattdessen sollen alle Staatsausgaben, einschließlich der Aufwendungen für das bedingungslose Grundeinkommen, durch Besteuerung des Konsums aufgebracht werden. Werner rechnet damit, dass die Konsumsteuer im Durchschnitt 50 % des Wertes der Güter und Dienstleistungen betragen wird; dies soll dann für das bedingungslose Grundeinkommen abzüglich der einzusparenden Sozialleistungen und für die sonstigen Staatsausgaben ausreichen. Die Konsumsteuer soll aber nach Produktgruppen gestaffelt werden; Güter des Grundbedarfs sollen gering, Luxusgüter hoch besteuert werden, sodass im Ergebnis niedrige Einkommen nur wenig, hohe Einkommen aber stark belastet werden.

Für eine Finanzierung des Grundeinkommens über höhere Konsumsteuern plädiert Werner zunächst einmal deshalb, weil die Konsumsteuern (hierzu zählen nicht nur die Mehrwertsteuer, sondern auch die Mineralölsteuer, die Kfz-Steuer sowie weitere Verbrauchssteuern) seiner Meinung nach weder hinterzogen noch umgangen noch von den Konsumenten auf andere Gesellschaftsmitglieder abgewälzt werden können. Er hofft also, das Problem des Steuerwiderstands auf diese Weise vollständig lösen zu können. In der Tat wäre es kaum vorstellbar, ein additives (nicht nur ergänzendes) bedingungsloses Grundeinkommen in wirklich großzügiger Höhe anders als mit indirekten Steuern zu finanzieren. Wollte man solch gewaltige Summen über direkte Steuern auf das Einkommen oder Vermögen aufbringen, dann würde das ganze Projekt wohl am Problem des Abgabenwiderstands und der fehlenden Leistungsanreize scheitern.

Werner hält aber noch ein viel grundsätzlicheres Argument für seine Konsumsteuer bereit, und hier wird seine gesellschaftliche Zielsetzung besonders deutlich: Konsumsteuern tangieren ausschließlich die Konsumenten und lassen – anders als Steuern auf den Gewinn oder Abgaben auf bestimmte Kostenfaktoren wie die Löhne – unternehmerische Entscheidungen vollkommen unbeeinflusst. Konsumsteuern gewährleisten also, dass das effiziente Wirtschaften der Unternehmen nicht gestört wird. Konsumsteuern beeinflussen auch nicht das Erwerbsverhalten der abhängig Beschäftigten wie es die Abzüge auf den Arbeitslohn tun. Die Umstellung auf eine reine Konsumbesteuerung ist also sehr viel mehr als ein Mittel zur zweckmäßigen Ausgestaltung des staatlichen Steuer- und Abgabensystems. Sie bedeutet, dass der Staat vollständig darauf verzichtet, die unternehmerischen Entscheidungen und das Erwerbsverhalten seiner Bürgerinnen und Bürger beeinflussen zu wollen. Anders ausgedrückt: Mit seiner Steuerreform und der Umstellung auf Konsumbesteuerung zielt Werner auf nichts Geringeres als auf die Herstellung vollständiger Marktfreiheit.

Bedingungsloses Grundeinkommen und Verlagerung der Steuer- und Abgabenlast ausschließlich auf den Konsum bilden für Werner eine Einheit. Erst beide Elemente zusammen ergeben die spezifische Variante von Teilhabegerechtigkeit, durch die er sich ebenso vom wirtschaftsliberal beeinflussten post-sozialstaatlichen Mehrheitstrend wie vom traditionellen sozialstaatlichen Gerechtigkeitsparadigma unterscheidet:

> »Auf eine Formel gebracht, setzen wir mit Grundeinkommen und Konsumsteuer die beiden wesentlichen Initiativkräfte unserer Gesellschaft frei: Arbeit und Kapital. Die ***individuelle*** Leistung, die menschliche Arbeit, befreien wir mit dem Grundeinkommen einerseits vom Zwang zur Sicherung der nackten Existenz und andererseits vom unvertretbaren Risiko, von gesellschaftlicher Teilhabe ausgeschlossen zu sein. Das ist zwingend und notwendig, denn beides, das physische Überleben und die kulturelle Teilhabe,

> sind nicht die ***Folge***, sondern die ***Voraussetzung*** des Leistens für andere. Die wohl effektivste Form ***gebündelter***, sozial organisierter menschlicher Leistung, das unternehmerische Kapital, entbinden wir dagegen durch die Konsumsteuer von seiner bloß scheinbaren Pflicht, gesamtgesellschaftliche Aufgaben mitzufinanzieren. [...] Das heißt: Mit dem Grundeinkommen lassen wir die ***Menschen*** in Ruhe arbeiten, nämlich frei von Existenzangst. Mit der Konsumbesteuerung lassen wir das ***Kapital*** in Ruhe arbeiten, nämlich frei von Zugriffen, bevor die Wertschöpfung in konsumfähigen Leistungen für die Gesellschaft zu Ende gekommen ist.« (ebd., S. 178)

In Werners Grundeinkommensmodell mit seinen beiden Säulen – der staatlichen Garantie des kulturellen Existenzminimums und der Marktfreiheit – finden wir demnach eine bemerkenswert originelle post-sozialstaatliche Konzeption von sozialer Gerechtigkeit als Teilhabegerechtigkeit. Einerseits orientiert es sich nicht am sozialstaatlichen Ideal der kollektiven Solidarität, sondern an dem des selbstständigen Marktbürgers, der sich im Leistungswettbewerb mit anderen verwirklicht. Der Markt ist aus dieser Sicht nicht nur ein zweckmäßiges Instrument für die effiziente Gütererzeugung und zur Vermehrung des Wohlstands, der dann gerecht verteilt werden kann. Er ist vielmehr ein positives gesellschaftspolitisches Leitbild, das um seiner selbst willen angestrebt wird, weil es dem Entwurf eines angemessenen menschlichen Lebens in der Gemeinschaft entspricht. Andererseits erhält das marktorientierte gesellschaftliche Leitbild bei Werner eine völlig neue Qualität durch das bedingungslose Grundeinkommen. So wie der Markt durch die Konsumsteuer vom Staat befreit werden soll, so sollen auch die Menschen dank des Grundeinkommens vom Markt befreit werden; das Grundeinkommen soll ihnen eine reale Alternative zu fremdbestimmter und menschenunwürdiger Arbeit eröffnen. Dadurch, durch seinen nichtrepressiven Charakter, unterscheidet sich dieses Konzept sehr deutlich von mehrheitlich vertretenen Vorstellungen der Teilhabegerechtigkeit.

3 Ist das bedingungslose Grundeinkommen gerecht?

Es ist das Prinzip des bedingungslosen Grundeinkommens, dass den Bürgerinnen und Bürgern das Recht auf bezahlte Nichterwerbstätigkeit – oder, wenn man so will, das Recht auf Faulheit – einräumt wird. Das wirft unvermeidbar die Frage auf, ob dies gerecht sein kann. Wie kann es gerechtfertigt sein, dass einige Gesellschaftsmitglieder auf Kosten der anderen nicht arbeiten, obwohl sie es könnten?

Die Antwort auf diese Frage fällt differenziert aus, je nachdem, um welche Variante des bedingungslosen Grundeinkommens es sich handelt. Der Unterschied liegt, soweit es um die Gerechtigkeitsfrage geht, darin, wie dieses Recht auf bezahlte Nichterwerbstätigkeit gemeint ist und welchen Zielen es dienen soll:

- Die konsequent neoliberalen Modelle des bedingungslosen Grundeinkommens begründen genau besehen kein wirkliches »Recht« auf bezahlte Nichterwerbstätigkeit und es ist auch nicht die Absicht ihrer Befürworter, dies zu tun. Das Grundeinkommen wird vielmehr bewusst so knapp bemessen, dass in der Praxis ein ökonomischer Zwang besteht, jede auf dem Markt angebotene Arbeit anzunehmen, um das Einkommen aufzubessern. Vom Grundeinkommen zu leben, ist für den Normalfall keine Alternative zur Erwerbsarbeit, sondern nur ein Notbehelf und eine Art Kompensation für den Wegfall der sozialstaatlichen Regulierung der Lohnarbeit.
- Bei den linksalternativen Varianten soll das bedingungslose Grundeinkommen der Idee nach Arbeit und Einkommen entkoppeln und eine realistische Option, sich dem Anpassungszwang des Marktes entziehen und – wenn auch auf etwas bescheidenerem materiellen Niveau – von der staatlichen Transferleistung leben zu können, eröffnen. Natürlich ist nicht das Nichtstun oder die »Faulheit« das eigentliche gesellschaftspolitische Ziel solcher Überlegungen. Dieses besteht vielmehr darin, die Basis für die Entwicklung von allen möglichen Formen der nichtmarktbezogenen selbstbestimmten Arbeit und gesellschaftlich nützlicher Tätigkeit bereitzustellen, die unter Marktbedingungen nicht oder nicht im gleichen Umfang möglich wären.
- In der Variante des Werner-Modells hat das Recht auf bezahlte Nichterwerbstätigkeit wiederum eine etwas andere Funktion. Auch hier ist nicht die »Faulheit« das Ziel, aber auch nicht die selbstbestimmte Arbeit jenseits des Marktes, sondern es geht durchaus um die Integration der Individuen in das marktwirtschaftliche Erwerbssystem. Das Grundeinkommen dient der »Aktivierung«, aber anders als bei der post-sozialstaatlichen Arbeitsmarktpolitik soll diese nicht durch Druck erreicht werden. Das Werner-Modell will vielmehr durch die Vermittlung von Sicherheit mehr Risikobereitschaft ermöglichen.

Bei allen drei genannten Spielarten des bedingungslosen Grundeinkommens ist also die bezahlte Nichterwerbstätigkeit nicht der Zweck, sondern das Mittel zur »Aktivierung« und – wenn man es so ausdrücken will – Loslösung von den herkömmlichen sozialstaatlichen Vorstellungen von beschützender und umverteilender soziale Gerechtigkeit. Bei der linksalternativen Variante zielt die Aktivierung auf eine Gesellschaft der selbstbestimmten Tätigkeit jenseits des Marktes, bei der neoliberalen Variante und beim Werner-Modell durchaus auf eine marktförmige Gesellschaft.

Alle drei Varianten des bedingungslosen Grundeinkommens stehen im Konflikt mit allen traditionellen Gerechtigkeitsvorstellungen, denn nach Belieben nicht zu arbeiten und trotzdem auf Kosten anderer ein Einkommen zu beziehen, ist mit dem Grundsatz der Leistungsgerechtigkeit nicht vereinbar. Wenn Leistungsgerechtigkeit gilt, dann kann leistungsloses Einkommen nur demjenigen zustehen, der aus Gründen, die er selbst nicht zu vertreten hat – z. B. wegen Krankheit, Alter, Verlust des Arbeitsplatzes, Ausbildung, Kindererziehung usw. –, nicht in der Lage ist, eine Leistung zu erbringen. Insofern ist das bedingungslose Grundeinkommen weder mit dem post-sozialstaatlichen noch mit dem sozialstaatlichen Gerechtigkeitsparadigma vereinbar. Im post-sozialstaatlichen Gerechtigkeitsparadigma spielt die Leistungsgerechtigkeit eine herausragende Rolle, aber auch das traditionelle sozialstaatliche Verständnis von sozialer Gerechtigkeit war trotz aller Betonung der Verteilungsgerechtigkeit immer auch mit der Hochschätzung des Leistungsprinzips verbunden.

Es ist also zu fragen, ob das bedingungslose Grundeinkommen denen gegenüber fair ist, die es mit ihrer Arbeit finanzieren müssen. Dabei besteht das eigentliche Gerechtigkeitsproblem nicht im Grundeinkommen für Nichterwerbstätige als solchem, sondern darin, dass es möglich ist, die Situation, in der man auf dieses Grundeinkommen angewiesen ist, freiwillig herbeizuführen. Zunächst gibt es zwei Argumente, denen zufolge das bedingungslose Grundeinkommen in Wahrheit nicht gegen das Prinzip der Leistungsgerechtigkeit verstößt:

- Auch wer arbeitet und das Grundeinkommen für die Nichterwerbstätigen mit finanziert, erhält das Grundeinkommen zusätzlich zu seinem Arbeitseinkommen. Er wird also durch die Einführung des Grundeinkommens selbst begünstigt und demnach nicht ungerecht behandelt. Dieses Argument gilt allerdings nur für den Typ des additiven Grundeinkommens, also z. B. für das Modell von Werner.
- Jeder hat das Recht und die Möglichkeit, die Erwerbstätigkeit aufzugeben und ausschließlich vom Grundeinkommen zu leben. Wer also durch seine Erwerbstätigkeit das Grundeinkommen der Nichterwerbstätigen mit finanziert, tut dies freiwillig und erleidet insofern kein Unrecht.
- Beide Argumente können aber den Verstoß gegen die Leistungsgerechtigkeit nicht rechtfertigen.
- Das erste Argument beruht auf falschen ökonomischen Prämissen: Das preisbereinigte Sozialprodukt kann nämlich bei Einführung des bedingungslosen Grundeinkommens bestenfalls gleich bleiben; es wird sogar

sinken, wenn ein Teil der Erwerbstätigen seine Arbeit aufgibt. Dem Wohlstandsgewinn, der nunmehr den Nichterwerbstätigen zufließt, muss also ein Wohlstandsverlust der Erwerbstätigen gegenüberstehen. Das Grundeinkommen, das die Erwerbstätigen zusätzlich zu ihrem Arbeitseinkommen erhalten, kann – jedenfalls in der Summe aller Beteiligten – die höhere Steuerlast unmöglich kompensieren.

- Auch das zweite Argument ist nicht überzeugend, denn offenkundig kann das bedingungslose Grundeinkommen nur dann funktionieren, wenn die Mehrzahl der Menschen das Recht auf bezahlte Nichterwerbstätigkeit nicht in Anspruch nimmt und weiterhin erwerbstätig bleibt. Verhielten sie sich anders, dann könnte gar kein Grundeinkommen gezahlt werden, weil es kein Steueraufkommen gäbe, aus dem es finanziert werden könnte. Das ganze System beruht also auf einem Versprechen, das sofort gebrochen werden muss, wenn sich alle darauf verlassen. Insofern kann man den Verstoß gegen die Leistungsgerechtigkeit auch nicht mit dem Hinweis rechtfertigen, niemand sei gezwungen, erwerbstätig zu sein. Dass man den Erwerbstätigen, die mit der Finanzierung des Grundeinkommens belastet werden, die Möglichkeit der bezahlten Nichterwerbstätigkeit in Aussicht stellt, ändert nichts daran, dass in das Resultat ihrer Leistung eingegriffen wird.

Das bedingungslose Grundeinkommen verletzt also die Leistungsgerechtigkeit. Das bedeutet aber nicht zwingend, dass es deshalb ungerecht ist. Leistungsgerechtigkeit ist nicht der oberste Maßstab der Gerechtigkeit und es kann andere Rechtfertigungsgründe für das bedingungslose Grundeinkommen geben. Wenn dies der Fall ist, dann muss es etwas geben, das es erlaubt, den Erwerbstätigen einen Teil des Ertrags ihrer Arbeit zu nehmen, um ihn den freiwillig Nichterwerbstätigen zu geben. Diese Begründung kann nur im Prinzip der Teilhabegerechtigkeit liegen: Das Grundeinkommen gibt jedem Individuum die verlässliche Basis, die es braucht, um seine Fähigkeiten entwickeln und sich in die Gesellschaft einbringen zu können.

Diese Interpretation von Teilhabegerechtigkeit weicht zwar von der vorherrschenden Sichtweise als Kombination aus Chancengleichheit und Leistungsgerechtigkeit ab, aber sie hat eine gewisse Plausibilität. Sie liegt in dem Gedanken, dass die Gesellschaft den Individuen gegenüber zu einem Vertrauensvorschuss und zur Gewährung einer Vorleistung verpflichtet ist. So besehen ist die »Teilhabe« nicht nur eine »Holschuld« der Bürgerinnen und Bürger, sondern dieser geht eine »Bringschuld« der Gesellschaft voraus. In dieser Bringschuld der Gesellschaft findet zugleich die Anerkennung jedes Individuums als gleichberechtigtes Mitglied der Gesellschaft und damit seiner Menschenwürde ihren materiellen Ausdruck. Dies kommt in dem einprägsamen Schlagwort »Freiheit, Gleichheit, Grundeinkommen« zum Ausdruck, mit dem Werner das bedingungslose Grundeinkommen als Ausdruck der Ideale der Französischen Revolution und als Inbegriff der Menschenrechte dargestellt (Werner/Goehler 2010, S. 253 ff.).

Dem humanistischen Pathos zu widersprechen, das für das bedingungslose Grundeinkommen mobilisiert werden kann, fällt nicht leicht, aber es gibt natürlich auch hier wieder Gegenargumente: Vergegenwärtigen wir uns nochmals, worin das Gerechtigkeitsproblem liegt: Es besteht nicht im Recht auf ein Grundeinkommen als solchem, sondern nur darin, ob dieses Recht bedingungslos sein soll oder, anders ausgedrückt, darin, dass es keine ethische Verpflichtung geben soll, sich selbst durch Arbeit zu erhalten. Es ist aber ein Kurzschluss, zu meinen, aus dem Recht auf ein Grundeinkommen folge zwangsläufig, dass diesem Recht keine Pflichten gegenüberstehen. Man kann auch argumentieren, dass dem berechtigten Anspruch auf eine umfassende und verlässliche Basissicherung in allen Lebenslagen die Pflicht entspreche, dass die Individuen ihrerseits das Zumutbare und das in den eigenen Kräften Stehende tun, bevor sie die Hilfe der Allgemeinheit in Anspruch nehmen. Dies wäre der Grundsatz der vorrangigen Selbstverantwortung.

Wie weit dieser Grundsatz geht und wie streng er ausgelegt wird, ist eine andere Frage. Sie lässt wiederum sehr verschiedene Antworten zu. In der Arbeitsmarktpolitik z. B. liegt zwischen der strengen Repression nach Art der → »Hartz-Gesetze« und dem völligen Verzicht auf jegliche Forderung eine große Bandbreite. Auf jeden Fall aber steht fest: Sobald nicht nur ein Recht auf Grundeinkommen, sondern auch eine Basispflicht auf Einsatz der persönlichen Fähigkeiten angenommen wird, kann das bedingungsloses Grundeinkommen in seiner strengen Form nicht als gerecht ansehen werden. Die Konsequenz wäre dann z. B., das Grundeinkommen auf bestimmte Lebenslagen zu beschränken, in denen eigene Erwerbstätigkeit nicht möglich oder nicht zumutbar ist.

Beim bedingungslosen Grundeinkommen geht es um nichts weniger als um die Grundfesten der in den modernen Gesellschaften tief verwurzelten Arbeitsethik, d. h. um die Vorstellung, dass die Arbeit nicht nur ein notwendiges Übel zum Zwecke des Lebensunterhalts, sondern darüber hinaus eine Form der Selbstverwirklichung und Quelle und Voraussetzung der sozialen Anerkennung ist. Offensichtlich stoßen hier verschiedene Auffassungen über die Grundfragen menschlicher Existenz aufeinander. Solche Probleme zu erörtern, ginge allerdings über den hier gesteckten Rahmen weit hinaus.

4 Praktische Realisierbarkeit – Die Achillesferse des bedingungslosen Grundeinkommens

Alle Modelle des bedingungslosen Grundeinkommens sind mit dem Problem behaftet, ob und wie die dafür erforderlichen großen Finanzsummen aufgebracht werden können, ohne die Leistungsgrenzen einer marktwirtschaftlich-kapitalistischen Ökonomie zu überschreiten. Man mag es zwar für überflüssig halten, sich mit dieser Frage zu befassen, weil es auf absehbare Zeit wohl kaum die Chance gibt, dass ein bedingungsloses Grundeinkommen, auch wenn es finanzierbar wäre, verwirklicht würde. Immerhin aber ist es interessant zu wissen, ob diese Projekte bereits im Ansatz und als solche völlig unrealistisch sind oder ob sie wenigstens der Theorie nach realisierbar sind und ihre Befürworter darauf hoffen dürfen, sie vielleicht eines Tages unter günstigeren Konstellationen realisieren zu können.

Eingang wurde bereits erwähnt, dass der Finanzbedarf für das ergänzende Grundeinkommen wesentlich geringer ist als für das additive Grundeinkommen. Ferner sind die »neoliberalen« Modelle schon aus Prinzip eher kärglich ausgestattet und damit natürlich fiskalisch billiger als die »linksalternativen« Varianten und das Modell von Werner.[10] Aus diesen Gründen ist die Frage der Finanzierbarkeit natürlich differenziert zu betrachten. Im Folgenden konzentrieren wir uns auf das Modell von Werner.

Schon eine grobe Annäherungsrechnung zeigt, dass es sich hier um riesige finanzielle Dimensionen handelt. Würde das Grundeinkommen mit monatlich 1 000 Euro angesetzt, wie es z. B. von Werner propagiert wird, dann betrüge der Aufwand für die 81,8 Mio Einwohner der Bundesrepublik Deutschland (Stand 2010) etwa 981 Mrd. Euro; das wären knapp 40 % des Bruttoinlandsprodukts, das sich (2010) auf 2 477 Mrd. Euro belief. Von diesen 981 Mrd. Euro könnte man – theoretisch – die monetären Sozialleistungen der Sozialversicherung und des Staates (zusammen 444 Mrd. Euro) abziehen, da diese durch das Grundeinkommen überflüssig gemacht würden. Die restlichen 537 Mrd. Euro müssten durch Konsumsteuern aufgebracht werden, die mit insgesamt 37,7 % anzusetzen wären. Sie wären *zusätzlich* zu den heute erhobenen Steuern und Beiträgen einschließlich der bestehenden Mehrwertsteuer von 19 % aufzubringen. Noch nicht enthalten sind in dieser Rechnung diejenigen Konsumsteuern, die benötigt würden, um Werners Plan folgend sämtliche direkten Steuern und Abgaben ersetzen zu können.

Es gibt aber noch einen weiteren Zusammenhang, den Werner erstaunlicherweise nicht bedacht zu haben scheint. Die Konsumsteuer – wir rechnen vorläufig nur mit den 37,7 %, die zusätzlich zu allen heute existierenden Steuern und Abgaben erhoben werden müssen – wird nämlich zwangsläufig auf die Preise für Güter und Dienstleistungen aufgeschlagen, sodass diese im Durchschnitt um die erwähnten 37,7 % steigen werden. Infolge dieses Inflationseffekts sinkt natürlich die Kaufkraft des Grundeinkommens um mehr als ein Viertel von 1 000 Euro auf nur noch 726 Euro (und sie würde noch viel tiefer sinken, wenn alle direkten Steuern und Sozialbeiträge, Werners Vorschlag entsprechend, durch Konsumsteuern ersetzt würden). Das gesellschaftpolitische Ziel, das Werner mit dem Grundeinkommen erreichen will, nämlich allen Bürgerinnen und Bürgern die Chance zur kulturellen Teilhabe auch dann zu ermöglichen, wenn sie freiwillig auf Erwerbsarbeit verzichten, lässt sich aber offenkundig mit der Kaufkraft von 726 Euro pro Person nicht erreichen, denn schließlich sollen von diesem Betrag – anders als von den »Hartz-IV«-Regelleistungen – auch die Kosten für Wohnung und Heizung bestritten werden. Das Grundeinkommen muss also über 1 000 Euro hinaus erhöht werden, damit der Kaufkraftverlust ausgeglichen wird, der durch das Grundeinkommen selbst ausgelöst wird.

Auf den ersten Blick würde man sagen, dass es für diesen Zweck ausreicht, das Grundeinkommen um eben diese 37,7 % zu erhöhen. Aber das ist ein Irrtum, denn zur Finanzierung eines Grundeinkommens von 1 377 Euro würde die zusätzliche Konsumsteuer von 37,7 % nicht ausreichen; statt 37,7 % wären 63,7 % nötig. Dadurch wird ein weiterer Kaufkraftverlust des Grundeinkommens ausgelöst, der wiederum ausglichen werden muss usw. Es lässt sich errechnen, dass das bedingungslose Grundeinkommen in Wirklichkeit nicht 1 000 Euro, sondern mehr als das Doppelte, nämlich 2 214 Euro betragen müsste, damit es unter Berücksichtigung der zusätzlich notwendigen Konsumsteuern wirklich die heutige Kaufkraft von 1 000 Euro erreicht. In diesem Fall müsste die zusätzliche Konsumsteuer nicht weniger als 121,4 % betragen – wie gesagt zusätzlich zu allen heute erhobenen Steuern und Abgaben. Der Finanzaufwand für das Grundeinkommen wäre dann nicht 981, sondern 2 172 Mrd. Euro; das wären nicht 40 %, sondern 88 % des Bruttoinlandsprodukts.

Diese Explosion der Kosten ist unvermeidbar, denn es entspricht der Logik eines durch Konsumsteuern finanzierten Grundeinkommens, dass die Empfängerinnen und Empfänger einen erheblichen Teil dieser Leistung selbst mit finanzieren müssen. Die Folge wäre ein gigantischer Inflationsschub, der unter anderem den Realwert aller Geldvermögen auf weniger als die Hälfte reduzieren würde. Das zeigt, dass Werners Grundidee – ein großzügiges Grundeinkommen, das über Konsumsteuern finanziert wird – vollkommen utopisch ist.[11] Angesichts der finanziellen

Dimensionen, die das Wernersche Grundeinkommen annimmt, brauchen wir über seinen noch weiter gehenden Vorschlag, alle direkten Steuern und Sozialabgaben durch Konsumsteuern zu ersetzen, gar nicht mehr zu reden.

Das Fazit ist also eindeutig: Werners emanzipatorische Variante des bedingungslosen Grundeinkommens scheidet definitiv aus dem Kreis der ernsthaft zu diskutierenden Modelle aus. Mit einem drastisch reduzierten Leistungsniveau wäre es vielleicht realisierbar. Aber dann wäre das Grundeinkommen so knapp, dass es – anders als es Werner vorschwebt – keine echte Alternative zur Erwerbsarbeit darstellt, sondern jeder gezwungen ist, sein Einkommen aufzustocken, indem er Arbeit zu den auf dem Markt herrschenden Konditionen annimmt. Es wäre unter der Hand von einem emanzipatorischen Projekt zu einem repressiven Instrument des harten Neoliberalismus mutiert. Ein Grundeinkommen, das den Menschen eine Alternative zur Anpassung an die Zwänge des Marktes eröffnen soll und gerade dadurch ihre Fähigkeiten und ihre Initiative freisetzen, scheitert jedenfalls an der ökonomischen Realität. Die daran geknüpfte Hoffnung auf die »Befreiung von der Arbeit« ist vergeblich. Freiheit – wir können auch sagen soziale Gerechtigkeit – ist nur *in* der Arbeit möglich, d. h. durch die politische Gestaltung der Arbeitswelt selbst, nicht durch ein Grundeinkommen, mit dessen Hilfe man sich von den Zwängen der Arbeitswelt loszukaufen versucht.

Diese Überlegungen gelten zunächst nur für das Grundeinkommensmodell von Werner. Sie beziehen sich aber auch auf alle anderen Varianten des additiven Grundeinkommens, bei denen eigenes Einkommen nicht angerechnet wird, also praktisch auf alle Modelle, die zum »linksalternativen« Typ des Grundeinkommens zählen. Vor allem werden die Probleme nicht geringer, sondern eher größer, wenn das Grundeinkommen nicht durch Konsumsteuern, sondern durch direkte Steuern auf das Einkommen finanziert werden sollen.

Im Bereich des Finanzierbaren liegen allenfalls die Modelle des ergänzenden Grundeinkommens und des Grundeinkommens mit Teilanrechnung, also z. B. die erwähnten Konzepte von Hohenleitner/Straubhaar (2007) und Dieter Althaus sowie das »Ulmer Modell«, die allesamt den neoliberalen Varianten zuzurechnen sind und nicht die Befreiung der Menschen vom ökonomischen Anpassungszwang erreichen wollen, sondern im Gegenteil die Deregulierung der Arbeitsmarkts zum Ziel haben.

▶ Zusammenfassung: Bedingungsloses Grundeinkommen – eine Alternative zu repressiver Arbeitsmarktpolitik?

1. Charakteristisch für die Idee des bedingungslosen Grundeinkommens im engeren Sinne ist die Postulierung eines Rechts auf bezahlte Nichtarbeit. Im Zusammenhang mit der Diskussion über soziale Gerechtigkeit ist sie deshalb von Interesse, weil sie beansprucht, eine Alternative zum sozialstaatlichen Verständnis von zuteilender und beschützender Gerechtigkeit zu bieten, ohne in eine repressive Arbeitsmarktpolitik (etwa nach dem Muster des »Hartz-IV«-Gesetzes) zu münden.
2. Von ähnlichen Reformmodellen unterscheidet sich das bedingungslose Grundeinkommen besonders durch folgende Merkmale:
   - Alle Bürgerinnen und Bürger haben einen Rechtsanspruch auf eine mindestens das Existenzminimum sichernde Geldleistung, und zwar unabhängig von einer speziellen Lebenslage wie etwa Alter, Erwerbsminderung oder Arbeitslosigkeit.
   - Dieser Anspruch besteht unabhängig von irgendwelchen Vorleistungen wie z. B. Beitragszahlung zur Sozialversicherung.
   - Die Berechtigten sind nicht verpflichtet, sich um Arbeit zu bemühen bzw. zumutbare Arbeit anzunehmen.
3. Mit dem bedingungslosen Grundeinkommen können konträre gesellschaftspolitische Ziele verfolgt werden:
   - »Neoliberale« Grundeinkommensmodelle orientieren sich an dem Ziel, die Individuen zur Anpassung an die Bedingungen eines möglichst unregulierten Arbeitsmarkts zu veranlassen. Sie sehen eine bewusst knapp kalkulierte Geldleistung vor, die keine echte Alternative zur Erwerbstätigkeit unter Marktbedingungen darstellen soll, sondern in der Regel durch Arbeitseinkommen ergänzt werden muss. Typisch für diese Modelle ist außerdem, dass sie das bestehende Sozialsystem so weit wie möglich ersetzen sollen und mit der umfassenden Deregulierung des Arbeitsmarkts verbunden sind.
   - Im Gegensatz dazu zielen »linksalternative« Grundsicherungsmodelle auf die »Entkoppelung von Arbeit und Einkommen«. Den Individuen soll eine echte Alternative zur Lohnarbeit eröffnet werden, die es erlaubt, sich der Notwendigkeit der Anpassung an die Bedingungen des Arbeitsmarkts zu entziehen. Ziel ist es, den Einflussbereich der kapitalistischen Marktwirtschaft einzuschränken und die Entstehung eines alternativen Sektors nicht profitorientierter Arbeit zu fördern. Dazu ist ein großzügig bemessenes Grundeinkommensniveau erforderlich, das nicht nur formal, sondern auch faktisch ein Recht auf ein menschenwürdiges Leben ohne Erwerbsarbeit gewährleistet.

- Eine originelle Mittelposition zwischen neoliberalen und linkalternativen Grundeinkommensmodellen nimmt der in jüngster Zeit vieldiskutierte Vorschlag des Unternehmers Götz W. Werner ein. Ein großzügig bemessenes Grundeinkommen soll die soziokulturelle Teilhabe ermöglichen und die Voraussetzung dafür schaffen, dass die Menschen sich frei von Existenznot kreativ in die Marktwirtschaft einbringen können.

4. Ob ein Recht auf freiwillige bezahlte Nichtarbeit (»Recht auf Faulheit«) mit den Anforderungen der sozialen Gerechtigkeit vereinbar ist, ist differenziert zu beantworten. Zwar verletzt das Grundeinkommen das Prinzip der Leistungsgerechtigkeit, aber dieser Verstoß kann aus der Sicht der Befürworter unter dem Gesichtspunkt eines Rechts aller Bürgerinnen und Bürger auf gesellschaftliche Teilhabe gerechtfertigt werden. Umstritten ist allerdings, ob einem solchen Recht auf Teilhabe durch ein Grundeinkommen auch eine Pflicht der Individuen entsprechen muss, das Zumutbare und das in den eigenen Kräften Stehende zu tun, bevor sie Leistungen der Allgemeinheit in Anspruch nehmen.

5. Alle Modelle des bedingungslosen Grundeinkommens sind mit dem Problem behaftet, ob und wie die dafür erforderlichen großen Finanzsummen aufgebracht werden können, ohne die Leistungsgrenzen einer marktwirtschaftlich-kapitalistischen Ökonomie zu überschreiten. Wenige Überlegungen zeigen, dass zumindest das Modell von Götz W. Werner gänzlich utopisch ist. Das Gleiche gilt für die »linksalternativen« Grundsicherungsmodelle. Nur die »neoliberalen« Varianten liegen im Bereich des finanziell Möglichen.

Anmerkungen

1 In diesem Zusammenhang ist neben dem bedingungslosen Grundeinkommen auch die Idee eines »Sozialen Startkapitals« zu erwähnen, das allen Bürgerinnen und Bürgern zustehen soll. Sie ist vor einigen Jahren in einer Studie der Heinrich-Böll-Stiftung mit dem Titel »Die Teilhabegesellschaft« für Deutschland propagiert worden (Grözinger u. a. 2006, 2006a) und geht auf eine Grundidee zurück, die Bruce Ackerman und Anne Alstott 1999 für die USA unter dem Titel »Stakeholder Society« (am besten übersetzt mit »Teilhabegesellschaft« oder »Teilhabergesellschaft«) entwickelt haben (Ackerman/Alstott 2001). Im Rahmen des vorliegenden Buches ist es nicht möglich, auf diese Diskussionsbeiträge einzugehen.

2 »Das liberale Bürgergeld: aktivierend, einfach und gerecht«, Beschluss des 56. Ordentlichen Bundesparteitags des FDP, Köln 5.-7.5.2005. Dieser Beschluss der FDP geht auf eine Anregung des Wirtschaftswissenschaftlers Joachim Mitschke (1995) zurück.

3 Mindestrenten im eigentlichen Sinne – eine Rentenzahlung im Alter, die nicht von der Höhe der geleisteten Beitragszahlung abhängt – gibt es im deutschen Sozialrechtssystem nicht. In vielen anderen europäischen Ländern sind sie dagegen üblich, z. B. in Dänemark, den Niederlanden oder der Schweiz.

4 Die negative Einkommenssteuer wurde in den 1960er Jahren vom amerikanischen Ökonomen Milton Friedman, einem der bedeutendsten theoretischen Wortführer des angelsächsischen Neoliberalismus, in die Diskussion gebracht. In den USA haben sich mehrfach Regierungskommissionen mit diesem Vorschlag befasst und es wurden auch Pilotprojekte durchgeführt. Praktisch umgesetzt wurde die negative Einkommenssteuer bis heute jedoch nirgendwo.

5 Die Autoren legen sich nicht auf eine bestimmte Höhe des Grundeinkommens fest, lassen aber durchblicken, dass sie die gesamten Sozialleistungen auf das Grundeinkommen umlegen wollen. Sie kommen dann auf eine Summe von 700 Euro pro Monat (berechnet für das Jahr 2004), erhöht um die notwendigen Krankenversicherungs- und Unfallversicherungsbeiträge. Dafür soll praktisch der gesamte Sozialstaat einschließlich sämtlicher Regulierungen auf dem Arbeitsmarkt, z. B. Kündigungsschutz und Flächentarife, abgeschafft werden (Hohenleitner/Straubhaar 2007, S. 17 f.).

6 Der frühere thüringische Ministerpräsident Dieter Althaus legte im Jahr 2007 das Modell eines »Solidarischen Bürgergelds« vor. Es sieht eine allen Bürgerinnen und Bürgern zustehende Leistung von 800 Euro vor; auf diese soll eigenes Einkommen zur Hälfte angerechnet werden. Nach dem Abgang von Althaus aus der Politik ist seine einschlägige Internetseite nicht mehr verfügbar. Das Althaus-Modell wurde vom Hamburgischen Weltwirtschaftsinstitut (HWWI) und seinem Vorsitzenden Thomas Straubhaar unterstützt (HWWI, Presserklärung vom 26.3.2007)

7 Im »Ulmer Modell« von Pelzer/Fischer variiert das Grundeinkommen zwischen 500 und 1 000 Euro pro Monat für Erwachsene und wird durch ein Kindergeld von 300 Euro ergänzt. Das Ulmer Modell folgt dem Grundmuster der negativen Einkommenssteuer, wobei Steuersätze zwischen 30 % und 50 % zur Wahl gestellt werden. Durch diese Konstruktion sollen alle bestehenden Sozialleistungen ersetzt werden.

8 Die »Grüne Grundsicherung«, die auf der 27. Ordentlichen Bundesdelegiertenkonferenz vom 23 bis 25. November 2007 in Nürnberg unter dem Titel »Aufbruch zu neuer Gerechtigkeit« beschlossen wurde, ist kein bedingungsloses Grundeinkommen, weil ihr das entscheidende Merkmal fehlt, nämlich eine das Existenzminimum sichernde Geldzahlung, die nicht an eine bestimmte Lebenslage, wie Alter, Erwerbsunfähigkeit oder Arbeitslosigkeit, geknüpft und nicht mit einer Arbeitspflicht verbunden ist.

9 Das Konzept der Bundesarbeitsgemeinschaft Grundeinkommen der Linkspartei sieht vor, 50 % des Volkseinkommens – dies wären 2009 etwas über 900 Mrd. Euro – als Grundeinkommen auf die Bevölkerung zu verteilen, wobei Kinder unter 16 Jahren 50 % des Zahlbetrags Erwachsener erhalten sollen. Daraus ergibt sich ein Grundeinkommen von 992 Euro für Erwachsene bzw. 496 für Kinder. Der Finanzaufwand von 900 Mrd. Euro soll durch ein Bündel von zusätzlichen Abgaben gedeckt

werden, nämlich eine fünfunddreißigprozentige »Grundeinkommensabgabe« auf alle Einkommen (außer auf das Grundeinkommen selbst), eine »Primärenergieabgabe«, eine »Börsenumsatzabgabe«, eine »Sachkapitalabgabe« auf den Verkehrswert von Immobilien, eine Finanztransaktionsabgabe und eine »Luxusumsatzabgabe«. Da wegen der Einführung des Grundeinkommens an anderer Stelle im Sozialsystem Einsparungen anfallen (z.B. bei den Renten und Beamtenpensionen, beim Arbeitslosengel I und II, beim Kindergeld, in der Ausbildungsförderung), stehen den Belastung durch die genannten zusätzlichen Abgaben Teilentlastungen in Höhe von etwa 280 Mrd. Euro bei Sozialbeiträgen und anderen Steuern gegenüber (Wolf 2009).

10 Nach den Berechnungen von Hohenleitner und Straubhaar hätte ein Grundeinkommen von 800 Euro unter der Voraussetzung, dass alle sonstigen monetären Sozialleistungen des Staates abgeschafft werden, einen Nettofinanzbedarf von knapp 160 Mrd. Euro zur Folge. Unter diesen Bedingungen müssten alle direkten Steuern zusammengenommen (Einkommenssteuer, Körperschaftssteuer, Abgeltungssteuer, Erbschaftssteuer usw.) zusammen 61% des Volkseinkommens betragen. Dagegen zu rechnen wären die Entlastungen durch Wegfall derjenigen Sozialversicherungsbeiträge, die für Geldleistungen benötigt werden. Die heutigen indirekten Steuern (Mehrwertsteuer, Mineralölsteuer usw.) bleiben nach dieser Rechnung erhalten. Beträgt das Grundeinkommen nur 600 statt 800 Euro, dann sinkt der erforderliche Satz der direkten Steuern von 61 auf 49% (Hohenleitner/Straubhaar 2007, S. 22). Man sieht daran, dass selbst ein sehr knapp bemessenes Grundeinkommensmodell, dem alle übrigen sozialstaatlichen Transferleistungen geopfert werden, sich an der Obergrenze dessen bewegt, was als finanzierbar betrachtet werden kann.

11 Es gibt eine Möglichkeit, den Finanzaufwand für das Grundeinkommen deutlich zu reduzieren, ohne das damit verbundene gesellschaftspolitische Ziel zu verfehlen. Wenn nämlich das Grundeinkommen nicht als einheitlicher Pro-Kopf-Betrag vom Säugling bis zum Greis berechnet, sondern von der Haushaltsgröße abhängig gemacht würde, ergäben sich in größeren Haushalten erhebliche Einsparpotenziale. Wenn der volle Betrag des Grundeinkommens nur an Alleinstehende und Alleinerziehende, an die übrigen Haushaltmitgliedern aber nur 50% gezahlt würden, dann könnte der Bruttoaufwand für das Grundeinkommen um etwa 25% reduziert werden. Das würde aber keinesfalls ausreichen, um das Grundeinkommensmodell von Werner in den Bereich des finanziell Machbaren zu rücken.

VIII. Generationengerechtigkeit

Nirgendwo zeigt sich die post-sozialstaatliche Vorstellung, dass der Sozialstaat kein Garant sozialer Gerechtigkeit, sondern eine Ursache sozialer Ungerechtigkeit sei, so deutlich wie bei der Parole von der »Generationengerechtigkeit«. Sie hat wohl auch deswegen politische Hochkonjunktur, weil sie es ermöglicht, den Sozial- und Interventionsstaat herkömmlicher Ausprägung im Namen der Gerechtigkeit, also sozusagen hinterrücks, zu attackieren. Besonders die hohe und weiter wachsende öffentliche Verschuldung und der – tatsächlich oder angeblich – drohende Zusammenbruch des staatlichen Alterssicherungssystems erregen den Verdacht, dass die jüngeren und künftigen Generationen durch den Sozialstaat systematisch benachteiligt würden.

Zweifellos verdienen Staatsverschuldung und langfristige Stabilität der Alterssicherung eine ernsthafte Debatte. Bei keinem anderen Thema sind aber auch so viele Missverständnisse im Umlauf wie bei der Generationengerechtigkeit. Viele Behauptungen, die auf den ersten Blick einleuchten, erweisen sich bei näherer Betrachtung mehr oder weniger als Halbwahrheiten. Deshalb muss dieser Fragenkreis etwas genauer betrachtet werden.

1 Vorbemerkung: Was heißt »Generation«?

Häufig ist von »Generationengerechtigkeit« die Rede, ohne dass die Diskussionsteilnehmer sich Klarheit darüber verschafft zu haben scheinen, was sie mit »Generation« überhaupt meinen. Der Begriff ist mehrdeutig und wenn er nicht präzise geklärt wird, dann kann er im Verlauf einer Argumentationskette seinen Inhalt ändern, ohne dass die Beteiligten es bemerken.

Prinzipiell gibt es zwei Begriffe von Generation und somit auch von Generationengerechtigkeit, welche sorgfältig auseinandergehalten werden müssen.

1. Unter Generationen können gleichzeitig lebende Altersgruppen verstanden werden, also z. B. die heute lebenden Kinder und Jugendlichen und die heutigen Rentnerinnen und Rentner.
2. Der Begriff »Generation« kann unterschiedliche Geburtsjahrgänge oder Gruppen von Geburtsjahrgängen, die aufeinanderfolgen, bezeichnen. In der Sprache der Statistiker ist dann von »Kohorten« oder »Geburtskohorten« die Rede.

Fragt man nach der Gerechtigkeit im Verhältnis zwischen gleichzeitig lebenden Altersgruppen, dann müssen wir die Verteilung der Einkommen, Vermögen oder auch der gesamten Lebensressourcen in einer Querschnittbetrachtung, also zu einem bestimmten Zeitpunkt (z.B. im Jahr 2011), untersuchen und anhand noch zu definierender Gerechtigkeitskriterien bewerten. Man müsste also beurteilen, ob – in Abwägung von Bedürfnissen und Leistungsfähigkeit – die Lebensbedingungen der beteiligten Altersgruppen in einem angemessenen Verhältnis zueinander stehen.

Legt man den Begriff der Generation als einer »Geburtskohorte« zugrunde, dann geht es bei der Generationengerechtigkeit nicht um eine angemessene Verteilung zwischen gleichzeitig lebenden Jungen und Alten, sondern zwischen nacheinander lebenden Eltern-, Kinder- und Enkelgenerationen, bezogen jeweils auf ihren gesamten Lebenszyklus, also von der Kindheit bis zum Alter. Wenn wir prüfen wollen, ob keine der in diesem Sinne definierten Generationen ungerecht bevorzugt oder benachteiligt ist, dann müssen wir eine Längsschnittbetrachtung anstellen. Dafür muss man z.B. das gesamte Lebenseinkommen oder sämtliche Ein- und Auszahlungen in das Alterssicherungssystem für die heutigen Rentnerjahrgänge (z.B. für die Geburtsjahrgänge 1912 bis 1947) untersuchen und diese dann mit den entsprechenden Größen für die Generation der heutigen jüngeren Erwerbstätigen (also z.B. für die Geburtsjahrgänge 1967 bis 1997) vergleichen. Ein solcher Vergleich erfordert auch Prognosen für die Zukunft; man muss versuchen abzuschätzen, wie die heutigen Jüngeren künftig leben werden, wenn sie selbst einmal alt sein werden, z.B. über welche Renteneinkünfte sie dann verfügen.

In unserem Zusammenhang wird der Generationenbegriff in der zuletzt genannten Bedeutung gebraucht, also im Sinne einer Gruppe von Geburtsjahrgängen. Zur Unterscheidung der verschiedenen Generationen ist von »heute lebenden« und »künftigen« Generationen oder auch von »Eltern«-, »Kinder«- oder »Enkelgeneration« die Rede. Sind gleichzeitig lebende Angehörige verschiedener Gruppen von Geburtsjahrgängen gemeint, wird der Begriff »Altersgruppe« verwendet.

2 Wohlstandsübertragungen zwischen Generationen

2.1 Fehler in der Bilanzierung

Der erste und schwerwiegendste Fehler, der in der aktuellen Diskussion über Generationengerechtigkeit gemacht werden kann und sehr häufig auch gemacht wird, besteht darin, dass die vielfältigen Wohlstandstransfers zwischen Generationen unvollständig bilanziert werden. In aller Regel werden die Transferbeziehungen nicht adäquat erfasst, sondern es wird eine willkürliche Auswahl getroffen. Beabsichtigt oder nicht – das Ergebnis ist fast immer tendenziös, und zwar in dem Sinne, dass der Anschein der Ausbeutung der jüngeren durch die älteren Generationen entsteht. Diese objektiv manipulative Tendenz durchzieht praktisch die gesamte Diskussion über Generationengerechtigkeit.

Die ökonomisch relevanten Wohlstandsübertragungen zwischen Generationen sind ungeheuer vielfältig. Das Wort »ökonomisch« ist dabei im weitesten Sinne zu verstehen; es bezeichnet nicht nur die am Markt abgewickelten Transaktionen, sondern auch solche, die mit einem in Geldgrößen bezifferbaren Nutzen oder Aufwand verbunden sind. Dabei ist zu unterscheiden:

- zwischen privaten (in der Regel innerfamiliären) und staatlichen intergenerativen Übertragungen sowie solchen, die sich weder dem privaten noch dem staatlichen Bereich zuordnen lassen,
- zwischen monetären Übertragungen, Naturalleistungen und Dienstleistungen,
- zwischen regelmäßig laufenden Übertragungen und einmaligen Vermögensübertragungen,
- zwischen positiven und negativen Übertragungen (also solchen, die den Wohlstand der Empfänger erhöhen oder mindern).

Tabelle 2 stellt die relevanten Wohlstandsübertragungen zwischen einer Eltern- und ihrer Kindergeneration systematisch dar. Dabei wird deutlich, dass es außer den Renten und der Staatsverschuldung noch andere höchst wichtige Transferbeziehungen gibt. Erst die vollständige Bilanz kann zeigen, ob im Endergebnis die Kinder wirklich, wie behauptet, einen Nettotransfer an die Eltern leisten oder umgekehrt.

Besonders hervorzuheben ist der gesamte Bereich der privaten Transfers zwischen Eltern- und Kindergenerationen. Sie vollziehen sich in aller Regel innerhalb der Familien und reichen von der Kindererziehung und dem Unterhalt der Eltern für ihre Kinder über die Pflege der alten Eltern bis zu Vermögensübertragungen durch Schenkungen oder Erbschaft. Besonders die privaten Vermögensübertragungen dürfen bei der Bilanzierung der ökonomischen Beziehungen zwischen den Generationen nicht vernachlässigt werden. Man muss sich vor Augen halten, dass z. B. der gesamte Immobilienbesitz, das gesamte ständig wachsende Produktionskapital und die öffentliche Infrastruktur eines Industrielands permanent durch Vererbung von der einen zur nächsten Generation weitergereicht werden.

Tab. 2: Ökonomisch relevante Transferbeziehungen zwischen Eltern- und Kindergenerationen

	Transfers von der Eltern- auf die Kindergeneration		**Transfers von der Kinder- auf die Elterngeneration**
	Positive Transfers (zugunsten der Empfänger)	**Negative Transfers (zulasten der Empfänger)**	
Private (direkte) Transfers (in der Regel innerfamiliär)	• Lebensunterhalt für die Kinder • Betreuung und Erziehung der Kinder • Familiäre Unterstützung während der Erwerbsphase der Kindergeneration (z. B. Hilfe bei der Erziehung der Enkelgeneration) • Private Netto-Vermögensübertragungen (Schenkungen, Erbschaften, abzüglich Schulden)		• Familiäre Unterstützung im Alter (z. B. Pflege und Betreuung)
Staatlich vermittelte (indirekte) Transfers	• Bildung und Ausbildung • Öffentliche Gesundheitsversorgung für Kinder und Jugendliche • Öffentliche Sozialleistungen zugunsten von Kindern und Jugendlichen • Öffentliche Infrastruktur	• Staatsschulden	• Öffentliche Altersversorgung (Renten usw.) • Öffentliche Gesundheitsversorgung und Pflege im Alter • Sonstige öffentliche Sozialleistungen im Alter
Gesamtgesellschaftliche Effekte	• Technische Innovationen • Wissenschaftliches und kulturelles Erbe	• Nettoverbrauch natürlicher Ressourcen (einschließlich hinterlassener Umweltbelastungen)	

Ein erheblicher Teil der gegenseitigen Wohlstandsübertragungen zwischen den Eltern- und Kindergenerationen wird ganz ohne Zweifel durch den Staat umgesetzt, wobei unter »Staat« hier die Gesamtheit aus Zentralstaat (Bund), Gliedstaaten (Ländern), Städten und Gemeinden sowie der Sozialversicherung zu verstehen ist. Diese staatlichen Transfers stehen im sozialstaatskritischen Diskurs über Generationengerechtigkeit ja auch im Vordergrund, insbesondere die Transferzahlungen der staatlichen Rentenversicherung. Auch die Staatsschuld wird häufig diskutiert; in der Tat stellen die staatlichen Schulden, die während der Lebenszeit einer Generation angehäuft werden, eine Form von negativer Erbschaft dar, die von der Folgegeneration verzinst werden muss (allerdings nicht getilgt, wie bisweilen angenommen wird; von den Staatsschulden wird später noch die Rede sein).

Es gibt jedoch weitere staatlich vermittelte intergenerative Transfers, die häufig nicht berücksichtigt werden. Dazu gehört das staatlich finanzierte Bildungssystem, das eine Leistung der Eltern- an die Kindergeneration darstellt, sowie – meist gänzlich ignoriert – die staatliche Infrastruktur, d. h. Straßen, Brücken, Schienenwege, öffentliche Gebäude, Schulen, Universitäten, Forschungseinrichtungen, Museen, Theater und Opernhäuser, Kinderspielplätze, Parkanlagen, Wasserstraßen, Kanalisationen, Leitungssysteme aller Art; das gilt übrigens auch dann, wenn diese Einrichtungen inzwischen, was vielfach geschehen ist, privatisiert worden sind. Auch die staatliche Verwaltung und der Justizapparat als organisiertes System von Kompetenz, gehören zur Infrastruktur eines Landes.

Diese Infrastruktur ist eine Art von Vermögen, das – in der Regel beständig renoviert, modernisiert und erweitert – von Generation zu Generation vererbt wird. Man muss sogar noch einen Schritt weiter gehen: Zu den Übertragungen zwischen Generationen gehört letztlich das gesamte akkumulierte und von jeder Generation gepflegte, aufbewahrte und vermehrte wissenschaftliche, technische und kulturelle Wissen, also letztlich der historische Erfahrungsschatz einer Gesellschaft. Auch dies darf in einer Betrachtung über Generationengerechtigkeit nicht außer Acht bleiben.

Eine spezielle Form der Wohlstandsübertragung zwischen Generationen ist besonders zu erwähnen, nämlich der Verbrauch an natürlichen Ressourcen und die Umweltbelastungen. Jede Generation übernimmt von ihrer Elterngeneration einen begrenzten Vorrat an Naturreserven (Rohstoffe, Energievorräte, Entsorgungsmöglichkeiten für Abfälle und Schadstoffe, Erholungsflächen, Biodiversität usw.) und vererbt ihrer Kindergeneration den noch nicht aufgebrauchten Teil dieser Ressourcen einschließlich der Umweltbelastungen, die sie zusätzlich verursacht hat (z. B. den CO_2-Gehalt in der Atmosphäre). Den Ressourcenverbrauch kann man weder zu den privaten noch zu den staatlich vermittelten Transfers zählen, sondern es handelt sich bei ihm um einen gesamtwirtschaftlichen und gesamtgesellschaftlichen Effekt. Dieser Wohlstandstransfer zwischen den Generationen ist nach allen Erfahrungen in der Summe negativ. Zwar können einzelne verbrauchte Naturressourcen verbessert oder wiederhergestellt werden, z. B. durch Verbesserung der Wasserqualität oder Wiederaufforstung abgeholzter Wälder; aber in der bisherigen Geschichte hat jede Generation insgesamt die Ressourcen vermindert, die den Nachfolgenden zur Verfügung stehen. Der Nettoverbrauch natürlicher Ressourcen ist also eine für alle künftigen Generationen irreversible Belastung; insofern ist er von allen Wohlstandstransfers zwischen Generationen derjenige, der unter dem Gesichtspunkt der Gerechtigkeit weitaus am schwersten wiegt; allerdings hat gerade dieses intergenerative Problem mit dem Sozialstaat kaum etwas zu tun.

2.2 Die Gesamtbilanz einer Generation

Jede Generation steht in der Mitte zwischen ihren Eltern und ihren Kindern. *Tabelle 3* stellt die wichtigsten ökonomischen Transfers dar, die eine beliebige Generation im Laufe ihres Lebens von ihrer Geburt bis zu ihrem Tode von ihren Eltern und von ihren Kindern empfängt oder an sie leistet. Die Darstellung greift auf das Konzept des »Generationenerbes« zurück, das von Richard Hauser (2004) entwickelt worden ist.[1]

Empfangene Transfers werden mit einem Plus gekennzeichnet; bei ihnen handelt es sich entweder um Leistungen, die eine Generation von ihrer Eltern- oder Kindergeneration erhält, oder um Belastungen, die sie auf diese abwälzt. Ein Minus bezeichnet die Leistungen, die eine Generation für ihre Eltern- oder Kindergeneration erbringt bzw. Belastungen, die sie an deren Stelle übernimmt. Ist der abschließende Saldo einer Generation positiv, dann hat sie teilweise »auf Kosten« ihrer Vor- oder Nachfahren gelebt. Eine negative Gesamtbilanz bedeutet, dass sie einen Nettobeitrag zum Wohlstand anderer Generationen geleistet hat.

Tabelle 2 und *3* verdeutlichen, wie dicht und umfassend das Geflecht der relevanten Wohlstandsübertragungen zwischen Generationen ist. Es dürfte selbstverständlich sein, dass ein Urteil darüber, ob eine Generation »auf Kosten« einer anderen lebt, nur dann möglich ist, wenn diese Wohlstandsübertragungen vollständig bilanziert und sämtliche relevante Posten in die Rechnung einbezogen werden. Gerade daran fehlt es aber in der gängigen Diskussion zur Generationengerechtigkeit, die – wie bereits erwähnt –

Tab. 3: Schema der Transferbilanz einer Generation

Von der Vorgängergeneration übernommenes Erbe:

a) privates Vermögen (+)
b) private Schulden (-)
c) öffentliches Vermögen und öffentliche Infrastruktur (+)
d) öffentliche Schulden (-)
e) noch nicht verbrauchte natürliche Ressourcen (+)

\+ **Von der Vorgängergeneration empfangene Leistungen:**

a) private Leistungen:
- Kindererziehung und familiärer Unterhalt (+)
- Unterstützung durch die Elterngeneration bei der Erziehung der eigenen Kinder (+)

b) öffentliche Leistungen:
- Bildung und Ausbildung, öffentliche Gesundheitsversorgung (+)
- staatliche Geldleistungen für Kinder und Jugendliche (+)

\+ **Für die Vorgängergeneration erbrachte Leistungen:**

a) private Leistungen: Unterstützung und Pflege der alten Eltern (-)
b) öffentliche Leistungen: Beiträge und Steuern für öffentliche Altersversorgung, öffentliche Gesundheitsversorgung und für Pflegeleistungen im Alter (-)

\+ **Von der Nachfolgegeneration empfangene Leistungen:**

a) private Leistungen: Unterstützung und Pflege im Alter durch die erwachsenen Kinder (+)
b) öffentliche Leistungen: öffentliche Altersversorgung, öffentliche Gesundheitsversorgung und Pflegeleistungen im Alter (+)

\+ **Für die Nachfolgegeneration erbrachte Leistungen:**

a) private Leistungen:
- Kindererziehung und familiärer Unterhalt (-)
- Unterstützung der erwachsenen Kinder bei der Erziehung der Enkelgeneration (-)

b) öffentliche Leistungen: Bildung und Ausbildung, öffentliche Gesundheitsversorgung und staatliche Geldleistungen für Kinder und Jugendliche (-)

\+ **Der Nachfolgegeneration hinterlassenes Erbe:**

a) privates Vermögen (-)
b) private Schulden (+)
c) öffentliches Vermögen und öffentliche Infrastruktur (-)
d) öffentliche Schulden (+)
e) noch nicht verbrauchte natürliche Ressourcen (-)

= **Saldo einer Generation**

nahezu ausschließlich auf die öffentliche Verschuldung und auf das staatliche Rentensystem fokussiert ist; allenfalls die Vererbung natürlicher Ressourcen findet gelegentlich Erwähnung. Völlig außer Betracht bleiben in der Regel die privaten Transfers zwischen Generationen, die sich meist innerhalb der Familien vollziehen und von der Kindererziehung und dem Unterhalt der Eltern für ihre Kinder bis zur Pflege der alten Eltern reichen. Ebenso fehlen die privaten Vermögensübertragungen durch Schenkungen oder Erbschaft in der Rechnung.

Gerade dies ist keine Marginalie, denn man muss sich vor Augen halten, dass der gesamte Immobilienbesitz eines Landes und das gesamte ständig wachsende Produktionskapital einer Volkswirtschaft permanent durch Vererbung von der einen zur nächsten Generation weitergereicht werden. Auch die Vererbung des öffentlichen Vermögens, also der gesamten Infrastruktur eines Industrielands, bleibt unberücksichtigt, desgleichen das öffentliche Bildungswesen, das unzweifelhaft eine Leistung der Eltern- an die Kindergeneration darstellt.

Wir kommen also zu einem ersten Zwischenergebnis: Jedes Urteil über Gerechtigkeit oder Ungerechtigkeit zwischen den Generationen, das sich allein auf die Betrachtung der Staatsfinanzen und des staatlichen Alterssicherungssystems stützt, ist zwangsläufig falsch, da es auf unvollständiger Bilanzierung beruht. Wenn von den Verteilungsprozessen zwischen den Generationen als umfassende Personenkollektive die Rede ist, dann muss die Gesamtheit der intergenerativen Umverteilungsprozesse in die Rechnung einbezogen werden und diese Umverteilungsprozesse spielen sich zu einem sehr erheblichen Teil außerhalb des staatlichen Abgaben- und Transfersystems ab.

Dass die übliche, auf die Probleme der öffentlichen Verschuldung und der Rentenfinanzierung beschränkte Betrachtungsweise zu einem systematisch verzerrten Bild führt, liegt indessen nicht zuletzt an einer Asymmetrie, die für den modernen Sozialstaat typisch ist: die Übertragungen von der Kinder- auf die Elterngeneration – vor allem die Alterssicherung – sind sehr weitgehend staatlich organisiert, während die Übertragungen von der Eltern- auf die Kindergeneration ganz überwiegend innerhalb des privaten Sektors und innerfamiliär stattfinden. Diese Art Arbeitsteilung ist natürlich nicht zufällig entstanden; sie resultiert vielmehr aus der Tatsache, dass sich das enge Zusammenleben und die Haushaltsgemeinschaften der jüngeren Erwachsenen mit ihren alten Eltern infolge der Industrialisierung und der damit verbundenen sozialen Veränderungen weitgehend aufgelöst haben, während die jüngeren Erwachsenen weiterhin mit ihren noch nicht erwachsenen Kindern zusammenleben. Aus dieser gesellschaftlich bedingten Asymmetrie auf eine systematische Ungerechtigkeit des Sozialstaats zulasten künftiger Generationen zu schließen, ist jedenfalls voreilig.

Das bisher Gesagte hat hoffentlich verdeutlicht, dass Aussagen über die Gerechtigkeit zwischen Generationen nur dann sinnvoll sind, wenn sie die Gesamtheit aller intergenerativen Transfers einschließlich der privaten Transfers und einschließlich der privaten und öffentlichen Vermögensübertragungen berücksichtigen. Gegen diese Zusammenrechnung könnte man allerdings argumentieren, dass die Addition all dieser sehr verschiedenartigen Transaktionen zu einer Gesamtbilanz eigentlich unsinnig sei, denn die Bevölkerungsgruppen, welche die Rentenversicherungsbeiträge zahlen, alte Menschen pflegen, Millionenvermögen erben oder vererben, Kinder erziehen oder Geld in Staatsanleihen anlegen, sind nicht immer deckungsgleich. Dieser Einwand ist als solcher nicht unberechtigt, aber er trifft im Grunde diejenigen, welche die These von der Generationenungerechtigkeit im Sozialstaat vertreten und dabei von ganzen Generationen sprechen, als ginge es dabei um einheitliche Kollektive.

In unserem Zusammenhang geht es nur um Folgendes: Wenn man, was fragwürdig genug ist, Generationengerechtigkeit als buchhalterische Aufrechnung von Leistung und Gegenleistung versteht, dann muss diese Buchhaltung auch vollständig sein und man darf nicht manipulativ auswählen, welche Teilaspekte man dabei berücksichtigt und welche man außer Acht lässt.[2] Im Übrigen betreffen die wirklich gerechtigkeitsrelevanten Fragestellungen die Verhältnisse zwischen sozialen Gruppen, Schichten oder Klassen, also kurzum die sozioökonomischen Machtstrukturen, und diese Gerechtigkeitsfragen treten innerhalb jeder Generation auf und nicht primär zwischen den Generationen.

Im Folgenden werden die beiden politischen Sachprobleme näher betrachtet, welche die Diskussion über Generationengerechtigkeit dominieren, nämlich die öffentliche Verschuldung und die Finanzierung der umlagefinanzierten Alterssicherung.

3 Generationengerechtigkeit und Staatsverschuldung

Nach gängiger Meinung bedeuten Staatsschulden, dass die heute lebende Generation Belastungen auf künftige Generationen abwälzt. Der starke Anstieg der Staatsverschuldung in den letzten Jahren und vor allem die immer bedrohlichere Staatsschuldenkrise in der Europäischen Währungsunion, in deren Verlauf einige Länder an den Rand des Staatsbankrotts geraten sind und der die Regierungen – jedenfalls bis zu dem Tag, an dem das vorliegende Buch abgeschlossen wurde – nahezu machtlos gegenüberstehen, scheint diesen Eindruck zu bestätigen. Trotzdem kann eine kritische Überprüfung zeigen, dass die Vorstellung von der Staatsverschuldung auf Kosten künftiger Generationen zumindest erheblich relativiert werden muss. Auf die Staatsschuldenkrise in der Europäischen Währungsunion, die diese These auf den ersten Blick besonders eindrucksvoll zu bestätigen scheint, wird am Ende dieses Abschnitts in einem Exkurs etwas genauer eingegangen.

3.1 Einige Fakten zur Verschuldung der öffentlichen Haushalte

Die Zahlen vermitteln in der Tat den Eindruck einer dramatischen Entwicklung. Das durch zusätzliche Kredite zu finanzierende Haushaltsdefizit des gesamten staatlichen Sektors in Deutschland – Bund, Länder, Städte, Gemeinden und Träger der Sozialversicherung – war 2010 auf 106,0 Mrd. Euro angewachsen; 2011 ging es dann allerdings wieder auf 25,3 Mrd. Euro zurück. 2008 hatte das Defizit des staatlichen Sektors nur 1,4 Mrd. Euro betragen und 2007 war – ein seltener Ausnahmefall in der Geschichte der Staatsfinanzen – sogar ein kleiner Überschuss von 5,5 Mrd. Euro erwirtschaftet worden.[3]

Der Bund für sich genommen nahm 2008 neue Kredite in Höhe von 11,8 Mrd. Euro auf, 2010 waren es dann 51,6 Mrd. Euro und 2011 nur noch 12,4 Mrd. Euro. Im Haushaltsplan für 2012 sind wieder 32,5 Mrd. Euro vorgesehen.[4]

Noch viel eindrucksvoller sind die Zahlen, wenn man nicht nur die zusätzlichen Schulden, die der Staatssektor in den einzelnen Kalenderjahren aufnimmt – die sogenannte Nettokreditaufnahme – betrachtet, sondern die Summe aller Staatsschulden, die im Verlauf der Jahre und Jahrzehnte angesammelt worden sind. Im Jahr 1970 – damals noch in der alten Bundesrepublik – betrug die Staatsschuld umgerechnet 64 Mrd. Euro; dieser Betrag war übrigens nur deshalb im internationalen Vergleich relativ niedrig, weil die gewaltigen Kriegsschulden aus dem 2. Weltkrieg durch die Währungsreform von 1948 annulliert worden waren und die Siegermächte keine Entschädigungszahlungen von Deutschland gefordert hatten. 2010, 40 Jahre später, war die Staatsschuld auf 1 678 Mrd. Euro, d. h. auf mehr als das 25-Fache angewachsen.

Absolute Zahlen bezüglich der Staatsschuld sind aber nur dann wirklich aussagekräftig, wenn man sie ins Verhältnis zur wirtschaftlichen Leistungsfähigkeit eines Landes setzt. Dies geschieht in *Abbildung 26*, welche die sogenannte Schuldenstandsquote darstellt, d. h. den Bestand an Staatsschulden (Bund, Länder und Gemeinden sowie Sozialversicherung) in Prozent des Bruttoinlandsprodukts.

Im Verhältnis zum Bruttoinlandsprodukt ist der Anstieg der Staatsschulden zwar etwas flacher als in absoluten Euro-Beträgen, aber immer noch beeindruckend. 1970 betrug die Schuldenstandsquote 18 %, bis 2011 ist sie auf knapp 87,1 % angewachsen, 2011 ging sie dank der guten Konjunkturentwicklung geringfügig auf 86,9 % zurück[5].

Abb. 26: Staatsschulden in Deutschland 1970 – 2011 (in % des Bruttoinlandprodukts)

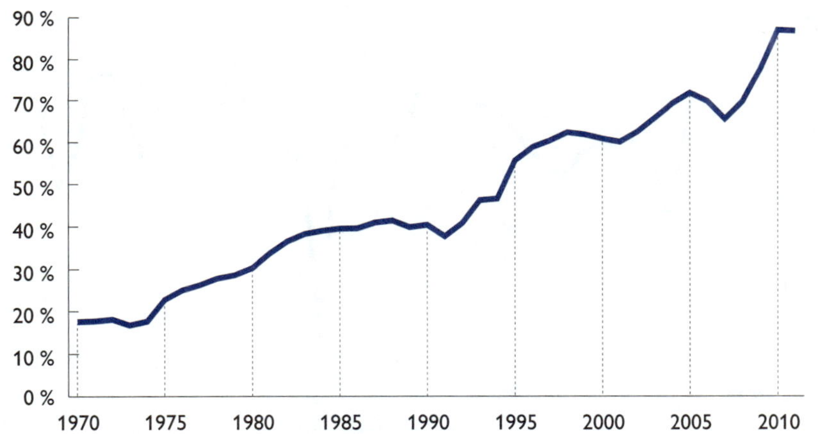

Eigene Grafik. Datenquelle: Sachverständigenrat zur Begutachtung der gesamtwirtschaftlichen Entwicklung, Lange Zeitreihen, Reihen ZR 012 (sachverstaendigenrat.de).

Im späteren Verlauf dieses Kapitels wird jedoch gezeigt werden, dass die Schuldenstandsquote längst nicht die Bedeutung für die Generationengerechtigkeit hat, die ihr gemeinhin zugeschrieben wird. Deshalb wenden wir uns zunächst wieder den jährlichen Staatsdefiziten zu. Die Betrachtung der Entwicklung der Staatsdefizite ermöglicht, die Folgen von Konjunktureinbrüchen und ähnlichen einmaligen Ereignissen von den langfristigen strukturellen Entwicklungen zu unterscheiden. Diesem Zweck dient *Abbildung 27*. Sie kontrastiert das Defizit des gesamten staatlichen Sektors in Deutschland (Bund, Länder, Gemeinden und Sozialversicherung) in Prozent des Bruttoinlandsprodukts mit der sogenannten realen Wachstumsrate, d. h. der jährlichen prozentualen Veränderung des preisbereinigten Bruttoinlandsprodukts. Die Zusammenschau dieser beiden statistischen Größen – Defizitquote und reale Wachstumsrate – ist aufschlussreich, weil sie zeigt, durch welche Umstände der heute bestehende »Schuldenberg« entstanden ist.

Abb. 27: Defizitquote des Staates und reales Wirtschaftswachstum in Deutschland 1971 bis 2011 (in %)

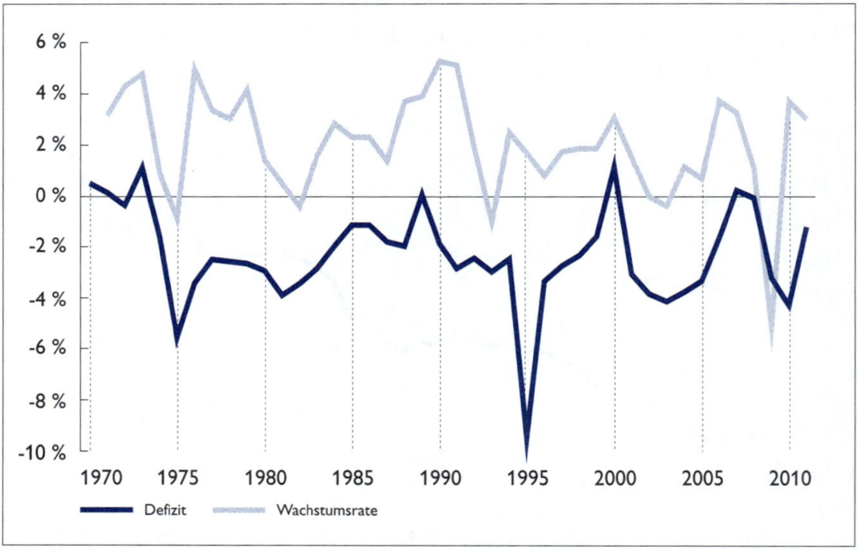

Eigene Grafik. Datenquelle: Sachverständigenrat zur Begutachtung der gesamtwirtschaftlichen Entwicklung, Lange Zeitreihen, Reihen ZR 020, ZR 040, ZR 37 und ZR 043 (sachverstaendigenrat.de). Die Werte von 1971 bis 1991 beziehen sich auf Westdeutschland, ab 1992 auf Gesamtdeutschland.

Aus *Abbildung 27* wird sichtbar, dass die staatlichen Defizite erheblichen Schwankungen unterworfen sind, die in erster Linie durch die Konjunkturzyklen zu erklären sind; diese Konjunkturzyklen sind gut am Auf und Ab der realen Wachstumsrate ablesbar. In Konjunkturflauten gehen die Steuer- und Beitragseinnahmen wegen rückläufiger Beschäftigung und sinkender Gewinne zurück; die Staatsausgaben wie die Gehälter und Pensionen der Beamten oder die Ausgaben für Renten und Gesundheitswesen bleiben gleich oder steigen sogar, etwa bei den Aufwendungen für Arbeitslose. Hinzu kommen gegebenenfalls kostspielige Konjunkturprogramme.

Neben den Konjunkturzyklen hat auch die deutsche Einheit tiefe Spuren in der Geschichte der Staatsverschuldung zurückgelassen, wie aus den Kurvenverläufen für das Jahrzehnt zwischen 1990 und 2000 zu erkennen ist. In dieser Zeit mussten hohe Kredite aufgenommen werden, um Sozialtransfers an die ostdeutsche Bevölkerung leisten und den Aufbau der öffentlichen Infrastruktur in Ostdeutschland finanzieren zu können. Mit der Finanzierung der deutschen Einheit hängt auch der extreme Spitzenwert der Defizitquote im Jahr 1995 zusammen.[6] Ebenfalls auf einen Sondereffekt ist die auffallend niedrige Defizitquote des Jahres 2000 zurückzuführen.[7]

Sieht man aber von der Deutschen Einheit ab, so sind Konjunktureinbrüche die Hauptursache steigender Staatsverschuldung gewesen. Deutlich ist auch der umgekehrte Effekt. Ebenso wie sich die Schere zwischen Ausgaben und Einnahmen in Rezessionen öffnet, schließt sie sich wieder bei Konjunkturaufschwüngen, wenn die Steuer- und Beitragseinnahmen steigen und die Sozialausgaben des Staates, besonders für die Arbeitslosigkeit, zurückgehen. Dies deutet auf einen wichtigen Zusammenhang hin, der häufig vergessen wird: Viel entscheidender für die Entwicklung der Staatsverschuldung als die Einnahmen- und Ausgabenpolitik der Finanzminister ist das Wirtschaftswachstum. Deswegen sind die Bemühungen der Regierungen, das Defizit durch Sparprogramme zu begrenzen, in der Regel wenig erfolgreich gewesen. Der Finanzminister der rot-grünen Regierung, Hans Eichel, musste trotz erheblicher Konsolidierungsbemühungen ein stark steigendes Defizit hinnehmen, während sein Nachfolger in der Großen Koalition Peer Steinbrück, dank des kräftigen Wirtschaftsaufschwungs in den Jahren 2007 und 2008 nahezu ohne neue Schulden auskommen konnte – bis die nachfolgende Krise alle Konsolidierungserfolge wieder zunichtemachte.

Insgesamt kann man sagen, dass die Defizite in den Staatshaushalten in erster Linie Reflex der ökonomischen Großkonstellation sind. Über die gesamte Zeit von 1970 bis zur Gegenwart hatte die Defizitquote zwar eine steigende Tendenz, aber die Defizitquote von 2010 (3,3% des Bruttoinlandsprodukts) wurde in der Vergangenheit bereits mehrfach übertroffen und konnte später wieder reduziert werden. Es ist auch deutlich zu sehen, dass es immer bestimmte Störungen waren, die eine starke zusätzliche Staatsverschuldung ausgelöst haben: Dies waren die »1. Ölpreiskrise« 1973 bis 1975, die »2. Ölpreiskrise« 1980 bis 1982, die Deutsche Einheit in den Jahren 1990 bis 1995, die Stagnation der Jahre 2000 bis 2003 sowie die weltweite Finanz- und Wirtschaftskrise ab 2008.

Das bisher Gesagte sollte die Staatsverschuldung nicht bagatellisieren, sondern lediglich darauf aufmerksam machen, dass wir es nicht mit Katastrophen zu tun haben, sondern mit im Prinzip lösbaren Problemen. Vor allem aber sollte man sich vor Augen halten, dass das gegenwärtige Staatsdefizit, das von den absoluten Zahlen her gesehen als aberwitzig und als Rekordwert erscheint, bei Lichte betrachtet – gemessen am Bruttoinlandsprodukt – nicht höher ist als sonst bei größeren Konjunktureinbrüchen: Es ist nicht die Folge eines unersättlichen Staates oder des unverantwortlichen Handelns haltloser populistischer Politiker, sondern in erster Linie das Produkt einer der vielen zyklischen Krisen, die zum Wesen marktwirtschaftlich-kapitalistischer Wirtschaftssysteme gehören; ein Teil dieses Defizits wird daher auch wieder verschwinden, wenn – aber auch nur wenn – die Konjunkturkrise überwunden sein wird. Allerdings ist es noch niemals in der Geschichte der Bundesrepublik gelungen, in den guten Jahren die Defizite, die in den schlechten Jahren aufgelaufen waren, wieder dauerhaft zu reduzieren oder gar auf null zurückzuführen. Die Folge davon ist, dass der Gesamtbestand an Staatsschulden mehr oder weniger kontinuierlich gestiegen ist.

3.2 Kredite auf Kosten künftiger Generationen?

Dass die Staatsverschuldung ökonomisch keineswegs unproblematisch ist, zeigt sich daran, dass die Defizitquote im langfristigen Trend – also im Durchschnitt über die Konjunkturzyklen hinweg – allmählich anwächst und es praktisch niemals gelungen ist, zu ausgeglichenen Haushalten zurückzukehren. Aber in unserem Zusammenhang geht es nicht um finanztechnische Probleme, sondern um Generationengerechtigkeit. Daher müssen wir den Zusammenhang zwischen Staatsverschuldung und Generationengerechtigkeit grundsätzlicher betrachten und kritisch beleuchten. Stimmt es wirklich, dass die Staatsverschuldung einer Ausbeutung nachfolgender Generationen gleichkommt? Müssen tatsächlich unsere Kinder unsere Schulden bezahlen? Die Rede von der Staatsverschuldung auf Kosten künftiger Generationen leuchtet zwar den meisten Menschen unmittelbar ein, sie ist in dieser Form allerdings nicht berechtigt. Sie erfasst die wirtschaftlichen Vorgänge nur teilweise und lässt einige wichtige Zusammenhänge außer Acht (vgl. Reuter 2003, Konrad/Zschäpitz 2010, S. 142–152).

Gegen die These, dass unsere Kinder die heutige Staatsverschuldung bezahlen müssen, sprechen vor allem drei Argumente:

1. Den Staatsschulden steht ein positives Staatsvermögen gegenüber, das genauso vererbt wird wie die Staatsschulden und daher in der Generationenbilanz berücksichtigt werden muss.

2. Den Staatsschulden entsprechen immer auch private Vermögenstitel; auch diese privaten Vermögenstitel werden vererbt und müssen in die Rechnung eingehen.
3. Staatsschulden insgesamt müssen im Unterschied zu Schulden von Einzelpersonen nicht getilgt, sondern nur verzinst werden; insofern muss die Befürchtung, die nachkommenden Generationen müssten die Schulden des Staates bezahlen, zumindest relativiert werden.

3.3 Staatsschuld und Staatsvermögen

Dass der Staatsverschuldung auch Vermögenswerte des Staates in beträchtlichem Umfang entsprechen, die bei der Bilanzierung nicht unter den Tisch fallen dürfen, ist im Grunde trivial, denn das verhält sich nicht anders als bei privaten Haushalten. Die Vermögensposition einer Familie, die ihrer Bank 100 000 Euro schuldet, wäre völlig falsch dargestellt, wenn man nicht gleichzeitig auch den Wert ihres Eigenheims berücksichtigt, das sie mit Hilfe dieses Kredites gebaut hat. Die Verschuldung dieser Familie wird erst dann zu einem Problem, wenn sie ihre Raten nicht mehr bezahlen kann.

Auch der Staat verfügt über ein beträchtliches Realvermögen in Gestalt der öffentlichen Infrastruktur und über immer noch stattliche Beteiligungen an privaten Unternehmen. Nach der volkswirtschaftlichen Vermögensbilanz des Statistischen Bundesamts (s. *Tabelle 4*) stand in Deutschland im Jahr 2009 der gesamten Staatsschuld (Bund, Länder, Gemeinden und Sozialversicherung) von rd. 1,7 Bio. Euro ein Bruttovermögen von rd. 1,9 Bio. Euro gegenüber (1,3 Bio. Euro Realvermögen und rd. 630 Mrd. Euro Geldvermögen einschließlich Vermögensbeteiligungen). Nun kann der Staat allerdings die öffentliche Infrastruktur des Landes nicht einfach verkaufen wie die überschuldete Familie ihr Haus. Aber in unserem Zusammenhang ist lediglich entscheidend, dass nicht nur die Staatsschulden, sondern auch das staatliche Vermögen an künftige Generationen vererbt werden. So besehen war die Staatsverschuldung des Jahres 2009, wie *Tabelle 4* zeigt, unter dem Gesichtspunkt der Generationengerechtigkeit, jedenfalls gerade noch, unbedenklich. Allerdings ist die Summe der Staatsschulden von 1992 bis 2009 um 196% gewachsen, sie hat sich also nahezu verdreifacht (hauptsächlich als Folge der Deutschen Einheit und der jüngsten Finanz- und Wirtschaftskrise), das Bruttovermögen des Staates ist jedoch nur um 38% angestiegen (nicht zuletzt weil Erlöse aus Vermögensveräußerungen zur Finanzierung des laufenden Haushalts verwendet wurden). Die staatliche Verschuldungsquote ist dementsprechend von 42,9% des Brutto-

Tab. 4: Volkswirtschaftliche Vermögensbilanz für die Bundesrepublik Deutschland (2009; in Mrd. Euro)[8]

	Staat (Bund, Länder, Gemeinden, Sozialversicherung)	
(1)	Realvermögen (Gebäude, Infrastruktur usw.)	1282,94
(2)	Staatliches Geldvermögen (incl. Unternehmensbeteiligungen)	629,81
(3)	Bruttovermögen des Staates = Position (1) + (2)	1912,75
(4)	Staatsschuld	1720,20
(5)	Reinvermögen des Staates = Position (3) - (4)	192,55
	Nichtfinanzielle Kapitalgesellschaften (ohne Finanzsektor)	
(6)	Realvermögen (Produktionsanlagen, Rechte und Patente, Immobilien usw.)	3076,24
(7)	Geldvermögen	2431,75
(8)	Bruttovermögen der nichtfinanziellen Kapitalgesellschaften = Position (6) + (7)	5507,99
(9)	Fremdkapital (z. B. Bankkredite)	2316,00
(10)	Eigenkapital = Position (8) - (9)	3191,99
(11)	davon Anteilsrechte der Aktionäre	1648,80
(12)	Reinvermögen der nichtfinanziellen Kapitalgesellschaften = Position (10) - (11)	1543,19
	Finanzielle Kapitalgesellschaften (Finanzsektor)	
(13)	Realvermögen (Gebäude, Immobilien usw.)	206,00
(14)	Geldvermögen (darunter Kredite an Staat, Unternehmen und private Haushalte)	9566,78
(15)	Bruttovermögen des Finanzsektors = Position (13) + (14)	9772,77
(16)	Fremdkapital (z. B. Einlagen von Sparern)	7962,80
(17)	Eigenkapital = Position (15) - (16)	1809,97
(18)	davon Anteilsrechte der Aktionäre	1357,50
(19)	Reinvermögen des Finanzsektors = Position (17) - (18)	452,47
	Privatsektor (private Haushalte einschließlich Selbstständige sowie private Organisationen ohne Erwerbszweck)	
(20)	Realvermögen (Gebäude, Immobilien, Anlagevermögen der Unternehmen ohne Kapitalgesellschaften usw.)	5652,63
(21)	Geldvermögen (einschließlich Aktien)	4433,40
(22)	Bruttovermögen des Privatsektors = Position (20) + (21)	10086,02
(23)	Kredite und sonst. Verbindlichkeiten	1531,00
(24)	Reinvermögen des Privatsektors = (22) - (23)	8555,02
	Gesamte Volkswirtschaft	
(25)	Realvermögen = Position (1) + (6) + (13) + (20)	10217,80
(26)	Forderungen gegenüber dem Ausland	4858,60
(27)	Bruttovermögen der gesamten Volkswirtschaft = Position (25) + (26)	15076,40
(28)	Verbindlichkeiten gegenüber dem Ausland	4401,60
(29)	Reinvermögen der gesamten Volkswirtschaft = Position (27) - (28)	10674,8

Datenquelle: Statistisches Bundesamt, Sektorale und gesamtwirtschaftliche Vermögensbilanzen 1992 bis 2010.

inlandsprodukts im Jahr 1992 steil auf 83,2% im Jahr 2010 angestiegen.[9] Der Staatsverschuldung steht also nur noch zum Teil und in geringer werdendem Umfang ein reales und künftigen Generationen vererbbares Staatsvermögen gegenüber. Insoweit – aber auch nur insoweit – kann die Sorge vor der Belastung künftiger Generationen durch wachsende öffentliche Verschuldung berechtigt sein. Nachdem die Verschuldungsquote des Staates in den Jahren 2006 und 2007 vorübergehend rückläufig war, ist sie infolge der weltweiten Finanz- und Wirtschaftskrise sowie der beiden Konjunkturprogramme der Bundesregierung erneut stark gestiegen. Auf der anderen Seite ist zu beachten, dass die Geldmittel aus diesen Konjunkturprogrammen nicht einfach »verbrannt« und vernichtet wurden, sondern größtenteils in die öffentliche Infrastruktur geflossen sind und damit das staatliche Vermögen vergrößert haben. Dass damit auch die Staatsschuld wächst, bereitet zwar fiskalpolitische Probleme, aber unter dem Aspekt der Generationengerechtigkeit ist dies nicht zu beanstanden, so weit den zusätzlichen Schulden zusätzliche reale Vermögenswerte entsprechen.

Aber auch wenn Konjunkturprogramme nicht in staatliche Investitionen fließen, sondern die private Nachfrage stützen – wie bei der »Abwrackprämie«, mit der die Automobilkonjunktur stabilisiert wurde –, haben sie einen dauerhaften gesellschaftlichen Wohlstandseffekt, denn sie vermeiden noch größere Produktionsrückgänge und höhere Arbeitslosigkeit. Konjunkturbedingte Staatsverschuldung – sei sie durch die Kosten für die Stimulierung von Nachfrage oder durch Einnahmeausfälle verursacht – lässt sich demnach nicht als ungerechtfertigte Belastung künftiger Generationen einstufen.

3.4 Öffentliche Verschuldung und privates Geldvermögen

Es gibt einen Zusammenhang, der auch demjenigen einleuchten dürfte, der sich nie mit Buchhaltung beschäftigt hat: Hat jemand Schulden, dann muss es zwangsläufig irgendjemand anderen geben, der einen Anspruch auf Rückzahlung genau dieser Geldsumme sowie auf die Zinsen besitzt. Wenn eine Familie ihr Eigenheim mit dem Hypothekenkredit einer Sparkasse finanziert hat, dann steht ihren Schulden in den Büchern der Sparkasse ein Vermögenstitel in derselben Höhe gegenüber. Die Binsenweisheit, dass jeder Zahlungsverpflichtung eine Forderung und jedem Schuldner ein Gläubiger entspricht, gilt auch für den Staat. Dass das allzu oft vergessen wird, ist einer der Gründe für die Annahme, die Staatsverschuldung hätte etwas mit Generationengerechtigkeit zu tun.

Den staatlichen Schulden entsprechen also die Forderungen von Gläubigern, die dem Staat Geld geliehen haben, z. B. in Form von Bundesschatzbriefen, Anleihen der Länder oder Kommunalobligationen, die sich im Besitz von Privatpersonen oder auch von Banken und Versicherungen befinden. Beides, sowohl die öffentlichen Schulden als auch die privaten Forderungen gegenüber dem Staat werden von der Elterngeneration auf die Kindergeneration vererbt. Wenn also von Gerechtigkeit zwischen Generationen als Ganzer die Rede ist, dann müssen beide Seiten des Schuldverhältnisses berücksichtigt werden. In der Gesamtbetrachtung einer Generation saldieren sich die Staatsschulden (von Staatsschulden gegenüber dem Ausland abgesehen) und die privaten Forderungen an den Staat zu null; es verbleibt das staatliche Sachvermögen als Reinvermögen. Eine echte Nettobelastung für kommende Generationen sind nur die (im Falle Deutschlands geringfügigen) Staatsschulden gegenüber dem Ausland, denn ihnen stehen keine vererbbaren Gläubigerforderungen von Inländern gegenüber.

Man kann diesen Zusammenhang auch in den Zahlen der bereits dargestellten Vermögensbilanz der deutschen Volkswirtschaft für 2009 ausdrücken (s. *Tabelle 4*): Das gesamte Bruttovermögen der deutschen Volkswirtschaft betrug im Jahr 2009 rd. 15,1 Bio. Euro. Es setzte sich aus nur zwei Positionen zusammen:

- aus dem addierten öffentlichen und privaten Sachvermögen (zusammen 10,2 Bio. Euro) und
- aus Forderungen gegenüber dem Ausland (ungefähr 4,9 Bio. Euro).

Die anderen Positionen der volkswirtschaftlichen Vermögensbilanz, nämlich die gegenseitigen Forderungen und Verbindlichkeiten der insgesamt vier inländischen Sektoren (Staat, Privathaushalte, Produktionsunternehmen und Finanzsektor), heben sich gegenseitig auf und tauchen deshalb im Bruttovermögen der deutschen Volkswirtschaft nicht mehr auf.

Von dem so errechneten Brutto-Gesamtvermögen der deutschen Volkswirtschaft sind dann die (öffentlichen und privaten) Schulden gegenüber dem Ausland (rd. 4,4 Bio.) abzuziehen, sodass 2009 ein Reinvermögen von gut 10,7 Bio. Euro verblieb. Dieses Volksvermögen wird – im Lauf der Zeit weiter vermehrt – an die Bevölkerung vererbt werden, die im Jahr 2030, 2050 oder 2080 in der Bundesrepublik Deutschland leben wird. Da sich also Staatsschulden und private Vermögenstitel innerhalb einer jeden Generation und innerhalb der Gesamtheit einer Volkswirtschaft (von Staatsschulden gegenüber dem Ausland abgesehen) zu null saldieren, gibt es für Generationen insgesamt, d. h., wenn man sie als einheitliche Kollektive betrachtet, infolge der Staatsschuld kein Problem der intergenerativen Gerechtigkeit. Ein wirkliches Problem ist allerdings die Verteilung des Volksvermögens auf die sozialen Schichten der Bevölkerung, aber dies ist hier nicht das Thema.

Wir haben gesehen, dass die Staatsverschuldung nicht als Schulden der heutigen bei der künftigen Generation interpretiert werden kann. Vielmehr gibt es in allen Generationen sowohl Schuldner als auch Gläubiger. Wie aber steht es mit den Zinsen? Auch hier handelt es sich sozusagen um In-sich-Geschäfte, die sowohl innerhalb der gegenwärtigen als auch innerhalb der nachfolgenden Generation stattfinden, aber nicht zwischen aufeinanderfolgenden Generationen. Auf der einen Seite müssen die Steuerzahler auf einen Teil ihres Einkommens verzichten, um die Zinsen bezahlen zu können. Auf der anderen Seite erhalten die Inhaber der staatlichen Wertpapiere Vermögenseinkommen. Es handelt sich also um reine Zahlungsvorgänge innerhalb einer Generation und keineswegs um Zahlungen zwischen den Generationen. Nicht anders verhält es sich mit den Rückzahlungen von Staatskrediten. Im Folgenden wird gezeigt, dass Staatsschulden überhaupt nicht getilgt werden müssen.

Aber selbst wenn sie es müssten, wäre auch die Tilgung ein In-sich-Geschäft innerhalb einer Generation, denn den Ausgaben der Steuerzahler stehen die Einnahmen derer gegenüber, die dem Staat Geld geliehen haben; die Schulden der einen verschwinden ebenso wie die Forderungen der anderen. Selbst im Falle eines Staatsbankrotts kann man nicht davon sprechen, dass eine ganze Generation verliert. Auch hier gibt es sowohl Gewinner als auch Verlierer: Verlierer sind die Besitzer von Geldvermögen, Gewinner sind die Steuerzahler, die sich der Zinslast entledigen können. Beide Gruppen überschneiden sich natürlich. Die Besitzer von Geldvermögen sind mehrheitlich auch Steuerzahler, insofern werden sie für ihren Verlust teilweise entschädigt.

3.5 Ein Sonderfall: öffentliche Verschuldung im Ausland

Die Staatsschulden sowie die darauf lastenden Zinsverpflichtungen werden von der einen Steuerzahlergeneration auf die nächste vererbt. Da aber die Gläubiger des Staates ihre Forderungen mitsamt des Anspruchs auf Zinsen ebenfalls an die nächste Generation vererben, saldiert sich beides zu null und die öffentliche Verschuldung ist insoweit vielleicht ein fiskalisches Problem, aber kein Generationenproblem. Dieser Zusammenhang ist hoffentlich deutlich geworden. Solange wir uns im Rahmen einer – wie die Ökonomen sagen – »geschlossenen Volkswirtschaft« bewegen und von

Kreditbeziehungen zum Ausland absehen, gibt es realwirtschaftlich keine Verschuldung im Verhältnis zwischen Generationen; jede Generation kann nur konsumieren, was sie selbst produziert hat (vgl. die Darstellung dieses Zusammenhanges bei Beck/Prinz 2011, S. 72–75).

Damit kommen wir zu einem neuen Aspekt: Zum Generationenproblem kann die öffentliche Verschuldung allerdings dann werden, wenn der Staat seine Kredite nicht im Inland, sondern im Ausland aufgenommen hat. Da den Auslandsschulden des Staates – anders als bei seinen Inlandsschulden – keine positiven Forderungen von Inländern entsprechen, könnte man, falls man den Begriff der »Generation« rein national definiert, in der Tat sagen, dass sie zulasten der kommenden Generation gehen.

Allerdings ist das Problem der Auslandsverschuldung des Staates in dieser Form für die Bundesrepublik Deutschland nicht relevant, da sie, wie *Tabelle 4* zeigt, in der Summe aus Staat und allen privaten Sektoren zusammengerechnet gegenüber dem Ausland ein Nettogläubiger ist: Die Forderungen an das Ausland überstiegen im Jahr 2009 – dem letzten, für das eine volkswirtschaftliche Vermögensbilanz vorliegt – die Auslandsschulden um mehr als 400 Mrd. Euro. Zwar befindet sich ein Teil der deutschen Staatsanleihen in den Händen von Ausländern, was dadurch zu erklären ist, dass sie zu den sichersten Geldanlagen der Welt gezählt werden. Die Forderungen des Auslands an den deutschen Staat werden aber durch die Forderungen des deutschen Privatsektors an das Ausland mehr als ausgeglichen. Man kann dies auch so ausdrücken: das Geld, das die Ausländer beim deutschen Staat angelegt haben, haben sie sich per Saldo bei deutschen Banken, Unternehmen und Privathaushalten geliehen. Diese deutschen Forderungen ans Ausland bilden einen Ausgleich für die Auslandschulden des deutschen Staates und werden ebenfalls auf die nächste Generation vererbt.

Allerdings: Wenn auch die Auslandsverschuldung des Staates in Deutschland keine Rolle spielt, so ist sie, wie die Euro-Staatsschuldenkrise zeigt, in einigen anderen europäischen Ländern sogar zu einem dramatischen Problem geworden. Darauf wird weiter unten in einem kurzen Exkurs eingegangen (→ Kap. 3.10).

3.6 Tilgung der Staatsschulden?

Dass künftige Generationen die bis heute angesammelten Staatsschulden zurückzahlen müssten, ist ein Standardargument in nahezu allen Medienbeiträgen und politischen Meinungsäußerung zum Thema Generationengerechtigkeit. Trotzdem ist es falsch, denn was für Privatpersonen und einzelne Unternehmen richtig ist, kann nicht einfach auf den Staat übertragen werden. In Wirklichkeit muss die Staatsschuld nicht getilgt, sondern nur verzinst werden. Zwar erhält jeder einzelne Gläubiger, der dem Staat etwas geliehen hat – z.B. durch den Kauf von Bundesschatzbriefen – bei Fälligkeit selbstverständlich sein Geld zurück. Aber es findet in aller Regel nur eine Umschuldung statt. An die Stelle des alten Gläubigers tritt ein neuer und der staatliche Schuldenstand wird nicht geringer, sondern bleibt gleich oder – was der Regelfall ist – wächst allmählich weiter.

Dass die Staatschulden insgesamt nicht getilgt, sondern nur verzinst werden, ist allgemeine Praxis, auch in solchen Staaten, die als erstklassige Kapitalanlageländer gelten. Es gibt kein Beispiel dafür, dass ein Staat jemals seine Schulden zurückgezahlt hätte. Die einzigen historisch bekannten Formen, die Staatsschuld zu beseitigen oder nennenswert zu reduzieren, sind Staatsbankrott bzw. Währungsreform. Von diesem Mittel haben Staaten zu allen Zeiten häufig Gebrauch gemacht. Seit dem Ende des 2. Weltkriegs gab es zwar nur drei Staatsbankrotte in Industrieländern (im ehemaligen Deutsche Reich, in Japan sowie in der DDR), aber 90 Bankrotte von Entwicklungs- und Schwellenländern allein seit 1980 (vgl. Konrad/Zschäpitz 2010, S. 102–109). Möglicherweise wird aber die europäische Staatsschuldenkrise Staatsbankrotte zur Folge haben.

Vom Staatsbankrott abgesehen tilgt kein Staat seine Schulden. Alle begnügen sich, auch wenn sie eine solide Finanzpolitik betreiben, völlig zu Recht damit, den Zuwachs ihres Schuldenstands zu bremsen, die Staatsschuldenquote am Sozialprodukt nicht steigen zu lassen oder – im Extremfall – keine zusätzlichen Schulden mehr aufzunehmen und im Übrigen die Zinsen auf die bestehenden Schulden zu zahlen, um ihre Glaubwürdigkeit gegenüber privaten Kreditgebern nicht aufs Spiel zu setzen. Deshalb interessiert man sich in der seriösen wirtschafts- und finanzpolitischen Diskussion nur für die »Neuverschuldung« oder »Netto-Kreditaufnahme« (neue Schulden abzüglich Tilgungen). Gewiss wird in einzelnen konjunkturell besonders günstigen Jahren auch einmal ein Haushaltsüberschuss erzielt, was in der Tat bedeutet, dass die Staatsschuld abgebaut wird (z.B. in den USA in der Clinton-Ära in den 1990er Jahren). Aber dies ist die Ausnahme und nicht die Regel.

Aber weshalb brauchen Staaten ihre Schulden nicht zurückzuzahlen? Warum können sie durchaus solide mit einem hohen Schuldenstand wirtschaften, solange nur die Neuverschuldung nicht aus dem Ruder läuft? Der Grund liegt darin, dass es sich beim Staat bzw. seinen Untergliederungen wie Bund, Ländern, Gemeinden und Sozialversicherung im Normalfall um »ewige« – besser gesagt auf unabsehbar Zeit existierende – Institutionen handelt (es gibt allerdings auch Ausnahmen, wie am Beispiel der DDR zu sehen war). Wenn eine Bank einem Privatmann Geld leiht, z.B. zum Kauf eines Wohnhauses, dann muss sie darauf achten, dass er den Kredit im Lauf seines Lebens zurückzahlen kann, denn seine Erben könnten das Erbe auch ausschlagen, wenn es überwiegend aus Schulden besteht. Deshalb wird sich die Bank für den Fall der Zahlungsunfähigkeit des Schuldners das Zugriffsrecht auf das Haus einräumen lassen und in der Regel auch verlangen, dass er eine Lebensversicherung abschließt. Beim Staat ist es anders; er ist nicht mit einzelnen Personen, Privathaushalten oder Unternehmen vergleichbar, denen immer nur eine absehbar begrenzte Lebensdauer beschieden ist.

Vergleichen kann man den Staat daher nur mit der Gesamtheit aller privaten Haushalte oder aller privaten Unternehmen. Unter dieser Perspektive gibt es keinen systematischen Unterschied zwischen dem Staat und den Sektoren der privaten Haushalte und der privaten Unternehmen, denn auch diese perpetuieren, in der Summe gesehen, ihren Schuldenstand und erhöhen ihn allmählich im Lauf der Zeit entsprechend dem Wirtschaftswachstum. So hat z.B. der Schuldenstand der Privathaushalte (etwa 1,6 Bio. Euro im Jahr 2005) die gleiche Größenordnung wie die Staatsschuld, die Verschuldung der Produktionsunternehmen ist mit 1,9 Bio. Euro etwas höher und die des Finanzsektors mit 6,8 Bio. Euro sogar sehr viel höher als die Staatsschuld. Trotzdem kritisiert niemand, dass die Unternehmen ihre Investitionen statt aus laufenden Erlösen durch Kredite finanzieren und dass sie die Kosten auf künftige Generationen von Konsumenten abwälzen (obwohl sich einzelne Unternehmen natürlich überschulden und zahlungsunfähig werden können).

3.7 Der rationale Kern des Staatsverschuldungsproblems: die Belastung der öffentlichen Haushalte durch Zinszahlungen

Öffentliche Schulden belasten somit künftige Generationen nicht durch Rückzahlungsverpflichtungen, sondern nur durch Zinslasten. Dies ist der quantitativen Dimension nach ein gewaltiger Unterschied; die Belastung künftiger Generationen beträgt nur einen Bruchteil dessen, was sie bei Schuldentilgung zu tragen hätte. Gleichwohl stehen die Regierungen bei der Finanzierung der Staatsausgaben vor der Alternative, entweder bar zu bezahlen und dafür unter Umständen die Steuern oder Abgaben erhöhen zu müssen oder aber zusätzliche Kredite aufzunehmen und für die Folgezeit »auf ewig« Zinsen zu zahlen.

Damit kommen wir zu dem rationalen Kern des Verschuldungsproblems, das aber mit der Generationengerechtigkeit nicht viel zu tun hat: Wenn die Staatsverschuldung größere Ausmaße annimmt, dann werden die Zinszahlungen zwangsläufig zu einer erheblichen Belastung für die öffentlichen Haushalte. Dieser Zustand ist in der Bundesrepublik Deutschland bereits eingetreten. Für den Gesamtstaat aus Bund, Ländern, Gemeinden und Sozialversicherung liegt, wie *Abbildung 28* zeigt, der Anteil der Steuerausgaben, der für Zinszahlungen ausgegeben werden muss, derzeit (2010) bei 10,5 %. Allerdings war er in der Mitte der 1990er Jahre noch höher. Der Rückgang dieser Quote ist im Wesentlichen darauf zurückzuführen, dass die Zinsen heute wesentlich niedriger sind als damals.

***Abb. 28:** Anteil der öffentlichen Zinszahlungen (Bund, Länder, Gemeinden, Sozialversicherung) an den Steuereinahmen in Deutschland 1991 bis 2011 (in %)*

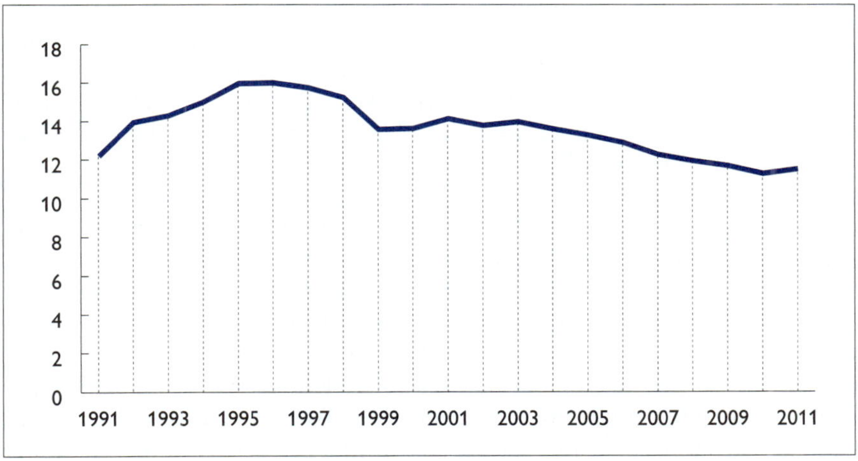

Eigene Grafik. Datenquelle: Sachverständigenrat zur Begutachtung der gesamtwirtschaftlichen Entwicklung, Lange Zeitreihen, Reihen ZR 040.

Betrachtet man nicht den Gesamtstaat, sondern nur den Bund, so ist das Verhältnis der Zinsausgaben zu den Steuereinnahmen noch etwas ungünstiger. Im Jahr 2010 musste der Bund für Zinsen 38,4 Mrd. Euro ausgeben; dies waren 15,1 % seiner Steuereinnahmen, die 254,9 Mrd. Euro betragen hatten.[10] Offenbar ist es also keineswegs gleichgültig, ob die Staatsausgaben – seien sie konsumtiv oder investiv – mittels Krediten oder aus laufenden Steuereinnahmen bezahlt werden. Die Wahl der Finanzierungsart beeinflusst vielmehr die Höhe der Steuerbelastung, die der Staat seinen Bürgern – gleichgültig welcher Generation – zumuten muss.

Bei der Barzahlung sind ausschließlich die Steuerzahler der gegenwärtigen Generation belastet. Bei der Kreditaufnahme müssen die Steuerzahler aller Generationen die Zinslasten tragen, also sowohl der heute lebenden als auch der künftigen. Allerdings gibt es bei der Kreditfinanzierung auch in allen Generationen Begünstigte, nämlich diejenigen, die Zinseinkommen aus öffentlichen Anleihen beziehen – weswegen es hier auch nicht um die Gerechtigkeit zwischen Generationen, sondern zwischen sozialen Gruppen geht. Die Belastung der künftigen Steuerzahler kann unter bestimmten Bedingungen gerechtfertigt werden, nämlich dann, wenn die Staatsausgaben nicht nur für die gegenwärtige, sondern auch für die künftige Generation Vorteile bringen und wenn die gegenwärtigen Steuerzahler von der Vorfinanzierung überfordert wären. Aus dem Grundsatz, dass diejenigen Generationen, die den Nutzen von den Staatsausgaben haben, sich auch an der Finanzierung beteiligen sollen, hat man die »Pay-as-you-use«-Regel abgeleitet, die man als »goldene Regel der Finanzpolitik« bezeichnen könnte und die bis zum 31. Juli 2009 auch im Grundgesetz (Art. 115) verankert war:[11] »Konsumtive« Ausgaben des Staates (d. h. hauptsächlich Personalausgaben und soziale Transferleistungen) sollen über laufende Steuern und Abgaben finanziert werden, »investive Ausgaben« hingegen durch Kredite.

Allerdings zeigt sich schnell, dass das theoretisch durchaus plausible Pay-as-you-use-Prinzip – abgesehen davon, dass es von den Regierungen entgegen dem Gebot des Grundgesetzes wiederholt verletzt worden ist – in der praktischen Anwendung nicht viel weiter hilft. Schwierigkeiten bereitet vor allem die Abgrenzung zwischen konsumtiven und investiven Ausgaben. Ist es sinnvoll, einen Dienstwagen als investiv, das Gehalt einer Lehrerin als konsumtiv zu verbuchen? Der Bau eines Bürogebäudes für ein Ministerium oder eine Stadtverwaltung ist eine Investition; wird der gleiche Büroraum angemietet, wird die Investition buchungstechnisch zur Konsumausgabe. In der Praxis ist es nie gelungen, dieses Abgrenzungsproblem befriedigend zu lösen.

Aber auch wenn es gelöst würde, könnte die Pay-as-you-use-Regel wenig zur Orientierung beitragen. In der Realität ist die Investitionstätigkeit des Staates nämlich kontinuierlich (oder sie sollte es jedenfalls sein); es handelt sich nicht um einmalige außergewöhnliche Ausgaben (wie es etwa der Bau eines Wohnhauses für eine Familie darstellt), sondern um einen Jahr für Jahr in etwa gleicher Größenordnung, aber mit leicht wachsender Tendenz wiederkehrenden Ausgabenblock. Wenn dies der Fall ist und die staatlichen Investitionen relativ zum Sozialprodukt einigermaßen konstant bleiben, dann werden alle Generationen bei ihrer Finanzierung im Prinzip gleich behandelt, unabhängig davon, ob die Investitionen mit Steuern oder Krediten finanziert werden. Bei konstanter staatlicher Investitionsquote ist es nicht mehr unterscheidbar, ob die heutigen Steuerzahler für die in der Vergangenheit getätigten oder für die aktuellen Staatsinvestitionen zahlen.[12]

Ob ein solcher kontinuierlicher Strom staatlicher Investitionen aus aktuellen Steuereinnahmen oder durch Kredite finanziert wird (und Steuern infolgedessen lediglich benötigt werden, um die Zinsen aufzubringen), ist also unter dem Gesichtspunkt der Lastenverteilung zwischen den Generationen letztlich unerheblich. Im Grunde spielt es, wenn die Staatsausgaben mehr oder weniger kontinuierlich und etwa konstantem Verhältnis zum Sozialprodukt fließen, auch gar keine Rolle, ob es sich um Konsum- oder Investitionsausgaben handelt. Wir können also zusammenfassen: Das Ausmaß der Staatsverschuldung ist zwar kein Problem der Generationengerechtigkeit, aber ein finanzpolitisches Problem; es ist letztlich mit entscheidend für die Steuerlast, welche die Bürger eines Staates – gleich welcher Generation sie angehören – auf die Dauer zu tragen haben.

Zu dieser Frage hat der amerikanische Wirtschaftswissenschaftler Evsey D. Domar bereits vor 65 Jahren die entscheidenden Überlegungen angestellt (Domar 1944): Nehmen wir an, die Ausgaben des Staates stünden immer in einem bestimmten Verhältnis zum Sozialprodukt (konstante Staatsausgabenquote) und würden ausschließlich durch Kredite finanziert. Dann muss der Staat Steuern nur in dem Umfang erheben, der nötig ist, um die Zinsen bezahlen zu können. In einem solchen System würde, wenn die nominale (d. h. nicht preisbereinigte) Wachstumsrate des Sozialprodukts konstant bleibt, die Staatsschuldenquote (Staatsschuld im Verhältnis zum Sozialprodukt) anfangs selbstverständlich rapide steigen, aber – wie Domar mathematisch gezeigt hat – nicht ins Unendliche, sondern sie würde sich einem Grenzwert annähern, der von der (konstanten) Ausgabenquote des Staates und von der nominellen (d. h. nicht preisbereinigten) Wachstumsrate des Sozialprodukts abhängt.

Wenn es aber für die Staatsschuldenquote einen obersten Grenzwert gibt, dann nähert sich auch das Verhältnis der staatlichen Zinsausgaben zum Sozialprodukt einem Grenzwert. Schließlich gibt es eine solche Obergrenze, die nicht überschritten wird, dann auch für die Steuerquote, d. h. für den Anteil der Steuern am Sozialprodukt, der zur Aufbringung der Zinsen erforderlich ist. Die Höhe dieses Grenzwerts der Steuerquote wird durch die Staatsausgabenquote, die Wachstumsrate und den Zinssatz, zu dem der Staat seine

Kredite aufnehmen kann, determiniert. Falls der Zinssatz höher ist als die Wachstumsrate, ist der Grenzwert der Steuerquote höher als der Anteil der Staatsausgaben am Sozialprodukt. Die Steuerzahler müssen dann auf Dauer stärker belastet werden als es bei unmittelbarer Steuerfinanzierung der Staatsausgaben notwendig wäre. Ist aber die Wachstumsrate höher als der Zinssatz, dann bringt die Kreditfinanzierung den Steuerzahlern Vorteile gegenüber der direkten Steuerfinanzierung. Die Frage der Staatsverschuldung ist also, so betrachtet, keine Grundsatzfrage der Generationengerechtigkeit, sondern eine der fiskalischen Zweckmäßigkeit, nämlich wie für die Aufgaben des Staates eine Finanzierungsform gefunden werden kann, welche die Steuerzahler möglichst wenig belastet.

Domars Theorem hat übrigens noch eine Lücke. Er hat nämlich nicht berücksichtigt, dass die Zinseinkommen, die infolge der Staatsverschuldung entstehen, ebenfalls besteuert werden können und dass auf diese Weise einen Teil der Zinsausgaben des Staates in seine Kassen zurückfließt. Darauf hat in etwa zeitgleich mit Domar der amerikanische Ökonom Abba P. Lerner hingewiesen (Lerner 1943). Wenn diese Zinseinkommen wie die übrigen Einkommen besteuert werden – wie es eigentlich im Sinne der Steuergerechtigkeit selbstverständlich sein sollte, wenngleich selten konsequent praktiziert wird –, dann darf der Zinssatz sogar noch etwas höher als die nominelle Wachstumsrate sein und die Kreditfinanzierung wäre für die Steuerzahler auf die Dauer immer noch vorteilhafter als die direkte Steuerfinanzierung.

Trotzdem rechtfertigt das Domar-Theorem keine bedenkenlose staatliche Schuldenpolitik, ganz im Gegenteil. Ein Blick auf die statistischen Daten der letzten Jahrzehnte zeigt nämlich, dass der Zinssatz für Anleihen der öffentlichen Hand nicht nur in Deutschland, sondern auch in vergleichbaren Ländern durchweg deutlich höher war als die nominale Wachstumsrate des Sozialprodukts. Daher ist die Kreditfinanzierung öffentlicher Ausgaben auf Dauer – jedenfalls unter den gegenwärtig normalen Bedingungen – für die Steuerzahler teurer als die direkte Steuerfinanzierung (vgl. Konrad/Zschäpitz 2010, S. 136–142). Auch der eben erwähnte Zinsbesteuerungseffekt fällt nicht so stark ins Gewicht, dass sich daran etwas ändert. Unter den üblicherweise herrschenden Rahmenbedingungen ist die Steuerbelastung dauerhaft am niedrigsten, wenn alle Staatsausgaben einschließlich der Investitionen – von der Notwendigkeit defizitfinanzierter Konjunkturprogramme abgesehen – bar bezahlt und unmittelbar aus laufenden Steuereinnahmen finanziert werden. Wenn der Staat hingegen Kredite aufnimmt und Steuern lediglich zur Finanzierung der Zinsausgaben erhebt, dann ist die Steuerlast auf die Dauer höher.

Wir können jetzt zusammenfassen, worin das wirkliche Gerechtigkeitsproblem der Staatsverschuldung besteht: Wenn der Staat einen Teil seiner Ausgaben durch Kredite finanziert, dann bewirkt die daraus entstehende Zinsverpflichtung auf Dauer, dass die Steuerlast höher ist, als sie sein müsste, wenn der Staat seine Ausgaben bar bezahlen würde. Es werden also Steuern erhoben, damit den Besitzern von Geldvermögen Zinserträge zufließen. Dies ist aber kein Problem der Generationengerechtigkeit, sondern ein Verteilungsproblem zwischen Steuerzahlern und Kapitaleignern, das innerhalb jeder Generation auftritt.

3.8 Staatsverschuldung und Wirtschaftswachstum

Zum Schluss soll noch auf das Problem des Zusammenhangs von Staatsverschuldung und Wirtschaftswachstum eingegangen werden. Bisher sind wir stillschweigend davon ausgegangen, dass es keine Kausalbeziehung zwischen der Kreditaufnahme des Staates und dem Wachstum des Sozialprodukts gibt. Falls es aber einen solchen Zusammenhang doch gäbe, dann würde dies ein neues Licht auf das Problem der Generationengerechtigkeit werfen:

- Gesetzt den Fall, dass das Wirtschaftswachstum um so geringer ist, je höher die Staatsverschuldung ist: Es bleibt dann zwar immer noch richtig, dass Schulden und Guthaben, Tilgung und Anspruch auf Kreditrückzahlung, Zinslasten und empfangene Vermögenseinkünfte Angehörige gleichzeitig lebender Generationen und nicht aufeinanderfolgender Generationen betreffen. Wenn die Staatsverschuldung von heute aber das Sozialprodukt von morgen schmälert, dann hätte sie in der Tat für alle Angehörigen der künftigen Generation negative Auswirkungen, und zwar unabhängig davon, ob sie zur Gruppe der Schuldner oder der Gläubiger gehören. Dann – aber auch nur dann – wäre die These, die öffentliche Verschuldung gehe zulasten nachfolgender Generationen, richtig.
- Gesetzt den umgekehrten Fall, dass die Staatsverschuldung von heute das Wirtschaftwachstum positiv beeinflusst: Dann würde sich die Verschuldung des Staates – anders als üblicherweise angenommen wird – zugunsten kommender Generationen auswirken.

Das Problem ist nun allerdings, dass die ökonomische Theorie nicht in der Lage zu sein scheint, eindeutige Aussagen über den Kausalzusammenhang zwischen Staatsverschuldung und Wirtschaftswachstum zu liefern. Dass in Zeiten von massiven Konjunktureinbrüchen staatliche kreditfinanzierte Ausgabenprogramme das Wirtschaftswachstum wieder anstoßen können, wird heute – nach den Erfahrungen der großen Finanz- und Wirtschaftskrise – auch von liberalen Ökonomen nicht mehr wirklich bestritten. Aber hier geht es nicht um den Fall kurzfristiger Störungen, sondern um die langfristige Kreditfinanzierungsquote im Durchschnitt über die Konjunkturzyklen hinweg. Was die langfristigen Wirkungen der staatlichen Schuldenaufnahme betrifft, so konkurrieren unter anderem folgende Hypothesen:

- Infrastruktur-Effekt: Durch öffentliche Investitionen, aber auch durch Ausgaben für Bildung verbessert der Staat die Infrastruktur einer Volkswirtschaft und erhöht damit ihre Wachstumschancen zum Vorteil künftiger Generationen. Dass diese Staatsausgaben die Infrastruktur verbessern, ist allerdings unabhängig davon, ob sie über Kredite oder durch höhere Steuern finanziert werden. Trotzdem kann das Infrastruktur-Argument in eingeschränkter Form aufrechterhalten werden: Wenn die Steuern nicht erhöht und keine anderen Staatsausgaben gestrichen werden können oder sollen, dann ist es für das Wachstum und damit für die nachfolgenden Generationen besser, die Infrastruktur durch Kredite zu finanzieren, als dies völlig zu unterlassen.
- Nachfragesog: Diese Theorie stützt sich auf die Tatsache, dass Wachstum im Prinzip nur dann möglich ist, wenn sich irgendjemand – seien es private Investoren, seien es die Konsumenten, sei es eben der Staat – verschuldet. Wenn also der Staat Kredite aufnimmt, d.h. mehr ausgibt, als er einnimmt, ermöglicht er damit von der Nachfrageseite her höheres Wachstum.
- Verdrängungstheorie (»Crowding-Out«): Nach dieser Theorie verdrängt der Staat als Schuldner private Investoren vom Kapitalmarkt. Je mehr Kredite der Staat aufnimmt, desto höher steigen die Zinsen, was dann die privaten Investitionen und damit auch das Wirtschaftswachstum beeinträchtigt. Auf diese Weise geht die öffentliche Verschuldung zulasten der künftigen Generationen.
- Theorie der rationalen Erwartungen: Sie ist die Gegenthese zur Nachfragesog-Theorie und besagt, dass kreditfinanzierte staatliche Ausgaben die volkswirtschaftliche Nachfrage nicht dauerhaft erhöhen können, weil rational handelnde private Investoren und Konsumenten erwarten, dass wegen der höheren Staatsausgaben früher oder später die Steuern erhöht werden müssen. Deshalb, aus Furcht vor künftigen höheren Steuern, halten sie sich zurück, sodass die zusätzliche Staatsnachfrage durch geringere private Nachfrage kompensiert wird.

Es würde zu weit führen, das Für und Wider dieser Theorien zu erörtern, zumal es für keine von ihnen eine empirische Bestätigung gibt. Es genügt das

Fazit, dass die Wirkung der Staatsverschuldung auf das Wirtschaftswachstum bereits in der Theorie umstritten ist. Mit einiger Sicherheit kann man wohl sagen, dass die Wirkung von den jeweiligen Umständen abhängt, also z.B. davon, ob die Produktionskapazitäten ausgelastet sind oder nicht, ob die Spartätigkeit der privaten Haushalte hoch oder niedrig ist oder ob bereits eine gute Infrastrukturausstattung vorhanden ist oder nicht. Vor allem können wir die Wirkung der staatlichen Kreditaufnahme nur dann beurteilen, wenn wir wissen, welche Alternative an ihrer Stelle zum Zuge käme: Würden dann die staatlichen Ausgaben eingeschränkt und wenn ja welche? Würden z.B. die staatlichen Investitionen gekürzt oder die Sozialausgaben oder die Gehälter im öffentlichen Dienst? Oder würden die Steuern erhöht und bei welchen Steuern würde man ansetzen? Und welche Folgen hätten die Ausgabenkürzungen oder Steuererhöhungen ihrerseits wieder für die wirtschaftliche Entwicklung und die Einnahmen und Ausgaben des Staates?

Für die Frage der Generationengerechtigkeit bedeutet das, dass wir nicht eindeutig sagen können, ob die Staatsverschuldung das Wachstum steigert und künftigen Generationen nützt oder ob sie dieses bremst und Letzteren schadet. Was wir sagen können, ist nur, dass die öffentliche Verschuldung primär kein Problem zwischen den Generationen ist, sondern zwischen Schuldnern und Gläubigern innerhalb der Generationen. Aber welche zusätzlichen Effekte von der öffentlichen Verschuldung auf das langfristige Wirtschaftswachstum und somit auf den Wohlstand künftiger Generationen ausgehen, wissen wir nicht.

3.9 Fazit zur Staatsverschuldung

Das Gesamtergebnis unserer Betrachtung zum Problem von Staatsverschuldung und Generationengerechtigkeit ist in gewisser Weise zwiespältig:

- Die Vorstellung, die Schuldenaufnahme des Staates bedeute, dass die heute lebende Generation auf Kosten ihrer Kindergeneration lebt, ist falsch. Bei der Staatsverschuldung handelt es sich nicht um Verbindlichkeiten, Forderungen und Zahlungen zwischen aufeinanderfolgenden Generationen, sondern zwischen gleichzeitig lebenden Altersgruppen. Unter dem Gesichtspunkt der Generationengerechtigkeit ist Staatsverschuldung in der Regel also kein Problem.
- Andererseits ist die Staatsverschuldung sehr wohl ein Problem, aber nicht zwischen Generationen, sondern für eine rationale Finanzpolitik. Wenn die staatlichen Aufgaben erfüllt werden sollen, ohne die Bürger zu sehr mit Steuern zu belasten, dann empfiehlt sich eine kon-

servative Finanzpolitik, die nach Möglichkeit auf Kreditfinanzierung verzichtet.

Der letzte Punkt, dass die staatlichen Haushalte am besten ohne Kredite auskommen sollten, ist jedoch mit einer ganzen Reihe von Einschränkungen zu verbinden:

1. Diese Regel kann nicht in jedem einzelnen Jahr gelten, sondern nur im Durchschnitt der Konjunkturzyklen.
2. Es ist weder sinnvoll noch möglich, einen im Lauf von Jahrzehnten entstandenen Schuldenstand wieder in nennenswertem Umfang zu reduzieren oder gar auf null bringen zu wollen.
3. Zur Konjunktursteuerung sind – wie die Erfahrungen der letzten Finanz- und Wirtschaftskrise gezeigt haben – schuldenfinanzierte Programme des Staates zur Nachfragestützung unentbehrlich. Allerdings sollten die Defizite im Konjunkturaufschwung wieder zurückgefahren werden. Voraussetzung dafür ist, dass Konjunkturprogramme nicht als Vorwand für dauerhaft wirkende Ausgabenerhöhungen oder Steuersenkungen missbraucht werden, sondern die zusätzliche Kreditaufnahme nur vorübergehend erhöhen.
4. Das wirkungsvollste Instrument zum Abbau von Staatsschulden sind nicht Ausgabenkürzungen und Steuererhöhungen, sondern eine Politik der Wachstumsförderung; wozu – allerdings nur unter bestimmten Bedingungen – kreditfinanzierte Ausgabenprogramme beitragen können.
5. Wenn in Sonderfällen – wie beim Zusammenbruch der DDR und der Deutschen Einheit – plötzlich und in großem Umfang unaufschiebbare Anforderungen auf den Staat zukommen oder wenn Investitionsprogramme von außergewöhnlichem Umfang notwendig sind, dann ist die Kreditfinanzierung sinnvoll.

Das Prinzip des ausgeglichenen Haushalts ist in Deutschland durch die sogenannte Schuldenbremse (vgl. Anmerkung 11 zu diesem Kapitel) verfassungsrechtlich verankert worden und wurde auf Drängen der deutschen Bundesregierung in Gestalt des »Fiskalpakts« von den anderen Staaten der Europäischen Union übernommen, wobei sich allerdings Großbritannien und Tschechien nicht angeschlossen haben.[13] Die Kreditaufnahme ist nur noch unter eng begrenzten Bedingungen zum Zwecke der Konjunktursteuerung gestattet, wobei die Haushalte über den ganzen Konjunkturzyklus hinweg ausgeglichen sein müssen, d. h. die im Abschwung aufgenommenen Schulden müssen im Aufschwung getilgt werden. Auch wenn diese Regelung – wie die Überlegungen zum Domar-Theorem weiter oben zeigen – im Kern durchaus rational ist, ist ein solch starres und juristisch fixiertes Schuldenverbot aus folgenden Gründen problematisch:

1. Eine rationale Entscheidung über die Höhe der Schulden kann überhaupt nicht getroffen werden, wenn nicht zugleich auch darüber diskutiert wird, welche Staatsausgaben notwendig und sinnvoll sind und wie hoch die Steuer- und Abgabenlast sein soll.
2. Unter den gegebenen Bedingungen ist zu befürchten, dass der Staat als Folge der Schuldenbremse chronisch unterfinanziert sein wird, was vor allem zulasten der öffentlichen Investitionen und der Infrastruktur einschließlich des Bildungs- und Gesundheitswesen gehen kann.
3. Die wirtschaftspolitisch vertretbare Höhe der Staatsverschuldung kann nicht abstrakt festgelegt werden, sondern sie hängt z. B. auch von der Verschuldung und der Spartätigkeit der privaten Haushalte und von der Investitionstätigkeit bzw. der Kreditnachfrage der Unternehmen ab.
4. Auch die Schuldenbremse kann umgangen werden: Der Staat kann, statt selbst zu investieren und dafür Kredite aufzunehmen, seine Dienstleistungen privatisieren und dazu Verträge mit privaten Investoren abschließen. Statt Zinsen müsste er dann Mieten oder Leasinggebühren zahlen, was einer verschleierten Verschuldung gleichkäme – mit dem Nachteil, dass die demokratische Kontrolle über die Erfüllung öffentlicher Aufgaben verloren ginge.
5. Die Staatsschulden im großen Umfang zu tilgen, wie es den Staaten der Europäischen Union durch den neuen »Fiskalpakt« pauschal zur Pflicht gemacht werden soll, ist im Hinblick auf die gesamtwirtschaftlichen Folgen äußerst kritisch zu beurteilen. Wenn dem volkswirtschaftlichen Kreislauf auf Jahre hinaus Binnennachfrage entzogen wird, kann dies zu chronischer Stagnation führen.

3.10 Die europäische Staatsschuldenkrise – ein aktueller Exkurs

Das Fazit der bisherigen Überlegungen lautete kurz gefasst, dass Staatsverschuldung zwar ein erhebliches finanzpolitisches Problem sein kann (wenn auch nicht in jedem Fall sein muss), aber nichts mit Generationengerechtigkeit zu tun hat. Die dramatische Staatsschuldenkrise in der Europäischen Währungsunion, besonders in Griechenland, scheint hingegen das genaue Gegenteil zu beweisen. Wenn Staatsbankrotte und der Zusammenbruch ganzer Volkswirtschaften nicht mehr auszuschließen sind, dann geht die übermäßige Kreditaufnahme der Vergangenheit doch offensichtlich auf Kosten jetzt und künftig lebender Generationen.

Gegen diese gewiss auf den ersten Blick einleuchtende Einschätzung sprechen aber zwei Gesichtspunkte:

1. Die aktuelle Staatsschuldenkrise in der Europäischen Währungsunion kann nicht allein aus der Staatsverschuldung einiger Euro-Länder erklärt werden, sondern nur aus dem Zusammentreffen einer Vielzahl verschiedener Ursachen.
2. Die Euro-Staatsschuldenkrise bestätigt nur, was überhaupt nicht bestritten worden ist, nämlich dass übermäßige Staatsverschuldung katastrophale Folgen für die Finanzen und die Wirtschaft eines Landes haben kann. Sie bestätigt aber keinesfalls die Gleichsetzung von Staatsverschuldung und Generationenungerechtigkeit.

3.10.1 Vielfältige Ursachen der Schuldenkrise

Für die Tatsache, dass einige Mitgliedsstaaten der Europäischen Währungsunion vor der Zahlungsunfähigkeit stehen oder zumindest vorübergehend gestanden haben und dass sogar das Auseinanderbrechen der Euro-Zone befürchtet wird, gibt es keine monokausale Erklärung:

- Tatsache ist zwar, dass die allermeisten Euro-Länder einschließlich Deutschlands sich schon seit langer Zeit Jahr für Jahr zusätzlich verschuldet und auf diese Weise einen beträchtlichen Schuldenstand angesammelt haben. Aber bis etwa 2007 war die Staatsverschuldung der Euro-Länder mehr oder weniger stabil, wenn sie auch vielfach über den im EU-Vertrag als Zielwert genannten 60 % des Bruttoinlandsprodukts lag. Erst ab 2008 ist aus der chronischen Verschuldung eine akute Krise geworden. Die Haushaltsdefizite sind geradezu explodiert, vor allem wegen der rezessionsbedingten Steuerausfälle, der steigenden Kosten der Arbeitslosigkeit und wegen der kreditfinanzierten Konjunkturprogramme. Von einer Staatsschuldenkrise im eigentlichen Sinne kann erst ab 2009 die Rede sein, nämlich seit die privaten Kapitalanleger nicht mehr bereit sind, bestimmten hoch verschuldeten Ländern zu normalen Zinsen weiteres Geld zu leihen.
- Dies zeigt, dass die aktuelle Euro-Staatsschuldenkrise zumindest teilweise durch den großen Konjunktureinbruch verursacht wurde und insofern als Folge der weltweiten Finanzkrise zu betrachten ist. Ohne die vom spekulativen Finanzsektor ausgelösten Krise hätte jedenfalls die Staatsverschuldung in der Europäischen Währungsunion keine derartig fatalen Folgen gehabt.
- In Irland und Spanien, die vor der Krise sogar Haushaltsüberschüsse erwirtschaftet hatten, ist die Überschuldung sogar ausschließlich auf die Finanzkrise zurückzuführen, nämlich auf die Ausgaben des Staates zur Rettung der Banken, die durch Finanzgeschäfte bzw. Immobilienspekulationen in Schwierigkeiten geraten waren.

- Neben der chronischen Verschuldung und der Finanzkrise sind die institutionellen Besonderheiten der Europäischen Währungsunion als weitere Hauptursache für die aktuelle europäische Staatsschuldenkrise zu nennen. Das lässt sich daran ablesen, dass wichtige Länder außerhalb der Euro-Zone wie etwa die USA, Großbritannien und besonders Japan ähnlich oder sogar noch höher verschuldet sind als Griechenland, Portugal, Spanien oder Italien, ohne in eine vergleichbare Krise geraten zu sein. Mit ursächlich für die Euro-Staatsschuldenkrise ist also auch die historisch und weltweit singuläre Konstruktion, dass wir in Europa eine einheitliche Währung *ohne* einen gemeinsamen Staat besitzen. Daraus entsteht ein zentrales Dilemma: Einerseits verfügen die nationalen Regierungen in der Europäischen Währungsunion nicht mehr über die traditionellen Instrumente, mit deren Hilfe normalerweise Staatsbankrotte abgewendet werden können, andererseits besitzt die Währungsunion keine handlungsfähige Regierung und keinen handlungsfähigen Gesetzgeber, die in Krisensituationen schnell und zielgerichtet reagieren könnten (vgl. hierzu Sachverständigenrat 2011, S. 93–94, Schreyer 2011).
- Zu den Ursachen der Krise gehört auch das Krisenmanagement der Regierungschefs der Euro-Zone, das die Situation nicht entschärft, sondern weiter verschärft hat. Dass die 17 Regierungen sich nur schwer auf eine einheitliche und durchgreifende Politik einigen können und dass die von Fall zu Fall mühsam gefundenen Kompromisse bisher kein neues Vertrauen schaffen konnten, ist größtenteils Ausdruck der institutionell bedingten Handlungsunfähigkeit der Währungsunion. Hinzu kamen aber auch vermeidbare Fehler, vor allem die übertrieben harten Sanierungsprogramme, die in den betroffenen Ländern heftige Konjunktureinbrüche ausgelöst haben, wodurch ihre Staatsschulden nicht reduziert, sondern weiter vergrößert wurden; auf diese Weise wurden die Sanierungsprogramme selbst zu einer wesentlichen Ursache der Krise.
- Im Übrigen hängt die chronische Verschuldung der südeuropäischen Länder ebenfalls mit den Konstruktionsprinzipien der Währungsunion zusammen. Unter dem Dach einer einheitlichen Währung sind Länder mit hoher und mit geringerer internationaler Wettbewerbsfähigkeit, mit hohen →Leistungsbilanzüberschüssen und mit hohen →Leistungsbilanzdefiziten, Länder mit chronischem Kapitalexport und mit ebenso chronischem Kapitalimport vereinigt. Infolgedessen verschulden sich die »schwächeren« Länder des Euro-Raums bei den »stärkeren«; an dieser Auslandsverschuldung haben nicht nur die Unternehmen und die privaten Haushalte Anteil, sondern auch die Staaten. Die Staatsverschuldung ist insofern nur ein Teilaspekt der Auslandsverschuldung. Die Aus-

landsverschuldung der weniger wettbewerbsfähigen Mitgliedsländer ist eine mehr oder weniger zwangsläufige Folge der Währungsunion. Hätten diese Länder ihre eigene Währung, wären ihrer Auslandsverschuldung durch den Kursverfall dieser Währung Grenzen gesetzt. In der Währungsunion fehlt aber diese Bremse, sodass der Schuldenberg lange Zeit unbemerkt wachsen kann, bis es zu spät ist. Gleichzeitig haben wettbewerbsstärkere Länder wie die Niederlande oder Deutschland davon profitiert, dass sich die schwächeren Länder lange Zeit unbegrenzt verschulden konnten, denn auf diese Weise konnten sie dorthin nahezu unbegrenzt exportieren.

- Als nicht unwesentliche Teilursache der aktuellen Staatsschuldenkrise in der Europäischen Währungsunion sind auch das Versagen des Finanzmarkts und die Verselbstständigung der spekulativen Finanzmärkte zu nennen. Nach dem Beinahe-Zusammenbruch der Finanzmärkte in der großen Finanz- und Wirtschaftskrise sind neben Aktien, Devisen und Rohstoffen nebst ihrer →Derivate auch Staatsanleihen zum Gegenstand weltweiter Spekulationsgeschäfte geworden. Anders als es traditionell der Fall gewesen ist, werden Staatsanleihen nicht mehr nur für die längerfristige risikolose Vermögensanlage nachgefragt, sondern vermehrt auch zu dem Zweck, durch schnellen Kauf und Verkauf Kursschwankungen auszunutzen und damit →Arbitagegewinne zu erzielen; dabei werden auch neue →Kreditausfallversicherungen eingesetzt. Unter den speziellen Bedingungen der Europäischen Währungsunion sind Spekulationsgeschäfte mit Staatsanleihen besonders attraktiv, weil die Teilnehmer dabei kein Wechselkursrisiko eingehen müssen. Infolgedessen ist der Markt für Staatsanleihen zunehmend durch hektische Bewegungen, Panikreaktionen und »Herdenverhalten« gekennzeichnet, wodurch die jüngste Euro-Staatsschuldenkrise erheblich verschärft worden ist.[14]
- Ganz abgesehen davon hat sich in der europäischen Staatsschuldenkrise – wie bereits in der vorausgegangenen Finanzkrise – gezeigt, dass die Finanzmärkte die Regulierungsfunktion, die ihnen von der traditionellen →neoklassischen Wirtschaftstheorie zugemessen wird, nicht oder nur sehr unvollkommen erfüllen. Der Theorie nach sollte nämlich die Verschuldungspolitik des Staates durch einen Automatismus des Finanzmarkts korrigiert werden: Wenn die Verschuldung eines Staates zu hoch wird, dann verliert er das Vertrauen der Kreditgeber; er muss für neue Kredite höhere Zinsen zahlen, wodurch er schließlich gezwungen wird, zu solider Haushaltsführung zurückzukehren. Auf dem Vertrauen auf diesen Mechanismus beruht übrigens auch eine wichtige Grundregel der konservativen Finanzpolitik, nämlich dass der Staat sich seine

Kredite auf dem Kapitalmarkt und zu Marktkonditionen beschaffen muss, statt sie sich bei der Notenbank zu besorgen. Gleichwohl hat der Kapitalmarkt in der Europäischen Währungsunion die ihm zugedachte Kontrollfunktion nicht erfüllt; vielmehr haben hoch verschuldete Staaten wie Griechenland, Portugal oder Italien lange Zeit problemlos Kredite zu ähnlich günstigen Konditionen erhalten wie Deutschland oder Luxemburg. Erst viel zu spät und ausgelöst durch ein eher zufälliges öffentlichkeitswirksames Ereignis[15] erfolgte eine umso heftigere Marktreaktion, die dann die Euro-Staatsschuldenkrise auslöste.

3.10.2 Europäische Staatsschuldenkrise und Generationengerechtigkeit

Das wichtigste Argument gegen die weitverbreitete Auffassung, Staatsschulden gingen zulasten künftiger Generationen, war folgendes: Den heutigen Schuldnern – also der gegenwärtig lebenden Generation, die zugleich Nutznießer der kreditfinanzierten staatlichen Ausgaben ist – stehen Gläubiger gegenüber, die der gleichen Generation angehören, nämlich die Inhaber von Geldvermögen, die sie dem Staat Geld geliehen haben. Beides, sowohl die Schulden als auch die Geldvermögen, werden von Generation zu Generation vererbt, sodass es sich bei der Staatsverschuldung um ein Verhältnis nicht zwischen, sondern innerhalb der Generationen handelt. In der gegenwärtigen europäischen Staatschuldenkrise sehen wir jedoch am besonders dramatischen Beispiel Griechenlands, wo nach langen Jahren des unbesorgten Schuldenmachens, der Misswirtschaft, der geduldeten Steuerhinterziehung, der Korruption und des »über seine Verhältnisse Lebens« der größte Teil der Bevölkerung in Armut und Verzweiflung versinkt; auf Jahrzehnte hinaus, so ist zu befürchten, wird die übergroße Mehrzahl der Griechen – vielleicht auch der Spanier, Portugiesen oder gar Italiener – nicht mehr den Lebensstandard genießen können, den sie sich vor der Krise auf Kredit geleistet hat. Ist dies nicht doch ein Beispiel dafür, dass hier eine Generation auf Kosten der nachfolgenden gelebt hat?

Aber auch wenn die Folgen für die griechische Bevölkerung sehr schmerzlich und sogar katastrophal sind, so handelt es sich dennoch um Umverteilungsprozesse zwischen gleichzeitig lebenden Menschen und insofern innerhalb derselben Generation. Betrachten wir nun am Beispiel Griechenlands die ökonomischen Transaktionen, die hier im Spiel sind, genauer:

In der ersten Phase, in der Griechenland seine Schulden aufgetürmt hat, hat der griechische Staat Kredite bei griechischen und besonders bei ausländischen Banken und Versicherungen aufgenommen. Aber nicht nur der Staat, sondern auch die griechischen Banken, Unternehmen und Privathaushalte haben sich im Ausland verschuldet. Ermöglicht wurde dies durch die Europäische Währungsunion; hätte Griechenland statt des Euro eine eigene Währung gehabt, hätte die Verschuldung sehr schnell zur Abwertung geführt und kein ausländischer Kreditgeber wäre bereit gewesen, dem Land Geld zu leihen. Den Schulden Griechenlands stehen die Geldvermögen der Banken und Versicherungen im europäischen Ausland gegenüber.

In der zweiten Phase, in der die Insolvenz Griechenlands unmittelbar bevorstand und fürs Erste lediglich durch europäische Hilfskredite und einen partiellen Schuldenerlass abgewendet werden konnte, fanden folgende Transaktionen statt bzw. könnten möglicherweise noch stattfinden:

- Als Griechenland neue Kredite aus den diversen Hilfsfonds (Griechenland-Rettungsfonds, Europäischer Finanzstabilisierungsfonds EFSF, Europäischer Stabilitätsmechanismus EMS), vom →Internationalen Währungsfonds, von der Europäischen Kommission oder direkt von anderen EU-Staaten erhielt (teils um auslaufende alte Kredite abzulösen, teils um sich noch weiter zu verschulden), war der Mechanismus der gleiche wie in der ersten Phase: den zusätzlichen griechischen Schulden stand ein wachsendes Geldvermögen der Kreditgeber gegenüber.
- Falls Griechenland diese Hilfskredite später nicht zurückzahlen und verzinsen kann, werden die Garantien fällig, welche die beteiligten Eurostaaten ausgesprochen haben. Wenn dann die Bürgerinnen und Bürger der betreffenden Staaten zur Finanzierung herangezogen werden, kommt es zu einem über mehrere Zwischenstationen verlaufenden Umverteilungsprozess: Die Steuerzahler zahlen höhere Abgaben an ihren Staat bzw. die Bürgerinnen und Bürger müssen auf staatliche Leistungen verzichten. Diese Mehreinnahmen oder Einsparungen verwenden die Staaten, um die Garantien einzulösen, die sie den Banken gegeben haben, damit diese den Hilfsfonds Geld leihen. Nachdem die Banken dank der staatlichen Garantien ihr Geld zurückerhalten haben, ist der griechische Staat insoweit von Schulden befreit. Im Ergebnis haben dann die Bürgerinnen und Bürger der garantierenden Staaten einen Teil der Steuerlast der griechischen Bevölkerung übernommen und zugleich die Gläubiger vor dem Verlust ihrer Forderungen gegenüber dem griechischen Staat bzw. gegenüber dem Hilfsfonds bewahrt.
- In dem Umfang, in dem die Gläubiger des griechischen Staates sowie der griechischen Banken, Unternehmen und Privathaushalte ganz oder teilweise auf ihre Forderungen verzichten mussten, stand den Vermögensverlusten, welche sie dadurch erlitten haben, die Entschuldung der Schuldner gegenüber. Dem Verlust der Gläubiger entsprach also in gleicher Höhe eine Art Vermögenszuwachs des griechischen Staates bzw. seiner Bürger, die ansonsten die Staatsschulden hätten tragen müssen.

- Insoweit der griechische Staat dank der Steuererhöhungen und der Einschränkungen staatlicher Leistungen, die er der griechischen Bevölkerung aufgeladen hat, teilweise seine Schulden zurückzahlen und fällige Zinszahlungen entrichten konnte, handelt es um die Umkehrung des Vorgangs in der ersten Phase: Der Verminderung der Schulden Griechenlands, ermöglicht durch Konsumverzicht, steht die Verminderung der Geldforderungen der Gläubiger gegenüber.

Man kann es drehen und wenden wie man will: Bei allen Vorgängen, die mit der Staatsschuldenkrise zusammenhängen, gibt es immer nur Zahlungen zwischen gleichzeitig lebenden Personen und Personengruppen bzw. gleichzeitig existierenden Institutionen. Es gibt keine Zahlungen zwischen Generationen. Es gibt immer nur Wohlstandsübertragungen innerhalb der Gegenwart, aber nicht aus der Gegenwart in die Zukunft oder in die Vergangenheit. Selbst wenn es zu einem Zusammenbruch der Staatsfinanzen kommt, saldieren sich die Gewinne und Verluste innerhalb ein und derselben Generation zu Null.

Allerdings muss man zugeben: Der Eindruck, dass die griechischen Bürgerinnen und Bürger jetzt die Schulden für ihre Vorgängergeneration zu zahlen haben, kann leicht entstehen. Aber dieser Eindruck entsteht nur deshalb, weil die griechischen Staatsschulden zum großen Teil Auslandsschulden sind, d. h. vor allem Schulden gegenüber Banken und Versicherungen in anderen Ländern der Europäischen Union und der Euro-Zone. Den Auslandsschulden des Staates entsprechen nämlich, wie bereits ausgeführt worden ist (→ Kap. 3.5) keine positiven Forderungen von Inländern. Insofern – aber auch nur insofern – könnte man in der Tat sagen, dass Auslandsschulden des Staates zulasten der kommenden Generation gehen.

3.10.3 Staatsschulden – eine Frage der Verteilungsgerechtigkeit

In der europäischen Staatsschuldenkrise geht es, jedenfalls wenn wir den Begriff der »Generation« nicht national, sondern europäisch definieren, nicht um Generationen-, sondern um Verteilungsgerechtigkeit. Die Frage ist also, ob die Wohlstandsübertragungen, die mit der Krise verbunden sind und die eben geschildert wurden, als gerecht betrachtet werden können:

- Ist es vertretbar, wenn – wie im Falle Griechenlands – die unteren und mittleren Einkommensschichten in den »Schuldnerländern« durch harte Sparprogramme und Steuererhöhung die Folgekosten von Steuerhinterziehung und Korruption tragen müssen, obwohl sie diese nicht oder jedenfalls nicht maßgeblich verursacht und davon profitiert haben?
- Gibt es eine Rechtfertigung dafür, dass die Staaten auf Kosten der Steuerzahler Banken retten, die ihr Geld an Staaten mit zweifelhafter Bonität verliehen haben?

- Ist es gerecht, wenn die wirtschaftlich stabileren Staaten, wie etwa Deutschland, einzelne »Schuldnerländer« – letztlich auf die eine oder andere Weise zulasten ihrer Bürgerinnen und Bürger – unterstützen?

Es ist im hier gegebenen Rahmen nicht möglich, diese Fragen umfassend zu erörtern. Deshalb müssen einige Anmerkungen genügen. Prinzipiell ist ein Schuldner, gleich ob es sich um eine einzelne Person, um ein Unternehmen oder um einen Staat handelt, verpflichtet, seine Schuld zu begleichen und die vereinbarten Zinsen zu entrichten. Dieser Pflicht des Schuldners entspricht der gerechte Anspruch des Gläubigers. Beides entspricht dem Gerechtigkeitsgrundsatz der Gegenseitigkeit und dem daraus abgeleiteten Grundsatz der sozialen Gerechtigkeit als Leistungsgerechtigkeit. Wenn der Gläubiger eine Leistung erbracht hat, indem er den Kredit zur Verfügung gestellt hat, dann hat er auch Anspruch auf die Gegenleistung des Schuldners, nämlich Rückzahlung und Zinsen. Der Schuldner seinerseits muss diese Gegenleistung aus eigener Kraft erbringen und hat dabei keinen Anspruch auf Hilfe Dritter. Von diesem an sich klaren Prinzip gibt es allerdings Ausnahmen:

- Nehmen wir an, der Kreditgeber hat mit der Zahlungsunfähigkeit des Schuldners rechnen können und müssen, diesem aber trotzdem Geld geliehen, entweder aus Leichtsinn oder weil er darauf vertraut hat, dass ein Dritter für den zahlungsunfähigen Schuldner einstehen würde. In diesem Fall kann zwar der Schuldner nicht generell von der Zahlungsverpflichtung freigesprochen werden, aber den Gläubiger trifft ein Mitverschulden. Es ist also zwischen den Interessen des Gläubigers und des Schuldners abzuwägen. Je nach Lage des Falles wird der Gläubiger zumindest auf einen Teil seiner Forderungen verzichten müssen. Keinesfalls aber kann der Gläubiger verlangen, dass Dritte für den Schuldner einstehen und dafür sorgen, dass er zu seinem Geld kommt.
- Etwas anders ist der Fall zu beurteilen, dass der Kreditgeber eine – verschuldete oder unverschuldete – Notlage des Schuldners ausgenutzt hat, um überhöhte Zinsen zu erzielen, etwa weil er darauf vertraut hat, durch ein Insolvenzverfahren (wenn nicht gar durch Drohungen und Gewaltanwendung) wenigstens so viel des verliehenen Geldes zurückholen zu können, dass sich das Geschäft lohnt. Hier lautet das Urteil wohl, dass der Schuldner von der Zahlungspflicht befreit werden sollte und dass der Gläubiger keinen Anspruch auf Begleichung der Schuld hat, und zwar weder durch den Schuldner selbst noch durch andere, die für ihn einstehen.

Leichtfertige Gläubiger oder gar böswillige Kreditgeber können sich also nur begrenzt bzw. überhaupt nicht auf einen gerechten Anspruch auf Tilgung und Verzinsung berufen. Geht man von diesem Grundsatz aus, dann ist es in bestimmtem Umfang, nämlich soweit man bei den Kapitalanlegern zumindest Leichtfertigkeit annehmen kann, zu rechtfertigen, dass z. B. den privaten Gläubigern des griechischen Staates im Verlauf der europäischen Staatschuldenkrise ein Forderungsverzicht zugemutet wurde. Das gilt vor allem für jene, die in der Anfangsphase der Krise darauf spekuliert haben, dass die europäischen Staaten unbegrenzt für die Zahlungsfähigkeit Griechenlands haften würden.

Außer der Leistungsgerechtigkeit sind aber auch noch andere Aspekte der sozialen Gerechtigkeit zu berücksichtigen, nämlich →Verteilungsgerechtigkeit und Belange des Gemeinwohls. Wenn die stabileren europäischen Staaten die Banken und Versicherungen unterstützen – obwohl manche von ihnen durch leichtfertige Kreditvergabe selbstverschuldet in Schwierigkeiten geraten sein mögen – und dabei sogar riskieren, ihren Bürgerinnen und Bürgern höhere Steuern oder Kürzungen von Sozialleistungen zumuten zu müssen, dann ist dies sicherlich als Verstoß gegen die Erfordernisse der Verteilungsgerechtigkeit, so unpräzise dieser Begriff im Übrigen auch sein mag, zu werten.

Was mit der Verteilungsgerechtigkeit in Konflikt kommt, kann aber unter dem Blickwinkel des Gemeinwohls – d. h. gemessen an dem Interesse am Erhalt der Funktionsfähigkeit des ökonomischen Gesamtsystems – möglicherweise anders beurteilt werden. So betrachtet können solche Rettungsaktionen vertretbar sein, aber nur dann, wenn sie nicht bedingungslos erfolgen. Vor allem dürfen die Banken und Versicherungen nicht um ihrer selbst willen und nicht zum Vorteil der Aktionäre und Vorstände gestützt werden, sondern ausschließlich im Interesse der Sparer und der Versicherungsnehmer sowie zu dem Zweck, den normalen Geldverkehr in Gang zu halten. Unter anderem folgt daraus, dass die Mittel, die der Staat zur Rettung aufwendet, nicht endgültig in das Eigentum der Banken übergehen sollten, sondern dass sie entweder später zurückgezahlt werden oder dass der Staat dafür Anteile am Eigenkapital der Banken erwirbt. Dies ist bei den staatlichen Garantien für den Europäischen Finanzstabilisierungsfonds (EFSF) und den Europäischen Stabilitätsmechanismus (EMS) leider nicht der Fall; werden die Garantien fällig, dann haben die Staaten verlorene Zuschüsse geleistet. Unter dem Gesichtspunkt des Gemeinwohls ist dies jedenfalls schwer zu rechtfertigen.

Schließlich ist die Frage der internationalen Gerechtigkeit innerhalb Europas von Interesse. Besonders in Deutschland sträuben sich die Regierung und die Deutsche Bundesbank heftig dagegen, dass die Europäische Währungsunion zu einer »Transferunion« wird. Deshalb haben sie die

Forderung, den in Schwierigkeiten geratenen »Schuldnerländern« zu helfen, lange zurückgewiesen und waren nur von Fall zu Fall und unter dem Druck der Verhältnisse bereit, partiell nachzugeben.[16] Diese Hilfsverweigerung entspricht zwar der Meinung der Mehrheit der deutschen Wählerinnen und Wähler, ist aber unter dem Aspekt der Gerechtigkeit durchaus problematisch. Weiter oben wurde bereits ausgeführt, welche Folgen es hat, dass in der Europäischen Währungsunion Länder mit sehr hoher und mit geringer Wettbewerbsfähigkeit unter einem Dach vereinigt sind: Die wettbewerbsstarken Länder – wie etwa Deutschland und die Niederlande – exportieren in die schwächeren Länder, aber dies können sie nur deshalb, weil die schwächeren Länder einschließlich ihrer Staatshaushalte sich im Ausland verschulden. Gläubiger und Schuldner sind Teilnehmer am gleichen europäischen Spiel; ohne Schuldner gibt es keine Gläubiger und ohne Gläubiger keine Schuldner.

Etwas zugespitzt kann man sagen, dass sich Deutschland als Ganzes durchaus in der Lage eines leichtfertigen Gläubigers befindet. Es hat nämlich das geschilderte europäische Spiel maßgeblich vorangetrieben, indem seine Regierungen seit mindestens eineinhalb Jahrzehnten eine systematische Politik der Steigerung der internationalen Wettbewerbsfähigkeit betrieben haben. Dabei hätten die deutschen Regierungen wissen müssen, dass dies jedenfalls für einige der Nachbarn in der Währungsunion auf die Dauer nicht ohne negative Folgen – nämlich schwindende Wettbewerbsfähigkeit und wachsende öffentliche und private Verschuldung – bleiben konnte. Aus diesen Gründen ist Deutschland für die jetzige Situation zwar nicht hauptverantwortlich, aber doch mit verantwortlich. Deshalb wäre es gerecht, dass es, wenn es die durch die Währungsunion ermöglichten Vorteile einer überlegenen Exportwirtschaft genießt, zu einem gewissen Teil auch für die Nachteile, nämlich die Verschuldung der Importländer, mit einsteht.

4 Generationengerechtigkeit in der gesetzlichen Alterssicherung

Die umlagefinanzierte gesetzliche Alterssicherung ist das zweite große politische Thema, an dem sich die Diskussion über Generationengerechtigkeit festmacht. Diese Diskussion steht natürlich unter dem Eindruck der Tatsache, dass der Anteil der Älteren an der Bevölkerung in Deutschland in den beiden letzten Jahrzehnten gestiegen ist und weiter stark steigen wird. Seit Ende der 1970er Jahre und vor allem mit den Reformen der rot-grünen

Regierung von 2001 und 2004 sind erhebliche Eingriffe in das Leistungsrecht der gesetzlichen Rentenversicherung vorgenommen worden (ausführliche Darstellung bei Deml u.a. 2008). Trotzdem gibt es eine Art Dogma, das derzeit die gesamte öffentliche Diskussion über die Zukunft der Alterssicherung dominiert, nämlich dass das bisherige Rentensystem wegen der wachsenden Alterslast »nicht mehr bezahlbar« sei. Das alte System fortzuführen, sei deshalb ungerecht gegenüber den jungen und den künftigen Generationen und bedeute, dass die älteren Generationen zu deren Lasten bevorzugt würden. Aus dem an sich unbestrittenen Tatbestand der wachsenden »demografischen → Alterslast« kann aber weder geschlossen werden, dass die umlagefinanzierte Rentenversicherung zwangsläufig zusammenbrechen muss noch dass der Ausstieg aus diesem System für die jüngeren Generationen vorteilhaft oder gar ein Gebot der Gerechtigkeit ist.

Vor allem aber muss der Begriff der »Bezahlbarkeit« kritisch hinterfragt werden. Dem Anschein nach bringt er eine Tatsache oder eine ökonomische Notwendigkeit zum Ausdruck. In Wirklichkeit handelt es sich jedoch um einen politischen Begriff oder um ein Werturteil, das eine politische Prioritätensetzung formuliert. In diesem Falle lautet die Priorität, dass bei insgesamt knappen finanziellen Mitteln für die Alterssicherung auch bei wachsenden Anforderungen keine zusätzlichen Mittel – ggf. unter Erhöhung der Abgaben oder Hintanstellung anderer Projekte – bereitgestellt werden sollten und stattdessen der laufende Konsum der Erwerbstätigen Vorrang haben solle. Selbstverständlich ist dieses Werturteil möglich, aber es bedarf einer ethischen Begründung und darf nicht als Tatsachenurteil über eine vermeintlich objektiv gegebene Bezahlbarkeit verkleidet werden. Über die Bezahlbarkeit der Alterssicherung kann demnach isoliert überhaupt nicht sinnvoll gesprochen werden, sondern nur im Zusammenhang mit alternativen Möglichkeiten der Verwendung von Finanzmitteln bzw. mit konkurrierenden Finanzierungserfordernissen.

4.1 Sozialstaatliche und post-sozialstaatliche Generationengerechtigkeit

Die Frage nach der Generationengerechtigkeit in der gesetzlichen Rentenversicherung besitzt eine herausgehobene Bedeutung in der Auseinandersetzung um die Legitimationsgrundlagen des Sozialstaats. Die gesetzliche Rentenversicherung als die größte und finanziell aufwendigste sozialpolitische Institution ist geradezu ein Symbol für das herkömmliche sozialstaatliche Verständnis von beschützender und zuteilender sozialer Gerechtigkeit und umfassender kollektiver Sicherheit. Sie wird verstanden als eine fürsorgliche Vorkehrung, die – je nach Wertung des Betrachters – den Individuen die Eigenverantwortung abnimmt oder sie davor beschützt, zum Spielball der ökonomischen Machtverhältnisse und unkalkulierbarer Risiken des Marktes zu werden.

Es ist charakteristisch für die neue Diskussion, dass sich das Verständnis von Gerechtigkeit zwischen den Generationen grundsätzlich verändert hat. Tendenziell ist die buchhalterische Aufrechnung von Leistung und Gegenleistung an die Stelle von Solidarität und wechselseitiger Verpflichtung getreten (vgl. Nullmeier 2004). Hierin liegt, so kann man sagen, der grundsätzliche Unterschied zwischen dem sozialstaatlichen und dem postsozialstaatlichen Verständnis von Generationengerechtigkeit.

- Die traditionelle Logik – man sprach, nicht ganz exakt, vom »Generationenvertrag« – war, dass die Erwerbstätigen ihre Eltern unterhalten und dadurch den Anspruch erwerben, ihrerseits im Alter von ihren Kindern unterhalten zu werden. Es handelte sich somit um ein moralisches Verpflichtungsverhältnis zwischen den Generationen; die Prinzipien der innerfamiliären Solidarität wurden auf die Gesellschaft übertragen – mit der Besonderheit, dass das Verpflichtungsverhältnis zwischen Kindern und Eltern sozusagen sozialisiert wird und die direkten Unterhaltsleistungen zwischen den Familienmitgliedern durch die Leistungen des Sozialstaats ersetzt werden.
- Das neue Verständnis von Generationengerechtigkeit orientiert sich dagegen nicht mehr am Muster der innerfamiliären Solidarität, sondern an dem der Tausch- oder Marktgerechtigkeit. Die Gleichstellung von Alterskohorten wird zum Maßstab der Generationengerechtigkeit. Keine Generation soll auf Kosten vorausgehender oder nachfolgender Generationen Vorteile erlangen oder Nachteile hinnehmen müssen. Folgerichtig wird das gesetzliche Alterssicherungssystem in Analogie zu einer kommerziellen privaten Lebensversicherung interpretiert, in der die Beitragszahler mit ihrer Kapitalanlage eine möglichst hohe Rendite erzielen wollen. Generationengerechtigkeit wird folglich als »Renditegerechtigkeit« verstanden: »Das erreichbare Beitrags-Leistungsverhältnis (die Rendite) der jungen und der zukünftigen Generationen aus der staatlichen Rentenversicherung darf nicht niedriger sein als die Rendite der heute älteren und früheren Generationen.« (Tremmel 2003, S. 38)

4.2 Ist die kapitalgedeckte Alterssicherung generationengerecht?

Dass sich die Diskussion über Generationengerechtigkeit in der Alterssicherung an den Finanzierungsproblemen, die als Folge der Verschiebungen im Altersaufbau der Bevölkerung entstehen werden, entzündet, ist kein Wunder. Wenn das Zahlenverhältnis zwischen der Bevölkerung im Erwerbsalter und im Rentenalter in Deutschland in den kommenden Jahrzehnten immer »ungünstiger« wird, dann müssen die prozentualen Beitragssätze in der Rentenversicherung steigen, während die Rentenleistungen allenfalls unverändert bleiben oder gar gekürzt werden müssen. Das bedeutet, dass die Rendite[17] aus dem Rentensystem, also die Verzinsung der eingezahlten Beiträge durch die später gezahlten Renten, für die Jüngeren zwangsläufig geringer sein wird als für die heutigen Älteren. Versteht man aber – wie es charakteristisch für das post-sozialstaatliche Gerechtigkeitsverständnis ist – Gerechtigkeit zwischen den Generationen als einen Zustand, in dem die Rendite aus dem Alterssicherungssystem für alle beteiligten Generationen gleich hoch ist, dann muss man das umlagefinanzierte gesetzliche Alterssicherungssystem als systematisch ungerecht betrachten.

Aus diesem Grund wird das Finanzierungssystem der gesetzlichen Alterssicherung zum zentralen Streitobjekt. Ob die Rentenversicherung mit dem →Umlageverfahren oder mit dem →Kapitaldeckungsverfahren arbeiten soll, ist nämlich alles andere als eine nur technische Frage der Zweckmäßigkeit. Ganz im Gegenteil: jedes dieser beiden Finanzierungsverfahren ist für seine jeweiligen Befürworter mit unausgesprochenen Werturteilen verbunden. Das Umlageverfahren ist geradezu das Symbol des sozialstaatlichen Verständnisses von Generationengerechtigkeit, in der Vorliebe für das Kapitaldeckungsverfahren kommt hingegen die post-sozialstaatliche Sichtweise von der Gerechtigkeit zwischen Generationen zum Ausdruck.

- Beim Umlageverfahren – der klassischen Methode der gesetzlichen Rentenversicherung seit 1957 werden die Beiträge der Versicherten ohne Zwischenschaltung eines Kapitalstocks sofort gemäß ihrer Zweckbestimmung zur Auszahlung der Renten verwendet. Dieses Verfahren ist die logische Konsequenz aus der normativen Grundidee, dass die soziale Sicherheit im Alter eine Sache der kollektiven Solidarität sein sollte. Die Solidargemeinschaft der Erwerbstätigen bringt die Beiträge auf, die notwendig sind, um die nicht mehr erwerbsfähigen Mitglieder der Gesellschaft angemessen am Wohlstand zu beteiligen. Die Sicherheit der Altersversorgung wird durch die generationenübergreifende kollektive Solidarität garantiert; deshalb ist ein Kapitalstock überflüssig. Die Jungen sorgen für die Alten und wenn die Jungen einst selbst alt sind, werden sie von den dann Jungen versorgt. Es ist die Aufgabe der staatlichen Rechtsordnung, das Funktionieren dieses Solidarausgleichs zu garantieren.

- Ganz anders ist es beim Kapitaldeckungsverfahren. Hier sammelt der Idee nach jeder Erwerbstätige individuell ein persönliches Vorsorgekapital, das er im Alter mitsamt der Zinsen und Zinseszinsen aufzehren kann. Die normative Grundidee des Kapitaldeckungsverfahrens ist nicht die kollektive Solidarität, sondern die persönliche Vorsorge. Sicherheit und Schutz vor Risiken sind aus dieser Perspektive Leistungen, die im Prinzip jeder am Markt kaufen kann, indem er spart oder Versicherungsverträge abschließt. Jeder sorgt für sich selbst; dies gilt für jedes Individuum und auch für jede Generation. Die Sicherheit wird durch die individuellen Vermögenstitel verbürgt; die staatliche Rechtsordnung spielt nur eine indirekte Rolle, nämlich dadurch, dass sie das Privateigentum schützt. Kollektive Solidarität ist dafür nicht notwendig und auch eher lästig, weil sie die individuellen Gestaltungsmöglichkeiten einschränkt.

Das neue Verständnis von Generationengerechtigkeit ist von der Vorstellung geleitet, dass Gerechtigkeit in der Entsprechung von Leistung und Gegenleistung besteht. Daraus ergibt sich das Postulat der Renditegerechtigkeit, d. h. dass allen Generationen die gleiche Rendite aus ihren Beiträgen zur Alterssicherung zukommen muss. Daraus folgt, dass das Alterssicherungssystem idealerweise nach dem Kapitaldeckungsverfahren arbeiten sollte, d. h. dass die eingehenden Beiträge nicht – wie es im Umlageverfahren der Fall ist – an die Rentnerinnen und Rentner verteilt, sondern in einem Kapitalstock angelegt werden; auf diese Weise erhalten alle beteiligten Generationen unabhängig von der demografischen Entwicklung die gleiche Verzinsung. Zwar ist die am Kapitalmarkt erzielbare Rendite kurzfristigen Schwankungen unterworfen, aber langfristig gleicht sich dies aus. Nur das Kapitaldeckungsverfahren kann daher, so die Theorie, die Anforderungen der als Renditegerechtigkeit definierten Generationengerechtigkeit erfüllen. Im Umlageverfahren kann es hingegen, folgt man der Logik der Entsprechung von Leistung und Gegenleistung, keine Generationengerechtigkeit geben.

Allerdings sind die Argumente zugunsten des Kapitaldeckungsverfahrens längst nicht so überzeugend, wie sie auf den ersten Blick erscheinen mögen. In der zweiten Hälfte der 1990er und in der ersten Hälfte der 2000er Jahre wurde in Deutschland ein teilweise erbitterter Prinzipienstreit um Umlage- und Kapitaldeckungsverfahren in der Alterssicherung ausgefochten (vgl. dazu Rürup 1998, Fasshauer 2001, Ebert 2005, S. 125–144 mit weiteren Literaturangaben). Die wichtigsten Argumente gegen die Umstellung des Rentensystems auf das Kapitaldeckungsverfahren sind die Folgenden:

1. Das Kapitaldeckungsverfahren ist keineswegs unabhängig von der Bevölkerungsentwicklung und von der Altersstruktur. Die Älteren können aus ihrem angesparten Vorsorgekapital nur dann ihren Lebensunterhalt bestreiten, wenn die Wirtschaft auch die Zinsen erwirtschaft und die für das Alter angesammelten Vermögenstitel – also z. B. Aktien, Staatsanleihen oder Immobilien – auch Käufer finden. Ob und in welchem Umfang dies möglich sein wird, hängt unter anderem davon ab, wie viele Erwerbstätige, die das Sozialprodukt erarbeiten, dann vorhanden sein werden. Letztlich ist es zweitrangig, ob die geringer werdende Zahl von aktiven Erwerbstätigen die wachsende Beitragslast im Umlageverfahren oder die wachsende Zinslast im Kapitaldeckungsverfahren tragen muss.
2. Wenn es zutrifft, dass auch kapitalgedeckte Alterssicherungssysteme dem Einfluss von Veränderungen der Altersstruktur der Bevölkerung ausgesetzt sind, können sie zentrale Forderung der post-sozialstaatlichen Generationengerechtigkeit nicht erfüllen, nämlich die Gleichheit der Renditen für alle beteiligten Generationen.
3. Aus diesem Dilemma scheint es einen bequemen Ausweg zu geben. Man könnte nämlich größere Teile des Vorsorgekapitals im Ausland anlegen, und zwar außerhalb des Euro-Raums und vorwiegend in aufstrebenden Schwellenländern, die nicht in gleicher Weise wie wir mit dem Problem der ungünstiger werdenden Altersstruktur zu kämpfen haben. Damit würde die kapitalgedeckte Altersversorgung in der Tat weitgehend von der Bevölkerungsentwicklung unabhängig. Aber damit handelt man sich ein womöglich noch größeres Sicherheitsrisiko ein, nämlich die Abhängigkeit von Wechselkursschwankungen und internationalen Finanzkrisen.
4. Dass das Kapitaldeckungs- dem Umlageverfahren renditemäßig überlegen ist, wird oft als selbstverständlich unterstellt, ist aber niemals seriös nachgewiesen worden (vgl. Ebert 2005, S. 145–165). Bei dem Versuch, dies nachzuweisen, gibt es vor allem zwei Probleme, die sich bei näherem Hinsehen als nahezu unlösbar erweisen. Zum ersten gibt es auf dem Markt für private kapitalgedeckte Altersvorsorge (also private Lebensversicherungen, Banksparpläne, Investmentfonds usw.) keine Produkte, die nach ihrem Leistungsprofil (z. B. bei der Absicherung des Erwerbsminderungs- oder des Hinterbliebenenrisikos) mit der umlagefinanzierten gesetzlichen Rentenversicherung vergleichbar wären. Schon wegen der mangelnden Vergleichbarkeit ist die Überlegenheit des Kapitaldeckungsverfahrens nicht zu beweisen. Der zweite Punkt ist, dass bei den Rentabilitätsrechnungen für die kapitalgedeckte Altersvorsorge immer ein Kapitalmarktzins unterstellt werden muss, von dem niemand weiß,

ob er wirklich erreicht werden wird. In den zurückliegenden Jahren – während der heftigen Debatten um die Rentenreformen in Deutschland – war jedenfalls zu beobachten, dass die Befürworter des Kapitaldeckungsverfahrens in aller Regel mit viel zu hohen und unrealistischen Zinserwartungen operierten.[18]

5. Es ist zu berücksichtigen, dass kapitalgedeckte Alterssicherungssysteme wegen ihrer Abhängigkeit vom Kapitalmarkt und seinen Risiken niemals den gleichen Grad an Sicherheit haben können wie Umlagesysteme, die notfalls vom Staat garantiert werden. Die jüngste große Finanz- und Wirtschaftskrise hat diese Tatsache eindrucksvoll gezeigt. In vielen Ländern mit kapitalgedeckten Rentensystemen, z.B. in den USA oder Japan, haben viele Arbeitnehmerinnen und Arbeitnehmer wesentliche Teile ihrer Rentenansprüche verloren, während die umlagefinanzierte Rentenversicherung in Deutschland den Zusammenbruch des Finanzsektors völlig unbeschadet überstanden hat.[19] Sollten also kapitalgedeckte Alterssicherungssysteme wirklich eine höhere Rendite ermöglichen als das Umlagesystem – was, wie bereits ausgeführt wurde, nicht zwingend nachweisbar ist –, dann wäre diese höhere Rendite wenigstens teilweise nicht als echter Vorteil zu betrachten, sondern sie wäre lediglich ein Risikozuschlag, der die größere Unsicherheit kompensiert.
6. Bei der Umstellung der Alterssicherung vom Umlage- auf das Kapitaldeckungsverfahren ergibt sich ein nahezu unlösbares Übergangsproblem: Die alten, im Umlageverfahren erworbenen Ansprüche können in einem Rechtsstaat nicht einfach annulliert, sondern müssen von der Erwerbstätigengeneration erfüllt werden; gleichzeitig aber sollen diese Erwerbstätigen für ihr eigenes Alter einen Kapitalstock ansparen. Die Umstellung erfordert also eine letztlich unzumutbare Doppelbelastung der Beitragszahlerinnen und Beitragszahler – oder einen massiven Vertrauensbruch gegenüber den Rentnerinnen und Rentner.
7. Ein letzter Aspekt, der beim Kapitaldeckungsverfahren zu beachten ist, betrifft nicht die Generationengerechtigkeit im eigentlichen Sinne, ist aber umso wichtiger und hat ganz generell mit einer aktuellen Frage der sozialen Gerechtigkeit überhaupt zu tun. Wird nämlich die Alterssicherung vom Umlage- auf das Kapitaldeckungsverfahren umgestellt, dann wird die Summe des weltweit anlagesuchenden Kapitals aufgebläht; damit wird zugleich die Entstehung der Finanzspekulation befördert, deren Auswirkungen in der weltweiten Finanz- und Wirtschaftskrise der Jahre ab 2008 spürbar geworden sind.[20] Zu den Lehren aus dieser Krise sollte gehören, dass die kapitalgedeckten Alterssicherungs-

systeme das weltweite Finanzsystem tendenziell unsicherer gemacht haben (s. Kapitel X).

Die genannten Punkte betreffen mehr die ökonomischen Aspekte des Kapitaldeckungsverfahrens und seine technische Machbarkeit. Unter dem Gesichtspunkt der Generationengerechtigkeit ist aber noch etwas anderes wichtig: Auch das Kapitaldeckungsverfahren kann dem Anspruch nicht genügen, allen Generationen die gleiche Rendite zu gewährleisten und die Alterssicherung auf die sichere Basis der Entsprechung von Leistung und Gegenleistung zu stellen. In Wirklichkeit sind die Renditen aus kapitalgedeckten Systemen längst nicht für alle Generationen konstant; sie sind langfristig unvorhersehbaren Schwankungen unterworfen und überdies keineswegs unabhängig von der Bevölkerungsentwicklung. Auf die Idee, Generationengerechtigkeit als Renditegleichheit für alle Generationen zu begreifen, kann nur kommen, wer sich in der Scheinwelt der theoretischen Ökonomie und ihrer Modellkonstruktionen bewegt und glaubt, es gebe am Kapitalmarkt ein stabiles Gleichgewicht und sozusagen einen ewig gültigen und stabilen Gleichgewichtszinssatz. Deshalb ist das Ziel der Renditegleichheit für alle Generationen nicht mehr als ein Gedankengebilde.

Im Übrigen widerspricht die Vorstellung, dass Geburtsjahrgänge rechnerisch gleichgestellt werden müssten, vollkommen der historischen Wirklichkeit. Jede Generation trifft auf letztlich einmalige Bedingungen und Herausforderungen (man denke z.B. an Weltwirtschaftskrise, Nationalsozialismus, Weltkrieg, Wiederaufbau- und Prosperitätsperiode in Westdeutschland, kommunistisches System in Ostdeutschland, »Babyboom« und Geburtenrückgang, Ökologiekrise, Umbruchsituation bei der Herstellung der deutschen Einheit, Globalisierung, Finanzkrise usw.). Gleichbehandlung der Generationen ist deshalb prinzipiell ausgeschlossen (vgl. Börsch-Supan 2003, Nullmeier 2004). Deshalb ist auch der normative Anspruch einer Generation, renditemäßig keinesfalls schlechter gestellt zu sein als ihre Vorgängergeneration, äußerst fragwürdig.

4.3 Ein Denkfehler in der Rentendiskussion

In Wirklichkeit wissen die meisten Verfechter des Prinzips der Generationengerechtigkeit als Renditegerechtigkeit, dass ein kapitalgedecktes Alterssicherungssystem aus ihrer Sicht zwar der Idealfall wäre, dass es aber allein schon wegen des Übergangsproblems unmöglich vollständig realisiert werden kann. Daher leiten sie aus ihrem Verständnis von Genera-

tionengerechtigkeit, soweit es um praktisch realisierbare Politik geht, zwei Reformschritte ab, die keinen völligen Systembruch erfordern, aber dennoch die Rendite der jüngeren und kommenden Generationen verbessern sollen, um sich dem Ziel der Renditegerechtigkeit wenigstens anzunähern:
1. Kürzung der Renten für die heute lebenden Rentnerinnen und Rentner, um die Beitragslast der kommenden Generationen zu vermindern.
2. Ergänzung der bestehenden umlagefinanzierten Rentenversicherung durch eine kapitalgedeckte Zusatzvorsorge, die es dann ermöglicht, das Sicherungsniveau – und damit auch die Beitragsbelastung – im umlagefinanzierten Basissystem zu reduzieren.

Diese Strategie hat auch die rot-grüne Regierung mit ihren Rentenreformen, dem »Altersvermögensgesetz« von 2001 und dem »Rentenversicherungs-Nachhaltigkeitsgesetz« von 2004, verfolgt. Durch Leistungskürzungen für die Älteren und entsprechende Beitragsentlastungen für die Jüngeren wollte man die Renditen der jüngeren Generation verbessern und auf diese Weise der Generationengerechtigkeit im Sinne der Gleichheit der Renditen für alle Generationen näher kommen. Die Frage ist, ob diese Rechnung aufgehen kann.

Wenn im Interesse jüngerer Generationen und im Namen der Generationengerechtigkeit Rentenkürzungen gefordert werden, dann liegt sehr häufig ein Denkfehler vor, der eigentlich so primitiv ist, dass man sich fragen muss, warum er immer wieder vorkommt. Er besteht in dem Glauben, Generationengerechtigkeit sei dasselbe wie möglichst niedrige Beiträge zur Rentenversicherung. Es ist aber ein Irrtum, Kürzungen für die heute lebenden Rentner seien für die jüngeren und künftigen Generationen automatisch von Vorteil. Dieser Glaube kann leicht entstehen, wenn man die beiden Bedeutungen des Wortes »Generationen« verwechselt – nämlich Generationen im Sinne gleichzeitig lebender Altersgruppen und im Sinne aufeinanderfolgender Geburtsjahrgänge (→ Kap. VIII.1). Oder anders ausgedrückt: es kommt zu Fehlern, wenn man in einer Querschnittbetrachtung zu erfassen sucht, was eine Längsschnittbetrachtung erfordert. Wenn z.B. im Jahr 2011 die Renten gekürzt und die Beiträge gesenkt werden, dann werden zweifellos die Einkommen derjenigen erhöht, die in diesem Jahr zwischen 30 und 35 Jahre alt sind. Das sagt aber nichts darüber aus, ob eine solche Maßnahme für die Geburtsjahrgänge 1975 bis 1980 vorteilhaft oder nachteilig ist, denn dies kann man nur beurteilen, wenn man die gesamten Lebenseinkommen dieser → Kohorten betrachtet.

In der Diskussion um Generationengerechtigkeit in der Alterssicherung ist es jedoch unerlässlich, einen ganz einfachen Tatbestand zu berücksichtigen, der aber allzu oft außer Acht gelassen wird: Die Jungen von heute sind die Alten von morgen. Deshalb sind, wenn Renten gekürzt werden, um die Beiträge zu senken oder den Anstieg der Beiträge zu vermeiden, nicht nur die gegenwärtigen Rentnerinnen und Rentner negativ betroffen, sondern auch die jüngeren Beitragszahler und Beitragszahlerinnen, und zwar dann, wenn sie selbst einmal rentenberechtigt werden. Denkt man diese einfache Einsicht konsequent zu Ende, dann sieht man schon, dass die Rendite der Jüngeren nicht allein schon deswegen automatisch steigt, weil sie geringere Beiträge zahlen. Bei der Rendite kommt es nicht nur darauf an, welche Beiträge man zahlt, sondern auch welche Rente dadurch erworben wird. Wie hoch die Rendite ist, bestimmt sich aus dem Verhältnis der erworbenen Rentenanwartschaften zu den eingezahlten Beiträgen.

Ein anschauliches Beispiel für den eben erwähnten Denkfehler liefert die Diskussion über die Erhöhung der Regelaltersgrenze in der gesetzlichen Rentenversicherung vom 65. auf das 67. Lebensjahr. Diejenigen, die diese Maßnahme verteidigen und sich dagegen wehren, dass sie wieder in Frage gestellt wird, argumentieren mit der »Generationengerechtigkeit«.[21] Die Vorstellung, durch die Altersrente mit 67 würden die kommenden Generationen entlastet, ist aber offenkundig unsinnig, denn gerade die heutigen jungen und heute noch nicht geborenen Beitragszahler werden ja insofern belastet, als sie länger arbeiten müssen. In Wirklichkeit werden – von den heutigen Erwerbstätigen im rentennahen Alter abgesehen – alle Geburtsjahrgänge sowohl entlastet als auch belastet; einerseits bezahlen sie etwas niedrigere Beiträge, andererseits bekommen sie ihre Rente später (oder mit entsprechenden Abschlägen). Alle betroffenen Jahrgänge tauschen einen höheren Nettolohn gegen längere Arbeit. Es geht bei der Erhöhung der Altersgrenze also gar nicht um die Verteilung zwischen heutigen und künftigen Generationen, sondern zwischen den gleichzeitig lebenden Altersgruppen, also zwischen den heute lebenden jüngeren Erwerbstätigen und den heute lebenden rentennahen Jahrgängen.

4.4 Vorteile für die Jüngeren durch Rentenkürzungen? Eine Beispielrechnung

Nach vorherrschender Meinung liegt es im Interesse jüngerer Generationen und ist es ein klares Gebot der Generationengerechtigkeit, die Renten zu kürzen oder wenigstens ihren Anstieg zu bremsen, um auf diese Weise den Beitragssatz zu senken oder zumindest stabil zu halten. Im Folgenden soll jedoch anhand eines Zahlenbeispiels gezeigt werden, dass diese Logik falsch ist (s. *Tabelle 5*). Ausgehend von den Zahlen des Basisjahrs 2011 wird dargestellt, wie es sich langfristig, d. h. über einen Zeitraum von 40 Jahren, auf die Rendite der jüngeren Jahrgänge auswirkt, wenn die Rentenansprüche für die älteren Jahrgänge vermindert werden. Nach dieser Rechnung haben Durchschnittsverdiener in genannten Jahr bei einem Jahreslohn von 30268 Euro und einem Beitragssatz von 19,9% 6023,33 Euro als Jahresbeitrag zu zahlen. Im gleichen Jahr beträgt die monatliche Rente, die mit einem durchschnittlichen Jahresbeitrag erworben worden ist, 27,34 Euro; dies ist der sogenannte Aktuelle Rentenwert.[22] Somit erreicht ein Versicherter mit Durchschnittseinkommen aus einem Jahr Beitragszahlung eine Jahresrente von 328,08 Euro, die ihm (von den jährlichen Anpassungen abgesehen) vom Rentenbeginn bis zu seinem Lebensende ausgezahlt wird. Bei einer angenommenen durchschnittlichen Rentensteigerung von 2,0% p.a. wird sich diese Monatsrente im Laufe von 40 Jahren, d. h. bis zum Endjahr (2051), um etwa 120% auf 724,41 Euro erhöhen. Wir nehmen ferner an, dass zur Finanzierung der Renten bei unverändertem rechtlichem Status quo im Endjahr wegen der höheren »Alterslast« ein Beitragssatz von 24,0% (statt 19,9%) erforderlich sein wird. Unter diesen Bedingungen beträgt dann das Verhältnis der im Endjahr wegen der höheren »Alterslast« zu beanspruchenden Jahresrente zu dem im Basisjahr gezahlten Jahresbeitrag 724,41/6023,33 = 12,03%. Diese Verhältniszahl ist zwar nicht identisch mit der korrekt berechneten finanzmathematischen Rendite, aber sie genügt für unsere Zwecke, um zu illustrieren, wie sich die Rendite bei bestimmten Eingriffen in das Rentensystem verändert.

Will man nun, der herrschenden Meinung folgend, die Beitragszahler der Rentenversicherung auf Kosten der Rentner entlasten, um auf diese Weise für die Jüngeren die Rendite aus dem Rentensystem zu erhöhen, dann stehen im Prinzip zwei Methoden zur Verfügung:

1. Die Renten werden zu einem bestimmten Zeitpunkt gekürzt und anschließend wieder, ausgehend von dem nunmehr abgesenkten Niveau, Jahr für Jahr nach einem unveränderten Anpassungsmodus erhöht (Variante A).
2. Die Renten bleiben zunächst ungekürzt, aber die Anpassungsformel wird so geändert, dass die jährlichen Rentenerhöhungen abgeflacht oder sogar abgeschafft werden (Variante B).

Beide Verfahren können natürlich auch kombiniert werden, aber sie werden im Folgenden separat behandelt, um ihre Wirkungsmechanismen zu verdeutlichen.

4.4.1 Variante A: Kürzung der laufenden Renten

Bei Variante A würden die laufenden Renten im Basisjahr um 10% gekürzt: Der »Aktuelle Rentenwert« (also die Monatsrente, die durch eine durchschnittlichen Jahresbeitrag erworben wird) würde sofort von 27,34 auf 24,61 Euro und die entsprechende Jahresrente von 328,08 auf 295,27 Euro sinken. Zwar könnte der Beitragssatz von 19,9% auf 17,91% ermäßigt werden und ein Durchschnittsverdiener müsste im Basisjahr nicht mehr 6023,33, sondern nur noch 5421,00 Euro an die Rentenversicherung zu zahlen. Aber bei unveränderter durchschnittlicher Rentensteigerung von 2,0% würde die aus der Durchschnittsbeitragszahlung des Basisjahrs resultierende Jahresrente im Jahr 2051 nicht 724,41, sondern nur noch 90% davon, d.h. 651,97 Euro betragen. In 40 Jahren wären also die jungen Erwachsenen des Basisjahrs, die den Vorteil der herabgesetzten Rentenversicherungsbeiträge genossen haben, selbst rentenberechtigt und folglich ebenfalls von der Kürzung betroffen.

Man sieht also: es werden keineswegs allein die im Basisjahr laufenden Renten gekürzt, sondern auch die Renten*anwartschaften*, sprich die Höhe dessen, was die heutigen Beitragszahler an Ansprüchen erwerben und später an Renten zu erwarten haben. Wenn also sowohl der Beitrag als auch der damit erworbene Rentenanspruch um jeweils 10% gemindert werden, bleibt das Verhältnis der nach 40 Jahren zu beanspruchenden Jahresrente zu dem ursprünglich gezahlten Beitrag unverändert, nämlich 651,97/5421,00. Bei Variante A bliebe also die Rendite gegenüber dem Status quo unverändert. Das liegt daran, dass bei dieser Methode die Rentensteigerungen (2,0% p.a.) nicht tangiert werden.

Die Auswirkungen von Rentenkürzungen nach dem Muster von Variante A auf die Renditen kann man wie folgt zusammenfassen:

- Die einmalige prozentuale Rentenkürzung in einem bestimmten Basisjahr verschlechtert die Rendite aller Rentenversicherungsbeiträge, die *vor* dem Basisjahr geleistet worden sind, um den gleichen Prozentsatz. Davon sind nicht nur sämtliche im Basisjahr lebenden Rentner betroffen, sondern auch alle Erwerbstätigen, soweit sie vor dem Basisjahr in das System eingezahlt haben.
- Die prozentuale Rentenkürzung im Basisjahr lässt die Rendite aus allen Rentenversicherungsbeiträgen, die *im* Basisjahr und in allen *Folgejahren* gezahlt werden, unverändert. Zwar sinkt der Beitragssatz im Basisjahr infolge der prozentualen Rentenkürzung im gleichen Verhältnis und bleibt auch in allen Folgejahren niedriger, als er ohne diesen Eingriff gewesen wäre. Aber nicht nur die Einzahlungen in das Rentensystem, sondern auch die Auszahlungen werden prozentual im gleichen Verhältnis gekürzt.

- Bei Variante A gibt es sowohl Verlierer (in erster Linie die Rentner und Rentnerinnen, in zweiter Linie alle Beitragszahler, die bereits vor dem Basisjahr eingezahlt haben) als auch solche, denen die ganze Operation weder Vor- noch Nachteile bringt (die künftigen Beitragszahler). Es gibt jedoch keine Gewinner.

4.4.2 Variante B: Verminderung der Rentenanpassungen

Bei Variante B würden die Renten im Basisjahr ungekürzt bleiben und auch der Beitragssatz bliebe unverändert bei 19,9%. Dafür würden die Rentensteigerungen so vermindert, dass nach 40 Jahren im Vergleich zum Status quo das gleiche Resultat erreicht würde wie bei Variante A, nämlich die Absenkung des »Aktuellen Rentenwerts« um 10% auf 54,33 (statt 60,37) Euro. Die schließlich gezahlte Jahresrente aus dem durchschnittlichen Jahresbeitrag beträgt dann ebenfalls nur 651,97 Euro (statt 724,41 Euro nach dem rechtlichen Status quo). Folglich verschlechtert sich das Verhältnis der im Endjahr zu beanspruchenden Rente zu dem im Basisjahr gezahlten Beitrag, und zwar genau um 10% auf 651,97/6 023,33 = 10,82%. Der Grund liegt in der Abflachung der Rentensteigerungen gegenüber dem Status quo bzw. der Variante A von jahresdurchschnittlich 2,0% auf 1,73%.

- Wenn die Rentendynamik nach dem Muster von Variante B abgebremst wird, dann hat dies folgende Auswirkung auf die Rendite:
- Wegen der niedrigeren Rentenanpassungen, die sich, beginnend mit dem Basisjahr, im Lauf der Jahre kumulieren, verschlechtert sich die Rendite auf alle Rentenversicherungsbeiträge, gleich wann sie geleistet worden sind oder erst noch in Zukunft geleistet werden. Negativ betroffen – gemessen an der Rendite – sind nicht nur die im Basisjahr lebenden Rentner und Rentnerinnen, sondern auch alle heutigen und künftigen Beitragszahlergenerationen. Daher gibt es, anders als bei Variante A, bei B ausschließlich Verlierer. Allerdings sind die Verluste auf die Generationen ungleich verteilt.
- Die geringeren Rentenanpassungen betreffen zwar auch die Rentner/innen, aber da die Renten im Vergleich zum rechtlichen Status quo nur allmählich sinken, ist die Variante B für die heutigen Rentner und Rentnerinnen deutlich schonender als die Variante A.
- Die Tatsache, dass die Beitragssätze wegen der geringeren Rentenerhöhungen im Vergleich zum rechtlichen Status quo allmählich sinken, verhindert keineswegs, dass sich die Rendite für die gegenwärtigen und künftigen Erwerbstätigen verschlechtert. Entscheidend dafür, wie sich der Gegenwert eines eingezahlten Beitrags entwickelt, ist vielmehr

ausschließlich die Rentendynamik in der Zeit zwischen der Zahlung des Beitrags und der letzten empfangenen Rentenzahlung. Zwar müssen die Versicherten einen niedrigeren Beitrag zahlen, aber dafür verliert auch die Rentenanwartschaft, die sie damit erwerben, wegen der geringeren Dynamik an Wert. Der gezahlte Beitrag entspricht also, um ein Bild zu gebrauchen, dem Preis, für den ein Wertpapier erworben wird, während die Rentendynamik mit den Kurssteigerungen dieses Wertpapiers zu vergleichen ist.

- Die im Basisjahr lebenden Erwerbstätigen sind stärker negativ betroffen als die Rentner und Rentnerinnen, und zwar umso stärker, je jünger sie sind. Die verminderten Rentenerhöhungen summieren sich erst im Lauf der Jahre zu einer (gemessen am rechtlichen Status quo) gravierenden Rentenkürzung. Daher fallen die Renditeverluste umso stärker ins Gewicht, je länger die Zeit zwischen dem Basisjahr (d. h. dem Beginn der verminderten Rentenanpassungen) und dem Ende des individuellen Rentenbezugs ist.
- Bei Eingriffen, welche dem Muster der Variante B folgen, sind demnach die Generationen der künftigen Beitragszahler (d. h. diejenigen, die erst nach dem Basisjahr in die Versicherung eintreten) in besonderem Maß die Verlierer.

Das numerische Beispiel hat gezeigt: In einem umlagefinanzierten Rentensystem mit lohnbezogenen Beiträgen und lohnbezogener Rentenberechnung können die Renditen für die jüngere Generation und für künftige Generationen weder durch Absenkung der laufenden Renten für die vorhandene Rentnergeneration noch durch Abbremsen der Rentensteigerungen verbessert werden. Man kann sogar mathematisch beweisen und auch durch empirisch gestützte Simulationsrechnungen belegen, dass die Rendite eines umlagefinanzierten Rentensystems ausschließlich von der sogenannten Rentendynamik abhängt, d. h. davon, in welchem Umfang Renten und die Rentenanwartschaften im Zeitverlauf steigen (s. Ebert 2005, S. 145–166, S. 41–55). Ob und in welchem Umfang die Renten und Rentenanwartschaften steigen, wird zum einen durch die »Rentenanpassungsformel« bestimmt, d. h. durch das gesetzlich geregelte Verfahren, nach dem die Rentenerhöhungen – meist in Abhängigkeit von der ökonomischen und demografischen Entwicklung – berechnet werden. Die andere entscheidende Größe bilden die Lohnerhöhungen, denn in allen umlagefinanzierten Rentensystemen folgen die Rentenanpassungen in irgendeiner Weise der Lohnentwicklung und sind die Lohnerhöhungen – neben der ökonomischen und demografischen Entwicklung und der Ausgestaltung der Rentenanpassungsformel – eine der entscheidenden Bestimmungsfaktoren

Tab. 5: Wirkung von Rentenkürzungen auf die jüngeren und künftigen Beitragszahler

	Rechtlicher Status quo		Variante A		Variante B	
			Rentenkürzung ab Basisjahr		Gebremster Rentenanstieg	
	Basisjahr	**Endjahr**	**Basisjahr**	**Endjahr**	**Basisjahr**	**Endjahr**
Durchschnittslohn	30 268,00 €		30 268,00 €		30 268,00 €	
Beitragssatz	19,90 %	24,00 %	17,91 %	21,60 %	19,90 %	21,60 %
Jahresbeitrag	6 023,33 €		5 421,00 €		6 023,33 €	
»Aktueller Rentenwert« (Jahresdurchschnitt)	27,34 €	60,37 €	24,60 €	54,33 €	27,34 €	54,33 €
Jahresrente aus einem Jahresbeitrag entsprechend dem Durchschnitts-einkommen	328,08 €	724,41 €	295,27 €	651,97 €	328,08 €	651,97 €
Kürzung der Renten um … % gegenüber dem rechtlichen Status quo			10,00 %	10,00 %	0,00 %	10,00 %
Rentensteigerung insgesamt vom Basis- bis zum Endjahr		120,80 %		120,80 %		98,70 %
Jahresdurch-schnittliche Rentensteigerung		2,00 %		2,00 %		1,73 %
Jahresrente im Endjahr in % des Jahresbeitrags im Basisjahr		12,03 %		12,03 %		10,82 %

der Rentendynamik und damit auch der Rendite, die aus den in das Rentensystem eingezahlten Beiträgen erzielt werden kann.

Daraus folgt etwas Wichtiges für die Generationengerechtigkeit, wenn man sie im post-sozialstaatlichen Sinne als Renditegerechtigkeit versteht: Das Beste für die Rendite in der Rentenversicherung sind nachhaltig und für alle beteiligten Generationen wachsende Löhne, besser gesagt wachsende Reallöhne, denn es kommt darauf an, welche preisbereinigte Rendite nach Abzug des inflationsbedingten Kaufkraftverlusts übrig bleibt. Die Lohnsteigerung ist unabhängig von der konkreten Ausgestaltung der Rentenanpassungsformel eine entscheidende Größe für die Rendite. Das gilt auch dann, wenn – wie es seit den Rentenreformen von 2001 und 2003 geschieht – die Anpassungsformel systematisch darauf angelegt ist, dass die Renten in geringerem Umfang wachsen als die Löhne.[23]

Lohnsteigerungen sind auch deshalb für die Rendite aus der Rentenversicherung so bedeutsam, weil sie – etwa im Unterschied zur Bevölkerungsentwicklung – relativ leicht politisch beeinflusst werden können, nicht nur durch die Lohnpolitik der Gewerkschaften, sondern auch durch die staatliche Wirtschaftspolitik. So besehen ist es umso auffälliger, dass die Bedeutung der Lohnsteigerungen gerade von denjenigen kaum beachtet wird, die ansonsten über die zu geringe Rendite aus der gesetzlichen Rentenversicherung besonders zu klagen pflegen. Das erklärt sich daraus, dass das Renditeargument in der Regel deshalb vorgebracht wird, um die kapitalgedeckte Alterssicherung zu propagieren. Eine hohe Rendite in der Kapitalanlage setzt aber hohe Gewinne und insofern möglichst niedrige Löhne voraus. So zeigt sich deutlich, dass die übliche Diskussion über Generationengerechtigkeit in der Rentenversicherung auch etwas mit den grundlegenden Verteilungskonflikten zwischen Arbeit und Kapital zu tun hat.

Aus den bisherigen Ergebnissen können bereits einige wichtige politische Schlussfolgerungen gezogen werden:

1. Da Generationengerechtigkeit im Sinne gleicher Renditen für alle Generationen weder in umlagefinanzierten noch in kapitalgedeckten Alterssicherungssystemen möglich ist, sollte für alle beteiligten Generationen die höchste Rendite angestrebt werden, welche für sie nach den gegebenen Umständen, vor allem angesichts der wachsenden »Alterslast«, erreichbar ist.
2. Es liegt im wohlverstandenen Interesse aller Generationen, ein gegebenes umlagefinanziertes Alterssicherungssystem mit möglichst hohen Rentensteigerungen aufrechtzuerhalten.
3. Dies gilt allerdings mit der wichtigen Einschränkung, dass der Beitragssatz nicht so stark steigen darf, dass er von künftigen Beitragszahlergenerationen nicht mehr getragen werden kann, weil diese sonst ihren Gegenwartskonsum zu sehr einschränken müssten.
4. Die höchste erreichbare Rendite für alle beteiligten Generationen weist dasjenige umlagefinanzierte Rentensystem auf, das die höchsten Rentensteigerungen garantiert und zugleich finanzierbar ist mit Beitragssätzen, die von künftigen Beitragszahlergenerationen gerade noch getragen werden können.

5. Möglichst hohe Reallohnsteigerungen für alle beteiligten Generationen sind die wichtigste Voraussetzung für eine gute Rendite in lohnbezogenen und umlagefinanzierten Alterssicherungssystemen.

4.5 Höhere Rendite in der Alterssicherung durch schleichenden Systemwechsel?

Wie wir gesehen haben, ist es unmöglich, innerhalb des Umlagesystems die Rendite der jüngeren und künftigen Generationen durch Senkung des Rentenniveaus oder durch Abbremsen der Rentendynamik zu verbessern. Es gibt aber noch eine andere Möglichkeit, dieses Ziel zu erreichen. Wenn man im Umlagesystem die Renten kürzt (oder ihren Anstieg bremst), könnte man dort den Beitragssatz senken und die dadurch eingesparten Beiträge in eine besser verzinsliche kapitalgedeckte Vorsorge investieren. Auf diese Weise würde sich dann eine aus den Erträgen des Umlage- sowie des Kapitaldeckungssystems zusammengesetzte Gesamtrendite ergeben, die theoretisch höher sein könnte als die ursprüngliche Rendite aus der gesetzlichen Rentenversicherung.

Eine solche Operation ist eine abgeschwächte Variante der Umstellung des Finanzierungsverfahrens vom Umlage- auf das Kapitaldeckungsverfahren. Die umlagefinanzierte gesetzliche Rentenversicherung bleibt zwar bestehen, aber daneben oder zusätzlich wird mit Hilfe öffentlicher Förderung ein ergänzendes System der kapitalgedeckten privaten Altersvorsorge aufgebaut. Langfristig verschieben sich dann die Gewichte zugunsten des kapitalgedeckten Teils, wenn man nur das Rentenniveau im Umlagesystem lange genug sinken lässt und den Beitragssatz einfriert oder begrenzt. Diese Logik eines partiellen – oder auch schleichenden – »Systemwechsels« lag auch den Rentenreformen der Regierung Schröder und der Einführung der sogenannten Riester-Rente zugrunde. Ob ein solches Kalkül aufgehen kann, ist aber aus einer Reihe von Gründen fraglich:

1. Wenn die Rentendynamik im Umlagesystem abgebremst wird, verschlechtert sich die Rendite für alle Generationen. Die (erhoffte) bessere Rendite im Kapitaldeckungsverfahren muss zunächst einmal diesen Verlust kompensieren; erst wenn sie darüber hinausgeht, kann per Saldo ein Renditevorteil entstehen.
2. Ob aber im Kapitaldeckungsverfahren wirklich so viel bessere Renditen erzielt werden als im Umlagesystem, ist besonders auf lange Sicht keineswegs sicher und angesichts der aktuellen Finanz- und Staatsschuldenkrise ist es zusätzlich fraglich geworden. Hohe Renditen wären allen-

falls zu erzielen, wenn das Vorsorgekapital zum erheblichen Teil in solchen Ländern angelegt würde, die eine deutlich günstigere demografische Entwicklung aufweisen. Dann würde allerdings die Alterssicherung von den internationalen Kapitalmärkten abhängig und entsprechend unsicher.
3. Den möglichen Renditevorteilen für jüngere und künftige Beitragszahler aus einer partiellen Umschichtung auf das Kapitaldeckungsverfahren stehen stets sichere Renditenachteile für die älteren und mittleren Generationen gegenüber. Deren Rendite im Umlagesystem wird verschlechtert, ohne dass sie dies durch kapitalgedeckte Vorsorge kompensieren können.
4. Renditevorteile aus der Umschichtung kann es nur dann geben, wenn die Beiträge, die in der gesetzlichen Rentenversicherung (gemessen am Zustand ohne Eingriff in Rentenniveau und/oder Rentendynamik) eingespart werden, vollständig in kapitalgedeckte Vorsorge investiert werden; dies ist zumindest bei der jetzigen Gesetzeslage (freiwillige Vorsorge mit staatlicher Förderung) nicht der Fall.
5. Vor allem müssen nicht nur die eingesparten Arbeitnehmer-, sondern auch Arbeitgeberbeiträge in die kapitalgedeckte Zusatzversorgung der Arbeitnehmer fließen. Wenn sie aber nur zur Senkung der »Lohnnebenkosten« verwendet werden und die Gewinne erhöhen, können sie nicht die Rendite aus der Alterssicherung verbessern.

Diese Bedingungen dürften in der Regel nicht erfüllt sein.[24] Der partielle Systemwechsel vom Umlage- zum Kapitaldeckungsverfahren kann allenfalls die Renditen für die jüngeren Beitragszahler um den Preis größerer Unsicherheit etwas erhöhen, wohl aber kaum Generationengerechtigkeit gewährleisten. Die Forderung nach Generationengerechtigkeit für die jüngeren und künftigen Generationen ist weder durch die üblicherweise empfohlenen Einschnitte in die umlagefinanzierte Rentenversicherung noch durch partiellen oder gar völligen Systemwechsel zum Kapitaldeckungssystem erfüllbar.

Demzufolge sollte es im wohlverstandenen Interesse auch der heutigen jüngeren Beitragszahler liegen, die Renten für die alte Generation unverändert fortzuführen, um selbst im eigenen Alter in den Genuss einer ungeschmälerten Versorgung zu kommen und dadurch eine möglichst gute Rendite zu erzielen. Das setzt voraus, dass die künftigen Beitragszahler die erforderlichen Beiträge auch dann aufbringen werden, wenn die »Alterslast« wächst und die Beitragssätze steigen. Hier zeigt sich, dass die Generationengerechtigkeit in der Alterssicherung eigentlich kein Rendite-, sondern ein Vertrauensproblem ist. Das Zentralproblem, das sich hinter der

Forderung nach Generationengerechtigkeit verbirgt, besteht offenbar darin, dass das erforderliche Vertrauen in die Solidarität der kommenden Generationen – nicht zuletzt wegen der bereits erreichten Beitragshöhe – nicht mehr besteht. Die Herausforderung an die Politik besteht demnach nicht in dem (ohnehin kaum erfolgversprechenden) Versuch, die Renditen zu verbessern, sondern darin, die Solidaritäts- und Vertrauensbasis des Rentensystems wiederherzustellen.

5 Generationengerechtigkeit – eine offene Frage

Es ist, so ist zu hoffen, deutlich geworden, dass die konkreten Behauptungen, auf die sich der Vorwurf der fehlenden Generationengerechtigkeit gegen den Sozial- und Interventionsstaat stützt, nicht zutreffen: Weder geht die Staatsverschuldung zwingend zulasten der jüngeren und nachwachsenden Generationen noch impliziert das umlagefinanzierte Alterssicherungssystem als solches eine prinzipielle Ungerechtigkeit. Die pauschalierende Rede von der systematischen Benachteiligung der jüngeren und künftigen Generationen beruht vielmehr erstens auf selektiver und willkürlicher Bilanzierung der vielfältigen ökonomischen Wohlstandsübertragungen zwischen den Generationen sowie zweitens auf unzureichender Kenntnis der ökonomischen Funktionsweise des Staatshaushalts und der Grundstrukturen umlagefinanzierter Alterssicherungssysteme. Damit soll aber weder für eine sorglose Schuldenpolitik der öffentlichen Haushalte plädiert noch das finanzielle Folgeproblem des demografischen Wandels für die gesetzliche Alterssicherung ignoriert werden. Beide Probleme sind gravierend, aber zu ihrer Lösung hat die Diskussion über Generationengerechtigkeit bis jetzt jedenfalls nichts Konstruktives beigetragen.

Es ist auch nicht zu bestreiten, dass Gerechtigkeit zwischen Generationen ein ernstes Thema ist, das hohe Aufmerksamkeit verdient. Hier sollte nur gezeigt werden, dass die Frage der Generationengerechtigkeit nicht so simpel abgehandelt werden kann, wie es heute in der Regel geschieht. Man kann sagen, dass empirische Untersuchungen der Generationengerechtigkeit im Sozial- und Interventionsstaat, die wissenschaftlichen Ansprüchen genügen, bislang fehlen. Auch besteht keine Klarheit darüber, an welchen normativen Kriterien die Generationengerechtigkeit gemessen werden soll. Jedenfalls sind Zweifel angebracht, dass das Konzept der Generationengerechtigkeit als marktförmiger Tauschgerechtigkeit, das sich in den letzten Jahren stillschweigend durchgesetzt hat, dem Verhältnis zwischen Generationen sozialethisch angemessen ist. Es widerspricht auch der Realität der Geschichte. Die Geschichte ist offen, sie kennt unvorhergesehene Brüche, welche die Welt verändern, alles ist in ständigem Wandel begriffen. Jede Generation befindet sich in einer anderen historischen Situation als ihre Vorläufer und Nachfolger. Die Vorstellung, exakt kalkulieren zu wollen, welche Zahlungen die eine Generation der anderen schuldet, ist so weltfremd, dass man sie getrost beiseite legen sollte.

▸ Zusammenfassung: Generationengerechtigkeit

1. Generationengerechtigkeit ist ein Schlüsselbegriff des post-sozialstaatlichen Gerechtigkeitsparadigmas. In ihm kommt der Generalverdacht zum Ausdruck, dass der Sozialstaat keine Gerechtigkeit garantiert, sondern vielfach selbst die Ursache sozialer Ungerechtigkeit ist. Dementsprechend werden soziale Ungerechtigkeiten nicht als Begleitumstände der kapitalistischen Marktwirtschaft, sondern als Ausdruck des Gegensatzes zwischen biologischen Gruppen, z.B. zwischen Alten und Jungen oder Kinderreichen und Kinderlosen, betrachtet.

2. Traditionell wird Generationengerechtigkeit als gegenseitiges Verpflichtungsverhältnis im Sinne von Solidarität verstanden, nach post-sozialstaatlichem Verständnis hingegen als rechnerische Entsprechung von Leistung und Gegenleistung im Sinne von Tauschgerechtigkeit.

3. Geht man vom post-sozialstaatlichen Verständnis von Generationengerechtigkeit als Tauschgerechtigkeit aus, dann müssen die vielfältigen Wohlstandsübertragungen, die zwischen aufeinanderfolgenden Generationen (Eltern- und Kindergeneration) stattfinden, vollständig und umfassend bilanziert werden. Dabei dürfen vor allem auch privat geleistete Wohlstandstransfers (z.B. Kindererziehung und Unterhalt für Kinder) und Vermögensübertragungen (Erbschaften) sowie der Verbrauch an natürlichen Ressourcen nicht außer Betracht bleiben.

4. In den meisten Analysen und Diskussionsbeiträgen, die dem Nachweis der Generationenungerechtigkeit des Sozialstaats gewidmet sind, wird dies aber versäumt. Dies gilt vor allem für die sogenannten Generationenbilanzen. Stattdessen ist eine einseitige und im Ergebnis systematisch verzerrte Auswahl typisch, die sich nahezu ausschließlich auf das Problem der Staatsverschuldung und die Probleme der umlagefinanzierten gesetzlichen Rentenversicherung beschränkt.

5. Die übliche Betrachtungsweise, dass die Staatsverschuldung stets zulasten künftiger Generationen geht, lässt wichtige Aspekte außer Acht, nämlich dass künftige Generationen nicht nur die staatlichen Schulden erben, sondern auch das positive staatliche Vermögen (Infrastruktur) sowie die Geldforderungen privater Gläubiger, die den Staatsschulden entsprechen. Auch die Vorstellung, dass Staatsschulden getilgt werden müssten, beruht auf einem irrtümlichen Analogieschluss von einzelnen Privathaushalten auf den Staat.

6. Auch wenn die Auffassung zurückzuweisen ist, dass jegliche Staatsverschuldung eine Ungerechtigkeit gegenüber künftigen Generationen darstelle, gibt es gute Argumente dafür, die staatlichen Ausgaben möglichst vollständig aus Steuern und Abgaben zu finanzieren. Der Grund liegt darin, dass auf diese Weise eine längerfristig niedrigere Steuerquote erreichbar sein dürfte. Abgesehen hiervon bleibt die staatliche Kreditaufnahme als Instrument der Nachfragestabilisierung bei Konjunkturschwächen unentbehrlich.

7. Nach post-sozialstaatlichem Verständnis erfordert Generationengerechtigkeit in der Alterssicherung, dass alle Generationen die gleiche Rendite aus dem Rentensystem erzielen (Generationengerechtigkeit als Renditegerechtigkeit). Wenn das Verhältnis von Rentnern zu Beitragszahlern ungünstiger wird, dann muss jedoch in der umlagefinanzierten gesetzlichen Rentenversicherung die Rendite von Geburtsjahrgang zu Geburtsjahrgang mehr oder weniger zwangsläufig abnehmen. Daraus wird im Namen der Generationengerechtigkeit die Forderung abgeleitet, durch Rentenkürzungen zulasten der älteren Generation, durch geringere Rentensteigerungen in der Zukunft sowie durch zumindest partielle Systemumstellung auf das Kapitaldeckungsverfahren die Rendite für die jüngeren und künftigen Generationen zu verbessern.

8. Es kann jedoch gezeigt werden, dass diese Strategien ihren Zweck nicht erreichen können. Vielmehr liegt es im wohlverstandenen Interesse aller Generationen, das umlagefinanzierte Rentensystem mit möglichst hohen Rentensteigerungen beizubehalten, jedoch unter der einschränkenden Voraussetzung, dass künftige Beitragszahler die Belastung noch tragen können.

Anmerkungen

1 In Abweichung von Hauser, der nur die Übertragung von Vermögensbeständen in seine Rechnungen aufgenommen hat, werden hier auch die laufenden Übertragungen zwischen den Generationen in die Bilanz einbezogen.

2 In der unvollständigen Bilanzierung der Wohlstandstransaktionen zwischen den Generationen liegt auch die entscheidende Schwäche – um nicht zu sagen der Manipulationscharakter – der sogenannten Generationenbilanzen, die z. B. von dem Freiburger »Forschungszentrum Generationenverträge« unter der Leitung von Prof. Bernd Raffelhüschen erstellt und mit beträchtlichem Geschick öffentlich propagiert werden (z. B. Feist/Raffelhüschen 2000, Bundesbank 2001, Mevis/Weddige 2006, Hagist u. a. 2006). Ihr Grundgedanke besteht darin, sämtliche künftigen Einnahmen und Ausgaben des Staates der kommenden Jahrzehnte (einschließlich der Sozialversicherung), wie sie sich nach dem im Basisjahr geltenden Recht ergeben würden, mit Hilfe der Methode der → »Diskontierung« zusammenzufassen und auf das Basisjahr zu berechnen. Die so errechneten künftigen Belastungen werden dann zu der im Basisjahr bereits bestehenden und offen ausgewiesenen Staatsverschuldung addiert, woraus ein Gesamtindikator für die Belastungen künftiger Generationen gewonnen werden soll. Diese »Generationenbilanzen« erfassen jedoch nur das Segment der öffentlichen Finanzen (Staat und Sozialversicherung), während die privaten Transfers, besonders die (monetären und nichtmonetären) Unterhaltsleistungen der Eltern an ihre Kinder in der Bilanz völlig unberücksichtigt bleiben. Vernachlässigt wird ferner, dass auch der gesamte private Kapitalstock zum Erbe einer nachfolgenden Generation gehört, das durch die Investitionsleistung der vorausgegangenen Generation geschaffen worden ist. Auch der ökologische Aspekt, der unter dem Gesichtspunkt der Generationengerechtigkeit ebenfalls wichtig ist, erscheint nicht in den Generationenbilanzen. Die Methodik der Generationenbilanzen kann hier nicht eingehend erläutert werden; stattdessen ist auf die entsprechende kritische Literatur zu verweisen (Grütz 1999, S. 81–92, Ebert 2005, S. 179–190).

3 Datenquelle: Sachverständigenrat zur Begutachtung der gesamtwirtschaftlichen Entwicklung, Lange Zeitreihen (sachverstaendigenrat.de).

4 Monatsberichte digital des BMF, diverse Ausgaben.

5 Absolut ist die Summe der Staatsschulden um etwa 1 Mrd. Euro angestiegen; da aber das Bruttoinlandsprodukt wesentlich stärker gestiegen ist, hat die Verschuldensquote abgenommen.

6 Die Kredite, die zur Finanzierung der Deutschen Einheit aufgenommen werden mussten, flossen zunächst nicht direkt in den Bundeshaushalt, sondern in den »Fonds Deutsche Einheit«. 1995 wurde dieser Sonderfonds aufgelöst und als Verbindlichkeit in die Haushalte des Bundes und der alten Länder übernommen. In der Statistik erscheinen daher die einigungsbedingten Staatsschulden der Jahre 1990 bis 1995 im Jahr 1995 gebündelt.

7 In diesem Jahr hat der Bund aus der Versteigerung der »UMTS«-Lizenzen einmalige Sondereinnamen von 50,5 Mrd. Euro erzielt. Sie wurden in der Statistik nicht als Einnahmen, sondern als Verminderung von Ausgaben verbucht.

8 Die Vermögensbilanz des Statistischen Bundesamts unterscheidet vier Sektoren, nämlich »Staat«, »Nichtfinanzielle Kapitalgesellschaften«, »Finanzielle Kapitalgesellschaften« sowie »private Haushalte und Private Organisationen ohne Erwerbszweck«. Zum Vermögen der privaten Haushalte in der Abgrenzung des Statistischen Bundesamts rechnen auch die Betriebsvermögen derjenigen selbstständigen Unternehmer, die ihre Betriebe nicht in der Rechtsform einer Kapitalgesellschaft (z.B. als GmbH) führen und bei denen es keine Trennung zwischen Betriebs- und Privatvermögen gibt; vgl. hierzu die Vermögensbilanz der Deutschen Bundesbank (Bundesbank 2008). Im Übrigen unterscheidet sich die Abgrenzung der staatlichen Schulden in der Vermögensbilanz des Statistischen Bundsamts geringfügig von derjenigen, die den oben verwendeten Zahlenreihen des Sachverständigenrats zugrunde liegt.

9 Zeitreihen des Sachverständigenrats zur Begutachtung der gesamtwirtschaftlichen Entwicklung, Reihe ZR046 (sachverstaendigenrat-wirtschaft.de).

10 Sachverständigenrat zur Begutachtung der gesamtwirtschaftlichen Entwicklung, Lange Zeitreihen, Reihen ZR 043.

11 Durch die neue sogenannte Schuldenbremse im Grundgesetz ist die bisherige Bestimmung des Artikel 115, welche die Kreditfinanzierung bis zur Höhe der Investitionen und darüber hinaus auch »zur Abwehr einer Störung des gesamtwirtschaftlichen Gleichgewichts« erlaubte, aufgehoben worden (Gesetz zur Änderung des Grundgesetzes vom 29.7.2009, in Kraft seit 1.8.2009).

12 Anders ist der Sonderfall zu beurteilen, dass aus einer gegebenen Situation heraus plötzlich und in großem Umfang unaufschiebbare Anforderungen auf den Staat zukommen. Einen solchen Fall hat Deutschland beim Zusammenbruch der DDR und der Einheit erlebt. Es sollte klar sein, dass es in solchen Situationen ein Gebot der Gerechtigkeit ist, auch künftige Generationen an der Finanzierung zu beteiligen, und dass die Ausweitung der Staatsschuld dann nicht nur zweckmäßig, sondern auch legitim ist.

13 Vertrag über Stabilität, Koordinierung und Steuerung in der Wirtschafts- und Währungsunion, unterzeichnet in Brüssel am 2. März 2012.

14 In einem einheitlichen nationalen Währungsraum haben Kapitaleigner, die eine sichere Anlage in Staatspapieren suchen und kein Währungsrisiko eingehen wollen, keine Auswahl, sondern sind auf die Anleihen ihres eigenen Staates angewiesen. In der Europäischen Währungsunion hingegen können sie zwischen den 17 Mitgliedsländern auswählen und ihr Kapital dort platzieren, wo Staatsanleihen die höchsten Zinsen abwerfen. Da die Regierungen um die Anleger konkurrieren müssen, eröffnet sich eine neue Art von spekulativem Glücksspiel, nämlich das Hin- und Herschieben von Staatsanleihen innerhalb des Euro-Raums ohne Wechselkursrisiko. Dadurch verschieben sich auch die Machtverhältnisse und der Staatsanleihenmarkt wird vom Verkäufer- zum Käufermarkt. In einem einheitlichen nationalen Währungsraum müssen die Anleger, falls sie auf die vom Staat garantierte Sicherheit nicht verzichten wollen, tendenziell die staatlichen Zinskonditionen akzeptieren; in der Europäischen Währungsunion hingegen müssen sich die einzelnen Staaten an die Wünsche der Gläubiger anpassen. Anders ausgedrückt: in der Währungsunion haben die einzelnen Regierungen das Anbietermonopol auf

sichere Kapitalanlagemöglichkeiten ohne Wechselkursrisiko verloren. Dadurch ist der Markt für Staatsanleihen zum Spekulationsmarkt geworden, und zwar mit der Folge, dass Staatsanleihen zunehmend keine Sicherheit mehr bieten können.

15 Dies war die Erklärung der neu gewählten griechischen Regierung vom 20. Oktober 2009, dass das Haushaltsdefizit 2009 – anders als von der Vorgängerregierung angegeben – nicht 6%, sondern12 bis 13% des BIP betragen werde.

16 Typisch für die Abwehrhaltung von Bundesregierung und Bundesbank gegenüber innereuropäischen Solidaritätsverpflichtungen ist ihre immer wieder öffentlich wiederholte Behauptung, die »Nicht-Beistandsklausel« des Artikels 125 des Vertrags über die Arbeitsweise der Europäischen Union verbiete finanzielle Hilfe für in Zahlungsschwierigkeiten geratene Länder. Dies ist jedoch eine absichtsvolle Fehlinterpretation, denn diese Vertragsklausel besagt lediglich, dass die Europäische Union, die Gemeinschaft der Euro-Länder und einzelne Euroländer nicht für andere Länder haften müssen. Aus dieser Klausel folgt selbstverständlich nicht, dass freiwillige Hilfe für bedrängte Mitgliedsstaaten verboten ist.

17 Mit »Rendite« ist die sogenannte interne Rendite (auch »interner Zinssatz« oder »Effektivzinssatz«) gemeint. Dies ist das in der betriebswirtschaftlichen Investitionsrechnung gängige finanzmathematische Verfahren, mit dessen Hilfe verschiedene Reihen von Ein- und Auszahlungen, die sich über mehrere Zeitperioden erstrecken, vergleichbar gemacht und nach ihrer Vorteilhaftigkeit bewertet werden können. Die Vergleichbarkeit von Zahlungen, die zu verschiedenen Zeitpunkten anfallen, wird mit Hilfe der »Barwerte« ermöglicht. Der Barwert bringt zum Ausdruck, dass eine in Zukunft anfallende Zahlung einen geringeren Wert besitzt als eine solche in nominell gleicher Höhe, die unmittelbar in der Gegenwart fällig ist; die Errechnung des Barwerts wird auch als »Diskontierung« bezeichnet. Erhält jemand z.B. in zwölf Monaten 1 000 Euro, dann beträgt, wenn der aktuelle Zinssatz bei 5% pro Jahr liegt, deren heutiger Barwert nur 952,38 Euro, denn dieser Betrag würde, bei einer Bank zu 5% angelegt, in einem Jahr auf 1 000 Euro anwachsen. Als »interne Rendite« oder »Effektivzinssatz« wird nun derjenige Zinssatz bezeichnet, bei dem der »Barwert« einer Zahlungsreihe gerade gleich null ist; die untersuchte Zahlungsreihe ist dann einer Investition gleichwertig, bei der eine bestimmte Kapitalsumme zu eben diesem Zinssatz angelegt wird.
Diese Methode der Berechnung der »internen Rendite« kann man auf die Beiträge und Renten anwenden, die ein Versicherter im Laufe seines Erwerbslebens in die gesetzliche Rentenversicherung einzahlt bzw. in der Zeit seines Ruhestands bis zum Tode daraus erhält. Dieses Verfahren ergibt einen fiktiven Zinssatz, der die Rentabilität der Beitragszahlung in der gesetzlichen Rentenversicherung wiedergibt. Wenn eine solche Berechnung für einzelne Geburtsjahrgänge von Versicherten vorgenommen wird und die dabei ermittelten Renditen verglichen werden, dann gewinnt man einen Maßstab für die (als Renditegerechtigkeit verstandene) Generationengerechtigkeit in der Alterssicherung. Die Berechnung der Rendite, die aus der gesetzlichen Rentenversicherung erzielt werden kann, ist im Übrigen mit einer Fülle methodischer Probleme verbunden, die nicht willkürfrei gelöst werden können; vgl. hierzu Ebert 2005, S. 145–166.

18 Auch in den Berechnungen, die den Reformgesetzen der rot-grünen Bundesregierung zugrunde lagen, wurde mit unrealistisch überhöhten Erwartungen bezüglich der am Kapitalmarkt erreichbaren Renditen gerechnet. So hat z.B. die »Nachhaltigkeitskommission« (auch »Rürup-Kommission« genannt), die das sogenannte Nachhaltigkeitsgesetz von 2004 im Auftrag der Regierung im Wesentlichen konzipiert hat, den langfristig erreichbaren Kapitalmarktzins mit 4% (preisbereinigt 2,5%) angesetzt, die für die Rendite der gesetzlichen Rentenversicherung mit entscheidende Lohnsteigerungsrate jedoch nur mit 3% (preisbereinigt 1,5%), ohne zu bedenken, dass diese beiden Annahmen nicht miteinander verträglich sind, es sei denn es fände eine massive Umverteilung zulasten der Löhne und zugunsten der Gewinne statt (vgl. Nachhaltigkeitskommission 2003, S. 109).

19 In Deutschland hat sich die Krisenfestigkeit umlagefinanzierter Rentensysteme bereits mehrfach bewährt, und zwar bei der Inflation 1923, in der Weltwirtschaftskrise Ende der 1920er und Anfang der 1930er Jahre, bei der Währungsreform 1948 und beim Zusammenbruch der DDR 1990.

20 Selbstverständlich wird der Kapitalstock der Alterssicherungssysteme in der Regel in sicheren Anlagen, z.B. Staatspapieren, angelegt und nicht in hoch riskanten Finanzprodukten. Entscheidend ist aber, dass das weltweite Angebot an Kapital durch das Kapitaldeckungsverfahren in der Alterssicherung insgesamt erhöht wird. Eben das Überangebot an anlagesuchendem Kapital ist eine der entscheidenden Ursachen für das Entstehen des »Finanzmarktkapitalismus«.

21 So z.B. die Junge Union, d.h. die gemeinsame Jugendorganisation von CDU und CSU, in einer Erklärung vom 10.8. 2010 mit der Überschrift »Rente mit 67 unverzichtbar für mehr Generationengerechtigkeit«; ähnlich äußerte sich der frühere Bundesfinanzminister Peer Steinbrück (Die Zeit, 2. Februar 2012).

22 Der »Aktuelle Rentenwert« ist die entscheidende Bemessungsgröße bei der Rentenberechnung. Er wird nach einer bestimmten Rentenanpassungsformel Jahr für Jahr zum 1. Juli an die wirtschaftliche Entwicklung angepasst. Der hier angegebene Betrag ist der Durchschnittswert aus dem ersten und zweiten Halbjahr 2011 und gilt für die alten Bundesländer. Hat ein Versicherter 45 Jahre lang solche Durchschnittsbeiträge geleistet, dann erhält er im Jahr 2011 eine Brutto-Monatsrente von 45 x 27,34 = 1230,08 Euro; dies ist die »Standardrente«.

23 Dies ist auch dann der Fall, wenn der Beitragssatz konstant gehalten und die Rentenanpassungen nach Maßgabe der Entwicklung des Beitragsaufkommens, das sich bei gegebenem Beitragssatz ergibt, vorgenommen werden. Auch in diesem Fall bestimmen die Lohnerhöhungen entscheidend über die Rentenerhöhungen, denn bei konstantem Beitragssatz hängt die Entwicklung der Beitragseinnahmen – außer von der Arbeitsmarktentwicklung – von den Lohnsteigerungen ab.

24 Trotzdem hat die Bundesregierung, als sie mit dem »Nachhaltigkeitsgesetz« von 2004 den Weg des partiellen Systemwechsels beschritt, von den von ihr beauftragten wissenschaftlichen Gutachtern bescheinigt bekommen, dass sich die Rendite verbessern würde (Nachhaltigkeitskommission 2003, S. 108ff., Sozialbeirat 2004, Ziff. 113–136). Zwar werde sich – wie nicht anders zu erwarten – die Renditen innerhalb der gesetzlichen Rentenversicherung verschlechtern. Dies

werde aber für die jüngeren Geburtsjahrgänge durch höhere Renditen in der kapitalgedeckten Vorsorge deutlich überkompensiert. Diese (offenbar zwischen den beteiligten Gremien abgestimmten) Berechnungen sind aber nur deshalb so positiv im Sinne des Konzepts der Bundesregierung ausgefallen, weil völlig unrealistische Annahmen zugrunde gelegt wurden. Zum einen wurde mit einer langfristigen Kapitalverzinsung von 4% gerechnet – ein Wert, den heute niemand mehr zu nennen wagen würde. Zum anderen wurde – entgegen den Bestimmungen des »Nachhaltigkeitsgesetzes« – unterstellt, dass nicht nur die eingesparten Arbeitnehmer- sondern auch Arbeitgeberbeiträge in die kapitalgedeckte Zusatzversorgung der Arbeitnehmer fließen.

IX. Soziale Gerechtigkeit im Gesundheitswesen – Pauschalprämienmodell contra Bürgerversicherung

Zu den gegenwärtigen Kontroversen um soziale Gerechtigkeit, gehört der Streit um die gerechte Finanzierung der Kosten des Gesundheitswesens. Bis weit in die 1990er Jahre hinein war das traditionelle System der gesetzlichen Krankenversicherung in Deutschland als solches nicht umstritten. Das galt auch für einen seiner zentralen Bestandteile, nämlich für die Einkommensumverteilung innerhalb der Versichertengemeinschaft. Sie kommt dadurch zustande, dass die Beiträge prozentual nach dem der Versicherungspflicht unterliegenden Einkommen – d.h. in der Regel vom Arbeitslohn – berechnet werden, während die Leistungen, also die gesundheitliche Versorgung, sich nach dem medizinischen Bedarf richten und somit vom Einkommen unabhängig sind, wenn man vom Krankengeld absieht, dessen Anteil an den Ausgaben der Krankenkassen aber gering ist. Das System der gesetzlichen Krankversicherung folgt also dem Grundsatz: »jeder nach seiner finanziellen Leistungsfähigkeit, jedem nach seinem medizinischen Bedarf«.

1 Der politische Streit Anfang der 2000er Jahre

Erst ab Ende der 1990er Jahre wurde grundsätzliche Kritik an dem bis dahin allgemein akzeptierten System der gesetzlichen Krankenversicherung laut. Das geschah nicht zuletzt unter dem Eindruck der Tatsache, dass der Anstieg der Beitragssätze nicht gebremst werden konnte, obwohl der Gesetzgeber – unabhängig von der parteipolitischen Richtung der jeweiligen Bundesregierung – mit einer nahezu ununterbrochenen Folge von »Gesundheitsreformen« und Konsolidierungsgesetzen gegenzusteuern versuchte.

Liberal orientierte Wirtschaftswissenschaftler sahen in einer stärker marktwirtschaftlichen Ausrichtung des Gesundheitswesens die einzige Möglichkeit, die Beitragsentwicklung unter Kontrolle zu bringen. Sie gewannen die Überzeugung, dass vor allem die interne Einkommensumverteilung innerhalb der gesetzlichen Krankenversicherung und die lohnbezogene Berechnung der Kassenbeiträge einer effizienteren marktwirtschaftlichen Steuerung entgegenstünden. Daraus ergab sich dann die

Forderung, die nach der Lohnhöhe gestaffelten Krankenversicherungsbeiträge durch einkommensunabhängige »Pauschalprämien« (auch »Kopfpauschalen« oder »Kopfprämien« genannt) zu ersetzen und den sozialen Ausgleich über den Staatshaushalt statt innerhalb der Solidargemeinschaft der Krankenversicherung zu organisieren.

Diese Auffassung wurde – mit gewissen Abwandlungen – in der Wirtschaftswissenschaft zur vorherrschenden Meinung (vgl. Sachverständigenrat 1996, Sachverständigenrat 2002, Donges u.a. 2002, Henke u.a. 2002, Knappe/Arnold 2002, Sachverständigenrat 2003, Pimpertz 2003, Breyer u.a. 2004, Rürup/Wille 2004) und fand auch in die Gutachten von Kommissionen Eingang, die zur Beratung von Regierung und Parteien einberufen worden waren (Nachhaltigkeitskommission 2003, Herzog-Kommission 2003, Wissenschaftlicher Beirat beim BMWi 2010). Die Anhänger des traditionellen Krankenversicherungssystems antworteten mit einem Gegenmodell zur Pauschalprämie, der »Bürgerversicherung«, dessen Kern darin besteht, das Prinzip »jeder nach seiner finanziellen Leistungsfähigkeit, jedem nach seinem medizinischen Bedarf« nicht nur zu bewahren, sondern konsequenter als bisher zur Geltung zu bringen (vgl. Lauterbach 2004, SPD-Projektgruppe Bürgerversicherung 2004, Greß/Rothgang 2010). Die »Bürgerversicherung« wurde nicht nur von den sozialpolitischen Traditionalisten wie etwa den Gewerkschaften propagiert, sondern auch von den Parteiführungen von SPD und Bündnis 90/Die Grünen, die auf diese Weise ihr sozialpolitisches Profil wieder verbessern konnten, das unter den Renten- und Arbeitsmarktreformen der Regierung Schröder gelitten hatte. Zugleich übten die Befürworter der Bürgerversicherung heftige Kritik am Pauschalprämienmodell (z.B. Pfaff/Pfaff 2004, Wasem u.a. 2003).

Politische Brisanz bekam das Pauschalprämienmodell dadurch, dass es von der CDU auf ihrem Leipziger Bundesparteitag von 2003 beschlossen (CDU 2003, S.20–30) und darüber hinaus in das gemeinsame Wahlprogramm von CDU und CSU für die Bundestagswahl 2005 übernommen wurde (CDU/CSU 2005, S.30f.). Im Wahlkampf erwies sich die »Kopfprämie« allerdings als ziemlich unpopulär und war vielleicht auch mit ursächlich dafür, dass die Union die angestrebte schwarz-gelbe Mehrheit verfehlte.

Nachdem das Pauschalprämienmodell während der Großen Koalition auf Eis gelegen hatte, wurde es bei Bildung der schwarz-gelben Koalition 2009 wieder aktuell. Zwar scheuten CDU und CSU vor dem Systembruch zurück, zu dem ihr kleinerer Koalitionspartner FDP sie drängte, aber das »Gesetz zur nachhaltigen und sozial ausgewogenen Finanzierung der Gesetzlichen Krankenversicherung«, das am 12. November 2010 vom Bundestag verabschiedet wurde und am 1. Januar 2011 in Kraft getreten ist, kann als Versuch gewertet werden, das herkömmliche Krankenversicherungssystem langsam und in kleinen Schritten in Richtung des Pauschalprämienmodells zu transferieren.

Beim Streit um das Pauschalprämienmodell geht es nicht nur um versicherungstechnische Regelungen, sondern auch um die Zukunft zweier entscheidender Leitideen des sozialstaatlichen Gerechtigkeitsparadigmas, nämlich der Verteilungsgerechtigkeit und der kollektiven sozialen Sicherheit. Die gewachsene Institution der gesetzlichen Krankenversicherung ist in ihrer mehr als 100-jährigen Geschichte zu einem Symbol dieser Leitideen geworden. Deshalb löst der Versuch, diese Institution von Grund auf umzugestalten, heftige politische Leidenschaften aus. Dies ist der Grund, warum im Folgenden die Kontroverse um das Pauschalprämienmodell näher analysiert wird. Die Analyse wirft ein Licht auf den Konflikt zwischen dem sozialstaatlichen und dem post-sozialstaatlichen Gerechtigkeitsparadigma. Sie zeigt zudem, dass es bei sozialpolitischen Reformen nicht nur auf die die unmittelbaren praktischen Auswirkungen ankommt, sondern dass nicht zuletzt auch Gerechtigkeitssymbole im Spiel sind, die eine erstaunliche politische Wirkungskraft entfalten können.

2 Der Ausgangspunkt: die Kritik am bestehenden Krankenversicherungssystem

Bevor das Pauschalprämienmodell und sein Gegenmodell, die Bürgerversicherung, in den Grundzügen erläutert werden können, muss auf die Kritik am bestehenden Krankenversicherungssystem eingegangen werden. Es gibt eine Reihe von Konstruktionsproblemen, die Anlass für die Reformdiskussion geben; zum Teil herrscht in dieser Hinsicht auch Übereinstimmung zwischen den ansonsten kontroversen Positionen. Der Problemhintergrund des Streites soll im Folgenden verständlich gemacht werden. Dabei geht es vor allem um folgende Punkte:

1. fehlende Kostentransparenz und blockierter Wettbewerb,
2. mangelhafte Ausgestaltung des sozialen Ausgleichs,
3. Erosion der Beitragseinnahmen,
4. Belastung der Wirtschaft durch hohe »Lohnnebenkosten«,
5. der Dualismus von gesetzlicher und privater Krankenversicherung und das Problem der »Zweiklassenmedizin«.

2.1 Fehlende Kostentransparenz und blockierter Wettbewerb

Der Impuls für die Einführung eines Pauschalprämienmodells anstelle der traditionellen solidarischen Finanzierung ist, wie bereits erwähnt, von der marktwirtschaftlich-liberal orientierten Wirtschaftswissenschaft ausgegangen. Ökonomen, die in den Bahnen der → neoklassischen Wirtschaftstheorie denken, stehen Einrichtung wie der Sozialversicherung im Allgemeinen und der traditionellen gesetzlichen Krankenversicherung im Besonderen ohnehin skeptisch gegenüber, weil sie in ihr Anreize zu Fehlsteuerung und Verschwendung vermuten. Grundsätzlich sehen sie ein Problem darin, dass die Versicherten durch den Abschluss einer Versicherung in die Lage versetzt werden, »kostenlos« – d.h. ohne zusätzliche Kosten über den bereits bezahlten Versicherungsbeitrag hinaus – Gesundheitsleistungen in Anspruch zu nehmen. Dadurch entstehe das Phänomen des *moral hazard* oder »moralischen Risikos«. Damit ist gemeint, dass die bloße Tatsache, versichert zu sein, die Wahrscheinlichkeit erhöht, dass das versicherte Risiko – in diesem Fall Krankheit und Bedarf an medizinischer Behandlung – tatsächlich eintritt. Der liberalen Versicherungstheorie nach kann *moral hazard* nur durch spürbare Selbstbeteiligungen und durch risikoabhängige Versicherungsprämien wirksam bekämpft werden; die Letzteren bewirken, dass man, wie es z.B. in der deutschen Kfz-Haftpflichtversicherung praktiziert wird, im Schadensfall in eine höhere Risikoklasse eingestuft wird und höhere Prämien zahlen muss.

Wenn schon in einer privaten Versicherung solche Fehlsteuerungsprobleme auftreten, so müssen sie in der Optik der traditionellen Ökonomie umso größer sein, wenn ein Missverhältnis zwischen dem gezahlte Versicherungsbeitrag und der in Anspruch genommenen Versicherungsleistung besteht. Ein solches Missverhältnis ist aber geradezu zwingend, wenn die Krankenversicherungsbeiträge nach dem Einkommen gestaffelt sind. Bei Versicherten mit niedrigem Einkommen liegen die Beiträge unter den Kosten der medizinischen Behandlung; die Gesundheitsleistungen erscheinen ihnen als zu billig und werden in höherem Maß konsumiert, als dies notwendig wäre. Umgekehrt ist es bei Versicherten mit höherem Einkommen: Sie müssen mehr zahlen als es ihrem Gesundheitskonsum entspricht; das könnte dazu verleiten, zusätzliche Leistungen in Anspruch zu nehmen, um die Beiträge wieder hereinzuholen. Wenn die Höhe des Beitrags vom Einkommen abhängt, sind die wahren Kosten des Versicherungsschutzes nicht sichtbar, sondern werden durch die Einkommensumverteilung verzerrt.

Könnten die Versicherten jedoch die Kosten und Leistungen der Versicherung einander klar zuordnen, dann wären sie in der Lage, zwischen günstigeren und weniger günstigen Krankenkassen zu wählen und somit zwischen ihnen einen echten Preiswettbewerb auszulösen. Dies würde dann seinerseits die Kassen veranlassen, Druck auf die konkurrierenden Erbringer von Gesundheitsleistungen – also auf Ärzte, Krankenhäuser, Hersteller von Arzneimitteln usw. – auszuüben und damit für niedrigere Preise und bessere Qualität zu sorgen. Ein solcher echter Wettbewerb ist aus der Sicht liberaler Gesundheitsökonomen die einzige Lösung für das Problem der wachsenden Gesundheitskosten. Durch das bestehende Finanzierungssystem der gesetzlichen Krankenversicherung wird diese Lösung aber blockiert.

Folgt man dieser Einschätzung, dann ergibt sich als zwingende Konsequenz, dass der Grundsatz »jeder nach seiner finanziellen Leistungsfähigkeit, jedem nach seinem medizinischen Bedarf« aufgegeben werden muss und dass der Krankenversicherungsschutz klar von der Einkommensumverteilung zu trennen ist. Der Krankenversicherungsbeitrag muss demnach für alle Versicherten unabhängig vom Einkommen gleich hoch sein. Soweit die Politik das Ziel der Einkommensumverteilung verfolgt, darf sie das nicht durch die Beitragsberechnung in der gesetzlichen Krankenversicherung tun, sondern nur im Staatshaushalt, d. h. durch Steuern und steuerfinanzierte staatliche Sozialleistungen.

2.2 Mangelhafte Ausgestaltung des sozialen Ausgleichs

Der Idee nach soll das bestehende gesetzliche Krankenversicherungssystem gewährleisten, dass alle Versicherten ihrer finanziellen Leistungskraft entsprechend Beiträge entrichten und nach Bedarf medizinische Leistungen erhalten. Sowohl die Befürworter des Pauschalprämienmodells als auch diejenigen, die der Bürgerversicherung den Vorzug geben, sind sich einig, dass dieses Ziel bei der gegenwärtigen Ausgestaltung nur sehr unvollkommen erfüllt wird. Allerdings ziehen sie daraus entgegengesetzte Konsequenzen: Die einen wollen die einkommensbezogenen Krankenversicherungsbeiträge ganz abschaffen, weil sie ihrer Meinung nach in einem wettbewerblich orientierten Gesundheitssystem ohnehin fehl am Platz sind. Die anderen wollen die krankenversicherungsinterne Umverteilung zielgenauer ausgestalten und das System deshalb zur Bürgerversicherung weiterentwickeln.

Diese Diskussion wird leichter verständlich, wenn man sich vor Augen führt, dass sich in der in der gesetzlichen Krankenversicherung nicht weniger als sieben Umverteilungsmechanismen überlagern:

1. Ausgleich zwischen Gesunden und Kranken: Dies ist der normale versicherungstechnische Basismechanismus, der in jeder Versicherung – sei sie gesetzlich oder privat – stattfindet. Der Versicherer nimmt dem Versicherten gegen Zahlung eines Preises ein bestimmtes Risiko ab. Im Ergebnis zahlen dann diejenigen, bei denen das Versicherungsrisiko nicht eingetreten ist, für jene, die es getroffen hat.
2. Ausgleich zwischen Versicherten mit geringem und hohem Krankheitsrisiko: Während die private Krankenversicherung die Höhe ihrer Prämien von einer Gesundheitsprüfung beim Abschluss des Vertrags abhängig macht und gegebenenfalls Risikozuschläge verlangt oder Leistungsausschlüsse vereinbart, ist dies in der gesetzlichen Krankenversicherung nicht der Fall.[1] Der Ausgleich zwischen Risikoklassen bewirkt bereits eine soziale Umverteilung, durch die sich die Sozialversicherung von allen Formen der privaten Versicherung unterscheidet.
3. Umverteilung von Männern auf Frauen: Sie ergibt sich aus der Tatsache, dass die Beiträge in der gesetzlichen Krankenversicherung für beide Geschlechter gleich hoch sind, obwohl Frauen wegen ihrer höheren Lebenserwartung und wegen der möglichen Schwangerschaft ein höheres Risiko darstellen.
4. Umverteilung von Junge auf Alte: Die Höhe des Beitrags hängt nicht vom Lebensalter ab. Da das Krankheitsrisiko mit dem Lebensalter steigt, findet eine Umverteilung zwischen Generationen – im Sinne gleichzeitig lebender Altersgruppen – statt. Die private Krankenversicherung kennt keine solche intergenerative Umverteilung.[2]
5. Umverteilung von Einkommensstärkere auf Einkommensschwächere: Die Beiträge werden nach dem Einkommen der Versicherten berechnet, während die Leistungen – vom Krankengeld abgesehen, das aber nur einen geringen Teil des Leistungsvolumens ausmacht – nur vom medizinischen Bedarf abhängen.
6. Umverteilung von Ledige auf Verheiratete: Sie ergibt sich aus der kostenlosen Familienversicherung für die nicht berufstätigen Ehegatten von Versicherten in der gesetzlichen Krankenversicherung. Die private Krankenversicherung kennt solche Leistungen nicht, denn hier muss für jedes Familienmitglied eine eigene Versicherung abgeschlossen werden.
7. Umverteilung von Kinderlose auf Versicherte mit Kindern: Diese resultiert ebenfalls aus der kostenlosen Familienversicherung im Rahmen der gesetzlichen Krankenversicherung. In der privaten Krankenversicherung müssen hingegen auch die Kinder eigenständig versichert werden.

Die ersten vier der soeben aufgezählten sieben Umverteilungsmechanismen – zwischen Gesunden und Kranken, zwischen den Risikogruppen, zwischen den Geschlechtern und zwischen Jungen und Alten – werden nicht nur von den Anhängern der Bürgerversicherung, sondern auch von den meisten Befürwortern des Pauschalprämienmodells als notwendige Bestandteile der Sozialversicherung anerkannt und nicht in Frage gestellt. Lediglich die interne Einkommensumverteilung (Nr. 5) und die familienpolitische Umverteilung (Nr. 6 und 7) werden kritisiert, und zwar charakteristischerweise von beiden Lagern. Aus folgenden Gründen wird hier der angestrebte Sozialausgleich nur unvollkommen erreicht:

1. Nur ein – wenn auch großer – Teil der Bevölkerung, nämlich etwa 90%, gehört der gesetzlichen Krankenversicherung. Die anderen 10%, die in der Regel höhere Einkommen beziehen als die gesetzlich Versicherten, sind privat versichert und nehmen am krankenversicherungsinternen Solidarausgleich nicht teil; hauptsächlich handelt es sich dabei um Beamte, Selbstständige und gut verdienende Angestellte.[3]
2. Innerhalb der gesetzlichen Krankenversicherung wird der Solidarausgleich durch die sogenannte Beitragsbemessungsgrenze verzerrt: Wenn das versicherungspflichtige Arbeitsentgelt diese Grenze, die derzeit (2012) bei 3825 Euro monatlich liegt, überschreitet, werden die darüber liegenden Entgeltbestandteile nicht mit zusätzlichen Beiträgen belastet. Es gibt demnach einen Höchstbeitrag und diese Deckelung bewirkt, dass Versicherte mit einem höherem Arbeitsentgelt nicht entsprechend ihrer tatsächlichen Einkommenshöhe zum Solidarausgleich beitragen müssen.
3. Die Beiträge der pflichtversicherten Arbeitnehmer werden nach dem Arbeitslohn berechnet. Andere Einkünfte der Versicherten – z. B. Einkünfte aus Vermögen, Vermietung und Verpachtung oder aus einer zusätzlich ausgeübten selbstständigen Tätigkeit – werden nicht berücksichtigt. Es ist also möglich, dass Personen mit niedrigem Arbeitseinkommen, aber hohem sonstigem Einkommen von der versicherungsinternen Einkommensumverteilung profitieren.
4. Nicht erwerbstätige Ehegatten von Mitgliedern der gesetzlichen Krankenversicherung sind beitragsfrei versichert.[4] Dieser krankenversicherungsinterne Familienausgleich wird aus mehreren Gründen kritisiert: Erstens ist er nicht an die Bedingung geknüpft, dass Kinder erzogen werden; er stellt also eine Subvention der »Hausfrauenehe« dar. Zweitens kommt es wegen der »Beitragsbemessungsgrenze« zu unsinnigen und sozial ungerechten Effekten.[5]

2.3 Erosion der Beitragseinnahmen

Im bestehenden System der gesetzlichen Krankenversicherung werden die Ausgaben durch Beiträge gedeckt, die in der Regel prozentual von den Arbeitslöhnen berechnet werden. Sie wurden von den Arbeitnehmern und Arbeitgebern hälftig getragen, bis die paritätische Finanzierung zugunsten der Arbeitgeber modifiziert wurde.[6] Die Einnahmen der Krankenkassen hängen damit von der Entwicklung der Lohnsumme ab. Die Erfahrung hat allerdings gezeigt, dass die Ausgaben der Krankenkassen im längerfristigen Durchschnitt deutlich stärker steigen als die Lohnsumme (s. *Abbildung 29*).

Abb. 29: Entwicklung der Ausgaben der gesetzlichen Krankenversicherung und der Bruttolohnsumme in Deutschland 1991 bis 2010 (1991 = 100)

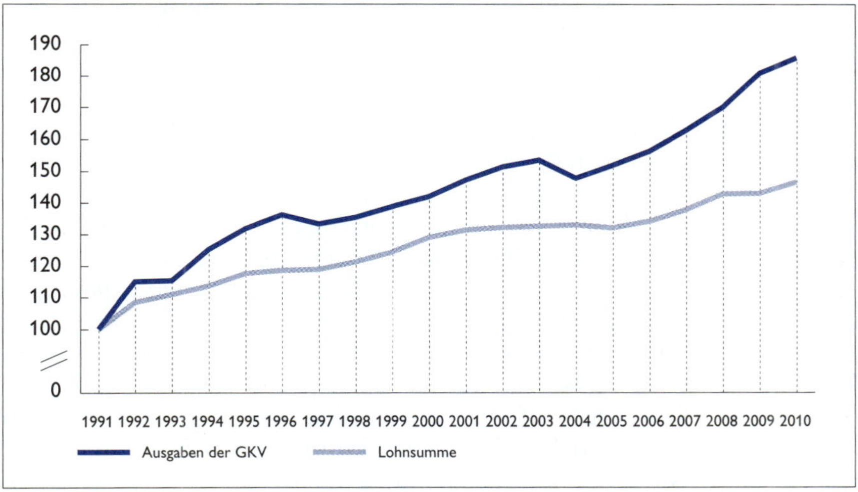

Eigene Grafik. Datenquelle: Statistisches Taschenbuch 2010 des Bundesministeriums für Arbeit und Soziales (BMAS), Tabellen 8.2 und 1.12.

Diese Diskrepanz ist nicht nur auf die Kostensteigerungen bei den Gesundheitsleistungen zurückzuführen, sondern auch auf die Tatsache, dass der Anteil der Löhne am →Volkseinkommen (→»Lohnquote«) rückläufig ist (→Kap. III.1.1). Wie *Abbildung 30* zeigt, ist der Anteil der Krankenkassenausgaben am →Bruttoinlandsprodukt von 1991 bis 2008 nur um 0,6 %-Punkte gestiegen; der durchschnittliche Krankenversicherungsbeitrag hat sich dagegen in der gleichen Zeit um 2,8 %-Punkte erhöht.[7]

Abb. 30: Beitragssatz der GKV und Anteil der Ausgaben am BIP 1991 und 2010

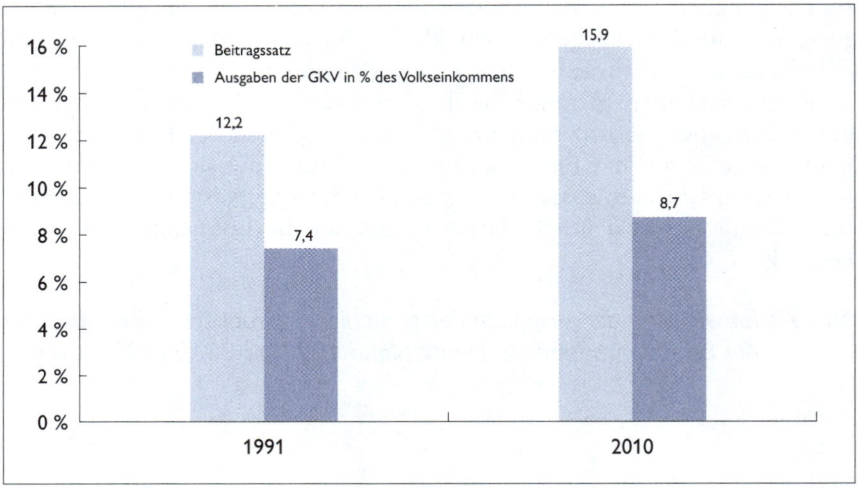

Eigene Grafik. Datenquelle: Statistisches Taschenbuch 2010 des Bundesministeriums für Arbeit und Soziales (BMAS), Tabellen 7.7, 8.2 und 1.12.

Offenbar entwickeln sich die Gesundheitsausgaben in etwa im Gleichschritt mit dem Bruttoinlandsprodukt oder steigen jedenfalls nur geringfügig stärker als dieses – was auch eine Folge der zahlreichen gesetzgeberischen Eingriffe der letzten Jahrzehnte sein dürfte. Entscheidend ist demnach, dass die Lohnquote sinkt, was letztlich auf die in Kapitel III beschriebenen Strukturveränderungen in den entwickelten westlichen Volkswirtschaften zurückzuführen ist. Die Ankoppelung der Beiträge an die Arbeitslöhne verursacht daher ein strukturelles Einnahmeproblem für die Krankenkassen. Die Erosion der Beitragseinnahmen – im Vergleich zur Ausgabenentwicklung – ist, so kann man sagen, systembedingt.

2.4 Belastung der Wirtschaft durch hohe »Lohnnebenkosten«

Zusammen mit der mangelnden Kostentransparenz und der eingeschränkten Funktionsfähigkeit des Wettbewerbs im Gesundheitswesen sind die sogenannten →Lohnnebenkosten aus der Sicht der neoklassischen der Ökonomie der wichtigste Kritikpunkt an der bestehenden Sozialversicherung. Wenn die Kosten der sozialen Sicherung prozentual auf die Arbeitslöhne umgelegt werden, dann erhöht dies die Arbeitskosten und dies muss sich nach herrschender Meinung zwangsläufig nachteilig auf die Beschäftigung auswirken und die Arbeitslosigkeit erhöhen. Diese Gefahr sieht man vor allem im Bereich arbeitsintensiver einfacher Dienstleistungen, bei denen der Anteil der Arbeitskosten an den Gesamtkosten besonders hoch ist.

Die Vermutung, dass die lohnbezogenen Sozialversicherungsbeiträge beschäftigungsschädlich seien, ergibt sich zunächst einmal aus der Tatsache, dass – wie es in der bestehenden gesetzlichen Krankenversicherung der Fall ist – (annähernd) die Hälfte der Beitragslast von den Arbeitgebern getragen werden muss. Diese Arbeitgeberbeiträge wirken wie eine Lohnerhöhung: Die Nachfrage nach Arbeitskräften geht zurück, weil ein Teil der Unternehmen Maschinen statt menschliche Arbeit einsetzt und ein anderer wegen zu hoher Kosten die Produktion einstellen muss und aus dem Markt ausscheidet. Aber auch derjenige Teil der lohnbezogenen Beiträge, der von den Arbeitnehmerinnen und Arbeitnehmern selbst getragen wird, ist nach dieser Theorie problematisch. Abzüge vom Arbeitslohn mindern nämlich den Arbeitsanreiz bzw. stärken die Neigung, Sozialleistungen in Anspruch zu nehmen oder einer Schwarzarbeit nachzugehen statt angebotene Arbeit anzunehmen. Auf diese Weise entsteht nach herrschender Meinung ein »Abgabenkeil«: Der lohnbezogene Arbeitgeberbeitrag reduziert die Arbeitskräftenachfrage und der lohnbezogene Arbeitnehmerbeitrag vermindert das Arbeitskräfteangebot. Beides zusammen muss diesem Argument zufolge tendenziell zum Rückgang der Beschäftigung bzw. zum Anstieg der Arbeitslosigkeit führen (zur Theorie des »Abgabenkeils« vgl. Rürup 2003).

Es ist hier nicht möglich, die in der ökonomischen Theorie vorherrschende Theorie der Lohnnebenkosten näher darzustellen und ihre Schwachstellen zu beleuchten (zur Kritik der Lohnnebenkostentheorie aus →keynesianischer Sicht s. Bontrup 1998). Es muss der Hinweis genügen, dass die Einschätzung, der Senkung oder nach Möglichkeit vollständigen Beseitigung der Lohnnebenkosten komme eine zentrale Bedeutung für den Arbeitsmarkt zu, eines der entscheidenden Argumente für die Forderung nach grundlegender Umgestaltung der traditionellen Krankenversicherung und für das Pauschalprämienmodell darstellt. Auch die Gesundheitsreform der CDU/CSU-FDP-Koalition von 2010 folgte dieser Linie. Nach diesem Gesetz wird der lohnbezogene Beitragssatz zur Krankenversicherung ab 2011 nicht mehr erhöht und weitere Kostensteigerungen im Gesundheitswesen müssen über einen von allen Versicherten in gleicher Höhe zu zahlenden Zusatzbeitrag aufgefangen werden. Dieser gleitende langfristige Übergang zum Pauschalprämienmodell wird damit begründet, dass die Arbeitskosten begrenzt und deshalb die Kosten der sozialen Sicherung von den Löhnen abgekoppelt werden müssten.[8]

2.5 Der Dualismus von gesetzlicher und privater Krankenversicherung

In Deutschland sind, wie bereits ausgeführt wurde, beinahe 90% der Bevölkerung in die gesetzliche Krankenversicherung einbezogen, die restlichen rd. 10% bis auf wenige Ausnahmen in der privaten.[9] Die Abgrenzung zwischen gesetzlicher und privater Krankenversicherung folgt keinem inhaltlich nachvollziehbaren Prinzip, sondern ist das Ergebnis der historischen Entwicklung. Das Nebeneinander von gesetzlichem und privatem Versicherungssystem ist nicht nur die Ursache zahlreicher Funktionsmängel des deutschen Gesundheitswesens, sondern auch ein ernsthaftes Gerechtigkeitsproblem. Diese duale Struktur ist im Übrigen eine deutsche Spezialität, es gibt sie in keinem anderen europäischen Land (vgl. Greß u. a. 2009).

2.5.1 Die Besonderheiten der privaten Krankenversicherung

Die systematisch wichtigste Besonderheit der privaten im Vergleich zur gesetzlichen Krankenversicherung ist, dass die Höhe des Beitrags unabhängig vom Einkommen und ausschließlich nach dem individuellen Krankheitsrisiko des Versicherten kalkuliert wird. Das bedeutet, dass sich die Umverteilung innerhalb der privaten Krankenversicherung auf den normalen versicherungstechnischen Basismechanismus, d. h. auf den Ausgleich zwischen Gesunden und Kranken der gleichen Risikoklasse beschränkt. Einen Ausgleich zwischen Risikogruppen und Geschlechtern, zwischen Jungen und Alten, Armen und Reichen, Ledigen und Verheirateten oder zwischen Versicherten mit Kindern und solchen ohne Kinder (→ Kap. IX.2.2), so wie ihn die gesetzlichen Krankenversicherungen kennen, gibt es also nicht. Darüber hinaus sind folgende wichtige Besonderheiten zu erwähnen:

- In der privaten Krankenversicherung gilt das »Kostenerstattungsprinzip«: Die Versicherten müssen die Rechnung für die medizinische Versorgung zunächst selbst begleichen und erhalten dann von ihrer Kasse eine Erstattung. In der gesetzlichen Krankenversicherung gilt hingegen das »Sachleistungsprinzip«; Ärzte, Krankenhäuser, Apotheker usw. erhalten ihre Vergütung direkt von der Krankenkasse.
- Die private Krankenversicherung verlangt von den Versicherten im Regelfall eine → Selbstbeteiligung an den Krankheitskosten. Dieser früher

charakteristische Unterschied zur gesetzlichen Krankenversicherung hat sich allerdings erheblich relativiert, seit auch dort in immer größerem Umfang Zuzahlungen, Praxisgebühren und Leistungsausschlüsse üblich geworden sind.

- Die Versicherung in einer privaten Krankenversicherung eröffnet die Möglichkeit der Behandlung als Privat- statt als Kassenpatient. Für diese Patienten dürfen Ärzte und Krankenhäuser höhere Vergütungen berechnen als für Versicherte der gesetzlichen Krankenversicherung. Alle Anzeichen sprechen dafür, dass sie daher auch bevorzugt behandelt werden. Außerdem übernehmen die privaten Krankenkassen häufig Behandlungen, die von der gesetzlichen Krankenversicherung nicht bezahlt werden.
- Die privaten Krankenversicherungen bilden einen Kapitalstock. Dieser Kapitalstock entsteht, weil für die jüngeren Versicherten Altersrückstellungen für die höheren Aufwendungen, die nach der statistischen Wahrscheinlichkeit zu erwarten sind, gebildet werden. Die gesetzliche Krankenversicherung wird hingegen konsequent nach dem → Umlageverfahren finanziert, d.h., dass dort – ähnlich wie in der gesetzlichen Rentenversicherung – ein »intergenerativer« Ausgleich zwischen Jung und Alt stattfindet.

Zusammenfassend kann man sagen, dass die Leistungen der privaten Krankenversicherung tendenziell besser und die Beiträge zwar nicht generell, aber in bestimmten Fallkonstellationen deutlich günstiger sind als in der gesetzlichen Krankenversicherung. Dieses Paradox – günstigere Beiträge bei höheren Leistungen – wird möglich durch die »Risikoselektion«: Bei der privaten Krankenversicherung sammeln sich tendenziell die wohlhabenderen Versicherten mit dem besseren Gesundheitszustand und dem geringeren Krankheitsrisiko, während bei den gesetzlichen Krankenkassen die Ärmeren und Kränkeren verbleiben. Diese Risikoselektion aber ist das Ergebnis der historisch gewachsenen gesetzlichen Rahmenbedingungen. Sie bewirken, dass unterschiedliche Bevölkerungsgruppen versicherungsrechtlich und bei der medizinischen Versorgung ungleich behandelt werden, sodass man von einer versteckten Umverteilung zulasten der gesetzlich Versicherten und zugunsten der Privatversicherten sprechen kann.[10] Dieser Tatbestand ist aus der Sicht mancher Experten verantwortlich für eine Tendenz zur Ausprägung einer Zweiklassen-Medizin und für Fehlsteuerungen im Gesundheitswesen.

Es gibt gute Gründe für die Einschätzung, dass dieses unkoordinierte Nebeneinander von gesetzlicher und privater Krankenversicherung unter den Mängeln des bestehenden Systems besonders schwer wiegt, und zwar nicht nur unter dem Aspekt der sozialen Gerechtigkeit, sondern auch wegen der nachteiligen Wirkung auf die Transparenz, den Wettbewerb und die Effizienz des Gesundheitswesens. Die meisten der Reformer, die für ein Pauschalprämienmodell plädieren und damit den radikalen Umsturz der historisch gewachsenen Institutionen fordern, übergehen dieses Problem allerdings stillschweigend oder verteidigen sogar ausdrücklich die Sonderrolle der privaten Krankenversicherung.

2.5.2 Die »Drei-Klassen-Versicherung« in Deutschland

Vereinfacht gesprochen teilt der Gesetzgeber die Bevölkerung in Deutschland in drei Gruppen, sodass man auch von einer »Drei-Klassen-Versicherung« reden kann:

1. Die Pflichtversicherten der gesetzlichen Krankenversicherung; das sind die Arbeiter/Arbeiterinnen und Angestellten, deren Arbeitsentgelt die →Versicherungspflichtgrenze nicht übersteigt, die pflichtversicherten Rentnerinnen und Rentner sowie einige weitere Gruppen (vgl. Anmerkung 3 zu diesem Kapitel). Zur dieser Gruppe gehören faktisch auch die Kinder und nicht erwerbstätigen Ehegatten der Pflichtversicherten, die über die Familienversicherung Anspruch auf die Leistungen der gesetzlichen Krankenkassen haben.
2. Personen, die zwischen der privaten Krankenversicherung und der freiwilligen Versicherung in der gesetzlichen Krankenversicherung wählen können. Dies sind vor allem Angestellte mit einem Arbeitsentgelt oberhalb der Versicherungspflichtgrenze sowie Selbstständige, die vor Aufnahme ihrer selbstständigen Tätigkeit, also zu Beginn ihres Berufslebens, in der gesetzlichen Krankenversicherung pflichtversichert, freiwillig versichert oder familienversichert waren.
3. Diejenigen, denen die gesetzliche Krankenversicherung aus rechtlichen Gründen oder faktisch versperrt ist und die sich daher nur in der privaten Krankenversicherung absichern können. Diese Gruppe, deren Angehörige man als die »Pflichtversicherten« der privaten Krankenversicherung bezeichnen könnte, rekrutiert sich vor allem aus Beamten[11] sowie aus den Selbstständigen, soweit sie nicht zur zweiten Gruppe gehören. Dazu gehören auch Selbstständige mit geringem Einkommen, die zuvor nicht abhängig beschäftigt waren. Zu dieser Gruppe gehören zudem die von Jugend an Behinderten, deren Eltern keine Mitglieder einer gesetzlichen Krankenkasse waren, oder Hausfrauen nach der Scheidung, wenn der Ehemann nicht gesetzlich versichert war. Auch im Falle dieser Gruppe muss man die Kinder und nicht erwerbstätigen Ehegatten hinzurechnen.

Der zweiten Gruppe, die in der gesetzlichen Krankenversicherung zwar nicht versicherungspflichtig, aber versicherungsberechtigt ist, wird das Vorrecht zugestanden, sich an der solidarischen gesetzlichen Krankenversicherung nur dann zu beteiligen, wenn es für sie Vorteile verspricht, sich im Übrigen aber privat zu versichern, wenn es für sie persönlich günstiger ist. Generell kann man sagen, dass sich die Option zugunsten der Privatversicherung umso eher empfiehlt, je jünger man zum Zeitpunkt der Wahl ist, je besser der Gesundheitsstand ist und je weniger Familienangehörige man mitversichern muss. Die gesetzliche Krankenversicherung hingegen ist günstiger für Ältere, Kränkere und für Personen mit mehreren Kindern und nicht erwerbstätigen Ehegatten.

Der ersten Gruppe, d. h. der Mehrzahl der abhängig Beschäftigten wird dieses Wahlrecht verwehrt. Sie müssen in der gesetzlichen Krankenversicherung bleiben und an deren Umverteilungsmechanismus teilnehmen, auch wenn der private Versicherungsschutz für sie günstiger wäre. Darüber hinaus müssen sie die »schlechten Risiken« aus der privilegierten zweiten Gruppe mitfinanzieren: Wenn diese sich nämlich freiwillig in der gesetzlichen Krankenversicherung versichern, dann sind ihre Krankheitskosten tendenziell höher als ihre Beiträge, sodass die Differenz von der Solidargemeinschaft der gesetzlich Versicherten getragen werden muss; die »guten Risiken« der zweiten Gruppe sind hingegen in der Regel privat versichert und müssen nicht zur Finanzierung der Krankheitskosten der »schlechten Risiken« aus ihrer Gruppe beitragen.

Die Angehörigen der dritten Gruppe sind hingegen gänzlich aus der gesetzlichen Krankenversicherung und ihrem Solidarausgleich ausgeschlossen, auch wenn der private Versicherungsschutz für sie im Einzelfall eine finanzielle Überforderung bedeutet.

Besonders gravierend wirkt sich das Wahlrecht der zweiten Gruppe aus, denn es ist im Wesentlichen für die Risikoselektion zulasten der gesetzlichen Krankenversicherung verantwortlich. Hier stehen die gesetzlichen Krankenkassen in ständiger Konkurrenz mit den privaten Versicherungen; daher steht der Gesetzgeber unter dem Druck, nicht so sehr die Interessen der Pflichtversicherten insgesamt als vielmehr die der umworbenen Teilgruppe der Wahlberechtigten zu berücksichtigen, z. B. indem die Beitragsbemessungsgrenze relativ niedrig gehalten wird oder durch die Einführung von sogenannten →Wahltarifen und →Beitragsrückerstattungen, wie es mit der Gesundheitsreform der Großen Koalition geschehen ist. Die Benachteiligten in dem beschriebenen System der »Drei-Klassen-Versicherung« sind die Arbeitnehmerinnen und Arbeitnehmer mit mittlerem Einkommen, die der Pflichtversicherung in der gesetzlichen

Krankenversicherung nicht entweichen können. Sie sind gezwungen, die notwendige solidarische Umverteilung allein zu schultern, während sich die Besserverdienenden daran nicht beteiligen müssen.

Das geschilderte Drei-Klassen-Versicherungssystem ist historisch gewachsen. Es beruht auf der Tatsache, dass die gesetzliche Krankenversicherung ursprünglich ausschließlich für die Arbeiter – und sogar nur für einen Teil der Arbeiter – konzipiert war, weshalb alle anderen Berufsgruppen auf die Privatversicherung angewiesen waren. Auch als dann später weitere Teile der Bevölkerung, vor allem die Angestellten, in die Versicherungspflicht einbezogen wurden, mussten allein schon deswegen Befreiungsmöglichkeiten vorgesehen werden, weil es sich dabei um Personenkreise handelte, die in der Vergangenheit zum Teil bereits private Versicherungsverträge abgeschlossen hatten. Ähnlich verhielt es sich mit den Beamten und ihren Familienangehörigen, denen der Staat im Rahmen seiner »Fürsorgepflicht« sogenannte Beihilfen für die medizinische Behandlung zahlt; das Bestehen des Beihilfesystems verhindert bis heute die Einbeziehung der Beamten in die gesetzliche Krankenversicherung.

Die traditionelle Rechtfertigung für das Drei-Klassen-Versicherungssystem lautet, die Krankenversicherungspflicht sei nur für diejenigen Bevölkerungsgruppen zu rechtfertigen, die auf Grund ihrer ökonomischen Situation nicht zur Eigenvorsorge imstande seien; wer aber zur Eigenvorsorge in der Lage sei, dessen Freiheit dürfe nicht durch eine staatliche Versicherungspflicht eingeschränkt werden. Dieser Argumentation aus liberaler Sicht kann man zwar eine gewisse Schlüssigkeit nicht absprechen, aber sie passt nicht auf die gegebene rechtliche Situation im deutschen Gesundheitswesen. Denn die Regelungen über die Befreiung von der Versicherungspflicht oder über Wahlmöglichkeiten knüpfen nicht nur am Einkommen an, sondern nicht zuletzt auch an berufsständischen Kriterien – also z.B. am Beamtenstatus oder an der abhängigen Beschäftigung. Dass Selbstständige oder Beamte mit niedrigem Einkommen oder mit zahlreichen Kindern von der gesetzlichen Krankenversicherung ausgeschlossen sind, während gut verdienende Angestellte sich frei entscheiden können, ob sie der Solidargemeinschaft angehören wollen oder nicht, ist mit dem Gesichtspunkt der Befähigung zur Eigenvorsorge nicht zu begründen.

2.5.3 Das Problem der »Zwei-Klassen-Medizin«

Die Ungleichbehandlung zwischen den Versicherten der gesetzlichen und der privaten Krankenversicherung hat nicht nur Verteilungs- und Umverteilungseffekte zur Folge, sondern auch – und dies ist vielleicht ein noch ernsteres Problem – Rückwirkungen auf die Qualität der medizinischen Versorgung. Es gibt viele Hinweise darauf, dass sich das deutsche Gesundheitswesen – nicht zuletzt unter dem ständigen Druck zur Kostenbegrenzung – in Richtung einer »Zwei-Klassen-Medizin« entwickelt. Dass jedenfalls in der Bevölkerung diese Einschätzung weit verbreitet ist, belegt der »Gesundheitsmonitor 2009« der Bertelmann-Stiftung (Böcken u. a. 2009). Die Wahrnehmung, Privatpatienten würden gegenüber Kassenpatienten bevorzugt, bezieht sich nicht nur auf den »Servicekomfort«, also die Wartezeiten, sondern auch auf die Qualität der ärztlichen Versorgung wie die Berücksichtigung neuerer medizinischer Kenntnisse, Gründlichkeit der Untersuchung und Verordnung teurerer Medikamente. Nicht nur Kassenpatienten fühlen sich benachteiligt, sondern auch die Privatpatienten selbst glauben, dass sie bevorzugt werden. Auch die Mehrzahl der Ärzte meint, in Deutschland gebe es eine Zwei-Klassen-Medizin: Nach einer im Auftrag der »Allianz Deutscher Ärzteverbände« durchgeführten Umfrage des Instituts für Demoskopie Allensbach äußern sich 76% der Hausärzte, 65% der niedergelassenen Fachärzte und 61% der Krankenhausärzte in diesem Sinne.[12]

Der Arzt, Gesundheitsökonom und SPD-Bundestagsabgeordnete Karl Lauterbach (2007, S. 57–123) sieht eine systematische Fehlsteuerung im Gesundheitswesen als Folge des dualen Versicherungssystems: Die Tatsache, dass an Privatpatienten sehr viel mehr Geld verdient werden kann als an Kassenpatienten, bewirkt, dass besonders qualifizierte und spezialisierte Ärzte und Kliniken, die über große Erfahrung in der Durchführung komplizierter Operationen oder in der Behandlung seltener und schwerer Krankheiten verfügen, dazu verleitet werden, sich hauptsächlich auf Privatversicherte zu konzentrieren. Vor allem die Tatsache, dass Klinikärzte Privatpatienten ambulant behandeln dürfen, während ihnen das bei Kassenpatienten verboten ist, bewirkt nach Lauterbach, dass die Versicherten der private Krankenversicherung in der Regel medizinisch wesentlich besser versorgt sind als die Mitglieder der gesetzlichen Krankenkassen.

Das Nebeneinander von gesetzlicher und privater Krankenversicherung führt zu einem Ausmaß der Ungleichbehandlung gleicher sozialer Tatbestände, das unter dem Aspekt der sozialen Gerechtigkeit wohl schwerlich zu rechtfertigen ist. Das zeigt schon ein einfaches Gedankenexperiment: Gesetzt den Fall, in Deutschland existierte überhaupt kein Krankenversicherungsschutz und es müsste erst ein Versicherungssystem entworfen und eingeführt werden. Niemand würde sich in diesem Fall ein solches Drei-Klassen-Versicherungssystem ausdenken. Nichts spricht für die Institutionen, die wir heute vorfinden, außer der Tatsache, dass sie historisch gewachsen sind. Die bloße Tatsache aber, dass etwas so geworden ist, wie es ist, kann unter dem Aspekt der sozialen Gerechtigkeit unmöglich als Rechtfertigung ausreichen. Sie erklärt zwar, dass es schwierig ist, die Dinge zu ändern, aber sie kann eine bestehende Ungerechtigkeit nicht gerecht machen.

3 Die beiden konträren Modelle: Pauschalprämienmodell und Bürgerversicherung

Der Streit zwischen den Anhängern des Pauschalprämienmodells und der Bürgerversicherung ist heftig und nahezu unversöhnlich. Aber nach dem bisher Gesagten ist zunächst einmal festzustellen, dass beide Seiten in der Diagnose gar nicht so weit von einander entfernt sind. Vermutlich könnten sie sich sogar auf eine Liste der Mängel des bestehenden Systems einigen und gemeinsame Reformziele benennen. Hier geht es im Kern um die oben bereits angesprochenen Themen:

1. Es sollte mehr Kostentransparenz geschaffen werden und der Wettbewerb zwischen den Krankenkassen sollte gestärkt werden.
2. Der soziale Ausgleich sollte reformiert sowie zielgenauer ausgestaltet werden, als es heute der Fall ist.
3. Es sollte sichergestellt werden, dass sich die Beitragseinnahmen in Zukunft stabil entwickeln und dass aus der Tendenz zum allmählichen Rückgang der Lohnquote kein chronisches Finanzierungsproblem für die gesetzliche Krankenversicherung entsteht.
4. Die Belastung der Wirtschaft durch hohe Lohnnebenkosten sollte abgebaut werden oder jedenfalls nicht weiter steigen.
5. Die Abgrenzung zwischen gesetzlicher und privater Krankenversicherung sollte neu geordnet werden.

Dass trotz relativ großer Übereinstimmung in diesen Punkten konträre Schlüsse gezogen und diametral entgegengesetzte Reformmodelle entwickelt werden, liegt wahrscheinlich daran, dass die Wichtigkeit der genannten fünf Ziele unterschiedlich bewertet wird:

- Für die Befürworter des Pauschalprämienmodells sind die Ziele (1), (2) und (4) entscheidend. Ihre Reformkonzeption ist vor allem so ausgerichtet, dass Markttransparenz hergestellt und Arbeits- und Sozialkosten entkoppelt werden. Daraus ergibt sich für sie die zentrale Forderung, die lohnbezogenen Krankenversicherungsbeiträge durch eine einheitliche Pauschalprämie zu ersetzen. Das Ziel (2), die effektivere Ausgestaltung des sozialen Ausgleichs ist für sie eher ein Mittel zum Zweck.

- Die Anhänger der Bürgerversicherung verfolgen vorrangig die Ziele (2), (3) und (5). Im Vordergrund stehen die Verteilungsgerechtigkeit und das Bemühen, die Finanzierung der Gesundheitsversorgung für die Bevölkerung sicherzustellen. Beidem soll auch die Beseitigung der Vorrechte der privaten Krankenversicherung dienen.

Im Jahr 2003 berief die damalige Bundesregierung die bereits erwähnte »Nachhaltigkeitskommission«, auch »Rürup-Kommission« genannt, und erteilte ihr den Auftrag, Vorschläge für die »nachhaltige Finanzierung der sozialen Sicherungssysteme« zu unterbreiten. In ihrem Gutachten stellte diese Kommission die beiden konkurrierenden Modelle zur Reform der gesetzlichen Krankenversicherung parallel dar, jedoch ohne sich auf ein Votum zugunsten des einen oder des anderen Models festzulegen (vgl. Nachhaltigkeitskommission 2003, S. 147 ff.). Am Gutachten der »Nachhaltigkeitskommission« orientiert sich die jetzt folgende Darstellung.

3.1 Pauschalprämienmodell

Die Nachhaltigkeitskommission verwendet den Namen »Gesundheitsprämie mit steuerfinanziertem Einkommensausgleich« und nennt fünf wesentliche Kernelemente (Nachhaltigkeitskommission 2003, S. 161 – 174):

1. Einkommensunabhängige Pauschalprämie: Alle Versicherten entrichten einen Einheitsbeitrag in Höhe eines gleichen Euro-Betrags. Der Krankenversicherungsbeitrag verliert damit seinen Charakter als Solidarbeitrag und wird zu einem normalen Marktpreis. Insofern wird die gesetzliche Krankenversicherung der Privatversicherung angenähert, deren Beiträge ebenfalls keinen Bezug zu der sozialen und ökonomischen Lage der Kunden aufweisen. Im Unterschied zur privaten Krankenversicherung soll der Krankenversicherungsbeitrag jedoch nicht nach dem Geschlecht, nach Risikoklassen und nach dem Alter bei Eintritt in die Versicherung differenziert werden. Die Kassen sollen mit einem möglichst günstigen Preis-Leistungsverhältnis untereinander um die Mitglieder konkurrieren. Daher soll jede Krankenkasse die Höhe des Pauschalbeitrags in eigener Verantwortung festsetzen.
2. Abschaffung der Arbeitgeberbeiträge: Mit der Umstellung vom lohnbezogenen Beitrag auf die Pauschalprämie entfallen zugleich die Arbeitgeberbeiträge und die Arbeitnehmerinnen und Arbeitnehmer müssen ihre Krankenversicherungsbeiträge allein tragen. Zur Kompensation ist vorgesehen, dass die Bruttolöhne einmalig um den Betrag der Arbeitgeberbeiträge erhöht werden, und zwar so, dass auch die dadurch ausgelöste

Erhöhung der Lohnsteuer ausgeglichen wird. Die Ablösung der Arbeitgeber ist somit für die Arbeitnehmerinnen und Arbeitnehmer anfangs zwar belastungsneutral, aber künftige Beitragserhöhungen, die wegen des strukturellen Trends zu steigenden Gesundheitskosten unvermeidbar sein dürften, gehen allein zulasten der Versicherten. Dieser Schritt wird mit arbeitsmarktpolitischen Gründen gerechtfertigt. Wenn die Sozialkosten, soweit es die gesetzliche Krankenversicherung betrifft, vollständig von den Arbeitskosten abgekoppelt werden und damit ein erheblicher Teil der Lohnnebenkosten abgeschafft wird, dann wird sich dies – so erwarten die Befürworter solcher Reformen – positiv auf die Beschäftigung auswirken.

3. Wegfall der Familienversicherung: Mit dem Übergang zur Pauschalprämie entfällt die bisherige beitragsfreie Mitversicherung für nicht erwerbstätige Ehegatten in der gesetzlichen Krankenversicherung. Für jedes Familienmitglied ist eine eigene Pauschalprämie zu zahlen. Was die Kinder betrifft, liegt es nahe, das Kindergeld entsprechend zu erhöhen, wovon dann auch die Privatversicherten profitieren würden.
4. Steuerfinanzierter Sozialausgleich: Der interne soziale Ausgleich, der bislang innerhalb der gesetzlichen Krankenversicherung stattfindet, wird durch Beitragszuschüsse des Staates an einkommensschwächere Versicherte ersetzt. Die Beitragszuschüsse sollen sicherstellen, dass die Belastung eines Haushalts durch Pauschalprämien (also einschließlich der Prämien für die nicht erwerbstätigen Familienmitglieder) einen bestimmten Prozentsatz des Haushaltseinkommens nicht übersteigt. Die Details des geplanten sozialen Ausgleichs sind komplex; es genügt der Hinweis, dass die Nettobelastung durch die Pauschalprämie in der Regel nicht höher werden soll als der bisherige prozentuale Krankenversicherungsbeitrag.[13]

   Zwei Argumente sprechen aus Sicht der Vertreter des Pauschalprämienmodells dafür, die krankenversicherungsinterne Einkommensumverteilung durch den steuerfinanzierten Sozialausgleich zu ersetzen: Erstens werden sämtliche Steuerzahler und sämtliche Einkommensarten zur Finanzierung des Sozialausgleichs herangezogen und nicht nur die Lohneinkommen bis zur Beitragsbemessungsgrenze. Zweitens wird sichergestellt, dass die Belastung von Ehepaaren durch den Krankenversicherungsbeitrag nicht mehr von der Zufälligkeit der Verteilung des Familieneinkommens auf die Ehegatten abhängt.[14]
5. Beibehaltung der Trennung in gesetzliche und private Krankenversicherung: Eigentlich würde es der Logik des Pauschalprämienmodells – Herstellung eines transparenten Krankenversicherungsmarkts –

entsprechen, die gesamte Bevölkerung in die gesetzliche Versicherungspflicht einzubeziehen. Im Gegenzug müsste den privaten Krankenversicherungsunternehmen gestattet werden, unter den gleichen Bedingungen wie die gesetzlichen Kassen an der Durchführung des Pauschalprämienmodells teilzunehmen. Trotzdem sprechen sich die meisten Befürworter des Pauschalprämienmodells, wie bereits erwähnt, dafür aus, die Sonderrolle der privaten Krankenversicherung bestehen zu lassen.[15]

Im Übrigen gibt es natürlich auch beim Kopfprämienmodell verschiedene Varianten. So befürworten einige Wissenschaftler eine noch weiter gehende Annäherung der gesetzlichen an die private Krankenversicherung, z.B. Aufbau eines Kapitalstocks (z.B. Henke u.a. 2002) oder sogar risikoabhängige Prämien (Eekhoff u.a. 2008).

3.2 Bürgerversicherung

Das Konzept der Bürgerversicherung besteht im Wesentlichen darin, die Prinzipien der heutigen gesetzlichen Krankenversicherung, vor allem die krankenkasseninterne Einkommensumverteilung, beizubehalten und dieses System von einer Arbeitnehmerversicherung zu einer Bürgerversicherung zu machen. Die Grundidee ist, die Solidarbasis der gesetzlichen Krankenversicherung zu verbreitern, statt das Solidarsystem durch ein der privaten Krankenversicherung angelehntes Marktmodell mit ergänzendem steuerfinanzierten Sozialausgleich zu ersetzen. Der Kern des Bürgerversicherungsmodells lässt sich mit wenigen Punkten beschreiben:

1. Versicherungspflicht der gesamten Bevölkerung in der gesetzlichen Krankenversicherung, also einschließlich der heute befreiten besser verdienenden Arbeitnehmerinnen und Arbeitnehmer sowie der Beamten und Selbstständigen;
2. Heranziehung aller Einkunftsarten zur Beitragszahlung, also nicht nur der Löhne, sondern auch der Gewinne und Vermögenseinkünfte wie Zinsen, Mieteinnahmen, Kursgewinnen usw.;
3. deutliche Erhöhung, wenn nicht gar völlige Abschaffung der Beitragsbemessungsgrenze;
4. Beseitigung der Sonderrolle der privaten Krankenversicherung; den privaten Krankenkassen verbleibt nur das Geschäft der Zusatzversicherung für Leistungen, die von der gesetzlichen Krankenversicherung nicht abgedeckt werden. Dies ist die zwingende Folge der allgemeinen Krankenversicherungspflicht.

Im Übrigen variieren die Vorschläge zur Bürgerversicherung in den Details, z. B. in der Frage, auf welchem Wege die Krankenkassen die Beiträge auf Gewinne und Vermögenseinkünfte einziehen sollen oder wie die Familienversicherung in der gesetzlichen Krankenversicherung neu geordnet werden soll.

Im Dezember 2011 hat die SPD ihre offizielle Position zur Bürgerversicherung festgelegt und dabei deutliche Änderungen gegenüber dem zuerst diskutierten (z. B. in der Nachhaltigkeitskommission) Konzept vorgenommen.[16] Zwar wird an der Krankenversicherungspflicht aller Bürgerinnen und Bürger festgehalten, aber von der Erhöhung der Beitragsbemessungsgrenze und von der Beitragspflicht der Einkommen aus Vermögen ist nicht mehr die Rede. Zum Ausgleich ist ein dauerhafter Staatszuschuss vorgesehen, der aus der Besteuerung von Kapitaleinkünften finanziert werden soll. Auf diese Weise wollen die Sozialdemokraten auf verwaltungstechnisch wesentlich einfacherem Wege die gleiche Umverteilungswirkung erzielen wie mit dem ursprünglichen Konzept.

4 Worum geht der Streit?

Es wurde oben bereits ausgeführt, dass die Anhänger der beiden konträren Modelle zwar in der Einschätzung der Mängel des bestehenden Systems teilweise übereinstimmen, dass sie aber entgegengesetzte Schlüsse daraus ziehen, und zwar hauptsächlich deshalb, weil sie die verschiedenen Probleme, die mit der Reform gelöst werden sollen, unterschiedlich gewichten. Trotzdem ist es erklärungsbedürftig, warum die Kontroverse so grundsätzlich geführt wird und bisweilen den Charakters eines Glaubenskriegs annimmt. Ginge es ausschließlich um die Erreichung konkreter sozial- und gesundheitspolitischer Ziele, dann gäbe es eine ganze Reihe von Ansatzpunkten für konstruktive Kompromisse (vgl. Allinger 2006). Die Befürworter des Pauschalprämienmodells könnten unter bestimmten Bedingungen ihre Ziele auch mit der Bürgerversicherung erreichen und umgekehrt. Dies gilt auch für die beiden Aspekte, die unter dem Gesichtspunkt der sozialen Gerechtigkeit im Gesundheitswesen vorrangig von Interesse sind, nämlich für den sozialen Ausgleich zwischen Einkommensstärkeren und Einkommensschwächeren und für die Neuordnung des Verhältnisses zwischen gesetzlicher und privater Krankenversicherung.

4.1 Politisch-praktische Fragen

Was den sozialen Ausgleich zwischen Einkommensstärkeren und Einkommensschwächeren betrifft, so kann die angestrebte Verteilungsgerechtigkeit, jedenfalls der Theorie nach, sowohl durch die Bürgerversicherung als auch im Rahmen des Pauschalprämienmodells erreicht werden:

- Wenn alle Einkommensbezieher auf alle Einkommensarten Beiträge zur Bürgerversicherung zahlen, läuft das im materiellen Ergebnis auf dasselbe heraus wie das Pauschalprämienmodell mit steuerfinanziertem Sozialausgleich, falls tatsächlich alle Einkommensbezieher und Einkommensarten angemessen besteuert und zur Finanzierung des Sozialausgleichs herangezogen werden.
- Der Übergang zum Pauschalprämienmodell muss im Ergebnis nicht unbedingt zur Mehrbelastung der versicherungspflichtigen Arbeitnehmerinnen und Arbeitnehmer mit niedrigerem Einkommen führen. Vielmehr kann die Mehrbelastung kompensiert – oder sogar überkompensiert – werden, wenn gewährleistet ist, dass die Umverteilungsgewinne, die den Höherverdienenden durch die Umstellung auf das Pauschalprämienmodell zufließen, über das Steuersystem abgeschöpft und auf dem Weg über Beitragszuschüsse an die Umverteilungsverlierer zurückgegeben werden. In diesem Fall entspricht das Verteilungsergebnis des Pauschalprämienmodells dem der Bürgerversicherung.

Auch bei der Neuordnung des Verhältnisses zwischen gesetzlicher und privater Krankenversicherung ist der Unterschied zwischen den beiden Modellen längst nicht so entscheidend wie es erscheint. Sowohl das Bürgerversicherungs- als auch das Pauschalprämienmodell führen, wenn man ihrem jeweiligen theoretischen Ansatz folgt, zu der Konsequenz, dass die gesetzliche und die private Krankenversicherung in irgendeiner Weise zusammengeführt werden müssen. Dies verlangt nicht nur die Idee der Bürgerversicherung, die ja ihrem Wesen nach auf gleiches Recht für alle und auf die Beseitigung der Privilegien bestimmter Teilgruppen abzielt, sondern auch die Logik der Pauschalprämie, die für ungehinderten Wettbewerb und Marktransparenz sorgen soll. Wenn man es konsequent zu Ende denkt, dann liegt der Unterschied beider Denkschulen nur in dem Weg, auf dem der einheitliche Krankenversicherungsmarkt erreicht werden soll. Bei der Bürgerversicherung soll dies dadurch geschehen, dass die private Krankenversicherung in die Sozialversicherung eingegliedert wird, während beim Pauschalprämienmodell die gesetzliche Krankenversicherung so weit an die Privatversicherung angenähert werden soll, dass die privaten Versicherungen an dem neuen Modell teilnehmen können.

Daraus folgt, dass es unter dem Aspekt der sozialen Gerechtigkeit im Gesundheitswesen eigentlich gar nicht auf die Prinzipien der Bürgerversicherung oder des Pauschalprämienmodell ankommen sollte, sondern auf ihre Umsetzung. Die wirklich wichtigen Fragen sind also beispielsweise,

- ob es im Rahmen der Bürgerversicherung gelingt, sämtliche Einkommensbezieher und alle Einkommensarten zur Beitragspflicht heranzuziehen und auf welche Weise die Krankenkassen den Beitragseinzug bewerkstelligen können;
- ob der Sozialausgleich im Pauschalprämienmodell wirklich hält, was er verspricht oder ob nicht etwa die Einkommensschwächeren ihren eigenen Sozialausgleich teilweise oder sogar ganz selbst bezahlen müssen (was z. B. der Fall wäre, wenn die Beitragszuschüsse durch die Erhöhung der Mehrwertsteuer oder durch Kürzung von Sozial- und Bildungsausgaben finanziert würden);
- ob die private Krankenversicherung – gleich ob die Bürgerversicherung oder das Pauschalprämienmodell verwirklicht wird – in das gesetzliche Krankenversicherungssystem einbezogen wird oder ob das Drei-Klassen-Versicherungssystem erhalten bleibt.

4.2 Soziale Gerechtigkeit im Gesundheitswesen – zwischen sozialstaatlichem und post-sozialstaatlichem Paradigma

Es wäre falsch, aus dem zuletzt Gesagten den Schluss zu ziehen, bei der Kontroverse zwischen Pauschalprämienmodell und Bürgerversicherung handele es sich sozusagen nur um einen Streit um Worte. In Wirklichkeit befinden wir uns hier an der Grenzlinie zwischen dem sozialstaatlichen und dem post-sozialstaatlichen Gerechtigkeitsparadigma. Hier stoßen zwei ganz verschiedene Auffassungen vom gerechten Umgang mit dem Risiko der Krankheit aufeinander. Ungeachtet der Tatsache, dass es auf der praktisch-politischen Ebene durchaus Überschneidungen und Kompromissmöglichkeiten zwischen beiden Modellen gibt, ist es sinnvoll, sich dies zu verdeutlichen. Denn erst wenn offengelegt ist, worum es in dem Prinzipienstreit, der hier ausgefochten wird, überhaupt geht, kann sich die Möglichkeit zum Dialog und zum Kompromiss eröffnen.

Beginnen wir mit dem sozialstaatlich geprägten Verständnis, das in den gewachsenen Institutionen der gesetzlichen Krankenversicherung zum Ausdruck kommt. Es ist geprägt durch die Leitideen der kollektiv organisierten sozialen Sicherheit und der Verteilungsgerechtigkeit. Krankheit ist in dieser Sicht eine Lebenslage, die prinzipiell jenseits dessen liegt, was individuell bewältigt werden soll und kann. Die Gesundheitsversorgung gehört also nicht in den Bereich individueller Verantwortung, sondern in den der Solidarität und der zuteilenden und umverteilenden Gerechtigkeit. Daraus ergeben sich zwei wichtige Schlussfolgerungen:

1. Es gilt der Grundsatz »jeder nach seinem Bedarf, jeder nach seiner Leistungsfähigkeit«. Auf der Ausgabenseite des Systems muss also das Prinzip der Leistungsgewährung nach dem Bedarf gelten, während auf der Einnahmeseite die Lasten innerhalb der Solidargemeinschaft nach Maßgabe der finanziellen Leistungsfähigkeit zu verteilen sind.
2. Die Solidargemeinschaft, die für die Bewältigung des Krankheitsrisikos zuständig ist, soll umfassend sein. Das Gesundheitswesen muss also, wenn es nicht direkt vom Staat finanziert wird, in Form einer Krankenversicherung mit Versicherungspflicht der gesamten Bevölkerung organisiert werden. Für den Gesichtspunkt, dass von der Versicherungspflicht befreit werden sollte, wer aufgrund seines Einkommens und Vermögens selbst vorsorgen kann, gibt es in diesem Rahmen keine gerechtigkeitstheoretische Begründung.

Insofern ist es auch konsequent, dass diejenigen, die sich für den Erhalt der historisch gewachsenen gesetzlichen Krankenversicherung in Deutschland aussprechen, für die Universalisierung ihrer Prinzipien, sprich für die Ausweitung der herkömmlichen Krankenversicherung für die Arbeitnehmerinnen und Arbeitnehmer zu einer Bürgerversicherung eintreten.

Im Pauschalprämienmodell spiegelt sich ein völlig anderes Verständnis von sozialer Sicherheit, nämlich eins, das der individuellen Risikoabsicherung durch private Versicherungen entspricht. Deren Prinzipien sollen auf die Sozialversicherung übertragen werden und diese dadurch qualitativ umgestalten. Dies ist die eigentliche Logik des Pauschalprämienmodells, weswegen einige Varianten dieses Modells auch in der Tat so weit gehen, dass die gesetzliche Krankenversicherung völlig an die private Krankenversicherung angeglichen und in eine »Bürgerprivatversicherung« umgewandelt wird (vgl. Eekhoff u. a. 2008). Das Pauschalprämienmodell beruht letztlich auf der Vorstellung, dass es primär Sache des Individuums ist, sich durch Abschluss eines Versicherungsvertrags gegen das Krankheitsrisiko zu schützen. Krankenversicherungen sind aus dieser Sicht zunächst einmal marktmäßig handelbare Güter wie Kleider oder Fahrräder, für die das Gesetz von Angebot und Nachfrage zu gelten hat. Sozialpolitische Eingriffe des Staates sind aus dieser Sicht lediglich aus zwei Gründen angezeigt:

1. Viele, besonders jüngere und gesunde, Bürger neigen dazu, das Krankheitsrisiko zu unterschätzen und würden deshalb nicht ausreichend vorsorgen, wenn es keine gesetzliche Versicherungspflicht gäbe.

2. Der Staat muss, da die Gesundheitsversorgung zum elementaren Lebensbedarf gehört, dafür sorgen, dass auch die Ärmsten ihre Krankenversicherung bezahlen können.

Aus dieser Logik heraus hat die Einkommensumverteilung mit der Absicherung gegen das Krankheitsrisiko nicht unmittelbar zu tun und die Konstruktion des Pauschalprämienmodells mit einem einkommensunabhängigen und für alle Versicherten gleich hohen Beitrag erscheint geradezu als zwingend. Wenn ein Sozialausgleich als Bestandteil des Pauschalprämienmodells vorgesehen ist, dann dient dies im eigentlichen Sinne nicht der Verteilungsgerechtigkeit, sondern soll lediglich sicherstellen, dass die gesamte Bevölkerung gegen das Risiko der Krankheit versichert ist.

Das sozialstaatliche Gerechtigkeitsverständnis, welches im Modell der Bürgerversicherung zum Ausdruck kommt, mündet mehr oder weniger konsequent in die Forderung nach einer allgemeinen Versicherungspflicht der Gesamtbevölkerung ein; das ergibt sich aus dem Grundsatz der Solidarität, der sich gerade die Einkommensstarken nicht entziehen dürfen. Für das post-sozialstaatliche Verständnis, von dem das Pauschalprämienmodell motiviert ist, ist diese Überlegung nicht zwingend. Im Gegenteil: Wenn die Absicherung gegen das Krankheitsrisiko Sache der Individuen ist und der Staat lediglich dafür zu sorgen hat, dass alle entsprechend handeln, dann reicht zu diesem Zweck eine gesetzliche Versicherungspflicht für die Bürgerinnen und Bürger mit geringerem und mittlerem Einkommen aus, während der Krankenversicherungsschutz bei höheren Einkommen der Eigeninitiative überlassen werden kann. Streng genommen gibt es in dieser Sicht keine Rechtfertigung dafür, dass der Staat aus Gründen der Verteilungsgerechtigkeit die Teilnahme der Reicheren an einer Solidargemeinschaft erzwingt. Die Ablehnung einer umfassenden Versicherungspflicht durch die Anhänger des Pauschalprämienmodells liegt insofern in der Logik dieses Verständnisses von sozialer Gerechtigkeit im Gesundheitswesen.[17]

Die Bürgerversicherung ist – wie schon die historisch gewachsene gesetzliche Krankenversicherung – ein Ausdruck des sozialstaatlichen Paradigmas von der beschützenden und zuteilenden Gerechtigkeit; sie orientiert sich an den Leitideen der Verteilungsgerechtigkeit und der kollektiven sozialen Sicherheit. Das Pauschalprämienmodell entstammt hingegen unzweifelhaft dem Denken des liberalen Individualismus. In der Geringschätzung von Umverteilung und kollektiver Organisation trifft es sich mit den post-sozialstaatlichen Ideen der Teilhabegerechtigkeit und dem Vertrauen in die Steuerung gesellschaftlicher Prozesse durch den Markt. Wenn in der aktuellen Diskussion über die zweckmäßige Finanzierung des

Gesundheitswesens und die Organisation der Krankenversicherung gestritten wird, dann geht es also keineswegs allein um technische Dinge wie die Berechnungsgrundlage für die Krankenkassenbeiträge, die Höhe der Lohnnebenkosten, die Versicherungspflicht für bestimmte Personengruppen oder die Treffsicherheit des sozialen Ausgleichs. Vielmehr befinden sich zwei entgegengesetzte Verständnisse von sozialer Gerechtigkeit im Konflikt.

Daraus resultiert einerseits eine eher skeptische Einschätzung: Weil die Diskussion mit fundamentalen Fragen politischer Grundwerte verquickt ist – und zwar meist ohne dass dies den Beteiligten bewusst ist – fallen tragfähige Kompromisse schwer. Andererseits gibt es zwischen Bürgerversicherung und Pauschalprämienmodell zahlreiche Möglichkeiten für politisch-praktische Kompromisse. Dies zeigt, dass Grundsatzkonflikte über das, worin soziale Gerechtigkeit besteht, nicht zwangsläufig destruktiv sind, sondern dass Demokratien im Prinzip in der Lage sind oder jedenfalls sein sollten, diese im Diskurs zu überbrücken.

▶ Zusammenfassung: Soziale Gerechtigkeit im Gesundheitswesen – Pauschalprämienmodell contra Bürgerversicherung

1. Traditionell findet in der gesetzlichen Krankenversicherung in Deutschland innerhalb der Versichertengemeinschaft eine interne Einkommensumverteilung zugunsten der Einkommensschwächeren statt. Der Grundsatz »jeder nach seiner finanziellen Leistungsfähigkeit, jedem nach seinem medizinischen Bedarf« war bis etwa Ende der 1990er Jahre eine als selbstverständlich akzeptierte Säule des deutschen Sozialstaats und des sozialstaatlichen Gerechtigkeitsverständnisses.
2. Unter dem Eindruck offenbar ständig steigender Krankenversicherungsbeiträge geriet das traditionelle Krankenversicherungssystem in die Kritik. Ausgehend von der Überzeugung, nur ein möglichst marktmäßig organisiertes Krankenversicherungssystem könne effizient wirtschaften, propagierten zunächst liberale Wirtschaftswissenschaftler das Pauschalprämienmodell als Alternative. CDU/CSU und FDP übernahmen dieses Konzept in ihre Programme, konnten es aber nicht durchsetzen und verfolgen es derzeit nicht aktiv weiter.
3. Die wichtigsten Prämissen des Pauschalprämienmodells sind:
   - Da die Beiträge zur gesetzlichen Krankenversicherung die tatsächlichen Kosten widerspiegeln sollen, dürfen sie nicht durch Maßnahmen der Einkommensumverteilung verzerrt werden, sondern müssen, wie alle anderen Preise in einer Marktwirtschaft, für alle Versicherten gleich hoch sein.

- Die politisch gewollte Umverteilung der Einkommen muss außerhalb des Krankenversicherungssystems stattfinden. Hierzu soll der Staat für einkommensschwache Versicherte aus Steuermitteln finanzierte Zuschüsse zum Krankenversicherungsbeitrag zahlen.
- Durch die Umstellung auf das Pauschalprämienmodell sollen zugleich die Kosten der Gesundheitsversorgung von den Arbeitskosten abgekoppelt werden, wovon man sich positive Wirkungen für den Arbeitsmarkt verspricht.

4. Die Anhänger des traditionellen deutschen Krankenversicherungssystems haben auf das Pauschalprämienmodell mit dem Gegenentwurf der Bürgerversicherung geantwortet. Danach soll die bestehende gesetzliche Krankenversicherung in den Grundzügen erhalten bleiben. Jedoch soll die Versicherungspflicht auf die gesamte Bevölkerung ausgedehnt werden. Außer Arbeitseinkommen sollen auch Vermögenseinkommen der Beitragspflicht unterliegen.

5. Ungeachtet der heftigen Kontroverse zwischen den Anhängern des Pauschalprämienmodells und der Bürgerversicherung ist zu konstatieren, dass beide Seiten in der Problemanalyse vielfach übereinstimmen. So kritisieren sie – wenn auch mit ungleicher Gewichtung – am bestehenden Krankenversicherungssystem unter anderem:
   - fehlende Kostentransparenz und mangelnden Wettbewerb,
   - unzureichende Ausgestaltung des sozialen Ausgleichs innerhalb der gesetzlichen Krankenversicherung,
   - Belastung der Wirtschaft mit hohen »Lohnnebenkosten«,
   - mangelhafte Abgrenzung zwischen gesetzlicher und privater Krankenversicherung und die Tendenz zur »Zweiklassenmedizin«.

6. Technisch könnten die Ziele des Pauschalprämienmodells weitgehend auch mit der Bürgerversicherung erreicht werden; umgekehrt gilt dies ebenso. Die Unterschiede zwischen beiden Modellen liegen weniger im Politisch-Praktischen als im Konflikt zwischen dem sozialstaatlichen und dem postsozialstaatlichen Verständnis von sozialer Gerechtigkeit im Gesundheitswesen:
   - Die Bürgerversicherung geht von den sozialstaatlichen Leitideen der kollektiven sozialen Sicherheit und der Verteilungsgerechtigkeit aus. Danach gehören Krankheit bzw. Gesundheitsversorgung prinzipiell nicht in den Bereich individueller Verantwortung, sondern in den der Solidarität. Dem entspricht das Festhalten an dem Grundsatz »jeder nach seiner finanziellen Leistungsfähigkeit, jedem nach seinem medizinischen Bedarf«.

- Das Pauschalprämienmodell orientiert sich am Vorrang der individuellen Verantwortung: Es ist primär Sache des Individuums, sich durch Abschluss eines Versicherungsvertrags gegen das Krankheitsrisiko zu schützen. Krankenversicherungen sind aus dieser Sicht marktmäßig handelbare Güter, für die das Gesetz von Angebot und Nachfrage zu gelten hat. Sozialpolitische Eingriffe des Staates sind nur insoweit zu rechtfertigen, als sie sicherstellen, dass alle Bürgerinnen und Bürger krankenversichert sind und dass auch einkommensschwache Personen den Krankenversicherungsschutz bezahlen können.

Anmerkungen

1 Die Beitragsdifferenzierung nach Risikoklassen ist in der Privatversicherung systemnotwendig, weil sie nicht auf einer Versicherungspflicht, sondern auf Freiwilligkeit beruht. Ohne risikoabhängige Beitragskalkulation würden sich in einer freiwilligen Versicherung vor allem die Menschen sammeln, welche Anlass zu der Befürchtung haben, krank zu werden, während die Gesünderen den Abschluss eines Versicherungsertrags zumindest hinauszögern würden.

2 In der Privatversicherung werden stattdessen die individuellen Versicherungsprämien so kalkuliert, dass sie die mutmaßlichen Krankheitskosten für die gesamte Zeit vom Vertragsabschluss bis zum Lebensende abdecken. In jungen Jahren werden somit also Rückstellungen für die höheren Krankheitskosten im Alter gebildet. Daher sind die Prämien umso höher, je älter der Versicherungsnehmer bei Vertragsabschluss ist, d. h. nach Maßgabe der Zeit, die zur Bildung der Altersrückstellungen zur Verfügung steht.

3 Die Mitgliedschaft in der gesetzlichen Krankenversicherung ist, stark vereinfacht dargestellt, folgendermaßen geregelt:

- Versicherungspflichtig sind Arbeiter/innen und Angestellte, wenn ihr Arbeitsentgelt die Versicherungspflichtgrenze von derzeit (2012) 4237,50 Euro pro Monat nicht übersteigt. Beamte und Selbstständige unterliegen nicht der Versicherungspflicht.
- Ebenfalls versicherungspflichtig sind Arbeitslose, die Arbeitslosengeld I oder Arbeitslosengeld II beziehen. Das Gleiche gilt für Studenten und weitere kleinere Bevölkerungsgruppen.
- Kinder und nicht erwerbstätige Ehegatten von Pflichtversicherten oder freiwillig Versicherten sind in der sogenannten Familienversicherung beitragsfrei versichert.
- Beim Berufsanfang haben Arbeiter/innen und Angestellte, deren Arbeitsentgelt über der Versicherungspflichtgrenze liegt und die deshalb nicht versicherungspflichtig sind, das Recht zur freiwilligen Versicherung.
- Das Recht zur freiwilligen Versicherung steht außerdem allen Personen zu, deren Pflichtversicherung oder Familienversicherung – aus welchem Grund

auch immer – endet (z. B. wenn das Einkommen von Arbeitnehmern die Versicherungspflichtgrenze überschreitet oder wenn Jugendliche volljährig werden).

- Auch Rentnerinnen und Rentner der gesetzlichen Rentenversicherung unterliegen der Krankenversicherungspflicht, jedoch nur dann, wenn sie bereits während ihrer Erwerbstätigkeit langjährig Mitglied der gesetzlichen Krankenversicherung waren (sei es aufgrund von Versicherungspflicht oder freiwilliger Versicherung).
- Geringfügig Beschäftigte (mit einem monatlichen Arbeitsentgelt unter 400 Euro) sind nicht versicherungspflichtig. Der Arbeitgeber zahlt für die geringfügig Beschäftigten einen Pauschalbetrag von 13% des Lohns an die Krankenkasse, ohne dass dadurch ein Versicherungsschutz begründet wird. Allerdings haben die meisten geringfügig Beschäftigten als Familienangehörige von Versicherten ohnehin einen Anspruch auf medizinische Versorgung.

4 Eigenes Einkommen bis zu 375 Euro monatlich (Stand 2012) ist erlaubt.

5 Dies wird an einem Beispiel deutlich: Beim Ehepaar A arbeitet nur der Ehemann und erzielt ein Monatsgehalt von 6000 Euro. Weil dieses Gehalt über der Beitragsbemessungsgrenze (3825 Euro) liegt, zahlt der Ehemann für sich und seine Ehefrau den Höchstbeitrag; dies sind bei dem seit dem 1. Januar 2011 geltenden Beitragssatz von 15,5% insgesamt 594,43 Euro (einschließlich Arbeitgeberbeitrag). Beim Ehepaar B verdienen sowohl der Mann als auch die Frau je 2500 Euro. Für jeden von ihnen beträgt der Krankenkassenbeitrag je 15,5% von 2500 = 387,50 Euro. Das macht für das Ehepaar B zusammen 775 Euro, also rd. 200 Euro mehr als für das Ehepaar A, obwohl dessen Bruttoeinkommen 1000 Euro höher ist.

6 2006 wurde die paritätische Finanzierung zulasten der Arbeitnehmer durchbrochen. Seitdem müssen die Versicherten zusätzlich zum hälftigen Beitrag noch einen Sonderbeitrag in Höhe von 0,9% tragen, der zur Finanzierung des Zahnersatzes dient. Dieser Schritt war Bestandteil der »Agenda 2010« von Bundeskanzler Gerhard Schröder. Seit dem 1. Januar 2011 beträgt der Beitragssatz für die Arbeitnehmer 8,2% und für die Arbeitgeber 7,3%.

7 Das Jahr 2009 wurde nicht in diese Betrachtung einbezogen, weil seine Daten durch zwei Sondereffekte verzerrt werden, nämlich einmal durch den starken Rückgang des BIP infolge der Wirtschaftskrise und zum anderen durch die vorübergehende Subvention der Krankenversicherungsbeiträge durch den Bund im Rahmen des »Konjunkturpakets II«.

8 Vgl. Begründung zum »Entwurf eines Gesetzes zur nachhaltigen und sozial ausgewogenen Finanzierung der Gesetzlichen Krankenversicherung (GKV-FinG)« vom 26.9.2010, Bundestagsdrucksache 17/3040, S. 17–20.

9 Für einige kleinere Personengruppen gibt es Sonderformen der Risikoabsicherung für den Krankheitsfall. So haben z. B. die Bundeswehrsoldaten einen direkten Anspruch auf »freie Heilfürsorge« gegenüber dem Bund. Sozialhilfeempfänger konnten vor der »Hartz-IV-Reform« unmittelbar gegenüber dem Sozialhilfeträger »Krankenhilfe« beanspruchen; seit der Zusammenlegung von Sozial- und Arbeitslosenhilfe (→Kap. VI.3) sind die Empfänger von »Grundsicherung für Arbeitssuchende« in der gesetzlichen Krankenversicherung pflichtversichert, wobei die Bundesagentur für

Arbeit die Beiträge übernimmt. Traditionell verblieb eine kleine Restgruppe der Bevölkerung, welche weder zur gesetzlichen noch zur privaten Krankenversicherung einen Zugang hatte (z.B. Auslandsrückkehrer). Mit der am 1.1.2007 in Kraft getretenen Gesundheitsreform der Großen Koalition (»GKV-Wettbewerbsstärkungsgesetz«) sollte diese Lücke geschlossen werden, sodass alle bislang nicht krankenversicherten Einwohner einen Versicherungsschutz erhalten: Wenn sie in ihrem Leben früher in der gesetzlichen Krankenversicherung versichert waren, werden sie in dieser versicherungspflichtig; andernfalls erhalten sie gegenüber der privaten Krankenversicherung einen Anspruch auf Abschluss eines Versicherungsvertrags zu einem »Basistarif« ohne Gesundheitsprüfung. Nach ersten Erfahrungen waren trotz dieses Gesetzes 2009 noch immer 45 000 Menschen ohne Krankenversicherungsschutz (vgl. Versicherung und Vorsorge Magazin, Dezember 2010).

10 Es wird auch die umgekehrte These vertreten, dass in Wirklichkeit die gesetzliche Krankenversicherung durch die private Krankenversicherung subventioniert werde: Nur weil die Ärzte für Privatversicherte höhere Vergütungen berechnen dürften, könnten sie ausreichende Einkommen erzielen und seien in der Lage, die Gesundheitsversorgung der Kassenpatienten aufrechtzuerhalten. Dieses Argument kann nur überzeugen, wenn es zutrifft, dass die Ärzte ohne die Zusatzeinkommen aus der Versorgung von Privatpatienten ihren Beruf aufgeben würden. Einen empirischen Beleg dafür gibt es allerdings nicht.

11 Beamte können zwar theoretisch freiwillige Mitglieder der GKV bleiben, wenn sie vor ihrer Verbeamtung in der GKV versichert oder familienversichert waren. In der Praxis spielt diese Möglichkeit aber kaum eine Rolle, weil die beamtenrechtliche Beihilfe auf die Funktion einer Ergänzung zur Privatkrankenversicherung zugeschnitten ist. Beamte haben auch keinen Anspruch auf einen Arbeitgeberanteil am Krankenversicherungsbeitrag, sodass sie praktisch gezwungen sind, sich privat zu versichern.

12 Die wichtigsten Ergebnisse der Umfrage sind im Internet verfügbar unter http://virchowbund.de/images/data/Allianz_Umfrage.pdf (Stand 10. September 2009).

13 Für die »Belastungsgrenze« werden Werte zwischen 13% und 14% des Brutto-Haushaltseinkommens genannt; dies würde in der Tat in etwa der heutigen Beitragsbelastung in der gesetzlichen Krankenversicherung entsprechen, wenn man einkalkuliert, dass die Arbeitgeberbeiträge (nach vorheriger Erhöhung der Bruttolöhne) entfallen sollen. Die zahllosen Detailprobleme der Berechnung des Sozialausgleichs sind im Übrigen bislang noch ungeklärt.

14 S. Anm. 5.

15 Eine Ausnahme bildet das Jahresgutachten des Sachverständigenrats von 2008/2009, in dem klar formuliert wird, dass das duale System der Krankenversicherung den Grundsätzen einer liberalen Ordnung des Krankenversicherungsmarkts widerspricht (Sachverständigenrat 2008, Ziffern 677–678). Diejenigen, die sich für den Erhalt der Sonderrolle der privaten Krankenversicherung aussprechen, führen dafür im Wesentlichen zwei Argumente an. Zum einen befürchten sie, die verfassungsrechtlich geschützten Eigentumsrechte der privaten Krankenversicherungsunternehmen könnten verletzt werden, wenn ihnen die Möglichkeit genommen

wird, weiterhin nach ihrem bisherigen Geschäftsmodell tätig zu sein. Außerdem wollen sie den in der privaten Krankenversicherung angesammelte Kapitalstock nicht antasten, weil er ihrer Meinung nach hilft, die künftigen Kostensteigerungen im Gesundheitswesen zu bewältigen, die als Folge der Alterung der Bevölkerung erwartet werden.

16 Solidarische Gesundheitspolitik für alle Bürgerinnen und Bürger, Beschluss des Bundesparteitages der SPD vom 4. bis 6. Dezember 2011, Beschluss Nr. 59.

17 Allerdings lässt sich damit das heutige Drei-Klassen-Versicherungssystem nicht rechtfertigen, denn es macht die Versicherungspflicht in der gesetzlichen Krankenversicherung bzw. den Ausschluss aus diesem System sowie die Möglichkeit der Befreiung nicht ausschließlich von der Fähigkeit zur Eigenvorsorge abhängig, sondern auch vom sozialen Status als Arbeiter, Angestellter, Beamter oder Selbstständiger.

X. Soziale Gerechtigkeit im Finanzmarktkapitalismus

1 Eine neue Herausforderung

In den beiden letzten Jahrzehnten haben sich die Finanzmärkte in einem Ausmaß verselbstständigt, dass man vom »Finanzmarktkapitalismus« als einer qualitativ neuen Entwicklungsstufe des Kapitalismus sprechen kann; manchmal spricht man zudem, von einer »Finanzialisierung« des Kapitalismus. Der weltweite Handel mit Aktien, Devisen und Wertpapieren hat sich weitgehend von den realen Produktions- und Handelsvorgängen gelöst. Es ist ein verselbstständigter spekulativer Finanzsektor entstanden, der weit über seine klassischen Funktionen – Zahlungsverkehr, Sammlung der Ersparnisse, Finanzierung von Investitionen, Kreditvergabe, Versicherung – hinausgewachsen ist. Kennzeichen des Finanzmarktkapitalismus ist demnach, dass der spekulative (im Unterschied zum klassischen) Finanzsektor im Rahmen der Volkswirtschaft eine dominante Rolle spielt und dass – etwas zugespitzt ausgedrückt – das Glücksspiel zu einer → Schlüsselindustrie der Weltwirtschaft geworden ist.

Diese Entwicklung ist ein Teilaspekt der sogenannten Globalisierung. Deren tiefste Ursache kann man ganz allgemein im expansiven, Grenzen sprengenden Charakter des kapitalistischen Wirtschaftssystem sehen, durch den es sich von allen anderen Wirtschaftssystemen unterscheidet. Zusätzlich haben in den letzten Jahrzehnten besondere strukturelle Bedingungen diesen Prozess vorangetrieben. Dazu zählen:

1. Die Liberalisierung des grenzüberschreitenden Kapitalverkehrs und der Abbau der Kapitalverkehrskontrollen, die schrittweise vorangingen und in den entwickelten westlichen Ländern etwa um das Jahr 1980 abgeschlossen waren.
2. Die ab etwa 1980 von den USA und Großbritannien ausgehende Politik der Liberalisierung und Deregulierung der nationalen Märkte, vor allem der nationalen Kapitalmärkte.
3. Die Revolution der Informations- und Kommunikationstechnik, die es ermöglicht (durch den Einsatz von Computern und Datenfernübertragungen) immer komplexere Finanzgeschäfte weltweit in Sekundenschnelle zu tätigen.
4. Der Zusammenbruch des Ostblocks, der für den Finanzsektor und für Spekulationsgeschäfte aller Art mit einem Schlag ein riesiges Geschäftsfeld eröffnet hat.

5. Die starke Expansion des weltweit anlagesuchenden Geldkapitals, die wiederum auf drei wesentliche Ursachen zurückzuführen ist:
   - Weltweit wachsende Ungleichheit der Einkommen und infolgedessen auch der Vermögen. Je mehr Vermögen die Reichen angesammelt haben, desto größer ist die Summe, die möglichst gewinnbringend angelegt werden soll.
   - Ungleichgewichte in der Weltwirtschaft: Einige Länder wie China, Japan oder auch Deutschland exportieren mehr als sie importieren, sodass sie über große Mengen an Devisen verfügen, die sie am Geld- und am Kapitalmarkt[1] anlegen. Damit finanzieren sie unter anderem die Defizite der international hochverschuldeten Länder, die – wie die USA – dauerhaft mehr importieren als exportieren.
   - Der allgemeine Trend zur Umstellung der Altersversorgung vom Umlageverfahren auf das Kapitaldeckungsverfahren.
6. Die Zinspolitik des billigen Geldes, die besonders von der US-Notenbank betrieben wurde, um das Wirtschaftswachstum zu fördern und die Arbeitslosigkeit zu bekämpfen. Die Niedrigzinspolitik erleichterte es zugleich, spekulative Geschäfte mittels billig beschafften Fremdkapitals im großen Stil zu betreiben.

Der 2. Punkt verdient, besonders hervorgehoben zu werden, denn der Finanzmarktkapitalismus ist nicht irgendwie schicksalhaft hereingebrochen, sondern teilweise das Ergebnis staatlicher Politik, die sich in einer bestimmten Phase die Deregulierung der Finanzmärkte zum Ziel gesetzt hatte, weil sie von der Vorstellung beherrscht war, die Expansion der Finanzindustrie sei der eigentliche Motor der künftigen wirtschaftlichen Entwicklung. So ist daran zu erinnern, dass in der Bundesrepublik Deutschland – allerdings unter dem Druck, sich an die globale Entwicklung anpassen zu müssen – eine ganze Reihe von gesetzgeberischen Entscheidungen getroffen wurde, die mit dazu beigetragen haben, dass der Finanzmarkt außer Kontrolle geraten konnte. Insgesamt vier »Finanzmarktförderungsgesetze« (1990, 1995, 1998 und 2002) wurden erlassen, um das Regulierungssystem der deutschen Finanzwirtschaft an die Erfordernisse der Freiheit des Kapitalverkehrs in der europäischen Wirtschaftsunion anzupassen und es den deutschen Finanzinstituten zu ermöglichen, am weltweiten Geschäft mit neuen Finanzprodukten teilzunehmen.

Zur Deregulierung des deutschen Kapitalmarkts, die zum Aufschwung des Finanzmarktkapitalismus beigetragen hat, gehört auch die Auflösung der sogenannten Deutschland AG. Die mit diesem Namen bezeichnete traditionelle enge Verflechtung der Banken und der großen Industrieunternehmen war eines der Fundamente der auf Konsens und Langfristigkeit ausgerichteten Unternehmenskultur in Deutschland gewesen (→Kap. II.3); nun aber stand sie der Flexibilität des Kapitals entgegen und entsprach nicht mehr der geänderten Unternehmensstrategie der Banken, die ihren Schwerpunkt statt im traditionellen Spar- und Kreditgeschäft nunmehr im →Investmentbanking setzten. Besonders wichtig für die Auflösung der Deutschland AG war eine Änderung im Steuerrecht, die 2000 beschlossen wurde und zum 1. Januar 2001 in Kraft trat: Wenn eine Kapitalgesellschaft Anteile an einer anderen Kapitalgesellschaft verkauft, dann bleibt der dabei erzielte Gewinn steuerfrei. Dies ermöglichte es den deutschen Banken, sich rasch und ohne zusätzliche Steuerzahlungen von ihrem industriellen Aktienbesitz zu trennen und mit der so gewonnenen Liquidität in großem Stil an der weltweiten Finanzspekulation teilzunehmen.

Mit der Expansion des Finanzsektors und der Spekulationsgeschäfte sind zusätzliche Gerechtigkeitsprobleme akut geworden, die den Rahmen der traditionellen Fragestellungen zu sprengen scheinen. Die wirklich großen Gewinne und die wirklich gigantischen Vermögen, deren Höhe Anstoß erregt, werden nämlich dort gemacht, wo es gar nicht um reale Produktion von Gütern und Dienstleistungen geht, sondern um Spekulation. Spätestens seit die weltweiten Spekulationsgeschäfte eine ernsthafte Wirtschaftskrise ausgelöst haben und zahlreiche wichtige Staaten sich gezwungen sahen, die Verluste der Banken zulasten der Steuerzahler oder um den Preis einer drückenden Schuldenlast aufzufangen, stellt sich die Frage, ob diese Entwicklung mit den Prinzipien der sozialen Gerechtigkeit vereinbar ist. Ein aktuelles Beispiel für eine solche Entwicklung ist die Krise der Republik Irland Ende 2010. Nachdem der irische Staat die hochverschuldeten Banken des Landes vor dem Zusammenbruch gerettet hatte, war er seinerseits so hoch verschuldet, dass die Banken ihm weitere Kredite verweigerten und er gezwungen war, Kredithilfen der Europäischen Union und des Internationalen Währungsfonds in Anspruch zu nehmen; diese Hilfen waren aber an strenge Sparauflagen gebunden, die hauptsächlich zulasten der irischen Bevölkerung mit niedrigem und mittlerem Einkommen gingen und darüber hinaus einen heftigen Konjunktureinbruch auslösten.

In unserem Zusammenhang ist entscheidend, dass die Gerechtigkeitsprobleme des Finanzmarktkapitalismus nicht mehr mit den Kategorien beschrieben und mit den Maßstäben bewertet werden können, welche auf den Kernkonflikt des traditionellen Kapitalismus zugeschnitten sind. Dieser Konflikt beruht darauf, dass derjenige, der über Kapital verfügt, die Arbeitskraft derer kauft, die selbst kein Kapital besitzen, und daraus einen Gewinn erzielt. Der Spekulationsgewinn entsteht aber auf andere Weise: Jemand nimmt das Risiko von Preis- oder Kursänderungen in Kauf und erhält im günstigen Falle eine höhere Geldsumme zurück, als er eingezahlt hat. Es entsteht also, wie es in der Fachsprache heißt, ein →»Arbitragegewinn«. Dies ist das Prinzip der Wette oder des Glücksspiels, sodass man nicht zu Unrecht vom »Casino-Kapitalismus« spricht. Natürlich werden dabei auch Arbeitnehmerinnen und Arbeitnehmer beschäftigt. Aber das ist in diesem Falle nebensächlich, denn die Hauptakteure der Spekulation sind vielfach angestellte Manager oder Spezialisten, die in der Regel exorbitante Einkommen erzielen[2] und darüber hinaus vielfach an den Finanzinstituten beteiligt sind. Jedenfalls verläuft die gerechtigkeitsrelevante Konfliktlinie hier nicht zwischen Kapitaleignern und Lohnarbeitern, sondern zwischen dem spekulativen Finanzsektor – man könnte auch sagen der »Glücksspielindustrie« – insgesamt und dem Rest der Gesellschaft oder dem Rest der Welt, der, wie sich in der gegenwärtigen Krise gezeigt hat, von den Folgen negativ betroffen ist.

Freilich ist der Finanzmarktkapitalismus kein völlig neues Phänomen. Spekulationsgeschäfte und spekulationsbedingte Wirtschaftkrisen hat es schon immer gegeben, seit es den Kapitalismus gibt; was wir gegenwärtig erleben, ist insofern nur die quantitative Zunahme und Übersteigerung einer Tendenz, die in der kapitalistischen Marktwirtschaft angelegt ist. Das ändert aber nichts daran, dass eine völlig neue Qualitätsstufe erreicht ist und dass daraus neuartige Gerechtigkeitsprobleme erwachsen sind. Während an der Formulierung von Gerechtigkeitskriterien für das kapitalistische Lohnarbeitsverhältnis seit 150 Jahren gearbeitet wird, fehlen uns für die Beurteilung des Finanzmarktkapitalismus noch klare ethische Maßstäbe. Das ist nicht weiter verwunderlich, denn es handelt sich um neuartige Fragestellungen, z. B. um folgende:

- Sind Glücksspiele dieser weltumspannenden Art überhaupt ethisch erlaubt? Hat der Gewinner einen gerechten Anspruch auf seinen Gewinn? Oder handelt es sich um Einkommen und Vermögen ohne Legitimationsgrundlage, deren Entstehung nach Möglichkeit verhindert werden sollte oder die wenigstens durch Besteuerung so weit wie möglich abgeschöpft werden sollten?
- Sind die Einkommen im spekulativen Finanzsektor und vor allem die gezahlten Boni unangemessen hoch?
- Unter welchen Bedingungen verdienen die Verlierer – beispielsweise die Bankkunden, die ihr Geld in riskanten Papieren angelegt haben – Schutz?
- Sind die Spieler der Allgemeinheit gegenüber schadensersatzpflichtig? Ist der spekulative Finanzsektor für die Kosten der von ihm verursachten Krisen heranzuziehen?

- Darf der Staat die Spieler unterstützen, wenn ihre Finanzinstitute »systemrelevant« sind, oder müssen diese wenigstens zum Ausgleich einen Teil ihres Vermögens an den Staat abtreten?

Für diese normativen Fragen gibt es, soweit zu sehen ist, gegenwärtig keine gründlich durchdachten Antworten. Unabhängig davon bleibt freilich festzuhalten, dass das hier angesprochene neue Gerechtigkeitsproblem des Finanzmarktkapitalismus nicht etwa an die Stelle des alten Gerechtigkeitsproblems des Verhältnisses zwischen Arbeit und Kapital getreten ist. Es ist vielmehr zusätzlich aufgetreten, ohne dass die alte Frage ihre Bedeutung verloren hätte.

Die nachfolgenden Überlegungen werden zunächst in zwei Schritten vollzogen, die sich in ihrer Perspektive grundsätzlich unterscheiden:

1. In einem ersten Schritt (→Kap. X.2) wird die Funktionsweise des spekulativen Finanzsektors anhand des vereinfachten Modells einer »Glücksspielindustrie« illustriert. Dieses Modell beschreibt eine Welt von Spekulationsgeschäften, die sich vollständig von der Realwirtschaft gelöst hat und in der lediglich reine Finanzwetten ohne realwirtschaftlichen Nutzen getätigt werden. Diese vereinfachte und zugespitzte Modellbetrachtung kann erstens die Funktionsweise des Glücksspiels, welches im Finanzmarktkapitalismus stattfindet, sichtbar machen. Sie erlaubt zweitens, Maßstäbe dafür zu entwickeln, wie dieses Glücksspiel unter dem Gesichtspunkt der sozialen Gerechtigkeit zu bewerten wäre, wenn man strenge Maßstäbe anlegte. Der Begriff »Glücksspielindustrie« wird im Übrigen bewusst in Anführungszeichen gesetzt, um zu verdeutlichen, dass es sich um eine vereinfachte Modellkonstruktion handelt.
2. Im zweiten Schritt (→Kap. X.3) werden die Ergebnisse dieser prinzipiellen Betrachtung teilweise relativiert. In der Wirklichkeit sind Spekulationsgeschäfte und realwirtschaftliche Aktivitäten auf vielfache Weise verbunden und nur schwer voneinander zu trennen. Die Realität des Finanzmarktkapitalismus lässt sich mit dem vereinfachten Bild der reinen »Glücksspielindustrie«, deren Geschäfte lediglich in reinen Finanzwetten bestehen, nur teilweise abbilden. Dementsprechend müssen dann die Schlussfolgerungen für die Bewertung unter Gerechtigkeitsgesichtspunkten modifiziert werden.

Daran anschließend wird der Frage nachgegangen, welche Konsequenzen sich daraus für die Frage der sozialen Gerechtigkeit im Finanzmarktkapitalismus ergeben (→Kap. X.4). Es folgt ein Ausblick auf das Problem der wirtschaftlichen Macht und der Demokratie im Finanzmarktkapitalismus (→Kap. X.5)

2 Eine Modellbetrachtung: die »Glücksspielindustrie«

Die ökonomische Theorie hat das hier als »Glücksspielindustrie« bezeichnete Phänomen bis heute nicht systematisch aufgearbeitet und in ihre Theorie der Realwirtschaft integriert. Bevor also die Gerechtigkeitsfragen zur Sprache kommen können, ist zunächst das Verhältnis zwischen der »Glücksspielindustrie« und der Realwirtschaft zu klären. Dazu müssen folgende Fragen beantwortet werden:

1. Wie ist der Begriff der »Spekulation« terminologisch einzugrenzen?
2. Welche Art von →Wertschöpfung findet bei der Spekulation statt?
3. Wie, d. h. aus welchen Quellen, entsteht die Wertschöpfung durch Spekulation?
4. Welche Auswirkungen hat die Spekulation auf die Realwirtschaft?

Bei der Beantwortung dieser Fragen betrachten wir, wie bereits gesagt, die komplizierte Welt des Finanzmarktkapitalismus anhand des vereinfachenden Modells der »Glücksspielindustrie«, d. h., wir betrachten zunächst einmal solche Finanztransaktionen, die den Charakter einer Wette haben, und sehen davon ab, dass Spekulationsgeschäfte und realwirtschaftliche Transaktionen in Wirklichkeit eng miteinander verwoben sind. Anschließend (→Kap. X.2.3) kann dann die Frage erörtert werden, wie die Wertschöpfung der »Glücksspielindustrie« unter dem Aspekt der sozialen Gerechtigkeit zu beurteilen ist.

2.1 Die Wertschöpfung in der »Glücksspielindustrie«

2.1.1 Reale und imaginäre Wertschöpfung

Ganz allgemein kann man eine Finanztransaktion dann als »spekulativ« definieren, wenn sie darauf abzielt, aus Preis-, Zins- oder Kursdifferenzen einen sogenannten →Arbitragegewinn zu ziehen. Bei Geschäften, die auf das Erwirtschaften eines Arbitagegewinns zielen, handelt es sich im Kern nicht um Tausch von Leistung und Gegenleistung, sondern um Wetten oder, wie gesagt, um Glücksspiele. Allerdings wird, anders als bei einer Spielbank, nicht auf absichtlich herbeigeführte reine Zufallsereignisse gewettet. Gegenstand der Wette sind vielmehr reale ökonomische Ereignisse, die mit einer gewissen Wahrscheinlichkeit eintreffen. Im Prinzip hat diese Art von Glücksspiel also die Struktur einer Sportwette.

Natürlich sind auch normale realwirtschaftliche Aktivitäten mit einem Risiko verbunden. Ein Unternehmer, der ein neues Produkt auf den Markt bringen will, trägt das Risiko, dass er keine Nachfrager findet und dass das eingesetzte Kapital verloren geht; ein Arbeitnehmer, der eine sichere und gut bezahlte Position kündigt, um eine neue Stelle anzunehmen, geht das Risiko ein, den Anforderungen des neuen Arbeitsplatzes nicht gewachsen zu sein. Aber das Wettrisiko in der finanziellen Spekulation ist von anderer Qualität. In der Realwirtschaft ist das Risiko eine unvermeidbare Begleiterscheinung ökonomischen Handelns, bei der Spekulation in der »Glücksspielindustrie« ist es dagegen der eigentliche Gegenstand des Geschäfts. Man kann sagen, dass das Spekulationsgeschäft darin besteht, die Inkaufnahme eines mehr oder minder großen Risikos gegen die Aussicht auf den Arbitragegewinn zu tauschen. Durch den Glücksspielcharakter unterscheidet sich die Spekulation nicht nur von realwirtschaftlichen Transaktionen, sondern auch von den »klassischen« Geschäften der Finanzwirtschaft, also der Banken und Versicherungen, die durch Sammlung und Weiterleitung der Ersparnisse, durch Vergabe von Krediten für Investitionen, durch Abwicklung des Zahlungsverkehrs sowie durch Absicherung gegen Risiken usw. unentbehrliche Dienstleistungen für die Realwirtschaft erbringen.

Entscheidend ist, dass bei den Finanzwetten der »Glücksspielindustrie« keine ökonomische Wertschöpfung stattfindet. Es werden keine neuen Güter geschaffen und keine nützlichen Dienstleistungen erbracht, sondern es entsteht lediglich ein imaginärer Reichtum ohne zusätzlichen gesellschaftlichen Wohlstand (vgl. Schmidt 2010, S. 173). Die Frage ist allerdings, nach welchem Kriterium präzise zwischen realem und künstlichem Reichtum oder zwischen wirklicher oder bloß fiktiver Wertschöpfung unterschieden werden kann. Die traditionelle →neoklassische Wirtschaftswissenschaft hilft hier nicht weiter, denn seit sich am Ende des 19. Jahrhunderts die sogenannte →subjektive Werttheorie durchgesetzt hat, wird der ökonomische »Wert« einfach mit dem Preis gleichgesetzt. Als »Wertschöpfung« gilt also unterschiedslos, was am Markt einen Preis erzielt. Unter diesem Aspekt ist die Wertschöpfung in der »Glücksspielindustrie« nicht von der Produktion von Bananen oder Büchern zu unterscheiden. Der Unterschied zwischen einem realen ökonomischen Wert und einem bloß scheinbaren Wert, der zwar einen Marktpreis hat, aber trotzdem nicht das Attribut »real« verdient, ist eher zu erfassen, wenn man auf die Differenz von »Tauschwert« und »Gebrauchswert« zurückgreift, die für die Klassiker der Wirtschaftswissenschaften (vor allem Adam Smith, David Ricardo und Karl Marx) noch selbstverständlich war:

- Einen Tauschwert hat alles, was am Markt gegen Geld gehandelt wird.
- Einen Gebrauchswert hat alles, was menschliche Bedürfnisse befriedigen kann oder einen Nutzen stiftet.

Der Begriff des Gebrauchswerts ist in diesem Zusammenhang weit zu fassen: Einen Gebrauchswert hat alles, was direkt oder indirekt Bedürfnisse befriedigen kann, unabhängig davon, welche Bedürfnisse dies sind. Es kann sich also sowohl um materielle Güter als auch um Dienstleistungen handeln. Der Gebrauchswert kann unmittelbar oder mittelbar sein, d. h., das betreffende Gut kann entweder direkt konsumiert werden oder als Vorprodukt oder als Investitionsgut zur Erzeugung konsumierbarer Güter (Waren oder Dienstleistungen) dienen, welche dann ihrerseits Bedürfnisse befriedigen können.

Im Normalfall haben alle ökonomischen Güter sowohl einen Gebrauchs- als auch einen Tauschwert. Sie haben einen Tauschwert, d. h. erzielen einen Preis, weil sie einen Gebrauchswert haben, also weil sie direkt oder indirekt Bedürfnisse befriedigen. Es gibt aber auch Güter, die zwar einen Gebrauchswert haben, aber keinen Tauschwert besitzen. Sie stiften einen Nutzen und befriedigen Bedürfnisse, können aber nicht am Markt gehandelt werden, denn sie sind entweder im Überfluss vorhanden (»freie Güter« wie Sonnenlicht oder Atemluft) oder sie können nicht erwerbsmäßig hergestellt oder verfügbar gemacht werden (z. B. Anerkennung oder persönliche Zufriedenheit).

Schließlich gibt es auch Tauschwerte, die keinen Gebrauchswert besitzen, und zwar weder unmittelbar, noch mittelbar. Man kann sagen, dass solche reinen Tauschwerte ohne Gebrauchswert keinen realen, sondern nur einen imaginären Wert haben. Das prominenteste Beispiel für reine Tauschwerte ist das Geld. Aber nicht nur Bargeld und Giroguthaben, sondern alle Finanztitel, Aktien, Wertpapiere aller Art, Versicherungsansprüche, Devisen, Gold (soweit es nicht als Rohstoff benötigt wird) und alle davon abgeleiteten komplizierten Finanzprodukte gehören zu dieser Kategorie. Das gemeinsames Merkmal der imaginären Werte ist, dass sie zwar die Kaufkraft darstellen, mit der Gebrauchswerte erworben werden können, im Unterschied zu den realen Werten aber selbst keine Gebrauchswerte sind. Wie können also sagen, dass sich die »Glücksspielindustrie« durch eine imaginäre Wertschöpfung auszeichnet oder, anders ausgedrückt, dass ihr Produktionsprozess darin besteht, Geld zu mehr Geld zu machen.

Geld – und alle anderen Finanztitel, die in der »Glücksspielindustrie« entstehen – kann zwar selbst weder verbraucht noch gebraucht werden. Aber es kann natürlich gegen Verbrauchs- oder Gebrauchsgüter oder gegen Dienstleistungen getauscht werden. Man könnte also meinen, Geld habe zwar keinen unmittelbaren, aber immerhin einen mittelbaren Gebrauchswert. Aber dies ist ebenfalls nicht richtig; Geld hat auch keinen mittelbaren Gebrauchswert. Aus mittelbaren Gebrauchswerten können nämlich unmittelbare Gebrauchswerte entstehen oder hergestellt werden wie aus Mehl und mit Hilfe eines Backofens Brötchen. Mit Geld jedoch kann man Brötchen nicht herstellen, sondern nur kaufen. Man kann auch Mehl und einen Backofen kaufen und dann Brötchen backen, aber Kauf und Tausch sind eben etwas prinzipiell anderes als Herstellung.

Auf diesem Hintergrund wird auch der Begriff der »Realwirtschaft« deutlicher: Realwirtschaft – als Gegenbegriff zur spekulativen Finanzwirtschaft – ist die Gesamtheit allen Wirtschaftens, das Tauschwerte schafft, die zugleich im weitesten Sinne einen Gebrauchswert besitzen. In der »Glücksspielindustrie« wird hingegen lediglich zusätzliches Geld mittels des Einsatzes von Geld produziert, ohne dass dem zusätzlichen Geld ein Mehr an Gütern und Dienstleistungen entspricht. Da der gesellschaftliche Wohlstand nichts anderes ist als die Summe der Mittel, die einer Gesellschaft zur Befriedigung der Bedürfnisse der Menschen zur Verfügung stehen, kann festgehalten werden, dass die »Glücksspielindustrie« prinzipiell keinen Beitrag zum gesellschaftlichen Wohlstand leistet. Sie steigert nicht den Wohlstand, denn das Geld als solches befriedigt kein menschliches Bedürfnis, sondern allenfalls das Bedürfnis, Geld um seiner selbst willen zu besitzen und zu vermehren.

2.1.2 Die Quelle der imaginären Wertschöpfung

Wir haben gesehen, dass in der »Glücksspielindustrie« Tauschwerte geschaffen werden, die keinen Gebrauchswert besitzen. Diese imaginäre Wertschöpfung ermöglicht aber, und dies ist besonders wichtig, den Zugriff auf Gebrauchswerte, ohne selbst solche zu schaffen. Daraus resultiert nun das spezielle Gerechtigkeitsproblem der »Glücksspielindustrie«. Die Frage, ob die zunehmende Expansion der »Glücksspielindustrie« mit den Geboten der sozialen Gerechtigkeit vereinbar ist, kann nur beantwortet werden, wenn geklärt wird, aus welchen Quellen die imaginäre Wertschöpfung der »Glücksspielindustrie« entsteht und auf welche »Produktionsfaktoren« sie zurückzuführen ist.

Bei der Frage der »Quelle« geht es um die materielle Ursache der Dinge, die einen ökonomischen Wert besitzen. Tauschwerte, die zugleich einen Gebrauchswert besitzen, d. h. reale Güter und Dienstleistungen, haben in letzter Instanz nur zwei Quellen, nämlich die menschliche Arbeit und die Ressourcen der Natur.[3] Für die in der »Glücksspielindustrie« erwirtschaften imaginären Werte gilt dies nicht. Sie entstehen durch Nutzung zeitlicher oder örtlicher Preis-, Kurs- und Zinsdifferenzen. Für diese Gewinnerzielung ohne reale Wertschöpfung gibt es nur zwei mögliche Quellen:

1. den Spekulationsverlust anderer Akteure,
2. die Inflation von Vermögenswerten.

Im ersten Fall bewirkt die »Glücksspielindustrie«, dass Vermögen durch Vernichtung anderer Vermögen entsteht. Als Beispiel mögen die Geschehnisse am Aktienmarkt dienen: Wenn die Regierung Sparmaßnahmen im Gesundheitswesen, besonders bei den Arzneimitteln, ankündigt und gleichzeitig die Automobilindustrie steigende Umsätze in China vermeldet, dann werden die Kurse der Pharmaaktien fallen und die der Autoaktien steigen. Die Inhaber von Pharmaaktien müssen einen Wertverlust hinnehmen, während die Aktionäre der Autoindustrie Gewinne verbuchen können. Man kann also sagen, dass die Gewinne der einen durch die Verluste der anderen gespeist worden sind. Betrachtet man alle Teilnehmer am Spiel, d. h. sowohl die Gewinner als auch die Verlierer, als Einheit, dann gibt es in diesem Prozess nicht nur keine reale, sondern noch nicht einmal eine imaginäre Wertschöpfung, weil sich Gewinne und Verluste zu null saldieren.

Das beste Beispiel für den zweiten Fall, nämlich den Gewinn durch die Inflation von Vermögenswerten, bietet der Fall, dass alle Aktienkurse wegen guter Konjunkturaussichten und der daraus folgenden allgemeinen Hochstimmung an den Börsen steigen, und zwar in einem Ausmaß, das die Steigerung der Produktion und der Gewinne der Aktiengesellschaften weit überschreitet. In diesem Fall können alle Aktionäre Vermögenszuwächse verbuchen, die über die realen Wertsteigerungen hinausgehen und lediglich auf Preiserhöhungen beruhen, d. h. inflationärer Natur sind.

Im Übrigen müssen, was die Quellen der imaginären Wertschöpfung betrifft, drei verschiedene Ebenen unterschieden werden:

- Auf der einzelwirtschaftlichen Ebene, also beim einzelnen Teilnehmer am spekulativen Glücksspiel, kann die Wertschöpfung aus den beiden erwähnten Quellen stammen, sprich aus den Verlusten anderer Beteiligter oder auch aus der allgemeinen Preissteigerung für Geldvermögenstitel.
- Auf der Ebene der Volkswirtschaft eines Landes kommt es nicht auf das einzelne Glücksspielgeschäft an, sondern auf die »Glücksspielindustrie« im Ganzen und auf ihr Verhältnis zur übrigen Volkswirtschaft. Von der Summe der Gewinne sind demnach die Verluste abzuziehen. Gewinne und Verluste saldieren sich aber nicht zu null; vielmehr gibt es auch inländische Gewinne, denen ausländische Verluste, und inländische Verluste, denen ausländische Gewinne gegenüberstehen.[4] Auf der volkswirtschaftlichen Ebene gibt es also ebenfalls zwei Quellen der imaginären Wertschöpfung, nämlich die Vermögensinflation und die *ausländischen* Spekulationsverluste, soweit sie zu inländischen Gewinnen geführt haben.

- Auf der Ebene der Weltwirtschaft wird dann ein Gesamtsaldo der weltweiten Gewinne und Verluste gebildet. Im Normalfall verbleibt eine positive (imaginäre) Nettowertschöpfung der weltweiten »Glücksspielindustrie«, von der man dann definitiv sagen kann, dass sie *ausschließlich* die Inflation von Vermögensgegenständen zur Quelle hat. Ist die weltweite Nettowertschöpfung negativ (was bei großen Krisen der Fall sein kann), kommt es umgekehrt zur imaginären Wertvernichtung durch Vermögensdeflation.

Im Normalfall – solange es keine Spekulationskrisen gibt – haben wir es also mit einer spekulationsbedingten Vermögensinflation zu tun, die von realwirtschaftlichen Entwicklungen abgekoppelt ist und auch mit stabilen oder gar sinkenden Güterpreisen einhergehen kann. Der spekulative, auf Arbitragegewinne zielende Handel mit Aktien, Devisen, Rohstoffen, sonstigen Wertpapieren sowie mit deren →Derivaten führt dazu, dass deren Preise teils allmählich, teils sprunghaft nach oben getrieben werden; dieser Prozess folgt dem Muster einer Wette oder Auktion, bei der die Teilnehmer sich gegenseitig aufschaukeln.

2.1.3 Arbeit als Quelle der imaginären Wertschöpfung?

Gegen die Behauptung dass die imaginäre Wertschöpfung in der »Glücksspielindustrie« nur auf den Verlusten der Verlierer und/oder auf Inflation beruht, scheint die Tatsache zu sprechen, dass in diesem Bereich durchaus hart gearbeitet wird. Die Arbeitszeiten sind – jedenfalls bei den Spezialisten und im Management – sogar besonders lang, die fachlichen Anforderungen sehr hoch und die Humanressourcen werden extrem strapaziert. Die zum Teil sehr hohen Gewinne und Einkommen fallen also kaum jemanden ohne Arbeit in den Schoß, sei es auch durch die Arbeit bezahlter Angestellter. Ist also nicht doch die Arbeit die wichtigste oder wenigstens doch eine wichtige Quelle der imaginären Wertschöpfung in der »Glücksspielindustrie«?

Dagegen spricht, dass die dort geleistete Arbeit unproduktiv ist. Unproduktiv ist sie in dem Sinne, dass sie keine Gebrauchswerte und keinen gesellschaftlichen Wohlstand schafft. Zwar kann sich derjenige, der in der »Glücksspielindustrie« erfolgreich arbeitet, Gebrauchswerte in Hülle und Fülle kaufen und genießen, aber er hat selbst keine Gebrauchswerte und keinen realen Wohlstand erzeugt. Hier liegt der entscheidende Unterschied zur Realwirtschaft. Wer in der Realwirtschaft arbeitet, muss zwar nicht unbedingt den konkreten Gebrauchswert, den er erzeugt hat, selbst konsumieren, aber er hat den allgemeinen Wohlstand genau um diesen konkreten Gebrauchswert erhöht. Damit hat er die Voraussetzung dafür geschaffen, dass andere ihn konsumieren und dass er im Austausch dafür die von anderen geschaffenen Gebrauchswerte konsumieren kann. Die Realwirtschaft beruht auf dem Tausch von Gebrauchswerten und jede Steigerung des in der Realwirtschaft erworbenen persönlichen Wohlstands beruht darauf, dass die Summe der Gebrauchswerte erhöht worden ist.

Die Arbeit in der »Glücksspielindustrie«, die darauf abzielt, Arbitragegewinne zu erwirtschaften, mag noch so aufwändig, anstrengend und anspruchsvoll sein, sie ist gleichwohl in dem eben präzisierten Sinne unproduktiv. Sie ist nicht auf reale Wertschöpfung gerichtet, sondern nur darauf, die Verluste anderer in die eigenen Gewinne umzuleiten und/oder zum eigenen Vorteil eine Inflation von Vermögenswerten in Gang zu bringen. Solche Gewinne zu erwirtschaften kann durchaus mit Arbeit und Mühe verbunden sein, besonders wenn dies mit Hilfe raffinierter Finanzprodukte oder komplexer Computerprogramme geschieht. Aber trotzdem liegt ihre Quelle nicht in der Arbeit, sondern in den Preis-, Kurs- und Zinsdifferenzen oder – was dasselbe ist – in den Verlusten anderer Akteure oder in der Vermögensinflation. Die »Spekulationsarbeit« schafft also nicht den Spekulationsgewinn, sondern eignet sich ihn nur an. Sie ist – so könnte man sagen, um im Bild zu bleiben – nicht die Quelle, sondern das Schöpfgefäß für das, was aus den Verlusten anderer bzw. aus der Inflation zufließt.

2.2 Imaginäre Wertschöpfung und Realwirtschaft

In der »Glücksspielindustrie« findet – so wurde im vereinfachten Modell unterstellt – eine bloß imaginäre Wertschöpfung statt, die völlig von der Realwirtschaft abgetrennt ist. Dies bedeutet jedoch nicht, dass dies keine realwirtschaftlichen Folgen hat. Das Gegenteil ist der Fall, wie die große Finanzkrise gezeigt hat. Man kann sogar sagen, dass sich die »Glücksspielindustrie« gerade dadurch von einem herkömmlichen Spielcasino unterscheidet, dass sie erhebliche Auswirkungen auf die Volkswirtschaft und die gesamte Weltwirtschaft hat, während sich die Auswirkungen des Betriebs einer Spielbank auf die unmittelbar beteiligten Spieler sowie auf die Betreiber und die Beschäftigten beschränken. Natürlich liegt der Unterschied in erster Linie in den quantitativen Dimensionen, aber es gibt auch eine systematische Verschiedenheit zwischen den Geschäften der Finanzspekulation und dem Geschehen in einer Spielbank. Es lohnt sich, sie genauer zu betrachten, weil dadurch das Wesen der »Glücksspielindustrie« deutlicher wird.

Der erste Unterschied zwischen Finanzspekulation und einer traditionellen Spielbank liegt im Selbstverstärkungseffekt, der für die Finanzmärkte geradezu typisch ist. Sobald irgendein Spekulationsobjekt im Preis steigt, werden weitere Nachfrager angelockt, der Preis steigt weiter und es entsteht ein sich selbst verstärkender Rückkoppelungsmechanismus, der so lange weiter geht, bis die Anleger das Vertrauen in die weitere Aufwärtsbewegung verlieren, was dann das Platzen der Blase einleitet. Der gleiche, durch »Herdenverhalten« gesteuerte Prozess setzt erneut ein, nur diesmal in umgekehrter Richtung. Solche Rückkoppelungseffekte gibt es beim Betrieb einer Spielbank nicht.

Der zweite Unterschied ist mindestens genauso wichtig: In der Spielbank findet immer ein sogenanntes →Nullsummenspiel statt, auf den spekulativen Finanzmärkten ist dies jedoch in aller Regel nicht der Fall. Beim Roulette-Spiel in einer Spielbank werden z. B. die Gewinnprämien so berechnet, dass nach der statistischen Wahrscheinlichkeit die Summe der an die erfolgreichen Spieler ausgezahlten Gewinne 36/37 der Einsätze betragen; das restliche 1/37 ist der wahrscheinliche Gewinn der Spielbank. Betrachtet man die Bank ebenfalls als Mitspieler, dann addieren sich Verluste (d. h. die Spieleinsätze) und Gewinne zu null. Abgesehen davon, dass die Bank aus ihren Erlösen noch die Kosten des Spielbetriebs bestreiten und Steuern zahlen muss und außerdem auch noch einen Unternehmensgewinn erwirtschaftet, gewinnen die einen Spieler also immer exakt das, was die anderen verloren haben.

Genau in diesem Punkt unterscheidet sich die »Glücksspielindustrie« vom Spielcasino. Hier gibt es zwar auch Gewinner und Verlierer, aber wenn man die Gewinne und Verluste alle Spieler zusammenrechnet, dann bleibt in der Regel – von krisenhaften Kurseinbrüchen abgesehen – ein Nettogewinn, und zwar deshalb, weil die Summe der spekulativen Vermögensanlagen aller Beteiligten zusammengerechnet im Normalfall von Jahr zu Jahr wächst. Hier ist der entscheidende Mechanismus der »Glücksspielindustrie« deutlich zu sehen: sie schafft selbst keinen realen Wert, sondern vermehrt lediglich Geld auf inflationäre Weise, stellt damit aber Zahlungsmittel bereit, mit denen dann in anderen Sektoren geschaffene Werte gekauft werden können. Das Bild vom Spielcasino bedarf also einer Korrektur: Die moderne »Glücksspielindustrie« gleicht einem Spielcasino, das herkömmlichen Spielbanken zwei Privilegien von unschätzbarem Wert voraus hat:

1. Sie kann mehr Gewinne ausschütten als sie an Spieleinsätzen eingenommen hat.
2. Ihre Chips werden überall vorbehaltlos als Zahlungsmittel für reale Einkäufe akzeptiert.

Man kann es auch so ausdrücken: In der herkömmlichen Spielbank werden die Gewinne immer von denjenigen bezahlt, die freiwillig am Spiel teilgenommen und verloren haben. In der »Glücksspielindustrie« des modernen Finanzmarktkapitalismus werden die Gewinne hingegen zu einem erheblichen Teil von unfreiwillig beteiligten Mitspielern bezahlt, nämlich von der Allgemeinheit und von denjenigen, welche die reale Wertschöpfung erbringen.

2.2.1 Die »Glücksspielindustrie« im Wirtschaftskreislauf

Dass die »Glücksspielindustrie« sich zwar von der realwirtschaftlichen Basis abgekoppelt hat, aber trotzdem erhebliche Auswirkungen auf die Realwirtschaft haben kann, ist in der gegenwärtigen Finanz- und Wirtschaftskrise augenfällig. Hier kommt es aber zunächst nicht auf den Ausnahmefall der großen Krise an, sondern auf den Normalzustand. Im Normalzustand werfen die Spekulationsgeschäfte im Durchschnitt Gewinne ab und der Bestand an spekulativen Finanzanlagen gewinnt insgesamt an Wert, obwohl es im Einzelnen natürlich nicht nur Gewinner, sondern auch Verlierer gibt. Auch in diesem Normalfall, also zwischen den dramatischen Krisen, gibt es Einflüsse der »Glücksspielindustrie« auf die Realwirtschaft.

Ob und wie die Realwirtschaft, d.h. die Produktion und die Verteilung von Gebrauchswerten, von den Geschehnissen in der »Glücksspielindustrie« betroffen ist, hängt davon ab, wie sich die spekulativen Wertzuwächse bzw. Wertverluste auf die Nachfrage nach Gebrauchswerten, d.h. nach Waren oder Dienstleistungen, auswirken. Dabei ist entscheidend, wie die durch Spekulation verdienten Einkommen und Vermögenszuwächse bzw. Vermögensverluste auf die relevanten volkswirtschaftlichen Größen, also Konsum, Ersparnis und Investitionen wirken. Hier gibt es verschiedene Möglichkeiten:

1. Die Vermögenszuwächse können liquide gemacht werden, indem die im Wert gestiegen Papiere verkauft werden. Der Erlös kann dann
   - konsumiert,
   - für Realinvestitionen verwendet,
   - in Bargeld gehalten oder
   - zum Kauf von festverzinslichen Wertpapieren verwendet werden.

   Je nach der Art der Verwendung sind die Auswirkungen auf die Realwirtschaft unterschiedlich.
2. Die Vermögenszuwächse können im Sektor der »Glücksspielindustrie« verbleiben; das geschieht, wenn die betreffenden Wertpapiere nicht verkauft, sondern von ihren Eigentümern weiter gehalten werden oder wenn lediglich eine Umschichtung auf andere spekulative Anlagen vor-

genommen wird. In diesem Falle bleiben die spekulativen Finanztransaktionen für die Realwirtschaft ohne direkte – d. h. die Nachfrage nach Gütern und Dienstleistungen betreffende – Folgen. Indirekte Folgen wie Veränderungen von Zinssätzen oder Wechselkursen, die ihrerseits die Realwirtschaft beeinflussen, können aber dennoch eintreten.

Die Wirkung der imaginären Wertschöpfung auf die Realwirtschaft, d. h. auf die relevanten volkswirtschaftlichen Größen, also Konsum, Ersparnis und Investitionen, Wachstum sowie Einkommensverteilung, lässt sich für den Regelfall, sprich solange die spekulativen Vermögenswerte insgesamt an Wert zunehmen und es nicht zum Platzen einer Spekulationsblase kommt, stark vereinfacht wie folgt beschreiben:

- Wenn die Spekulationsgewinne nicht realisiert, sondern lediglich in neue andere spekulative Wertpapiere oder auch in traditionelle Vermögensanlagen umgeschichtet werden, haben sie realwirtschaftlich vorerst keine Bedeutung, sondern treiben lediglich die Vermögensinflation (in Krisenzeiten auch die Vermögensdeflation) voran, was allerdings – z. B. beim Platzen einer spekulativen Blase – erhebliche realwirtschaftliche Bedeutung haben kann.
- Wenn die Spekulationsgewinne zum Konsum von Gütern oder Dienstleistungen (oder auch für reale Investitionen) verwendet werden, fragen die Spekulationsgewinner mit Hilfe ihrer bloß imaginären Wertschöpfung realen Wohlstand nach, ohne durch eigene Arbeit Güter und Dienstleistungen geschaffen zu haben.

2.2.2 »Glücksspielindustrie« und Einkommensverteilung

Zu den realwirtschaftlichen Konsequenzen der Finanztransaktionen, die in der »Glücksspielindustrie« stattfinden, gehört auch ihre indirekte, aber nachhaltige und einschneidende Wirkung auf die volkswirtschaftliche Einkommensverteilung. Ein solcher indirekter Effekt entsteht dadurch, dass die Finanztransaktionen der »Glücksspielindustrie« das Investitionsverhalten der Unternehmen in erheblichem Umfang beeinflussen können. Sie bieten nämlich die Möglichkeit – wenn auch unter Inkaufnahme der entsprechenden Risiken – hohe Kapitalrenditen zu erzielen. Je höher aber die Rendite reiner Finanzanlagen ist, desto höher ist die Vergleichsrendite, welche Realinvestitionen erreichen müssen, um für die Kapitaleigner attraktiv zu sein; andernfalls wandert das Kapital von den Realinvestitionen zu reinen Geldanlagen. In diesem Abwanderungsdruck liegt eine der Erklärungen für die in den meisten entwickelten westlichen Ländern zu beobachtende Stagnation der Reallöhne und für den Rückgang der →Lohnquote (→Kap. III.1.1). Das Argument, dass das Kapital in der Marktwirtschaft immer zur produktivsten Verwendung wandert und dass dies auch im wohlverstandenen Interesse der Arbeitnehmerinnen und Arbeitnehmer sei, kann in diesem Zusammenhang nicht überzeugen. Denn hier wird der marktwirtschaftliche Wettbewerb in Wirklichkeit ins Gegenteil verkehrt; statt zur produktivsten Verwendung tendiert das Kapital dorthin zu wandern, wo es keine realwirtschaftliche, sondern nur eine imaginäre Produktivität gibt.

Die »Glücksspielindustrie« bewirkt übrigens, dies nur nebenbei bemerkt, nicht nur eine Fehlsteuerung von Kapital, sondern auch von →Humanressourcen. Viele der fähigsten Köpfe, die unter anderen Bedingungen vielleicht Ingenieure, Wissenschaftler, Industriemanager, hohe Beamte oder Richter werden würden, werden durch die hohen Einkommen in die »Glücksspielindustrie« gelockt, wo sie ihre Talente für Tätigkeiten verschwenden, die nicht den geringsten gesellschaftlichen Nutzen abwerfen.

2.2.3 Folgekosten der »Glücksspielindustrie«

Bislang wurde dargestellt, welche Konsequenzen sich sozusagen im Normalbetrieb des Wirtschaftskreislaufs aus der Tatsache ergeben, dass sich die »Glücksspielindustrie« als dominanter Sektor, sozusagen als Schlüsselindustrie, etabliert hat. Bevor wir diese Ergebnisse unter dem Gesichtspunkt der sozialen Gerechtigkeit bewerten, ist der sehr viel dramatischere Fall der periodischen Krisen des spekulativen Finanzsektors zu betrachten. In solchen Krisen müssen die meisten oder sogar alle Beteiligten Vermögensverluste hinnehmen. Krisen im spekulativen Finanzsektor können – wie die jüngste und noch immer nicht überwundene Finanz- und Wirtschaftskrise gezeigt hat – dramatische Folgeschäden in der Realwirtschaft und damit für die Allgemeinheit auslösen. Hier sind drei Komponenten zu unterscheiden:

1. die Wachstums- und Einkommensverluste (gemessen durch den Rückgang des Bruttoinlandsprodukts) infolge finanzmarktbedingter Konjunktureinbrüche,
2. die Kosten kreditfinanzierter Konjunkturprogramme in vielen Ländern, die, wie die aktuelle europäische Staatsschuldenkrise zeigt, zum Teil riesige Dimensionen haben und in der Folgezeit die öffentlichen Haushalte mit zusätzlichen jährlichen Zinszahlungen belasten werden,
3. die Kosten der Rettungs- und Sanierungsprogramme, mit denen die Regierungen sogenannte systemrelevante Banken vor dem Zusammenbruch bewahrt haben; diese Kosten schlagen ebenfalls in Höhe der Zinsen zu Buche, die wegen der zusätzlichen staatlichen Kreditaufnahme dauerhaft anfallen.

Die Dimensionen der Wachstums- und Einkommensverluste, um die es hier geht, werden durch einige Zahlen deutlich: Im ersten Quartal des Jahres 2009, also auf dem ersten Höhepunkt der Krise, war das preisbereinigte Bruttoinlandsprodukt in den →OECD-Ländern um durchschnittlich 4,7 % niedriger als im ersten Quartal des Vorjahres 2008, die Industrieproduktion sogar um 16,6 %. Für das ganze Jahr 2009 wird der krisenbedingte Rückgang des Welthandels auf 11,5 % und der des Welt-Bruttoinlandsprodukts auf 1,1 % geschätzt.[5] Bei einem Welt-Bruttoinlandsprodukt von 60,9 Bio. US-Dollar im Jahr 2008[6] wäre somit der weltweite Schaden, von dem wir annehmen können, dass er zum größten Teil direkt oder indirekt durch den Zusammenbruch der Spekulationsblase verursacht worden ist, mit etwa 670 Mrd. US-Dollar oder 480 Mrd. Euro (bei einem jahresdurchschnittlichen Euro-Dollar-Kurs von rd. 1,40) zu beziffern: Selbst wenn der Konjunktureinbruch auch noch andere Ursachen gehabt haben mag als nur die Finanzkrise, kann trotzdem als sicher gelten, dass die Wachstums- und Einkommensverluste, die durch spekulative Finanztransaktionen verursacht worden sind, sich allein für das Jahr 2009 weltweit auf einen Betrag von mehreren 100 Mrd. Euro summieren. In Wirklichkeit geht es aber nicht um ein einziges Jahr, denn viele Volkswirtschaften sind bis heute noch nicht auf den alten Wachstumspfad zurückgekehrt und daher noch nicht bei dem Wohlstandsniveau angelangt, das sie ohne die Krise erreicht hätten.

Die Vermögensverluste, die der Finanzsektor selbst erlitten hat, sind in dieser Rechnung im Übrigen noch gar nicht enthalten. Dabei handelt es sich in erster Linie um den Abschreibungsbedarf bei Banken und ähnlichen Finanzinstitutionen. Diesen hat der →Internationale Währungsfonds zum Stand April 2010 auf weltweit rd. 1,6 Bio. Euro geschätzt.[7] Ein weiterer bedeutsamer Folgeschaden der Krise, der allerdings in der Berechnung des Sozialprodukts nicht sichtbar wird, ist der Ausfall an Steuereinnahmen des Staates, der dadurch verursacht wird, dass Banken, Unternehmen und andere Akteure des spekulativen Finanzsektors ihre Vermögensverluste von der Steuer absetzen können.

Für die Bundesrepublik Deutschland können die Schäden, die durch die »Glücksspielindustrie« im Zuge der letzten großen Finanzkrise entstanden sind, mit einer einfachen Überlegung geschätzt werden:

1. Man kann ohne allzu große Übertreibung unterstellen, dass der seit dem 4. Quartal 2008 zu verzeichnende Konjunktureinbruch zur Gänze durch die Finanzkrise verursacht worden ist. Der spekulationsbedingte Wachstums- und Einkommensverlust ergibt sich somit aus der Differenz zwischen dem tatsächlichen Bruttoinlandsprodukt und dem Wert,

den dieses ohne die Krise erreicht hätte. Wenn das Bruttoinlandsprodukt 2009 nominell um 2,5 % gestiegen wäre, statt um 4,0 % zu sinken, dann hätte es 2536 Mrd. Euro statt nur 2374 Mrd. Euro betragen. Somit beträgt der volkswirtschaftliche Schaden für Deutschland 161 Mrd. Euro allein für das Jahr 2009; pro Kopf der Bevölkerung (bei 82 Mio. Einwohner) wären dies etwas mehr als 2000 Euro.[8] Die Höhe der krisenbedingten Wachstumsverluste für die Folgejahre berechnen zu wollen, ist angesichts der Komplexität der sich überlagernden Einflussfaktoren nicht sehr sinnvoll.[9]

2. Der Schaden für den Staat ist an der Staatsverschuldung abzulesen, sofern sie durch die spekulationsbedingte Krise zugenommen hat. Noch 2008 hatte der Gesamtstaat in Deutschland (Bund mitsamt Sondervermögen, Länder, Gemeinden, Sozialversicherung) einen nahezu ausgeglichenen Haushalt (bzw. ein ganz geringen Defizit von rd. 1,4 Mrd. Euro). 2009 mussten hingegen zusätzliche Schulden in Höhe von 76,1 und 2010 von 106,0 Mrd. Euro gemacht werden. Es kann angenommen werden, dass dieser Anstieg der Staatsschuld Folge der rezessionsbedingten Mehrausgaben (z. B. beim Arbeitslosengeld) und Mindereinnahmen (bei Steuern und Sozialversicherungsbeiträgen) und der staatlichen kreditfinanzierten Konjunkturprogramme ist.[10] Aus der zusätzlichen Staatsschuld dieser beiden Jahre von insgesamt 182 Mrd. Euro würde sich dann, wenn man von einem Zinssatz von 3 % ausgeht, eine dauerhafte zusätzliche Zinslast von rd. 5,5 Mrd. Euro für alle Folgejahre ergeben. Hinzu kommt, dass auch nach 2012 die Staatsschuld in Deutschland wahrscheinlich höher sein wird, als sie es ohne die Finanzkrise wäre; hierüber Berechnungen anstellen zu wollen, ist allerdings müßig. Auf jeden Fall aber kann man sagen, dass die aktuelle Zuspitzung der Staatsverschuldung nicht auf eine verschwenderische Regierungspolitik, sondern auf die vom Finanzsektor ausgelöste Krise zurückzuführen ist.
3. Zu dem unmittelbaren volkswirtschaftlichen Schaden von 161 Mrd. Euro im Jahr 2009 und den laufenden zusätzlichen Zinszahlungen der öffentlichen Haushalte kommen noch die Bürgschaften des Staates, mit denen das Bankensystem vor dem Zusammenbruch bewahrt werden sollte, hinzu. Nach den Angaben von Dullien/Hardenberg (2011) betragen die direkten Kosten der Bankenrettung für den Staat bis jetzt 22 Mrd. Euro.
4. Die Frage, ob auch die europäische Staatsschuldenkrise durch spekulative Finanztransaktionen der »Glücksspielindustrie« verursacht worden ist, kann nur differenziert beantwortet werden. Im Fall Irlands kann diese Frage ohne Einschränkung bejaht werden. Das hohe Haushaltsdefizit, das den irischen Staat an den Rand der Zahlungsunfä-

higkeit gebracht hat, war die direkte Konsequenz der Tatsache, dass er zuvor die Schulden der irischen Banken übernommen hatte; ähnlich liegt der Fall in Spanien, dessen Banken durch Immobilienspekulation in Schwierigkeiten gekommen sind. In Griechenland liegt der tiefere Grund der Krise hingegen in der chronischen Überschuldung des Staates, die durch Korruption und massenhafte Steuerhinterziehung verursacht und somit politisch zu verantworten ist. Andererseits ist es in erster Linie eine Folge der Spekulation, dass aus der Griechenlandkrise plötzlich eine »Eurokrise« wurde und auch andere Euro-Länder in die Gefahrenzone gerieten. Außerdem hätte es ohne die vorausgegangene globale Finanzkrise wohl niemals eine Staatschuldenkrise gegeben (vgl. →Kap. VIII.3.10.1). Die Kosten, die sich für die Bundesrepublik Deutschland aus den verschiedenen Rettungsmaßnahmen ergeben können, hat der Bundesrechnungshof nach Presseberichten mit rd. 310 Mrd. Euro beziffert.[11] Dies ist aber nur die theoretisch denkbare Maximalbelastung, die im schlimmsten Falle eintreten könnte, wenn alle in Aussicht gestellten Hilfskredite in Anspruch genommen werden und wenn darüber hinaus die Schuldnerländer diese Hilfskredite nicht zurückzahlen können, sodass die Garantien auch tatsächlich in Anspruch genommen werden. Die Gefahr, dass es dazu kommen wird, ist auch mehr als zwei Jahre nach Beginn der Staatsschuldenkrise immer noch real.

2.3 »Glücksspielindustrie« und soziale Gerechtigkeit

Bis jetzt haben wir die Zusammenhänge im Finanzmarktkapitalismus anhand des vereinfachten Modells der »Glücksspielindustrie« dargestellt, also anhand einer gedachten Welt der reinen Finanzwetten, die keinen Bezug zu einer realwirtschaftlichen Basis mehr haben und lediglich auf die Produktion einer imaginären Wertschöpfung zielen. Jetzt ist die Frage, wie eine solche »Glücksspielindustrie« unter dem Gesichtspunkt der sozialen Gerechtigkeit zu beurteilen ist. Auch dabei gehen wir zunächst vom vereinfachten Modell der »Glücksspielindustrie« aus, wir sehen also davon ab, dass es in der Realität nicht so einfach ist, Spekulationsgeschäfte mit reinem Wettcharakter von Finanztransaktionen mit realwirtschaftlichem Hintergrund zu unterscheiden. Die Aussagen über die Gerechtigkeit in der »Glücksspielindustrie« gelten demnach – diese Einschränkung ist wichtig – nur für reine Finanzwetten. Im Folgenden sind drei Fragen zu beantworten:

1. Sind die Gewinne in der »Glücksspielindustrie« als solche gerecht?
2. Wird die Verteilung der Einkommen in der Realwirtschaft durch die »Glücksspielindustrie« gerechter oder ungerechter?
3. Wie sind die Folgekosten von Krisen, die durch die »Glücksspielindustrie« ausgelöst werden, gerechterweise zu verteilen?

2.3.1 Sind die Gewinne in der »Glücksspielindustrie« gerecht?

Häufig konzentriert sich die Diskussion über die Frage der sozialen Gerechtigkeit im Finanzmarktkapitalismus auf die im Spekulationsgeschäft verdienten sehr hohen Einkommen und besonders auf die dort üblichen Boni für Geschäftsabschlüsse. Diese Sichtweise ist aber verengt, denn es kommt nicht auf die Höhe der Einkommen als solche an, so anstößig diese für manche Betrachter sein mag, sondern auf ihre systematische Rechtfertigung. Überhaupt geht es bei der Frage der Gerechtigkeit in der »Glücksspielindustrie« nicht um die Verteilung des Produktionsergebnisses der Marktwirtschaft auf Arbeit und Kapital, sondern darum, ob der Gewinn aus einer reinen Finanzwette als solcher legitim ist, d. h., ob dem Spieler ein Recht auf seinen Gewinn zusteht.

Die wichtigsten Gesichtspunkte, die für die Frage relevant sind, ob die in der »Glücksspielindustrie« erwirtschafteten Gewinne gerecht sein können, haben wir bereits zusammengetragen:

1. In der »Glücksspielindustrie« werden keine Gebrauchswerte geschaffen und somit auch kein Beitrag zum gesellschaftlichen Wohlstand geleistet.
2. Die Einkommen im spekulativen Finanzsektor – seien es Unternehmensgewinne, seien es Arbeitseinkommen der im Spekulationsgeschäft tätigen Arbeitnehmer, seien es Wertsteigerungen im Vermögen von Privathaushalten – entstehen als Arbitragegewinne durch Ausnutzung von Preis-, Zins- oder Kursdifferenzen. Quelle dieser Einkommen sind entweder die Verluste der anderen Glücksspielteilnehmer oder die allgemeine Vermögensinflation.
3. Die Arbeit der in der »Glücksspielindustrie« Beschäftigten – so qualifiziert und intensiv sie auch sein mag – kann nicht als die eigentliche Quelle dieser Einkommen angesehen werden. Die Arbeit *schafft* nicht die Vermögenszuwächse, sondern sie eignet sich lediglich die durch Verluste anderer bzw. durch Vermögensinflation entstandenen Wertsteigerungen an.
4. Die »Glücksspielindustrie« verschafft also leistungslose Einkommen bzw. leistungslose Vermögenszuwächse. Diese Einkommen und Vermögenszuwächse ermöglichen es den Spielern, einen Teil des Wohlstands in Anspruch zu nehmen, der durch fremde Arbeit in der Realwirtschaft erzeugt worden ist.

Fänden in der »Glücksspielindustrie« reine Nullsummenspiele statt, dann wären die dort erzielten Gewinne unter dem Aspekt der sozialen Gerechtigkeit nicht zu beanstanden. Denn die Gewinne der einen wären exakt so hoch wie die Verluste der anderen. Die Interessen Dritter wären in diesem Falle nicht berührt und die Spieler selbst, die das Risiko freiwillig eingegangen sind, haben kein Recht, sich über ihre Verluste zu beklagen.

Da sich aber bei den spekulativen Finanztransaktionen der »Glücksspielindustrie« in aller Regel Gewinne und Verluste nicht zu null saldieren, sondern vielmehr das Vermögen der Beteiligten trotz periodischer Krisen – im Durchschnitt und auf längere Sicht – an Wert gewinnt, sind die Arbitragegewinne in ihrer Summe als Aneignung fremden Wohlstands einzustufen. Daher können wir diese Gewinne mit dem vergleichen, was in der Rechtswissenschaft »ungerechtfertigte Bereicherung« genannt wird, also mit der Tatsache, dass jemand – wie es im § 812 des Bürgerlichen Gesetzbuchs heißt – »durch die Leistung eines anderen oder in sonstiger Weise auf dessen Kosten etwas ohne rechtlichen Grund erlangt«.

Es ist aber wichtig, dass sich der Begriff »ungerechtfertigte Bereicherung« nicht auf den Zuwachs an Geldwerten bezieht. Diese Geldwerte sind niemanden weggenommen worden, sondern durch Inflation entstanden. Die Aneignung besteht darin, dass mit dem inflationär vermehrten Vermögen reale Gebrauchswerte gekauft werden können. Insofern bezieht sich das Urteil, die Gewinne aus der »Glücksspielindustrie« seien eine ungerechtfertigte Bereicherung, nur auf denjenigen Teil, der durch Veräußerung von Wertpapieren realisiert wird und sich in reale Nachfrage nach Gütern und Dienstleistungen verwandelt. Der übrige Bestand an spekulativ aufgewertetem Geldvermögen geht hingegen – wenn von möglichen Krisen und deren Folgeschäden für die Realwirtschaft abgesehen wird – zu niemandes Lasten; von Aneignung von Wohlstand, der durch andere geschaffen worden ist, kann insofern nicht die Rede sein.

Was bisher ausgeführt wurde, enthält schon die Antwort auf die Frage, ob die Gewinne in der »Glücksspielindustrie« gerecht sein können. Wenn wir in unserem Modell davon ausgehen, dass die Finanzspekulationen in der Summe, also für alle Teilnehmer zusammengerechnet, Gewinne abwerfen, die aus Vermögensinflation gespeist und zu einem Teil in reale Nachfrage nach Gütern und Dienstleistungen umgesetzt werden, dann kann die Antwort nur »nein« lauten. Dieses Urteil ist unabhängig davon, welche Konzeption von sozialer Gerechtigkeit wir zugrunde legen. Ob wir uns am Prinzip der Leistungsgerechtigkeit, am Gedanken des Gemeinwohls oder an der sozialstaatlichen Leitidee der Verteilungsgerechtigkeit – wie auch immer diese im Einzelnen präzisiert werden mag – orientieren, spielt keine Rolle.

2.3.2 Gerechte Einkommensverteilung im Finanzmarktkapitalismus

Weiter oben wurde bereits festgestellt, dass die imaginäre Wertschöpfung in der »Glücksspielindustrie« einen erheblichen indirekten Einfluss auf die volkswirtschaftliche Einkommensverteilung ausübt, und zwar durch die Beeinflussung des Investitionsverhaltens der Unternehmen. Die Möglichkeit spekulativer Finanzinvestitionen eröffnet den Kapitaleignern eine attraktive Alternative zu Arbeitsplätze schaffenden Realinvestitionen. Dadurch steigt die Rentabilitätsschwelle, die erreicht werden muss, damit Arbeitskräfte eingestellt bzw. nicht entlassen werden, und die Verteilung des Sozialprodukts verschiebt sich zugunsten der Kapitaleigner und zulasten der abhängig Beschäftigten. Sobald eine Volkswirtschaft also das Entwicklungsstadium des »Finanzmarktkapitalismus« erreicht hat und das spekulative Glücksspiel volkswirtschaftliche Bedeutung gewonnen hat, d. h., wenn sich in ihr eine hinreichend große »Glücksspielindustrie« etabliert hat bzw. sie an den internationalen spekulativen Finanzsektor angeschlossen ist, sind Gewinne und Zinseinkommen, auch wenn sie in der Realwirtschaft erzielt werden, systematisch höher und die Löhne systematisch niedriger als sie ohne die Existenz eines solchen spekulativen Finanzsektors wären. Das Gleiche gilt für die Realinvestitionen und die Beschäftigung; beide werden tendenziell negativ beeinflusst, wenn es attraktiv ist, Geld in der »Glücksspielindustrie« statt in der Realwirtschaft zu investieren. Daraus ist – unabhängig vom gewählten Maßstab – der Schluss zu ziehen, dass die Einkommensverteilung zwischen Arbeit und Kapital im Finanzmarktkapitalismus wegen der Existenz der »Glücksspielindustrie« prinzipiell und systematisch ungerecht ist. Es gibt keinen Grund, der uns dazu veranlassen könnte, die Zusatzgewinne und zusätzlichen Zinseinkommen, die sich als Nebenfolge des Glücksspiels auch in der Realwirtschaft einstellen, als gerecht anzuerkennen.

Die These, dass die Gewinne in der »Glücksspielindustrie« unter dem Gesichtspunkt der sozialen Gerechtigkeit nicht legitimiert werden können, gilt nicht nur für den Spekulationsgewinn im engeren Sinne, sondern auch für alle Arbeitseinkommen, die im Zusammenhang mit der Spekulation entstehen, also z. B. für die Gehälter und besonders die Bonuszahlungen der Manager, die in der »Glücksspielindustrie« arbeiten. Nicht nur die Höhe der Boni, sondern auch die Boni als solche sind unter dem Gesichtspunkt der sozialen Gerechtigkeit problematisch und sollten so weit wie möglich eingeschränkt werden.

2.3.3 Gerechte Verteilung der Folgekosten der »Glücksspielindustrie«

Beim Problem der gerechten Verteilung der Folgekosten geht es nicht um den »Normalfall«, in dem die »Glücksspielindustrie« in der Summe für alle

Beteiligten Wertsteigerungen und Gewinne abwirft, sondern um spekulationsbedingte Krisen, die auf die Realwirtschaft übergreifen, sodass es zu Konjunktureinbrüchen und Wachstumsverlusten kommt. Die Staaten können auch zu Rettungsaktionen für die Banken auf Kosten der Steuerzahler gezwungen sein, weil andernfalls die Kreditversorgung der Realwirtschaft unterbrochen, der Zahlungsverkehr gestört, die Einlagen der Sparer gefährdet und vielleicht auch die Altersversorgung, soweit sie auf dem → Kapitaldeckungsverfahren beruht, entwertet werden könnte. Auch die Frage der Folgekosten scheint nach dem bisher Gesagten im Prinzip und auf der abstrakten Ebene des Modells der »Glücksspielindustrie« schon eindeutig geklärt zu sein: Sie müssen ausschließlich von den Verursachern getragen werden und es gibt keinerlei Rechtfertigung dafür, dass sie ganz oder teilweise von der Allgemeinheit getragen werden. Dieses Verständnis kommt auch in der Empörung zum Ausdruck, welche die Machenschaften der »Glücksspielindustrie« ausgelöst haben.

Zu einer derart einfachen Antwort kann jedoch nur kommen, wer von einem abstrakten Gerechtigkeitsbegriff ausgeht und völlig unberücksichtigt lässt, welche Folgen eine Handlung oder eine politische Entscheidung nach sich zieht. Wird soziale Gerechtigkeit z. B. einfach mit Leistungsgerechtigkeit gleichgesetzt (vgl. Ebert 2010, S. 47 f.), dann werden die Prinzipien der sozialen Gerechtigkeit grob verletzt, wenn der Staat die Banken rettet, denn der Belohnung für Leistungen muss im Umkehrschluss auch die Haftung für Fehlleistungen entsprechen. Die Leistungsgerechtigkeit gebietet also, dass die »Glücksspielindustrie« die Folgelasten von Krisen selbst tragen muss. Nicht anders ist das Ergebnis, wenn wir uns am Maßstab der Tauschgerechtigkeit (vgl. Ebert 2010, S. 48–51) orientieren. Auch dann ist die Kostenübernahme durch die Allgemeinheit ausgeschlossen, denn dies wäre eine einseitige Übertragung vom Staat auf den Finanzsektor und kein Tausch. Anders ist die staatliche Rettung des Finanzsektors zu beurteilen, wenn man von einer → »konsequenzialistischen« Position ausgeht, d. h., wenn man davon überzeugt ist, dass die Gerechtigkeit oder Ungerechtigkeit einer Handlung, einer politischen Entscheidung oder eines gesellschaftlichen Zustands von ihren Folgen – z. B. für das Gemeinwohl – abhängt. Dann kann es unter bestimmten Bedingungen als gerechtfertigt erscheinen, die Allgemeinheit an den Folgekosten der »Glücksspielindustrie« zu beteiligen, nämlich dann, wenn dadurch schlimmere Folgen vermieden werden, z. B. der völlige Zusammenbruch des Bankensystems oder die teilweise oder gar vollständige Vernichtung der Altersversorgung vieler Menschen. Nähert man sich dem Problem der gerechten Verteilung der Folgelasten auf diese Weise, dann sind im Übrigen keine generellen Aussagen möglich, sondern die Antwort muss immer von den jeweiligen konkreten Bedingungen abhängen.

Damit aber kommen wir an den Punkt, wo wir uns von dem vereinfachten Modell der »Glücksspielindustrie« lösen und zu einer komplexeren Betrachtung der wirtschaftlichen Realität übergehen müssen.

3 Das Problem der Praxis: fließender Übergang zwischen »Glücksspielindustrie« und Realwirtschaft

In Kapitel X.2 wurde das Phänomen des Finanzmarktkapitalismus in seiner modellhaften Ausprägung als »Glücksspielindustrie« dargestellt – als eine Welt der Spekulation, die unabhängig von der Produktion und Verteilung von Gütern und Dienstleistungen existiert und nicht auf reale, sondern auf imaginäre Wertschöpfung abzielt, sprich auf die reine Produktion von Geld durch den Einsatz von Geld. Die Ergebnisse, die unter solchen Bedingungen entstehen, sind unter dem Aspekt der sozialen Gerechtigkeit nicht akzeptabel – gleichgültig von welcher theoretischen Gerechtigkeitskonzeption wir ausgehen –, denn den Einkommen und Vermögen, die auf diese Weise erzeugt werden, entspricht kein Zuwachs an gesellschaftlichem Wohlstand. Sie entstehen – insgesamt gesehen – durch einen von der Spekulation in Gang gesetzten Inflationsprozess. Weil sie nicht auf eigener Leistung beruhen, aber trotzdem die Aneignung durch fremde Arbeit geschaffenen Wohlstands erlauben, stellen sie eine ungerechtfertigte Bereicherung dar. Die Folgekosten der Finanzspekulation, die periodischen Krisen, vernichten nicht nur das im Glücksspiel gewonnene Geld, sondern darüber hinaus realen Wohlstand; es ist ein eindeutiger Verstoß gegen die Prinzipien sozialer Gerechtigkeit, wenn diese Kosten von der Allgemeinheit getragen werden.

Dieses unter vereinfachten Modellannahmen gezeichnete Bild muss allerdings erheblich modifiziert werden, und zwar deshalb, weil sich reine Spekulationsgeschäfte – also das, was oben als »Glücksspiel« oder »Finanzwette« bezeichnet wurde – in der Praxis nicht so trennscharf von der Realwirtschaft unterscheiden lassen, wie bisher unterstellt wurde. Die imaginäre Wertschöpfung reiner Tauschwerte *ohne* Gebrauchswert, die in der Theorie eindeutig von der realen Wertschöpfung von Tauschwerten *mit* Gebrauchswert abgrenzt werden kann, ist in der Wirklichkeit des Finanzmarktkapitalismus mit dieser eng verwoben. Wir haben es also in der Praxis mit dem Problem des fließenden Übergangs zwischen spekulativem Finanzsektor und Realwirtschaft zu tun. Es sind daher vor allem zwei Aspekte zu berücksichtigen:

4. Die Finanzspekulation ist nicht identisch mit dem Finanzsektor einer Volkswirtschaft, sondern sie stellt nur einen Ausschnitt desselben dar.
5. Spekulationsgeschäfte sind nicht immer reines Glücksspiel, sondern können auch eine wichtige Funktion für das Funktionieren der Realwirtschaft haben.

3.1 Produktiver und spekulativer Finanzsektor

Zunächst einmal wäre es völlig falsch, die Finanzwirtschaft insgesamt mit der Finanzspekulation in einen Topf zu werfen. Es wäre nicht korrekt, den Finanzsektor (also Banken, Versicherungen und sämtliche sonstigen Finanzdienstleister zusammengenommen) den anderen Sektoren der Volkswirtschaft (Industrie und produzierendes Gewerbe, Landwirtschaft und sonstige Dienstleistungen) gegenüberzustellen. Vielmehr geht die Trennlinie mitten durch den Finanzsektor hindurch:

- Auf der einen Seite stehen das traditionelle Bankenwesen und die Versicherungen, die man als Dienstleistungsproduzenten verstehen kann, die für das Funktionieren der »Realwirtschaft« benötigt werden.
- Auf der anderen Seite befindet sich der spekulative Finanzsektor, der sich vor allem durch das Streben nach Arbitragegewinnen auszeichnet.

Wenn soziale Gerechtigkeit im Finanzmarktkapitalismus nicht nur ein Gegenstand der Theorie, sondern ein Ziel politischen Handelns sein soll, dann muss eine Unterscheidung zwischen dem »produktiven« und dem lediglich spekulativen Finanzsektor getroffen werden. Diese Unterscheidung ist im Prinzip zwar stringent, in der konkreten Anwendung jedoch häufig schwierig. Das Hauptproblem besteht darin, dass die meisten Finanzinstitute – sowie die ebenfalls dem Finanzsektor im weiteren Sinne zuzurechnenden Unternehmensberater, Wirtschaftsprüfer, Anwaltskanzleien, Makler, Versicherungen und sonstigen Dienstleister – nicht ausschließlich nur Geschäfte der einen oder der anderen Art betreiben, sondern beides nebeneinander. Kurzum, was in der Theorie klar abgegrenzt und als Finanzspekulation definiert werden kann, ist in der Realität nur schwer eindeutig zu identifizieren.

3.2 Produktive Funktion der Spekulation

Die These, dass in der Finanzspekulation kein wirtschaftlicher Wohlstand, sondern lediglich eine imaginäre Wertschöpfung produziert wird, welche die Aneignung des durch fremde Arbeit geschaffenen Wohlstands erlaubt, trifft nur eingeschränkt zu. In gewisser Weise können nämlich auch rein spekulative Finanzgeschäfte eine produktive Funktion für die Realwirtschaft haben. Vier mögliche positive Funktionen der Spekulation können unterschieden werden:

1. »Allokationsfunktion«,
2. Versicherungsfunktion,
3. Nachfragefunktion,
4. Kontrollfunktion.

3.2.1 Allokationsfunktion der Spekulation

Der Begriff »Allokation« entstammt der wirtschaftswissenschaftlichen Fachsprache und bezeichnet den Einsatz der für die Produktion benötigten »Produktionsfaktoren« wie Arbeitskraft, Maschinen, Rohstoffe usw. Von einer Allokationsfunktion der Spekulation kann die Rede sein, weil solche Geschäfte dafür sorgen können, dass das Kapital zur effizientesten Verwendung wandert, d.h. dorthin, wo es die höchste Rendite abwirft, weil es für diejenige Produktion eingesetzt wird, welche die Konsumenten am stärksten nachfragen. Dass die Spekulation auf diese Weise einen produktiven Beitrag zum Funktionieren der Realwirtschaft leistet, ist das traditionelle Argument, mit dem die etablierte → neoklassische Wirtschaftswissenschaft die Liberalisierung der Kapitalmärkte und des grenzüberschreitenden Kapitalverkehrs rechtfertigt. Die Spekulation mit Immobilien kann z.B. durch steigende Häuser- und Grundstückspreise anzeigen, dass Wohnraummangel besteht. Auf diese Weise werden Investoren veranlasst, im Wohnungsbau zu investieren, und für Eigentümer ungenutzter Grundstücke wird es attraktiv, Bauland zu verkaufen. Oder – ein anderes Beispiel – wenn die Spekulation die Ölpreise nach oben treibt, entsteht ein Anreiz, alternative Energiequellen zu erschließen.

Aktien- und Devisenmärkte können ebenfalls eine produktive Funktion haben. Steigende Aktienkurse können erfolgreiche und produktiv arbeitende Unternehmen belohnen und die Devisenkurse können – im Prinzip – die Leistungsfähigkeit einer Volkswirtschaft im internationalen Wettbewerb spiegeln. So besehen können also die Spekulationsgeschäfte einen positiven Beitrag zum Funktionieren der Realwirtschaft leisten.

Das Gegenargument gegen die Theorie von der Allokationsfunktion der Finanzspekulation liegt auf der Hand: Spekulation *kann* Knappheit anzeigen und das Kapital zur produktivsten Verwendung lenken, aber der spekulative Finanzsektor ist längst in eine Dimension gewachsen, bei der es vorrangig um eine Art von Glücksspiel geht. Seit sich eine verselbstständigte »Glücksspielindustrie« etabliert hat und nur noch ein kleiner Teil der Spekulationsgeschäfte mit dem Kapitaleinsatz in der realen Produktion von Gütern und Dienstleistungen zu tun hat, lässt sich die *generelle* These von der Effizienzsteigerung durch Spekulation nicht mehr aufrechterhalten. Mit der Lenkung des Kapitals hat die Aktienspekulation in aller Regel – neue Börsengänge und Kapitalerhöhungen ausgenommen – nichts zu tun. Denn bei der übergroßen Mehrzahl der Transaktionen wechseln lediglich Aktienpakete ihre Besitzer; das bringt zwar den einen Aktionären Gewinne und den anderen Verluste, lässt aber die Kapitalsumme, die dem Unternehmen für Investitionen zur Verfügung steht, völlig unberührt. Ähnlich ist es bei den Devisenmärkten. Die Transaktionen am Devisenmarkt übersteigen das Volumen des internationalen Handels um ein Vielfaches; das Devisengeschäft hat sich fast vollständig von der Realwirtschaft gelöst und die Spekulation bringt Kurse und Kursschwankungen zustande, die damit nur noch sehr wenig zu tun haben.

Weiter oben wurde ausgeführt, dass die Inflation von Vermögenswerten – neben den Spielverlusten der anderen Beteiligten – die entscheidende Quelle der imaginären Wertschöpfung im spekulativen Finanzsektor ist. Nicht zuletzt aus dieser Tatsache wurde die These abgeleitet, dass der Arbitragegewinn in der »Glücksspielindustrie«, sofern er die Nachfrage nach realen Gütern und Dienstleistungen ermöglicht, eine ungerechtfertigte Bereicherung darstellt. Allerdings ist festzustellen, dass es in der Wirtschaft das Phänomen der Vermögensinflation auch unabhängig von der Existenz oder Nichtexistenz einer »Glücksspielindustrie« gibt. Die Preise für Vermögenstitel steigen nämlich im Durchschnitt und auf Dauer allein aufgrund des Wirtschaftswachstums und der allgemeinen Einkommenssteigerung allmählich an. Dadurch kommen die Besitzer dieser Vermögenstitel in den Genuss eines leistungslosen Zugewinns. Dies gilt z. B. für den Wert von Grundstücken, jedenfalls in Regionen mit wachsendem Bedarf an Wohnraum oder Gewerbe- und Verkehrsflächen. Es gilt auch – im Durchschnitt und langfristig – für das Aktienvermögen in einer Volkswirtschaft, das in dem Umfang an Wert gewinnt, in dem die Unternehmen wachsen und steigende Einkommen erwirtschaften. Was die Leistungslosigkeit des Vermögenszuwachses betrifft, ist diese »normale« Vermögensinflation durchaus dem Gewinn in der »Glücksspielindustrie« vergleichbar. Im Unterschied zum Gewinn im Glücksspiel hat sie aber eine sinnvolle Allokationsfunktion, wenn das Kapital durch die Aussicht auf Vermögenszuwächse zur rentabelsten volkswirtschaftlichen Verwendung gelenkt wird. Allerdings – und das ist ein kaum lösbares Problem in der Praxis – ist die realwirtschaftlich sinnvolle »spekulative« Vermögensanlage von der Finanzwette in der »Glücksspielindustrie« im Einzelfall nicht zu unterscheiden.

3.2.2 Versicherungsfunktion der Finanzspekulation

Bei der »Versicherungsfunktion« von Spekulationsgeschäften geht es um die Tatsache, dass solche Geschäfte vielfach zur Sicherung gegen das Risiko von Preis-, Zins- und Kursschwankungen abgeschlossen werden und daher für den reibungslosen Fortgang der Produktion von realen Werten nützlich oder gar notwendig sind. Ein Beispiel dafür sind Termingeschäfte für Agrarprodukte: Längst bevor die Ernte eingebracht ist, verkaufen die Erzeuger ihre Produkte zu einem im Voraus bestimmten Festpreis, um sich für den Fall einer überreichen Ernte gegen das Risiko eines Preisverfalls abzusichern; damit treffen sie sich mit dem Interesse des Agrarhandels und der verarbeitenden Industrie, die auf längerfristige Kalkulierbarkeit und auf zuverlässige Lieferung auch bei schlechter Ernte Wert legt. Bei vielen Spekulationsgeschäften geht es also um eine Art Versicherung gegenüber den Schwankungen, die mit dem realwirtschaftlichen Prozess verbunden sind. Auch die vielgescholtenen Aktienoptionen können in bestimmten Situationen wie Versicherungen funktionieren.[12] Daraus haben manche Autoren abgeleitet, dass die Spekulation generell notwendig und sinnvoll sei, weil jedem Spekulanten, der um der Aussicht auf Gewinn willen ein Risiko eingeht, ein Partner gegenüberstehe, der ein Risiko vermeiden will und dafür zur Zahlung eines Preises bereit ist (vgl. v. Weizsäcker 1999, S. 113–121, van Suntum 1999, S. 27),

Allerdings ist offenkundig, dass der tatsächliche Umfang der Spekulationstätigkeit weit über das Ausmaß hinausgewachsen ist, das mit der Abdeckung der Risiken der Realwirtschaft erklärt werden kann. Vielmehr produziert der Derivatemarkt, dessen Volumen nach Schätzung der BIZ[13] 2009 etwa 605 Bio. US-Dollar betrug (Schmidt 2010, S. 180) und damit fast das 10-Fache des Welt-Bruttosozialprodukts erreichte, die Risiken, mit denen gespielt wird, selbst, und zwar weitgehend unabhängig von der Realwirtschaft; er ist insofern in der Tat viel eher mit einer Spielbank vergleichbar, deren Betreiber das Spielrisiko künstlich herstellt, um den Spielern die Ausübung ihrer Leidenschaft zu ermöglichen. Auch wenn manche Spekulationsgeschäfte zur Absicherung gegenüber bestimmten Risiken dienen, rechtfertigt dies keinesfalls, die Finanzspekulation insgesamt als eine Art Versicherungsverein auf Gegenseitigkeit darzustellen.

Das entscheidende Kriterium für »reine« Spekulation ist dabei, dass es sich nicht um die Risiken der Realwirtschaft handelt, sondern um solche Risiken, die durch Spekulation erhöht oder gar erst erzeugt werden. Ein prägnantes Beispiel für solche Risiken, die durch die Spekulation entstehen, sind die Kreditausfallversicherungen, in der Sprache der internationalen Finanzwelt Credit Default Swaps oder kurz CDS genannt (vgl. hierzu

Konrad/Zschäpitz 2010, S. 117–120). Eigentlich sind die CDS nützliche und notwendige Instrumente, die es Kreditgebern ermöglichen, sich über Zahlung einer Versicherungsprämie gegen das Risiko der Zahlungsunfähigkeit des Gläubigers zu versichern. Zum Glücksspiel werden sie in dem Augenblick, in dem jemand eine solche Versicherung abschließt oder bestehende Versicherungspolicen kauft, ohne überhaupt einen Kredit vergeben zu haben, d. h. dass er sich gegen ein Risiko versichert, dem er in Wirklichkeit gar nicht ausgesetzt ist –vergleichbar dem Abschluss einer Lebensversicherung auf das Leben eines Nachbarn. Dies ist z. B. im Falle der sogenannten Griechenland-Krise in größerem Umfang geschehen. Es war bekannt, dass zahlreiche deutsche und französische Banken dem griechischen Staat Kredite in einem Ausmaß gewährt hatten, das es fraglich erschienen ließ, ob Griechenland die Zinsen aufbringen und die Schulden zurückzahlen können würde. Versicherungspolicen auf die Zahlungsunfähigkeit des griechischen Staates begannen im Preis zu steigen und Finanzinvestoren – auch solche, die Griechenland niemals einen Cent geliehen hatten – begannen, solche Papiere zu kaufen oder neu zu emittieren. Die Konsequenz war, dass das Vertrauen in die Zahlungsfähigkeit Griechenlands weiter erschüttert wurde; die Zinsen, die der griechische Finanzminister zahlen musste, um überhaupt Kredite zu bekommen, stiegen und infolgedessen auch der Wert der betreffenden Kreditausfallversicherungen. Es begann sich eine Spirale zu drehen, die damit endete, dass sich die Europäische Union und der Internationale Währungsfonds gezwungen sahen, Griechenland mit einer großen Rettungsaktion zu helfen, deren Kosten möglicherweise von den Steuerzahler getragen werden müssen.

Spekulative Finanzgeschäfte sind also ganz verschieden zu beurteilen, je nachdem ob sie zur Abdeckung realwirtschaftlicher Risiken oder sozusagen frei schwebend als Wette abgeschlossen werden. Misslich ist nur, dass – darauf wurde schon hingewiesen – genau diese Unterscheidung im Einzelfall kaum zu treffen ist und dass man es einem Devisentermingeschäft, einer Aktienoption oder einer Kreditausfallversicherung nicht ansehen kann, zu welchem Zweck sie dient, zumal sich dieser Zweck auch ändern kann, wenn ein Wertpapier seinen Besitzer wechselt. Als Befund bleibt festzuhalten, dass das theoretisch definierte Phänomen der Finanzspekulation in der Praxis nicht oder nur schwer zu fassen ist.

3.2.3 Nachfragefunktion der Finanzspekulation

Im spekulativen Finanzsektor findet zwar keine reale, sondern lediglich eine imaginäre Wertschöpfung statt; es werden keine Gebrauchswerte geschaffen und der Wohlstand wird nicht vergrößert, aber dabei entstehen

Einkommen, die zum Teil – d. h., soweit sie nicht wieder in neue spekulative Anlagen fließen – zum Kauf von Gütern und Dienstleistungen verwendet werden, die in der Realwirtschaft erzeugt werden. Bei diesen Spekulationseinkommen handelt es sich sowohl um die Spekulationsgewinne selbst als auch um sonstige Einkommen wie Arbeitslöhne, Zinsen, Gebühren oder Entgelte für Dienstleistungen und Zulieferungen, die im Rahmen des Spekulationsbetriebs entstehen.

Wie sich die Nachfrage aus Spekulationseinkommen in der Realwirtschaft auswirkt, ist nicht ganz einfach zu überblicken. Jedenfalls konkurrieren die Bezieher von Spekulationseinkommen als Konsumenten mit denjenigen, die ihr Einkommen aus der Realwirtschaft beziehen, um die knappen Güter- und Dienstleistungen. Wenn die Produktionskapazitäten ausgelastet sind und die Produktion von Gütern und Dienstleistungen nicht oder jedenfalls nicht kurzfristig ausgeweitet werden kann, dann verdrängt die Nachfrage aus Spekulationseinkommen die Nachfrage aus realwirtschaftlichen Einkommen. In diesem Fall handelt es sich in der Tat um ungerechtfertigte Bereicherung. Es ist aber auch möglich, dass die Produktionskapazitäten nicht voll ausgelastet sind und dass sich die Produktion infolge der zusätzlichen Nachfrage aus Spekulationseinkommen erhöht. In diesem Fall könnte man von einer positiven Funktion der Spekulation für die Realwirtschaft sprechen, weil die von ihr ausgelöste Nachfrage zur Steigerung der Produktion von Gütern und Dienstleistungen führt.

Welcher Effekt überwiegt, hängt von der jeweiligen ökonomischen Situation ab. Fest steht, dass die inflationär finanzierte Nachfrage aus Spekulationseinkommen bei unterausgelasteten Produktionskapazitäten wie ein staatliches Konjunkturprogramm wirkt. Wie es sich im Normalfall und im längerfristigen Durchschnitt verhält, ist nicht generell zu sagen. Manches spricht dafür, dass die geldkräftige Nachfrage der Spekulationsgewinner andere Käufer verdrängt und insofern auf deren Kosten geht. Es ist aber auch möglich, dass sich aus den Spekulationseinkommen ein kontinuierlicher Nachfragesog entwickelt, der die Produktion von Gütern und Dienstleistungen auf ein dauerhaft höheres Niveau hebt. Dann könnte man sogar von einem Wachstumseffekt der Spekulation sprechen.

Dies war über Jahre in Großbritannien und in der Republik Irland der Fall. Beide Länder verschafften der internationalen Finanzindustrie durch Deregulierung, laxe Aufsicht und niedrige Steuern hervorragende Bedingungen und lockten in großem Stil internationales Kapital an. Sie profitierten für eine Reihe von Jahren vom großen Glücksspiel und erlebten einen kräftigen Aufschwung, der auch dank des Nachfragesogs die Realwirtschaft mitzog und Beschäftigung und Einkommen steigen ließ. Allerdings brach das ganze Gebäude Ende 2008 mit der Finanzkrise zusammen, weil sich die Banken verspekuliert hatten und vom Staat gerettet werden mussten. Besonders für Irland endete die durch die Finanzindustrie ausgelöste Prosperitätsphase in einer schweren Krise, die das Land sogar dazu zwang, seine Haushaltspolitik der Aufsicht der EU und des Internationalen Währungsfonds zu unterwerfen. In Großbritannien hingegen hat sich die »Glücksspielindustrie«, nachdem sie die akute Krise halbwegs unbeschadet überstanden hat, allmählich wieder erholt und könnte – bis zur nächsten Krise – wieder ihre frühere Rolle als Wachstumsmotor der britischen Wirtschaft übernehmen.

Ob die Finanzspekulation auf dem Weg über die Erhöhung der volkswirtschaftlichen Nachfrage die gesellschaftliche Wohlfahrt steigert, muss also dahingestellt bleiben; dies kann nur bezogen auf die jeweilige konkrete Situation beurteilt werden. Aber auch wenn der vom spekulativen Finanzsektor ausgehende Nachfragesog nach Gütern und Dienstleistungen das Produktionsniveau der Realwirtschaft steigen lässt, so bedeutet das nur, dass die Bezieher von Spekulationseinkommen die höhere Produktion *nachfragen*, aber nicht, dass die Spekulation die höhere Produktion *geschaffen* hat. Die Spekulation ist möglicherweise eine Quelle der Nachfrage, aber keine Quelle der Wertschöpfung oder, was dasselbe bedeutet, kein Produktionsfaktor. Die Konsequenz aus dieser Überlegung ist: Auch wenn die Spekulation unter bestimmten Bedingungen eine positive Wirkung auf die Nachfrage nach Gütern und Dienstleistungen haben kann, ändert dies nichts daran, dass es sich bei dieser Nachfrage um die leistungslose Aneignung von durch fremde Arbeit entstandenen Wohlstand handelt.

3.2.4 Kontrollfunktion der »Finanzspekulation«?

Zugunsten der spekulative Finanztransaktionen wird – oder besser gesagt: wurde – angeführt, dass sie eine produktive Funktion für die Realwirtschaft hätten, weil sie Fehlentwicklungen in der Realwirtschaft – besonders solche, die von der Politik verursacht worden sind – sichtbar machen und zur Korrektur zwingen. Die Spekulation wäre demnach nicht die Ursache realwirtschaftlicher Störungen, sondern lediglich ihre Folge. Auf diese Weise wäre sie nicht schädlich, sondern nützlich. Diese Auffassung kleidete vor einigen Jahren der damalige Vorstandssprecher der Deutschen Bank, Rolf E. Breuer, in die Formulierung, den internationalen Finanzmärkten stünde legitimerweise die Rolle einer »fünften Gewalt« im Staate zu (neben der Gesetzgebung, der Regierung, der Justiz und der freien Presse). Die Finanzmärkte bildeten eine Art Kontrollinstanz, die über die vernünftige Wirtschafts- und Finanz- und Sozialpolitik der Regierungen und Parlamente wache.[14]

Ähnlich argumentierte auch der Wirtschaftswissenschaftler C. Christian von Weizsäcker (1999, S. 107–113); er betrachtete den internationalen Kapitalmarkt als einen »Schutz gegen den demokratischen Populismus«.

Im Grunde ist die Theorie, die Finanzspekulation sei keine Ursache von Krisen, sondern lediglich eine Art Alarmsignal durch die weltweite Finanz- und Wirtschaftskrise der letzten Jahre augenfällig widerlegt worden. Träfe diese Kontrolltheorie zu, dann müssten die Finanzmärkte sehr viel früher reagieren, als sie es tatsächlich tun; z. B. hätten die Spekulationen gegen die isländische Krone oder gegen den griechischen Staat schon vor mehreren Jahren statt erst in den Jahren 2008 und 2009 beginnen müssen und die Aktien der amerikanischen Banken, die das Geld ihrer Kunden in die Verbriefung von wertlosen Hypothekenkrediten investierten, hätten sehr viel früher dramatisch an Wert verlieren müssen.

Die spekulativen Finanztransaktionen scheinen in Wirklichkeit nach den Gesetzen des Herdenverhaltens zu funktionieren: Solange ökonomische Fehlentwicklungen – z. B. eine Immobilienblase – nicht ins allgemeine Bewusstsein gedrungen sind, folgt die Mehrheit der Kapitalanleger blindlings dem Trend. Erst wenn es viel zu spät ist, setzen Zweifel ein und es bricht allgemeine Panik aus. Mit der Frühwarn- und Kontrollfunktion der Finanzmärkte ist es also nicht sehr weit her, jedenfalls nicht so weit, dass man von einer wohlstandsdienlichen Funktion der Spekulationswirtschaft sprechen könnte. Statt Fehlentwicklungen in der Realwirtschaft rechtzeitig entgegenzuwirken, scheint die Spekulation diese sogar zu unterstützen und weiter zu beschleunigen, bis sie dann in übertriebene Gegenreaktionen umschlägt und eine Krise auslöst.

4 Gerechtigkeit im Finanzmarktkapitalismus: zwischen strengen Prinzipien und ökonomischer Realität

Die bisherigen Überlegungen haben zu einem zwiespältigen Ergebnis geführt, das man wie folgt zusammenfassen kann:

1. In der reinen Spekulation findet keine reale, sondern nur eine imaginäre Wertschöpfung statt. Es werden leistungslose Einkommen und Vermögenszuwächse erzeugt, denen keine Steigerung des gesellschaftlichen Wohlstands entspricht, die aber trotzdem ihren Beziehern den Zugriff auf den Ertrag fremder Arbeit ermöglichen.
2. Unter dem Gesichtspunkt der sozialen Gerechtigkeit sind die Einkommen und Vermögenszuwächse des spekulativen Finanzsektors als ungerechtfertigte Bereicherung anzusehen und somit nicht akzeptabel.

Ebenso wenig ist es mit den Grundsätzen sozialer Gerechtigkeit vereinbar, wenn die Allgemeinheit die Folgekosten periodischer Krisen, die von der Spekulation verursacht werden, tragen muss.

3. In der Realität können jedoch die unproduktive Finanzspekulation und die für das Funktionieren der Realwirtschaft unbedingt notwendigen produktiven Finanzdienstleistungen nicht trennscharf voneinander abgegrenzt werden; viele spekulative Finanztransaktionen haben auch eine positive realwirtschaftliche Funktion. Aus diesem Grund kann es in bestimmten Situationen auch vertretbar sein, dass die Allgemeinheit einen Teil der Folgekosten von Spekulationskrisen übernimmt, um noch größere Schäden für die Volkswirtschaft zu vermeiden.

Die Tatsache, dass der spekulative Finanzsektor nur einen Teil des Finanzsektors insgesamt darstellt und dass die rein spekulativen Geschäfte und die klassischen Geschäfte des Finanzsektors fließend ineinander übergehen, bedingt, dass das Urteil über die soziale Gerechtigkeit im Finanzmarktkapitalismus differenzierter ausfallen muss.

- Einerseits bleibt es dabei: Wenn ein Spekulationsgeschäft tatsächlich jeder realwirtschaftlichen Grundlage entbehrt, dann ist der Gewinn, den ein Spieler daraus zieht, ein leistungsloses Einkommen, das die Aneignung der Ergebnisse fremder Leistung ermöglicht. Es handelt sich dann um ungerechtfertigte oder auch ungerechte Bereicherung. Nach strengen Gerechtigkeitsmaßstäben müsste die Rechtsordnung das Entstehen solcher Einkommen verhindern oder sie jedenfalls so hoch besteuern, dass die Spekulation unattraktiv wird. Gelten müsste dies logischerweise für alle Veräußerungsgewinne, bei denen ohne irgendeine *reale* Leistung, wie Weiterverarbeitung, Bearbeitung, Vermittlung, Handel, Transport, allein durch die bloße Differenz von Einkaufs- und Verkaufspreis ein Überschuss erzielt wird – also für Aktien, Optionen und alle sonstigen Wertpapiere, für Immobilien, für Gold, für Kunstgegenstände und Antiquitäten, für Rohstoffe und dergleichen mehr.
- Andererseits liegt es auf der Hand, dass eine solche radikale Konsequenz nicht nur das Funktionieren der Wirtschaft beeinträchtigen würde, sondern auch ungerecht wäre. Wenn ein Kapitalanleger in der Erwartung, dass die Weizenpreise wegen schlechter Ernten steigen werden, ein Termingeschäft über große Mengen Weizen zu einem einstweilen moderaten Preis abschließt und sie später teuer verkauft, dann können wir dies moralisch als ungerechtfertigte Bereicherung bewerten, zumal wenn wir bedenken, dass dadurch die Preise vorübergehend in die Höhe getrieben werden und Nahrungsmittel für die Armen knapp werden können. Aber andererseits können durch die spekulationsbedingt

steigenden Weizenpreise vielleicht auch Landwirte veranlasst werden, vom Anbau von Tierfutter auf den Weizenanbau umzusteigen oder auf brachliegenden Flächen Weizen zu produzieren. Dies ist ein Beispiel für die oben (→Kap. X.3.2.1) erwähnte Tatsache, dass die Spekulation auch eine sinnvolle Lenkungsfunktion für die Realwirtschaft haben kann. Gewiss können wir sagen, dass die spekulativen Finanztransaktionen über das Ausmaß, das durch diese »Allokationsfunktion« gerechtfertigt werden kann, weit hinaus gewachsen sind und dass es sich in der Tat zum größten Teil um reine Spekulation handelt. Das Problem ist allerdings, um es nochmals zu betonen, dass man dem einzelnen Geschäft nicht ohne Weiteres ansehen kann, ob es sich um eine produktive oder um eine unproduktive, auf rein imaginäre Wertschöpfung zielende Spekulation handelt. Alles, was man sagen kann, ist, dass der Glücksspielcharakter von Finanzprodukten umso eher anzunehmen ist, je komplexer diese sind (Derivate oder »strukturierte Finanzprodukte«).

Wenn man schon wirtschaftlich sinnvolle und rein spekulative Finanzprodukte nicht ohne Weiteres trennen kann, so ist es erst recht nicht möglich, zwischen »guten« und »bösen« Finanzanlegern zu unterscheiden. Die meisten Banken betreiben nicht nur Finanzwetten, sondern nach wie vor auch das klassische Bankgeschäft; sie sammeln die Ersparnisse der Haushalte, sie vergeben Kredite an Investoren, sie wickeln den Zahlungsverkehr ab. Selbst die berüchtigten »Heuschrecken«, wie →Hedgefonds oder →Private Equity-Gesellschaften, sind nicht in allen Fällen und in jeder Hinsicht so destruktiv, wie diese Bezeichnung besagt; sie können durchaus dazu beitragen, dass Unternehmen umstrukturiert und Arbeitsplätze gerettet werden.

Über die Gerechtigkeit des Glücksspielgewinns ist also in der Wirklichkeit nicht so leicht zu urteilen, wie es die einfache Modellbetrachtung über die »Glücksspielindustrie« zunächst nahelegt. Das Gleiche gilt für die Frage der gerechten Folgekosten der Finanzspekulation, also für den Umgang mit periodischen Krisen. In Wirklichkeit handelt sich eben nicht nur um Krisen der reinen »Glücksspielindustrie«, sondern es sind solche des gesamten Finanzsektors einschließlich desjenigen Teils, der von zentraler Bedeutung für das Funktionieren der Realwirtschaft ist und von dem wir sagen können, dass er nicht weniger zur realen Wertschöpfung und zum gesellschaftlichen Wohlstand beiträgt als die sonstige Produktion von Gütern und Dienstleistungen. »Glücksspielindustrie« und realwirtschaftlich funktionale Finanzdienstleistungen sind derart miteinander verflochten, dass sich einfache Antworten verbieten.

Die Banken bedingungslos zu stützen, wie es unter dem Handlungsdruck des Augenblicks in der Krise von 2008 praktiziert wurde oder auch praktiziert werden musste, war sicherlich unter dem Gesichtspunkt der sozialen Gerechtigkeit angreifbar und kann auch aus ökonomischer Sicht kritisch bewertet werden. Aber es wäre nicht vertretbar gewesen, die Banken ohne Rücksicht auf die gesamtgesellschaftlichen Folgen einfach ihrem Schicksal zu überlassen, auch wenn es teilweise oder auch vollständig selbstverschuldet war. Dies wäre auch nicht gerecht gewesen, jedenfalls dann nicht, wenn man davon ausgeht, dass es bei der Frage der Gerechtigkeit einer Handlung, einer politischen Entscheidung oder einer gesellschaftlichen Ordnung immer auch auf deren Folgen ankommt. Im Übrigen muss man angesichts der weit verbreiteten Empörung über die Banken daran erinnern, dass es bei der Rettung der Banken nicht allein darum ging, deren Aktionären oder den Bankmanagern eine Gefälligkeit zu erweisen, sondern vor allem die Einlagen der Sparer zu sichern und den geordneten Zahlungsverkehr in der Volkswirtschaft aufrechtzuerhalten.

Die Frage, ob der Staat auf Krisen des spekulativen Finanzsektors mit einer Kriseninterventionspolitik antworten und dabei auch zu Rettungsaktionen auf Kosten der Steuerzahler greifen sollte, ist nicht nur unter dem Gesichtspunkt der sozialen Gerechtigkeit von Interesse, sondern damit ist auch eine wirtschaftpolitische Grundsatzfrage berührt. Hier geht es um den »ordnungspolitischen« Aspekt. Er hat zwar nicht unmittelbar mit der sozialen Gerechtigkeit zu tun, sondern ist mehr eine Frage der wirtschaftspolitischen Rationalität und Zweckmäßigkeit, er ist aber dennoch so wichtig, dass er nicht unerwähnt bleiben sollte. Besonders konsequente Verfechter marktwirtschaftlicher Prinzipien kritisieren die Kriseninterventionspolitik, die von den Regierungen praktisch aller Staaten seit Beginn der Finanzkrise betrieben wird. Auf diese Weise, so ihr Argument, erhalten die am Spekulationsgeschäft beteiligten Spieler von den Staaten (insbesondere von der US-Regierung und der EU) eine Art Rückversicherung, die ihnen garantiert, dass sie die Folgen ihrer Aktivitäten auch künftig nicht selbst zu tragen haben, sondern auf die Allgemeinheit abwälzen können.

Die Kritiker prognostizieren, dass die staatlichen Rettungsaktionen – sei es für Banken, sei es für Staaten, die sich zu hoch verschuldet haben – unweigerlich neue Krisen provozieren werden, statt diesen für die Zukunft vorzubeugen. Im Vergleich dazu sei, längerfristig betrachtet, der Zusammenbruch einiger Banken, auch wenn sie als »systemrelevant« eingestuft werden, oder zahlungsunfähiger Staaten das weitaus kleinere Übel. Zudem sei die richtige Risikozurechnung das einzige marktkonforme Instrument zur Eindämmung von spekulativen Fehlentwicklungen. Diese Argumentation der im Prinzip wirtschaftsliberalen »Ordnungspolitiker«

trifft sich interessanterweise mit den Positionen eher linker Kritiker, welche die Interventionspolitik der Regierungen unter dem Aspekt der sozialen Gerechtigkeit kritisieren und ihr vorwerfen, die Verluste der Spekulationswirtschaft zulasten der Masse der Bevölkerung und der sozial Schwachen zu sozialisieren.

Es stehen sich also Ordnungspolitiker und Systemkritiker einerseits und pragmatische Krisen-Interventionspolitiker andererseits gegenüber. Ihre Argumente gegeneinander abzuwägen ist nicht leicht. Auf jeden Fall aber ist die Kriseninterventionspolitik der wichtigsten Industrieländer nur unter der Bedingung längerfristig tragfähig und unter dem Gesichtspunkt der sozialen Gerechtigkeit akzeptabel, dass sie nicht bei Konjunkturprogrammen und Rettungsoperationen (deren Kosten anschließend von der Mehrzahl der Steuerzahler zu tragen sind) stehenbleibt, sondern wenigstens den Finanzsektor einer strengen Regulierung unterwirft; wobei klar ist, dass eine solche Regulierung nicht auf der Ebene der einzelnen Staaten, sondern nur in internationaler Kooperation möglich ist. Die Stichworte dazu sind alle in den beiden letzten Jahren genannt worden:

- strengere Mindestreservepflichten für Banken, d. h., die Banken müssen ein größeres Sicherheitspolster anlegen, um die Gefahr der Insolvenz durch riskante Geschäfte zu vermindern;
- Entflechtung der weltmarktbeherrschenden Großbanken;
- Trennung von Geschäfts- und →Investmentbanken;
- strenge Eigenkapitalvorschriften für Banken;
- staatliche Aufsicht über →Hedgefonds;
- Schließung der →Offshore-Finanzplätze;
- Selbstbeteiligung der Banken bei riskanten Anlagen für Bankkunden;
- Trennung von Beratung und Vermittlung;
- Regulierung der Ratingagenturen (z. B. Bezahlung durch die Investoren statt durch die Emittenten);
- Regulierung der Bonuszahlungen (keine Boni für riskante Geschäftsabschlüsse ohne Beteiligung am Risiko).

Unterbleiben solche Reformen, dann könnte die Fraktion der Ordnungspolitiker Recht behalten, die heute schon der Meinung sind, dass die Lösung des Problems eher in der konsequenten staatlichen Nicht-Intervention liegt statt in staatlichen Regulierungen.

Dieses Buch handelt von sozialer Gerechtigkeit; es ist kein Fachbuch über den Finanzmarkt oder die Finanzkrise. Daher muss unsere Betrachtung an diesem Punkt enden. Das Für und Wider der eben genannten möglichen Maßnahmen zur Reform des Finanzsektors kann hier ebenso wenig erörtert werden wie die Frage, ob die bislang beschlossenen oder projektierten Reformen ausreichen werden, um künftigen Krisen vorzubeugen, oder die Frage, ob es am Ende der Interessenvertretung der mächtigen Finanzindustrie gelingen wird, wirklich durchgreifende Reformen zu verhindern; im Schlusskapitel zu diesem Buch werden diese Fragen nochmals kurz aufgegriffen.

5 Ausblick: Der Finanzmarktkapitalismus, die Kontrolle wirtschaftlicher Macht und die Demokratie

Die Frage, ob es den Staaten gelingen wird, den spekulativen Finanzsektor in internationaler Kooperation zu regulieren und zu zähmen, wirft eine weitere schwerwiegende Gerechtigkeitsfrage auf, die hier nur kurz gestreift werden kann: Der spekulative Finanzsektor hat sich nämlich nicht nur der Kontrolle durch demokratisch legitimierte Regierungen entzogen, sondern er zwingt bisweilen den Regierungen Entscheidungen auf, die häufig zulasten der Bevölkerung gehen. Die Bankenrettungsaktionen und die Bereitstellung der Hilfen der EU für überschuldete Mitgliedsländer im Anschluss an die Griechenland- und Irland-Krise sind plastische Beispiele hierfür. Ein →Oligopol von ein paar Dutzend Banken, →Investmentfonds, →Hedgefonds und →Ratingagenturen hat zuerst die große Immobilienkrise in den USA und die daraus entstehende weltweite Finanzkrise verursacht. Auf diese Weise zwangen sie die Staaten, sich extrem hoch zu verschulden, um Konjunktur- und Bankenrettungsprogramme finanzieren zu können.

Anschließend aber belegten die Banken einige der beteiligten Staaten – wie das Beispiel Irland zeigte – bei der Aufnahme neuer Kredite wegen ihrer zu hohen Verschuldung mit Risikozuschlägen und trieben sie auf diese Weise an den Rand der Zahlungsunfähigkeit. In der Folge sahen sich EU und →Internationaler Währungsfonds zu einem Rettungspaket für diese Staaten gezwungen. Diese Rettungsaktion kam in erster Linie wiederum den Banken als den Gläubigern der Schuldnerländer zugute, denn sie wurden davor bewahrt, die Kredite abschreiben zu müssen, die sie zuvor leichtfertig vergeben hatten. Die Kosten, die dies alles verursachte, wurden zum Schluss durch Sparprogramme gedeckt, die vor allem zulasten der Arbeitnehmerinnen und Arbeitnehmer des öffentlichen Dienstes und der Bezieher von Sozialleistungen gingen.

Diese Ereignisse wurden und werden zwar von einer lebhaften Diskussion über die Dringlichkeit einer strengen Regulierung der Finanzmärkte begleitet, aber bislang ist es nicht zu entscheidenden Ergebnissen gekommen, weil sich die wichtigsten Staaten nicht auf gemeinsame Regeln einigen konnten, und zwar nicht zuletzt deswegen, weil die Regierungen von Ländern mit wichtigen Finanzplätzen unter dem besonderen Druck ihrer Finanzindustrie stehen, die mit Abwanderung und damit auch dem Verlust von Arbeitsplätzen und Steuereinnahmen droht.

Für eine endgültige Bilanz ist es noch zu früh und ein abschließendes pessimistisches Urteil wäre voreilig. Noch haben die Staaten die Möglichkeit, auf der Ebene der internationalen Kooperation die Zähmung des Finanzmarktkapitalismus, die auf der nationalen Ebene nicht mehr möglich ist, zustande zu bringen. Auch verbleiben dem einzelnen Nationalstaat Handlungsmöglichkeiten und Entscheidungsspielräume, wenn auch deutlich kleinere als vor der generellen Liberalisierung des grenzüberschreitenden Kapitalverkehrs und der Deregulierung der Kapitalmärkte.

Zu den Gestaltungsspielräumen, die den einzelnen Staaten auch in den Zeiten des internationalen Finanzmarktkapitalismus offenstehen, gehört, dass sie bis zu einem gewissen Grade autonom über die Verteilung der Folgekosten der Krise bestimmen können. Wenn sich Krisen schon nicht vermeiden lassen, dann ist es von großer Bedeutung, ob die Lasten so gerecht wie möglich verteilt oder nahezu ausschließlich den unteren Einkommensklassen aufgebürdet werden, wie es in der jetzigen großen Krise tendenziell überall geschehen ist. Die Staaten können bis zu einem gewissen Punkt auch beeinflussen, wie weit sie sich in Abhängigkeit von der Finanzindustrie begeben. Es gibt Staaten, die ihre Entwicklungsperspektive vorrangig im Ausbau des spekulativen Finanzsektors gesehen haben und deshalb jetzt besonders stark betroffen sind, wie man an den Beispielen Großbritanniens, Islands oder Irlands sehen kann. Andere, wie die skandinavischen Länder, haben diesen Fehler vermieden und stehen besser dar. Die Staaten können auch entscheiden, ob sie ihre Sozialversicherung auf das Kapitaldeckungsverfahren umstellen; wenn sie das tun, dann geben sie nicht nur der Expansion des Finanzsektors zusätzliche Nahrung, sondern sie sind von Finanzkrisen auch ungleich stärker betroffen als solche, die das Umlageverfahren praktizieren.

Es ist also nicht richtig, dass die Politik ein bloßer Spielball der verselbstständigten Finanzmärkte sein muss. Aber trotzdem hat die jüngste, weiter wirkende, Krise deutlich gemacht, dass der spekulative Finanzsektor längst zu einer ernsthaften Bedrohung für die Demokratie geworden ist und dass seine Existenz in der bestehenden Form im Grunde mit der Demokratie unvereinbar ist – wenn man unter Demokratie eine Staatsform versteht, in der die politischen Grundsatzentscheidungen – wenn auch nicht direkt und in jedem Einzelfall, so doch indirekt und im Grundsätzlichen – der Zustimmung der Mehrheit der Bevölkerung bedürfen oder zumindest in deren Interesse liegen müssen. Von der Demokratie hängt aber auch die soziale Gerechtigkeit ab, denn ohne Demokratie kann es keine soziale Gerechtigkeit geben. Zum Kern sozialer Gerechtigkeit gehört der Ausschluss oder wenigstens die Begrenzung der Macht der Reichen und Besitzenden über den Rest der Gesellschaft. In diesem Sinne bleibt die Macht des spekulativen Finanzsektors eine lebensbedrohende Gefährdung der sozialen Gerechtigkeit.

▶ Zusammenfassung: Soziale Gerechtigkeit im Finanzmarktkapitalismus

1. In den letzten beiden Jahrzehnten ist eine von der Realwirtschaft nahezu vollständig abgekoppelte Sphäre der rein spekulativen Finanzbewegungen entstanden (Finanzmarktkapitalismus).

2. Die Ursache für diese Entwicklung ist in einer Reihe von Faktoren zu suchen, und zwar besonders
   - in der politisch gewollten Liberalisierung der Kapitalmärkte und des internationalen Kapitalverkehrs,
   - in Innovationen in der Computertechnik und in der Telekommunikation sowie
   - im weltweiten Überangebot an anlagesuchendem Kapital als Folge von Einkommensungleichheit, Welthandelsungleichgewichten und wachsender Verbreitung kapitalgedeckter Altersversorgungssysteme.

3. Diese Entwicklung führt zu neuen Problemen der sozialen Gerechtigkeit, bei denen es nicht mehr in erster Linie um den Konflikt zwischen Arbeit und Kapital geht, sondern um den zwischen den Akteuren der Spekulationsgeschäfte einerseits und dem Rest der Gesellschaft andererseits. Allerdings ist der neue Gerechtigkeitskonflikt nicht an die Stelle des alten Konflikts getreten, er ist vielmehr zusätzlich zu diesem entstanden und hat ihn verschärft.

4. Bei spekulativen Finanzgeschäften werden Preis-, Kurs und Zinsdifferenzen ausgenutzt und →»Arbitragegewinne« erzielt. Sie sind mit Gewinnen aus Glücksspielen vergleichbar (»Glücksspielindustrie«). Es findet keine reale, sondern lediglich eine imaginäre oder scheinbare Wertschöpfung statt. Es werden keine Güter und Dienstleistungen (Gebrauchswerte) geschaffen und somit auch kein Beitrag zum gesellschaftlichen Wohlstand geleistet.
5. Bei strenger Betrachtung können Gewinne aus spekulativen Finanzgeschäften nicht als gerecht akzeptiert werden:

- Die Quelle der imaginären Wertschöpfung liegt nicht in der Arbeit, sondern (vom Verlust anderer Mitspieler abgesehen) ausschließlich in der Inflation. Es handelt sich also um leistungslose Einkommen bzw. Vermögenszuwächse.
- Obwohl die spekulativen Finanzgeschäfte keinerlei realen Wohlstand schaffen, erlauben es die Spekulationsgewinne denjenigen, die sie erzielen, sich den Ertrag der Arbeit anderer anzueignen. Es handelt sich insofern um eine »ungerechtfertigte Bereicherung«.

6. In der Realität sind allerdings spekulative Finanzgeschäfte (»Glücksspielindustrie«) und Realwirtschaft nicht trennscharf zu unterscheiden:
   - Die Finanzspekulation (»Glücksspielindustrie«) ist nicht identisch mit dem Finanzsektor einer Volkswirtschaft, sondern sie stellt nur einen Ausschnitt desselben dar. Der spekulative Finanzsektor und die klassischen Bank- und Versicherungsgeschäfte, die wichtige Finanzdienstleistungen für die Realwirtschaft erbringen, sind eng miteinander verwoben.
   - Spekulationsgeschäfte sind nicht immer reines Glücksspiel, denn sie können auch eine wichtige Funktion für das Funktionieren der Realwirtschaft haben, indem sie das Kapital in die richtige Verwendung lenken und realwirtschaftliche Transaktionen gegen Risiken absichern. Allerdings ist die Finanzspekulation weit über das Ausmaß hinaus gewachsen, das diesen positiven realwirtschaftlichen Funktionen entspricht.
   - Leistungslose Vermögenszuwächse (z. B. bei Grundstücken oder Aktien) sind auch unabhängig von spekulativen Finanzgeschäften in einer dynamischen Volkswirtschaft normal und haben eine sinnvolle Funktion.

7. Aus der engen Verflechtung von Finanzspekulationen und Realwirtschaft folgt, dass rigide Verbote weder praktikabel sind noch immer gerecht sein können. Es kann auch aus Gerechtigkeitsgründen geboten sein, dass die Allgemeinheit die Folgekosten spekulationsbedingter Krisen trägt, wenn auf anderem Weg noch größere Schäden für die Volkswirtschaft nicht vermieden werden können. In jedem Fall muss der Finanzsektor einer strengen Regulierung unterworfen werden, wobei eine solche Regulierung nicht auf der Ebene der einzelnen Staaten, sondern nur in internationaler Kooperation möglich ist.

Anmerkungen

1 Als »Geldmarkt« bezeichnet man den Handeln mit Geldanlagen mit einer Laufzeit bis zu 12 Monaten, als »Kapitalmarkt« einen solchen mit längeren Laufzeiten.

2 Die amerikanische Investmentbank Goldman Sachs zahlte 2009 – also auf dem Höhepunkt der weltweiten Wirtschafts- und Finanzkrise – 16,2 Mrd. US-Dollar an Vergütungen (Grundgehälter und Boni) an ihre Mitarbeiter; dies waren im Durchschnitt pro Kopf 0,5 Mio Dollar (Schmidt 2010, S. 141).

3 Für die Klassiker der ökonomischen Theorie (Adam Smith, David Ricardo, Karl Marx) war es selbstverständlich, dass die Quelle ökonomischer Werte, wenn sie zugleich Gebrauchswerte sind und zur Befriedigung von Bedürfnissen und damit zum gesellschaftlichen Wohlstand beitragen, in der menschlichen Arbeit liegt. Dabei kann die Arbeit entweder unmittelbar oder mittelbar (d. h. in Gestalt von Vorprodukten, Werkzeugen und Produktionsanlagen) in die Wertschöpfung eingehen. Ob daneben auch der »Boden« – wir würden heute sagen die »natürlichen Ressourcen« – als Quelle von ökonomischen Werten zu betrachten ist, war bei den Klassikern umstritten. Erst Marx konnte diese Frage schließlich durch eine differenzierte Antwort befriedigend klären: Die Natur ist zwar eine Quelle von Gebrauchswerten oder von »Reichtum«, aber nicht von Tauschwerten. Der Boden als solcher schafft keinen ökonomischen Wert im Sinne eines Tauschwerts, sondern ein solcher entsteht erst dann, wenn der Boden bearbeitet wird (und sei es, dass der Mensch jagt oder die Früchte der Natur sammelt).

Was den Gebrauchswert zum Tauschwert macht und bewirkt, dass er gegen andere Gebrauchswerte oder gegen Geld eingetauscht werden kann, ist also ausschließlich die menschliche Arbeit, oder – anders ausgedrückt – die Tatsache, dass ein Gebrauchswert nicht einfach vorhanden ist, sondern erst durch Arbeit hergestellt oder verfügbar gemacht werden muss. Es ist demnach zu präzisieren: Der Tauschwert entsteht durch menschliche Arbeit, jedoch nicht durch irgendeine beliebige Arbeit im Sinne physischer oder psychischer Anstrengung, sondern nur durch nützliche, d. h. Bedürfnisse befriedigende und Gebrauchswerte schaffende Arbeit.

Dass die Arbeit die Quelle – im Sinne des materiellen Ursprungs – der Tauschwerte ist, wird in der neoklassisch geprägten Mainstream-Wirtschaftswissenschaft durch die Redeweise verschleiert, dass die Wertschöpfung auf der Kombination der Produktionsfaktoren Arbeit und Kapital beruhe (wobei manchmal zusätzlich auch technischer Fortschritt und Naturressourcen als weitere Produktionsfaktoren genannt werden). Die Vorstellung, Kapital sei ein Produktionsfaktor, kann jedoch nur entstehen, wenn Realkapital und Geldkapital bzw. Produktionsfaktoren und Kostenfaktoren nicht sorgfältig genug unterschieden werden. Das Realkapital kann man zwar, wenn man will, als Produktionsfaktor bezeichnen, aber es ist kein primärer, sondern lediglich ein sekundärer Produktionsfaktor, der seinerseits durch menschliche Arbeit und Verbrauch von Naturressourcen entstanden ist. Das Geldkapital hingegen ist überhaupt kein Produktions-, sondern lediglich ein Kostenfaktor; es besteht aus Geld, das man zwar benötigt, um Produktionsfaktoren kaufen zu können, das aber selbst nicht produziert.

4 Es ist in diesem Zusammenhang nicht weiter von Interesse, ob man dabei vom »Inlandskonzept« oder vom »Inländerkonzept« ausgeht. Als inländisch gilt im ersten Fall ein Gewinn oder Verlust, wenn sich das Wertpapierdepot im Inland befindet, im zweiten Fall, wenn der Wertpapiereigentümer seinen Wohn- oder Firmensitz im Inland hat.

5 Sachverständigenrat, Jahresgutachten 2009/2010, Ziffer 47.

6 Schmidt 2010, S. 180 (Schätzung des IMF).

7 Antwort der Bundesregierung auf die Kleine Anfrage der SPD-Fraktion »Kosten der Finanz- und Wirtschaftskrise und Beteiligung des Finanzsektors«, Bundestagsdrucksache 17/2294,S. 3.

8 Datenquelle: Zeitreihen des Sachverständigenrats zur Begutachtung der gesamtwirtschaftlichen Entwicklung, Zeitreihe ZR040 (www.sachverstaendigenrat.de)

9 Den Versuch einer solchen Schätzung hat Sebastian Dullien 2010 unternommen. Je nach den getroffenen Annahmen über wirtschaftliche Entwicklung in den Folgejahren liegt der errechnete Wachstumsverlust zwischen 740 Mrd. und 23,4 Bio. Euro (d.h. zwischen 9000 und 286000 Euro pro Kopf der deutschen Bevölkerung). Die enorme Bandbreite beweist, wie gering der praktische Wert solcher Berechnungen in Wirklichkeit ist. Dies gilt auch für die ein Jahr später veröffentlichte ausführlichere Studie von Sebastian Dullien und Christiane v. Hardenberg (2011); auch hier erweist sich, dass die für die Folgejahre errechneten Zahlen so sehr von den mehr oder weniger zufällig gegriffenen Annahmen über das künftige Wirtschaftswachstum und von dem bei der →Diskontierung gewählten Zinssatz abhängen, dass sie keinen praktischen Informationswert besitzen.

10 Im Anstieg der Staatsschuld in Deutschland ist auch die Kreditaufnahme des »Finanzmarkt-Stabilisierungsfonds« des Bundes enthalten, der zum Zwecke der Bankenrettung eingerichtet worden ist. Aus dieser Kreditaufnahme in Höhe von rd. 44 Mrd. Euro in den Jahren 2008 und 2009 wurden Eigenkapitalhilfen für in Bedrängnis geratene Banken sowie die Übernahme riskanter Wertpapiere finanziert (Jahresrechnung des Finanzmarkt-Stabilisierungsfonds für 2009, Anlage zur Haushaltsrechnung des Bundes für 2009).

11 Süddeutsche Zeitung vom 28.6.2012.

12 Nehmen wir an, das Unternehmen X-AG sei an der Y-AG beteiligt und verfolge damit den Zweck, mit Hilfe ihres Stimmrechtspakets auf die strategische Entscheidungen der Y-AG Einfluss ausüben zu können. Deshalb möchte die X-AG die Y-Aktien auch nicht verkaufen, obwohl diese an der Börse stark an Wert verlieren. Als Ausweg bietet sich eine Verkaufsoption auf die Y-Aktie an. Damit erwirbt die X-AG – gegen eine Gebühr – das Recht, ihre Y-Aktien zu einem bestimmten Zeitpunkt (z.B. in 3 Monaten) zu einem bestimmten Preis (z.B. 90% des aktuellen Kurses) an einen Anleger Z verkaufen zu können. Sinkt der Wert der X-Aktie dann z.B. auf 50%, kann sich die X-AG immer noch von ihrem Aktienpaket trennen und dabei den Verlust wenigstens in Grenzen halten. Der Vorteil besteht also darin, den Verkauf vorerst vermeiden zu können und sich zugleich gegen das damit verbundene Verlustrisiko versichern zu können.

13 BIZ: Bank für internationalen Zahlungsausgleich (Bank for International Settlements, BIS), eine internationale Organisation zur Abwicklung des internationalen Zahlungsverkehrs und ähnlicher Aufgaben mit Sitz in Basel.

14 Breuer, Rolf-E., Die fünfte Gewalt, Die Zeit, 18.9.2000.

Fazit: Die Zukunft der sozialen Gerechtigkeit

In Deutschland herrscht vielfach noch das durch den klassischen Sozialstaat geprägte traditionelle Verständnis von sozialer Gerechtigkeit vor. Dieser Sozialstaat hatte sich im Wesentlichen zwischen dem Ende des 2. Weltkriegs und der Mitte der 1970er Jahre entwickelt, als die westlichen kapitalistischen Länder eine Zeit wirtschaftlicher Prosperität erlebten. Diese Prosperitätsphase, die man auch als die Zeit des »Wohlstandskapitalismus«, des »sozialen Kapitalismus« oder auch des »sozial regulierten Kapitalismus« bezeichnen kann, beruhte auf den ganz speziellen ökonomischen, sozialen und politischen Rahmenbedingungen, die sich aus der historisch einmaligen Konstellation dieser Epoche ergeben hatten. Seit jenem »goldenen Zeitalter« des Sozialstaats haben sich aber tief greifende ökonomische, soziale und politische Änderungen vollzogen, die eine doppelte Wirkung hatten und noch immer haben: Zum einen ist die Gesellschaft, gemessen an dem tradierten Gerechtigkeitsmodell, vielfach ungerechter geworden. Zum anderen ist dieses Gerechtigkeitsmodell selbst fragwürdig geworden; es findet keine ungeteilte Zustimmung mehr und neue Entwürfe von sozialer Gerechtigkeit, die an seine Stelle treten sollen, beherrschen die öffentliche Diskussion. So steht die Frage nach der Zukunft der sozialen Gerechtigkeit heute in doppeltem Sinne auf der Tagesordnung: Wie können und sollen Politik und Gesellschaft auf die verbreitete Klage über ständig steigende soziale Ungerechtigkeit reagieren? Und wie können wir einen neuen Konsens darüber herstellen, was als sozial gerecht und was als sozial ungerecht anzusehen ist?

1 Soziale Gerechtigkeit und Kapitalismus

Die kapitalistischen Marktwirtschaft des Westens hat in den letzten Jahren eine schwere Krise erlebt, die noch heute andauert. Wer sich die Exzesse des Finanzmarktkapitalismus vor Augen führt und bewusst macht, wie wenig es gelungen ist, die Verursacher der Krise an den Folgelasten zu beteiligen oder wenigstens durch strenge Regulierungen die Gefahr künftiger Wiederholungen auszuschließen, könnte daraus leicht schließen, dass die Zukunft der sozialen Gerechtigkeit nur noch jenseits des Kapitalismus zu suchen ist. Dagegen spricht aber noch immer und trotz der aktuellen Krise die historische Erfahrung. Der sozial regulierte Kapitalismus des dritten Viertels des 20. Jahrhunderts war sicher nicht das gerechteste aller theoretisch denkbaren Wirtschafts- und Gesellschaftssysteme. Aber im historischen Rückblick erscheint er doch – an welchem Gerechtigkeitsmodell man sich auch immer im Einzelnen orientieren mag – als das relativ gerechteste System, das bisher praktisch realisiert worden ist. Auch heute gibt es noch Gründe für die These, dass ein sozial regulierter Kapitalismus mit Demokratie und liberalem Rechtsstaat der einzige Rahmen ist, innerhalb dessen sich soziale Gerechtigkeit verwirklichen lässt, vorausgesetzt, dass man sich nicht von einem utopischen Zukunftsbild, sondern von realitätsnahen Vorstellungen leiten lässt. Der Kapitalismus wird zwar wohl auch in Zukunft immer wieder von heftigen Krisen geschüttelt werden. Aber er ist, von einigen exotischen Ausnahmen abgesehen, das einzige Wirtschaftssystem, das überhaupt existiert, und man kann sich schwerlich vorstellen, dass in irgendeinem halbwegs bedeutenden Land der Erde auf absehbare Zeit ein Wirtschaftssystem mit Kollektiveigentum und zentraler Planung eingeführt werden wird.

Der Kapitalismus – wenn man ihn durch seine drei zentralen Institutionen definiert, nämlich durch Privateigentum an Produktionsmitteln, Marktwirtschaft mit freier Preisbildung und Lohnarbeit – bleibt also auch in Zukunft die Basis, auf der soziale Gerechtigkeit verwirklicht werden muss; insofern hat ein wesentliches Element des sozialstaatlichen Gerechtigkeitsparadigmas auch noch künftig Bedeutung. Innerhalb dieses Rahmens besteht aber eine große Vielfalt von Ausgestaltungsmöglichkeiten, die, was das Ausmaß an sozialer Gerechtigkeit angeht, extrem weit auseinanderliegen können. Länder wie Schweden oder China, Russland oder die USA, die Schweiz oder Japan kennzeichnen diese Bandbreite. Die historische Erfahrung zeigt jedenfalls, dass unter den Bedingungen von Privateigentum an Produktionsmitteln, Marktwirtschaft und Lohnarbeit, entsprechende soziale Regulierungen vorausgesetzt, ein Ausmaß an sozialer Gerechtigkeit möglich ist, welches selbst von den gerechtesten unter den nichtkapitalistischen Gesellschaften bislang nicht erreicht worden ist. Gewiss mögen einige der inzwischen an ihrer eigenen Unzulänglichkeit untergegangenen sozialistischen Systeme in partieller Hinsicht z. B. bei der sozialen Gleichheit, der Chancengleichheit oder der sozialen Sicherheit, den kapitalistischen Ländern überlegen gewesen sein. Das gilt aber nicht für die soziale Gerechtigkeit in ihrer Gesamtbilanz, denn es kann keine soziale Gerechtigkeit ohne individuelle Freiheit und politische Partizipation geben.

Ebenso deutlich ist aber auch, dass der Kapitalismus als solcher, also in seiner Reinform, niemals soziale Gerechtigkeit garantieren kann. Soziale Gerechtigkeit im Kapitalismus ist nur durch Regulierungen möglich, die er nicht aus sich selbst heraus hervorbringt, sondern die ihm von außen auferlegt werden müssen, d.h. vom Staat und von organisierten nichtstaatlichen Gegenkräften. Das gilt unabhängig davon, welches Ausmaß an materiellen Wohlstand der Kapitalismus produziert und ob er mit Demokratie und Rechtsstaat kombiniert wird. Gerecht kann der Kapitalismus immer nur in seiner sozial regulierten Form sein. Daran ändert sich auch nichts, wenn soziale Gerechtigkeit ausschließlich als Leistungsgerechtigkeit interpretiert wird. In Wirklichkeit kann Leistungsgerechtigkeit nämlich nicht mehr sein als ein Teilaspekt der sozialen Gerechtigkeit, weil die Würde des Menschen niemals vollständig in seiner Leistungsfähigkeit aufgeht; außerdem ist es äußerst voreilig, das Verteilungsergebnis kapitalistischer Marktwirtschaften pauschal als leistungsgerecht akzeptieren zu wollen.

Das zentrale Gerechtigkeitsproblem eines reinen und sich selbst überlassenen kapitalistischen Wirtschaftssystems besteht darin, dass es dem ökonomisch Erfolgreichen erlaubt, ungerechtfertigte Macht über die weniger Erfolgreichen auszuüben. Dieses Problem ist unausweichlich; es bestünde auch dann, wenn wir sicher sein könnten, dass ökonomische Erfolge immer und ohne Ausnahme im Sinne der Leistungsgerechtigkeit »verdient« wären. Denn ohne soziale Regulierung und ohne »Verteilungsgerechtigkeit« wächst die Ungleichheit zwangsläufig früher oder später über das Ausmaß hinaus, das – wenn überhaupt – durch »Leistung« gerechtfertigt sein kann. Diese Schwelle wird dann erreicht, wenn die Ungleichheit zur Freiheitsbeschränkung wird und wenn sie das Prinzip der gleichen Menschenwürde verletzt.

Der abstrakten Theorie nach soll allein schon der Mechanismus der marktwirtschaftlichen Konkurrenz als solcher ausreichen, die Macht der Kapitaleigentümer und Unternehmer zu begrenzen. Aber dabei handelt es sich um eine abstrakte und realitätsferne gedankliche Konstruktion. In allen kapitalistischen Gesellschaften gibt es – übrigens auch nicht anders als es im Staatssozialismus der Fall war – Mächtige und Ohnmächtige. Die Behauptung, der Markt selbst sorge für die Begrenzung der Macht trifft so wenig zu wie die Annahme, dass das sozialistische Staatseigentum als solches mit der Verfügung »des Volkes« über die Produktion identisch sei und automatisch das Selbstbestimmungsrecht der Arbeiter und Arbeiterinnen garantiere. Aus diesen Gründen ist soziale Gerechtigkeit im Kapitalismus nur dann möglich, wenn die Macht der Kapitaleigner, z.B. zum Schutze der abhängig Beschäftigten, der Konsumenten und der Umweltressourcen, vom Staat und von organisierter Gegenmacht unter Kontrolle gehalten wird.

Der Kapitalismus kann auch nicht gerecht sein, ohne dass der Staat die Verantwortung dafür übernimmt, dass eine genügende Zahl von Arbeitsplätzen zu Bedingungen zur Verfügung steht, die gewissen sozialen Standards entsprechen. Dieser Grundsatz kommt in dem sogenannten Recht auf Arbeit zum Ausdruck, wenn dieses so verstanden wird, wie es traditionell immer verstanden wurde, nämlich nicht als einklagbarer individueller Rechtsanspruch, sondern als politisch-moralische Gerechtigkeitsforderung an den Staat. Der Staat kann dieser Verantwortung nicht allein dadurch gerecht werden, dass er für einen im Sinne der neoklassischen Theorie »funktionierenden« Arbeitsmarkt sorgt, Arbeitsanreize schafft und im Übrigen den Arbeitssuchenden zumutet, sich bezüglich der Lohnhöhe und der Arbeitsbedingungen uneingeschränkt an die Marktgegebenheiten anzupassen. Vielmehr muss der Staat mit seiner Wirtschaftspolitik in Konjunkturkrisen und bei Strukturproblemen, die im Übrigen geradezu zum Wesen kapitalistischer Marktwirtschaften gehören, systematisch gegensteuern und Vollbeschäftigung zu erreichen suchen. Auch dies gehört zu den Kernforderungen der sozialen Gerechtigkeit in einem kapitalistischen Wirtschaftssystem, denn Arbeitslosigkeit ist eine zentrale Verletzung des Gerechtigkeitsgrundsatzes der gleichen Freiheit aller. Dass der Staat zur Vollbeschäftigungspolitik verpflichtet ist, schließt aber die individuelle Verantwortung des Arbeitssuchenden nicht aus. Das traditionelle Sozialstaatsverständnis neigte in der Tat bisweilen zu der Vorstellung, Arbeitssuchende hätten ein Recht auf Passivität und Unterstützung, bis ihnen ein Arbeitsplatz zugewiesen wird. Mit Recht haben die Arbeitsmarktreformen der letzten Jahre – so problematisch sie in vieler Hinsicht gewesen sind – mit diesem Verständnis gebrochen, das auch unter dem Gesichtspunkt der sozialen Gerechtigkeit nicht vertretbar ist.

Der Kapitalismus kann schließlich nur dann gerecht sein, wenn das Marktergebnis im Sinne der Verteilungsgerechtigkeit korrigiert wird. Der Begriff der Verteilungsgerechtigkeit als solcher ist natürlich unscharf und kann kontrovers ausgelegt werden. Es ist jedoch immerhin so viel klar, dass es für eine gerechte Verteilung von Einkommen und Vermögen nicht ausreicht, allen Individuen gleiche Startchancen zu gewährleisten und im Übrigen die ungleichen Ergebnisse zu akzeptieren, die sich bei gleichen Startchancen und ungleichen Leistungen ergeben. Die Gründe dafür sollen nochmals in Erinnerung gerufen werden:

- Leistungsgerechtigkeit kann nicht mehr sein als ein Teilaspekt der sozialen Gerechtigkeit, weil die Würde des Menschen niemals vollständig in seiner Leistungsfähigkeit oder sogar in seiner ökonomisch verwertbaren Leistung aufgeht.

- Das Verteilungsergebnis kapitalistischer Marktwirtschaften ist nicht nur zufällig und im Ausnahmefall, sondern systematisch durch Machtstrukturen beeinflusst und kann daher keinesfalls pauschal als leistungsgerecht gelten.
- In der gesellschaftlichen Wirklichkeit können wir niemals mit genügender Trennschärfe unterscheiden, ob ungleiche soziale Positionen ungleichen Leistungen oder ungleichen Chancen zu verdanken sind.

Zu große soziale Ungleichheit (sei sie leistungsgerecht zustande gekommen oder nicht) untergräbt immer die Chancengleichheit. Aber andererseits verletzt völlige soziale Gleichheit die Freiheitsrechte derer, die sich durch besondere Fähigkeiten oder Anstrengung auszeichnen. Um der Chancengleichheit willen müssen also die ungleichen Ergebnisse korrigiert werden. Chancengleichheit hat aber nur dann einen Sinn, wenn den mit gleichen Chancen ausgestatteten Wettbewerbern das Recht auf den Leistungserfolg zusteht. Deshalb darf die Angleichung der Ergebnisse nicht so weit gehen, dass damit die Chancengleichheit ad absurdum geführt würde. Außerdem – darin werden die meisten Menschen vermutlich übereinstimmen – darf das Bestreben, Chancengleichheit herzustellen, nicht dazu führen, dass elementare Freiheitsrechte der Individuen verletzt werden; dies wäre z. B. der Fall, wenn um der Chancengleichheit willen die Kindererziehung den Eltern weggenommen und an staatliche Einrichtungen übertragen oder das Erbrecht völlig beseitigt würde.

Der Versuch, die sozialstaatliche Leitidee der Verteilungsgerechtigkeit durch das post-sozialstaatliche Konzept der Teilhabegerechtigkeit als einer Kombination perfekter Chancengleichheit und perfekter Leistungsgerechtigkeit zu ersetzen, ist zum Scheitern verurteilt. Chancengleichheit und Leistungsgerechtigkeit setzen sich einerseits gegenseitig voraus; Leistungsgerechtigkeit ist nicht möglich ohne Chancengleichheit und Chancengleichheit nicht ohne Leistungsgerechtigkeit. Sie schließen sich andererseits aber auch gegenseitig aus, wenn sie zu weit getrieben werden. Die Konsequenz aus diesem Dilemma besteht darin, dass wir uns mit einer nur relativen Chancengleichheit und mit einer nur relativen Leistungsgerechtigkeit zufriedengeben müssen. Verteilungsgerechtigkeit besteht also offenbar aus einem Kompromiss zwischen Chancengleichheit und Leistungsgerechtigkeit. Man kann – allerdings nur in allgemeiner Form – versuchen, eine pragmatische Regel für diese schwierige Balance zu finden:

1. Verteilungsgerechtigkeit ist dasjenige Ausmaß an sozialer Gleichheit, das reale Chancengleichheit ermöglicht.
2. Verteilungsgerechtigkeit ist zugleich aber auch das Mindestmaß an sozialer Ungleichheit, das notwendig ist, damit ungleiche Leistungen und

Lebenserfolge, die auf Basis gleicher Chancen zustande kommen, angemessen anerkannt werden.
3. Die erste Bedingung – so viel soziale Gleichheit, dass reale Chancengleichheit gewährleistet ist – muss ohne Einschränkung erfüllt werden.
4. Die zweite Bedingung – so viel soziale Ungleichheit, dass Leistung angemessen belohnt wird – muss nur insoweit erfüllt werden, als es ohne Verletzung der ersten Bedingung möglich ist; d. h., dass die Wahrung der realen Chancengleichheit im Konfliktfall Vorrang vor der Leistungsgerechtigkeit hat.

Im Ergebnis besteht Verteilungsgerechtigkeit somit in der moderaten Angleichung der Einkommen und Vermögen (man könnte ebenso gut sagen in moderater Ungleichheit). Diese Balance der Verteilungsgerechtigkeit nicht nur abstrakt zu definieren, sondern auch in der konkreten Situation zu finden, ist im Übrigen nicht die Aufgabe der Gerechtigkeitstheorie, sondern der Politik.

2 Hat der soziale Kapitalismus noch eine Zukunft?

Als Ergebnis unserer Überlegungen ist festzuhalten: Die Zukunft der sozialen Gerechtigkeit liegt nicht jenseits, sondern nur innerhalb des Kapitalismus, aber eine Zukunft hat die soziale Gerechtigkeit nur dann, wenn der Kapitalismus durch soziale Regulierung kontrolliert wird. Auf den ersten Blick scheint diese Feststellung selbstverständlich oder sogar trivial zu sein, aber in Wirklichkeit bezeichnet sie das eigentliche Problem, mit dem wir zu tun haben: Wird es in Zukunft überhaupt noch möglich sein, den Kapitalismus unter Kontrolle zu halten? Oder ist das sozialstaatliche Projekt der Zähmung des Kapitalismus gescheitert? Die historische Erfahrung, besonders die der letzten beiden Jahrzehnte, hat gezeigt, dass der Kapitalismus eine innere Dynamik besitzt, die tendenziell die Fesseln der sozialen Regulierung sprengt, die ihm der Sozial- und Interventionsstaat angelegt hat. Daher lautet die Frage nicht mehr nur, *wie* soziale Gerechtigkeit im Kapitalismus aussehen sollte, sondern auch, *ob* es im Kapitalismus überhaupt noch soziale Gerechtigkeit geben kann.

Das sozialstaatliche Gerechtigkeitsparadigma war von der Idee ausgegangen, den Kapitalismus bändigen zu können, und jahrzehntelang erschien es auch so, als sei die Dressur gelungen, wenn auch nicht weltweit, so doch wenigstens in den entwickelten Ländern. Dann aber hat der zunächst unaufhaltsam erscheinende Siegeszug des globalisierten Finanzkapitalismus das Bild geändert und den gegenteiligen Eindruck vermittelt, dass der Versuch der sozialen Regulierung des Kapitalismus endgültig gescheitert sei. Die Macht des international mobilen Kapitals schien immer weiter zu wachsen und der Einfluss der Staaten im Schwinden begriffen. Von wirksamer Gegenmacht der Arbeitnehmerinnen und Arbeitnehmer oder von ihrer Organisationsfähigkeit war nicht mehr viel zu spüren. Allem Anschein nach war die Zeit des nationalen Sozialstaats, der so etwas wie soziale Gerechtigkeit im herkömmlichen Sinne hätte garantieren können, abgelaufen. Selbst Länder mit hervorragender internationaler Wettbewerbsfähigkeit und hohen Exportüberschüssen wie Deutschland passten ihre Sozialstandards schrittweise denen der angelsächsischen, stark vom Neoliberalismus geprägten Länder an. Ob sie dazu durch den Druck des Standortwettbewerbs zwischen den Staaten tatsächlich gezwungen waren oder ob lediglich ihre Regierungen glaubten, dazu gezwungen zu sein, kann hier dahingestellt bleiben.

Viele, auch die die früher Verfechter des Sozialstaats gewesen waren, zogen aus dieser Entwicklung die Konsequenz, dass die Idee der sozialen Gerechtigkeit umdefiniert werden müsse, um sie mit der Realität des deregulierten Kapitalismus in Einklang zu bringen. So vollzog sich der Wandel vom sozialstaatlichen zum post-sozialstaatlichen Gerechtigkeitsparadigmas und das post-sozialstaatliche Gerechtigkeitsparadigma schien schließlich in die Kapitulation vor der Macht der Kapitaleigner einzumünden.

Wenige Jahre später, im Herbst 2008, schuf die weltweite Finanzkrise, die im Frühjahr 2007 als nationale Immobilienkrise in den USA begann und sich im September 2008 zu einer internationalen Bankenkrise mit einer nachfolgenden weltweiten Krise der Realwirtschaft ausweitete, eine völlig neue Situation. Diese Krise war nicht durch irgendeinen zufälligen Unglücksfall (die etablierte Wirtschaftswissenschaft nennt dies einen »externen Schock«) oder durch das Versagen einzelner Manager, Spekulanten oder Regierungen entstanden, sondern sie war das logische Ergebnis der internen Dynamik des deregulierten Kapitalismus. Die anfängliche Befürchtung, die Krise könnte die Ausmaße der → Weltwirtschaftskrise der späten 1920er und frühen 1930er Jahre annehmen, hat sich zwar nicht bestätigt, aber durch den Beinahe-Zusammenbruch ist das Vertrauen in die unbegrenzte Macht des globalisierten Finanzmarktkapitalismus schwer erschüttert worden. Die Erwartung, ein von sozialstaatlichen Regulierungen befreiter Kapitalismus könnte am Ende die Versprechen von sozialer Gerechtigkeit und angemessener Teilhabe aller an wachsendem Wohlstand besser erfüllen als es der alte Sozialstaat vermocht hat, hat jedenfalls ihr zumindest vorläufiges Ende gefunden.

In der Finanz- und Wirtschaftskrise erlebte der Staatsinterventionismus zunächst eine kaum für möglich gehaltene Wiederkehr. In den vergangenen Jahrzehnten waren die Staaten in den meisten kapitalistischen Ländern immer mehr entmachtet worden bzw. sie hatten sich selbst entmachtet, um den Weg für den Markt frei zu machen. In Wissenschaft, Wirtschaft, Politik und Medien hatte man, der herrschenden Lehre entsprechend, die Ursache für alle Arten von Wachstumsschwäche, Arbeitslosigkeit oder Konjunkturrückgängen nahezu ausschließlich in zu hohen Löhnen, ausgeuferten Sozialsystemen, zu hohen Steuern, übertriebener sozialstaatlicher Umverteilung und überregulierten Arbeitsmärkten gesehen und für die Lösung dieser Probleme auf immer weiter verbesserte Angebotsbedingungen für Unternehmen und Kapitaleigner gesetzt. Nun sahen sich plötzlich viele Staaten zu einer Kehrtwende um 180 Grad gezwungen: Banken wurden mit Staatsmitteln gestützt oder gar verstaatlicht. Man versuchte, überzogenen Managergehältern oder Bonuszahlungen einen Riegel vorzuschieben. Die Finanzmärkte sollten streng kontrolliert werden und plötzlich fanden sich die Regierungen zu internationaler Kooperation bereit. Staatliche Konjunkturstützungsprogramme, die nach der bislang vorherrschenden wirtschaftspolitischen Doktrin des Neoliberalismus verpönt waren, wurden – in manchen Ländern wie in den USA und in China in gigantischen Größenordnungen – aufgelegt.

Die Europäische Zentralbank wandte sich von ihrer bisherigen monetaristischen Politik ab. Die Finanzpolitik der Regierungen verabschiedete sich zumindest vorübergehend vom Ziel des ausgeglichenen Staatshaushalts. Der Londoner Regierungsgipfel der 20 wichtigsten Wirtschaftsnationen (→ G20) vom 2. April 2009 bekannte sich zur Kontrolle der Kapitalmärkte, zur Austrocknung von Steueroasen und zur umfassenden Hilfe für die armen Länder. All dies wurde vielfach als das Ende der Ära des Neoliberalismus und als Abschied vom → »Washington Consensus« (→ Kap. III.1.3) interpretiert. Die Geschwindigkeit und Heftigkeit des Stimmungsumschwungs war in der Tat beeindruckend.

Aus der Perspektive dieser Zeit – also etwa vom September 2008 bis in die Jahresmitte 2009 – schien die post-sozialstaatliche Ära des entgrenzten Kapitalismus sich ihrem Ende zuzuneigen und womöglich sogar eine Renaissance des bereits tot geglaubten sozial regulieren Kapitalismus bevorzustehen. Heute allerdings, zu dem Zeitpunkt, zu dem dieses Buch abgeschlossen wird, ist deutlich geworden, dass solche Erwartungen – Hoffnungen für die einen, Befürchtungen für die anderen – wohl verfehlt gewesen sind. Der ganz große Zusammenbruch, der mit der großen Weltwirtschaftskrise der Jahre nach 1929 vergleichbar wäre, ist ausgeblieben. Im Unterschied zu damals haben die Regierungen das Schlimmste durch groß dimensionierte und international parallel laufende Konjunkturprogramme verhindern können und Rettungsaktionen für angeschlagene Banken haben den Zusammenbruch des Finanzsystems abgewendet. Allerdings sind die Krisenfolgen in den meisten Ländern noch keinesfalls überwunden. Die Arbeitslosigkeit ist vielfach noch sehr hoch, besonders in den vormals arbeitsmarktpolitisch besonders erfolgreichen USA. Das derzeit relativ hohe Wirtschaftswachstum und die vergleichsweise günstige Beschäftigungsentwicklung in Deutschland sind im internationalen Vergleich eher Ausnahmen, deren Dauerhaftigkeit ungewiss ist.

Der Versuch, die außer Kontrolle geratenen Finanzmärkte durch ein internationales Regelsystem zu bändigen – von allen Staaten während der Krise zur obersten politischen Priorität erklärt –, war bislang weitgehend erfolglos und hat lediglich zu kleineren Korrekturen geführt (vgl. hierzu Caspers 2011):

- Es sind z. B. zwar neue und strengere Regelungen zur Bankenaufsicht geschaffen worden bzw. sie befinden sich (wie in der Europäischen Union) in Vorbereitung, aber die sogenannten → Schattenbanken, von denen die größten Risiken ausgehen, sind noch immer unreguliert.
- Ungelöst ist das Problem des »systemischen Risikos«, d. h. der Gefahr, dass einzelne Finanzinstitute wegen ihrer Größe auf Kosten der Allgemeinheit vor dem Konkurs gerettet werden müssen, um Schäden vom Gesamtsystem (d. h. dem Finanzsektor insgesamt, der ganzen Volkswirtschaft oder gar der Weltwirtschaft) abzuwenden (»Too-big-to-fail-Problem«). Die Staaten haben es nicht nur versäumt, Großbanken zu zerschlagen, sondern auch in Kauf genommen, dass der Konzentrationsprozess unvermindert andauert (wie z. B. die Übernahme der Postbank durch die Deutsche Bank in Deutschland zeigt).
- Die Trennung von Geschäfts- und → Investmentbanken, die das Überspringen von Spekulationskrisen auf die Realwirtschaft verhindern oder erschweren könnte, ist nicht über das Diskussionsstadium hinausgekommen.
- Die Macht der → Ratingagenturen ist noch immer ungebrochen.
- Völlig im Sande stecken geblieben ist – trotz deutlicher Absichtserklärung nahezu aller Regierungen – schließlich auch der Versuch, die Finanzbranche als Verursacher der Krise angemessen an den Folgekosten zu beteiligen. In den USA ist ein Gesetzentwurf für eine Bankenabgabe im Kongress gescheitert und in der Europäischen Union hat Großbritanniens die Einführung einer → »Finanztransaktionssteuer«

verhindert. Nun soll eine solche Steuer wenigsten in der Euro-Zone eingeführt werden; ob eine solche Maßnahme – sollten der Absichtserklärung des EU-Gipfels tatsächlich konkrete Maßnahmen folgen – ohne die Einbeziehung der beiden weltgrößten Finanzzentren, New York und London, überhaupt ihren Zweck erfüllen kann, ist aber fraglich.

Ganz offensichtlich hat es also die effektiv organisierte Interessenvertretung der Finanzindustrie – oder auch »Glücksspielindustrie« – verstanden, erfolgreich auf Zeit zu spielen. Bei der Komplexität der Probleme, die im Zusammenhang mit einer umfassenden und effektiven Regulierung der internationalen Kapitalmärkte zu lösen sind, und angesichts der sehr unterschiedlichen und teilweise entgegengesetzten nationalen Interessen konnten die Staaten keine rasche Übereinstimmung über ein Reformprogramm erzielen. Da der Konjunktureinbruch in den meisten Volkswirtschaften dank der überall aufgelegten Konjunkturprogramme im Großen und Ganzen einigermaßen glimpflich verlief und die Wirtschaft in vielen Ländern wieder zu wachsen begann, ließ der starke Handlungsdruck bald nach und so ist es kein Wunder, dass es der Finanzindustrie bislang gelungen ist, den Status quo um den Preis kleinerer Zugeständnisse zu verteidigen. Es ist auch kaum zu erwarten, dass die Reformen, die schon unter dem Eindruck der akuten Krise misslungen sind, später in mühevoller Kleinarbeit durchgesetzt werden können.

Vielleicht kann man die Zwischenbilanz der Finanz- und Wirtschaftskrise aus heutiger Sicht folgendermaßen beschreiben:

- Die reale Macht der Finanzindustrie ist im Kern ungebrochen, aber die geistige Vorherrschaft des globalisierten Finanzmarktkapitalismus, seine Attraktivität für die Bevölkerung und sein vormals dominierender Einfluss auf die Wirtschaftspolitik der Regierungen sind fürs Erste vorbei.
- Der Staat hat seine Unentbehrlichkeit als letzter Rettungsanker in Krisensituationen unter Beweis gestellt und für einen historischen Moment die verselbstständigten und entfesselten Kapitalmärkte in die Schranken verwiesen. Aber die Kraft reichte nur zum momentanen Krisenmanagement, nicht zu Rückgewinnung der ordnenden und Rahmen setzenden Funktion des Staates.

Der Staat ist zwar in gewisser Weise rehabilitiert; die Stimmen, die den Rückbau des regulierenden Sozial- und Interventionsstaats zum Programm erhoben und die nahezu universelle Marktfreiheit als einzigen Schlüssel zu Wachstum und Wohlstand angepriesen haben, sind zumindest gegenwärtig verstummt. Aber von der Rückkehr zur früheren sozialstaatlich geprägten Politik kann jedenfalls bislang nicht die Rede sein. Dem Vertrauen, das der Markt verloren hat, entspricht offenbar kein neues Vertrauen in den Staat. Im Gegenteil, ausnahmslos alle wichtigen Industrieländer sind mit gewaltigen Schuldenlasten und mit noch weiter wachsenden Staatsdefiziten aus der Krise hervorgegangen, sodass sie in absehbarer Zukunft kaum noch zu einer aktiv gestaltenden Wirtschafts- und Sozialpolitik fähig sein dürften. Wie sehr die Staaten geschwächt und nur noch Getriebene der Finanzmärkte sind, zeigt sich in der aktuellen europäische Staatsschuldenkrise (fälschlicherweise »Euro-Krise« genannt, → Kap. VIII.3.10). Die Euro-Staatsschuldenkrise ist im Übrigen in unmittelbarem Zusammenhang mit der großen Finanzmarktkrise zu sehen. Zwar spielen auch strukturelle und »hausgemachte« Faktoren (wie die Verschuldungspolitik der Euroländer im vergangenen Jahrzehnt und die institutionellen Bedingungen der Währungsunion) eine erhebliche Rolle, aber ausgelöst wurde die Schuldenkrise erst durch den steilen Anstieg der Staatsdefizite infolge des großen Konjunktureinbruchs (erheblich verstärkt wurde sie dann noch durch das chaotische Krisenmanagement der europäischen Regierungen).

Versucht man eine Zwischenbilanz der krisenhaften Entwicklungen in den letzten fünf Jahren zu ziehen, dann liegt die Vermutung nahe, dass die Staaten im Ergebnis viel mehr geschwächt sind als die Finanzindustrie und dass die Machtverhältnisse sich noch weiter zu ihren Ungunsten verschoben haben. Während die Finanzindustrie die Krise im Kern unbeschädigt überstanden hat, haben sich die Staaten bei der Bewältigung der nicht von ihnen selbst, sondern von der Finanzindustrie verursachten Krise bis zur Erschöpfung verausgabt. Mehr noch: statt aus ihrem in mancher Hinsicht durchaus erfolgreichen Krisenmangement neue Reputation zu gewinnen, haben sie eher weiteres Vertrauen verspielt. Sie konnten die Finanzindustrie weder bändigen noch sie zum Ausgleich für die Kosten der Krise heranziehen. Sie haben zudem ihren Bürgerinnen und Bürgern weitere Lasten aufgebürdet, um die Banken zu retten. Dadurch haben sie eine zusätzliche Gerechtigkeitslücke aufgerissen. In vielen europäischen Ländern, z.B. in Irland, Griechenland, Großbritannien, Portugal, Spanien und Italien, wurde in großem Stil und bislang nicht bekanntem Umfang in die sozialen Besitzstände der unteren Einkommensschichten eingeschnitten; entsprechende Protestwellen waren bzw. sind die Folge. Die Krise hat also die Staaten nicht nur ökonomisch geschwächt, sondern sie auch noch als Beschützer des Finanzmarktkapitalismus moralisch in Misskredit gebracht und ihre Vertrauensbasis bei den Bürgerinnen und Bürgern erschüttert. Darüber hinaus hat die Staatsschuldenkrise in der Europäischen Währungsunion in den betroffenen Ländern eine neue Runde im Wettlauf der Staaten um die Attraktivität für anlagesuchendes Kapital bzw. um möglichst niedrige Löhne und Sozialstandards eingeleitet. Das ist daran abzulesen, dass die Sanierungsprogramme zum Teil über das fiskalpolitisch rationale Maß hinausgehen, indem sie die Wirtschaftsleistung bremsen und die Arbeitslosigkeit in die Höhe treiben und dadurch die Verschuldung zusätzlich erhöhen.

Aus heutiger Sicht kann man mit aller Vorsicht die Prognose wagen, dass sich der globalisierte Finanzmarktkapitalismus allmählich und halbwegs von der Krise erholen wird, ohne dass die Reformen durchgesetzt werden konnten, die notwendig gewesen wären, um die Ursachen der Krise zu beheben und künftige Wiederholungen auszuschließen. Die Welt des deregulierten globalen Kapitalismus ist zwar fragil, aber sie wird auf absehbare Zeit nicht untergehen und der soziale Kapitalismus wird erst recht nicht zurückkehren. Was bedeutet das nun für die Zukunft der sozialen Gerechtigkeit? Gibt es unter solchen Bedingungen überhaupt noch die Möglichkeit, soziale Gerechtigkeit wenigstens in bescheidenem Umfang zu verwirklichen?

Die Antwort lautet, dass der globalisierte Kapitalismus nicht unbedingt und in jeder Hinsicht das Ende von Verteilungsgerechtigkeit und sozialem Ausgleich bedeuten muss. Vielmehr bestehen auch unter solchen Bedingungen noch immer zwei Handlungsmöglichkeiten, die sich im Übrigen gegenseitig nicht ausschließen, sondern parallel genutzt werden können:

1. Die nationalen Sozialstaaten könnten versuchen, ihre stark bedrohte oder bereits verloren gegangene Durchsetzungsmacht auf supranationaler Ebene wiederherzustellen, zwar sicher nicht durch weltweite Vereinbarungen, aber doch wenigstens im Rahmen der Europäischen Union, z.B. durch eine Angleichung des Steuerrechts, des Arbeitsrechts oder der Sozialsysteme, die nicht das jeweils niedrigste Regulierungsniveau anpeilt, sondern dem Ziel dient, im Lauf der Zeit alle Mitgliedsstaaten, auch wenn sie sich einstweilen noch in unterschiedlichen Entwicklungsstadien befinden, auf einem hohen Sozialstaatsniveau zusammenzuführen.
2. Einzelne Nationalstaaten könnten innerhalb ihres Hoheitsgebiets in gewissem Umfang noch immer eine Politik der Umverteilung betreiben, falls sie es wollen und wenn sich dafür demokratische Mehrheiten finden. Es muss dabei nur sichergestellt sein, dass die Arbeitskosten in den Wirtschaftszweigen, die dem internationalen Wettbewerb ausgesetzt sind, nicht stärker steigen als in den konkurrierenden Ländern; vor allem aber dürfen das international mobile Kapital und die international operierenden Unternehmen nicht durch zu hohe Steuern oder besonders strenge Regulierungen belastet werden. Im Endeffekt bedeutet das

zwar, dass die Kosten des Sozialstaats im Wesentlichen durch interne Umverteilung innerhalb der Masse der standortgebundenen Bevölkerung getragen werden müssen und dass die wirklich großen Einkommen und Vermögen nur noch sehr begrenzt zur Finanzierung öffentlicher Aufgaben herangezogen werden können, weil sie andernfalls abwandern würden. Aber das Ende jeder sozialen Gerechtigkeit muss dies nicht sein: Die Garantie eines menschenwürdigen Existenzminimums, Mindestlöhne, Investitionen in das Bildungswesen und wirklich gleiche Bildungschancen für alle, Integration von Migranten, Vermeidung von Kinderarmut, ein Gesundheitswesen ohne Zweiklassenmedizin, eine effektive Förderung von Langzeitarbeitslosen ohne unsinnige Repression und vielleicht sogar Vollbeschäftigung wären dann immer noch möglich. Aber die Voraussetzung wäre, vereinfacht ausgedrückt, dass die unausweichliche Umverteilung zugunsten des mobilen Kapitals durch zusätzliche Umverteilung innerhalb der Masseneinkommen kompensiert wird.

Was den ersten der beiden Wege aus dem Dilemma des globalisierten Finanzmarktkapitalismus betrifft, so hat es dafür in der Praxis bislang keine wirkliche Chance gegeben. Nachdem nun aber auch der Schwächeanfall, den der globalisierte Kapitalismus in der großen Finanz- und Wirtschaftskrise erlitten hat, ungenutzt geblieben ist und nachdem sich in der europäischen Staatsschuldenkrise gezeigt hat, dass auch die Europäische Union kaum zu systematischer, langfristig angelegter und zielstrebiger Politik fähig ist, dürften die diesbezüglichen Hoffnung auch für die Zukunft gering sein.

Die Möglichkeiten, die interne sozialstaatliche Umverteilung zu intensivieren, dürften ebenfalls begrenzt sein. Mit der Ausbreitung individualistischer Orientierungsmuster, mit dem Bedeutungsverlust der traditionellen Milieus und ihrer Großorganisationen und mit der zunehmenden Differenzierung der Arbeitswelt, besonders jedoch mit der Schwächung der Organisationen der Arbeiterbewegung, nimmt auch die Bereitschaft zu kollektiver Solidarität ab und es ist schwer vorstellbar, dass z. B. eine Gesellschaft wie die deutsche unter dem Druck der Globalisierung zu mehr Umverteilung bereit wäre als in der Blütezeit der Industrie. Kurzum: Wenn es weder gelingt, den Niedergang der nationalen Sozialstaaten durch eine Art supranationalen Sozialstaat aufzufangen noch die interne Solidarität zu verbreitern, dann stehen in einer Welt des prosperierenden globalisierten Kapitalismus die Chancen für soziale Gerechtigkeit ziemlich schlecht. Eher hätte man sich darauf einzustellen, dass soziale Ungleichheit, Armut und Ausgrenzung weiter wachsen werden.

Es scheint jedenfalls so, als werde das Ergebnis der Krise nicht die Renaissance des sozial regulierten Kapitalismus sein. Viel wahrscheinlicher ist, dass ein im Kapitalinteresse regulierter globaler Kapitalismus entstehen wird, in dem die Finanzmärkte mit staatlicher Hilfe stabilisiert werden, aber die Lasten von der Bevölkerungsmehrheit getragen werden. Bestenfalls würde das bedeuten, dass künftig zwar Katastrophen durch internationale Regulierungen der Finanzmärkte verhindert werden, dass ansonsten aber die Dominanz der Unternehmer und Kapitaleigner erhalten bleibt.

Die Zukunft der sozialen Gerechtigkeit gibt also keinen Anlass zu besonders großen Hoffnungen. Deshalb wird der Ruf nach sozialer Gerechtigkeit aber nicht verschwinden. Auch der Konflikt zwischen dem traditionellen – am herkömmlichen Sozialstaat orientierten – Verständnis von sozialer Gerechtigkeit und dem post-sozialstaatlichen Gerechtigkeitsparadigma als der Ausdrucksform des deregulierten und globalisierten Kapitalismus, wird weiterhin auf der Tagesordnung bleiben. Da aber die Geschichte – wie wir es in der Finanz- und Wirtschaftskrise erlebt haben – häufig nicht vorhergesehene Wendungen nimmt und immer offen ist, wird es niemals aussichtslos sein, das Ziel der sozialen Gerechtigkeit zu verfolgen, seien die Fortschritte in der Gerechtigkeit auch noch so gering oder sei es, dass lediglich noch mehr Ungerechtigkeit verhindert wird.

Anhang

Kleines Lexikon

Agenda 2010: Schlagwortartige Bezeichnung für die Arbeitsmarkt- und Sozialreformen der rot-grünen Bundesregierung unter Bundeskanzler Schröder, die 2003 bis 2005 durchgeführt wurden und die mit der teilweisen Abkehr von traditionellen sozialstaatlichen Vorstellungen verbunden waren. Herzstück der A. waren die sog. → »Hartz-Gesetze« (→ Kap. VI).

Aktivierende soziale Gerechtigkeit: Die Vorstellung, dass soziale Gerechtigkeit nicht nur als Anspruch der Individuen gegenüber Staat und Gesellschaft zu verstehen ist, sondern auch eigene Anstrengungen der Individuen zur Voraussetzung hat (soziale Gerechtigkeit nicht als »Bringschuld« der Gesellschaft, sondern als »Holschuld« der Individuen). Gegenbegriff: → Zuteilende soziale Gerechtigkeit (→ Kap. V.4).

Allokation: Wirtschaftswissenschaftlicher Fachterminus für den Einsatz der für die Produktion verfügbaren »Produktionsfaktoren« wie Arbeitskraft, Maschinen, Rohstoffe usw.

Alternativbewegung: Sammelbegriff für eine Vielzahl von Protest- und Erneuerungsbewegungen in den entwickelten Ländern in den 1970er und 1980er Jahren (Friedens-, Umwelt-, Dritte Welt-, Frauenbewegung usw.). Kennzeichnend waren u. a. kulturkritische Akzente bis hin zur völligen Ablehnung der Industriegesellschaft und zu Experimenten mit kleinen autonomen gegenkulturellen Gemeinschaften (→ Kap. III.2.3.1).

Alterslast: Ein in der Regel nicht abwertend gemeinter Ausdruck für das Zahlenverhältnis der Altersgruppe der Älteren zur mittleren Altersgruppe (»Alterslastquotient«). Zu unterscheiden sind dabei a) der demografische A.-Quotient = Quotient aus der Bevölkerung im Rentenalter (z. B. 65 Jahre und älter) zur Bevölkerung im erwerbsfähigen Alter (z. B. von 20 bis unter 65 Jahren) und b) der Rentner-Beitragszahler-Quotient in der gesetzlichen Rentenversicherung = Quotient aus der Zahl der Rentenberechtigten zur Zahl der Beitragszahler. Weil weder die Zahl der Beitragszahler mit der Bevölkerung im erwerbsfähigen Alter übereinstimmt (z. B. wegen Arbeitslosigkeit, Ausbildung, fehlender Versicherungspflicht, Frühinvalidität oder Verzicht auf Erwerbstätigkeit) noch alle Personen im Rentenalter auch tatsächlich eine Rente beziehen, hat der demografische A.-Quotient im Unterschied zum Rentner-Beitragszahler-Quotienten nur eine begrenzte Aussagekraft bezüglich der Finanzierungslast, die mit einem Rentensystem verbunden ist.

Angebotspolitik (angebotsorientierte Wirtschaftspolitik): Wirtschaftspolitische Konzeption, nach welcher der Staat das Wachstum durch günstige Rahmenbedingungen für die Unternehmen (z.B. niedrige Steuern und Sozialabgaben, Verzicht auf Eingriffe in unternehmerische Entscheidungen usw.) fördern, jedoch auf Konjunkturpolitik zur Stärkung der gesamtwirtschaftlichen Nachfrage (z.B. auf kreditfinanzierte staatliche Ausgabenprogramme) verzichten soll. Die Doktrin der A. löste am Ende der 1970er Jahre die bis dahin vorherrschende →Nachfragepolitik ab (→Kap. III.1.3).

Angelsächsischer Kapitalismus: Von dem französischen Publizisten Michel Albert geprägter Begriff zur Bezeichnung der in den USA und in Großbritannien vorherrschenden Variante des Kapitalismus mit weitgehend unregulierten Märkten, wenig ausgebautem Sozialstaat, geringem Staatseinfluss sowie einer spezifischen Unternehmenskultur (→»Shareholder-Value- Kapitalismus). Gegenbegriff: →»Rheinischer Kapitalismus«, auch →sozialer (sozial regulierter) Kapitalismus (→Kap. II.2.4 und Fazit).

Anti-Egalitarismus (anti-egalitär): Konzeption von sozialer Gerechtigkeit, der zufolge Gleichheit nicht gerecht, sondern ungerecht ist. Der moderate Anti-Egalitarismus befürwortet zwar die rechtliche Gleichheit (Gleichheit vor dem Gesetz), lehnt aber ökonomische und soziale Gleichheit ab; er wird in der Gegenwart von den meisten Spielarten des Liberalismus vertreten. Der strenge A.-E. leugnet auch die rechtliche Gleichheit; diese Form des A.-E. war in der Antike und im Mittelalter vorherrschend, spielt aber gegenwärtig kaum noch eine Rolle (zum zeitgenössischen A.-E. →Kap. IV.1.3).

Aktivierender Sozialstaat: Eine im Zusammenhang mit dem →post-sozialstaatlichen Gerechtigkeitsparadigma gebräuchlich gewordene Forderung, mit der zum Ausdruck gebracht werden soll, dass der →Sozialstaat vorrangig die Eigeninitiative der Individuen stärken, statt sie von Sozialleistungen abhängig machen soll (→Kap. V.4).

Äquivalenzprinzip: Das Prinzip, dass Leistung und Gegenleistung gleichwertig (äquivalent) sein sollen (im Sinne eines Preises, der auf dem Markt für eine Ware bezahlt wird). Im engeren Sinne Bezeichnung für ein Konstruktionsprinzip der Sozialversicherung, demzufolge die sozialen Geldleistungen der Höhe nach von den eingezahlten Beiträgen abhängen sollen; damit ist jedoch keine strenge finanzmathematische Äquivalenz (im Sinne der Verzinsung des eingezahlten Kapitals) gemeint, sondern lediglich ein gewisser Zusammenhang zwischen Beitrags- und Leistungshöhe, der zusätzlich durch Elemente des sozialen Ausgleichs durchbrochen werden kann.

Arbeiterbewegung: Sammelbezeichnung für alle Arbeiterparteien (besonders sozialdemokratische, sozialistische und kommunistische) und Gewerkschaften, die im 19. Jahrhundert als Antwort auf die bedrückende Lage der Industriearbeiterschaft entstanden sind und in vielfacher Differenzierung und Weiterentwicklung noch bis heute fortbestehen.

Arbeiterfrage: Ein in der zweiten Hälfte des 19. Jahrhunderts geprägter und allgemein gebräuchlicher Begriff für die soziale Lage der Industriearbeiterschaft sowie für die damit verbundenen politische Probleme und die drohende Gefahr für die herrschende Gesellschaftsordnung; statt des Begriffs der A. war auch der Ausdruck »soziale Frage« gebräuchlich.

Arbeitskräftepotenzial: Wirtschaftswissenschaftlicher Terminus für die Summe derjenigen Personen in einer Volkswirtschaft, die theoretisch erwerbstätig sein können, ohne unbedingt tatsächlich erwerbstätig zu sein. Das A. setzt sich zusammen aus den tatsächlich Erwerbstätigen plus den gemeldeten Arbeitslosen plus der »Stillen Reserve«. Die Stille Reserve umfasst diejenigen Personen, die zwar aktuell weder erwerbstätig noch als Arbeitslose gemeldet sind, von denen man jedoch annimmt, dass sie unter bestimmten Bedingungen (z. B. bei günstigerer Konjunktur) nach Arbeit suchen werden; die Größe der Stillen Reserve kann nicht gemessen, sondern nur geschätzt werden.

Arbeitslosengeld I und II: Lohnersatzleistungen im deutschen System der sozialen Sicherung für den Fall der Arbeitslosigkeit. Das Arbeitslosengeld I ist eine zeitlich befristete Versicherungsleistung, deren Höhe vom letzten Nettolohn abhängt. Das Arbeitslosengeld II (»Grundsicherung für Arbeitssuchende«, im Volksmund »Hartz IV«) soll der Höhe nach dem → Existenzminimum entsprechen und wird nur unter Anrechnung von Einkommen und Vermögen des Arbeitslosen sowie der mit ihm in Haushaltsgemeinschaft lebenden Personen gezahlt; Das Arbeitslosengeld II ist am 1.1.2005 an die Stelle der vormaligen → Arbeitslosenhilfe getreten.

Arbeitslosenhilfe: Bis 2004 bestehende Lohnersatzleistung bei Arbeitslosigkeit. Sie wurde am 1.1.2005 im Zuge der »Hartz-Reformen« durch das → Arbeitslosengeld II (→ Grundsicherung für Arbeitssuchende) ersetzt (→ Kap. VI.3, Anm. 2).

Arbeitslosigkeit: In den Wirtschaftswissenschaften wird zwischen a) konjunktureller, b) struktureller und c) »friktioneller« A. unterschieden. »Konjunkturelle« A. entsteht, wenn die Produktionskapazitäten wegen ungünstiger gesamtwirtschaftlicher Situation (z. B. zu schwacher Nachfrage nach Gütern und Dienstleistungen) nicht ausgelastet sind; sie kann mit den Mitteln der Konjunkturpolitik

(z. B. durch kreditfinanzierte staatliche Ausgabenprogramme bekämpft werden und verringert sich, sobald sich die Konjunkturlage wieder verbessert. »Strukturelle« A. hat ihre Ursache darin, dass sich die Arbeitsnachfrage der Arbeitgeber nicht mit dem Arbeitsangebot der Arbeitslosen deckt (z. B. weil den Arbeitssuchenden die erforderliche Qualifikation fehlt oder weil sie die angebotenen Löhne und Arbeitsbedingungen nicht akzeptieren). »Friktionelle« A. (»Sucharbeitslosigkeit«) entsteht im Prinzip unvermeidlich als Folge der Tatsache, dass Beschäftigte, die ihren Arbeitsplatz verloren haben, eine gewisse Zeit benötigen, bis sie einen neuen gefunden haben; sie kann durch eine gut organisierte Arbeitsvermittlung möglichst gering gehalten werden. Die Abgrenzung zwischen konjunktureller und struktureller A. ist nicht nur methodisch schwierig, sondern auch tendenziell mit politischem und ideologischem Streit verbunden: →Keynesianische Ökonomen tendieren dazu, A. weitgehend als konjunkturell zu interpretieren, während →neoklassische Ökonomen die Bedeutung der strukturellen A. hervorheben.

Arbeitsproduktivität: Die in der Wirtschaftswissenschaft übliche Maßgröße für die Ertragskraft der menschlichen Arbeit, die vom Stand der eingesetzten Technik und von der Effektivität der Arbeitsorganisation bestimmt wird. Die volkswirtschaftliche A. wird üblicherweise definiert als Verhältnis des preisbereinigten →Bruttoinlandsprodukts zur Zahl der insgesamt geleisteten Arbeitsstunden (»Stundenproduktivität«) oder wahlweise zur Zahl der Erwerbstätigen (»Erwerbstätigenproduktivität«); im Unterschied zur Stundenproduktivität hängt die Erwerbstätigenproduktivität nicht nur von der Effizienz der Arbeit, sondern zusätzlich auch von der Länge der durchschnittlichen Arbeitszeit ab.

Arbitrage, Arbitragegewinn: Ursprünglich von franz. »Schiedsspruch«, »Vergleich«, Bezeichnung für einen Gewinn, der nicht durch Produktion (von Gütern oder Dienstleistungen), sondern durch Ausnutzung von (lokalen oder zeitlichen) Differenzen in Preisen für bestimmte Güter erzielt wird (z. B. durch Kauf eines Wertpapiers und Wiederverkauf zu höherem Kurs).

Aristokratie: Wörtlich »Herrschaft der Besten« (griech.), heute meist in der Wortbedeutung von »Oberschicht«, »herrschender Schicht« oder »herrschender Klasse« gebraucht.

Armut: Nach vorherrschendem Verständnis der Zustand, in dem das →Existenzminimum nicht gewährleistet ist. Dem physischen Existenzminimum entspricht die absolute, dem soziokulturellen Existenzminimum die relative A. In der sozialwissenschaftlichen Fachdiskussion wird Armut meistens relativ, d. h. im Verhältnis zum durchschnittlichen Netto-Haushaltseinkommen definiert.

Armutsschwelle, Armutsrisikoschwelle: Wichtige Begriffe der Armutsforschung und Armutsstatistik. Ausgehend von der relativen Armutsdefinition wird als arm betrachtet, wessen Einkommen einen bestimmten Prozentsatz des Durchschnittseinkommens unterschreitet. Die »Armutsschwelle« wird nach allgemeiner Konvention mit 50% des durchschnittlichen »Netto-Äquivalenzeinkommens« angesetzt. Die »Armutsrisikoschwelle« entspricht 60% des Netto-Äquivalenzeinkommens; damit bezeichnet man dasjenige Einkommensniveau, bei dessen Unterschreitung Armut zwar noch nicht aktuell besteht, aber ständig droht, falls irgendwelche finanziellen Engpässe (z.B. durch unvorhergesehene Reparaturen oder fällige Kreditrückzahlungen) auftreten. Unter »Netto-Äquivalenzeinkommen« versteht man das mit dem Bedarf gewogene Netto-Haushalteinkommen pro Kopf. Durch die Gewichtung mit dem Bedarf soll die Tatsache berücksichtigt werden, dass die Lebenshaltungskosten pro Kopf in Mehrpersonenhaushalten niedriger sind als in 1-Personen-Haushalten, weil wichtige Konsumgüter wie Wohnung, Heizung oder Haushaltsgeräte gemeinsam genutzt werden. Nach der sogenannten OECD-Äquivalenzskala geht man davon aus, dass der Bedarf eines Zweipersonenhaushaltes nicht 200%, sondern nur 150% des Bedarfs einer alleinstehenden Person beträgt. Unter dieser Annahme haben dann z.B. zwei Ehepartner, die zusammen über ein Netto-Haushaltseinkommen von 1500 Euro verfügen, pro Kopf jeweils ein Äquivalenzeinkommen von 1000 statt nur 750 Euro (1000 x 1,5 = 1500).

Bedarfsgerechtigkeit: Gerechtigkeitsregel, nach der Gerechtigkeit im Wesentlichen darin besteht, dass jedem Individuum diejenigen → Ressourcen zugeteilt werden, die es zur Befriedigung seines angemessenen Lebensbedarfs benötigt. Gegenbegriff: → Leistungsgerechtigkeit.

Beitragsbemessungsgrenze: Fachbegriff des deutschen Sozialversicherungsrechts. Die Beiträge zur Sozialversicherung (Renten-, Kranken-, Pflege- oder Arbeitslosenversicherung) werden grundsätzlich als Prozentsatz vom Arbeitslohn berechnet. Die B. bezeichnet dabei den maximalen Lohn, der mit Beiträgen belastet wird; übersteigt der Lohn diese Grenze, so werden auf die darüber liegenden Lohnbestandteile keine zusätzlichen Beiträge erhoben. 2012 liegt die B. in der Renten- und Arbeitslosenversicherung bei monatlich 5600 Euro, in der Kranken- und Pflegeversicherung bei 3825 Euro; sie wird alljährlich an die Entwicklung des durchschnittlichen Bruttolohns angepasst.

Beitragsrückerstattung: Fachbegriff aus dem Krankenversicherungsrechts (ursprünglich aus der privaten Krankenversicherung). Wenn kein Schadensfall eintritt oder der Schaden unterhalb einer bestimmten Schwelle bleibt, erhält der Versicherte einen Teil seines Beitrags zurück, um einen Anreiz zur sparsamen Inanspruchnahme von Versicherungsleistungen zu setzen.

Betriebsverfassung: Das in Deutschland gesetzlich verankerte Recht der Arbeitnehmerinnen und Arbeitnehmer, Betriebsräte zu wählen und durch diese bei der Gestaltung der Arbeitsbedingungen im Betrieb mitzubestimmen (Betriebsverfassungsgesetz von 1952, reformiert 1972 und 2001). Im Unterschied zur → Mitbestimmung sind die Rechte nach dem Betriebsverfassungsgesetz auf die Wahrnehmung der unmittelbaren sozialen Belange der Beschäftigten beschränkt und erstrecken sich nicht auf die Unternehmensleitung.

BIP: → Bruttoinlandsprodukt.

Bretton Woods (System von Bretton Woods): Ein am 22. Juli 1944 zwischen zunächst 44 Staaten vereinbartes internationales → Weltwährungssystem mit festen Wechselkursen und dem US-Dollar als Leitwährung, wobei die USA einen festen Goldpreis garantierten. Das System fester Wechselkurse existierte bis 1971; an seine Stelle traten frei bewegliche Wechselkurse (sog. Floating).

Bruttoinlandsprodukt: Abgekürzt BIP, wichtiger Begriff der Wirtschaftsstatistik. Er bezeichnet die Summe aller Güter und Dienstleistungen, die in einer bestimmten Periode (z. B. in einem Kalenderjahr) in einer Volkswirtschaft produziert werden. Der Summe der Güter und Dienstleitungen entspricht in gleicher Höhe die Summe aller im Inland erwirtschafteten Einkommen. Der Zusatz »Brutto« bringt zum Ausdruck, dass bei dieser Rechnung die Abschreibungen, d. h. die Wertverluste auf Vermögen (im Wesentlichen auf Produktionsanlagen und Gebäude) sowie die → indirekten Steuern noch nicht abgezogen sind.

Bruttosozialprodukt: Dem → Bruttoinlandsprodukt verwandter Begriff der Wirtschaftsstatistik, der sich von diesem dadurch unterscheidet, dass die im Ausland verdienten Einkommen hinzuaddiert und die im Inland verdienten, aber ins Ausland abfließenden Einkommen abgezogen werden.

Bürger (bürgerlich): Im deutschen Sprachgebrauch hat der Begriff eine charakteristische doppelte Bedeutung: a) B. als Staatsbürger, der das Recht und die (moralische) Pflicht hat, an den öffentlichen Angelegenheiten mitzuwirken (frz. »Citoyen«), b) B. und »Bürgertum« als soziologischer Begriff im Gegensatz zur Arbeiterschaft, zur Bauernschaft und zum Adel (frz. »Bourgeois«).

Bürgerliche Demokratie (bürgerlich-liberale Demokratie): Der in den entwickelten westlichen Ländern vorherrschende Typus repräsentativer (nicht unmittelbarer) Demokratien mit garantierten Grund- und Menschenrechten sowie kapitalistischem Wirtschaftssystem. Theoretische Alternativen sind z. B. unmittelbare Demokratie oder sozialistische Demokratie.

Chancengleichheit: Gerechtigkeitsregel, nach der Gerechtigkeit im Wesentlichen darin besteht, jedem Individuum gleiche Startchancen im Wettbewerb zu garantieren. Sie hat besondere Bedeutung im Rahmen des →post-sozialstaatlichen Gerechtigkeitsparadigmas bzw. der sogenannten →Teilhabegerechtigkeit (→Kap. V.3.2).

Chancengerechtigkeit: Abgeschwächte Variante der →Chancengleichheit; an die Stelle völliger Chancengleichheit tritt eine gewisse Annäherung an dieses Ziel.

Dekommodifizierung: Fachbegriff aus der soziologischen und politikwissenschaftlichen Theorie des Wohlfahrtsstaats. Demzufolge gehört es zu den klassischen Zielen des Wohlfahrts- bzw. Sozialstaats, der Arbeitskraft im Kapitalismus den Charakter einer bloßen Ware (engl. »commodity« = Ware) wenigstens teilweise zu nehmen (z.B. durch Arbeitsrecht und Arbeitsschutzgesetzgebung; →Kap. I.3).

Demografie, demografisch: Eigentlich »Bevölkerungswissenschaft« bzw. »bevölkerungswissenschaftlich«. Da die Bevölkerungswissenschaft auch die Veränderungen in der Altersstruktur (Zunahme des Anteils Älterer als Folge des Geburtenrückgangs) erforscht, beginnt sich im praktischen Sprachgebrauch die an sich nicht korrekte Verwendung dieser Begriffe im Sinne »Altersstruktur der Bevölkerung« bzw. »die Altersstruktur der Bevölkerung betreffend «durchzusetzen.

Demokratischer Sozialismus: →Sozialdemokratie.

Deregulierung: Fachbegriff für die Beseitigung von staatlichen oder tarifvertraglichen Vorschriften, welche die unternehmerische Freiheit einengen und tatsächlich oder vermeintlich die Effizienz der Marktwirtschaft beeinträchtigen. D. in diesem Sinne ist ein programmatischer Kernbestandteil der →Angebotspolitik und des →Neoliberalismus.

Derivate: »Abgeleitete« Wertpapiere. Gegenstand des Handels mit D. sind nicht Waren oder Wertpapiere, sondern Rechte auf den Kauf oder den Verkauf von Waren oder Wertpapieren für einen in der Zukunft liegenden Zeitpunkt (→Kap. III.2.2.1, Anm. 7).

Deutschland-AG: Bezeichnung für das System der engen finanziellen und personellen Verflechtung der großen Aktiengesellschaften und Banken in Deutschland, welches die Kapitalmobilität einschränkte und die deutschen Unternehmen weitgehend vor Übernahmen durch ausländische Investoren abgeschirmt hat. Durch eine Reihe von Reformen (vier »Finanzmarktförderungsgesetze« aus der Zeit zwischen 1990 und 2002) wurde die Auflösung der D. vorangetrieben (→Kap. III.2.2.4, X.1).

Devisen: Bezeichnung für fremde Währungen (Zahlungsmittel ausländischer Staaten).

Direkte Steuern: Bezeichnung für alle Steuern, die an den Einkommens- oder Vermögensverhältnissen der Steuerschuldner anknüpfen und diese bei der Bemessung der Steuer berücksichtigen; dazu gehören Einkommenssteuer, Vermögenssteuer, Zinsabschlagssteuer, Solidaritätszuschlag, Erbschaftssteuer, Kirchensteuer. Gegenteil: → indirekte Steuern (Verbrauchssteuern).

Dirigismus: Bezeichnung für eine Form der staatlichen Wirtschaftspolitik, die direkt in die freien Entscheidungen der Unternehmer und Konsumenten eingreift, z. B. durch Verbote, staatlich vorgeschriebene Preise oder Festsetzung von Produktionsmengen. Vom D. zu unterscheiden ist eine indirekte Steuerung der Wirtschaft durch die staatliche Rechtsordnung, durch Anreize (z. B. durch Ausgestaltung des Steuerrechts), durch staatliche Infrastrukturinvestitionen oder durch die Geldpolitik.

Diskontierung (Abzinsung): Eine bei Geldgeschäften aller Art übliche Methode des Zinsabzugs bei noch nicht fälligen künftigen Zahlungen. Mit Hilfe der D. können Zahlungen (z. B. Einkommen, Forderungen oder Verbindlichkeiten, die zu verschiedenen Zeitpunkten anfallen, vergleichbar gemacht werden (→ Kap. VIII, Anm. 17). Die Diskontierung wird auch bei der Berechnung der → Rendite angewendet.

Egalitarismus: Die Vorstellung, nach der soziale Gerechtigkeit nicht nur rechtliche Gleichheit aller Menschen (Gleichheit vor dem Gesetz), sondern zumindest in gewissem Umfang auch soziale und ökonomische Gleichheit erfordert. Der strenge E., der z. B. von Thomas Morus (1478–1535) oder Jean-Jacques Rousseau (1712–1778) vertreten wurde, tritt für vollständige oder sehr weitgehende ökonomische und soziale Gleichheit ein, während der zeitgenössische moderate E. von John → Rawls (1921–2002) Ungleichheit unter bestimmten Bedingungen zulässt.

Einheitsgewerkschaft: Für die Bundesrepublik Deutschland typisches System der Gewerkschaftsorganisation mit einheitlichen branchenmäßig organisierten Gewerkschaften für alle Beschäftigten, sodass für einen Betrieb im Prinzip immer nur eine Gewerkschaft statt verschiedener konkurrierender Gewerkschaften zuständig ist. Gegensatz hierzu: Richtungsgewerkschaften (nach politisch-weltanschaulicher Ausrichtung, z. B. sozialistisch, kommunistisch, christlich) und/oder Berufsgewerkschaften (für bestimmte Berufe). Das System der Einheitsgewerkschaft wurde in der Bundesrepublik nach 1945 eingeführt, bestand aber nie lückenlos (z. B. Christlicher Gewerkschaftsbund, Deutsche Angestelltengewerkschaft, Letztere 2001 der Gewerkschaft verdi beigetreten). In den letzten Jahren sind verstärkte Tendenzen in Richtung auf Berufsgewerkschaften (z. B. Lokomotivführer, Fluglotsen, Piloten) zu verzeichnen (→ Kap. III.2.3.1).

Elite: Wörtlich »Auslese« (von französ. »elire« = auswählen). Der Begriff hat typischerweise eine doppelte Verwendung: (a) deskriptiv als Bezeichnung für die Inhaber hervorragender gesellschaftlicher (ökonomischer, politischer, medialer, kultureller usw.) Positionen, (b) normativ (z. T. auch versteckt-normativ) in dem Sinne, dass diese Personen ihre Positionen einer Auslese der »Besten« (z. B. ihrer besonderen Leistungen in bestimmten Funktionen) verdanken. Ob es sich bei den »Eliten« um »Funktions«- und »Leistungseliten« oder um »Machteliten« handelt, ist in der Soziologie umstritten.

Ergebnisgleichheit: Eine Gerechtigkeitsregel, nach der alle Mitglieder der Gesellschaft aus dem Produktionsprozess das gleiche Ergebnis erhalten sollen, d. h., dass in jeder Hinsicht soziale und ökonomische Gleichheit herrschen soll. E. in diesem Sinne wird heute von keiner bedeutenden politischen Kraft gefordert; trotzdem wird der Begriff bisweilen in polemischer Absicht im Sinne der Ablehnung zu weitgehender Gleichheitsforderungen gebraucht.

Existenzminimum: Das Mindestmaß an materiellen Mitteln, das ein menschliches Leben ermöglicht. Dabei ist zwischen dem physischen und dem → soziokulturellen E. zu unterscheiden (→ Kap. 1.3, Anm. 5). Das E. gilt zugleich als Kriterium von → Armut.

Exit-Option: Möglichkeit von Unternehmen, sich der Besteuerung und der staatlichen → Regulierung durch Produktionsverlagerung bzw. Gewinn- und Kapitaltransfer zu entziehen. Sie hat besonders im Zusammenhang mit der sog. → Globalisierung an Bedeutung gewonnen (vgl. III.2.2.3).

Exklusion: Von dem britischen Soziologen Anthony Giddens in die aktuelle Diskussion über soziale Gerechtigkeit eingebrachter Begriff. Unter E. wird vor allem der dauerhafte Ausschluss von Menschen aus der Normalität und aus der Teilnahme am gesellschaftlichen Leben, vor allem aus der Erwerbsarbeit, verstanden; der Begriff E. ist weitgehend gleichbedeutend mit »Marginalisierung«. Die Verhinderung von E. gilt heute vielfach als eigentlicher Kern von sozialer Gerechtigkeit (→ Kap. V.3).

Externe Effekte: Fachbegriff aus der Wirtschaftwissenschaft, der solche Ergebnisse des marktwirtschaftlichen Prozesses bezeichnet, die nicht in die betriebliche Kosten- und Ertragsrechnung und damit auch nicht in die Preisbildung eingehen. Beispiele sind u. a. Umweltbelastungen, deren Kosten nicht bei dem sie verursachenden Unternehmen, sondern bei der Allgemeinheit (womöglich erst für künftige Generationen) anfallen. Durch E.E. wird die Effizienz freier Märkte wesentlich beeinträchtigt (→ Kap. V.3.2.3).

Finanzmarktkapitalismus: Eine Entwicklungsstufe der kapitalistischer Marktwirtschaften, die durch die Dominanz des → Finanzsektors bzw. der Finanzindustrie (Banken, Investmentfonds) gekennzeichnet ist. Die Entwicklung zum F. wird auch als »Finanzialisierung« bezeichnet (→ Kap. III.2.2.1, X.1).

Finanzsektor, Finanzindustrie: Derjenige Sektor einer Volkswirtschaft, der Banken, Versicherungen, Investmentfonds, sonstige Fonds, Kapitalanlagegesellschaften, Versicherungen sowie Finanzdienstleister aller Art umfasst. Das Wort »Finanzindustrie« unterstreicht, dass das volkswirtschaftliche Gewicht des F. heute demjenigen vergleichbar ist, das die Industrie in früheren Entwicklungsphasen der kapitalistischen Marktwirtschaften besessen hat.

Finanztransaktionssteuer: Eine Umsatzsteuer auf alle Finanzgeschäfte, von der sich ihre Befürworter nicht nur höhere Einnahmen für den Staat und eine Beteiligung des Finanzsektors an den Kosten der weltweiten Finanz- und Wirtschaftskrise erhoffen, sondern darüber hinaus auch, dass reine Spekulationsgeschäfte wesentlich verteuert und dadurch unattraktiver werden. Als Alternative zur F. ist eine »Finanzaktivitätsteuer«, d.h. eine Abgabe auf die im Finanzsektor erzielten Einkommen (z.B. Bonuszahlungen) ins Gespräch gebracht worden; von ihr wäre aber keine steuernde Wirkung zu erwarten.

Fordismus: In der Soziologie gebräuchliche Bezeichnung für eine bestimmte Entwicklungsstufe des industriellen Kapitalismus (benannt nach den ab 1914 in den Ford-Automobilwerken in Detroit eingeführten damals neuen Produktionstechniken, u.a. Fleißbandarbeit), die durch Zentralisierung (Trennung von dispositiver und ausführender Arbeit), extreme Spezialisierung und Standardisierung (Massenproduktion) gekennzeichnet waren (vgl. auch → Taylorismus, → Kap. II.2).

Fürsorgeprinzip: Neben dem → Versicherungsprinzip und dem → Versorgungsprinzip eines der drei wichtigen Prinzipien der Leistungsgewährung im sozialen Sicherungssystem. Das F. hat sich aus der Armenpflege entwickelt. Seine Besonderheit ist, dass die Leistungen nach Maßgabe des jeweiligen Einzelfalls und des sich daraus ergebenden Bedarfs erbracht werden (Individualprinzip) und dass die Berechtigten nur insoweit einen Leistungsanspruch haben, als sie sich nicht aus eigener Kraft helfen können (Nachrangprinzip).

Generationengerechtigkeit: Die gerechte Verteilung von Gütern und Lasten zwischen (gleichzeitig lebenden oder aufeinander folgenden) Generationen. Dieses spezielle Gerechtigkeitsproblem, das traditionell kaum beachtet wurde, ist seit einigen Jahren Gegenstand einer intensiven Grundsatzdiskussion (→ Kap. VIII).

Gerechtigkeitsparadigma: Beispielhafte Gerechtigkeitskonzeption, d. h. eine solche, die für eine bestimmte Gesellschaft, Epoche, soziale Schicht oder politische oder weltanschaulich-philosophische Traditionslinie typisch und prägend ist (z. B. liberales, radikal-egalitäres oder sozialstaatliches, post-sozialstaatliches G.).

Gleichberechtigung (Prinzip der universellen Gleichheit): Der Grundsatz, dass alle Menschen rechtlich gleichgestellt sind (Gleichheit vor dem Gesetz), was aber nicht unbedingt soziale und ökonomische Gleichheit einschließen muss. Das Prinzip der G. setzte sich in der Frühen Neuzeit zunächst in der Theorie durch, in der Praxis allmählich im Gefolge der Amerikanischen und Französischen Revolution. Die Idee der G. findet sich zwar bereits in der christlich-jüdischen religiösen Tradition (Gleichheit aller Menschen vor Gott), wurde aber im Allgemeinen nicht auf die menschliche Gesellschaft bezogen.

Globalisierung: Der Prozess der weltweiten zunehmenden Vernetzung und gegenseitigen Abhängigkeit, der nicht nur ökonomische, sondern auch politische, kulturelle und ökologische Aspekte hat (→ Kap. III.2.2).

Globalsteuerung: Wesentliches Element der wirtschaftspolitischen Doktrin des → Keynesianismus.

Grundeinkommen: Sammelbezeichnung für eine Vielzahl sehr unterschiedlicher Modelle einer allgemein gezahlten Geldleistung zur Sicherung des → Existenzminimums (→ Kap. VII).

Grundsicherung: Ein Typ von Geldleistungen im deutschen System der sozialen Sicherung, die sich durch Bedarfsorientierung (Anrechnung von eigenem Einkommen und Vermögen sowohl der Leistungsberechtigten selbst als auch unterhaltsverpflichteter anderer Personen) und durch die Zielsetzung der Sicherung des → Existenzminimums auszeichnet. G. gibt es für Arbeitssuchende (→ Arbeitslosengeld II, auch »Hartz IV« genannt) sowie im Alter und bei Erwerbsminderung. Diese beiden Zweige der G. stellen eine Sonderform der ebenfalls bedarfsorientierten und existenzminimumsichernden → Sozialhilfe dar, von der sie sich jedoch durch den stärkeren Grad der Pauschalierung unterscheiden.

Grundsicherung für Arbeitssuchende: Eine in Deutschland zum 1.1.2005 eingeführte Sozialleistung (→ Arbeitslosengeld II, häufig einfach als »Hartz IV« bezeichnet). Die G. ist im Sozialgesetzbuch Buch II geregelt und trat an die Stelle der bis dahin bestehenden →Arbeitslosenhilfe sowie der →Sozialhilfe für Arbeitslose. Sie soll (unter der Voraussetzung, dass die Bereitschaft besteht, jede Arbeit anzunehmen) eine Geldleistung in Höhe des →Existenzminimums gewährleisten, wobei eigenes Einkommen und Vermögen sowie Einkommen und Vermögen von Angehörigen angerechnet werden (→Kap. VI.3.1).

G20: Die Gruppe der 20 wichtigsten Industrie- und Schwellenländer, deren Staats- bzw. Regierungschefs sich alljährlich oder zu besonderen Anlässen zum Zwecke der Koordination ihrer Wirtschafts-, Finanz- und Währungspolitik treffen, um die gemeinsame Lösung globaler ökonomischer Probleme zu erleichtern. Historisch geht die G20 auf die Gruppe der sechs wichtigsten Industrieländer (USA, Japan, Deutschland, Großbritannien, Frankreich, Italien) zurück, die sich 1975 anlässlich der sogenannten Ölkrise erstmals trafen. 1976 wurde die Runde um Kanada und 1998 um Russland zur G8 erweitert. 1999 entstand daraus die G20, während die G8 daneben weiterbesteht. Außer den bereits genannten Staaten sind Argentinien, Australien, Brasilien, China, Indien, Indonesien, Mexiko, Saudi-Arabien, Südafrika, Südkorea, die Türkei sowie die Europäische Union Mitglieder.

Hartz-Gesetze (Hartz-Reformen): In der öffentlichen Diskussion verwendete Bezeichnung für die von der rot-grünen Bundesregierung unter Bundeskanzler Gerhard Schröder durchgeführten Arbeitsmarktreformen. Der Name bezieht sich auf das damalige VW-Vorstandsmitglied Peter Hartz, der eine Expertenkommission zur Vorbereitung dieser Reformen geleitet hatte (→Kap. VI.1, bes. Anm. 1).

Hartz IV: Umgangssprachliche Kurzbezeichnung a) für das »Vierte Gesetz für moderne Dienstleistungen am Arbeitsmarkt« (dem letzten der →Hartz-Gesetze), mit dem 2005 die →Grundsicherung für Arbeitssuchende eingeführt wurde, und b) für deren Geldleistungen (→Arbeitslosengeld II).

Hedgefonds: Von engl. »hedging« = »einhegen«, »absichern«. Eine Unterart von →Investmentfonds, die auf riskante, aber hochrentierliche Anlagen spezialisiert sind, aber durch Bündelung in Fonds das Risiko beherrschbar machen sollen. H. arbeiten meist mit hohem Fremdkapitaleinsatz, um eine hohe Eigenkapitalrendite zu erzielen. Häufig sind H. in →Offshore-Finanzplätzen angesiedelt.

Homo oeconomicus: Eine in den Wirtschaftswissenschaften vielfach verwendete stark vereinfachte Modellvorstellung vom menschlichen Verhalten im Wirtschaftsprozess. Dabei wird unterstellt, dass Menschen im Wirtschaftsleben ausschließlich ihren individuellen Vorteil suchen und sich dabei einer rationaler Kalkulation bedienen.

Humankapital, Humanressourcen: Wirtschaftswissenschaftlicher Terminus, der zum Ausdruck bringen soll, dass menschliche Fähigkeiten und Kenntnisse einen wichtigen Faktor der ökonomischen Produktivität darstellen.

Indirekte Steuern (Verbrauchssteuern): Bezeichnung für alle Steuern, die nicht an den Einkommens- oder Vermögensverhältnissen der Steuerschuldner anknüpfen, sondern den Verbrauch besteuern (z. B. Umsatzsteuer, Mineralölsteuer, Tabaksteuer usw.). Gegenbegriff: → direkte Steuern.

Individualisierung: Der von der Soziologie seit Langem beobachtete Trend in entwickelten westlichen Gesellschaften, dass die Bindung der Individuen an kollektive, d. h. familiäre, gruppenbezogene und milieuspezifische Normen und Verhaltensmuster gelockert und ein größerer Spielraum für die Lebensführung eröffnet wird (→ Kap. III.2.3).

Infrastruktur: Die Gesamtheit der (in der Regel) von der Allgemeinheit finanzierten öffentlichen Grundeinrichtungen, die das private Wirtschaften in einer arbeitsteiligen Wirtschaft ermöglichen, z. B. Verkehrswege, Kommunikationsnetze, staatliche Rechtsordnung und Verwaltung, Bildungswesen.

Industrielle Revolution: Bezeichnung für die (etwa um 1750 in England beginnenden und bis heute andauernden) tief greifenden technischen, ökonomischen und sozialen Umwälzungen, die mit der Ausbreitung und Weiterentwicklung der Industrie und der Ablösung von der vorwiegend agrarischen vormodernen Wirtschafts- und Lebensweise verbunden waren. Es wird von drei Wellen der i. R.gesprochen: Erste i. R. = Ersatz von menschlicher und tierischer Muskelkraft durch Maschinenkraft, zweite i. R. = Übergang zur industriellen Massenproduktion (→ Fordimus, → Taylorismus), dritte i. R. = Einsatz der Mikroelektronik (→ Kap. II.2.2).

Internationaler Währungsfonds (IWF): International Monetary Fund (IMF), eine 1944 zusammen mit dem → Bretton Woods-System geschaffene internationale Institutution unter dem Dach der UNO, die dem Ziel dienen soll, die Wechselkurse möglichst stabil zu halten und die internationale Zahlungsfähigkeit der Staaten (ggf. durch Kredite und Strukturanpassungsprogramme) zu sichern.

Interventionismus (Sozialinterventionismus, Staatsinterventionismus): Die Auffassung, dass der Staat die Aufgabe hat, bei Bedarf in das System der kapitalistischen Marktwirtschaft einzugreifen, um deren Stabilität (z. B. in Konjunkturkrisen) zu sichern oder um einen sozialen Ausgleich herbeizuführen (Interventionsstaat). Eine typische Ausprägung ist die wirtschaftspolitische Doktrin des → Keynesianismus.

Investmentbanking: Derjenige Teil des Bankgeschäfts, der über die klassischen Funktionen (Sammlung der Ersparnisse von Kunden, Vergabe von Krediten an private Investoren oder die öffentliche Hand, Abwicklung des Zahlungsverkehrs) hinausgeht und alle Arten von Kapitalanlagen *(investment)* umfasst wie Wertpapier- und →Devisenhandel einschl. des Handels mit →Derivaten, Unternehmenskäufe, -verkäufe und –fusionen, Börsengänge usw.

Investmentfonds: Unternehmen, die das Geld von Anlegern sammeln und in Wertpapieren (z.B. Aktien) oder sonstigen Vermögenswerten (z.B. Immobilien) anlegen, sodass die Anleger Anteile an dem gebündelten Fonds erwerben. Durch die Bündelung entsteht eine Risikomischung, sodass für die Anleger die Gefahr des Verlustes wesentlich geringer ist als bei Erwerb einzelner Vermögensgegenstände.

Kapital: Schlüsselbegriff der Wirtschaftswissenschaften mit charakteristischer Doppelbedeutung, die bisweilen zu Unklarheiten führt: (a) Sachkapital (Realkapital, Anlagevermögen), sprich dauerhafte Produktionsmittel, welche am Ende des Produktionsprozesses nicht im Produkt verschwinden (z.B. Maschinen), (b) Geldkapital oder Geldvermögen, das zum Erwerb von Sachkapital oder zur verzinslichen Anlage auf dem Kapitalmarkt verwendet werden kann. In einem übertragenen Sinne wird der Begriff K. außerdem als Gegenbegriff zu »Arbeit« verwendet und bezeichnet dann eine der beiden Seiten in dem grundlegenden Konflikt des →Kapitalismus zwischen den Kapitalbesitzern und Unternehmern einerseits und den abhängig Beschäftigten andererseits.

Kapitaldeckungsverfahren: Finanzierungverfahren von kommerziellen privaten Versicherungen, bei denen aus den laufend gezahlten Beiträgen ein Kapitalstock angesammelt wird, der verzinslich auf dem Kapitalmarkt angelegt wird und aus dem (zusammen mit den Zinserträgen) die späteren Leistungen bezahlt werden. Theoretisch ist das K. auch in der staatlich organisierten Sozialversicherung (besonders in der Alterssicherung) anwendbar, wo jedoch in aller Regel das →Umlageverfahren praktiziert wird.

Kapitaleinkünfte: Sammelbezeichnung für alle Einkommen, die durch Überlassung von Vermögensgegenständen an andere erzielt werden (Zinsen, Mieten, Pachten usw.). Zu den K. zählen auch →Spekulationsgewinne, die durch Wertänderungen von Vermögensgegenständen erzielt werden. Von den K. sind die Gewinne aus Unternehmertätigkeit zu unterscheiden.

Kapitalismus: Eine früher oft abwertend, heute überwiegend wertneutral gebrauchte Bezeichnung für alle Wirtschaftssysteme mit Privateigentum an Produktionsmitteln und Märkten mit freier Preisbildung (kapitalistische Marktwirtschaft). Da Privateigentum und Marktfreiheit immer mehr oder weniger durch die staatliche Ordnung und sonstige gesellschaftliche Regelungen eingeschränkt sind, kommt der K. in der Reinform in der Realität nicht vor, sondern nur in Gestalt zahlreicher historisch und von Land zu Land verschiedener Varianten, die sich vor allem durch Art und Umfang der regulierenden Eingriffe in die unternehmerische Freiheit unterscheiden.

Katholische Soziallehre: Die offizielle Lehrmeinung der katholischen Kirche zu sozialpolitischen Fragen, die gegen Ende des 19. Jahrhunderts als Antwort auf die → Arbeiterfrage formuliert und seitdem vielfach weiterentwickelt worden ist. Typische Elemente der k. S. sind z. B. die Idee der → Sozialpartnerschaft und der → Sozialpflichtigkeit des Eigentums.

Keynesianismus: Die von dem britischen Wirtschaftswissenschaftler John Maynard Keynes (1883–1946) begründete Wirtschaftstheorie und wirtschaftspolitische Konzeption. Kennzeichnend für sie ist, dass die Annahme fallengelassen wird, freie Märkte würden zu einem sich selbst stabilisierenden Gleichgewicht mit Vollbeschäftigung tendieren. Die Konsequenz daraus ist, dass der Staat gegebenenfalls intervenieren muss, um z. B. durch kreditfinanzierte Konjunkturprogramme Arbeitslosigkeit zu bekämpfen (vgl. → Nachfragepolitik). Der Staat soll jedoch nicht planwirtschaftlich in die Märkte eingreifen, sondern sich auf eine »Globalsteuerung« zur Sicherung des gesamtwirtschaftlichen Gleichgewichts beschränken (→ Kap. II.3).

Klasse: Soziologischer Grundbegriff zur Beschreibung und Erklärung sozialer Ungleichheit, der Menschen in ähnlicher sozioökonomischer Lage (mit ähnlicher Position im Produktionsprozess, ähnlichen Einkommens- und Vermögensverhältnissen, Lebenserfahrungen, Interessen, Mentalitäten, Wertorientierungen usw.) zusammenfasst und dabei den Aspekt der Ungleichheit und die Bedeutung gesellschaftlicher Konflikte betont. Als zentrales Merkmal der Klassenzugehörigkeit gelten ökonomische Kriterien (z. B. Produktionsmittelbesitz). Verwandte Begriffe: → Schicht, → Milieu.

Kleptokratie: Wörtlich Herrschaft der Diebe. Bezeichnung für ein Gesellschaftssystem oder einen Staat, in dem sich die politisch herrschende Schicht systematisch auf Kosten der Mittel- und Unterschicht bereichert.

Kohorte: Begriff aus der Bevölkerungsstatistik (auch »Alterskohorte« oder »Geburtskohorte«); er bezeichnet einen Geburtsjahrgang oder eine Gruppe von Geburtsjahrgängen, z. B. die Kohorte der Geburtsjahrgänge 1980 bis 1990. Der Begriff K. ist zu unterscheiden von »Altersgruppe« oder »Altersklasse« (d. h. eine Gruppe Gleichaltriger, die zu einem bestimmten Zeitpunkt leben).

Kollektivismus (kollektivistisch): In wertneutraler Verwendung bezeichnet der Begriff eine Mentalität oder Auffassung, die den Belangen der Allgemeinheit (dem Staat, der Gesellschaft oder einer anderen sozialen Gemeinschaft) den Vorrang vor dem Individuum einräumt. Gegenbegriff: →Individualismus. Der Begriff wird jedoch zumeist im abwertenden Sinne verwendet und bezeichnet dann die Missachtung oder Unterdrückung der Individuen. Im vorliegenden Buch wird der Begriff »kollektivistisch« im wertneutralen (nicht abwertenden) Sinne gebraucht und, um dies zu kennzeichnen, in Anführungsstriche gesetzt.

Kommodifizierung: →Dekommodifizierung.

Kommunismus: Radikale Variante des →Sozialismus, die sich dadurch auszeichnet, dass an der Forderung nach vollständiger Abschaffung des Privateigentums an →Produktionsmitteln festgehalten wird. Bis vor dem 1. Weltkrieg waren die Begriffe K. und →Sozialismus noch nahezu bedeutungsgleich; sie entwickelten sich auseinander, als sich die →Arbeiterbewegung in einen radikalen (kommunistischen) und einen reformistischen Flügel spaltete, wobei der reformistische Flügel die Eigenbezeichnung »Sozialismus« beibehielt. Heute wird der Begriff K. in einem engeren Sinne gebraucht, nämlich gleichbedeutend mit dem Kommunismus sowjetischen Typs (Sowjetkommunismus, »real existierender Sozialismus«) mit staatlicher Planwirtschaft und Einparteiendiktatur.

Kommunitarismus: Eine zeitgenössische, hauptsächlich in den USA einflussreiche sozialphilosophische Strömung, die aus der Kritik am Liberalismus erwachsen ist. Kennzeichen ist, dass Normen des sozialen Zusammenlebens wie z.B. soziale Gerechtigkeit nicht aus den Grundrechten der Individuen heraus begründet, sondern als Ausdruck der Verwurzelung des Menschen in einer konkreten gewachsenen Gemeinschaft betrachtet werden.

Konkurrenz (vollständige oder vollkommene Konkurrenz): Ein Zustand auf Märkten, bei denen die Marktanteile auf eine sehr große Zahl von Anbietern verteilt sind, sodass keiner von ihnen einen nennenswerten Einfluss auf die Preise oder die Höhe der Gesamtproduktion ausüben kann. Ein solcher Zustand gilt in der ökonomischen Theorie als ideale Wettbewerbssituation. Viele Modelle der Volkswirtschaftstheorie gelten streng genommen nur für diese Situation und sind dementsprechend realitätsfern.

Konsequenzialismus (konsequenzialistisch): Die Auffassung, dass es für die moralische Bewertung eines Handelns nur auf die Konsequenzen ankomme, während die guten oder bösen Absichten des Handelnden unerheblich seien. Die Ethik des K. wird als »Verantwortungsethik« bezeichnet (Max Weber).

Konservativismus: Im weitesten Sinne jede politische Bestrebung, die auf Bewahrung des Hergebrachten zielt; insofern wird die Grundhaltung des K. jeweils zeitbedingt mit unterschiedlichen Inhalten gefüllt. Als »vordemokratischer« K. wird in diesem Buch die in Deutschland noch bis in die Weimarer Republik sehr starke politische Strömung bezeichnet, welche die Demokratie ablehnte und für einen autoritären (in der Regel monarchischen) Staat eintrat. Nach dem 2. Weltkrieg hat sich der K. in Deutschland weitgehend demokratisiert und beschränkt sich darauf, im Rahmen der demokratischen Ordnung für traditionelle Werte einzutreten.

Konsumentensouveränität: Die Fähigkeit der Konsumenten, autonom, ausschließlich ihren eigenen Präferenzen folgend und wohlinformiert ihre Konsumentscheidungen zu treffen. Dass K. in diesem Sinne gegeben ist, gehört zu den Voraussetzungen, die erfüllt sein müssen, wenn ein marktwirtschaftliches System zu einer optimalen Bedürfnisbefriedigung führen soll.

Korporatismus (korporatistisch): Eine Gesellschaft oder ein politisches System, in der/dem mehr oder weniger zentralisierte Verbände (z. B. Gewerkschaften und Arbeitgeberverbände) einen starken Einfluss ausüben, wobei sie in aller Regel mit dem Staat kooperieren (→ Kap. II.3).

Kreditausfallversicherungen (Credit Default Swaps, CDS): Ein traditionelles Instrument, mit dessen Hilfe sich Gläubiger (z. B. Banken) durch Zahlung einer Versicherungsprämie gegen das Risiko der Zahlungsunfähigkeit von Schuldnern (z. B. Unternehmen oder Staaten) absichern können. Die K. wurden jedoch – speziell in der aktuellen Staatsschuldenkrise in der Europäischen Währungsunion – über ihren eigentlichen betriebswirtschaftlichen Zweck hinaus zu rein spekulativen Geschäften eingesetzt, mit denen auf die Zahlungsfähigkeiten von Staaten gewettet wird. Ein spekulativer Gebrauch von K. liegt besonders dann vor, wenn ein Anleger eine Versicherung gegen das Risiko eines Ausfalls von Staatsanleihen abschließt, obwohl er selbst solche Staatsanleihen gar nicht besitzt.

Langzeitarbeitslosigkeit: In der Arbeitsmarktstatistik eine persönliche → Arbeitslosigkeit von mindestens einem Jahr Dauer.

Lebensstandardsicherung: Ein für den traditionellen deutschen Sozialstaat charakteristisches Ziel und Teil des traditionell-sozialstaatlichen Verständnisses von sozialer Gerechtigkeit: Die Leistungen des Systems der sozialen Sicherung (besonders die Geldleistungen) sollen so ausgestaltet werden, dass die Berechtigten im Bedarfsfall (z. B. im Alter, bei Erwerbsminderung oder Arbeitslosigkeit) in die Lage versetzt werden, ihren zuvor im Berufsleben erreichten Lebensstandard und damit ihren sozialen Status annähernd aufrechtzuerhalten. Das Ziel der L. wurde mit den → Rentenreformen 2001 und 2004 sowie den Arbeitsmarktreformen der rot-grünen Bundesregierung unter Bundeskanzler Gerhard Schröder teilweise aufgegeben, was als Indiz für die Abkehr vom herkömmlichen Gerechtigkeitsverständnis zu werten ist (→ Kap. I.3, III.3.1).

Lebenswelt: Ein in der Soziologie verwendeter Begriff für die Welt der gewöhnlichen Alltagserfahrung.

Leistungsgerechtigkeit: Gerechtigkeitsregel, nach der Gerechtigkeit im Wesentlichen darin besteht, dass jedes Individuum nach seiner Leistung entlohnt wird (→ Kap. V.3.2.3).

Liberalismus: Neben → Sozialismus (im weitesten Sinne) und → Konservativismus eine der drei wichtigsten politischen und sozialphilosophisch-weltanschaulichen Hauptströmungen der letzten beiden Jahrhunderte und der Gegenwart. Kennzeichnen des L. ist, dass der individuellen Freiheit der oberste oder jedenfalls ein besonders hoher Rang eingeräumt wird. Wie auch die anderen Hauptströmungen weist der L. eine große Bandbreite auf. Von einem moderaten L. kann gesprochen werden, wenn er den Sozialstaat und die Existenz von Gewerkschaften im Prinzip akzeptiert, von einem strengen L. oder → libertären L. spricht man, wenn dies nicht der Fall ist. Vgl. im Übrigen → Neoliberalismus (→ Kap. I.5, III.3.4).

Libertärer Liberalismus: Besonders konsequente Variante des Liberalismus, die sich vor allem durch kompromisslose Betonung der Individualrechte und besonders des Eigentumsrechts sowie durch weitgehende Ablehnung von Sozialstaatlichkeit und sozialer und ökonomischer Gleichheit auszeichnet. Die Philosophie des L. L., die auch dem radikalen, angelsächsischen → Neoliberalismus zugrundeliegt, geht auf den englischen Philosophen John Locke (1632–1704) zurück; in der Gegenwart wurde bzw. wird sie z. B. von Friedrich August v. Hayek (1899–1992), Robert Nozick (1938–2002) und Wolfgang Kersting (geb. 1946) vertreten.

Lohnnebenkosten: Im engeren Sinne die Lohnaufwendungen der Arbeitgeber, die nicht den Arbeitnehmerinnen und Arbeitnehmern, sondern der Sozialversicherung zufließen (d. h. die Sozialbeiträge der Arbeitgeber). Im weiteren Sinne werden auch diejenigen Aufwendungen der Arbeitgeber zu den L. gezählt, die zwar den Arbeitnehmerinnen und Arbeitnehmern zufließen, denen aber keine Arbeitsleistung entspricht (z. B. bezahlter Urlaub, Entgeltfortzahlung im Krankheitsfall usw.). Nach der herrschenden Meinung in den Wirtschaftswissenschaften wirken sich die L. besonders schädlich auf den Arbeitsmarkt aus und verursachen Arbeitslosigkeit.

Lohnquote: Eine statistisches Maß für die Verteilung des Volkseinkommens auf die → Produktionsfaktoren Arbeit und Kapital. Als Lohnquote bezeichnet man das Verhältnis der Summe aller Löhne und Gehälter zum Volkseinkommen, das sich aus der Summe der Löhne und Gehälter sowie der Gewinne und Vermögenseinkünfte zusammensetzt; Abschreibungen und indirekte Steuern sind beim → Volkseinkommen abgezogen. Wenn die zeitliche Entwicklung der L. untersucht wird, dann ist zwischen der »bereinigten« und der »unbereinigten« L. zu unterscheiden. Von einer bereinigten Lohnquote spricht man, wenn die Lohnquote durch ein entsprechendes Berechnungsverfahren um den Einfluss des Wandels der Erwerbstätigenstruktur (Zunahme der Zahl der abhängig Beschäftigten, Abnahme der Zahl der Selbstständigen und mithelfenden Familienangehörigen) korrigiert ist. Die Lohnquote gilt als Maßstab für die Einkommensverteilung in einer Volkswirtschaft. Sie misst jedoch nur die Verteilung des Volkseinkommens auf Einkommensarten (Löhne und Gehälter einerseits, Gewinne und Vermögenseinkünfte andererseits), aber nicht auf Empfängergruppen und ist daher als Maßstab für soziale Gleichheit bzw. soziale Ungleichheit nur bedingt geeignet. Denn einerseits fließt auch den Arbeitnehmern, wenn sie sparen, Aktien kaufen usw., ein nicht unerheblicher Teil der Vermögenseinkünfte zu, andererseits sind in den statistisch erfassten Löhnen und Gehältern auch Spitzeneinkommen (z.B. Managergehälter) enthalten. Ferner sind die Lohnquoten der absoluten Höhe nach international nicht ohne Weiteres vergleichbar, weil die Struktur der Erwerbstätigen in den verschiedenen Länder zu unterschiedlich ist.

Managerkapitalismus: Bezeichnung für eine Spielart der kapitalistischen Marktwirtschaften, bei der die Manager der (überwiegend industriellen) Großunternehmen und Banken entscheidenden Einfluss auf die Geschäftspolitik ausüben, während die Interessen der Aktionäre dahinter zurücktreten. Typischerweise orientieren sich unter diesen Bedingungen die Unternehmensstrategien an den Zielen des langfristigen Unternehmenswachstums und der Vergrößerung bzw. Sicherung der Marktanteile. Gegenbegriff: → Shareholder-Value-Kapitalismus. (→ Kap. II.2.4, III.2.2.4).

Makroökonomie (makroökonomisch): Eine Betrachtungsweise in der theoretischen Volkswirtschaftslehre, die sich mit dem Wirtschaftskreislauf insgesamt und mit gesamtwirtschaftlichen Größen (wie Sozialprodukt, Beschäftigungsstand usw.) befasst. In makroökonomischer Perspektive wird das Phänomen der Arbeitslosigkeit in erster Linie als Störung des gesamtwirtschaftlichen Gleichgewichts von Angebot und Nachfrage verstanden, die durch Stärkung der Nachfrage (Konsum, Investitionen oder Staatsausgaben) zu beheben ist. Gegenbegriff: → Mikroökonomie.

Marginalisierung: → Exklusion.

Marxismus: Auf Karl Marx (1818–1883) zurückgehende wissenschaftliche Theorie und Theorietradition (»wissenschaftlicher Sozialismus«), die von etwa 1890 bis weit ins 20. Jahrhundert hinein die weithin anerkannte ideologische Grundlage des → Sozialismus gewesen ist. Als wichtigste Lehren des klassischen M. können gelten: a) Privateigentum an Produktionsmitteln als eigentliche Ursache aller sozialen Probleme und daher dessen Abschaffung als wichtigstes politisches Ziel, b) Vorstellung einer gesetzmäßigen Entwicklung, die über die volle Entfaltung des Kapitalismus zu seinem Zusammenbruch und damit zum Sozialismus führt, c) daher positive Einstellung zur Industrialisierung und zum technischen Fortschritt, d) keine oder allenfalls rein taktische Zusammenarbeit mit dem bestehenden Staat, der als Diktatur der herrschenden Klasse betrachtet wird, e) Eroberung der Staatsmacht durch die Arbeiterklasse mit Hilfe der revolutionären Durchsetzung der politischen Demokratie als entscheidenden Hebel für die Überwindung des Kapitalismus, f) Internationalismus, g) Notwendigkeit einer längeren Übergangsphase nach der sozialistischen Revolution zur weiteren Entfaltung der Produktivkräfte, h) klassenlose kommunistische Gesellschaft erst unter der Voraussetzung, dass dank der vollen Entfaltung des technischen Fortschritts allgemeiner Überfluss herrscht.

Mikroökonomie (mikroökonomisch): Eine Betrachtungsweise in der theoretischen Volkswirtschaftslehre, die sich mit dem Verhalten einzelner »Wirtschaftssubjekte« (Unternehmen, Verbraucher, Arbeitsnehmer, Arbeitsloser usw.) statt mit dem Wirtschaftskreislauf insgesamt und gesamtwirtschaftlichen Größen (Sozialprodukt, Beschäftigungsstand usw. und deren Erklärung) befasst. In mikroökonomischer Perspektive wird das Phänomen der Arbeitslosigkeit in erster Linie als Folge von störenden Eingriffen in den Marktmechanismus verstanden, vor allem durch staatliche Regulierungen (z. B. Kündigungsschutz) und Gewerkschaften (Tariflöhne) oder mangelnde Arbeitsanreize für Arbeitslose. Gegenbegriff: → Makroökonomie.

Milieu (soziales Milieu): Eine soziale Gruppe, die sich durch gemeinsame Einstellungen, Traditionen, Wertorientierungen, kulturelle Ausdrucksformen, politische Präferenzen und Lebensweise auszeichnet. In der Regel wird versucht, den so identifizierten Gruppen soziostrukturelle Merkmale (Beruf, Bildung, Einkommens- und Vermögenssituation, Alter, Geschlecht usw.) zuzuordnen.

Mitbestimmung: Im weitesten Sinne die Möglichkeit der Arbeitnehmerinnen und Arbeitnehmer, auf ihre Arbeitsbedingungen Einfluss zu nehmen. Im engeren Sinne als »Unternehmensmitbestimmung« bezeichnet M. das in Deutschland gesetzlich verankerte Recht, Vertreter in die Aufsichtsräte von Aktiengesellschaften zu entsenden und insoweit Einfluss auf die wirtschaftlichen Entscheidungen des Unternehmens auszuüben (Mitbestimmungsgesetz von 1976); für die Arbeitnehmerinnen und Arbeitnehmer der Kohle- und Stahlindustrie bestehen weitergehende Regelungen (Montan-Mitbestimmungsgesetz von 1951).

Monetarismus: Eine von dem amerikanischen Wirtschaftswissenschaftler Milton Friedman (1912-2006) entwickelte wirtschaftspolitische Doktrin, die dem → Neoliberalismus zuzurechnen ist und sich gegen das Konzept des → Keynesianismus richtet. Danach soll der Staat sich möglichst aller Eingriffe in die Marktwirtschaft enthalten. Statt den Konjunkturverlauf beeinflussen zu wollen, soll der Staat sich damit begnügen, ein stetiges Wachstum der Geldmenge (daher der Name »Monetarismus«) sicherzustellen (→ Kap. III.1.3).

Monopol: Marktposition eines Unternehmens, das als einziger Anbieter eines bestimmten Produktes aufritt und wegen fehlender Konkurrenten Macht über seine Kunden ausüben kann. Der volkswirtschaftlichen Theorie zufolge sind auf Märkten, die von Monopolisten beherrscht werden, die Preise und Gewinne höher sowie die Produktionsmengen niedriger als bei Konkurrenz. Benachbarte Begriffe: → Oligopol, Konkurrenz.

Nachhaltigkeitskommission (auch »Rürup-Kommission«): Eine von der rot-grünen Bundesregierung unter Bundeskanzler Gerhard Schröder im November 2002 eingesetzte Expertenkommission unter dem Vorsitz des Wirtschaftswissenschaftlers Prof. Bert Rürup, die den Auftrag hatte, ein Konzept zur nachhaltigen Finanzierung der sozialen Sicherungssysteme zu entwickeln. Das im August 2003 vorgelegt Kommissionsgutachten hatte großen Einfluss auf die Rentenpolitik der Bundesregierung in den Jahren 2003 bis 2005. Zur Reform der gesetzlichen Krankenversicherung konnte sich die N. nicht auf ein gemeinsames Konzept einigen.

Nachfragepolitik (nachfrageorientierte Wirtschaftspolitik): Wirtschaftspolitische Konzeption, nach welcher der Staat die Aufgabe hat, bei Bedarf Beschäftigung und Wirtschaftswachstum durch Stärkung der gesamtwirtschaftlichen Nachfrage (z.B. durch – u.U. kreditfinanzierte – Staatsausgaben, Steuersenkungen oder Investitionsanreize) zu fördern. Die N. ist eine typische Konsequenz des → Keynesianismus und war in den entwickelten westlichen Ländern in den 1960er Jahren die herrschende wirtschaftspolitische Doktrin, bevor sie ab Mitte der 1970er Jahre von den Doktrinen der → Angebotspolitik und des → Monetarismus abgelöst wurde (→ Kap. III.1.3).

Negative Einkommenssteuer: Ein steuer- und sozialpolitisches Konzept, dessen Grundgedanke darin besteht, eine Geldleistung, die allen Bürgerinnen und

Bürgern im Bedarfsfall das →Existenzminimum garantieren soll, in das System der Einkommensbesteuerung zu integrieren (vgl. VII.1).

Neoklassische Wirtschaftstheorie (Neoklassik): Die im letzten Viertel des 19. Jahrhunderts entwickelte und im Prinzip noch immer vorherrschende Richtung der Wirtschaftstheorie, die sich insbesondere durch bestimmte Grundannahmen (z.B. die →Homo oeconomicus-Vorstellung), durch die Vorstellung vom Gleichgewicht auf den Märkten sowie durch Verwendung stark formalisierter und mathematischer Modelle auszeichnet.

Neoliberalismus: Wirtschafts- und gesellschaftspolitische Konzeption, welche die Rückkehr zu einer weitgehend von staatlichen Einflüssen freien Marktwirtschaft fordert. Dabei ist zwischen einem älteren (deutschen) und einem jüngeren und radikaleren (angelsächsischen) N. zu unterscheiden (→Kap. III.3.4).

Nettokreditaufnahme: Die zusätzlichen Schulden, die der Staat in einem Haushaltsjahr aufnimmt, um das Defizit, d.h. die Lücke zwischen Ausgaben und Einnahmen zu schließen. Wenn die N. zu den bereits bestehenden Altschulden addiert wird, ergibt sich der Schuldenstand am Ende des Jahres.

New Deal: »Neues Abkommen«, Bezeichnung für die neue Wirtschaftspolitik und die Sozialreformen des US-Präsidenten Franklin D. Roosevelt (1933–1945), mit denen dieser auf die große →Weltwirtschaftskrise *(great depression)* antwortete. Der ND. umfasste defizitfinanzierte staatliche Investitionsprogramme zur Ankurbelung der Konjunktur, die Einführung einer staatlichen Rentenversicherung und Arbeitslosenversicherung, progressive Besteuerung, arbeitnehmerfreundliche Arbeitsgesetzgebung, Verbesserung der Rechtsstellung der Gewerkschaften, staatliche Mindestlöhne, stärkere Regulierung der Banken usw. Die Politik des ND. wurde durch den Ausbruch des 2. Weltkriegs beendet und in der Nachkriegszeit nicht weiter fortgesetzt, sodass die Entwicklung der USA zu einem Sozialstaat europäischen Typs unterblieb.

New Economy: Eine in der ersten Hälfte der 2000er Jahre gebräuchliche Bezeichnung für die aufstrebenden Branchen, besonders Computertechnik, Telekommunikation und Finanzindustrie.

Normalarbeitsverhältnis: Bezeichnung für das Standardmuster der Erwerbstätigkeit, das besonders in der Blütezeit der Industriegesellschaft vorherrschte. Als typische Bestandteile können angesehen werden: a) abhängiges Lohnarbeitsverhältnis (als Arbeiter oder Angestellter), b) Sozialversicherungspflicht, c) unbefristeter Arbeitsvertrag, d) Vollzeitbeschäftigung, e) geregelte Arbeitszeit mit 5-Tage-Woche und freiem Wochenende, f) Bezahlung und Regelung der Arbeitsbedingungen nach Tarifvertrag. Obwohl das N. niemals für die gesamte

Erwerbsbevölkerung, sondern lediglich für die Mehrzahl der männlichen Erwerbstätigen typisch war, diente es doch lange Zeit als normative Leitvorstellung für die Gestaltung der Arbeitswelt und des sozialen Sicherungssystems. Dem (männlichen) N. entsprach der weitgehende Verzicht der Frauen auf Erwerbstätigkeit.

Nullsummenspiel: Ein Begriff aus der Spieltheorie, der zur Kennzeichnung von Verteilungskonflikten verwendet wird. Wenn durch die Verteilung eines Gutes x auf zwei Konfliktparteien A und B die Gesamtmenge des zu verteilendenden Gutes nicht beeinflusst wird, dann addieren sich die Gewinne des einen mit den Verlusten des anderen zu Null. Hängt die zu verteilende Menge unter anderem auch von der Art der Verteilung auf A und B ab, so handelt es sich um ein Nicht-Nullsummenspiel.

OECD (Organisation for Economic Co-operation and Development): Eine 1961 gegründete Organisation von derzeit 34 Staaten mit Sitz in Paris, die sich der Demokratie und der Marktwirtschaft verpflichtet fühlen. Ursprünglich entsprach ihr Mitgliederkreis dem der Nato, lediglich erweitert um die drei neutralen Staaten Schweden, Schweiz und Österreich. Heute wird die Liste der OECD-Länder oft als deckungsgleich mit den am weitesten entwickelten Ländern betrachtet. Auch einige Schwellenländer wie Mexiko und Chile sind Mitglieder, während andere wie China, Russland oder Brasilien der Organisation nicht angehören. Die OECD verfügt über keine politischen Kompetenzen im eigentlichen Sinne, hat aber durch Erarbeitung von Analysen, Konzepten und Empfehlungen bisweilen erheblichen Einfluss (z.B. die »PISA-Studien« über die Effizienz der Schulsysteme).

Offshore-Finanzplätze: Bezeichnung für Länder außerhalb des Kreises der großen entwickelten Länder, in denen Unternehmen der Finanzwirtschaft (also Banken, Investmentfonds usw. oder deren Tochtergesellschaften) ihren Firmensitz nehmen, weil dort die staatliche Aufsicht gering und die Steuern niedrig sind (»Steueroasen«) und weil außerdem die Behörden bei der Verfolgung von Steuerhinterziehung und Geldwäsche nicht oder nur eingeschränkt kooperativ sind (Bankgeheimnis). O. finden sich vorzugsweise in den früheren britischen oder niederländischen Kolonien in der Karibik, auf den britischen Kanalinseln usw. Bei strenger Anwendung des Begriffs können auch Hongkong, Singapur, die Schweiz, Liechtenstein, Luxemburg und Österreich als O. bezeichnet werden.

Oligopol: Ein Zustand auf Märkten, bei denen die Marktanteile auf einige wenige große Anbieter (Oligopolisten) verteilt sind. Wegen ihrer überschaubaren Zahl können die oligopolistischen Anbieter ihr Verhalten (z.B. ihre Preissetzung) entweder formal durch (verbotene) Kartelle oder faktisch aufeinander abstimmen. Nach der volkswirtschaftlichen Theorie sind auf O.-Märkten die Preise und Gewinne höher sowie die Produktionsmengen niedriger als bei Konkurrenz. Benachbarte Begriffe: →Monopol, Konkurrenz.

PISA-Studien: Empirische Studien zum internationalen Vergleich der Leistungen von Schülern, die seit 2002 im Auftrag der →OECD durchgeführt werden (Programme for Student Assesment). Da diese Studien dem deutschen Schulwesen ein vergleichsweise schlechtes Zeugnis ausstellten, lösten sie eine heftige bildungspolitische Diskussion aus.

Paradigma: Beispiel, Vorbild, Muster.

Post-sozialstaatliches Gerechtigkeitsparadigma: Ein in diesem Buch so benanntes neues Verständnis von sozialer Gerechtigkeit, das sich von dem traditionellen, durch den Sozialstaat geprägten →sozialstaatlichen Gerechtigkeitsparadigma deutlich unterscheidet und in den Arbeitsmarkt- und Sozialreformen der rot-grünen Bundesregierung unter Bundeskanzler Schröder erste Gestalt angenommen hat (→Kap. V).

Prager Frühling: Die Zeit der Reformen in der damals zum kommunistischen Machtbereich gehörenden Tschechoslowakei 1968, als die kommunistische Partei unter der Führung von Alexander Dubček versuchte, das diktatorische System sowjetischen Typs in einen demokratischen Sozialismus zu transformieren (»Reformkommunismus«). Der P.F. wurde durch die militärische Intervention der Sowjetunion beendet.

Prekariat: Eine in den letzten Jahren gebräuchlich gewordene Bezeichnung für eine von Armut und/oder Arbeitslosigkeit bedrohte und von Aufstiegs- und Bildungschancen ausgeschlossene Bevölkerungsschicht (vgl. →Exklusion). Eine besondere Rolle spielt dabei die »prekäre Beschäftigung« (ungeschützte, z.B. befristete und nicht sozialversicherte Beschäftigung mit Löhnen unterhalb der Armutsgrenze).

Private Equity-Gesellschaften: Von engl. »Equity« = Eigenkapital; »private« hier in der Bedeutung von »nicht an der Börse registriert« oder »nicht in Form einer Aktiengesellschaft«. Bezeichnung für Kapitalanlagegesellschaften, die sich an nicht börsennotierten Firmen beteiligen bzw. diese aufkaufen, umstrukturieren und dann wieder verkaufen, um ihren Gewinn zu realisieren.

Produktionsfaktor: In der modernen Wirtschaftswissenschaft Bezeichnung für die am Wertschöpfungsprozess der Wirtschaft beteiligten Kostenkomponenten. Als Produktionsfaktoren werden in der Regel Arbeit und Kapital genannt, wobei bei differenzierterer Betrachtung bisweilen eine größere Zahl von P. unterschieden wird (neben Arbeit und Kapital z. B. auch Boden, Naturressourcen oder technisches Wissen). Das Kapital als »P.« zu bezeichnen, ist jedoch problematisch (vgl. Unterkapitel X.2.1.2, Anm. 3).

Produktionsmittel: Ein von Karl Marx geprägter Begriff für alle Arbeitsmittel und die durch Arbeit zu verändernden Gegenstände, also Werkzeuge, Maschinen, zur Produktion genutzte Gebäude und Bodenflächen sowie Rohstoffe, Hilfsstoffe und Vorprodukte. Die Abschaffung des Privateigentums an P. (aber nicht an Gebrauchsgütern) ist die Kernforderung des → Marxismus und des → Kommunismus.

Produktionsweise: Ein von Karl Marx geprägter Begriff für die Gesamtheit der Rahmenbedingungen für die Produktion, also Eigentumsverhältnisse, Arbeitsorganisation, Staats- und Gesellschaftsordnung usw. (z. B. feudalistische oder kapitalistische Produktionsweise). Synonym dazu wird der Begriff der »Produktionsverhältnisse« verwendet.

Produktivistisch: Mit der Produktion zusammenhängend. Eine Betrachtungsweise gesellschaftlicher Probleme oder eine politische Vorgehensweise, die sich vorwiegend auf die Organisation der Produktion, auf die Verteilung des Eigentums an den Produktionsmitteln und auf die Verteilung des Produktionsergebnisses auf die Produzenten konzentriert.

Protektionismus: Eine Wirtschaftspolitik, die den internationalen Wettbewerb einschränkt, indem sie der heimischen Wirtschaft Vorteile auf Kosten ausländischer Konkurrenten zu verschaffen versucht (z. B. durch Einfuhrzölle und andere Handelshemmnisse oder durch Subventionen für die Exportwirtschaft).

Rawls: John Rawls (1922–2001), US-amerikanischer Philosoph, war der wohl einflussreichste Gerechtigkeitstheoretiker der Gegenwart (vgl. Rawls 1979). Rawls vertrat einen moderaten → Egalitarismus. Berühmt geworden ist er unter anderem durch das von ihm postulierte »Differenzprinzip«, demzufolge soziale und ökonomische Gleichheit herrschen soll, Ungleichheit jedoch dann zugelassen ist, wenn sie im Ergebnis für die relativ schlechter Gestellten vorteilhafter ist als der Zustand der Gleichheit (vgl. Ebert 2010, S. 222–246).

Ratingagenturen: Private gewinnorientierte Unternehmen (in der Regel Aktiengesellschaften), die gegen Entgelt die Bonität (Kreditwürdigkeit) von privaten Schuldnern und die Seriosität von Finanzprodukten bewerten. Außerdem bewerten die Agenturen auch die Kreditwürdigkeit von Staaten; Letzteres geschieht in der Regel unentgeltlich und öffentlich. Unbestritten ist, dass kein Gläubiger auf ein Rating verzichten kann und dass es sinnvoll sein kann, hierfür professionelle Dienstleistungen in Anspruch zu nehmen. Kritik wird jedoch geübt a) an der hohen Konzentration des Rating-Marktes und der dominanten Rolle der drei großen US-amerikanischen Agenturen (Standard & Poor's, Moody's, Fitch), b) daran, dass die Agenturen auf Grund ihrer Marktmacht Bewegungen auf den Finanzmärkten auslösen können, c) an der Praxis, dass die Agenturen von den Emittenten von Finanzprodukten bezahlt werden und dadurch in einen Interessenkonflikt geraten.

Realeinkommen: Das um die Verringerung der Kaufkraft durch Inflation bereinigte Einkommen.

Reformistischer Sozialismus (Reformismus): → Sozialdemokratie.

Reformkommunismus: → Prager Frühling.

Regulierung: Fachbegriff für staatliche oder tarifvertragliche Vorschriften, welche das Wirtschaftsleben z. B. unter sozialen, ökologischen, regionalpolitischen Aspekten ordnen sollen. In einem weit gefassten Sinne können auch das System der Besteuerung, das soziale Sicherungssystem sowie der gesamte Staatsapparat als Teil der Regulierung verstanden werden. Gegenbegriff: → Deregulierung.

Rendite (interne Rendite, Effektivverzinsung): Die Verzinsung des eingesetzten Kapitals, die bei einer Investition erwirtschaftet wird. Zur R. im Zusammenhang mit dem Problem der → Generationengerechtigkeit → Kap. VIII.4.2, Anm. 17.

Rentenanpassung: Die alljährliche Anpassung der Renten aus der gesetzlichen Rentenversicherung an die wirtschaftliche Entwicklung, die nach einer gesetzlich vorgeschriebenen Rentenanpassungsformel berechnet wird. Die Tatsache der regelmäßigen R. wird auch als »Rentendynamik« bezeichnet. Langfristig hat die Rentenanpassungsformel entscheidenden Einfluss auf das → Rentenniveau. In den ersten Jahrzehnten nach Begründung des heute bestehenden Rentensystems (1957) bis 1977 folgte die R. der Entwicklung der Bruttolöhne. Nachdem die R. einige Jahre lang vom Gesetzgeber von Fall zu Fall festgelegt worden war, ging man ab 1992 zur nettolohnbezogenen R. über. Mit den → Rentenreformen 2001 und 2004 wurde das Prinzip, dass die Renten im Gleichklang mit den Löhnen steigen sollen (lohnbezogene Rente) aufgegeben.

Rentendynamik: → Rentenanpassung.

Rentenniveau: Eine Maßzahl, mit der versucht wird, das Ausmaß anzugeben, in dem die Rentenleistungen eines Alterssicherungssystems in der Lage sind, das frühere Arbeitseinkommen zu ersetzen. In Deutschland ist es zu diesem Zweck gebräuchlich, die Rente eines Durchschnittsverdieners mit langjähriger Versicherungsdauer (z.B. 45 Jahre) zum aktuellen Durchschnittslohn ins Verhältnis zu setzen. Dabei ist zwischen Bruttorentenniveau (Bruttorente im Verhältnis zum Bruttolohn) und Nettorentenniveau (Nettorente im Verhältnis zum Nettolohn) zu unterscheiden. Diese Rentenniveaus sind theoretisch konstruierte Maßzahlen und dürfen nicht mit dem statistischen Rentenniveau (statistische Durchschnittsrente im Verhältnis zum statistischen Durchschnittslohn) verwechselt werden.

Rentenreformen 2001 und 2004: Zwei wichtige Reformgesetze der rot-grünen Bundesregierung unter Bundeskanzler Gerhard Schröder, die Schlüsselcharakter für das →post-sozialstaatliche Gerechtigkeitsparadigma besitzen. Die Rentenreform 2001 (in Kraft seit 2002) bestand aus mehreren Teilgesetzen (»Altersvermögensgesetz« und »Altersvermögensergänzungsgesetz« sowie weiteren begleitenden Gesetzen). Ihr Kern bestand aus a) einer neuen Formel für die →Rentenanpassungen zur Begrenzung des Beitragssatzanstiegs und zur Reduktion des →Rentenniveaus in der gesetzlichen Rentenversicherung sowie b) dem Aufbau einer staatlich geförderten privaten oder betrieblichen zusätzlichen Altersvorsorge mit →Kapitaldeckungsverfahren. Damit wurde das bislang für den deutschen Sozialstaat charakteristische Ziel der →Lebensstandardsicherung aufgegeben. Die Rentenreform 2004 (»Nachhaltigkeitsgesetz«, in Kraft seit 2005, basierend auf den Vorschlägen der →»Nachhaltigkeitskommission«) ergänzte diese Maßnahmen vor allem durch weitere Eingriffe in die Rentenanpassungsformel bzw. durch eine zusätzliche Absenkung des Rentenniveaus. Diese Rentenreformen wurden ergänzt durch das »Alterseinkünftegesetz« von 2004 (schrittweise Einführung der vollen Besteuerung der Renten, in Kraft seit 2005) und das »Altersgrenzenanpassungsgesetz« von 2007 (schrittweise Erhöhung der Regelaltersgrenze vom 65. auf das 67. Lebensjahr, in Kraft seit 2008 bzw. erstmals wirksam ab 2012).

Repression, repressiv: Zwang bzw. Zwangsmittel anwendend.

Ressourcen: Ein in der Soziologie und in den Wirtschaftswissenschaften verwendeter Begriff, der die Summe aller Hilfsquellen oder Kräfte bezeichnet, die einer Person, einer Gruppe oder einer ganzen Gesellschaft zur Verfügung stehen (Arbeitskraft, Fähigkeiten, Ausbildung, Kapital, natürliche Rohstoffe, Umwelt, aber auch soziale Ressourcen wie familiäre, nachbarschaftliche oder sonstige gruppenbezogene Einbettung und direkte oder indirekte Unterstützung).

Rheinischer Kapitalismus: Ein von dem französischen Publizisten Michel Albert geprägter Begriff zur Bezeichnung der in Kontinental- und Nordeuropa vorherrschen Variante des Kapitalismus, die durch einen ausgebauten Sozialstaat, hohen Staatseinfluss, →»Korporatismus« und eine spezifische Unternehmenskultur ausgezeichnet ist (→ sozialer oder sozial regulierter Kapitalismus). Gegenbegriff: → »Angelsächsischer Kapitalismus«

Schattenbanken: Unternehmen, welche zwar Finanzgeschäfte betreiben, aber keine Banken im juristischen Sinne sind und daher weder der Bankenaufsicht unterliegen noch die gesetzlichen Vorschriften erfüllen müssen, mit denen die Sicherheit der Einlagen geschützt werden sollen. Zu den S. gehören z.B. → Hedgefonds und → Private-Equity-Gesellschaften. Als besonders problematisch gilt, dass die Banken häufig an S. beteiligt sind und dadurch das staatliche Regelystem unterlaufen.

Schicht: Soziologischer Grundbegriff zur Beschreibung und Erklärung sozialer Ungleichheit, der Menschen in ähnlicher sozioökonomischer Lage zusammenfasst. Im Unterschied zu dem eng verwandten Begriff der → Klasse ist der Begriff der Schicht weniger auf ökonomische Kriterien konzentriert und er betont weniger die soziale Ungleichheit und gesellschaftliche Konflikte.

Schlüsselindustrie: Fachausdruck aus der Wirtschaftswissenschaft, der diejenigen Industriezweige bzw. Branchen bezeichnet, die für eine Volkswirtschaft besonders wichtig sind. Kriterien der Wichtigkeit können die Zahl der Arbeitsplätze, die Höhe des Beitrags zum → Bruttoinlandsprodukt, der Grad der Vernetzung mit anderen Branchen (als Lieferant oder Abnehmer von Vorprodukten) oder die besondere Bedeutung für Innovationen sein.

Selbstbeteiligung (Selbstbehalt, Eigenbeteiligung): Eine Bestimmung in Versicherungsverträgen, nach der Versicherungsnehmer im Schadensfall einen (anteilig oder als Festbetrag definierten) Teil der Kosten selbst zu tragen hat. In privaten Versicherungen (mit Ausnahme der Kfz-Haftpflichtversicherung) ist S. weit verbreitet und dient dem Ziel, der missbräuchlichen Inanspruchnahme von Versicherungsleistungen entgegenzuwirken. In der Sozialversicherung galt die S. traditionell als systemfremd. Dennoch wurden in der gesetzlichen Krankenversicherung ab 1989 schrittweise bei vielen Leistungen Elemente von S. eingeführt (z.B. Zuzahlungen für Arzneimitteln und bei Krankenhausbehandlung, Praxisgebühr).

Shareholder-Value: Der Wert, mit dem die Aktien der Anteilseigner einer Kapitalgesellschaft an der Börse gehandelt werden (Börsenwert).

Shareholder-Value-Kapitalismus: Eine spezifische Kultur der Unternehmensführung, bei der sich die Geschäftspolitik am Ziel der kurzfristigen Steigerung des Börsenkurses und an schnellen Gewinnen statt an längerfristigen Zielen wie Sicherung und Erweiterung der Marktanteile, Produktinnovation und technische Entwicklung orientiert. Der S. beherrscht in den USA traditionell die

Unternehmenskultur, während in Europa eher der →»Mangerkapitalismus« vorherrschte. Im Zuge der →Globalisierung hat sich auch hier der S. allmählich durchgesetzt (→Kap. III.2.2.4).

Sozialdemokratie: Eigenbezeichnung der Parteien des reformistischen oder demokratischen Sozialismus. Die Parteien der S. im heutigen Sinne haben sich seit der Spaltung des →Sozialismus im bzw. nach dem 1. Weltkrieg (→Kommunismus) entwickelt. Als Merkmale der traditionellen S. können gelten: Verzicht auf revolutionäre Mittel (Reformismus), Verpflichtung auf Demokratie, kapitalistische Marktwirtschaft als Basis für schrittweise Verbesserungen, Eintreten für einen umfassenden →Sozialstaat. In neuerer Zeit gibt es teilweise Bestrebungen innerhalb der S., sowohl den Begriff des demokratischen Sozialismus fallen zu lassen als auch vom traditionellen Sozialstaatsverständnis abzurücken.

Soziale Marktwirtschaft: Begriff für eine spezielle (in den 1950er Jahren in der Bundesrepublik Deutschland entwickelte) liberale wirtschaftspolitische Konzeption, die sich einerseits an streng marktwirtschaftlichen Grundsätzen orientiert, andererseits aber die Notwendigkeit eines staatlichen Ordnungsrahmens betont. Weil sich das Konzept der S.M. auch durch eine gewisse Aufgeschlossenheit für einen maßvollen Ausbau des Sozialstaates und für sozialen Ausgleich auszeichnet, wird dieser Begriff heute nahezu als Synonym für den →Sozialstaat verwendet. Im vorliegenden Buch wird er jedoch in der ursprünglichen Bedeutung gebraucht (→Kap. I.3, Anm. 3).

Sozialer Kapitalismus (sozial regulierter Kapitalismus): Die im vorliegenden Buch gebrauchte Bezeichnung für eine bestimmte (vor allem im dritten Vierteljahrhundert des 20. Jahrhunderts in Nord- und Kontinentaleuropa realisierte) Variante des →Kapitalismus. Kennzeichen sind ein aktiv intervenierender Staat (→Sozialstaat), relativ geringe soziale Gegensätze, relativer Wohlstand des weitaus größten Teils der Bevölkerung und ein hohes Maß an sozialer Sicherheit (→Kap. II).

Soziale Sicherung (soziale Sicherheit): Bezeichnung für alle Institutionen, welche a) gegen die Standardrisiken des Lebens in einer modernen arbeitsteiligen Gesellschaft schützen und b) diesen Schutz kollektiv (d.h. durch den Staat oder staatsähnliche Einrichtungen) und nicht privat organisieren.

Sozialetatismus: Auffassung, dass in erster Linie der Staat für die Lenkung der Gesellschaft, für die Lösung sozialer Problemen und für die Gewährleistung sozialer Gerechtigkeit zuständig ist (von französisch »état« = Staat). Der S. ist für das →sozialstaatliche Gerechtigkeitsparadigma typisch.

Sozialhilfe: Im System der sozialen Sicherung in Deutschland traditionell das nach dem → Fürsorgeprinzip organisierte und von den Landkreisen und kreisfreien Städten bereitgestellte unterste soziale Auffangnetz mit bedarfsorientierten Leistungen, die den notwendigen Lebensbedarf sicherstellen sollen. Durch die Einführung der → Grundsicherung im Alter und bei Erwerbsminderung (seit 2003) und der → Grundsicherung für Arbeitssuchende (seit 2005) ist der Anwendungsbereich der Sozialhilfe stark eingeschränkt.

Sozialinterventionismus: → Interventionismus.

Sozialismus: Im vorliegenden Buch als Oberbegriff für alle politischen Bestrebungen und Konzeptionen verwendet, die aus der → Arbeiterbewegung des 19. Jahrhunderts hervorgegangen sind. Die Ursprungsbedeutung des Begriffs beinhaltet das Eintreten für gemeinschaftliches Wirtschaften und Gemeineigentum (lat. »socius« = gemeinsam, verbunden, auch = Gefährte, Genosse) bzw. die Ablehnung des privatkapitalistischen Wirtschaftssystems. Die anfangs sehr heterogenen Strömungen des S. akzeptierten gegen Ende des 19. Jahrhunderts weitgehend den → Marxismus als gemeinsame theoretische Grundlage. Im weiteren historischen Verlauf hat sich der S. dann wieder in eine Vielzahl von (sich teilweise heftig bekämpfenden) Richtungen gespalten. Dabei ist der reformistische oder demokratische S. (→ Sozialdemokratie) von der ursprünglichen Ablehnung des Privateigentums an Produktionsmitteln abgerückt, während der → Kommunismus daran festgehalten hat. In Teilen der Sozialdemokratie wird heute auf den Begriff S. als Selbstbezeichnung verzichtet.

Sozialkatholizismus: Bezeichnung für die sozialpolitisch engagierten Bestrebungen innerhalb des in katholischen oder christdemokratischen Parteien organisierten Katholizismus im 19. und 20. Jahrhundert. Eine maßgebliche Rolle spielte dabei die → katholische Soziallehre. Der S. ist neben dem → Konservativismus und dem → Liberalismus eine der drei historischen Wurzeln der heutigen CDU in Deutschland.

Sozialpartnerschaft: Die dauerhafte und systematische Zusammenarbeit zwischen Gewerkschaften und Arbeitgeberverbänden, die zwar nicht konfliktfrei ist, bei der aber Konflikte nach Regeln ausgetragen werden und keine destruktiven Dimensionen annehmen. Wichtigster Bereich der S. ist die Vereinbarung von → Tarifverträgen; sie umfasst aber zusätzlich einen Grundkonsens in den wichtigsten wirtschafts- und sozialpolitischen Grundsatzfragen. Insofern ist die S. ein Kernelement des → Korporatismus. In Deutschland war die S. lange Zeit unbestritten gängige Praxis und Teil der traditionellen Sozialstaatsvorstellung.

Sozialpflichtigkeit des Eigentums: Die in der → katholischen Soziallehre entwickelte Vorstellung, dass das Recht auf Privateigentum untrennbar mit der

Pflicht verbunden ist, das Eigentum nicht nur zum eigenen Nutzen, sondern auch zum Wohl der Allgemeinheit zu gebrauchen.

Sozialprodukt: → Bruttoinlandsprodukt

Sozialstaat: Ein Verständnis von den Kernaufgaben des Staates, das die Verantwortung für die Realisierung sozialer Gerechtigkeit beinhaltet. Dazu gehört, dass der Staat die Wohlfahrt seiner Bürger verbessern und für den Ausgleich oder wenigsten für eine gewisse Befriedung sozialer Gegensätze zu sorgen hat und deshalb verpflichtet ist, die Prozesse der kapitalistischen Marktwirtschaft in bestimmtem Umfang zu korrigieren, ohne allerdings die marktwirtschaftlichen Mechanismen im Kern anzutasten (→ Kap. I).

Sozialstaatliches Gerechtigkeitsparadigma: In diesem Buch verwendeter Ausdruck für das traditionelle Verständnis von sozialer Gerechtigkeit, das in der Expansionsphase des deutschen → Sozialstaates geprägt worden ist (→ Kap. V).

Sozialversicherung: In den meisten entwickelten Sozialstaaten die wichtigste Institution der staatlich organisierten → sozialen Sicherung. In Deutschland besteht die S. aus fünf Zweigen (gesetzliche Kranken-, Renten-, Arbeitslosen-, Unfall- und Pflegeversicherung). Nach dem hier vorherrschenden Verständnis zeichnet sich die S. vor allem durch folgende Strukturmerkmale aus: a) Anknüpfung am abhängigen Beschäftigungsverhältnis, b) überwiegende Finanzierung durch lohnbezogene Beiträge der Arbeitnehmer und Arbeitgeber, c) → Äquivalenzprinzip bei der Berechnung von Geldleistungen, d) Finanzierung im → Umlageverfahren sowie e) Selbstverwaltung durch gewählte Vertreter von Arbeitnehmern und Arbeitgebern.

Soziokulturelles Existenzminimum: Das Einkommensniveau, das mindestens erreicht sein muss, um nicht allein physisch zu überleben (physisches Existenzminimum), sondern auch ein der »Würde des Menschen« entsprechendes Leben führen und ein integriertes Mitglied der Gesellschaft sein zu können; es umfasst demnach außer den notwendigen Mitteln zum Lebensunterhalt auch die Möglichkeit der Bildung und der Teilnahme am kulturellen und gesellschaftlichen Leben (vgl. → Existenzminimum).

Spekulation: Kauf oder Verkauf von Vermögenswerten (Immobilien, Wertpapiere, → Devisen usw.) mit der Absicht durch Ausnutzung von Preis- oder Kursänderungen einen Gewinn zu erzielen (vgl. → Arbitrage, → Kap. X).

Staatsinterventionismus: → Interventionismus.

Strukturelle Arbeitslosigkeit: → Arbeitslosigkeit.

Subjektive Werttheorie: In der ökonomischen → Werttheorie die Auffassung, dass der Wert der Tauschgüter und das Verhältnis der Tauschwerte untereinander nicht objektiv gegeben, sondern erst durch das Zusammenwirken von Angebot und Nachfrage auf den Märkten bestimmt werden (→ Kap. X.2.1).

Subsistenzwirtschaft: Eine (in aller Regel agrarische) Wirtschaftsform, bei der überwiegend oder in beträchtlichem Umfang nicht für den Markt, sondern für den Eigenbedarf produziert wird. In gering entwickelten Ländern hat die S. noch heute eine hohe Bedeutung; auch in den europäischen Industrieländern bestanden Reste der S. noch bis in die Zeit nach dem 2. Weltkrieg hinein.

Tarifautonomie: Das Recht der Gewerkschaften, mit den Arbeitgebern oder Arbeitgeberverbänden → Tarifverträge abzuschließen und dadurch die Löhne und Arbeitsbedingungen der Arbeitnehmerinnen und Arbeitnehmer zu regeln. Die T. ist ein wichtiger Grundsatz der politischen Ordnung von Demokratien; in der Bundesrepublik Deutschland ist die T. durch Artikel 9 des Grundgesetzes garantiert.

Tarifvertrag: Vertrag zwischen Gewerkschaften und Arbeitgeberverbänden zur Regelung der Lohnhöhe und der Arbeitsbedingungen. Zwingend gilt ein T. nur für die Mitglieder der beteiligten Gewerkschaft bzw. des Arbeitgeberverbands; faktisch wenden die Arbeitgeber aber einen T., dort wo er besteht, auch auf Nichtgewerkschaftsmitglieder an. Nach dem deutschen Arbeitsrecht darf von einem T. nur zugunsten des Arbeitnehmers abgewichen werden (Günstigkeitsprinzip). Mit dem Begriff »Flächen-T.« wird der Umstand bezeichnet, dass ein T. in aller Regel für eine ganze Branche und nicht nur für einzelne Betriebe gilt, worin bisweilen ein Hemmnis für die betriebliche Flexibilität gesehen wird.

Tauschgerechtigkeit: Gerechtigkeitsregel, nach der Gerechtigkeit in dem auf dem Markt ermittelten Gleichgewicht von Leistung und Gegenleistung besteht. Der Begriff der T. ist eng verwandt mit dem der → Leistungsgerechtigkeit.

Taylorismus: Bezeichnung für die in der Blütezeit der Industriegesellschaft (→ Fordismus) vielfach übliche streng hierarchische Arbeitsorganisation mit Verwendung von (→ Kap. II.2.2).

Teilhabegerechtigkeit: Eine Vorstellung von sozialer Gerechtigkeit, die nach Meinung vieler Befürworter der Umgestaltung des traditionellen Sozialstaats an die Stelle von → Verteilungsgerechtigkeit treten soll und eine zentrale Funktion in dem sich allmählich herausbildenden → post-sozialstaatlichen Gerechtigkeitsparadigma einnimmt. Als die wichtigsten Kennzeichen dieser Idee können betrachtet werden: a) T. wird als freier Zugang zum Wettbewerb in der kapitalistischen

Marktwirtschaft betrachtet, wobei die Strukturen der kapitalistischen Marktwirtschaft selbst als mehr oder weniger gerecht betrachtet werden, b) T. besteht im Kern aus der Kombination von → Chancengleichheit und → Leistungsgerechtigkeit (→ Kap. V.3).

Umlageverfahren: Finanzierungverfahren in den Systemen der sozialen Sicherung (besonders in der Alterssicherung), bei dem – anders als in kommerziellen privaten Versicherungen – die Beiträge nicht in einem Kapitalstock angesammelt, sondern sofort zur Finanzierung laufender Leistungen verwendet werden (»pay as you go«). Gegenbegriff: → Kapitaldeckungsverfahren.

Utilitarismus: Eine Ethik und darauf aufbauende Gerechtigkeitskonzeption, die auf dem Gedanken des allgemeinen Glücks beruht (Hauptvertreter John Stuart Mill, vgl. Ebert 2010, S. 178–191).

Utopie: Wörtlich (griech.) »Nirgendwo«, eine auf Thomas Morus (1478–1535) zurückgehende Bezeichnung für ein Idealbild oder eine Wunschvorstellung einer vollkommenen Gesellschaft oder eines besten Staates (vgl. Ebert 2010, S.119–125).

Versicherungspflichtgrenze: Eine Bestimmung im Recht der gesetzlichen Kranken- und Pflegeversicherung in Deutschland, der zufolge Arbeitnehmerinnen und Arbeitnehmer nur dann versicherungspflichtig sind, wenn ihr Arbeitsentgelt unter einem bestimmten Höchstwert liegt. Die V. liegt 2012 bei 4 237,50 Euro/Monat und wird alljährlich an die Entwicklung des durchschnittlichen Bruttolohns angepasst.

Versicherungsprinzip: Eines der drei wichtigen Prinzipien der Leistungsgewährung in den Systemen der sozialen Sicherung. Nach dem V. werden die Leistungen von einer zuvor erbrachten Beitragszahlung abhängig gemacht und, soweit es um Geldleistungen geht, nach der Höhe der geleisteten Beiträge oder des versicherten Einkommens berechnet. Das V. ist vor allem in der → Sozialversicherung von Bedeutung. Die beiden anderen Prinzipien der sozialstaatlichen Leistungsgewährung sind das in der → Sozialhilfe und in der → Sozialen Grundsicherung übliche → Fürsorgeprinzip sowie das → Versorgungsprinzip.

Versorgungsprinzip: Neben → Versicherungsprinzip und → Fürsorgeprinzip das dritte wichtige Prinzip der sozialstaatlichen Leistungsgewährung. Charakteristisch für das V. ist, dass die Leistungen in standardisierter Form, also unabhängig von der individuellen Bedarfssituation erbracht werden und keine zuvor erbrachte Beitragsleistung voraussetzen; sie können sowohl einkommensunabhängig (z. B. Kindergeld), als auch einkommensabhängig ausgestaltet sein.

Verteilungsgerechtigkeit: Eine Gerechtigkeitsregel mit etwas unpräzisem Inhalt, die aber gleichwohl eine der wichtigsten Leitideen des → sozialstaatlichen

Gerechtigkeitsparadigmas zum Ausdruck bringt, nämlich den Minimalkonsens, dass die Einkommens- und Vermögensverteilung, die sich in der kapitalistischen Marktwirtschaft ergibt, maßvoll korrigiert werden sollte. Die Abkehr von der V. zugunsten des Ziels der → Teilhabegerechtigkeit ist ein wichtiges Charakteristikum des → post-sozialstaatlichen Gerechtigkeitsparadigmas (→ Kap. I.3, IV.1, V.3). Zur V. vergleiche im Übrigen die Ausführungen im Abschnitt 1 des Schlusskapitels (»Fazit: Die Zukunft der sozialen Gerechtigkeit«).

Verwirklichungschancen (Verwirklichungschancen-Ansatz): Eine von dem indisch-amerikanischen Wirtschaftswissenschaftler Amartya Sen in die Diskussion eingebrachte und seither einflussreiche Variante des Verständnisses von sozialer Gerechtigkeit. Danach kommt es primär nicht auf die Verteilung von Geld oder Gütern an, sondern auf das Ausmaß an realen Freiheitsmöglichkeiten, die den Individuen zur Verfügung stehen. Die besondere Bedeutung dieses Ansatzes liegt darin, dass die Eigenaktivität der Individuen, mit der sie ihre V. nutzen, mehr Beachtung findet, als dies nach traditionellem sozialstaatlichem Gerechtigkeitsverständnis der Fall war (→ Kap. IV.1.1).

Volkseinkommen: Die Summe aller in einer Volkswirtschaft verdienten Einkommen nach Abzug der der Abschreibungen und der → indirekten Steuern. Das V. entspricht der Summe aus den Bruttolöhnen, Gewinnen und → Kapitaleinkünften.

Volkspartei: Bezeichnung für politische Parteien, die nicht nur bestimmte soziale Schichten oder spezielle inhaltliche Anliegen vertreten wollen, sondern den Anspruch erheben, das gesamte Volk zu repräsentieren und alle Interessen und Probleme angemessen zu berücksichtigen. In Deutschland gelten traditionell CDU, SPD und CSU als V. Die konsequente Klassen- oder Interessenneutralität der V. entsprach nie der Realität, jedoch sind sie so breit angelegt, dass sie – in der Regel zusammen mit einem wesentlich kleineren Koalitionspartner – potenziell mehrheitsfähig sind. In den letzten Jahren zeichnet sich ein Niedergang der V. und ein Aufstieg der kleineren Parteien ab.

Wahltarife: Eine Wahlmöglichkeit in der gesetzlichen Krankenversicherung, nach der die Versicherten in den Genuss eines geringeren Beitragssatzes kommen, wenn sie im Leistungsfall eine → Selbstbeteiligung akzeptieren. Die gesetzlichen Krankenkassen haben seit der Gesundheitsreform 2007 das Recht, ihren Mitgliedern solche Tarife anzubieten.

Washington Consensus: Die Grundsätze der Entwicklungspolitik nach dem Verständnis des → Neoliberalismus, über die zwischen wichtigen, in Washington angesiedelten Institutionen (Weltbank, Internationaler Währungsfonds, US-

Regierung, Politikberatungsunternehmen) und international operierenden Finanzinstituten jedenfalls bis zum Beginn der aktuellen Finanzkrise Konsens bestand und die von ihnen propagiert und durchgesetzt wurden (→ Kap. III.1.3).

Wechselkurs: Das Austauchverhältnis zwischen verschiedenen Währungen (z. B. Euro und US-Dollar), nach allgemeiner Praxis ausgedrückt als Preis einer Währung in US-Dollar. Die W. und ihre Schwankungen haben eine erhebliche ökonomische Bedeutung, weil sie die Wettbewerbsfähigkeit von Ländern im internationalen Handel entscheidend beeinflussen und darüber hinaus internationale Kapitalbewegungen größten Ausmaßes auslösen können.

Welfare to work (Workfare): Aus den USA stammende Bezeichnung für eine Konzeption zur Bekämpfung von Armut und Arbeitslosigkeit, der zufolge so weit wie irgend möglich auf Unterstützungszahlungen verzichtet und den Arbeitslosen stattdessen intensive Hilfen zur Qualifikation und Motivation sowie Arbeitsvermittlung angeboten werden sollten. W.-Programme wurden in den 1990 Jahren in den USA unter Präsident Clinton (1993–2001) in großem Umfang durchgeführt und führten 1996 praktisch zur Abschaffung des bundesgesetzlich geregelten unbefristeten Rechtsanspruchs auf Sozialhilfe. Das W.-Prinzip beeinflusste stark die Sozialpolitik der Labour-Regierung in Großbritannien und inspirierte auch die Arbeitsmarktpolitik der Regierung Schröder in Deutschland.

Weltwährungssystem: Ein internationaler Ordnungsrahmen, der die Stabilität der → Wechselkurse und die internationale Zahlungsfähigkeit aller Länder sicherstellen soll. Seit das 1944 begründete System von → Bretton Woods 1971 zusammengebrochen ist, existiert kein solches W. mehr; jedoch bestehen die im Bretton Woods-System geschaffenen Institutionen (→ Internationaler Währungsfonds und Weltbank) weiter.

Weltwirtschaftsordnung: Ein internationales Regelsystem für die Ordnung zwischenstaatlicher ökonomischer Transaktionen. Zu einer voll ausgearbeiteten W. gehören ein → Weltwährungssystem, ein Regelwerk zur Sicherung des Handels mit Waren und Dienstleistungen sowie ein Ordnungsrahmen für die internationalen Finanzmärkte. Für den internationalen Waren- und Dienstleistungsverkehr existiert seit 1994 die World Trade Organization (WTO), die auf drei Hauptsäulen ruht: dem allgemeinen Zoll- und Handelsabkommen (GATT), dem Allgemeinen Abkommen über den Handel mit Dienstleistungen (GATS) sowie dem Abkommen über den Schutz des geistigen Eigentums (TRIPS). Ein internationaler Ordnungsrahmen für die Finanzmärkte existiert ungeachtet der Bemühungen der letzten Jahre noch nicht, ebenso noch nicht für den Abbau von Subventionen.

Weltwirtschaftskrise: Im weiteren Sinne eine sich weltweit ausbreitende Konjunkturkrise und Wachstumsschwäche, im engeren Sinne die historisch einmalige wirtschaftliche Schwächeperiode am Ende der 1920er und in der ersten Hälfte der 1930er Jahre, die von den USA ausging und die gesamte kapitalistische Welt erfasste und in vielen Ländern erst nach dem 2. Weltkrieg überwunden wurde (»große Depression«). Diese W. führte zum fast vollständigen Zusammenbruch des Welthandels und zu einer Massenarbeitslosigkeit weder vorher gekannten noch später wieder erreichten Ausmaßes. Sie verstärkte in vielen Ländern (wie z. B. Deutschland) politische Krisen. Die Erfahrung der W. führte auch zur Revision der bis dahin vorherrschenden wirtschaftswissenschaftlichen Theorien und zur Entwicklung neuer wirtschaftspolitischer Konzepte (→ Keynesianismus).

Wertewandel: Das von der Soziologie seit den 1970er Jahren beobachtete Phänomen, dass sich die Wertorientierungen, Verhaltensmuster und Lebensstile der Bevölkerung ändern und dass traditionelle Werte (Pflichterfüllung, Fleiß, Anpassung, Ordnung, Zuverlässigkeit, Loyalität, Familien- und Gruppenzusammenhalt) allmählich hinter neuen Werten (Selbstverwirklichung, Unabhängigkeit, Lebensgenuss) zurücktreten (→ Kap. III.2.3).

Wertschöpfung: In der Wirtschaftswissenschaft die Bezeichnung für den in Geld gemessenen Wert, der im Produktionsprozess geschaffen bzw. dem Wert der verbrauchten Vorleistungen (Rohstoffe, Vorprodukte, Energie usw.) hinzugefügt wird. Die W. entspricht rechnerisch der Summe der im Produktionsprozess erwirtschafteten Einkommen (Löhne, Gewinne, Zinsen, Mieten, Pachten, Lizenzgebühren usw.).

Werttheorie (ökonomische Werttheorie): Wirtschaftswissenschaftliche Theorie, welche die Frage zu klären versucht, wovon der ökonomische Wert der Tauschgüter und das Verhältnis dieser Tauschwerte untereinander abhängt. Zu unterscheiden sind die (ältere) Arbeitswerttheorie (objektive Werttheorie) und die (jüngere) → subjektive Werttheorie.

Werturteile: Urteile, die keine Tatsachen, sondern ethische → Normen bzw. die Bewertung von Tatsachen am Maßstab solcher ethischen Normen zum Gegenstand haben. W. sind nach heute überwiegender Auffassung wissenschaftlich nicht begründbar oder widerlegbar. Das schließt aber den Versuch einer rationalen Diskussion von W. nicht aus.

Wirtschaftsliberalismus: a) Das Eintreten für Freiheit der Wirtschaft, d. h. für möglichst geringe staatliche Regulierungen, b) eine Spielart des → Liberalismus, die sich (nahezu) ausschließlich auf das Eintreten für die Freiheit der Wirtschaft konzentriert und andere wichtige liberale Anliegen wie z. B. individuelle Bürgerrechte tendenziell vernachlässigt.

Wohlfahrtsstaat: Dem Wortsinne nach nahezu deckungsgleich mit → Sozialstaat. In der international vergleichenden Politikwissenschaft wird der Begriff »welfare state« jedoch in einem etwas weiteren Sinne gebraucht, der auch solche Staaten (wie z. B. die USA) einschließt, die keinen Sozialstaat im europäischen Sinne besitzen; danach ist von einem W. immer dann die Rede, wenn die Sorge um die Wohlfahrt der Bürger in irgendeiner Weise als zum Aufgabenbereich des Staates gehörig betrachtet wird.

Wohlstandskapitalismus: Im vorliegenden Buch verwendete Bezeichnung für die besonderen ökonomischen, politischen und soziokulturellen Bedingungen, welche in der Zeit zwischen dem Ende des 1. Weltkriegs und Mitte der 1970er Jahre in Nord- und Kontinentaleuropa die Expansion des → Sozialstaats und des → sozialen Kapitalismus ermöglicht haben.

Workfare → Welfare to work.

Zivilgesellschaft: Ein heute viel gebrauchter, aber wenig exakter Begriff für eine Gesellschaft , in der es eine breite Vielfalt von gewachsenen Gemeinschaften und freiwilligen Zusammenschlüssen gibt, die in der Lage sind, wichtige gesellschaftliche Funktionen zu übernehmen, die weder vom Staat, noch vom Markt mit Erfolg ausgefüllt werden können (→ Kap. V.7).

Zumutbarkeit (Zumutbarkeitskriterien): Ein für die Arbeitsmarktpolitik wichtiger Rechtsbegriff, der Kriterien für die Leistungsberechtigung beim → Arbeitslosengeld (Arbeitslosengeld I und II) festlegt. Die Z. bestimmt, welche Art von angebotener Arbeit (Lohnhöhe, Qualifikationsniveau, Arbeitszeit, rechtliche Ausgestaltung des Arbeitsvertrags, Arbeitsbedingungen, räumliche Entfernung vom Wohnort usw.) ein Arbeitssuchender annehmen muss bzw. nicht ablehnen kann, ohne seinen Leistungsanspruch zu verlieren. Die Z. hat somit eine Schlüsselfunktion in der Arbeitsmarktpolitik und entscheidet darüber, wie groß der Druck ist, der auf Arbeitslose ausgeübt wird.

Zuteilende (soziale) Gerechtigkeit: Ein in diesem Buch verwendeter Begriff, der deutlich machen soll, dass soziale Gerechtigkeit nach sozialstaatlich geprägtem Verständnis einen – wenn auch begrenzten und inhaltlich näher zu bestimmenden – Anspruch auf Zuteilung von Gütern oder → Ressourcen umfasst, der unabhängig von eigener Leistung und Anstrengung besteht (soziale Gerechtigkeit nicht als »Holschuld« der Individuen, sondern als »Bringschuld« der Gesellschaft). Gegenbegriff: → Aktivierende soziale Gerechtigkeit (→ Kap. V.4).

Literatur

Allgemeine Einführung in die Thematik

Bertelsmann-Stiftung (2011), Soziale Gerechtigkeit in der OECD – Wo steht Deutschland? Sustainable Governance Indicators 2011, Gütersloh

Empter, Stefan/Vehrkamp, Robert B. (Hrsg., 2007), Soziale Gerechtigkeit – Eine Bestandsaufnahme, Gütersloh (Gemeinschaftsinitiative der Bertelsmann-Stiftung, Heinz-Nixdorf-Stiftung und Ludwig-Ehrhard-Stiftung)

Nullmeier, Frank/Vobruba, Georg (1995), Gerechtigkeit im sozialpolitischen Diskurs, in: Döring, Diether/Nullmeier, Frank/Pioch, Roswitha/Vobruba, Georg (Hrg.), Gerechtigkeit im Wohlfahrtsstaat, Marburg 1995, S. 11–66

Nullmeier, Frank (2010), Kritik neoliberaler Menschen- und Gesellschaftsbilder und Konsequenzen für ein neues Verständnis von »sozialer Gerechtigkeit« 2010. Expertise im Auftrag der Abteilung Wirtschafts- und Sozialpolitik der Friedrich-Ebert-Stiftung

Sozialstaat, sozialstaatliches Gerechtigkeitsparadigma

Bäcker, Gerhard/Bispinck, Reinhard/Hofemann, Klaus/Nägele, Gerhard/Neubauer, Jennifer (2010), Sozialpolitik und Soziale Lage in Deutschland, 2. Bd., 5. Aufl., Wiesbaden

Lampert, Heinz/Althammer (2004), Jörg, Lehrbuch der Sozialpolitik, 6. Aufl., Berlin

Pilz, Frank (2004), Der Sozialstaat. Ausbau – Kontroversen – Umbau, Bonn

Wohlstandskapitalismus, Niedergang des sozialen Kapitalismus

Albert, Michel (1992), Kapitalismus contra Kapitalismus, Frankfurt a. M./New York (Capitalisme contre Capitalisme, Paris 1991)

Hirsch, Joachim (1998), Vom Sicherheitsstaat zum nationalen Wettbewerbsstaat, Berlin

Schulmeister, Stephan (1998), Der polit-ökonomische Entwicklungszyklus der Nachkriegszeit. Vom Bündnis Realkapital-Arbeit in der Prosperität zum Bündnis Realkapital-Finanzkapital in der Krise. Internationale Politik und Gesellschaft 1/1998, S. 5–21

Neuer Gerechtigkeitsdiskurs, post-sozialstaatliches Gerechtigkeitsparadigma

Bolz, Norbert (2009), Diskurs über die Ungleichheit. Ein Anti-Rousseau, München

Gentinetta, Katja/Horn, Karen (2009), Abschied von der Gerechtigkeit. Für eine Neujustierung von Freiheit und Gleichheit im Zeichen der Krise, Frankfurt a. M.

Giddens Anthony (1999):, Der dritte Weg, Frankfurt a. M. (The Third Way, 1998)
Giddens, Anthony (2001), Die Frage der sozialen Ungleichheit, Frankfurt a. M. (The Third Way and its Critics, 2000)
Kersting, Wolfgang (2000), Politische Solidarität statt Verteilungsgerechtigkeit, in: Kersting, Wolfgang (Hrsg.), Politische Philosophie des Sozialstaats, Weilerswist, S. 202–256
Krebs, Angelika (Hrsg., 2000), Gleichheit oder Gerechtigkeit. Texte der neuen Egalitarismuskritik, Frankfurt a. M.
Nolte, Paul (2009), Abschied von der Gerechtigkeit, in Gentinetta/Horn 2009, S. 123–135
Nullmeier, Frank (2010), Kritik neoliberaler Menschen- und Gesellschaftsbilder und Konsequenzen für ein neues Verständnis von »sozialer Gerechtigkeit«, Expertise im Auftrag der Abteilung Wirtschafts- und Sozialpolitik der Friedrich-Ebert-Stiftung, Bonn
Programmdialog Gerechtigkeit (2003), Neue Antworten auf eine alte Frage. Dokumentation einer Veranstaltung im Willy-Brandt-Haus am 16. Juli 2003, Berlin
Sen, Amartya (2002), Ökonomie für den Menschen: Wege zu Gerechtigkeit und Solidarität in der Marktwirtschaft, München (Development as Freedom, New York 1999)

Arbeitslosigkeit und Armut

Schneider, Ulrich (2010), Armes Deutschland. Neue Perspektiven für einen anderen Wohlstand, Frankfurt a. M.
Schreiner, Ottmar (2008), Die Gerechtigkeitslücke. Wie die Politik die Gesellschaft spaltet, Berlin

Bedingungsloses Grundeinkommen

Blaschke, Ronald/Otto, Adeline/Schepers, Norbert (Hg., 2010), Grundeinkommen. Geschichte – Modelle – Debatten, Berlin
Engler, Wolfgang (2005), Bürger ohne Arbeit. Für eine radikale Neugestaltung der Gesellschaft, 2. Aufl., Berlin
Werner, Götz W. (2007), Einkommen für alle, Köln
Werner, Götz W./Goehler, Adrienne (2010), 1000 Euro für jeden, Freiheit, Gleichheit, Grundeinkommen, Berlin

Generationengerechtigkeit

Beck, Hanno/Prinz, Aloys (2011), Staatsverschuldung. Ursachen, Folgen, Auswege, München

Klundt, Michael (2008), Von der sozialen zur Generationengerechtigkeit. Polarisierte Lebenslagen und ihre Deutung in Wissenschaft, Politik und Medien, Wiesbaden

Hauser, Richard (2007), Zieldimensionen und empirische Befunde am Beispiel der Generationengerechtigkeit, in: Empter/Vehrkamp 2007, S. 136–167

Gerechtigkeit im Gesundheitswesen

Engelen-Kefer, Ursula (Hrsg., 2004), Reformoption Bürgerversicherung, Hamburg

Lauterbach, Karl (2007), Der Zweiklassenstaat. Wie die Privilegierten Deutschland ruinieren, Berlin

Nachhaltigkeitskommission (2003): Nachhaltigkeit in der Finanzierung der sozialen Sicherungssysteme. Bericht der Kommission, Berlin

Rürup, Bert/Wille, Eberhard (2004), Finanzierungsreform in der Krankenversicherung, Online verfügbar unter http://tubiblio.ulb.tu-darmstadt.de/22651/

Pimpertz, Jochen (2003), Solidarische Finanzierung der gesetzlichen Krankenversicherung. Vom lohnbezogenen Beitrag zur risikounabhängigen Versicherungsprämie, Köln

Finanzmarktkapitalismus

Bofinger, Peter (2009), Ist der Markt noch zu retten? Warum wir jetzt einen starken Staat brauchen, Berlin

Dullien, Sebastian (2010), Die Finanzkrise kostet jeden Deutschen im Schnitt mehr als 9000 Euro, Friedrich-Ebert-Stiftung, Wiso Direkt, Oktober

Dullien, Sebastian/v. Hardenberg, Christiane (2011), Der Staat bezahlt die Krisenzeche. Expertise im Auftrag der Abteilung Wirtschafts- und Sozialpolitik der Friedrich-Ebert-Stiftung, Bonn

Horn, Gustav A. (2011), Des Reichtums fette Beute. Wie die Ungleichheit unser Land ruiniert, Frankfurt a. M./New York

Huffschmid, Jörg (2002), Politische Ökonomie der Finanzmärkte, 2. erw. Aufl., Hamburg

Schmidt, Susanne (2010), Markt ohne Moral. Das Versagen der internationalen Finanzelite, München

Sonstige im Text zitierte Literatur (soweit nicht bereits aufgeführt)

Achinger, Hans (1958), Sozialpolitik als Gesellschaftspolitik, Hamburg

Allinger, Hans-Joachim (2006), Bürgerversicherung und Kopfpauschale haben vieles gemeinsam. Anmerkungen zur Diskussion einer Reform der Gesetzlichen Krankenversicherung. Passauer Diskussionspapiere, Nr. V-42–06

Albert, Hans (1991), Traktat über kritische Vernunft, 5. Aufl., Tübingen

Armuts- und Reichtumsbericht (2005): Lebenslagen in Deutschland. Der 2. Armuts- und Reichtumsbericht der Bundesregierung, Berlin

Armuts- und Reichtumsbericht (2008): Lebenslagen in Deutschland. Der 3. Armuts- und Reichtumsbericht der Bundesregierung, Berlin

Bach, Stefan (2010), Staatsverschuldung und gesamtwirtschaftliche Vermögensbilanz: Öffentliche Armut, privater Reichtum, DIW-Wochenbericht 50, S. 2–8

Badura, Bernhard/Gross, Peter (1976), Sozialpolitische Perspektiven. Eine Einführung in Grundlagen und Probleme sozialer Dienstleistungen, München

Beck, Ulrich (1986), Risikogesellschaft. Auf dem Weg in eine andere Moderne, Frankfurt a. M.

Becker, Irene/Hauser, Richard (2004), Soziale Gerechtigkeit – eine Standortbestimmung. Zieldimensionen und empirische Befunde, Berlin

Blaschke, Ronald (2010), Denk' mal Grundeinkommen! Geschichte, Fragen und Antworten einer Idee, in: Blaschke u. a. 2010, S. 9–292

Blaschke, Ronald (2010a): Aktuelle Ansätze und Modelle von Grundsicherungen und Grundeinkommen in Deutschland. Vergleichende Darstellung, in: Blaschke u. a. 2010, S. 301–382

Böcken, Jan/Braun, Bernard/Landmann, Juliane (Bertelsmann-Stiftung, 2009), Gesundheitsmonitor 2009: Gesundheitsversorgung und Gestaltungsoptionen aus der Perspektive der Bevölkerung, Gütersloh

Bontrup, Heinz (1998), Zur Diskussion zu hoher Lohnnebenkosten, Gewerkschaftliche Monatshefte, Nr. 12, S. 773–785

Börsch-Supan, Axel (2003), Zum Konzept der Generationengerechtigkeit, Papier vom 17.06.2003, boersch-supan.de

Bosch, Gerhard/Weinkopf, Claudia/Kalina, Thorsten (2009), Mindestlöhne in Deutschland. Expertise im Auftrag der Friedrich-Ebert-Stiftung, Bonn

Brettschneider, Antonio (2009), Paradigmenwechsel als Deutungskampf. Diskursstrategien im Umbau der deutschen Alterssicherung, Sozialer Fortschritt, Nr. 9–10, S. 189–199

Breyer, Friedrich/Franz, Wolfgang/Homburg, Stefan/Schnabel, Reinhold/Wille, Eberhard (2004), Reform der sozialen Sicherung. Studie im Auftrag der »Gemeinschafsinitiative Soziale Marktwirtschaft«, Berlin/Heidelberg

Bundesministerium für Familie, Senioren, Frauen und Jugend (Hrsg., 2008), Dossier: Armutsrisiken von Kindern und Jugendlichen in Deutschland. Erstellt durch Prognos AG, Mai 2008

Caspers, Markus (2011), Die Regulierung von Finanzmärkten. Wurden die richtigen Lehren aus der Krise gezogen und was bleibt zu tun, Friedrich-Ebert-Stiftung, WISO-direkt, September

CDU (2003), Deutschland fair ändern, Beschluss des 17. Bundesparteitages 1.–2. Dezember

CDU/CSU (2005), Deutschlands Chancen nutzen. Wachstum, Arbeit, Sicherheit. Regierungsprogramm 2005–2009, beschlossen von Bundesvorständen von CDU und CSU, 11. Juni

Clement, Wolfgang (2000), Durch Politik zur gerechten Teilhabe, Rede auf dem Forum »Grundwerte heute: Gerechtigkeit« am 26.04.2000

Crouch, Colin (2008), Postdemokratie, Frankfurt a. M. (Postdemocrazia, Rom/Bari 2003)

Deml, Jörg/Haupt, Hanna/Steffen, Johannes (2008), Solidarität leben statt Altersarmut! Sichere Renten für die Zukunft, Hamburg

Dettling, Warnfried (1995), Politik und Lebenswelt: Vom Wohlfahrtsstaat zur Wohlfahrtsgesellschaft, Gütersloh

Deutsche Bundesbank (2001), Zur langfristigen Tragfähigkeit der öffentlichen Haushalte – eine Analyse anhand der Generationenbilanzierung, Monatsbericht 12, S. 29–44

Deutsche Bundesbank (2008), Integrierte sektorale und gesamtwirtschaftliche Vermögensbilanzen für Deutschland, Monatsbericht 1, S. 31–47

Domar, Evsey D. (1944), The »Burden of Debt« and the National Income, American Economic Review Bd. 34, S. 798–827

Donges, Juergen B./Franz, Wolfgang/Möschel, Wernhar/Neumann, Manfred J./Sievert, Olaf (2002), Mehr Eigenverantwortung und Wettbewerb im Gesundheitswesen. Schriftenreihe der Stiftung Marktwirtschaft, Band 39

Ebert, Thomas (2005), Generationengerechtigkeit in der gesetzlichen Rentenversicherung – Delegitimation des Sozialstaates?, Düsseldorf

Ebert, Thomas (2010), Soziale Gerechtigkeit. Ideen – Geschichte – Kontroversen, Bonn

Eekhoff, Johann/Bünnagel, Vera/Kochskämper, Susanna/Menzel, Kai (2008), Bürgerprivatversicherung: Ein neuer Weg für das Gesundheitswesen, Tübingen

Fasshauer, Stephan (2001), Grundfragen der Finanzierung der Alterssicherung: Umlageverfahren vs. Kapitaldeckungsverfahren, Deutsche Rentenversicherung, Nr. 10–11, S. 631–645

Feist, Karen/Raffelhüschen, Bernd (2000), Möglichkeiten und Grenzen der Generationenbilanzierung, Wirtschaftsdienst, Nr. 7, S. 440–448

Ferber, Christian v. (1967), Sozialpolitik in der Wohlstandsgesellschaft, Hamburg 1967

Fourastié, Jean (1954), Die große Hoffnung des 20. Jahrhunderts, Köln (Le grand espoir du XXe siècle, Paris 1949)

Frerich, Johannes/Frey, Martin (1996), Handbuch der Geschichte der Sozialpolitik in Deutschland, 3 Bde., 2. Aufl., München

Frick, Joachim R./Grabka, Markus M. (2008), Niedrigere Arbeitslosigkeit sorgt für weniger Armutsrisiko und Ungleichheit, DIW-Wochenbericht 38, S. 556–566

Frick, Joachim R./Grabka, Markus M. (2009), Gestiegene Vermögensungleichheit in Deutschland, DIW-Wochenbericht 4, S. 54–68

Friedrichs, Julia (2009), Gestatten: Elite. Auf den Spuren der Mächtigen von Morgen, Hamburg

Fulcher, James (2008), Kapitalismus, Bonn (Capitalism – A very short Introduction, Oxford/New York 2004)

Geißler, Rainer (2002), Die Sozialstruktur Deutschlands, 3. Aufl., Wiesbaden

Glatzer, Wolfgang (2002), Gefühlte (Un)Gerechtigkeit. Dimensionen sozialer Gerechtigkeit, Aus Politik und Zeitgeschichte 47, S. 15–20

Glotz, Peter (2003), Die soziale Selbstgerechtigkeit, Die Zeit, 8.5.

Goebel, Jan/Krause, Peter/Schupp, Jürgen (2005), Mehr Armut durch steigende Arbeitslosigkeit. Niedriglöhne überwiegen als Zusatzeinkommen im Haushalt, DIW-Wochenbericht 10, S. 175-184

Goebel, Jan/Gornig, Martin/Häußermann, Hartmut (2010), Polarisierung der Einkommen: Die Mittelschicht verliert, DIW-Wochenbericht 24, S. 2–8

Grabka, Markus M./Frick, Joachim R. (2010), Weiterhin hohes Armutsrisiko in Deutschland: Kinder und junge Erwachsene sind besonders betroffen, DIW-Wochenbericht 7, S. 2–11

Grabka, Markus M./Krause, Peter (2005), Einkommen und Armut von Familien und älteren Menschen, DIW-Wochenbericht 9, S. 155–162

Greß, Stefan/Rothgang, Heinz (2010), Finanzierungsreform der Krankenversicherung in Deutschland, Vorschläge für ein Maßnahmenbündel jenseits der Kopfpauschale. Expertise im Auftrag der Abteilung Wirtschafts- und Sozialpolitik der Friedrich-Ebert-Stiftung, Bonn

Greß, Stefan/Leiber, Simone/Managuian, Maral (2009), Integration von privater und gesetzlicher Krankenversicherung vor dem Hintergrund internationaler Erfahrungen, WS-Mitteilungen 7, S. 369–375

Hagist, Christian/Raffelhüschen, Bernd/Weddige, Olaf (2006), Brandmelder der Zukunft – Die Generationenbilanz 2004, Forschungszentrum Generationenverträge, Albert-Ludwig-Universität Freiburg

Hauser, Richard (2004), Generationengerechtigkeit, Volksvermögen und Vererbung, in: Zur Zukunftsfähigkeit der umlagefinanzierten Rentenversicherung, in: Generationengerechtigkeit – Inhalt, Bedeutung und Konsequenzen für die Alterssicherung. Jahrestagung 2003 des Forschungsnetzwerks Alterssicherung (FNA) am 4. und 5. Dezember 2003 in Erfurt. DRV-Schriften Bd. 51, S. 794–104

Henke, Klaus Dirk/Johanßen, Wilfried/Neubauer, Günter/Rumm, Ulrike/Wasem, Jürgen (2002), Zukunftsmodell für ein effizientes Gesundheitswesen in Deutschland, München

Herzog-Kommission (2003), Bericht der Kommission »Soziale Sicherheit« zur Reform der sozialen Sicherungssysteme (»Herzog-Kommission«), hrsg. vom CDU-Bundesvorstand, Berlin

Hobsbawm, Eric (1995), Das Zeitalter der Extreme. Weltgeschichte des 20. Jahrhunderts, München (Age of Extremes. The Short Twentieth Century 1914–1991, London 1994)

Hohenleitner, Ingrid/Straubhaar, Thomas (Hrsg., 2007), Bedingungsloses Grundeinkommen und Solidarisches Bürgergeld – mehr als sozialutopische Konzepte, Hamburg

Honneth, Axel (2010), Blasen der Gegenaufklärung, in Rehman/Wagner (2010), S. 52–62

Hüther, Michael/Straubhaar, Thomas (2009), Die gefühlte Ungleichheit. Warum wir Ungleichheit aushalten müssen, wenn wir Freiheit wollen, Berlin

IMF (International Monetary Fund, 2007), Globalization and Inequality, World Economic Outlook, Chapter 4, S. 31–65

Kalina, Thorsten/Weinkopf, Claudia (Institut Arbeit und Qualifikation der Universität Duisburg-Essen, 2012), Niedriglohnbeschäftigung 2010: Fast jede/r Vierte arbeitet für Niedriglohn, IAQ-Report, Nr. 1

Knappe, Eckhard/Arnold, Robert (2002), Pauschalprämien in der Krankenversicherung – Ein Weg zu mehr Effizienz und mehr Gerechtigkeit, München

Kommission für Zukunftsfragen der Freistaaten Bayern und Sachsen (1996/1997), Erwerbstätigkeit und Arbeitslosigkeit in Deutschland. Entwicklung, Ursachen und Maßnahmen. 3 Teile: Teil I: Entwicklung von Erwerbstätigkeit und Arbeitslosigkeit in Deutschland und anderen frühindustrialisierten Ländern, Teil II: Ursachen steigender Arbeitslosigkeit in Deutschland und anderen frühindustrialisierten Ländern, Teil III: Maßnahmen zur Verbesserung der Beschäftigungslage, Bonn

Konrad, Kai A./Zschäpitz Holger (2010), Schulden ohne Sühne? Warum der Absturz der Staatsfinanzen uns alle trifft, München

Lauterbach, Karl (2004), Das Prinzip der Bürgerversicherung. Alle Bürger und alle Einkommensarten tragen bei, dann sinken die Beitragssätze, in: Engelen-Kefer 2004, S. 48–63

Lepsius, Rainer (1973), Parteiensystem und Sozialstruktur: zum Problem der Demokratisierung der deutschen Gesellschaft, in Ritter, Gerhard A. (Hrsg.), Die deutschen Parteien vor 1918, Köln, S. 56–80

Lerner, Abba P. (1943), Functional Finance and the Federal Debt, Social Research, Nr. 10, S. 297–310

Lindner, Christian (2009), Freiheit und Fairness, Berliner Republik 2, S. 46–55

Merz, Friedrich (2008), Mehr Kapitalismus wagen. Wege zu einer gerechten Gesellschaft, München

Mevis, Dirk/Weddige, Olaf (2006), Gefahr erkannt – Gefahr gebannt? Nachhaltigkeitsbilanz der 15. Legislaturperiode des 15. Deutschen Bundestages 2002–2005, Diskussionsbeiträge des Forschungszentrums Generationenverträge, Albert-Ludwig-Universität Freiburg

Meyer, Thomas (2004), Die Agenda 2010 und die soziale Gerechtigkeit, Politische Vierteljahresschrift, Jg.45, S. 181–190

Mitschke, Joachim (1985), Steuer- und Transferordnung aus einem Guss. Entwurf einer Neugestaltung der direkten Steuern und Sozialtransfers in der Bundesrepublik Deutschland, Baden-Baden

Möller, Joachim/Walwei, Ulrich/Koch, Susanne/Kupka, Peter/Steinke, Joß (Institut für Arbeitsmarkt- und Berufsforschung – IAB, 2009), Fünf Jahre SGB II: Eine IAB-Bilanz. Der Arbeitsmarkt hat profitiert, IAB-Kurzbericht 29

Netzwerk Berlin (Hrsg., 2008). Der vorsorgende Sozialstaat, Berlin

Neugebauer, Gero (2007), Politische Milieus in Deutschland. Die Studie der Friedrich-Ebert-Stiftung, Bonn

Niemeier, Ernst (2010), Hat der Arbeitsmarkt wirklich von Hartz IV profitiert, WSI-Mitteilungen 6, S. 320–323

Nozick, Robert (2006), Anarchie, Staat, Utopia, München (Anarchy, State and Utopia, Oxford 1974)

Nullmeier, Frank (2004), Generationengerechtigkeit – aus politikwissenschaftlicher Sicht, in: Zur Zukunftsfähigkeit der umlagefinanzierten Rentenversicherung, in: Generationengerechtigkeit – Inhalt, Bedeutung und Konsequenzen für die Alterssicherung. Jahrestagung 2003 des Forschungsnetzwerks Alterssicherung (FNA) am 4. und 5. Dezember in Erfurt. DRV-Schriften Bd. 51, S. 65–73

Opielka, Michael (1984); Das garantierte Mindesteinkommen – ein sozialstaatliches Paradoxon? Warum ein garantiertes Einkommen den Sozialstaat zerstören, retten oder aufheben kann, in: Schmid 1984, S. 99–120

Pelzer, Helmut/Fischer, Ute (2004), Bedingungsloses Grundeinkommen für alle – Ein Vorschlag zur Gestaltung und Finanzierung der Zukunft unserer sozialen Sicherung (»Ulmer Modell«), Ulm/Dortmund

Pfaff, Martin/Pfaff, Anita B. (2007), Kritik am Modell der Kopfprämien, in: Engelen-Kefer 2004, S. 28–47

Platzeck, Matthias/Steinmeier, Frank-Walter/Steinbrück, Peer (Hrsg., 2007), Auf der Höhe der Zeit. Soziale Demokratie und Fortschritt im 21. Jahrhundert, Berlin

Pogge, Thomas (2009), Gerechtigkeit in der Einen Welt, hrg. von Nida-Rümelin, Julian/Thiese, Wolfgang/Wieczorek-Zeul, Heidemarie/Weißkirchen, Gert, Essen

Pongratz, Hans J./Voß, Gerd Günter (2003), Arbeitskraftunternehmer: Erwerbsorientierungen in entgrenzten Arbeitsformen, Berlin

Prenzel, Manfred/Artelt, Cordula/Baumert, Jürgen/Blum, Werner/Hammann, Marcus/Klieme, Eckhard/Pekrun, Reinhard (PISA-Konsortium Deutschland, 2007), PISA 2006. Ergebnisse der dritten internationalen Vergleichsrunde, Münster/New York/München/Berlin

Profalla, Ronald (2006), Neue Gerechtigkeit durch mehr Freiheit, in : Die politische Meinung, Nr. 437, Bonn

Rawls, John (1979), Eine Theorie der Gerechtigkeit, Frankfurt a. M. (A Theory of Justice, Cambridge (Mass.) 1971)

Rehmann, Jan/Wagner, Thomas (Hrsg., 2010), Angriff der Leistungsträger. Das Buch zur Sloterdijk-Debatte, Hamburg

Reich, Robert B. (1993), Die neue Weltwirtschaft. Das Ende der nationalen Ökonomie, Frankfurt a. M./Berlin (The Work of Nations, New York 1991)

Reuter, Norbert (2003), Generationengerechtigkeit als Richtschnur der Wirtschaftspolitik?, in Butterwegge, Christoph/Klundt, Michael (Hrsg.), Kinderarmut und Generationengerechtigkeit. Familien- und Sozialpolitik im Wandel, 2. Aufl., Opladen, S. 81–98

Ritter, Gerhard A. (1989), Der Sozialstaat. Entstehung und Entwicklung im internationalen Vergleich, München

Rürup, Bert (1998), Umlagerverfahren versus Kapitaldeckung, in: Knappe, Eckhard/Winkler, Albrecht (Hrsg.), Sozialstaat im Umbruch. Herausforderungen an die deutsche Sozialpolitik, Frankfurt a. M./New York, S. 779–798

Rürup, Bert (2003), Lohnzusatzkosten – Achillesferse des deutschen Arbeitsmarktes, in: Bundesvereinigung der Deutschen Arbeitgeberverbände (Hrsg.), Konsens und Konflikt: für Wettbewerbsfähigkeit streiten – dem Gemeinwohl verpflichtet. Festschrift anlässlich des 65. Geburtstages von Arbeitgeberpräsident Dr. Dieter Hundt, Berlin, S. 215–227

Rürup, Bert/Wille, Eberhard (2004), Finanzierungsreform in der Krankenversicherung, Online verfügbar unter http://tubiblio.ulb.tu-darmstadt.de/22651/

Sachverständigenrat zur Begutachtung der gesamtwirtschaftlichen Entwicklung (1996), Jahresgutachten 1996/1997

Sachverständigenrat zur Begutachtung der gesamtwirtschaftlichen Entwicklung (2002), Jahresgutachten 2002/2003

Sachverständigenrat zur Begutachtung der gesamtwirtschaftlichen Entwicklung (2003), Jahresgutachten 2003/2004

Sachverständigenrat zur Begutachtung der gesamtwirtschaftlichen Entwicklung (2007), Jahresgutachten 2007/2008

Sachverständigenrat zur Begutachtung der gesamtwirtschaftlichen Entwicklung (2008), Jahresgutachten 2008/2009

Sachverständigenrat zur Begutachtung der gesamtwirtschaftlichen Entwicklung (2010), Jahresgutachten 2010/2011
Sachverständigenrat zur Begutachtung der gesamtwirtschaftlichen Entwicklung (2011), Jahresgutachten 2011/2012
Schäfer, Claus (2008), Anhaltende Verteilungsdramatik – WSI-Verteilungsbericht 2008, WSI-Mitteilungen, Nr. 11–12, S. 587–596
Schäfer, Claus (2009), Soziale Polarisierung in Deutschland – ein Mythos?, WISO direkt, Bonn
Schäfer, Claus (2009a), Aus der Krise in die Krise? WSI-Verteilungsbericht 2009, WSI-Mitteilungen, Nr. 12, S. 683–691
Schäfer, Claus (2010), Zukunftsgefährdung statt Krisenlehren, WSI-Verteilungsbericht 2010, WSI-Mitteilungen, Nr. 12, S. 636–645
Scharpf, Fritz W. (1987), Sozialdemokratische Krisenpolitik in Europa, Frankfurt a. M./New York
Schmid, Thomas (Hrsg.,1984), Befreiung von falscher Arbeit. Thesen zum garantierten Mindesteinkommen, Berlin
Schreyer, Markus (2011), Endspiel um den Euro. Notwendige wirtschaftspolitische Maßnahmen zur Überwindung der Vertrauenskrise in der Euro-Zone, Friedrich-Ebert-Stiftung, WISO-direkt, Oktober
Schrenker, Markus/Ramge, Thomas (2007), Was ist gerecht? Die große GEO-Umfrage vom Sommer 2007, in GEO, Nr. 10, S. 134–146
Schröder, Gerhard (2000), Zivile Bürgergesellschaft. Anregungen zu einer Neubestimmung der Aufgaben von Staat und Gesellschaft, Neue Gesellschaft/Frankfurter Hefte, Nr. 4
Schröder, Gerhard/Blair, Tony (1999) Der Weg nach vorne für Europas Sozialdemokraten. Ein Vorschlag von Gerhard Schröder und Tony Blair, London 4. Juni 1999. Online verfügbar unter http://www.glasnost.de/pol/schroederblair.html
Sen, Amartya (2010), Die Idee der Gerechtigkeit, München (The Idea of Justice, Cambridge (Mass.) 2009)
Sloterdijk, Peter (2009), Die Revolution der gebenden Hand, FAZ, 13.6.
Sozialbeirat 2004: Gutachten des Sozialbeirates zum Rentenversicherungsbericht 2004, Bundestagsdrucksache 15/4498
SPD-Projektgruppe Bürgerversicherung (2004), Modell einer solidarischen Bürgerversicherung. Bericht der Projektgruppe Bürgerversicherung des SPD-Parteivorstandes, Berlin
Statistisches Bundesamt (2006), Statistisches Bundesamt, Datenreport 2006, Bonn
Statistisches Bundesamt (2008), Datenreport 2008, zusammen mit Gesellschaft Sozialwissenschaftlicher Infrastruktureinrichtungen (GESIS-ZUMA) und Wissenschaftszentrum Berlin (WZB), Bonn

Statistisches Bundesamt (2011) Datenreport 2011, zusammen mit Gesellschaft Sozialwissenschaftlicher Infrastruktureinrichtungen (GESIS-ZUMA) und Sozioökonomischem Panel (SOEP) am Deutschen Institut für Wirtschaftsforschung (DIW), 2 Bände, Bonn

Strasser, Johano (1979), Grenzen des Sozialstaates? Soziale Sicherung in der Wachstumskrise, Köln, Frankfurt a.M.

Streeck, Wolfgang (2000), Die Bürgergesellschaft als Lernzielkatalog, Die Mitbestimmung, Nr. 6, S. 28–31

Suntum, Ulrich van (2001), Die unsichtbare Hand. Ökonomisches Denken gestern und heute, 2. Aufl., Berlin/Heidelberg/New York

Tremmel, Jörg (2003), Generationengerechtigkeit – Versuch einer Definition, in: Handbuch der Generationengerechtigkeit, bearbeitet von Jörg Tremmel, München

Wasem, Jürgen/Greß, Stefan/Rothgang, Heinz (Zentrum für Sozialpolitik Universität Bremen, 2003), Kopfprämien in der Gesetzlichen Krankenversicherung: Eine Perspektive für die Zukunft?, ZeS-Arbeitspapier, Nr. 7

Weisser, Gerhard (1978), Grundsätze der Verteilungspolitik, in: Weisser, Gerhard, Beiträge zur Gesellschaftspolitik, Göttingen, S. 359–385

Weizsäcker, Christian v. (1999), Die Logik der Globalisierung, Göttingen

Wissenschaftlicher Beirat beim Bundesministerium für Wirtschaft und Technologie (2010), Gutachten zur Reform der gesetzlichen Krankenversicherung, Berlin

Wolf, Stefan (2009), Konzept der BAG Grundeinkommen in und bei der Partei DIE LINKE für ein Bedingungsloses Grundeinkommen (BGE) in Existenz und Teilhabe sichernder Höhe. Beschluss der Bundesarbeitsgemeinschaft Grundeinkommen, Leipzig 3.10.2009 (http://www.die-linke-grundeinkommen.de/WordPress/wp-content/uploads/2010/04/10_-_04_-_08_BGE-Konzept2010_Endfassung.pdf)

Zacher, Hans F. (1977), Sozialstaatsprinzip, in: Albers, Willi u.a. (Hrsg.), Handwörterbuch der Wirtschaftswissenschaft, Bd. 7, Stuttgart, S. 152–160.